Verantwortungsvolle Unternehmensführung

Claudia Kreipl

Verantwortungsvolle Unternehmensführung

Corporate Governance, Compliance
Management und Corporate Social
Responsibility

 Springer Gabler

Claudia Kreipl
Hochschule Fulda
Fulda, Deutschland

ISBN 978-3-658-28139-7   ISBN 978-3-658-28140-3 (eBook)
https://doi.org/10.1007/978-3-658-28140-3

Die Deutsche Nationalbibliothek verzeichnet diese Publikation in der Deutschen Nationalbibliografie; detaillierte bibliografische Daten sind im Internet über http://dnb.d-nb.de abrufbar.

Springer Gabler
© Springer Fachmedien Wiesbaden GmbH, ein Teil von Springer Nature 2020

Springer Gabler ist ein Imprint der eingetragenen Gesellschaft Springer Fachmedien Wiesbaden GmbH und ist ein Teil von Springer Nature.
Die Anschrift der Gesellschaft ist: Abraham-Lincoln-Str. 46, 65189 Wiesbaden, Germany

Vorwort

Unternehmen „richtig", das heißt erfolgreich zu führen, lag schon seit jeher im Fokus der Unternehmenspraxis und auch der Wirtschaftswissenschaften. Eine rein ökonomische Sichtweise mit den Shareholdern bzw. Eigentümern im Mittelpunkt wurde von einer Stakeholder-Orientierung abgelöst, welche auch vorökonomische Faktoren als Aufgabe des erfolgsträchtigen Managements erachtet. Eine systemorientierte Unternehmensführung mit einem strategischen Management ist auf diese Weise entstanden. Neuere Entwicklungen gehen nun darüber hinaus.

Das Wirtschaftsleben in der aktuellen Zeit ist von Globalisierung geprägt. Unternehmerische Aktivitäten in Beschaffung, Produktion und Absatz sind über eine Vielzahl an Ländern mit ihren individuellen Bedingungen verbunden. Die Digitalisierung ermöglicht in dieser Verflechtung innovative Wege, in globaler Wirtschaft zu agieren. Die nachwachsende Generation der Digital Natives entwickelt neue Werte in diesen Gegebenheiten.

Diese Strukturen und Wertesysteme führen zu einer Vielzahl an Verhaltensmöglichkeiten, die ökonomisch, rechtlich und ethisch korrekt oder kritisch beurteilt werden können. Die Menge an Unternehmensskandalen zeigt die negativen Auswüchse des Verhaltensspielraums auf. In diesem Kontext wird Verantwortung zunehmend als Voraussetzung wirtschaftlichen Erfolgs wahrgenommen. Das Zusammenspiel von Transparenz der Strukturen und Aktivitäten mit einer klaren Regelung von Verantwortlichkeiten ermöglicht das Entstehen und Stabilisieren von Vertrauen in Wirtschaftsstandorte, Unternehmen, Unternehmensbereiche und Unternehmerpersönlichkeiten. Ein Integritäts- bzw. Verantwortungsmanagement entsteht. Verantwortung als Voraussetzung, Motor und Ziel wirtschaftlichen Handelns wird im vorliegenden Buch mit seinen Ebenen betrachtet und mit dem klassischen strategischen Management zu einem integrativen Gesamtmodell zusammengeführt.

Dazu wird die ökonomische Verantwortung über das Konzept der Corporate Governance eingeführt. Eine rechtliche Verantwortung wird über den Ansatz des Compliance Management in Unternehmen betrachtet. Eine ethische Verantwortung rundet die Verantwortungsebenen ab und bindet das Konzept der Corporate Social Responsibility ein. Diese drei Ansätze werden miteinander verzahnt und in einem letzten Schritt mit dem strategischen Management zu einem Gesamtmodell integriert.

Das integrative Gesamtmodell soll Vertreter aus Theorie und Praxis für die Anforderungen des Wirtschaftslebens heute und in Zukunft rüsten. Die grundlegenden Gedanken des Modells sollen insbesondere dem akademischen Nachwuchs der Wirtschaftswissenschaften mit auf den Weg gegeben werden. Dieses Buch richtet sich an alle Personen, die sich mit betriebswirtschaftlichen Fragestellungen im Rahmen ihrer Aus- und Weiterbildung auseinandersetzen. Insbesondere wendet sich das Werk an Bachelor- und Master-Studierende der Fachrichtung Wirtschaftswissenschaften im Haupt- und Nebenfach. Auch Praktiker, die ihren Wissensstand auffrischen und weiterentwickeln wollen, zählen zur Zielgruppe des Werks. Das Buch soll ihnen einen Einblick in aktuelle und wichtige Entwicklungen der Betriebswirtschaftslehre bieten. Es bietet eine Möglichkeit zur Auseinandersetzung mit strategischer Unternehmensführung unter Einbindung der Verantwortungsebenen des Managements. Die Bereiche Corporate Governance, Compliance Management und Corporate Social Responsibility können in ihren Schnittmengen und in der Zusammenführung zu einem Verantwortungsorientierten Management ergründet werden.

Mein Dank geht an dieser Stelle an jene, die das Entstehen des Buchs mit ihrer wertvollen Mitarbeit begleitet haben: Frau Claudia Riegger, Frau Roswitha Birkemeyer und Frau Helga Kreipl danke ich für ihr Engagement bei der Recherche und dem Korrekturlesen. Weiterhin gilt mein Dank der Unterstützung durch den Springer Gabler Verlag an die Lektorinnen Frau Ulrike Lörcher und Frau Katharina Harsdorf.

Fulda, Deutschland, August 2019   Claudia Kreipl

Inhaltsverzeichnis

Abkürzungsverzeichnis

AktG	Aktiengesetz
APAG	Abschlussprüferaufsichtsgesetz
ARUG	Gesetz zur Umsetzung der Aktionärsrichtlinie
AV-Modell	Aktivitäts- und Verantwortungsmodell
BaFin	Bundesanstalt für Finanzdienstleistungsaufsicht
BilKoG	Bilanzkontrollgesetz
BilMoG	Bilanzrechtsmodernisierungsgesetz
BilReG	Bilanzrechtsreformgesetz
BLIHR	Business Leader Initiative on Human Rights
CEO	Chief Executive Officer
CEPS	Centre of European Policy Studies
CMS	Compliance Management-System
CrM	Cause-related Marketing
CSR	Corporate Social Responsibility
CSR-RUG	CSR-Richtlinie-Umsetzungsgesetz
DCGK	Deutscher Corporate Governance Kodex
ECGI	European Corporate Governance Institute
EFMD	European Foundation for Management Development
EIRIS	Ethical Investment Research Services
EMAS	Eco Management and Audit Scheme
EPU	Ein-Personen-Unternehmen
EU	Europäische Union
FAG	Fernmeldeanlagengesetz
FLO	Fairtrade Labelling Organizations International
GenG	Genossenschafts-Gesetz
GG	Grundgesetz
GHG	Greenhouse Gas Protocol
GK	Governance-Kodex für Familienunternehmen
GRI	Global Reporting Initiative
G20	Gruppe der 20

HGB	Handelsgesetzbuch
HIV	Human Immunodeficiency Virus
IDW	Institut der Wirtschaftsprüfer in Deutschland
IDW PS 980	Prüfstandard 980 des Instituts der Wirtschaftsprüfer Deutschland
IG BCE	Industriegewerkschaft Bergbau, Chemie, Energie
IG	Industriegewerkschaft
ILO	International Labour Organisation
IOOI	Input – Output – Outcome – Impact
ISO	Internationale Organisation für Normung
ISO 19600	Norm für Compliance Management-Systeme
KapAEG	Kapitalaufnahmeerleichterungsgesetz
KfW	Kreditanstalt für Wiederaufbau
KMU	Kleine und mittelständische Unternehmen
KNA	Kosten-Nutzen-Analyse
KonTraG	Gesetz zur Kontrolle und Transparenz im Unternehmensbereich
KPI	Key Performance Indicator
LBB	London Benchmark Group
LCA	Life Cycle Assessment
MBA	Master of Business Administration
MdB	Mitglied des Bundestags
NABU	Naturschutzbund Deutschland e. V.
NFE	Nicht-finanzielle (Konzern-)Erklärung
NGO	Non-Governmental Organisation
OECD	Organization of Economic Cooperation and Development
OHRIS	Occupational Health and Risk Management System
OHSAS	Occupational Health and Safety Assessment Series
PR	Public Relations
RoHS	Restriction of Hazardous Substances
ROI	Return on Investment
SA	Social Accountability
SBSC	Sustainable Balanced Scorecard
SIA	Social Impact Assessment
SROI	Social Return on Investment
TÜV	Technischer Überwachungsverein
TransPuG	Transparenz- und Publizitätsgesetz
TUG	Transparenzrichtlinie-Umsetzungsgesetz
UMAG	Gesetz zur Unternehmensführungsintegrität und Modernisierung des Aktienrechts
UN	United Nations
UNCTAD	United Nations Conference on Trade and Development
US	United States
US GAAP	United States Generally Accepted Accounting Principles

VorstAG	Gesetz zur Angemessenheit der Vorstandsvergütung
VorstOG	Gesetz über Offenlegung der Vorstandsvergütung
WBCSD	World Business Council for Sustainable Development
WCED	World Commission on Environment and Development
WEEE	Waste of Electrical and Electronic Equipment
WpHG	Wertpapierhandelsgesetz
WWF	World Wide Fund for Nature
WZGE	Wittenberg-Zentrum für Globale Ethik
YGL	Young Global Leadership

Verantwortung in Unternehmen

1

Das Ganze ist mehr als die Summe seiner Teile. (Aristoteles)

Zusammenfassung

Unternehmensführung baut auf Entscheidungen des Managements auf. Diese zielen darauf ab, die Bedürfnisse von Stakeholdern zu berücksichtigen und übernehmen damit Verantwortung für sie. Diese Verantwortung erstreckt sich auf eine ökonomische, rechtliche, ethische sowie philanthropische Ebene. Ein generisches Modell verantwortungsvoller Unternehmensführung trägt dieser Komplexität Rechnung über eine Integration von Corporate Governance, Compliance Management und Corporate Social Responsibility. Erfolgreiche Unternehmensführung baut auf einem Miteinander dieser Facetten verantwortungsvollen Handelns auf.

Zum Verständnis im Umgang mit verantwortungsvollem Wirtschaften wird in Kapitel eins zunächst ein Fundament gebildet. Dabei sollen die folgenden Kernfragen erhellt werden, die in ein Gesamtkonzept münden:

* Was zählt zu den grundlegenden Elementen und Aufgaben der Unternehmensführung?
* Warum ist die Übernahme von Verantwortung durch Unternehmen wichtig?
* Gegenüber welchen Anspruchsgruppen können Unternehmen Verantwortung übernehmen? Auf welche Weise?
* Wie werden diese Elemente in einem Gesamtmodell zusammengeführt?

© Springer Fachmedien Wiesbaden GmbH, ein Teil von Springer Nature 2020
C. Kreipl, *Verantwortungsvolle Unternehmensführung*,
https://doi.org/10.1007/978-3-658-28140-3_1

1

1.1   Grundlagen zur strategischen Unternehmensführung

Die Kernaufgabe von Unternehmen besteht darin, einem gesellschaftlichen Zweck zu dienen. Sie existieren nicht aus einem Selbstzweck heraus. Unternehmen erfüllen vielmehr spezifische Bedürfnisse einer Gemeinschaft, von Untergruppen der Gemeinschaft oder auch von Einzelpersonen (vgl. Drucker 1986, S. 32; Monks und Minow 2011, S. 9 f.). Diese Bedürfnisse können von Unternehmen geweckt oder von den Nachfragern geäußert werden. Sie müssen zunächst keinem moralischen Anspruch standhalten (z. B. Waffen, Drogen). Die Bedürfnisbefriedigung durch Unternehmen erfolgt entweder besser oder effizienter, so dass sie andere Formen (z. B. Eigenerstellung der Konsumenten) abgelöst hat. Dieser Vorteilhaftigkeit baut auf Kostenvorteilen z. B. durch Mengeneffekten, Spezialisierungsvorteilen oder auch Convenience-Aspekten auf.

Der Unternehmenszweck

Unternehmen existieren aus dem Zweck heraus, ihren Kunden einen Nutzen zu bieten:

Beispiel Bäckereien: Sie existieren, weil sie Menschen mit Brot und weiterer Backwaren versorgen. Damit bieten sie ihren Kunden einen Nutzen. Die Einzelnen müssen das Brotbacken nicht lernen. Sie müssen nicht sehr früh aufstehen, um die Backwaren zu erzeugen. Bäckereien verfügen über Bäcker sowie die nötigen Rührwerkzeuge, Backöfen etc. Sie realisieren Kostenvorteile, da sie große Mengen an Zutaten wie Mehl etc. abnehmen. Sie verfügen über Erfahrung im Hinblick auf Rezepturen und insbesondere Backdauer, so dass Qualität und Geschmack gesichert sind. Damit bieten sie den Kunden mit ihren Waren begleitend Convenience-Vorteile, Kostenvorteile, Spezialisierungsvorteile und Erfahrungsvorteile.

Beispiel Krankenhäuser: Sie existieren, um mögliche Krankheiten von Menschen zu diagnostizieren, zu behandeln (heilen, lindern, im Umgang mit der Krankheit begleiten) und sie vor Ort zu pflegen. Die stationäre Aufnahme von Patienten ermöglicht deren optimale gesundheitliche Betreuung. In den Privathaushalten ist eine derartige Versorgung nicht möglich bzw. eine Einrichtung wäre kostspielig. Krankenhäuser zeichnen sich folglich u. a. durch Spezialisierungsvorteile, Erfahrungsvorteile, Kostenvorteile und Convenience-Vorteile aus.

Unternehmen existieren, so lange sie die Bedürfnisse von Menschen befriedigen und derartige Vorteile bieten. Wenn sie das nicht mehr können – weil sie weniger effizient sind, eine veraltete Technologie, schlechtere Qualität oder weniger Zusatzleistungen bieten – dann verschwinden sie vom Markt:

- Kutschen wurden von Autos verdrängt
- Schallplatten wurden von CDs verdrängt
- Röhrenfernseher wurden von Flachbildfernsehern verdrängt

Dieser Prozess wird sich fortsetzen:

- Autos mit Benzin- und Dieselmotoren werden von Fahrzeugen mit neuen Antriebs-formen und uns heute noch nicht bekannten Formen von Mobilität abgelöst werden.
- CDs werden bereits von andern Formen ergänzt und ersetzt (MP3, Blu-Ray).
- Zukünftige Technologien werden den Flachbildschirm ablösen.

Ausnahmen bestätigen die Regel: Einzelne Unternehmen bleiben auf ihrem Markt bestehen, die wenige Produkte für Liebhaber bzw. Sammler herstellen oder vertreiben.

Das Konzept strategischer Unternehmensführung sichert das Erreichen des Unterneh-menszwecks, indem es die grundsätzliche Unternehmensentwicklung systematisch und stringent vorantreibt (vgl. Abb. 1.1). Ziel bildet es, den langfristigen (ökonomischen und möglicherweise vorökonomischen) Erfolg von Unternehmen zu stärken. Dafür werden die interne und externe Ausrichtung des Unternehmens festgelegt. Die interne Ausrichtung fokussiert die Gestaltung von Ressourcen und Fähigkeiten im Unternehmen. Die externe Orientierung greift die Positionierung des Unternehmens in seiner Wettbewerbsumwelt auf. Aus dem Zusammenspiel der Kenntnis von internen Stärken bzw. Schwächen sowie Chancen und Risiken in der Unternehmensumwelt lassen sich Kernkompetenzen erken-nen, aus denen Wettbewerbsvorteile entwickelt werden können. Diese Wettbewerbsvor-teile können über Strategien systematisch gesichert und genutzt werden. Hierauf basiert der langfristige Erfolg eines Unternehmens (vgl. Hungenberg 2014, S. 4 ff.; Thommen und Achleitner 2012, S. 971 ff.).

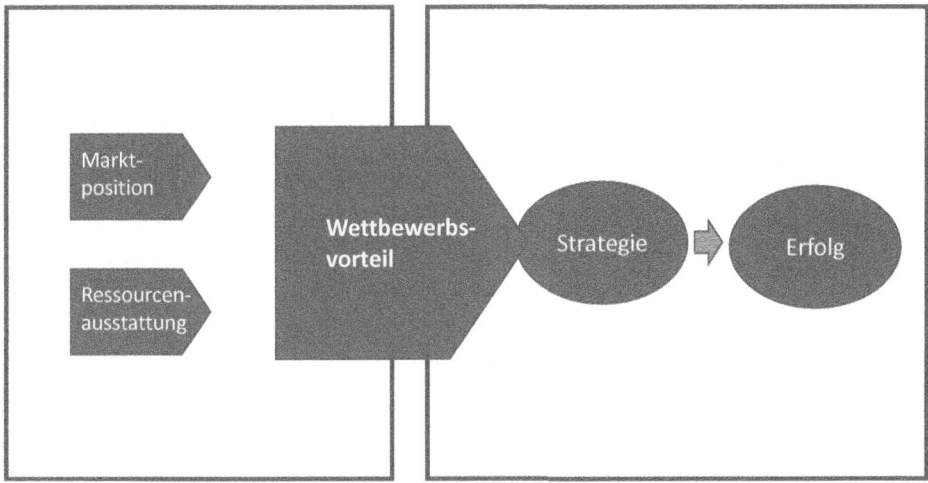

Abb. 1.1 Konzept des strategischen Managements. (Quelle: Eigene Darstellung in Anlehnung an Hungenberg 2014, S. 81)

Tab. 1.1 Eigenschaften von Unternehmen

Eigenschaft	Erläuterung
Offenheit	Unternehmen stehen im permanenten Austausch mit und in vielfältigen Beziehungen zu ihrer Umwelt.
Dynamik	Unternehmen passen sich fortwährend an ihre Umgebung an, prägen aber auch durch ihr Handeln Entwicklungen in ihrem Umfeld.
Komplexität	Unternehmen bestehen aus vielen Elementen, welche in ihrer Ganzheit ein vielschichtiges System aus Strukturen und Abläufen bildet.
Autonomie	Unternehmen können unter Berücksichtigung von bestimmten Rahmenbedingungen ihre Ziele selbstständig festlegen und weiter entwickeln.
Marktorientierung	Unternehmen orientieren sich mit ihren Leistungen und Aktivitäten an den Bedürfnissen von Absatzmärkten, aber auch an den Möglichkeiten von Beschaffungsmärkten.
Produktivität	Unternehmen erstellen produktive Leistungen durch Kombinationen von Produktionsfaktoren.
Sozialorientierung	Unternehmen bilden soziale Systeme, in welchen Menschen als Einzelne oder auch als Mitglieder von Gruppen agieren. Sie kombinieren die Produktionsfaktoren und beeinflussen mit ihrem Verhalten das Unternehmen wesentlich.

Quelle: In Anlehnung an Thommen und Achleitner 2012, S. 43 f.

Unternehmen sind aus einer systemtheoretischen Perspektive durch eine Reihe von Eigenschaften gekennzeichnet (siehe Tab. 1.1). Diese Eigenschaften helfen den Unternehmen, ihren spezifischen Unternehmenszweck zu erfüllen, indem sie Bedürfnisse erkennen oder erzeugen und geeignete Leistungen an den Markt abgeben. Hierbei handelt es sich um Systeme von hoher Komplexität (vgl. Thommen und Achleitner 2012, S. 43 ff.). Die Vielfalt an Elementen des Systems Unternehmen geht mit einer Fülle an Beziehungen zwischen den Elementen einher. Die Relationen zwischen den Elementen sind nicht unbedingt durch lineare und zudem oftmals nur in Grenzen bekannte Wirkungsmechanismen geprägt. Unternehmens-Systeme entwickeln Eigenverhalten mit unterschiedlichen Rückkopplungen. Diese Zusammenhänge bedingen die Forderung an die Unternehmensführung, ganzheitlich und vernetzt zu denken und zu handeln. Dem Anspruch an Ganzheitlichkeit müssen Managementmodelle Rechnung tragen. Als generische Ansätze verfolgen sie dabei das Ziel, allgemeingültige, d. h. branchen-, größen- und rechtsformunabhängige Modelle zu entwickeln, welche die Komplexität ebenso berücksichtigen wie auch die Dynamik. Hierzu zählen der Zürcher Management-Ansatz, das St. Galler Management-Modell sowie das neue St. Galler Management-Modell (vgl. Rüegg-Stürm 2003; Bleicher 1991; Ulrich 1970; Rühli 1996).

Führung im Kontext einer zunehmend globalen und vernetzten Stakeholder-Gesellschaft ist folglich ein komplexes, vielschichtiges Unterfangen (vgl. Pless und Maak 2008). Die Unternehmensführung fällt in den Aufgabenbereich von Managern. Durch eine räumliche und funktionale Ausdehnung von Unternehmensaktivitäten wächst die Komplexität ihrer Aufgaben. Hieraus entsteht die Notwendigkeit, deren Tätigkeiten hierarchisch zu strukturieren und auf die verschiedenen Ebenen des Unternehmens auszuweiten. Neben den

Abb. 1.2 Aufgabenfelder des
Managements. (Quelle: Eigene
Darstellung)

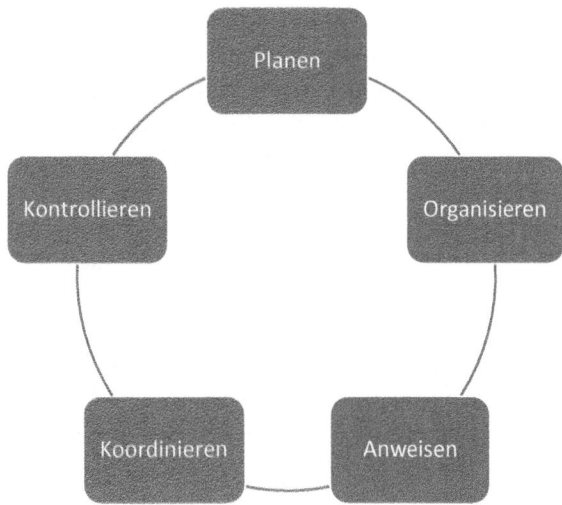

Personen auf der obersten Entscheidungsstufe zählen somit auch jene zu den Managern, welche Entscheidungen für Teilbereiche des Unternehmens treffen (vgl. Schreyögg und Koch 2015, S. 7, 40; Steinmann et al. 2013, S. 6 ff.; Wöhe und Döring 2010, S. 55; Staehle et al. 1999, S. 10; Jung et al. 2013, S. 25 f.).

Das Management übernimmt die Aufgabe, Menschen zielgerichtet zu Handlungen zu bewegen (vgl. Hungenberg 2014, S. 21). Die Entscheidungsfelder von Managern erstrecken sich auf alle Aufgabenbereiche des Managements, welche im Kern das Planen, Organisieren, Anweisen, Koordinieren und Kontrollieren als zielorientiertes Gestaltungs- und Lenkungsverhalten umfassen (vgl. Abb. 1.2). Übergeordnetes Ziel der Entscheidungen bildet das ökonomische Prinzip, demzufolge knappe Ressourcen optimal eingesetzt werden sollen. Ökonomisch richtige Entscheidungen sichern damit effizientes und effektives Handeln (vgl. Schreyögg und Koch 2015; Thommen und Achleitner 2012; Jung et al. 2013; Steinmann et al. 2013 oder auch Bea und Haas 2013; Rühli 1996, S. 64 f.; Thommen und Achleitner 2012; Rüegg-Stürm 2003, S. 21 ff.; Fayol 1916).

Eine gesellschaftliche Komponente wird bei diesen managementorientierten Entscheidungsfeldern zunächst nicht explizit benannt. Allerdings erkennen Robbins et al. (2014, S. 132) an, dass die Aufgaben und Aktivitäten eines Managers „oft mit ethischer und sozialer Verantwortung verbunden sind. Dieser Verantwortung müssen sich Manager stellen und sie beeinflusst ihre Entscheidungen". Auch Sarges (1990, S. 165 ff.) reiht neben fachlichen, konzeptionellen, methodischen und kommunikativen Fähigkeiten die soziale Verantwortung als Schlüsselqualifikation von Managern ein. Mintzberg (1973) zufolge üben Manager drei grundlegende Funktionen aus. Manager leisten einen Beitrag beim Bilden einer Gruppenidentität, sie übernehmen Aufgaben beim Sammeln, Interpretieren und Verteilen von Informationen und üben Macht durch eine Entscheidungshoheit aus. Wenngleich Verantwortung dort nicht explizit benannt ist, so kann sie implizit enthalten sein.

Der Erfolg von Managern beziehungsweise eine erfolgreiche Unternehmensführung baut auf unternehmerischen Zielen und deren Erreichung auf. Effektive Führung eines

Unternehmens wird an der Erreichung gesetzter Ziele festgemacht. Diese werden aus den Organisationszielen abgeleitet und konkretisieren sich in ökonomischen Indikatoren wie beispielsweise Profitabilität, Produktivität oder auch dem Shakerholder Value (vgl. Pless und Maak 2008, S. 229). Die Ziele können in Leistungsziele, Finanzziele, Führungs- und Organisationsziele sowie soziale und ökologische Ziele aufgeteilt werden. Leistungsziele stehen im direkten Zusammenhang mit dem Prozess der Leistungserstellung und -verwertung und damit dem grundlegenden Unternehmenszweck. Hier wird über das Produktportfolio einschließlich der Produktqualitäten sowie über die zu bearbeitenden Märkte und Marktsegmente entschieden. Finanzziele beziehen sich auf den finanzwirtschaftlichen Umsatzprozess, der den Leistungserstellungsprozess begleitet. Dies umfasst die Versorgung mit Kapital, die Aufrechterhaltung von Liquidität sowie die Optimierung einer Kapital- und Vermögensstruktur einschließlich eines Risikomanagements. Führungs- und Organisationsziele dienen einer Gestaltung von (Entscheidungs-) Prozessen in Form von Aufbau- und Ablauforganisation sowie des Führungsstils und der Führungsformen. Soziale und ökologische Ziele greifen die Bedürfnisse von Mitarbeitern auf. Weiterhin berücksichtigen sie gesellschaftsbezogene Ziele. Hierunter fällt die soziale und ökologische Verantwortung von Unternehmen (vgl. Thommen und Achleitner 2012, S. 111 ff.; Pless und Maak 2008, S. 229).

▶   Wenngleich Verantwortung nicht explizit in Modellen zur strategischen Unternehmensführung benannt ist, so ist sie doch implizit vorhanden. Bei einer wachsenden Bedeutung von Verantwortung im Rahmen der Unternehmensführung sollte sie in die Modelle integriert werden.

An dieser Stelle tritt der Begriff „Verantwortung" explizit auf. In den Modellen zur strategischen Unternehmensführung wird Verantwortung ansonsten nicht ausdrücklich eingebunden. Dennoch kann von einer wachsenden Bedeutung von Verantwortung – insbesondere im Umgang mit Unternehmensführung bei steigender Komplexität – ausgegangen werden.

1.2   Die wachsende Bedeutung verantwortungsvoller Unternehmensführung

Ausgangspunkt für eine verstärkte Auseinandersetzung mit Verantwortung kann auf eine Vielzahl an Skandalen zurückgeführt werden, in denen Unternehmen sich durch rechtliches und/oder ethisches Fehlverhalten auszeichnen. Der Dieselskandal in der deutschen Automobilindustrie ist hierbei ebenso zu nennen wie der Enron-Skandal in den USA und viele andere mehr (vgl. Abschn. 2.1.1). Auch Verhaltensweisen wie hohe Leistungsbezüge leitender Manager bei fehlender Performance werden als Fehlverhalten eingestuft (vgl. Pless und Maak 2008, S. 222). Das Vertrauen in die Unternehmen sinkt. Wenn ein Wiederaufbau von Vertrauen kurzfristig über PR-Maßnahmen avisiert werden kann, so kann ein langfristiger Vertrauensaufbau über eine verantwortungsvolle Unternehmensführung erreicht werden.

Zur steigenden Wahrnehmung von Verantwortung im Kontext von Unternehmensführung tragen folgende Aspekte maßgeblich bei (vgl. Brühl 2018; Laszlo 2008; Pless und Maak 2008, S. 223 f.; Diermeier 2006; Freeman et al. 2006; Porter und Kramer 2006; Suchanek und Lin-Hi 2006; Prahalad 2005; Anderson 1998):

1. Die Wahrnehmung verschiedener Stakeholder hat sich verändert, woraus Erwartungen und Ansprüche resultieren. Auf diese Bedürfnisse müssen Unternehmen reagieren.
2. Eine kritische Medienöffentlichkeit greift die Thematik unternehmerischer Verantwortung auf und verbreitet sie.
3. Informations- und Kommunikationstechnologien beschleunigen die Verbreitung von Informationen. Dies gilt für die klassischen Medien, aber insbesondere für Social Media, über die Informationen einer Vielzahl an Einzelpersonen aktuell und global verfügbar sind.
4. In der Nachhaltigkeitsdebatte werden die Bedürfnisse zukünftiger Generationen diskutiert. Es ist eine Verpflichtung der aktuellen Generation, die Erfüllung dieser Bedürfnisse zu sichern.
5. Die Globalisierung führte zu einem Abbau von Grenzen sowie einer global verflochtenen Wertschöpfung, wodurch Nähe und neue Abhängigkeiten entstanden sind.
6. Öffentliche Diskussionen bergen für Unternehmen stets Ansatzpunkte für neue oder veränderte Leistungsangebote.

Zusammenfassend können normative, strategisch-ökonomische und pragmatische Motive als ursächlich für eine steigende Bedeutung einer Verantwortungsdiskussion angeführt werden. Aus strategisch-ökonomischer Sicht liegen in der Wahrnehmung von Verantwortung Chancen zur Entwicklung neuer oder veränderter (Dienst-)Leistungen (z. B. Nachhaltigkeits-Fonds) sowie eines Aufbaus von Wettbewerbsvorteilen. Normative Motive können dies verstärken, aber auch einen eigenen Einfluss auf die Entscheidungen von Managern nehmen. Sie bauen auf eine intrinsische Motivation auf. Das heißt, dass die Entscheider im Unternehmen eine positive Haltung zur Verantwortung haben. Diese kann eine Charaktereigenschaft des Entscheiders sein. Sie kann auf der Erziehung aufbauen. Daraus kann eine Denkhaltung erwachsen, mit der das Unternehmen als Corporate Citizen geführt wird. Letztlich runden pragmatische Motive dies ab, indem Unternehmen einem Trend folgen oder auf die Einflüsse durch Presse und Informationstechnologien reagieren. Handlungsmotive zur Übernahme gesellschaftlicher Verantwortung aus ökonomischer und wirtschaftsethischer Sicht werden in Kapitel vier vertieft (vgl. Abb. 1.3).

Führungskräfte müssen einen Weg finden, ökonomisch-strategische Überlegungen mit normativen und pragmatischen Anforderungen in Einklang zu bringen (vgl. Pless und Maak 2008, S. 234). Führung beruht gemäß des Competing-Values-Ansatzes von Cameron und Quinn (2011) darauf, einen Ausgleich zwischen verschiedenen, möglicherweise konfligierenden Werten zu schaffen.

Angewandte Ethik als praktische Philosophie erörtert die Pflichten der Beteiligten sowie ihre Verantwortungsfähigkeit und Verantwortlichkeiten. Konkret fällt die Diskussion

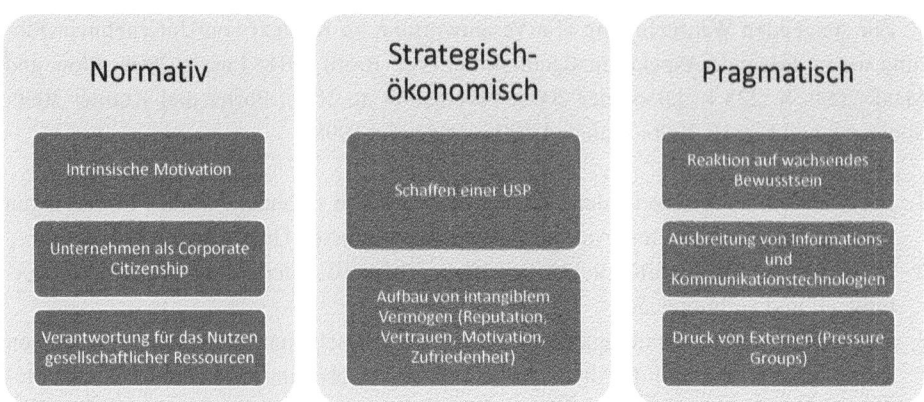

Abb. 1.3 Motive verantwortungsvollen Handelns. (Quelle: Eigene Darstellung)

von Ausmaß und Ausgestaltung von Verantwortung der Manager in den Bereich der Unternehmens- bzw. Managementethik. Als Ethik der Führungskräfte betrachtet sie, welchen moralischen Werten und Normen Einzelpersonen oder auch Stakeholder eines Unternehmens verpflichtet sind bzw. wie eine Einhaltung der Normen geschehen kann. Dilemmata zwischen unternehmerischem Auftrag und moralischen Ansprüchen der Manager werden in diesem Kontext ebenso betrachtet wie eine interne Verantwortung für die Mitarbeiter sowie eine externe Verantwortung für die Konsequenzen der unternehmerischen Entscheidungen. Dies impliziert eine auch ethische Verantwortung von Managern gegenüber dem Stakeholder „Gesellschaft" (vgl. Neuhäuser 2011, S. 120; Göbel 2013, S. 107 ff.; Zimmerli und Aßländer 2005, S. 357 ff.).

Verantwortung wird als Maxime verstanden, für die Folgen des eigenen Handelns aufzukommen (vgl. Weber 1919). Verantwortungsvolles Handeln kann dabei als Qualität der Beziehung zwischen Individuen bzw. einer Organisation einerseits und der Gesellschaft bzw. deren zugrunde liegenden ethischen Prinzipien andererseits bewertet werden. Diese Beziehung und ihre Ausgestaltung soll eine positive Wirkung auf die soziale und ökologische Umwelt ermöglichen (vgl. Becker und Ray 2017, S. 43). Verantwortung von Individuen und Institutionen liegen darin, die jeweilige Freiheit so zu nutzen, dass die Handelnden sich damit die Bedingungen ihrer zukünftigen Freiheit erhalten und nicht zerstören (vgl. Suchanek und Lin-Hi 2006).

Card verweist auf zwei Perspektiven von Verantwortung: *Verantwortung haben* wird von *Verantwortung übernehmen* unterschieden. Verantwortung haben impliziert eine Zuschreibung von Verantwortung durch einen Entscheidungsträger selbst. Im Unterschied dazu wird Verantwortung übernommen, wenn sie von außen auferlegt wurde (vgl. Card 1996). Verantwortung kann als Pflicht eines Aufgabenträgers verstanden werden, für die zielentsprechende Erfüllung einer Aufgabe persönlich Rechenschaft abzulegen (vgl. Thommen und Achleitner 2012, S. 830).

Suchanek und Lin-Hi (2006) arbeiten vier Prämissen für verantwortliches Handeln heraus:

1. Zunächst müssen die Handlungsfelder klar definiert werden, auf die die Verantwortung sich bezieht.
2. Die Handlungsspielräume des Verantwortungsträgers müssen hinreichend klar bestimmt sein.
3. Weiterhin müssen die Realisierungschancen verantwortlichen Handelns im Bereich der Handlungsspielräume liegen.
4. Letztlich muss verantwortliches Handeln für den Entscheider zumutbar sein, d. h. es muss anreizkompatibel sein.

Im Kern bedeutet Verantwortung, dass ein Subjekt für ein Objekt eintreten muss (vgl. Fetzer 2004, S. 88). Akteure handeln unter gegebenen Handlungsbedingungen, die ihre Handlungsspielräume bestimmen. Die Handlungen führen zu Handlungsfolgen, die wiederum zukünftige Handlungsbedingungen prägen (siehe Abb. 1.4, vgl. Suchanek und Lin-Hi 2006). Der Gebrauch von Verantwortung bildet demzufolge ein Zusammenspiel von mehreren Faktoren. Verantwortung bezieht sich zunächst auf fest umrissene Aufgaben- oder Handlungsfelder. Weiterhin müssen die handelnden Personen über angemessene Handlungsspielräume verfügen. Letztlich zählt die Zumutbarkeit verantwortlichen Handelns im Sinne einer Vermeidung von Interessenkonflikten als Element von Verantwortung (vgl. Suchanek 2010, S. 38 f.).

Manager als Führungskräfte in den Unternehmen verfügen durch ihren Handlungsspielraum über Macht, die mit Verantwortung einhergeht. Deren Verantwortungsbereich erstreckt sich auf alle Unternehmensbereiche und -funktionen. Sie müssen sich mit ihren Entscheidungen und deren Folgen gegenüber (ausgewählten) Stakeholdern verantworten. Menschen treffen Entscheidungen individuell und in Organisationen, wie z. B. in Wirtschaftsunternehmen oder gemeinnützigen Institutionen. Durch diese Entscheidungen

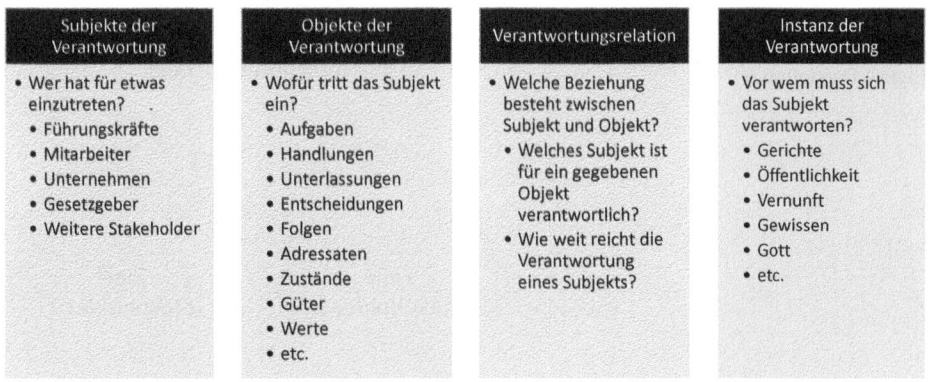

Abb. 1.4 Verantwortung im Rahmen der Unternehmensethik. (Quelle: Kreipl 2017, S. 17)

vertreten sie die eigenen Interessen und jene der Organisation nach innen und außen. Auf diese Weise übernehmen sie Verantwortung. Diese zeigt sich in der Verantwortung als Individuen, umfasst aber auch die Verantwortung einer Organisation als rechtliche Einheit (vgl. Kreipl 2017).

1.3   Zielgruppen verantwortungsvollen Handelns – Die Stakeholder

Organisationen werden im Sinne der Koalitionstheorie als Zusammenschluss bzw. Koalition von Individuen und Gruppierungen angesehen, welche eine Beziehung zur Organisation eingehen. Diese Beziehung stiftet einen Nutzen und erlaubt den Individuen, ihre Ziele möglicherweise besser zu erreichen und ihre Bedürfnisse besser zu befriedigen. So lange ihre Beziehung zur Organisation einen persönlichen Nutzen stiftet, besteht ein Anreiz für die Teilnehmenden, sich weiter in der Organisation zu engagieren und die Koalition fortzusetzen. Das Erreichen des Nutzens ist mit bestimmten Beiträgen der Individuen verknüpft. Nach der Art der Anreize und Beiträge lassen sich Individuen, die Beziehungen zu einem Unternehmen unterhalten, zu unterschiedlichen Gruppen (Bezugsgruppen, Interessengruppen, Anspruchsgruppen, im englischen Sprachraum: „Stakeholder") zusammenfassen (vgl. Hungenberg 2014, 27 ff.; Mallin 2013, S. 69 ff.; Thommen und Achleitner 2012, S. 109 ff.; Bass und Steidlmeier 1999, S. 200; Cyert und March 1963).

Stakeholder zeichnen sich durch eigene, gruppenspezifische Ziele im Unternehmen aus. Sie teilen allerdings auch Ziele mit anderen Stakeholdern bzw. dem Unternehmen als Ganzem (vgl. Abb. 1.5). Ein gemeinsames Ziel der Bedürfnisgruppen liegt im ökonomischen Erfolg kombiniert mit der aktuellen und zukünftigen Existenz von Unternehmen. Dies bildet eine Voraussetzung zur Erreichung der Gruppen-Ziele (vgl. Thommen und

Abb. 1.5 Die Ziele des Unternehmens und der Stakeholder weisen Schnittmengen auf. (Quelle: Eigene Darstellung)

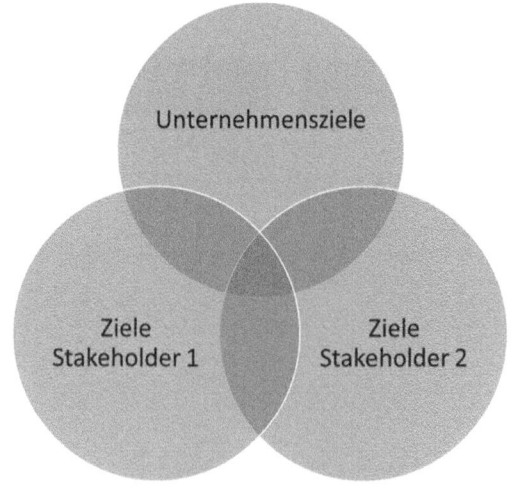

Achleitner 2012, S. 109 ff.). Wenn die Interessen der verschiedenen Anspruchsgruppen übereinstimmen, sich komplementär oder indifferent darstellen, dann können sie gemeinsam als Ziele von Organisationen, Institutionen oder Unternehmen gestaltet werden. Sobald jedoch Zielkonflikte auftreten, müssen die Prioritäten der widerstrebenden Interessen bei der Zielbildung geregelt werden. Eine derartige Klärung von Prioritäten geschieht gemäß dem Stakeholder-Ansatz in der Regel durch Verhandlungsprozesse unter Berücksichtigung von Machtpositionen der Anspruchsgruppen. Dieser Ansatz baut auf die Prämisse auf, dass alle Gruppen für die Existenz und das Handeln von Organisationen erforderlich sind und sie daher auch legitimiert sind, die Ziele einer Organisation zu beeinflussen (vgl. Hungenberg 2014, S. 29; Janisch 1993).

Anspruchsgruppen nehmen unternehmerische Verantwortung wahr oder fordern sie ein. Als Treiber in Unternehmen sehen sie Bedarfe und decken sie oder sie werden aufgrund z. B. gesetzlicher Veränderungen dazu aufgefordert, derartiger Verantwortung gerecht zu werden. Daher gilt es, deren Nutzenerwartungen, Anreizstrukturen und Machtpositionen im Hinblick auf die Wahrnehmung unternehmerischer Verantwortung zu betrachten.

In einer zunehmend globalen und vernetzten Stakeholder-Gesellschaft mit ihrer Komplexität und Vielschichtigkeit muss Unternehmensführung die Integrität des Unternehmens sichern. Dies umfasst die Integrität der Individuen, d. h. der Manager im Unternehmen, ebenso wie der Institution „Unternehmen" entlang der Wertschöpfungskette. Unternehmen müssen ganzheitlich in einer Stakeholder-Perspektive unter Berücksichtigung gesellschaftlicher Werte und Nachhaltigkeit geführt werden. Komplexe Beziehungs-, Verpflichtungs- und Verantwortungsstrukturen müssen dabei abgewogen werden. Als Führungserfolg gilt dabei ein Ausgleich zwischen den Anforderungen interner und externer Stakeholder (vgl. Pless und Maak 2008, S. 224 ff.).

Führung muss konsequent im Bewusstsein eines eigenen gesellschaftlichen und organisatorischen Kontextes erfolgen. Vielfältige Beziehungsstrukturen zu internen und externen Stakeholdern müssen erkannt und verantwortungsvoll gestaltet werden. Dies umfasst eine Auseinandersetzung mit Bedürfnissen und Wertvorstellung der Anspruchsgruppen (vgl. Pless und Maak 2008, S. 227, 238). Damit scheint ein Bedarf erkannt, die Führungsforschung weiterzuentwickeln. Das seit Jahrzehnten etablierte Fokussieren von Effektivität und Effizienz der Zielerreichung soll um den Faktor Verantwortung weiterentwickelt werden (vgl. Hungenberg 2014; Pless und Maak 2008, S. 227; Rost 1991). Letztlich verbleibt die Forderung nach einer effektiven und effizienten Zielerreichung. Lediglich die Ziele sollten um verantwortungsrelevante Aspekte ergänzt werden. Eine rein ökonomische Ausrichtung kann als Myopie erachtet werden (vgl. Pless und Maak 2008).

Verantwortungsvolle Unternehmensführung erreicht als Unternehmenserfolg einen Ausgleich der an sie formulierten Ansprüche einer Vielzahl an Stakeholdern, mit denen das Unternehmen in Beziehung steht (vgl. Pless und Maak 2008, S. 228). Effektivität und Effizienz sind Formalziele in diesem Kontext (vgl. Abb. 1.6).

Die individuelle Integritätssicherung betrachtet Manager als moralische Individuen. Mit ihrer individuellen, ethischen Ausrichtung verkörpern Führungskräfte stellvertretend

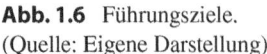
Abb. 1.6 Führungsziele.
(Quelle: Eigene Darstellung)

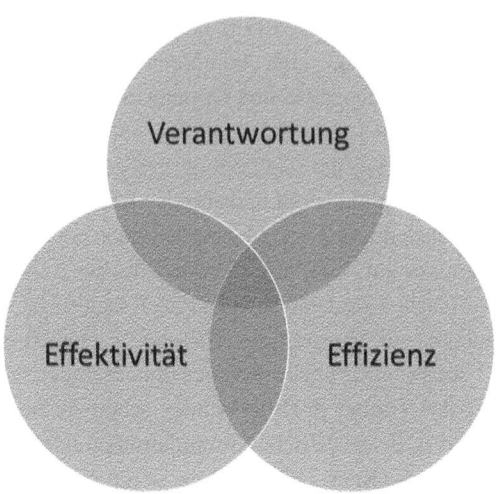

die Prinzipien eines Unternehmens. Ihnen kommt eine Vorbildfunktion zu, wenngleich sie nicht an grundsätzlichen, höheren, moralischen Standards zu messen sind. Ihr moralisches Versagen führt zu medialer Aufmerksamkeit im Rahmen von Skandalen, wodurch das Image des Unternehmens beeinträchtigt werden kann. Daher müssen Führungskräfte auf die Erfüllung allgemein akzeptierter moralischer Standards achten. Wenn Lücken zwischen den Werten von Managern, Unternehmen und Gesellschaft bestehen, so wird dies das Unternehmensergebnis beeinflussen (vgl. Pless und Maak 2008, S. 224 f.; Ciulla 2006).

Pless und Maak (2008, S. 225 f.) weiten den Integritätsanspruch an Manager auf die Unternehmen auf einen ganzheitlichen Ansatz aus. Eine verantwortungsvolle Unternehmensführung umfasst Unternehmenspolitik, insbesondere Stakeholder-Beziehungen, Nachhaltigkeitsmanagement und Corporate Citizenship, eine verantwortungsvolle Ausgestaltung interner Prozesse und Systeme bis hin zur Sicherung verantwortungsvollen Handelns auf der Individualebene.

Dies konkretisiert sich im nachfolgend beschriebenen Ansatz, der auf das Strukturierungskriterium von Hiß (2006) aufbaut. Hier wird zwischen einem inneren, mittleren und äußeren Verantwortungsbereich unterschieden. Der innere Verantwortungsbereich wird über die Erfüllung von Markt und Gesetz gestaltet. Der mittlere Verantwortungsbereich betrachtet Aktivitäten entlang der Wertschöpfungskette. Im mittleren Verantwortungsbereich werden marktbezogene Stakeholder betrachtet. Dies wird um den äußeren Verantwortungsbereich von Aktivitäten außerhalb der Wertschöpfungskette ergänzt (vgl. Hiß 2006).

Der stakeholderorientierte Ansatz von Hiß (2006) wird aufgegriffen und um eine weitere Komponente ergänzt. Die Koalitionstheorie greift ebenso wie Hiß den Stakeholder-

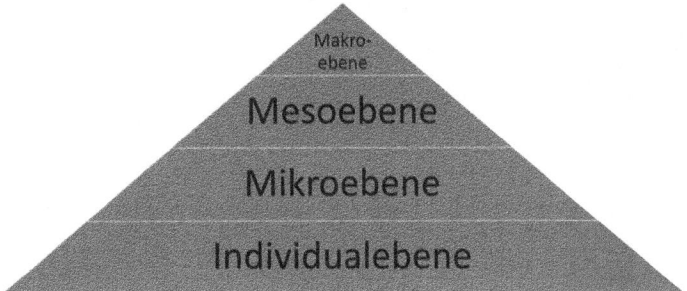

Abb. 1.7   Ebenen der Verantwortung. (Quelle: Eigene Darstellung)

Gedanken auf. Jede dieser Anspruchsgruppen setzt sich zunächst aus Individuen zusammen. Diese zeichnen sich durch gemeinsame Ziele und Erwartungen an die Organisation aus, gruppenbezogenen Nutzen zu realisieren. Allerdings haben Individuen immer spezifische Eigeninteressen, die zwar eine Schnittmenge mit der Anspruchsgruppe aufweisen, aber auch davon losgelöste Anteile. Die Individualebene soll somit der Stakeholder-Perspektive vorgeschaltet werden. Die Stakeholder-Perspektive hingegen soll unterteilt werden in die internen marktbezogenen Stakeholder, die externen marktbezogenen Stakeholder sowie die externen nicht-marktbezogenen Stakeholder (vgl. Abb. 1.7).

Individualebene
Pless und Maak (2008) führen die individuelle Ebene an, auf der die Führungsverantwortung ihren Ausgangspunkt nimmt und in eine individuelle Führungsintegrität mündet. Dies basiert darauf, dass Individuen als Vertreter von Organisationen Entscheidungen treffen. Das Entscheidungsverhalten von Individuen kann mittels der Theorie des geplanten Verhaltens erläutert werden. Dieser Ansatz geht auf Ajzen und Fishbein zurück. Er geht davon aus, dass rationale Handlungen darauf beruhen, dass eine Handlungsabsicht („Intention") entwickelt wird. Die Handlungsabsicht bestimmt zukünftiges Verhalten. Sie wird von drei Faktoren beeinflusst (vgl. Abb. 1.8, vgl. Ajzen 1991, 2006; Bierhoff 2006; Kreipl 2004; Stahlberg und Frey 1996; Ajzen und Fishbein 1977, 1980; Fishbein und Ajzen 1974; Fishbein 1967):

- Einstellungen werden als erlernte Neigung einer Handlung gegenüber definiert. Wenn eine positive Einstellung zu einer Handlung besteht, so wirkt dies verstärkend auf das Erzeugen von Handlungsabsicht und Handlung.
- Die subjektive Norm greift den Einfluss situativer Zwänge auf individuelles Verhalten auf. Sie beinhaltet die Einschätzung, wie relevante Dritte eine bestimmte Entscheidung bewerten. Wird eine Handlung von relevanten Dritten positiv bewertet, so wirkt dies verstärkend auf die Handlungsabsicht eines Entscheiders. Entscheider sind motiviert, den Erwartungen relevanter Dritter zu entsprechen.

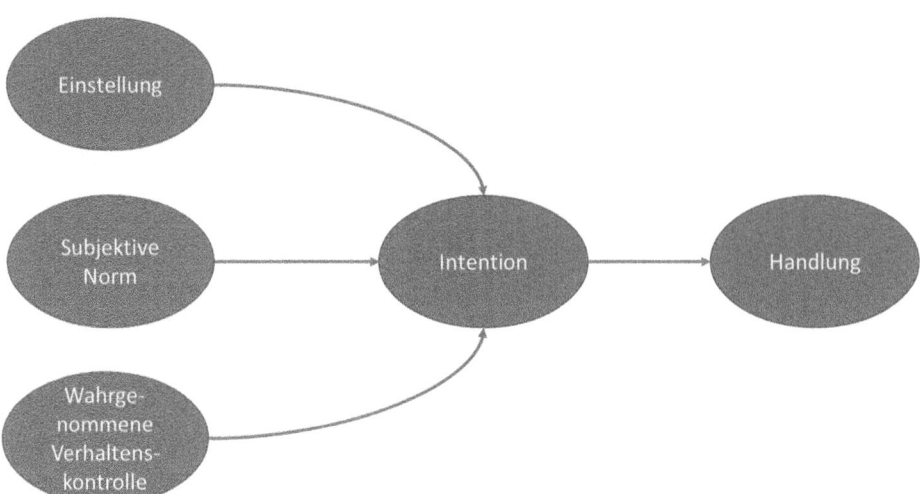

Abb. 1.8 Vereinfachte Darstellung der Theorie des geplanten Handelns. (Quelle: Eigene Darstellung in Anlehnung an Ajzen 2006)

- Die wahrgenommene Verhaltenskontrolle beschreibt die Einschätzung eines Subjektes (Entscheiders), inwieweit das Ergebnis einer Handlung innerhalb seiner Einflussmöglichkeiten liegt. Damit wird berücksichtigt, inwiefern Subjekte in der Lage sind, das beabsichtigte Verhalten auszuführen. Weiterhin wird bedacht, dass eine Verhaltensabsicht hoch ist, wenn die Ereignisse, welche mit dem Verhalten einhergehen, als positiv bewertet werden.

Entscheider in Unternehmen werden also Handlungen anweisen oder durchführen, wenn sie selber oder relevante Dritte (Stakeholder) eine positive Einstellung dazu haben, die situativen Bedingungen und die Möglichkeiten der Akteure zum Handeln vorliegen sowie die Resultate des Verhaltens als positiv bewertet werden. Dies kann im Rahmen der Unternehmensführung, neben einer eigenen Einschätzung von ökonomischer oder moralischer Vorteilhaftigkeit für das Unternehmen, die Einschätzung der nachfolgend beschriebenen relevanten Dritten, also den Stakeholdern, umfassen.

Die internen Stakeholder auf der Mikroebene
Der innere Verantwortungsbereich (Mikroebene) berücksichtigt Stakeholder, welche innerhalb der Organisation vorzufinden sind. Diese sind im Kern über den Stakeholder-Ansatz einbezogen. Hierzu zählen insbesondere die Mitarbeitenden, die Führungskräfte (Manager), aber auch die Eigentümer einer Organisation. Sie haben ein aktives Interesse am Fortbestand der Organisation und leisten zudem einen aktiven Beitrag zu deren Entwicklung:

- Eigentümer bzw. Aktionäre stellen die finanzielle Basis für die unternehmerische Tätigkeit bereit. Dem Eigenkapital stehen bilanziell das Anlage- und Umlaufvermögen gegenüber. Dafür erwarten sie eine Verzinsung der eingesetzten Mittel sowie eine Vermehrung des Vermögens bzw. die Steigerung des Aktienwertes.
- Manager legen die langfristige Entwicklung in Unternehmen durch strategische Entscheidungen fest. Sie stellen damit Weichen für einen langfristig orientierten Unternehmenserfolg. Die Erwartungen der Führungskräfte an das Unternehmen umfassen die Einkommen der Manager einschließlich von Incentives wie beispielsweise Erfolgsbeteiligungen in Form von Aktien, Dienstwagen oder weiteren Statussymbolen. Weiterhin werden Führungskräfte auch über nicht-monetäre Anreize wie Entscheidungsspielräume, Selbstverwirklichung oder auch Anerkennung an ein Unternehmen gebunden.
- Mitarbeiter setzten die Strategien um und übertragen sie operativ in den Unternehmensalltag. Für diesen Beitrag erwarten sie eine ökonomische Gegenleistung in Form eines Einkommens. Neben diesen monetären Anreizen werden Mitarbeiter auch durch nicht-monetäre Anreize wie z. B. eine sinnvolle Beschäftigung, Anerkennung und ein gutes Arbeitsklima an das Unternehmen gebunden. Ein erfolgreiches Unternehmen bietet den Mitarbeitern einen sicheren Arbeitsplatz und es kann Aufstiegsmöglichkeiten bieten.

Die Mesoebene der Verantwortung: Marktbezogene Stakeholder entlang der Wertschöpfungskette

Der mittlere Verantwortungsbereich (Mesoebene) folgt einer Wertkettenorientierung. Hier werden alle externen Stakeholder betrachtet, welche einen direkten Bezug zur Wertschöpfung der Organisation haben. Darunter fallen die Lieferanten von benötigten Ressourcen, die Kunden (welche auch Gäste, Patienten, oder Klienten sein können), Fremdkapitalgeber sowie alle Marktpartner, die die Unternehmen unterstützen (z. B. Logistikdienstleister, Marktforschungs- oder Beratungsunternehmen).

- Lieferanten sind an einer langfristigen Geschäftsbeziehung interessiert. Sichere Absatzkanäle gehen mit sicheren Umsätzen und einer hohen Planbarkeit der eigenen Geschäftsprozesse und Kapazitäten einher. Ein erfolgreiches Unternehmen kann dies den Lieferanten einschließlich einer Zahlungsfähigkeit bieten. Im Gegenzug sind Unternehmen an zuverlässigen Lieferungen unter Einhaltung vereinbarter Qualitäten interessiert.
- Kunden sind an den Leistungen des Unternehmens als Endverbraucher oder Weiterverwerter interessiert. Hierbei werden Zuverlässigkeit bei der Qualität (hierzu können auch ethische Elemente wie z. B. die Arbeitsbedingungen entlang der Wertschöpfungskette zählen) und den Preisen erwartet. Ein erfolgreiches Unternehmen kann Stabilität in Qualität, Menge und Preis gewährleisten. Im Gegenzug bildet die Nachfrage der Kunden die Voraussetzung für Umsatz und Gewinn der Unternehmen.

- Der Zugang zu Fremdkapital ist für Unternehmen erfolgsrelevant, um Finanzierungslücken zu schließen. Umgekehrt haben Fremdkapitalgeber ein Interesse daran, das bereitgestellte Fremdkapital mit einer Verzinsung zurückzuerhalten. Neben ökonomischen Interessen verweist die Existenz nachhaltiger Finanzanlagen auch auf ein ethisch motiviertes Entscheidungsverhalten von Anlegern.
- Weitere Marktpartner sind an langfristigen Geschäftsbeziehungen interessiert. Darauf baut über den erzielten Umsatz der Erfolg der Marktpartner auf. Unternehmen hingegen benötigen in einer arbeitsteiligen Unternehmensumgebung die Dienstleistungen der Marktpartner, um ihren unternehmerischen Erfolg realisieren zu können. Hierzu zählen beispielsweise Logistik-Dienstleister, welche die Waren zu den Kunden transportieren und somit einen wichtigen Beitrag in der Wertschöpfungskette leisten.

Die Makroebene der Verantwortung: Nicht-marktbezogene Stakeholder
Der äußere Verantwortungsbereich (Makroebene) umfasst externe Stakeholder, die ein Interesse am Fortbestand des Unternehmens haben, ohne direkt als Partner in der Wertschöpfungskette aktiv zu sein. Dies umfasst die Regierung auf nationaler ebenso wie kommunaler Ebene mit der Funktion als Gesetzgeber und Steuererheber, die Öffentlichkeit, die Presse, die Gewerkschaften oder auch weitere z. T. gemeinnützige Organisationen innerhalb einer Gesellschaft (z. B. Verbraucher-, Natur- oder Tierschutzorganisationen).

- Regierungen auf Bundes-, Landes- und kommunaler Ebene sind dafür verantwortlich, dass Gesetze erlassen werden und deren Einhaltung sichergestellt wird. Weiterhin werden Steuern und Gebühren erhoben. Es besteht somit ein Interesse am Erfolg von Unternehmen, um Staatseinnahmen über eine Unternehmensbesteuerung, aber auch über die Besteuerung der Mitarbeitereinkommen zu erzielen. Fehlender Unternehmenserfolg führt nicht nur zu sinkenden Steuereinnahmen, sondern kann bei Entlassungen und somit steigender Arbeitslosigkeit zu steigenden Sozialausgaben führen.
- Die Öffentlichkeit hat vielfältiges Interesse am Fortbestand von Unternehmen. Als Arbeitgeber stellen sie Arbeitsplätze zur Verfügung, die Kaufkraft der Region wird über die Einkommen der Mitarbeiter gestärkt, die Produkte können einen Nutzen bieten. Allerdings betrachtet die Öffentlichkeit kritisch mögliche externe Effekte unternehmerischen Handelns, beispielsweise Umweltschäden, sowie die Übernahme von deren Kosten.
- Die Presse zeigt Interesse daran, Transparenz über die Geschehnisse im Unternehmen zu schaffen. Dies gilt insbesondere für investigativen Journalismus beim Aufdecken von Skandalen.
- Gewerkschaften vertreten die Interessen von Arbeitnehmern, z. B. durch Aushandeln von Manteltarifverträgen. Die Existenz von Unternehmen liegt im Sinne von Gewerkschaften, weil sie Arbeitsplätze und Einkommen für Arbeitnehmer bieten.
- Verbraucher-, Natur- oder Tierschutzorganisationen vertreten eine spezifische Gruppierung. Sie trachten danach, dass deren Interessen gewahrt werden. Bei Verbraucher-Interessen werden beispielsweise Produktqualitäten und Zahlungsbedingungen fokussiert.

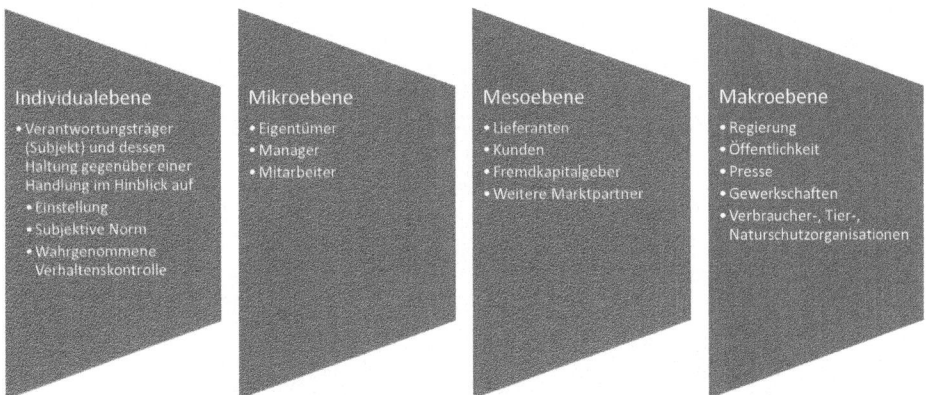

Abb. 1.9 Zielgruppen von Verantwortung. (Quelle: Eigene Darstellung)

Eine grafische Darstellung der Zielgruppen auf den einzelnen Ebenen kann Abb. 1.9 entnommen werden.

Mit diesem verantwortungsorientierten Stakeholder-Ansatz wurde eine Systematik geschaffen, welche den Anregungen der Literatur Rechnung trägt, in welcher die Bedeutung von Staat, Wirtschaft und auch Gewerkschaften, Wissenschaft oder den Bürgerinitiativen angeführt wird (vgl. Gillwald 2000, S. 26; Rammert 1992; Zapf 1989; Neuloh 1977). Diese Anspruchsgruppen finden sich im Modell auf der Makroebene wieder. Der Ansatz bietet insgesamt die Möglichkeit, ein Unternehmen als Wertschöpfungsnetzwerk zu betrachten (vgl. Howaldt et al. 2008, S. 64; Maak 2007). Dies trägt der Vielzahl und der Heterogenität der Akteure, Organisationen und Institutionen Rechnung und unterstützt unternehmerische Entwicklung beispielsweise über ein Entstehen und Diffundieren von Innovationen als kollektivem Unterfangen (vgl. Howaldt et al. 2008, S. 64).

Aus der Beschreibung der letzten drei Ebenen wird ersichtlich, dass der Erfolg eines Unternehmens auch von seinen Stakeholdern abhängt und die Stakeholder ebenfalls die Unternehmen benötigen. Neben ökonomischen Komponenten des Erfolgs treten auch andere Aspekte auf, die im folgenden Abschnitt erörtert werden sollen.

1.4   Ebenen verantwortungsvollen Handelns

Die unternehmerische Verantwortung erstreckt sich auf eine Verantwortung für die Zielerreichung unter Berücksichtigung von Stakeholder-Zielen und -Bedürfnissen. Diese umfassen ökonomische Komponenten, aber auch weitere Ebenen sind betroffen. So sind Mitarbeitern beispielsweise sichere Arbeitsplätze mit sicheren Einkommen ebenso wichtig wie gesunde Arbeitsbedingungen und ein gutes Arbeitsklima. Staat und Gesellschaft haben ein Interesse daran, dass Gesetze eingehalten werden und die Natur wenig belastet

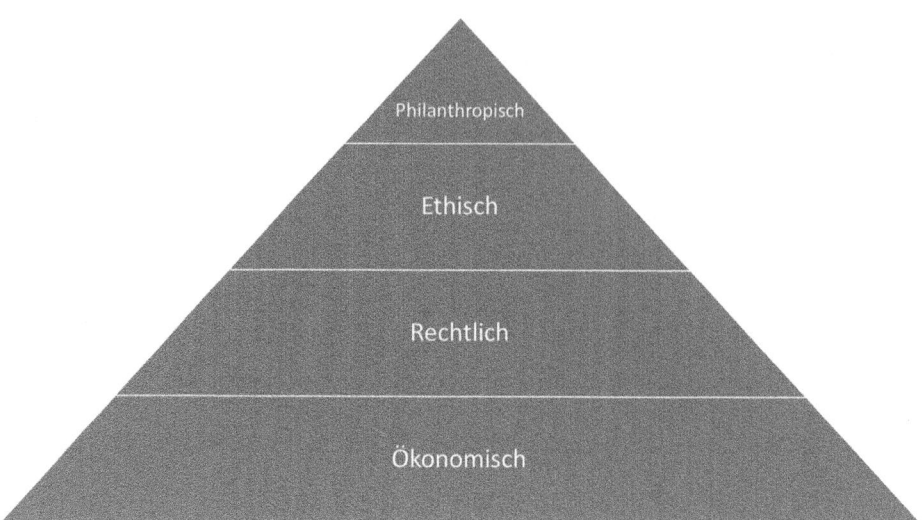

Abb. 1.10 Ausgestaltungsformen von Verantwortung. (Quelle: Eigene Darstellung in Anlehnung an Carroll 1991)

wird. Diesen Gedanken trägt der Ansatz von Carroll Rechnung, der in seiner Verantwortungspyramide vier Ebenen herausgearbeitet hat (vgl. Kreipl 2019 sowie Carroll 1991, 1999, S. 289).

Folgende vier Verantwortungsebenen müssen gemäß Abb. 1.10 betrachtet werden:

Ökonomische Verantwortung
Langfristige Profitabilität bildet eine Voraussetzung für die Existenz und Existenzsicherung von Organisationen. Mit dieser Profitabilität werden Investitionen in die Zukunft getätigt und damit der Fortbestand des Unternehmens gesichert. Investoren erhalten über Dividenden eine Verzinsung ihres eingebrachten Kapitals und der Wert von eingebrachten Einlagen kann wachsen. Gewinne sichern die Arbeitsplätze von Mitarbeitern und festigen deren berufliche Zukunft einschließlich steigender Einkommen und Karrieremöglichkeiten. Weiterhin stabilisiert ökonomischer Erfolg den Fortbestand von Geschäftsbeziehungen zu Lieferanten, was auch deren Existenzsicherung unterstützt. Über die Funktion als Steuerzahler, und sei es nur die Umsatzsteuer oder die Einkommensbesteuerung der Mitarbeiter, aber auch über die Funktion als Arbeitgeber über die Gehälter und Sozialabgaben der Mitarbeiter besteht zudem eine ökonomische Verantwortung. Aus öffentlicher Sicht dienen die Steuern und arbeitgeber- sowie arbeitnehmerseitigen Sozialabgaben der Finanzierung des Sozialsystems und von öffentlichen Gütern.

Damit liegt die ökonomische Verantwortung von Unternehmen im eigenen, aber durchaus auch im gemeinschaftlichen Interesse. Explizit benennt Carroll (1991, S. 40) die Maximierung von Aktienwerten, Profitabilität, eine starke Wettbewerbsposition, ein hohes Maß an operativer Effizienz und Konsistenz. Dies mündet in die Forderung: „Sei profitabel".

Rechtliche Verantwortung

Die Aktivitäten der Organisation und ihrer Mitglieder unterliegen der Forderung einer Einhaltung von Gesetzen. Gesetze spiegeln die Normen einer Gesellschaft wieder. Sie können als Kodifizierung einer Gesellschaft, was falsch und richtig ist, verstanden werden. Damit beinhalten sie bereits eine ethische Verantwortung. Gesetze gelten für Unternehmen als juristischen Personen, für die Stakeholder als Gruppen sowie für Individuen, aber auch in der Zusammenarbeit zwischen den Stakeholdern. Gesetze und Regelungen werden auf globaler, nationaler und kommunaler Ebene erlassen. Dies verweist auf die Vielfalt und Komplexität des Umgangs mit rechtlicher Verantwortung für Unternehmen. Eine fehlende Wahrnehmung rechtlicher Verantwortung kann für Unternehmen zu Geld- und Haftstrafen führen, aber auch zu weiteren Konsequenzen wie beispielsweise einem Ausschluss von öffentlichen Aufträgen, dem Schließen von Geschäftseinheiten und Kontosperrungen oder auch dem Wegfall von Geldern aus inkriminierten Geschäften (vertiefend siehe Kap. 3).

Explizit erwähnt Carroll (1991, S. 40) die Konsistenz mit Erwartungen von Regierung und Gesetz, eine Compliance mit Regulierungen von nationaler bis kommunaler Ebene, das Erfüllen rechtlicher Verpflichtungen insbesondere unter Einhaltung der rechtlichen Mindestbedingungen von Produkten, Dienstleistungen und deren Erstellungsprozess. Im Kern gilt die Forderung: „Beachte das Gesetz".

Ethische Verantwortung

Die Ebene der ethischen Verantwortung spiegelt die Ansprüche und Erwartungen einer Gesellschaft über moralisch falsches und richtiges Verhalten wider. Verantwortungsvolles unternehmerisches Handeln beruht somit auf universellen, grenzüberschreitend geteilten humanen Werte, wie sie beispielsweise bereits 1948 in der Allgemeinen Deklaration der Menschenrechte von den Vereinten Nationen niedergeschrieben wurden (vgl. Pless und Maak 2008, S. 236). Damit kann diese Verantwortungsebene auch in das Geschäftsmodell integriert sein, beispielsweise über die Wahrnehmung ökologischer Verantwortung durch den Einsatz von Bio- oder Recycling-Produkten oder erneuerbaren Energien. Diese freiwilligen Entscheidungen können Wettbewerbsvorteile ermöglichen. Wird eine ethische Verantwortung nicht wahrgenommen, so kann dies beispielsweise zu Verbraucherboykotten führen.

Carroll (1991, S. 41) drückt dies mit der Forderung nach Konsistenz mit bestehender und sich neu entwickelnder Moral und Ethik einer Gesellschaft aus. Die ethische Verantwortung führt mit der Verpflichtung zu tun, was richtig, gerecht und fair ist, zu der Forderung: „Handle nach ethischen Gesichtspunkten."

Philanthropische Verantwortung

Die letzte Stufe der philanthropischen Verantwortung geht über ethische und gesetzliche Verantwortung hinaus. Sie basiert auf Freiwilligkeit und steigert die gesellschaftliche Wohlfahrt, z. B. durch ein Bereitstellen von Ressourcen für die Gesellschaft oder die Verbesserung von Lebensqualität. Auch hier kann Umweltschutz durch den Einsatz erneuerbarer Energien oder Bio- bzw. Recyclingmaterialien angeführt werden. Durch diese

Ansätze entsteht neben möglichem unternehmerischem Nutzen in Form von Wettbewerbs-vorteilen ein gesellschaftlicher Nutzen.

Carroll (1991, S. 41) fasst diesen Begriff sehr eng, indem er beispielsweise die Unter-stützung von Wohltätigkeit, auch eine Unterstützung von Künsten und Bildungseinrich-tungen, die Förderung von freiwilligem wohltätigem Engagement einer Organisation und deren Mitgliedern als Umsetzungsmöglichkeiten benennt. Philanthropische Verantwor-tung lebt über die Forderung: „Sei ein guter Corporate Citizen."

Die vier Ebenen bilden gemeinsam das Verantwortungsgerüst von Organisationen. Wenngleich sie separat beschrieben werden, so sind sie dennoch miteinander verzahnt. Wenn unternehmerische Verantwortung nachhaltig in stabile organisationale Strukturen integriert sein soll, so muss allen Verantwortungsebenen Rechnung getragen werden. Langfristiger unternehmerischer Erfolg baut nicht nur auf das Realisieren ökonomischer Vorteile alleine auf, sondern muss sich innerhalb der gesetzlichen Regelungen bewegen und ethischen und philanthropischen Grundsätzen entsprechen. Zudem baut ein Rechts-system auf den Normen und Werten einer Gesellschaft auf. Da ethische und philanthropi-sche Grundsätze beide auf freiwilligem Gestalten von Werten und Normen aufbauen, wer-den sie im Folgenden unter ethischer Verantwortung subsummiert (vgl. Abb. 1.11).

Unternehmerischer Erfolg baut auf das Zusammenspiel der Verantwortungsebenen auf. Wird ein Unternehmen rechtlicher oder ethischer bzw. philanthropischer Verantwortung nicht gerecht, so entsteht ein direkter oder indirekter wirtschaftlicher Schaden. Dies kann über Strafzahlungen, aber auch indirekt durch den Image-Verlust und daraus resultieren-den Kundenabwanderungen geschehen. Auch durch Haftstrafen von Managern kann wirt-schaftlicher Schaden entstehen, wenn die Führung des Unternehmens nicht friktionslos gewährt werden kann. Zudem können aus ethischen und philanthropischen Ansätzen, aber auch aus der Kenntnis von Veränderungen rechtlicher Rahmenbedingungen Wettbewerbs-vorteile entstehen, woraus wirtschaftlicher Nutzen generiert werden kann.

Abb. 1.11 Unternehmerischer Erfolg baut auf das Zusammenspiel von drei Faktoren auf. (Quelle: Eigene Darstellung)

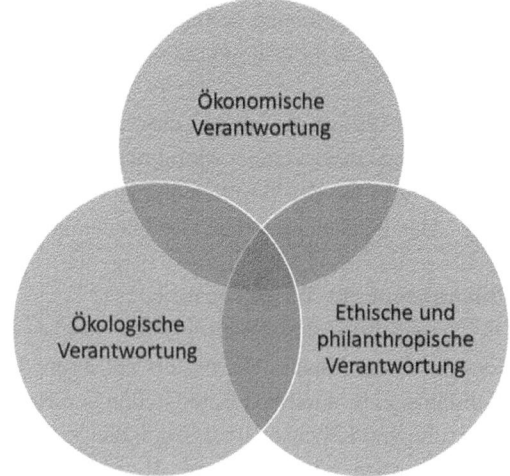

1.5   Zusammenführung der Erkenntnisse in ein Gesamtmodell

Fasst man die Überlegungen aus Abschn. 1.1 bis 1.4 zusammen, so entsteht ein Gesamtmodell, welches die Komplexität der Verantwortungsbeziehungen aufgreift. Hierbei werden die Anspruchsgruppen an verantwortliches Management mit den verschiedenen An-
spruchsarten verzahnt (vgl. Abb. 1.12).

Die ökonomische Verantwortung wird über Corporate Governance aufgegriffen. Diesem Ansatz wird Kapitel zwei des Buches gewidmet. Corporate Governance kann als
rechtlicher und faktischer Ordnungsrahmen für die Leitung und Überwachung eines Unternehmens verstanden werden (vgl. Welge und Eulerich 2014, S. 1; von Werder 2008,
S. 1). Es soll aufgezeigt werden, warum insbesondere in großen, kapitalmarktorientierten
Unternehmen wie Aktiengesellschaften ein Ansatz zu verantwortungsvollem ökonomischen

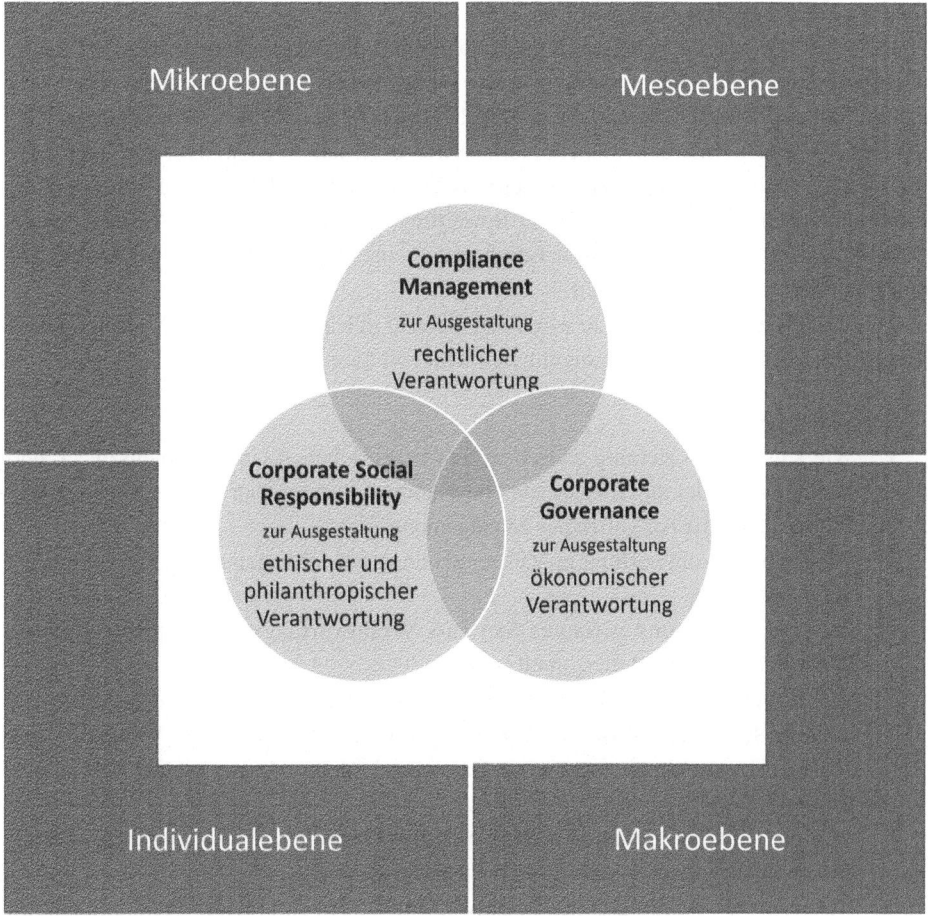

Abb. 1.12 Gesamtmodell der Verantwortungsbeziehungen und Verantwortungsebenen. (Quelle:
Eigene Darstellung)

Handeln nötig ist. Das geschieht durch die Betrachtung des Governance-Ansatzes (Kap. 2). Der Deutsche Corporate Governance Kodex dient als Instrument, welches den Unternehmen von externer Seite als Rahmen vorgegeben wird. In der Umsetzung innerhalb der Unternehmen führt er insbesondere zur Stärkung des Aufsichtsrates. Mittels des Three-Lines-Of-Defense-Modells wird gezeigt, wie Corporate Governance im Unternehmen umgesetzt wird und sich so mit dem klassischen Management vereint.

Die rechtliche Verantwortung soll über Compliance Management gesichert werden. Dies wird in Kap. 3 des Buches vertieft. Die Umsetzung von Compliance in einem Compliance Management-System (CMS) bezeichnet die Gesamtheit der in einer Organisation (z. B. in einem Unternehmen) eingerichteten Maßnahmen, Strukturen und Prozesse, um Regelkonformität sicherzustellen. Dies fokussiert rechtsverbindliche Regeln, kann sich aber auch auf ethisch ausgerichtete Vereinbarungen erstrecken (vgl. IDW 2016). Die Ausgestaltung von Compliance Management-Systemen wird ebenso aufgegriffen wie die Errichtung einer Compliance-Kultur.

Die ethische Verantwortung wird mit der philanthropischen Verantwortung vereint und über Corporate Social Responsibility in die Unternehmensführung integriert. Hier wird den Werten und Normen Raum gegeben, welche sich in freiwilligen Aktivitäten des Unternehmens seinen internen Stakeholdern sowie externen Stakeholdern mit und ohne Marktbezug gegenüber zeigen. Auf diesen Ansatz wird in Kap. 4 des Buches eingegangen. Eine theoretische Überlegung über die Bewertung von Bedeutung und Ausmaß gesellschaftlicher Verantwortung führt zur Entwicklung eines Stufen-Systems. Instrumente der einzelnen Stufen werden diskutiert.

Eine Synthese der drei Ansätze wird abschließend in Kap. 5 durchgeführt. Hier soll das Erfolgspotenzial aus deren Vereinigung betrachtet werden.

Kontrollfragen

1. Wie kann die Beziehung zwischen dem beschriebenen Unternehmenszweck und der Gewinnerzielungsabsicht von Unternehmen beschrieben werden?
2. Worin liegen die Aufgaben des Managements?
3. Warum hat Verantwortung im Zusammenhang mit Management an Bedeutung gewonnen?
4. Aus welchem Grund vermuten Sie, dass Verantwortung keine explizite Rolle in den Managementmodellen spielt?
5. Wie bewerten Sie das Zusammenspiel normativer, strategisch-ökonomischer und pragmatischer Motive bei der Verantwortung des Managements? Welche Motive sind für Unternehmen besonders relevant? Welche Motive können beeinflusst werden?
6. Welches sind die Prämissen verantwortlichen Handelns? Wo können diese Prämissen im unternehmerischen Alltag beeinträchtigt sein?
7. Benennen Sie die Zielgruppen verantwortungsvollen unternehmerischen Handelns. Wer übt Verantwortung aus und wer fordert Verantwortung ein?

8. Wie ist die Beziehung der vier Ebenen der Stakeholder gestaltet? Welche Stakeholder zeichnen sich durch besonders starke Einflussmöglichkeiten aus? Wie können Unternehmen reagieren?

9. In welcher Beziehung stehen die ökonomische, die rechtliche und die ethische sowie philanthropische Verantwortung zueinander? Gibt es eine Hierarchie?

Literatur

Ajzen, I. (1991). The theory of planned behavior. *Organizational Behavior and Human Decision Processes, 50*, 179–211.

Ajzen, I. (2006). *Attitudes, personality, and behavior* (2. Aufl.). New York: McGraw-Hill.

Ajzen, I., & Fishbein, M. (1977). Attitude-behavior relations: A theoretical analysis and review of empirical research. *Psychological Bulletin, 84*(5), 888–918.

Ajzen, I., & Fishbein, M. (1980). *Understanding attitudes and predicting social behavior*. New York: Pearson.

Anderson, R. C. (1998). *Mid-course correction: Toward a sustainable enterprise: The Interface model*. Atlanta: Penegrinzilla Press.

Bass, B. M., & Steidlmeier, P. (1999). Ethics, character, and authentic transformation leadership behavior. *Leadership Quarterly, 10*(2), 181–217.

Bea, F. X., & Haas, J. (2013). *Strategisches Management* (6. Aufl.). Konstanz/München: UVK Verlagsgesellschaft.

Becker, L., & Ray, A. (2017). Ehrbarer Kaufmann oder verantwortungsvoller Unternehmer? Mythen, Spannungen und Interessenkonflikte im Umgang mit Verantwortung im Marketing. In C. Stehr & F. Struve (Hrsg.), *CSR und Marketing* (S. 41–57). Berlin: Springer.

Bierhoff, H. W. (2006). *Sozialpsychologie: Ein Lehrbuch* (6. Aufl.). Stuttgart: Kohlhammer.

Bleicher, K. (1991). *Organisation. Strategien – Strukturen – Kulturen* (2. Aufl.). Wiesbaden: Springer.

Brühl, R. (2018). *Corporate Social Responsibility. Die Ethik der gesellschaftlichen Verantwortung und ihre Umsetzung*. München: Vahlen.

Cameron, K. & Quinn, R. E. (2011). *Diagnosing and changing organizational culture: Based on the competing values framework* (3. Aufl.). San Francisco: Jossey-Bass.

Card, C. (1996). *The unnatural lottery. Character and moral luck*. Philadelphia: Temple University Press.

Carroll, A. B. (1991). The pyramid of corporate social responsibility: Toward the moral management of organizational stakeholders. *Business Horizons, 34*(Juli–August), 39–48.

Carroll, A. B. (1999). Corporate social responsibility. Evolution of a definitional construct. *Business & Society, 38*(3), 268–295.

Ciulla, J. B. (2006). Ethics. The heart of leadership. In T. Maak & N. Pless (Hrsg.), *Responsible leadership* (S. 17–32). London: Routledge.

Cyert, R. M., & March, J. G. (1963). *A behavioral theory of the firm*. Englewood Cliffs: Prentice Hall.

Diermeier, D. (2006). Leading in a world of competing values: A strategic perspective on corporate social responsibility. In T. Maak & N. Pless (Hrsg.), *Responsible leadership* (S. 155–169). London: Routledge.

Drucker, P. F. (1986). *Management – Tasks, responsibilities, practices*. New York: Truman Talley Books.

Fayol, H. (1916). *Administration industrielle et générale*. Paris: Dunod.

Fetzer, J. (2004). *Die Verantwortung der Unternehmung*. Gütersloh: Gütersloher Verlagshaus.

Fishbein, M. (1967). Attitudes and the prediction of behavior. In M. Fishbein (Hrsg.), *Readings in attitude theory and measurement* (S. 477–493). New York: John Wiley and Sons.

Fishbein, M., & Ajzen, I. (1974). Attitudes towards objects as predictors of single and multiple behavioral criteria. *Psychological Review, 81*, 59–74.

Freeman, R. E., Martin, K., Parmar, B., Cording, M. P., & Werhane, P. H. (2006). Leading through values and ethical principles. In R. Burke & C. Cooper (Hrsg.), *Inspiring leaders* (S. 149–174). London: Routledge.

Gillwald, K. (2000). *Konzepte sozialer Innovation*. WZB discussion paper No. P 00-519, Wissenschaftszentrum Berlin für Sozialforschung, Berlin.

Göbel, E. (2013). *Unternehmensethik*. Konstanz/München: UVK Verlagsgesellschaft.

Hiß, S. (2006). *Warum übernehmen Unternehmen gesellschaftliche Verantwortung. Ein soziologischer Erklärungsversuch*. Frankfurt a. M./New York: Campus.

Howaldt, J., Kopp, R., & Schwarz, M. (2008). Innovationen (forschend) gestalten – Zur neuen Rolle der Sozialwissenschaften. *WSI Mitteilungen, 2*, 63–69.

Hungenberg, H. (2014). *Strategisches Management in Unternehmen. Ziele – Prozesse – Verfahren* (8. Aufl.). Berlin: Springer Gabler.

IDW – Institut der Wirtschaftsprüfer in Deutschland. (2016). Entwurf eines IDW Praxishinweises 1/2016: Ausgestaltung und Prüfung eines Tax Compliance Management Systems gemäß IDW PS 980.

Janisch, M. (1993). *Das strategische Anspruchsgruppenmanagment*. Bern: Haupt.

Jung, R. H., Bruck, J., & Quarg, S. (2013). *Allgemeine Managementlehre. Lehrbuch für die angewandte Unternehmens- und Personalführung* (5. Aufl.). Berlin: Erich Schmidt.

Kreipl, C. (2004). *Efficient Consumer Response und die Bereitschaft zur Kooperation*. Wiesbaden: Springer Gabler.

Kreipl, C. (2017). Gesellschaftliche Verantwortung als Anforderung an Manager – Implikationen für Corporate Social Responsibility im Marketing. In: C. Stehr & F. Struve (Hrsg.), *CSR und Marketing. Nachhaltigkeit und Verantwortung richtig kommunizieren* (S. 15–39). Wiesbaden: Gabler.

Kreipl, C. (2019). Soziale Innovationen: Ausdruck der Wahrnehmung gesellschaftlicher Verantwortung. In M. Alisch, S. Hagspihl, C. Kreipl & M. Ritter (Hrsg.), *Soziale Innovationen: Alter(n) in ländlichen Räumen* (S. 19–45). Kassel: University Press.

Laszlo, C. (2008). *Sustainable value*. Sheffield: Greenleaf Publishing.

Maak, T. (2007). Responsible leadership, stakeholder engagement and the emergence of social capital. *Journal of Business Ethics, 74*(4), 329–343.

Mallin, C. A. (2013). *Corporate governance* (4. Aufl.). Oxford: Oxford University Press.

Mintzberg, H. (1973). *The nature of managerial work*. New York: Harper and Row.

Monks, A. G., & Minow, N. (2011). *Corporate governance* (5. Aufl.). Chichester: John Wiley.

Neuhäuser, C. (2011). Verantwortung. In R. Stoecker, C. Neuhäuser, & M.-L. Raters (Hrsg.), *Handbuch Angewandte Ethik* (S. 120–125). Stuttgart: Metzler.

Neuloh, O. (1977). *Soziale Innovation und sozialer Konflikt*. Göttingen: Vandenhoeck und Ruprecht.

Pless, N. M., & Maak, T. (2008). Responsible Leadership. Verantwortliche Führung im Kontext einer globalen Stakeholder-Gesellschaft. *Zeitschrift für Wirtschafts- und Unternehmensethik, 9*(2), 222–243.

Porter, M. E., & Kramer, M. R. (2006). Strategy & society: The link between competitive advantage and corporate social responsibility. *Harvard Business Review., 83*(12), 78–92.

Prahalad, C. K. (2005). *The fortune at the bottom of the pyramid: Eradicating poverty through profits*. Uppers Saddle River: Wharton School Publishing.

Rammert, W. (1992). Wer oder was steuert den technischen Fortschritt? Technischer Wandel zwischen Steuerung und Sozialisation. *Soziale Welt, 43*(1), 7–25.

Robbins, S. P., Coulter, M., & Fischer, I. (2014). *Management. Grundlagen der Unternehmensführung* (12. Aufl.). Hallbergmoos: Pearson.

Rost, C. (1991). *Leadership for the 21st century.* Westport: Quorum.

Rüegg-Stürm, J. (2003). *Das neue St. Galler Management-Modell. Grundkategorien einer integrierten Managementlehre* (2. Aufl.). Bern: Haupt.

Rühli, E. (1996). *Unternehmensführung und Unternehmenspolitik* (3. Aufl., Bd. 1). Bern: Haupt.

Sarges, W. (1990). *Management-Diagnostik.* Göttingen: Hogrefe.

Schreyögg, G., & Koch, J. (2015). *Grundlagen des Managements* (3. Aufl.). Wiesbaden: Springer Gabler.

Staehle, W. H., Conrad, P., & Sydow, J. (1999). *Management – Eine verhaltenswissenschaftliche Perspektive* (8. Aufl.). München: Vahlen.

Stahlberg, D., & Frey, D. (1996). Einstellung: Struktur, Messung und Funktion. In W. Ströbe, M. Hewstone, & G. Stephenson (Hrsg.), *Sozialpsychologie: Eine Einführung* (3. Aufl., S. 219–252). Berlin: Springer.

Steinmann, H., Schreyögg, G., & Koch, J. (2013). *Management, Grundlagen der Unternehmensführung* (7. Aufl.). Berlin: Springer.

Suchanek, A. (2010). Die Verantwortung von Unternehmen in der Gesellschaft. In S. Braun (Hrsg.), *Gesellschaftliches Engagement von Unternehmen. Der deutsche Weg im internationalen Kontext* (S. 37–49). Wiesbaden: Springer.

Suchanek, A., & Lin-Hi, N. (2006). *Eine Konzeption unternehmerischer Verantwortung.* Diskussionspapier Nr. 2006–7, Wittenberg Zentrum für Globale Ethik, Wittenberg.

Thommen, J.-P., & Achleitner, A.-K. (2012). *Allgemeine Betriebswirtschaftslehre. Umfassende Einführung aus managementorientierter Sicht* (7. Aufl.). Wiesbaden: Springer.

Ulrich, H. (1970). *Die Unternehmung als produktives soziales System* (2. Aufl.). Bern/Stuttgart: Haupt.

Von Werder, A. (2008). *Führungsorganisation. Grundlagen der Corporate Governance, Spitzen- und Leistungsorganisation.* Wiesbaden: Springer Gabler.

Weber, M. (1919/2013). *Politik als Beruf.* Bremen: Europäischer Literaturverlag.

Welge, M. K., & Eulerich, M. (2014). *Corporate Governance Management. Theorie und Praxis der guten Unternehmensführung* (2. Aufl.). Wiesbaden: Springer.

Wöhe, G., & Döring, U. (2010). *Einführung in die Allgemeine Betriebswirtschaft* (24. Aufl.). München: Vahlen.

Zapf, W. (1989). Über soziale Innovationen. *Soziale Welt, 40*(1–2), 170–183.

Zimmerli, W. C., & Aßländer, M. S. (2005). Wirtschaftsethik. In J. Nida-Rümelin (Hrsg.), *Angewandte Ethik – Die Bereichsethiken und ihre theoretische Fundierung* (2. Aufl., S. 302–384). Stuttgart: Alfred Kröner.

Corporate Governance

2

*Der Weg zum Ziel beginnt an dem Tag, an dem du die
hundertprozentige Verantwortung für dein Tun übernimmst.
(Dante)*

Zusammenfassung

Corporate Governance setzt sich damit auseinander, dass in den Unternehmen „richtige" Entscheidungen getroffen werden. Es steht die Führung des Unternehmens im Fokus. Ein ökonomisch erfolgreiches Unternehmen ist das Ergebnis guter Führung. Dafür werden die Rahmenbedingungen und Gründe einer Entstehung von Corporate Governance beschrieben, bevor der Begriff über fünf Perspektiven hergeleitet und definiert wird. Als theoretischer Erklärungsansatz wird die Prinzipal-Agent-Theorie herangezogen. Die Lösungsansätze zur Überwindung einer Prinzipal-Agent-Problematik führen zu den Ausgestaltungsformen von Corporate Governance in der Unternehmenspraxis. Als externe Rahmenbedingung für Unternehmen wurde der Deutsche Corporate Governance-Kodex entwickelt. Ergänzend wird die Entwicklung weiterer nationaler Gesetzesänderungen betrachtet und in supranationale Corporate Governance-Leitlinien und Gremien eingebettet. Die unternehmensinterne Ausgestaltung von Corporate Governance wird zunächst grundlegend beschrieben, um dann die besondere Rolle von Aufsichtsräten zu diskutieren. Mit dem Three-Lines-of-Defense-Modell wird danach ein Ansatz betrachtet, welcher unabhängig von der Gesellschaftsform der Unternehmen den Corporate Governance-Forderungen entsprechen kann. Eine Diskussion der Bedeutung von Corporate Governance für kleine und mittlere Unternehmen sowie eine Betrachtung des Erfolgspotenzials von Corporate Governance runden das Kapitel ab.

© Springer Fachmedien Wiesbaden GmbH, ein Teil von Springer Nature 2020
C. Kreipl, *Verantwortungsvolle Unternehmensführung*,
https://doi.org/10.1007/978-3-658-28140-3_2

Verantwortungsvolle Unternehmensführung in Form von Corporate Governance steht im Fokus von Kap. 2. Hier sollen insbesondere die folgenden Kernfragen erörtert werden:

- Was versteht man unter Corporate Governance?
- Wie erklärt sich die Bedeutung von Corporate Governance?
- Welche externen Rahmenbedingungen bestehen für die Unternehmen?
- Welche internen Gestaltungsmöglichkeiten können Unternehmen wahrnehmen?
- Wie sieht die aktuelle Umsetzung von Corporate Governance aus?
- Kann Corporate Governance in kleinen und mittelständischen Unternehmen eingesetzt werden?
- Trägt Corporate Governance zum Unternehmenserfolg bei?

2.1 Grundlagen

2.1.1 Ausgangspunkte für Corporate Governance

Als Ausgangspunkt für das Etablieren von Corporate Governance werden oftmals Missmanagement (vgl. Malik 2008, S. 81 ff.), Skandale und Unternehmenskrisen in ihrer Vielfalt angeführt. Missmanagement und Unternehmenskrisen können auf eine Reihe von Fehleinschätzungen bestehender Risiken zurückgeführt werden. Risiken entstehen auf der Ebene der Unternehmensstrategie (z. B. Fehleinschätzung des Reifegrads neuer Technologien, neuer Märkte oder der Wettbewerber), des Managements (z. B. unzureichende Fähigkeiten) und auf operativer Ebene (z. B. Schadensfälle durch Feuer, IT-Fehlfunktionen, Personalmangel) (Tricker 2012, S. 206 f.). Beispiele für Skandale sind weltweit zu finden, so z. B. der Enron-Skandal in den USA oder auch der Dieselskandal in der deutschen Automobilindustrie.

Enron – Zwischen Bilanzpolitik und Bilanzfälschung
Nachdem sich Enron von einem Energieversorgungsunternehmen zu einem Energiehandelsunternehmen entwickelt hatte, wuchs der Konzern rasant. Zwischen 1996 und 2001 erhöhten sich die Gewinne kontinuierlich und der Umsatz wuchs um 52 Prozent pro Jahr auf 101 Milliarden US-Dollar laut Büchern im Jahre 2001, sodass Enron das siebtgrößte Unternehmen der USA darstellte. Der Börsenkurs stieg in diesem Zeitraum von 50 auf 80 Milliarden US-Dollar. Das Wachstum von Enron war vorwiegend fremdfinanziert. Durch Auslagern von Schulden und Risiken sowie Umsatzmanipulation suggerierte Enron eine gute Kreditwürdigkeit und Banken versorgten das Unternehmen immer weiter mit neuen Krediten.

Umsatz- und Gewinnsteigerungen konnten auf vielfältige Weise erzielt werden. Beispielsweise wurden Preise erhöht aufgrund fingierter Engpässe und Nachfrage. Weitere monetäre Erfolge wurden durch frühzeitige Umsatzrealisierung aus langfristigen Verträgen basierend auf dem Fair-Value-Prinzip erzielt. In wechselseitigen Transaktionen mit Geschäftspartnern wurden die Leistung vom erwerbenden Unternehmen aktiviert und über mehrere Jahre abgeschrieben. Beim Verkäufer hingegen wurden sie sofort als Umsatz ausgewiesen. Zusätzliche Gewinne resultierten aus dem Aufdecken stiller Reserven beim Verkauf von Vermögensgegenständen an Zweckgesellschaften (sogenannte Special Purpose Vehicles), die nicht im Konzernabschluss konsolidiert wurden.

Durch die Veräußerungsgeschäfte wurde zudem das gebunden Kapital im Konzernabschluss von Enron reduziert. Neben der Reduktion der Kapitalbindung wurde diese Übertragungsstrategie insbesondere genutzt, um Verbindlichkeiten und risikobehaftete Transaktionen wie zum Beispiel nicht voll-werthaltige Vermögenswerte aus den eigenen Büchern zu eliminieren. Zwischen 1999 und 2005 wurden hierzu knapp 5000 Zweckgesellschaften gegründet. Faktisch fand jedoch kein Risikotransfer statt, da Enron Garantien, Patronatserklärungen und Bürgschaften für diese Gesellschaften übernahm und die Zahlungsfähigkeit der Gesellschaften von Enrons Entwicklung abhing.

Bereits 1998 äußerte die Mitarbeiterin Sherron Watkins ihre Bedenken an den Praktiken, fand jedoch kein Gehör. Halbjährliche persönliche Leistungsbeurteilungen und permanente Androhung von Kündigungen führten zu einer Unternehmenskultur, die jegliche Offenheit und Kritik unterdrückte. Anreizsysteme, die an den Aktienkurs gekoppelt waren, Intransparenz und ein mangelhaftes Kontrollsystem wurden nicht nur toleriert, sondern zum Teil aktiv gefördert. Beispielsweise wurde der Ethik-Kodex kommentarlos abgeschafft.

Auch die zuständige Wirtschaftsprüfungsgesellschaft Arthur Andersen sah keine Probleme in der Bilanzierung. Nach damaligem US-GAAP Standard mussten Zweckgesellschaften nicht im Konzernabschluss konsolidiert werden, sofern ein Dritter mit mindestens drei Prozent beteiligt war. Arthur Andersen trug die Bilanzgestaltungsmaßnahmen nicht nur mit, sondern hatte erheblichen Anteil daran. 2000 erstattete Enron Arthur Andersen beispielsweise nicht nur 25 Millionen US-Dollar an Prüfungsgebühren, sondern darüber hinaus Beratungsleistungen im Umfang von 27 Millionen US-Dollar. 2001 wiederholte Sherron Watkins ihre Bedenken und wurde zum Whistleblower im Enron-Skandal. Es stellte sich heraus, dass die wirtschaftliche Verfügungsmacht über die Zweckgesellschaften sowie das unternehmerische Risiko zum Teil vollständig bei Enron lagen. Ende 2001 konnte in drei Fällen zweifelsfrei nachgewiesen werden, dass es sich beim Mitgesellschafter der Zweckgesellschaften um weitere, speziell hierfür gegründete Zweckgesellschaften handelte, sodass die betreffenden Unternehmen rückwirkend konsolidiert werden mussten. Der dadurch entstandene Verlust in Höhe von 618 Millionen US-Dollar im dritten Quartal 2001 und die rückwirkende Berichtigung der Ergebnisse der vier vergangenen Jahre um 586 Millionen US-Dollar überraschten den Finanzmarkt und verursachte einen Aktienkursfall von 85 US-Dollar auf 68 Cent innerhalb weniger Wochen. Es stellte sich heraus, dass die Schulden um 2,6 Milliarden US-Dollar unterbewertet waren. Enron ging in die Insolvenz, 4000 Personen verloren ihren Arbeitsplatz und viele Mitarbeiter, die zur Altersvorsorge in Enron-Aktien investiert hatten, verloren ihre Altersabsicherung. Die verantwortlichen Mitglieder des Ma-

nagements wurden zu empfindlichen Geldstrafen und/oder Haftstrafen verurteilt, der CEO beispielsweise zu 24 Jahren Freiheitsstrafe und 45 Millionen US-Dollar Entschädigungszahlungen. Arthur Andersen vernichtete nach Bekanntwerden des Skandals relevante, interne Dokumente. Nicht zuletzt aufgrund des Enron-Skandals musste Arthur Andersen schließlich aufgelöst werden (vgl. Peemöller und Hofmann 2005, S. 29 ff.; Johnson et al. 2011, S. 180 f.; Tricker 2012, S. 505 f.).
Diskussionsfragen:

1. Welchen Einfluss hat Enrons Unternehmenskultur auf den Skandal?
2. Wie sollte ein Kontrollsystem aus aufbauorganisatorischer Sicht (Organisations-einheiten/-gremien) ausgestaltet sein, um Fehlverhalten von Geschäftsführern und Vorständen vorzubeugen? Welche Rolle spielen Informations- und Anreizsysteme?
3. Was versteht man unter unabhängiger Überwachung/Prüfung und wie verhält es sich mit ihr im Enron-Fall?

Diese Beispiele zeichnen sich durch ein Verletzen bestehenden Rechts, aber möglicher-weise auch ethischer Standards aus. Dieses Fehlverhalten beeinträchtigt das Image der Unternehmen. Letztlich entstehen ökonomische Schäden (vgl. Abb. 2.1).

Ergänzend zu den Wirtschaftsskandalen fördern weitere Entwicklungen und Ereignisse Corporate Governance (vgl. Bress 2008, S. 26 ff.):

* Globalisierung von Kapitalnachfrage
  – Globalisierung führte zum Entstehen einer Vielzahl an großen, multinational agie-renden Konzernen mit einem hohen Bedarf an Kapitalgebern zur Finanzierung von Investitionen.

Abb. 2.1 Das Zusammenspiel der Schäden aus Unternehmensskandalen. (Quelle: Eigene Darstellung)

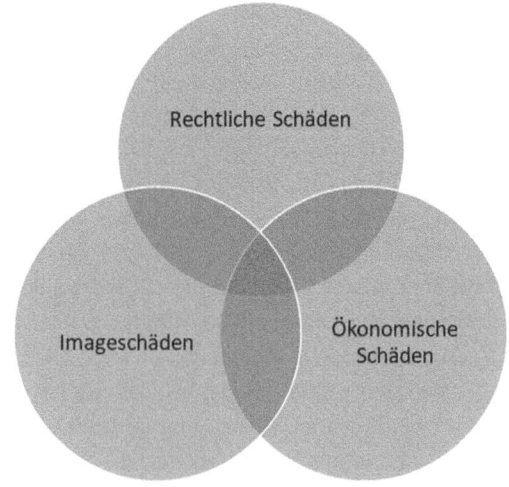

- Neben der Globalisierung von Absatzmärkten, Märkten zur Rohstoffbeschaffung und Produktionsstätten wurden damit auch Kapitalangebot und -nachfrage globalisiert.
- Der Bedarf an Investoren steigt, wodurch neben nationalen auch internationale Investoren an Bedeutung gewinnen.
- Die Bedeutung institutioneller Investoren steigt und ihre Bedürfnisse müssen berücksichtigt werden.
- Veränderung von Entscheidungs- und Eigentumsstrukturen
  - Die multinationalen Konzerne zeichnen sich durch eine Trennung von Kapitalgeber und Entscheider aus. Hieraus resultieren Herausforderungen, die in Abschn. 2.1.4 erörtert werden.
  - Neu entstandene Unternehmen durch die Privatisierung von zuvor öffentlichen Organisationen (z. B. die Telekom AG) erfordern das Vertrauen der Anleger bei fehlender Erfolgserfahrung.
  - Neue Nationen entstehen durch Zusammenschlüsse oder das Beenden vorheriger Zusammenschlüsse (z. B. bei der deutschen Wiedervereinigung oder nach dem Auflösen der UdSSR). Vertrauen in den Wirtschaftsstandort muss entstehen, um einerseits Unternehmen und andererseits Investoren zu gewinnen.
- Eine eigene Dynamik in der Corporate Governance-Bewegung
  - Das Entstehen nationaler Corporate Governance-Bestrebungen greift auf andere Nationen über, bis nationale Corporate Governance-Ansätze zum globalen Standard werden.
  - Innerhalb einzelner Volkswirtschaften werden Corporate Governance-Konzepte zum nationalen Standard. Dies betrifft zunächst Aktiengesellschaften und diffundiert weiter in Unternehmen mit anderen Rechtsformen bis hin zu öffentlichen oder Non-Profit-Unternehmen.

Die Deutsche Telekom AG
Die Deutsche Telekom AG ist ein börsennotiertes Telekommunikationsunternehmen, welches aus einem Staatsunternehmen entstanden ist. Die Deutsche Telekom AG zählt gemäß Forbes Global 2000 zu den weltgrößten Unternehmen mit einem Börsenwert von 81 Mrd. US-$ (vgl. Forbes 2018).

Das Unternehmen ist in seiner heutigen Form am 2. Januar 1995 mit dem Inkrafttreten der zweiten Postreform aus der früheren Deutschen Bundespost Telekom entstanden. Im Januar 1998 fiel das Fernmeldeanlagengesetz (FAG), wodurch das Staatsmonopol für den Telefondienst in Deutschland aufgelöst wurde. Zunächst war der Bund der alleinige Aktionär. Der Börsengang erfolgte am 18. November 1996. Die Deutsche Telekom AG entstand. Mit einer bis dahin beispiellosen Werbekampagne wurde der Begriff der T-Aktie geprägt und als Volksaktie eingeführt. Privatkunden erhielten Anteilsscheine zu einem reduzierten Ausgabepreis. 1,8 Mio. Privatanleger erwarben Aktien zu einem Stückpreis von 28,50 DM (14,57 €). Die Nachfrage nach den

Wertpapieren überstieg die Verfügbarkeit um das Fünffache. Weitere Aktienemissionen erfolgten in den Jahren 1999 und 2000. Der Anteil der staatlich gehaltenen Anteile sank kontinuierlich. Aktuell liegt der Bundesbestand bei 31,9 % der Aktien, wovon 17,4 % von der KfW gehalten werden. 61,9 % der Aktien sind in Streubesitz. Die Privatisierung ist erfolgt. (vgl. Bundesministerium der Finanzen 2019; Rüdiger 2012)

Diskutieren Sie folgende Fragen:

1. Wie kann Vertrauen in ein neues Unternehmen bzw. eine neu gegründete Aktiengesellschaft aufgebaut werden? Welche Kriterien müssen bedacht werden?
2. Wie kann mittels einer Werbekampagne eine Volksaktie aufgebaut werden?
3. Welche Rolle hat Ihrer Ansicht nach ein reduzierter Aktienpreis?
4. Können Sie sich weitere Organisationen vorstellen, die privatisiert werden?

Insbesondere Missmanagement und Skandale können weitreichende Schäden für die Unternehmen, für das Image von Branchen bis hin zu Schäden für die Volkswirtschaften mit sich bringen.

Der FlowTex-Fall – Der Milliarden-Sale-Lease-Back-Schwindel
Die FlowTex Technologie GmbH & Co KG (FlowTex) war ein badisches Handelsunternehmen für Horizontalbohrmaschinen. Ihr Kernprodukt ermöglichte es, Tunnel für Rohrsysteme und Leitungen zu graben, ohne die Erdoberfläche aufzureißen. Verkauft wurden diese 1,5 Millionen D-Mark teuren Maschinen an Leasinggesellschaften und Banken. Von diesen leasten Partnerunternehmen, die unter wirtschaftlichem Einfluss von FlowTex standen, die Maschinen direkt wieder zurück. Tatsächlich existierte nur ca. ein Zehntel der verkauften Maschinen. Um dies zu verschleiern, wurden unter anderem die Seriennummern auf den Zulassungsschildern der vorhandenen Maschinen bei Überprüfungen durch die Leasinggeber oder für Jahresabschlussprüfungen ausgetauscht. Um die vertraglich vereinbarten Leasingraten in Höhe von insgesamt 60 Millionen D-Mark pro Monat (das entspricht etwa 85.000 D-Mark pro Stunde) aufbringen zu können, waren kontinuierlich steigende Verkaufseinnahmen notwendig. Laut Geschäftsbüchern wurden zwischen 1994 und 1999 mehr als 3000 Maschinen an über 100 Leasinggesellschaften und Banken veräußert und zurückgeleast. Der Betrug fiel erst im Februar 2000 auf, als FlowTex eine Anleihe über 300 Millionen Euro emittieren wollte und ein Banker und ehemaliger Geschäftspartner von FlowTex Strafanzeige erstattete, um Kleinanleger zu schützen. Das zuständige Landgericht bezifferte den Gesamtschaden zum Abschluss des Verfahrens auf über zwei Milliarden Euro, welcher zum Großteil offene Leasingraten umfasste. Der FlowTex-Gründer Manfred Schmider sowie weitere Beteiligte wurden zu Haftstrafen zwischen sechs und zwölf Jahren verurteilt. FlowTex musste Insolvenz anmelden (vgl. Landeszentrale für politische Bildung Baden-Württemberg 2019; Manager Magazin 2001; Focus Online 2009b; Spiegel Online 2000).

Diskussionsfragen:
1. Das Horizontalbohrmodell war durchaus erfolgversprechend. Auch auf legalem Wege hätte FlowTex Gewinne erzielen können. Was könnte die Beteiligten veranlasst haben, ein anderes, illegales Geschäftsmodell zu verfolgen?
2. Der Banker, der Anzeige erstattete, behauptete, dass den Banken bereits 1997 hätte auffallen können, dass die Maschinen nicht real existierten. Trifft die Banken und Wirtschaftsprüfungsgesellschaften eine Mitschuld?
3. Welche Art von Schäden bzw. Konsequenzen (ökonomische/rechtliche Konsequenzen/Reputationsschäden) können auch für die Banken und Wirtschaftsprüfungsgesellschaften resultieren?
4. Wie hätte der Skandal verhindert oder früher aufgedeckt werden können?

2.1.2 Konsequenzen für Unternehmen und Stakeholder

Unternehmensskandale und -krisen beruhen auf Fehlentscheidungen von Managern. Als Konsequenzen daraus werden die Unternehmen selber, aber auch deren Stakeholder geschädigt. Die Auswirkungen können sich in verschiedener Weise zeigen, beispielsweise

- durch Imageschäden:
  - Das Ansehen des Unternehmens in der Öffentlichkeit sinkt, auch verstärkt durch negative Berichte in klassischen Medien und Social Media.
  - Die Motivation der Mitarbeiter sinkt. Dies kann ein Ergebnis des sinkenden Ansehens des Unternehmens sein, aber auch auf eine beeinträchtigte Vorbildfunktion der Führungskräfte zurückzuführen sein. Dadurch werden die Leistungsfähigkeit und die Leistungsbereitschaft der Mitarbeiter negativ beeinflusst.
  - Die Akzeptanz der Produkte im Markt sinkt. Kunden entscheiden sich verstärkt gegen die Produkte, was Absatz- und Umsatzeinbußen mit sich bringt.
  - Insbesondere ethisches Fehlverhalten kann zum Boykott-Aufruf durch entsprechende Interessengruppen führen (beispielsweise Tierschützer, die sich gegen Eier aus Legebatterien oder den Handel mit Pelzen aussprechen). Absatz- und Umsatzeinbußen können die Folge sein.
- durch eine Beeinträchtigung der Unternehmensführung:
  - Aufgrund eines hohen Zeitaufwands für die Skandalbewältigung können sich Manager weniger dem Kerngeschäft widmen. Die Qualität ihrer Entscheidungen kann dadurch beeinträchtigt werden.
  - Aufsichtsbehörden greifen ein und einstweilige Verfügungen können erlassen werden. Dies erschwert die übliche Geschäftstätigkeit bis hin zu einer möglichen Stilllegung von Betrieben oder Betriebsteilen.
  - Untersuchungshaft oder Haftstrafen für Manager erschweren oder unterbinden die Geschäftsführungstätigkeit.

- – Pfändungen von Bankkonten beeinträchtigen den Betriebsablauf.
- durch monetäre Beeinträchtigungen:
  - – Die Imageschäden führen zu sinkenden Umsätzen und damit sinkendem Gewinn.
  - – Beeinträchtigungen der Unternehmensführung können zu verspäteten oder überhasteten Entscheidungen führen und dem Erschließen von Wettbewerbspotenzialen entgegenstehen.
  - – Schadenersatzforderungen durch Kunden, Wettbewerber oder Verbraucher können den Gewinn zusätzlich reduzieren.
  - – Eine Vergabesperre bei öffentlichen Aufträgen schränkt Umsatz- und Gewinnmöglichkeiten ein.
  - – Strafzahlungen und Bußgelder reduzieren den Gewinn.
  - – Erlöse aus inkriminierten Geschäften fallen an die Staatskasse.

Schneiders Immobilienbetrug – Wenn 50 Millionen D-Mark nur Peanuts sind
Der studierte Bauingenieur Jürgen Schneider war immer adrett gekleidet, gab sich als feinsinniger Architekturliebhaber und -förderer und wirkte seriös, glaubwürdig und verlässlich. Er erwarb historische Immobilien in bester Lage, beispielsweise in Berlin (Kurfürsteneck), Frankfurt (Zeilgalerie und Fürstenhof) und Leipzig (Mädler-Passage und Barthels Hof), und sanierte und modernisierte sie aufwändig. Zur Finanzierung nahm er Kredite auf, welche ihm die Banken bereitwillig einräumten, da er beispielsweise bestehende Immobilien mehrfach belieh, überhöhte Mieteinnahmen fingierte oder die Baupläne der Investitionsobjekte fälschte. Die vermietbare Fläche der Frankfurter Zeil erhöhte er z. B. von 9000 auf 22.000 Quadratmeter, wodurch das bereitgestellte Kreditvolumen der Banken stieg. Die tatsächlichen Einnahmen aus den Objekten blieben folglich hinter den Erwartungen zurück und die Schulden stiegen mit jedem weiteren Projekt. Im Frühjahr 1994, nachdem die Frankfurter Allgemeine Zeitung in einem Artikel Ungereimtheiten bei Schneiders Bauprojekten aufgedeckt hatte, tauchten Jürgen Schneider und dessen Frau unter. Jürgen Schneider wurde per internationalem Haftbefehl gesucht, 1995 in Miami festgenommen und 1996 an Deutschland ausgeliefert, wo er 1997 wegen Betrugs und Urkundenfälschung zu sechs Jahren und neun Monaten Freiheitsstrafe verurteilt wurde. Die ausstehenden Schulden beliefen sich auf 6,7 Milliarden D-Mark, wovon allein 1,2 Milliarden auf die Deutschen Bank entfielen. Aufgrund ihrer unzureichenden Prüfungen vor der Kreditvergabe litt auch das Ansehen der beteiligten Kreditinstitute in der Öffentlichkeit. Auf einer Pressekonferenz sorgte Hilmar Kopper, der damalige Chef der Deutschen Bank, für einen weiteren Skandal. Als Zeichen guten Willens versicherte er, dass seine Bank die ausstehenden Handwerkerrechnungen in Höhe von 50 Millionen D-Mark begleichen würde, es handle sich dabei nur um „Peanuts" (vgl. Deutschlandfunk Kultur 2016; Focus Online 2009a; Spiegel Online 2007).

Diskussionsfragen:

1. Welche Konsequenzen wurden mittlerweile im Bankensektor gezogen?
2. Ist ein Betrugsfall in diesem Ausmaß heute noch vorstellbar?
3. Beurteilen Sie das Verhalten des Chefs der Deutschen Bank. Welches Vorgehen wäre angebracht gewesen, um den entstandenen Schaden für die Bank zu begrenzen und keinen weiteren Skandal zu initiieren?

Die unternehmensseitigen Konsequenzen strahlen auf die Stakeholder aus:

- Die Eigentümer des Unternehmens sind von einem Werteverfall des Unternehmens betroffen. Es droht der Verlust des investierten Vermögens.
- Führungskräfte und Mitarbeiter unterliegen einem Karriereeinschnitt (fehlende Entwicklungsmöglichkeiten, ausbleibende Gehaltserhöhungen) bis hin zu der Gefahr eines Arbeitsplatzverlustes aufgrund von Kosteneinsparungen oder einer drohenden Insolvenz.
- Kunden müssen an der Qualität der Leistungen und deren langfristiger Verfügbarkeit zweifeln.
- Lieferanten unterliegen der Gefahr von Zahlungsunfähigkeit bei bereits gelieferten Leistungen bis zum Wegfall von Marktpartnern.

Die beschriebenen Entwicklungen beeinflussen das Vertrauen in die Unternehmen und deren Entscheider:

- Skandale fördern Zweifel an die Unternehmen und die Fähigkeit der Geschäftsführung. Vertrauen in das Unternehmen sinkt.
- Aus globalisierter Wirtschaftstätigkeit resultiert ein gestiegener Bedarf an Investitionen in Form von Eigen- und Fremdkapital. Vertrauen in die Vermehrung des eingesetzten Vermögens beziehungsweise darauf, das eingesetzte Vermögen nicht zu verlieren, sind eine Voraussetzung für Investitionen. Die Wahrscheinlichkeit steigt, dass aktuelle Investoren abspringen und potenzielle Investoren sich gegen die Investition entscheiden.
- Neue bzw. privatisierte Unternehmen können keine Erfolgsgeschichte ihrer wirtschaftlichen Tätigkeit vorweisen. Erfahrungen mit den Ergebnissen von Investitionen liegen nicht vor. Vertrauen muss diese Lücke füllen. Dies gilt ebenso für neu entstandene Nationen, wie beispielsweise nach einem Zusammenbruch wie in der Sowjetunion oder nach Vereinigungen (z. B. Deutschland, Jemen). Vertrauen in die dortigen Unternehmen beziehungsweise in die Nation als Investitionsstandort muss aufgebaut werden.

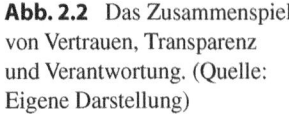

Abb. 2.2 Das Zusammenspiel
von Vertrauen, Transparenz
und Verantwortung. (Quelle:
Eigene Darstellung)

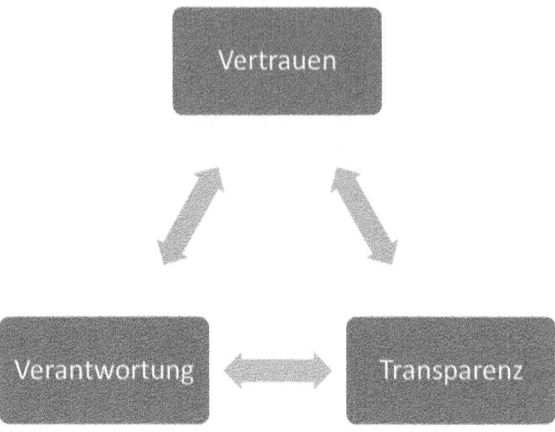

Der Erhalt und der Wiederaufbau von Vertrauen gewinnen eine strategische Bedeutung.
Der Aufbau von Vertrauen kann einerseits erfolgen, indem Transparenz geschaffen wird
und andererseits durch die Regelung von Zuständigkeiten und Verantwortlichkeiten.
Transparenz erlaubt eine verbesserte Nachvollziehbarkeit unternehmerischen Handelns.
Zuständigkeiten und Verantwortlichkeiten hingegen zeigen an, wer für Fehler einstehen
muss beziehungsweise wer den Aufbau von Vertrauen vorantreiben kann. Instrumente,
Methoden und Prozesse zum Aufbau von Vertrauen durch Transparenz und Verantwortung
stehen im Fokus von Corporate Governance (vgl. Abb. 2.2).

Fragestellungen

1. Bitte identifizieren Sie rechtliche, wirtschaftliche und Reputationsschäden in den
   Fallbeispielen.
2. Welche Schäden erachten Sie als besonders gravierend?
3. Welche der Schäden haben eine eher kurzfristige, welche eine eher langfristige
   Wirkung?

Olympus – Krise auf Japanisch
Im Sommer 2011 berichtete ein japanisches Magazin von überteuerten Übernahmen
inklusive dafür geflossener, horrender Beraterhonorare durch das japanische Unternehmen Olympus. Der Engländer Michael Woodford, der erst kurze Zeit zuvor die
Leitung von Olympus übernommen hatte, verfasste daraufhin Alarm-Briefe an seine
Management-Kollegen und beauftragte eine Prüfungen durch ein externes Wirt-
schaftsprüfungsunternehmen, welche weitere überteuerte Übernahmen und Berater-
entgelte offenbarte. Da seine Vorstandskollegen die Vorwürfe vollständig ignorierten
und schwiegen, forderte Woodford deren Rücktritt. Daraufhin wurde Woodford am
14. Oktober 2011 von ebendiesen aufgrund „kultureller Differenzen" einstimmig seines Amtes enthoben. Woodford wandte sich daraufhin in Interviews an die Öffentlichkeit und spielte der Financial Times brisante Unterlagen zu, die am 15. Oktober

darüber berichtete. Das mediale Interesse im Ausland stieg, der Börsenkurs von Olympus fiel – nicht zuletzt, weil man es bei Olympus weiter vorzog zu schweigen (Zum Verlauf des Aktienkurses vgl. Abb. 2.3). Erst am 17. Oktober wurde eine nüchterne Pressemitteilung auf japanisch zu veröffentlichen, in der alle Vorwürfe dementiert wurden und Woodford juristische Konsequenzen androht wurden. Die Talfahrt des Aktienkurses ging weiter, ausländische Investoren forderten von Olympus eine Aufklärung. Olympus sah sich gezwungen, eine unabhängige Untersuchungskommission einzusetzen. Nachdem jedoch auch diese Ankündigung keinen nachhaltigen Effekt auf die Kursverluste hatte, „opferte" sich der Olympus-CEO und trat zurück. Der Kursverfall flachte etwas ab, setzte sich aber fort. Über eine Woche später legte der neue CEO ein Geständnis ab, wonach Olympus nach dem Platzen der japanischen Investment-Blase Verluste verschleiert und die Bilanzen manipuliert habe. Er entschuldigte sich, griff jedoch zugleich den illoyalen Whistleblower Woodford an, durch den der Schaden für Olympus erst entstanden sei. Die japanische Politik und Großinvestoren, für die aufgrund ihrer Kultur Loyalität und Harmonie im Mittelpunkt stehen, standen immer noch hinter Olympus. Den westlichen Medien jedoch gab das Verhalten und dessen Akzeptanz Anlass, darüber nachzudenken, ob diese Praktiken in Japan Usus seinen, wodurch sich der Olympus-Skandal zu einem nationalen Problem ausweitete. Die japanische Politik, besorgt um den Ruf ihres Standortes, versprach umgehend Maßnahmen zu ergreifen, um für Rechtmäßigkeit und Transparenz zu sorgen. Die Kursverluste der Olympus-Aktie konnten dadurch am 11. November 2011 gestoppt werden, nachdem der Kurs innerhalb nicht mal eines Monats um über 80 % von 2482 auf 640 JPY gefallen war. Nach Abschluss der unabhängigen Untersuchungen im Dezember 2011 leitete Olympus interne Reformen sowie juristische Schritte gegen die Verantwortlichen ein. Die Hälfte des Vorstandes wurde ausgetauscht, angeklagt und zu Freiheitsstrafen verurteilt. Bis sich der Aktienkurs wieder erholt hatte, vergingen jedoch eineinhalb Jahre (vgl. Brandeins 2019).

Diskussionsfragen:

1. Wie hätte die Unternehmensleitung handeln können, um einen Schaden in diesem Ausmaß zu vermeiden?
2. Welche Maßnahmen könnte die Politik ergriffen haben, um das Vertrauen der Anleger in japanische Unternehmen wieder zu stärken?

2.1.3 Der Begriff Corporate Governance aus verschiedenen Perspektiven

Corporate Governance bezeichnet den rechtlichen und faktischen Ordnungsrahmen für die Leitung und Überwachung eines Unternehmens. Unvollständige Verträge und unterschiedliche Interessenlagen bieten den Stakeholdern prinzipiell Gelegenheiten wie auch Motive zu opportunistischem Verhalten. Regelungen zur Corporate Governance haben

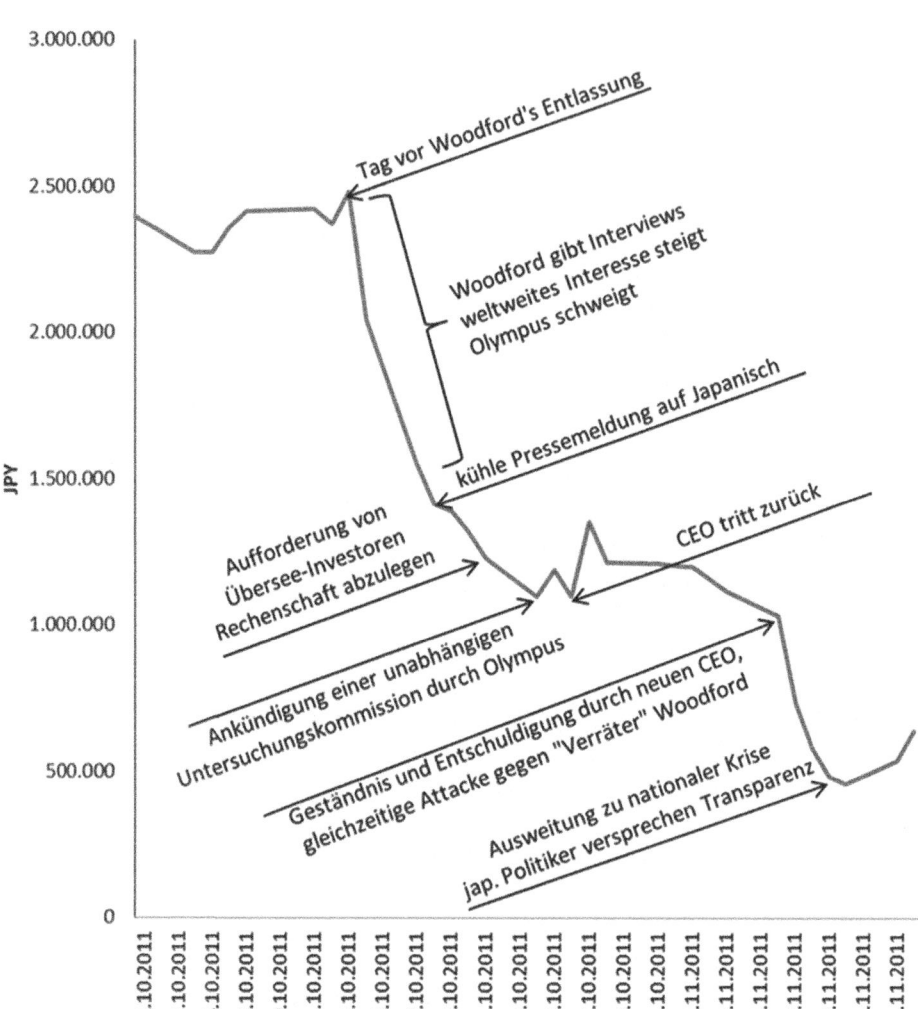

Abb. 2.3 Olympus – Krise auf Japanisch 2011. (Quelle: Eigene Darstellung in Anlehnung an Yahoo! Finanzen 2019)

grundsätzlich die Aufgabe, durch geeignete rechtliche und faktische Arrangements die Spielräume und Motivationen der Akteure für opportunistisches Verhalten einzuschränken (vgl. von Werder 2019).

Der Begriff „Corporate Governance" entstammt dem angelsächsischen Sprachraum und lässt sich im Wesentlichen als „betriebliche = corporate", „Steuerung, Führung = governance" ins Deutsche übersetzen. Häufig wird der Begriff auch als Synonym für „Unternehmensführung" bzw. „gute und verantwortungsvolle Unternehmensführung" verwendet. Trotz des anhaltenden Diskurses und der Verbreitung von Corporate Governance in Theorie und Praxis hat sich bis zum heutigen Tage allerdings keine allgemeingültige Definition, respektive ein einheitliches Verständnis entwickelt. Vielmehr ist das Grundverständnis von Corporate Governance in den letzten Jahrzehnten durch verschiedene Fachdisziplinen wie das Finanz- und Rechnungswesen, die Wirtschaft, das Management, das Recht oder das Organizational Behaviour geprägt worden (vgl. Mallin 2013, S. 15). Dies spiegelt sich auch in den zahlreichen Veröffentlichungen der einzelnen Disziplinen wider, welche das Konzept häufig fokussiert auf ihr eigenes Fachgebiet, losgelöst von benachbarten Disziplinen oder gar einem interdisziplinären Gesamtbild betrachten.

Daneben haben sich auch länder- und kulturübergreifend unterschiedliche Ansätze und Verständnisse von Corporate Governance entwickelt. So bezeichnet Mallin (2013, S. 15) die Entwicklung von Corporate Governance als „a global occurrence and, as such, is a complex area, including legal, cultural, ownership, and other structural differences", und weist dabei auch auf Unterschiede im Rechtssystem, der Kultur, der Besitzverhältnisse und andere strukturelle Unterschiede hin, die maßgeblich Anteil an einem ungleichen Verständnis haben. Als beispielhafte Resultate sind hier insbesondere die unterschiedlichen Corporate Governance Kodizes zu nennen, welche sich auf Basis dieser Unterschiede weltweit entwickelt haben. Auch zahlreiche Theorien wie das Prinzipal-Agent-Modell in enger Verknüpfung zur Transaktionskosten-Theorie oder die Stakeholder-Theorie haben die Entwicklung von Corporate Governance entscheidend geprägt (vgl. Mallin 2013, S. 16 ff., siehe Abschn. 2.2).

Im Folgenden wird deshalb versucht, die Entwicklung von Corporate Governance sowie die unterschiedlichen Ausprägungen anhand von fünf Perspektiven zu betrachten (vgl. Abb. 2.4). Es ist allerdings darauf hinzuweisen, dass sich die einzelnen Perspektiven inhaltlich überlappen, sodass eine klare Abgrenzung erschwert wird. Corporate Governance lässt sich demnach vielmehr als Zusammenspiel der einzelnen Perspektiven verstehen.

Operative Perspektive
Aus einer operativen Sichtweise heraus befasst sich Corporate Governance mit den Systemen und Strukturen sowie den Führungs- und Steuerungsprozessen von Unternehmen. Häufig wird in diesem Zusammenhang Bezug auf eine Begriffsdefinition von Sir Adrian Cadbury genommen. Er bezeichnet Corporate Governance als ein System „by which companies are directed and controlled" (Cadbury 2002, S. 1). Cadbury gilt aufgrund seines „Report on the Financial Aspects of Corporate Governance" aus dem Jahr 1992 als ein Pionier in der Corporate Governance-Bewegung (vgl. Owen 2015; Tricker 2012, S. 29). Ähnlich wie Cadbury bezeichnet von Werder (2015, S. 3) in der deutschsprachigen Literatur Corporate Governance als „den rechtlichen und faktischen Ordnungsrahmen für die Leitung und Überwachung eines Unternehmens". Spira (2002) unterstützt dies mit der Bezeichnung von Corporate Governance als regulatorischen Rahmen für das Management und dessen Überwachungsorgane.

Auch die Organisation für wirtschaftliche Zusammenarbeit und Entwicklung (OECD) sieht Corporate Governance aus einer operativen Perspektive heraus: Nach deren

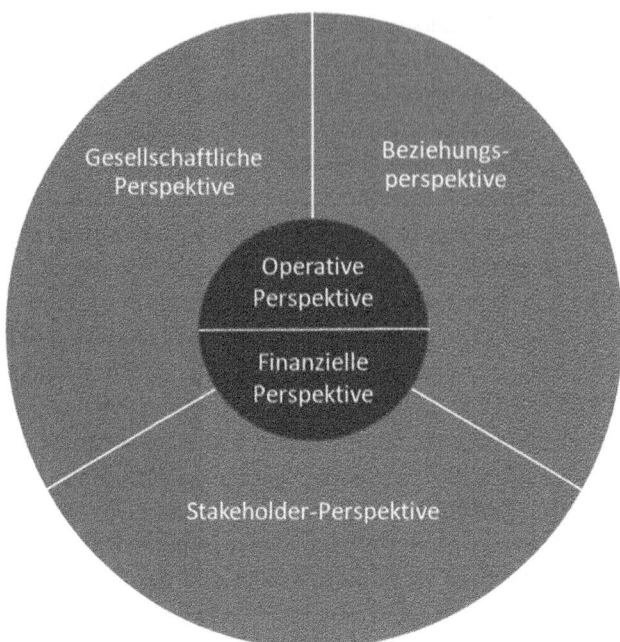

Abb. 2.4 Corporate Governance-Perspektiven. (Quelle: Eigene Darstellung)

G20/OECD-Grundsätzen der Corporate Governance liefert das Konzept „den strukturellen Rahmen für die Festlegung der Unternehmensziele, die Identifizierung der Mittel
und Wege zu ihrer Umsetzung und die Modalitäten der Erfolgskontrolle" (OECD 2015,
S. 9). Neben der Unternehmensstruktur spielt somit auch der klassische Prozess der
Planung, Steuerung und Kontrolle eine wichtige Rolle. Dies wird auch in der angelsächsischen Literatur deutlich: Mallin (2013, S. 7) sieht Corporate Governance als „an essential mechanism helping the company to attain its corporate objectives and monitoring performance is a key element in achieving these objectives" (Mallin 2013, S. 7).
Hilmer (1993, S. 32) hebt dabei aus australischer Sichtweise die strategische Verantwortung des Boards als Überwachungsorgan hervor: „The board's key role is to ensure that
corporate management is continuously and effectively striving for above average performance, taking account of risk, (which) is not to deny the board's additional role with
respect to shareholder protection."

▶ Aus **operativer Perspektive** bildet Corporate Governance einen faktischen
   und rechtlichen Ordnungsrahmen, der eine gute und ordnungsgemäße Unternehmensführung ermöglicht.

Als faktischen und rechtlichen Ordnungsrahmen von Unternehmen, der eine gute und ordnungsgemäße Unternehmensführung, -kontrolle und -überwachung im Sinne aller
Shareholder und Stakeholder gewährleistet und unterstützt, definieren schließlich Welge

und Eulerich (2014, S. 6) den Begriff der Corporate Governance und verknüpfen dabei die operative mit der Stakeholder- und der finanzökonomischen Perspektive, auf die im weiteren Verlauf näher eingegangen wird.

Finanzökonomische Perspektive
Corporate Governance hat wesentlichen Einfluss auf den ökonomischen Erfolg von Unternehmen. Damit die verschiedenen Akteure wie Aktionäre, Mitglieder von Board und Geschäftsführung sowie Finanzintermediäre und Dienstleister ihre Verantwortung im Hinblick auf Kontrolle und Gegenkontrolle auch wahrnehmen, müssen laut OECD (2015, S. 9) hierfür geeignete Anreizsysteme in Organisation und Unternehmen geschaffen werden. Beispielhaft können hier Kompensationsprogramme, erfolgsabhängige Vergütungssysteme des Managements oder Kreditauflagen genannt werden. Anreizsysteme spiegeln dabei einen klassischen Ansatz zur Lösung des Prinzipal-Agenten-Dilemmas wider, welches ebenfalls maßgeblich Einfluss auf die Entwicklung und Ausgestaltung von Corporate Governance nimmt.

Aus Sicht von Shleifer und Vishny geht es bei Corporate Governance aber auch darum, wie Investoren und Geldgeber, insbesondere die Aktionäre, die zu erwartende Rendite als Gegenleistung für die das investierte Kapital zu sichern: „Corporate Governance deals with the ways in which suppliers of finance to corporations assure themselves of getting a return on their investment" (Shleifer und Vishny 1997, S. 737). Auch normativ betrachtet, hat aus Sicht eines Shareholder-Ansatzes die Unternehmensleitung in erster Linie den Aktionären Rechenschaft zu leisten und ihrer Sorgfaltspflicht nachzukommen. Eine soziale Verantwortung oder die Gesellschaft spielen bei dieser Betrachtungsweise eine untergeordnete Rolle (vgl. Berrar 2001, S. 27). Somit setzt diese finanzökonomisch ausgerichtete Betrachtungsweise von Corporate Governance andere Anspruchsgruppen eher in den Hintergrund.

▶ Die **finanzökonomische Perspektive** unterstreicht die Kernaufgabe von Corporate Governance, die im Sichern des Unternehmenserfolgs durch ordnungsgemäße Unternehmensführung liegt.

Beziehungsperspektive
Neben dem operativen Ansatz als System zur Steuerung und Kontrolle beschäftigt sich Corporate Governance auch mit der Beziehung der unterschiedlichen Akteure innerhalb und außerhalb eines Unternehmens. Die OECD (2015, S. 9) ergänzt in diesem Zusammenhang ihre bereits aufgezeigte operative Sichtweise um eine Beziehungsebene, indem sie Corporate Governance auch als ein „Geflecht der Beziehungen zwischen der Geschäftsführung eines Unternehmens, seinem Aufsichtsorgan (Board), seinen Aktionären und den anderen Unternehmensbeteiligten (Stakeholdern)" bezeichnet. Monks und Minow (2011) sehen darüber hinaus auch die Mitarbeiter und Mitarbeiterinnen des Unternehmens involviert: „Corporate Governance involves the relationship among various participants, including the chief executive officer, management, shareholders, and employees, in determining the direction and performance of corporations".

Dass sich Unternehmen nicht nur mit der Beziehung der internen Akteure untereinander auseinandersetzen müssen, zeigen Gleich und Oehler (2006, S. 1) auf: Sie verstehen unter Corporate Governance sowohl „die Binnenordnung im Unternehmen selbst als auch die Einbindung des Unternehmens in sein Umfeld", und schließen damit auch die unternehmensexternen Akteure mit ein. Beispielhaft zum Umfeld kann hier sicherlich die staatliche Rechtsordnung oder die Beziehung innerhalb der Branche bzw. zu Wettbewerbern genannt werden. Ähnlich sieht auch Mallin (2013, S. 7), neben dem Zusammenspiel von Aktionären und interner Kontrolle, die Beziehung des Unternehmens mit seinen Aktionären und anderen Anspruchsgruppen als Gegenstand von Corporate Governance: „Corporate Governance is concerned with both the shareholders and the internal aspects of the company, such as internal control, and the external aspects, such as an organization's relationship with its shareholders and other stakeholders".

▶   Die **Beziehungsperspektive** der Corporate Governance stellt die Beziehung
      zwischen Vorstand und Aufsichtsrat und damit zwischen Entscheider und
      Geldgeber in den Fokus.

Stakeholder-Perspektive
Auf Basis der Beziehungsperspektive wird deutlich, dass neben den klassischen Organen eines Unternehmens – vertreten durch das Management, das Board bzw. den Aufsichtsrat und die Shareholder bzw. die Aktionäre – auch andere Anspruchsgruppen in den Gegenstandsbereich von Corporate Governance fallen. Blair (1995) sieht die Perspektive eines Maximierens des Shareholder-Returns als kurzsichtig an und empfiehlt die Einbettung weiterer Stakeholder als wichtig für die unternehmerische Wertschöpfung. Demb und Neubauer (1992, S. 9) bezeichnen Corporate Governance dabei konkret als „the process by which corporations are made responsive to the rights and wishes of stakeholders" und heben dabei die Verantwortung von Unternehmen im Hinblick auf die Rechte und Wünsche der Stakeholder hervor. Einen ähnlichen Ansatz verfolgt auch Hilb (2005, S. 12), indem er Corporate Governance als „integrierten Ansatz im Dienste aller unternehmensrelevanten Anspruchsgruppen" bezeichnet.

Etwas konkreter hebt die OECD (2015, S. 9) in ihren Grundsätzen „die Interessen der Arbeitnehmer und sonstigen Unternehmensbeteiligten sowie deren wichtige Rolle für den langfristigen Erfolg und die langfristige Wirtschaftsleistung des Unternehmens" hervor. Somit wird deutlich, dass Corporate Governance maßgeblichen Einfluss auf den wirtschaftlichen Erfolg eines Unternehmens nimmt. Das Centre of European Policy Studies (CEPS) hebt dabei den Schutz der Interessen aller Stakeholder als Ziel von Corporate Governance hervor, indem es das Konzept in seinem Bericht „Corporate Governance in Europe" per Definition als „the whole system of rights, processes and controls established internally and externally over the management of a business entity with the objective of protecting the interests of all the stakeholders" bezeichnet (CEPS 1995, S. 5). Schließlich lässt sich diese Corporate Governance Perspektive auch aus der normativen Ausrichtung des Unternehmens heraus definieren: Aus Sicht eines Stakeholder Ansatzes hat die Unternehmensleitung neben den Aktionären auch andere Anspruchsgruppen wie Gläubiger oder Arbeitnehmer zu berücksichtigen (vgl. Berrar 2001, S. 28).

▶ Die **Stakeholder-Perspektive** erweitert die Beziehungsperspektive um alle relevanten Stakeholder, die ein Interesse am Unternehmenserfolg haben und zum Unternehmenserfolg beitragen.

Gesellschaftliche Perspektive
Obwohl Berrar (2001, S. 27) aus finanzökonomischer Sicht die Verantwortung gegenüber der Gesellschaft in Bezug auf Corporate Governance ausklammert, sehen andere Quellen einen starken Zusammenhang zwischen gesellschaftlicher Verantwortung und Corporate Governance. Blair (1995, S. 3) wählt beispielsweise einen umfassenderen Blick auf die Thematik und bezeichnet Corporate Governance als „the whole set of legal, cultural, and institutional arrangements that determine what public corporations can do, who controls them, how that control is exercised, and how the risk and return from the activities they undertake are allocated". Durch die Ausweitung des Konzepts auch auf öffentliche Organisationen und Einrichtungen, zielt diese Sichtweise per se auf alle Unternehmungen – ob privat oder öffentlich – ab.

Auch Cadbury sieht neben den Unternehmen die Gesellschaft als Zielgruppe: „Corporate governance is concerned with holding the balance between economic and social goals and between individual and communal goals. The governance framework is there to encourage the efficient use of resources and equally to require accountability for the stewardship of those resources. The aim is to align as nearly as possible the interest of individuals, corporations, and society" (Cadbury 2000, S. VI). Die gesellschaftliche Perspektive von Corporate Governance ist dabei eng verzahnt mit der wachsenden Bedeutung von Stakeholder-Theorie und Corporate Social Responsibility.

▶ Die **gesellschaftliche Perspektive** bindet die Gesellschaft als letzten Stakeholder ein, da auch ein gesellschaftliches Interesse an Unternehmensaktivitäten und Unternehmenserfolg besteht.

Die Perspektiven machen deutlich, dass sich bislang kein gemeinsames Verständnis einer Corporate Governance-Definition entwickelt hat (vgl. Berghe 2012; Stiglbauer 2010). Fasst man die Perspektiven zusammen, so entsteht das in Abb. 2.4 dargestellte Bild. Im Kern stehen die Ziele von Corporate Governance. Aus operativer Sicht hat Corporate Governance die grundlegende Aufgabe der Ausgestaltung einer verantwortungsvollen Unternehmensführung. Dadurch kann aus finanzökonomischer Sicht das abgeleitete Kernziel eines monetären Erfolgs erreicht werden. Dies ist existenziell, da Investoren nur bei einem Vertrauen in monetären Erfolg sich für eine bestimmte Kapitalanlage entscheiden. Die weiteren Perspektiven ergänzen die grundlegenden Perspektiven um eine Sicht auf

Zielgruppen. Die Beziehungsperspektive fokussiert die Beziehung zwischen Geschäftsführung und den Aufsichtsorganen, welche die Interessen der Aktionäre vertreten. Da die
Geschäftsführung weitreichende strategische Entscheidungen trifft und damit den langfristigen Erfolg von Unternehmen prägt, ist deren Kontrolle zunächst von hervorstechender Bedeutung. Die Stakeholder-Perspektive ergänzt dies um weitere relevante Akteure.
Dadurch werden jene Stakeholder eingebunden, die ihrerseits Interesse am Erfolg des Unternehmens haben und zudem einen Beitrag dazu leisten. Dies gilt beispielsweise für Mitarbeiter. Sie setzen einerseits die Entscheidungen der Geschäftsführung um und tragen
dadurch zum Gelingen von Strategien bei. Andererseits profitieren sie vom Unternehmenserfolg durch sichere Einkommen und eigene Karrieremöglichkeiten. Die gesellschaftliche Sicht rundet über ein Einbinden der Gesellschaft als Stakeholder die Perspektiven ab. Es besteht ein öffentliches Interesse am Erfolg von Unternehmen, weil dadurch
beispielsweise Arbeitsplätze und Steuereinnahmen gesichert werden. Der Investitionsstandort einer Volkswirtschaft soll attraktiv bleiben und somit wird letztlich ein positiver
Beitrag zum Wohlstand der Volkswirtschaft geleistet. Darüber hinaus werden hier Rahmenbedingungen für Unternehmen geprägt. Hierzu zählen beispielsweise rechtliche Rahmenbedingungen, über das Bereitstellen öffentlicher Güter (Bildungssystem, Infrastruktur) aber auch die Verfügbarkeit von (gut) ausgebildeten Arbeitskräften sowie Verkehrs- und
Telekommunikationsnetze. Die verschiedenen Perspektiven machen deutlich, warum bis-
herige Definitionen sich unterscheiden. Die beschriebenen Überlegungen führen in Kombination zu folgender Definition:

▶ **Corporate Governance** Corporate Governance beschreibt ein Konzept verantwortungsvoller Unternehmensführung zum Sichern des Finanzergebnisses.

Es dient dem Aufbau von Vertrauen

* der Stakeholder in die Unternehmensleitung bzw. Geschäftsführung.
    – Zu den Stakeholdern zählen insbesondere aktuelle und potenzielle sowie nationale
      und internationale Anteilseigner (Shareholder),
    – aber auch weitere am Unternehmenserfolg interessierte und beteiligte Stakeholder
      (Mitarbeiter, Lieferanten, Kunden, weitere Marktpartner)
    – bis hin zum Stakeholder Gesellschaft.

* durch das Schaffen von Transparenz und der Regelung von Verantwortlichkeiten
    – über die Gestaltung eines rechtlichen und faktischen Ordnungsrahmens, insbeson-
      dere
    – über die Regelung freiwilliger und verpflichtender Aktivitäten. Grundsätzlich be-
      steht eine Verpflichtung zum Einhalten von Gesetzen. Freiwilligkeit zeigt sich in der
      Übererfüllung von Gesetzen bzw. dem Einhalten von unternehmensseitig individu-
      ell auferlegten Regelungen.

Fragestellungen zu den Perspektiven von Corporate Governance

1. Welche Zielgruppe, die in Abschn. 1.3 beschrieben wurde, wird in welcher Perspektive berücksichtigt?
2. Wie sehen Sie die Beziehung zwischen den fünf Perspektiven?
3. Welche der Perspektiven erachten Sie als primus inter pares, also von besonders hervorstechender Bedeutung?
4. Wo finden Sie die Perspektiven in der Definition von Corporate Governance wieder?

2.1.4 Prinzipal-Agent-theoretische Herleitung opportunistischen Verhaltens

Zur Erläuterung der Entstehung und Diffusion von Corporate Governance werden eine Vielzahl an Theorien herangezogen. Dies kann damit begründet werden, dass viele Disziplinen die Entwicklung von Corporate Governance beeinflusst haben und ihren spezifischen Beitrag auch auf theoretischer Basis lieferten. Dazu zählen die Bereiche Recht, Finanzen, Ökonomie, Rechnungswesen und Organisation.

Die verschiedenen Theorien legen ihren Fokus auf unterschiedliche Perspektiven und Aufgaben von Corporate Governance. Eine umfassende Theorie konnte bislang nicht etabliert werden und ein Paradigma konnte nicht entwickelt werden. Tab. 2.1 bietet einen Überblick über wichtige Ansätze, bevor mit der Prinzipal-Agent-Theorie der bedeutendste Ansatz detailliert beschrieben wird (siehe Tab. 2.1, vgl. Mallin 2013; Tricker 2012; Coffee 2006; Clarke 2004).

Insbesondere in kapitalmarktorientierten Unternehmen besteht durch die Trennung zwischen Entscheidern und Eigentümern Raum für opportunistisches Verhalten von Managern. Dieses Verhalten steht nicht notwendigerweise im Einklang mit den Unternehmens- bzw. Kapitalgeber-Interessen. Eine Erklärung für diese Verhaltensmöglichkeiten einschließlich einer Entwicklung von Lösungsmöglichkeiten soll auf theoretischer Basis erfolgen. Dazu wird die Principal-Agent-Theorie herangezogen.

2.1.4.1 Grundlagen der Principal-Agent-Theorie

Die Principal-Agent-Theorie zählt neben der Transaktionskostentheorie, der Property-Rights-Theorie, der Neuen Politischen Ökonomik und der Verfassungsökonomik zur Neuen Institutionenökonomik. Diese Ansätze erwuchsen aus Theoriedefiziten vorangegangener Denkschulen. Als Gemeinsamkeit verbindet die Neue Institutionenökonomik mit den ursprünglichen Ansätzen der Klassik und Neoklassik die Eigennützigkeit als Grundlage des Handelns aller Akteure. Darüber hinaus besteht eine Vielzahl an Unterschieden. Insbesondere die Annahme eines vollkommenen Marktes sollte überwunden werden. Vollkommene Markttransparenz in Form von vollständigen Informationen bei allen Marktteilnehmern kann in der Realität nicht vorausgesetzt werden. Die Realität ist

Tab. 2.1 Überblick über Theorien der Corporate Governance

Theorie	Kernaussage
Prinzipal-Agent-Theorie	In der Agency-Beziehung delegiert der Prinzipal Aufgaben an den Agenten. Herausforderungen und Lösungsansätze im Rahmen der Delegation werden diskutiert. In der Übertragung auf Corporate Governance nehmen der Aufsichtsrat bzw. die Aktionäre die Rolle des Prinzipals ein. Der Vorstand bzw. die Geschäftsführung übernimmt die Funktion des Agenten.
Transaktionskosten-Theorie	Wirtschaftliches Handeln wird als Problem des Abschließens von Verträgen betrachtet. Der Abschluss von Verträgen geht mit Transaktionskosten einher. Organisationale Strukturen entstehen, wenn sie mit sinkenden Transaktionskosten einhergehen. Corporate Governance-Strukturen werden sich etablieren, wenn die Transaktionskosten parallel sinken.
Property Rights-Theorie	Der Wert eines Gutes entsteht neben seinen physischen Eigenschaften aus den Verfügungsrechten über das Gut. Corporate Governance kann als Problem der Verteilung von Verfügungsrechten betrachtet werden.
Stakeholder-Theorie	Unternehmen müssen bei ihren Entscheidungen nicht nur die Shareholder, sondern auch weitere Anspruchsgruppen und deren Bedürfnisse beachten. Hierzu zählen interne (Geschäftsführung, Mitarbeiter) und externe (Kunden, Banken, Öffentlichkeit, Staat, Umweltverbände etc.) Gruppen. Corporate Governance muss daher die Bedürfnisse, aber auch die Beiträge von weiteren Stakeholdern bis hin zur Gesellschaft in das Konzept einbinden (vgl. Kap. 1 sowie Abschn. 2.1.2).
Stewardship-Theorie	Die Vorstände bzw. die Geschäftsführung von Unternehmen werden als Begleiter des Unternehmens betrachtet. Sie gehen ihrer Tätigkeit aus einer intrinsischen Motivation heraus nach. Die Theorie baut auf der Prämisse auf, dass die Stewards (=Begleiter) einen höheren Nutzen aus dem Erreichen der angestrebten Unternehmensziele, der Anerkennung durch Mitarbeiter oder auch der Reputation erzielen als aus der Verfolgung von Eigeninteressen. Dies impliziert verantwortungsvolle Entscheidungen im Sinne der Shareholder, aber auch weiterer Stakeholder einschließlich freiwilliger Regeleinhaltung.
Resource-Dependence-Ansatz	Unternehmenserfolg beruht auf dem Zugang zu Ressourcen, der durch Transaktionen innerhalb und zwischen Unternehmen geregelt wird. Corporate Governance steuert den Zugang und Erhalt von Ressourcen.
Managerial Hegemony-Ansatz	Das Management mit seiner Kenntnis um das Tagesgeschäft und dessen Hintergründe kann den Aufsichtsrat steuern.
Path Dependence-Ansatz	Die Strukturen eines Unternehmens sind von der Ausgangslage bei der Gründung und der historischen Entwicklung von Strukturen beeinflusst.

Eigene Darstellung in Anlehnung an Mallin 2013, S. 16

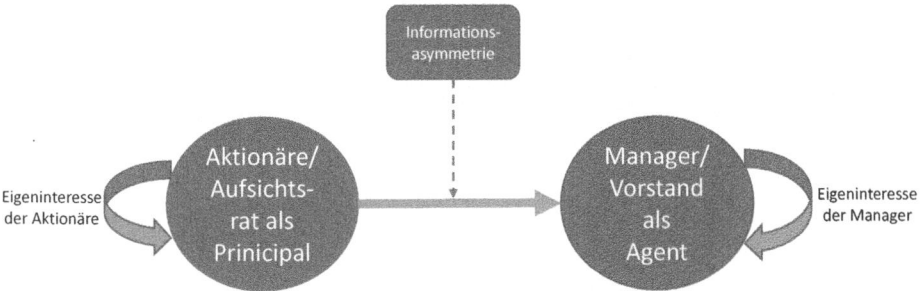

Abb. 2.5 Beziehungen in der Principal Agent-Theorie. (Quelle: Eigene Darstellung)

gekennzeichnet durch inhomogene Güter, Externalitäten und Präferenzen, die z. T. in langfristigen Geschäftsbeziehungen entwickelt werden können. Daher muss von Informationsasymmetrien bei den verschiedenen Marktteilnehmern ausgegangen werden, d. h. einer unvollständigen und ungleich verteilten Informationslage. Die Nutzung des Marktes ist in der Realität mit Kosten – beispielsweise Kosten zur Informationsbeschaffung – verbunden, was in der klassischen und neoklassischen Theorie nicht berücksichtigt wird. Die vollkommene und kostenlose Information ermöglicht Entscheidungen unter Sicherheit. Dies entspricht den Entscheidungssituationen in der Realität nicht. Die Unsicherheit der Entscheidungen resultiert aus der Vielfalt an Quellen einer Unvollkommenheit der Märkte. Institutionen entstehen zur Unterstützung bei (komplexen) Entscheidungen unter Unsicherheit. Unter Institutionen versteht man explizite oder implizite Regelwerke, die das Zusammenleben von Individuen organisieren. Über Institutionen werden Handlungsalternativen eingeschränkt und somit die Komplexität von Handlungsmöglichkeiten reduziert. Bei den Institutionen kann es sich beispielsweise um rechtliche, wirtschaftliche oder soziale Institutionen handeln. Sie werden von Menschen beispielsweise in Form von expliziten oder impliziten Konventionen, Verträgen oder Vertragssystemen, Regeln oder Regelsystemen ausgestaltet. Beispielhaft können Institutionen genannt werden, die Qualitätssiegel herausgeben und damit die Qualitätssicherung von Produkten reduzieren (vgl. Breuer 2010; Ménard und Shirley 2008; Erlei et al. 2007; Richter und Furubotn 2003; Voigt 2002).

Die Principal-Agent-Theorie setzt sich mit Beziehungen auseinander, in denen (mindestens) zwei Akteure (Wirtschaftssubjekte) im Austausch stehen (vgl. Abb. 2.5). Ein oder mehrere Principale delegieren Aufgaben an einen oder mehrere Agenten. Im Auftrag des Principals soll der Agent Leistungen erbringen. Je besser das Ergebnis ausfällt, desto größer ist der Nutzen des Principals. Diese Konstellation bietet Raum für mögliches opportunistisches Verhalten des Agenten, da dieser über einen diskretionären Entscheidungs- und Handlungsspielraum, also einen Ermessensspielraum, verfügt. Die Principal-Agent-Theorie fußt auf einer Vielzahl an Annahmen, von denen hier nur ausgewählte zentrale Punkte angeführt werden: Beide Seiten maximieren ihren Eigennutzen. Der Nutzen des Principals hängt von den Leistungen des Agenten ab. Beide Seiten – Principal ebenso wie

Agent – kennen das Eigeninteresse der anderen Seite nicht umfänglich. Weiterhin werden die Leistungen des Agenten durch unbekannte Umweltfaktoren beeinflusst. Die Überwachung des Agenten ist nicht möglich oder sehr (kosten-)aufwändig. Oftmals wird auch die Annahme der Risikoneutralität getätigt, da man die tatsächliche Risikoneigung beider Parteien nicht allgemein bestimmen kann.

Die Beziehung zwischen Prinzipal und Agent kann als Vertrag verstanden werden, der die Beziehung zwischen einer oder mehreren Personen zu einer anderen Person bzw. Personengruppe regelt. Diese Regelung umfasst die Aufgaben und Leistungen, die der Agent für den Prinzipal ausführt bzw. welche der Prinzipal an den Agenten delegiert. Diese Aufgaben und Leistungen beinhalten die Delegation von Entscheidungshoheit an den Agenten. Agenten wählen aus einer Vielzahl an Handlungsmöglichkeiten aus. Diese Wahlentscheidungen beeinflussen das Vermögen der Akteure, insbesondere des Prinzipals, aber auch das Vermögen des Agenten selber.

Die asymmetrische Informationsverteilung in der Beziehung zwischen Principal und Agenten führt im zeitlichen Ablauf zu unterschiedlichen Herausforderungen. Zu Beginn der Auftragserteilung, also bereits vor Vertragsabschluss, kennt der Principal den Agenten nicht vollständig. In dieser Phase wird der Vertrag abgeschlossen. Während der Vertragsphase fällt der Agent seine Entscheidungen bzw. führt er Aktivitäten durch und ist dabei weitgehend unbeobachtet vom Principal. Die auftretenden exogenen, von beiden Seiten nicht beeinflussbaren Störgrößen kann der Principal außerdem kaum beobachten und bewerten. Der Prinicipal kann erst das gelieferte Ergebnis beobachten. Er kann einschätzen, ob es seinen Erwartungen entspricht, ohne die zugrunde liegenden Bemühungen in seine Bewertung einschließen zu können. Das Ergebnis ist grundlegend für die Entlohnung des Agenten und möglicherweise die Fortführung des Vertrags (vgl. Dunn 2013; Alparslan 2006; Coleman 1990, S. 146; Williamson 1990; Arrow 1985; Grossman und Hart 1983; Holmström 1979; Jensen und Meckling 1976; Ross 1973).

2.1.4.1.1 Formen der Informationsasymmetrie

Die Informationsasymmetrien sind in diesem Prozess in folgenden Feldern besonders relevant:

Hidden Characteristics: Verborgene Eigenschaften

Zu Beginn einer Agenturbeziehung wählt der Principal einen Agenten aus, dem die gewünschte Aufgabe übertragen werden soll. Zu diesem Zeitpunkt sind dem Principal die zur Aufgabenerfüllung erforderlichen Eigenschaften des Agenten verborgen, d. h. er kennt die Eigenschaften des Agenten nicht umfänglich. Seine Möglichkeiten, den für die bestimmte Aufgabe besten Agenten auszuwählen, sind dadurch begrenzt. Der Agent besitzt diese Informationen, wodurch die asymmetrische Verteilung entsteht. Aus den Eigenschaften resultiert der Wert des Agenten für den Principal, der aufgrund der Asymmetrie über- oder auch unterschätzt werden kann. In dieser Situation erfolgen das Vertragsangebot und die Vertragsannahme, so dass die Principal-Agenten-Beziehung entsteht (vgl. Alparslan 2006; Jost 2001; Kleine 1995).

Hidden Action: Verborgene Aktivitäten
Nach Vertragsabschluss handelt der Agent im Auftrag des Prinzipals und erbringt die vereinbarte Leistung. Der Agent kennt seine Handlungen und den damit verbundenen Aufwand ebenso wie die externen Einflussgrößen. Der Prinzipal hingegen kann die Tätigkeiten, Bemühungen und Rahmenbedingungen nicht beziehungsweise nur eingeschränkt und unter hohen Kosten beobachten. Dies kann auf eine räumliche Distanz zwischen Prinzipal und Agenten, aber auch auf fehlendes Wissen des Prinzipals zurückgeführt werden. Er kann nur das Ergebnis der Tätigkeiten wahrnehmen und bewerten. Diese Informationsasymmetrie führt dazu, dass der Prinzipal das Ergebnis nicht mit den erbrachten Aktivitäten und Rahmenbedingungen in Relation setzten kann und somit den Wert des Agenten nur unzureichend bewerten kann. Dennoch entscheidet er über die Entlohnung und ein mögliches Fortsetzten der Prinzipal-Agenten-Beziehung. Der Agent wiederum wird in der Wahl seiner Handlungen die Entlohnung berücksichtigen und einen seiner Einschätzung entsprechenden Aufwand betreiben (vgl. Erlei et al. 2007; Alparslan 2006; Richter und Furubotn 2003; Spremann 1990).

Hidden Information: Unbeobachtbare Informationen
Bei den Hidden Information werden Situationen nach Vertragsabschluss adressiert, in denen der Prinzipal die Aktivitäten des Agenten zwar beobachten kann, nicht aber die Wirkungsmechanismen exogener Einflussgrößen. Damit kann der Prinzipal zwar Handlung und Ergebnis in einen Zusammenhang stellen. Er kann allerdings nicht die Angemessenheit der Leistung und damit auch die Angemessenheit der Entlohnung für den Agenten nur begrenzt bewerten. Der Agent hingegen kann sein Engagement entsprechend seiner individuellen Nutzenfunktion gestalten (vgl. Alparslan 2006; Jost 2001).

Hidden Intention: Verborgene Absichten
Nach Vertragsabschluss bleiben aufgrund fehlender Beobachtbarkeit für den Prinzipal die wahren Absichten des Agenten verborgen. Die Theorie geht von Eigeninteressen beider Vertragspartner aus. Damit besteht Raum für mögliches opportunistisches Verhalten des Agenten. Auch wenn Aktivitäten und möglicherweise auch Rahmenbedingungen beobachtet und durch den Prinzipal bewertet werden können, so kennt der Prinzipal die Handlungsmotive des Agenten – zumindest ex ante – nicht (vgl. Picot und Wolff 1994).

2.1.4.1.2 Herausforderungen aus den Informationsasymmetrien
Aus den Informationsasymmetrien resultieren Probleme. Diese führen zur Gefahr für den Prinzipal, ausgenutzt zu werden. Hierbei handelt es sich um Adverse Selection und Moral Hazard sowie ergänzend um das Problem des Hold up.

Adverse Selection: Negative Auslese
Verborgene Eigenschaften des Agenten können zu Fehlern bei der Auswahl des Agenten führen beziehungsweise dazu, dass die Qualität der Agenten insgesamt sinkt. Grundsätzlich kann der Prinzipal nicht zwischen über- und unterdurchschnittlichen Agenten

unterscheiden. Der Prinzipal bietet ein Angebot für einen durchschnittlichen Agenten mit entsprechender Entlohnung auf dem Markt an. Damit wird er für überdurchschnittliche Agenten nicht mehr attraktiv sein. Sie reagieren nicht auf den Vertrag, und der Prinzipal hat keinen Zugang zu überdurchschnittlichen Agenten. Unterdurchschnittliche Agenten wiederum sind noch auf dem Markt verfügbar. Es besteht die Gefahr der Auswahl eines unterdurchschnittlichen Agenten, für den die Entlohnung auf durchschnittlichem Niveau nicht gerechtfertigt ist (vgl. Erlei et al. 2007; Alparslan 2006; Richter und Furubotn 2003; Akerlof 1970).

Moral Hazard: Moralisches Risiko
Der Prinzipal kann die Qualität der Ergebnisse, insbesondere die Möglichkeit, deutlich bessere Ergebnisse zu erzielen, kaum bewerten. Fordert der Prinzipal den Agenten auf, die Qualität der Ergebnisse zu erklären, so besteht die Gefahr von Fehlinformationen und insbesondere einer Rechtfertigung durch externe Umstände. Die Richtigkeit derartiger Ausführungen kann der Prinzipal wiederum nur begrenzt nachvollziehen. Zudem verursachen die Aktivitäten des Agenten Bemühungen, welche dessen Nutzenfunktion negativ beeinträchtigen. Da der Agent um die Informationsasymmetrie weiß, wird er zu Aktivitäten mit begrenztem Anstrengungsniveau neigen. Eine Senkung des Anstrengungsniveaus lässt ein geringeres Ergebnis für den Prinzipal erwarten (vgl. Alparslan 2006; Grossman und Hart 1983; Holmström 1979).

Hold up
Das Problem des Hold up („Überfall") entsteht als Sonderform einer asymmetrischen Informationsverteilung, die sich auf Dritte bezieht. Im Laufe der Vertragsbeziehungen kann der Prinzipal Kenntnisse über den Agenten sammeln (und umgekehrt), die ihm wiederum einen Informationsvorteil gegenüber Externen ermöglicht. Hieraus kann ein Vorteil entstehen. Hat ein Prinzipal Kenntnis um die überdurchschnittlichen Leistungen eines Agenten, die jener bei Externen nicht vermitteln konnte, so wird der Agent die Vertragsbeziehung mit dem bestehenden Prinzipal aufrechterhalten wollen. Dafür kann der Prinzipal durch eine leichte Anhebung der Entlohnung die Wechselbereitschaft des Agenten reduzieren (vgl. Erlei et al. 2007; Spremann 1990; Klein et al. 1978).

2.1.4.1.3 Lösungsansätze der Principal-Agent-Theorie
Die Principal-Agent-Theorie stellt mit Anreizsystemen, Kontrollsystemen, Informationssystemen sowie Signalling und Screening generische Lösungsansätze zur Bewältigung der Probleme bereit:

Anreizsysteme
Anreizsysteme reduzieren die asymmetrische Informationsverteilung nicht. Stattdessen sollen sie den Agenten veranlassen, im Sinne des Prinzipals zu handeln und die Vertragsbeziehung aufrechtzuerhalten. Dies ist der Fall, wenn der Agent seine Nutzenfunktion maximieren beziehungsweise auf einem hohen Niveau halten kann. Dann wird er oppor-

tunistisches Verhalten unterlassen. Ein mögliches Anreizsystem liegt in der Entlohnung (monetär oder auch nicht-monetär). Wenn die Entlohnung an einen bestimmten Zielerreichungsgrad gebunden wird, so profitieren Prinzipal und Agent von einer Steigerung des Ergebnisses. Voraussetzung bildet die Kenntnis um die Nutzenfunktion des Agenten, um Fehlanreize zu vermeiden. Es kann sich um positive oder auch negative Anreize handeln. Bei einer Belohnung handelt es sich um einen positiven Anreiz. Eine Bestrafung stellt einen negativen Anreiz dar, den der Agent im Normalfall zu vermeiden sucht. Das Problem des Moral Hazard lässt sich ebenso reduzieren wie das des Hold up (vgl. Erlei et al. 2007; Alparslan 2006; Richter und Furubotn 2003; Ebers und Gotsch 1999).

Kontrollsysteme
Kontrollsysteme bieten die Möglichkeit einer Reduktion von Informationsasymmetrien aufgrund des nicht beobachtbaren Verhaltens des Agenten. Vertragsvereinbarungen beziehungsweise Zielerreichungsgrade können überprüft werden. Meilensteine als Zwischenschritte vor Abgabe des Endergebnisses können betrachtet werden. Die eingeholten Kontrolldaten reduzieren die Asymmetrie, beseitigen sie allerdings nicht. Das Errichten von Kontrollsystemen ist mit Kosten verbunden (Einrichtungskosten, Erhaltungskosten). Diese sollten im Einklang mit der Nutzenfunktion des Prinzipals stehen, also einen Nutzen für den Prinzipal erbringen, welcher die Kosten übersteigt. Kontrollsysteme bieten die Möglichkeit einer Steuerung, beispielsweise über Sanktionen für den Agenten (vgl. Mathissen 2009; Alparslan 2006; Holmström 1979).

Informationssysteme
Informationssysteme reduzieren ebenfalls die asymmetrische Informationsverteilung. Hierbei wird der Fokus zunächst auf exogene Einflüsse gelegt. Sind dem Prinzipal exogene Störgrößen bekannt, so kann er das Ergebnis des Agenten besser bewerten. Wenn der Prinzipal das opportunistische Verhalten des Agenten zumindest in Teilen aufdecken kann, so wird der Agent motiviert, im Sinne des Prinzipals zu handeln. Die Komplexität möglicher Störgrößen bringt mit sich, dass ein umfassendes Informationssystem möglicherweise nicht oder nur mit großem Aufwand etabliert werden kann.

Signalling und Screening
Signalling und Screening können ebenfalls als Instrumente zur Reduktion von Informationsdefiziten eingesetzt werden. Über Signalling können Agenten Indikatoren einer besonderen Eignung für die Agentur-Beziehung aufzeigen. Screening hingegen kann als Instrument des Prinzipals eingesetzt werden, um die Eigenschaften des potenziellen Agenten besser bewerten zu können (vgl. Erlei et al. 2007; Alparslan 2006; Ebers und Gotsch 1999).

Keiner dieser Ansätze wird die Informationsasymmetrie vollständig beheben bzw. auflösen. Daher empfiehlt sich zur Lösung der Principal-Agent-Problematik eine Kombination aus mehreren Lösungsansätzen.

2.1.4.2 Übertragung auf die Situation in Aktiengesellschaften

Aktiengesellschaften können im oben angeführten Sinne als Institutionen verstanden werden. Es handelt sich bei ihnen um Einrichtungen, deren Strukturen über das Aktiengesetz rechtlich geregelt sind. Die Prinzipal-Agenten-Beziehung tritt insbesondere in der Rolle des Vorstandes in Erscheinung. Bereits 1776 hat Adam Smith diese Problematik erkannt: „Von den Direktoren einer Gesellschaft, die ja bei weitem eher das Geld anderer Leute als ihr eigenes verwalten, kann man daher nicht gut erwarten, dass sie es mit der gleichen Sorgfalt einsetzen und überwachen würden, wie es die Partner in der privaten Handelsgesellschaft mit dem eigenen zu tun pflegen". Er ergänzt, dass „Nachlässigkeit und Verschwendung" entstehen können und beginnt damit die Diskussion um den Interessenkonflikt zwischen Vorstand und Kapitaleigner (vgl. Smith und Recktenwald 1999, S. 629). Die Principal-Agent-Theorie greift die Überlegungen von Smith auf.

Der Vorstand übernimmt im Auftrag der Aktionäre bzw. benannt durch die Aktionärsvertretung (Aufsichtsrat) die Leitung der Aktiengesellschaft (§ 67 und 86 Aktiengesetz). Er entscheidet über die Belange des Unternehmens durch beispielsweise die Wahl von Strategien und deren Umsetzung. Damit nimmt er maßgeblichen Einfluss auf den monetären Unternehmenserfolg und somit den Wert der Aktie bzw. die Verzinsung des eingebrachten Kapitals in Form von Dividenden. Die Aktionäre nehmen keinen Einfluss auf die Geschäfte. Sie bringen Kapital in das Unternehmen ein und benötigen darüber hinaus keine weiteren Kenntnisse der Unternehmensführung oder auch der Branche. Sie haben nur wenig Kenntnis über die Aktivitäten des Vorstandes. Im Sinne der Principal-Agent-Theorie bedeutet dies:

- **Hidden Characteristics:** Die Eigenschaften einer Person zur Übernahme der Geschäftsführung sind den Aktionären bzw. dem Aufsichtsrat nur begrenzt bekannt. Der Vorstand benötigt Fähigkeiten in der Unternehmensführung und (aktuelle) Branchenkenntnisse zur Umsetzung der Unternehmensführungs-Expertise in einer bestimmten Umwelt. Die Bewertung seiner Fähigkeiten beruht auf Indikatoren und stößt an Grenzen.
- **Hidden Action:** Die Aktivitäten des Vorstandes in seinem Alltag können von Aktionären im Grunde gar nicht und vom Aufsichtsrat nur wenig beobachtet werden. Die Ergebnisse sind über Kennzahlen wie beispielsweise Umsatz, Gewinn und Rentabilität ersichtlich. Ob dabei das Maximum an Möglichkeiten ausgeschöpft wurde, kann von Aktionären und Aufsichtsräten nicht oder nur begrenzt bewertet werden.
- **Hidden Information:** Die exogenen Wirkungsfaktoren und deren Wirkstärke, d. h. Entwicklungen der Unternehmensumwelt, welche den Erfolg beeinflussen, sind den Aktionären und dem Aufsichtsrat nur begrenzt bekannt. Ob eine strategische Entscheidung angemessen ist unter bestimmten Umweltbedingungen, ob sie verfrüht oder verspätet erfolgt, können Aktionäre und Aufsichtsräte nur begrenzt bewerten.
- **Hidden Intention:** Opportunistisches Verhalten des Vorstandes beruht auf dessen individuellen Absichten, d. h. seinen Zukunfts- beziehungsweise Lebensplänen. So kann

ein Vorstandsmitglied den Wechsel in ein anderes Unternehmen erwägen. Auch die Absicht, die eigene Nutzenfunktion zu ändern, besteht. Dies kann beispielsweise Veränderungen in der Work-Life-Balance umfassen, wenn der Vorstand einen steigenden Wunsch nach mehr Freizeit bzw. Zeit mit der Familie hat. Diese Intentionen sind den Aktionären und dem Aufsichtsrat nicht bekannt.

Hier können die in Abschn. 2.1.4.1 erarbeiteten Lösungsansätze zum Tragen kommen:

- **Anreizsysteme:** Die Motivation des Vorstandes, im Sinne der Aktionäre zu handeln, lässt sich über monetäre Anreize wie beispielsweise ein attraktives Gehalt einschließlich variabler, erfolgsabhängiger Anteile, aber auch über Unternehmensanteile sowie über nicht-monetäre Anreize erzielen. Negative Anreize können über Sanktionen in Form von persönlicher Haftung mit Privatvermögen, einem drohenden Karriereknick bis hin zu drohenden Haftstrafen gestaltet werden.
- **Kontrollsysteme:** Die Kontrolle über die Tätigkeit des Vorstands erfolgt bereits durch Berichtspflichten gegenüber den Aktionären und dem Aufsichtsrat. Diese können verstärkt werden. Auch die bestehenden Kontrollsysteme der Unternehmenssteuerung können systematisch im Sinne der Corporate Governance weiter- oder neuentwickelt werden, beispielsweise über ein Three-Lines-of-Defense-System oder ein Compliance Management-System.
- **Informationssysteme:** Zu relevanten externen Informationen zählen beispielsweise die (globale) Wirtschaftsentwicklung oder auch Brancheentwicklungen, Konjunkturanalysen und Prognosen, aber auch große Ereignisse in Branchen wie z. B. Fusionen oder Gesetzesänderungen. Die geschäftsrelevanten Ereignisse können in die Berichte integriert werden. Dadurch werden die Entscheidungen von Managern für Aktionäre besser verständlich.
- **Signalling und Screening:** Bei Signalling und Screening können die Instrumente des Personalmanagements genutzt werden, um die Fähigkeiten des Managers zu bewerten bzw. Manager können über diese Instrumente ihre Fähigkeiten demonstrieren. Zeugnisse, Lebensläufe, Testimonials, Assessment Center, psychologische Eignungstests sind Beispiele hierfür.

Die Prinzipal-Agent-Theorie hat gezeigt, dass opportunistisches Verhalten ein systemimmanentes Problem bei der Trennung von Eigentümern und Entscheidern darstellt, wie dies in Aktiengesellschaften zu finden ist. Informationsasymmetrien lassen sich nicht eliminieren, sondern nur reduzieren. Eine Interessenangleichung kann unabhängig von Informationsasymmetrien erfolgen und bietet einen ergänzenden Lösungsansatz. Corporate Governance sollte Instrumente und Maßnahmen bündeln, um eine weitreichende Wirkung zu entfalten. Tab. 2.2 stellt relevante Instrumente im Überblick dar, deren Einsatz in Abschn. 2.2, 2.3 und Kap. 3 vertieft wird.

Tab. 2.2 Principal Agent-Theorie – Probleme und Lösungsansätze im Überblick

	Hidden Characteristics	Hidden Information und Hidden Action	Hidden Intention
Informationsproblem der Aktionäre	Eigenschaften des Vorstandes unbekannt	Anstrengungen des Vorstandes unbekannt	Absichten des Vorstandes unbekannt
Lösung	Signalling, Screening	Information und Kontrolle Interessenangleichung durch Anreizsysteme	Interessenangleichung durch Anreizsysteme
Umsetzungs-möglichkeiten	*Signalling und Screening* vor Vertragsabschluss über Zeugnisse, Lebenslauf, Gütesiegel (z. B. Manager des Jahres), Testimonials	*Information und Kontrolle* über den Aufsichtsrat, Peer Control, marktliche Kontrolle, Berichtswesen *Information und Kontrolle* über Managementsysteme (Three-Lines-of-Defense, Compliance Management) *Information und Kontrolle* über nationale und supranationale Regelungen wie z. B. Deutscher Corporate Governance Kodex *Interessenangleichung durch Anreize* siehe Hidden Intention	Positive monetäre und nicht-monetäre Anreize wie ein hohes Grundgehalt, leistungsbezogene Vergütung, Kapitalbeteiligungen, Statussymbole, Handlungsfreiraum Negative Anreize über das Vermeiden von Reputationsschäden sowie persönlicher Haftung (Vermögen, (Untersuchungs-)Haft)

Eigene Darstellung in Anlehnung an Picot und Wolff 1994, S. 73

Fragestellungen

1. Welchen Beitrag leisten die einzelnen Theorien zur Erklärung von Corporate Governance?
2. Warum existiert diese Vielzahl an Theorien?
3. Welche dieser Theorien erachten Sie persönlich – neben der Principal-Agent-Theorie – als besonders wichtig für Corporate Governance?
4. Warum hat sich die Principal-Agent-Theorie als besonders wichtig herauskristallisiert?
5. Finden Sie Beispiele für die Formen der Informationsasymmetrie und arbeiten Sie Informationsprobleme bzw. den Informationsvorsprung der Vorstände heraus.
6. Übertragen Sie die Principal-Agent-Theorie auf die Beziehung zwischen Hochschule und Professoren bzw. Professor und Student.

2.2   Rahmenbedingungen: Der deutsche Corporate Governance Kodex

Aus gesellschaftlicher Perspektive besteht ein öffentliches Interesse an der Existenz erfolgreicher Unternehmen (vgl. Abschn. 2.1.3). Der Deutsche Corporate Governance Kodex bildet wesentliche gesetzliche Vorschriften zur Leitung und Überwachung deutscher börsennotierter Gesellschaften ab und begründet in Form von Empfehlungen und Anregungen einen international und national anerkannten Standard guter und verantwortungsvoller Unternehmensführung (nachfolgend auch Kodex genannt). Er wurde im Jahr 2002 verabschiedet und verfolgt das Ziel, den deutschen Kapitalmarkt zu stärken und damit zum Wohlstand der Aktionäre, der Unternehmen und der Volkswirtschaft beizutragen (vgl. Deutscher Corporate Governance Kodex 2017; Nowak et al. 2005; Welge und Eulerich 2014).

Der Deutsche Corporate Governance Kodex spricht zwei Zielgruppen an: Die Unternehmen, welche die Regelungen einhalten sollen sowie die Investoren, deren Interessen geschützt werden sollen. Primäre Zielgruppe des Deutschen Corporate Governance Kodex sind die börsennotierten Gesellschaften und Gesellschaften mit Kapitalmarktzugang gemäß § 161 Absatz 1 Satz 2 des Aktiengesetzes. Weiterhin wird der Kodex auch nicht kapitalmarktorientierten Gesellschaften empfohlen (vgl. Deutscher Corporate Governance Kodex 2017). Als abgeleitete Zielgruppe können aktuelle und potenzielle Investoren aus dem In- und Ausland betrachtet werden. Der Kodex zielt darauf ab, Vertrauen der Investoren in die Unternehmen und deren Manager aufzubauen und zu erhalten. Dieses Vertrauen soll durch eine erhöhte Transparenz und klare Regelungen von Verantwortlichkeiten erreicht werden. Institutionellen Anlegern weist der Kodex eine besondere Bedeutung zu. Sie sollen die Eigentumsrechte aktiv und verantwortungsvoll ausüben (vgl. Deutscher Corporate Governance Kodex 2017).

▶   Der Deutsche Corporate Governance Kodex zielt darauf ab, das Vertrauen der Investoren zu stärken. Transparenz der Aufgaben des Aufsichtsrats und Prozesse in der Zusammenarbeit zwischen den Aufsichtsratsmitgliedern und dem Vorstand wird geschaffen. Die Regelungen zur Verantwortung von Aufsichtsrat und Vorstand werden offengelegt.

2.2.1   Wirkungsweise des Deutschen Corporate Governance Kodexes

Der Gesetzgeber überlässt die Überwachung und Sanktionierung der Einhaltung des Kodexes der Selbstregulierungskraft des Kapitalmarktes. Der Kodex entfaltet dabei seine Wirkung über drei Arten von Regelungen mit unterschiedlicher Wirkungskraft. Verpflichtende und freiwillige Regelungen sind kombiniert. Hier verbirgt sich die Besonderheit des Kodexes. Der Kodex ist kein Gesetz, sondern er wird als Soft Law bezeichnet. Er bildet eine Best Practice der Unternehmensführung ab.

Verpflichtende Regelungen des Kodexes sind im Kapitalmarkt- und Gesellschaftsrecht hinterlegt. Ein Nicht-Einhalten von Regelungen würde über diese Gesetze geahndet und nicht über den Corporate Governance Kodex. Freiwillige Regelungen trennen sich in die Comply-or-Explain-Regeln und Anregungen (im Englischen als Recommendations bezeichnet, siehe Kasten). Während erstere die Wahl zwischen Einhaltung oder Erklärung durch das Unternehmen bieten, sind Anregungen durchgehend unverbindlich. Die Regelungen mit den drei Wirkungsstärken werden im englischsprachigen Raum als L-Rules, C-Rules und R-Rules bezeichnet (vgl. Deutscher Corporate Governance Kodex 2017).

Diese Dreiteilung ermöglicht den Unternehmen die Berücksichtigung der Besonderheiten einzelner Branchen oder einzelner Unternehmen. In einer Erklärung durch Vorstand und Aufsichtsrat schaffen die Gesellschaften Transparenz über die eingehaltenen Regeln und begründen die Abweichungen von den Regeln (comply or explain). Diese Erklärung gibt die Gesellschaft jährlich ab. Sie wird im Internet veröffentlicht (vgl. § 161 AktG).

L-Rules, C-Rules und R-Rules
Drei Arten von Regelungen im Corporate Governance Kodex (DCGK) mit unterschiedlicher Wirkstärke

- Law/Legal:
  L-Rules basieren auf bestehenden Gesetzen und sind daher obligatorisch. Sie sind im Deutschen Corporate Governance Kodex über das Hilfsverb „**muss**" kenntlich gemacht.
- Comply or Explain:
  C-Rules zielen zunächst auf ein Befolgen von Regelungen ab („comply"). Wenn Unternehmen Regeln nicht erfüllen können oder wollen, so müssen sie die Abweichungen begründen. Diese Erklärungen sollen jährlich erfolgen. Die C-Rules sind im DCGK durch das Hilfsverb „**soll**" gekennzeichnet. Sie werden im Kodex als „Empfehlungen" bezeichnet.
- Recommendation:
  R-Rules sind Empfehlungen ohne verpflichtenden Charakter. Bei Nicht-Erfüllung drohen keine Konsequenzen. Sie werden im Deutschen Corporate Governance Kodex als Anregungen bezeichnet und über den Begriff „**sollte**" markiert.

Inhaltlich spricht der Deutsche Corporate Governance Kodex verschiedene Bereiche an. Dazu gliedert er sich in sieben Teile (vgl. Deutscher Corporate Governance Kodex 2017):

- Teil 1 beschreibt in einer Präambel das Ziel und die Bedeutung des Kodexes.
- Teil 2 spricht die Rolle von Aktionären und Hauptversammlung als Wiedergabe bestehenden Rechts an.
- Teil 3 widmet sich dem Zusammenwirken von Vorstand und Aufsichtsrat. Hier wird als Ziel das Wohl des Unternehmens benannt. Die strategische Ausrichtung des Unternehmens soll zwischen Vorstand und Aufsichtsrat abgestimmt werden. Mittels Informationsaustausch und offener Diskussion sollen dabei die Regeln ordnungsgemäßer Unternehmensführung gesichert werden. Insbesondere über die Einhaltung des Corporate Governance Kodexes soll jährlich berichtet und eine Erklärung gemeinsam von Vorstand und Aufsichtsrat veröffentlicht werden.

- Teil 4 beschreibt die Aufgaben und Zuständigkeiten des Vorstandes ebenso wie dessen Zusammensetzung und Vergütung. Hervorgehoben wird die Verpflichtung der Vorstandsmitglieder, dem Unternehmensinteresse zu dienen und damit Eigeninteressen und Interessen Dritter nachrangig zu stellen. Der Umgang mit Interessenkonflikten wird beschrieben
- Teil 5 beschreibt die Aufgaben und Zuständigkeiten des Aufsichtsrats sowie die Aufgaben und Befugnisse des Aufsichtsratsvorsitzenden. Zusammensetzung und Vergütung werden beschrieben. Hervorzuheben ist die Aufgabe der Bildung von Ausschüssen. Ausschüsse widmen sich spezifischen Aufgaben wie der Nominierung von Aufsichtsratskandidaten oder der Begleitung des Rechnungslegungsprozesses und sollen mit fachlich qualifizierten Mitgliedern besetzt sein. Auch der Aufsichtsrat ist den Unternehmensinteressen verpflichtet. Der Umgang mit Interessenkonflikten wird hier ebenso angesprochen wie die Aufforderung, die Effizienz der Aufsichtsratstätigkeit zu überprüfen.
- Teil 6 spricht explizit die Thematik der Transparenz an. Dies umfasst die Aufgabe, Transparenz gegenüber den Aktionären zu schaffen. Weiterhin soll Transparenz gegenüber der Öffentlichkeit erzeugt werden.
- In Teil 7 werden die Rechnungslegung mit dem Konzernabschlussbericht und dem Kernlagebericht sowie die Abschlussprüfung angesprochen.

Auf diese Weise werden die Verantwortlichkeiten von Vorstand und Aufsichtsrat geregelt. Ebenso wird Transparenz gestärkt. Dies umfasst Transparenz zwischen Vorstand und Aufsichtsrat, Transparenz der Erwartungen an den Vorstand einerseits und an den Aufsichtsrat andererseits, Transparenz gegenüber den Anteilseignern und der Öffentlichkeit und Transparenz über die Unternehmenstätigkeit mittels der Instrumente Rechnungslegung und Abschlussbericht.

Die Regierungskommission „Corporate Governance – Unternehmensführung – Unternehmenskontrolle – Modernisierung des Aktienrechts"
Diese Kommission – auch Baums-Kommission genannt – wurde im Mai 2000 bestellt. Sie bestand aus 21 Mitgliedern unter der Leitung von Prof. Dr. Theodor Baums von der Universität Frankfurt am Main. Zu den Mitgliedern zählten: Dr. Paul Achleitner (Allianz AG), Dr. Karl-Gerhard Eick (Deutsche Telekom AG), Ulrich Hartmann (E.ON AG), Prof. Dr. Herbert Henzler (McKinsey), Ulrich Hocker (DSW), Hilmar Kopper (Deutsche Bank AG), Prof. Dr. Marcus Lutter (Universität Bonn), Prof. Dr. Rolf Nonnenmacher (KPMG), Heinz Putzhammer (DBG), Kim Schindelhauer (Aixtron AG), Gerhard Schmid (MobilCom AG), Hubertus Schmoldt (IG BCE), Werner G. Seifert (Deutsche Börse AG), Ludwig Stiegler (MdB), Christian Strenger (DWS Investment GmbH), Margareta Wolf (MdB), Klaus Zwickel (IG Metall), Hans Martin Bury (Staatsminister im Bundeskanzleramt), Dr. Hansjörg Geiger (Staatssekretär im Bundesministerium der Justiz), Caio K. Koch-Weser (Staatssekretär im Bundesministerium für Finanzen), Dr. Alfred Tacke (Staatssekretär im Bundesministerium für Wirtschaft und Technologie).
Sie verstand sich als eine Kommission zur Aktienrechtsreform. Die Frage der Mitbestimmung wurde auftragsgemäß ausgeklammert. Die Kommission unterbreitete in ihrem Abschlussbericht 130 Vorschläge zu Änderungen und Ergänzungen bestehender Gesetze. Die Empfehlung zur Einsetzung einer zweiten Kommission zur Entwicklung eines Corporate Governance Kodex kann als wichtigstes Ergebnis der Kommissionstätigkeit verstanden werden (vgl. Bress 2008; Lutter 2003; Baums 2002).

Der Deutsche Corporate Governance Kodex wurde von der Regierungskommission Deutscher Corporate Governance Kodex erstellt. Dessen Mitglieder wurden von Regierungsseite benannt. Verschiedene Expertengruppen sind vertreten: U. a. Autoritäten aus Investment-Gesellschaften, von der Börse, Vorstände und Aufsichtsräte börsennotierter Konzerne und Wirtschaftswissenschaftler brachten ihre Expertise und ihre unterschiedlichen Sichtweisen ein. Der Kodex wird weiterentwickelt, indem die Regierungskommission Empfehlungen und Anregungen formuliert. Es wird jährlich überprüft, ob die Regelungen im aktuellen Kodex der Best Practice guter Unternehmensführung weiter entsprechen oder ob sie angepasst werden müssen (vgl. Regierungskommission Deutscher Corporate Governance Kodex 2019, aber auch Bress 2008).

Die Cromme-Kommission
Diese Kommission unter der Leitung von Dr. Gerhard Cromme (Aufsichtsratsvorsitzender der ThyssenKrupp AG) gehören folgende Mitglieder An: Dr. Paul Achleitner (Allianz AG), Dr. Rolf-E. Breuer (Deutsche Bank AG), Dr. Hans-Friedrich Gelhausen (PwC), Ulrich Hocker (DSW), Max Dietrich Kley (BASF AG), Prof. Dr. Marcus Lutter (Universität Bonn), Volker Potthoff (Deutsche Börse AG), Heinz Putzhammer (DGB), Peer Michael Schatz (Qiagen AG), Christian Strenger (DWS), Prof. Dr. Axel von Werder (TU Berlin), Dr. Wendelin Wiedeking (Porsche AG).
   Die 13 Mitglieder der 2001 gegründeten Kommission entwickelten den Deutschen Corporate Governance Kodex, der 2002 verabschiedet wurde. Die Mitglieder griffen auf Erfahrungen aus anderen nationalen Kodizes zurück und berücksichtigten bei der Entwicklung die nationalen Besonderheiten insbesondere rechtlicher Art (vgl. Bress 2008; Theisen 2003; Cromme 2001).

Die Einhaltung des Corporate Governance Kodex soll über Selbstregulierung geschehen. Der Bedarf an Eigenkapital geht einher mit einer hohen Eigenmotivation der Gesellschaften, Investoren zu gewinnen und zu binden. Dies wird als ausreichend empfunden, weshalb eine gesetzliche Verpflichtung und Überwachung als nicht nötig erachtet wird und zudem schwierig durchführbar ist. So unterliegt die Kodex-Einhaltung nicht den Börsenzulassungsregeln und ist nicht Gegenstand der Kontrolle durch die Bundesanstalt für Finanzdienstleistungsaufsicht (BaFin). Eine externe Prüfung der Richtigkeit von Angaben in der Entsprechungserklärung ist ebenfalls nicht vorgesehen. Eine Selbstregulierung beinhaltet eine Bestrafung seitens des Kapitalmarktes bei Nicht-Befolgung von freiwilligen Regelungen des Corporate Governance. Diese kann in Form von Kurszuschlägen oder Kursabschlägen sichtbar werden. Eine funktionierende Selbstregulierung basiert auf der Annahme, dass die Informationen über Nicht-Einhalten freiwilliger Regelungen zu negativen Reaktionen der Marktteilnehmer führen (vgl. Nowak et al. 2005).
   Trotz fehlender gesetzlicher Verbindlichkeit kann der Kodex als etabliert gelten (vgl. Michelberger 2017). Eine frühe Umsetzung des Kodexes nach seinem Inkrafttreten in 2002 wurde von Bress (2008) untersucht. Basierend auf 128 Gesellschaften, die bis Ende März 2004 ihre Entsprechungserklärungen abgegeben haben, wurde die Beachtung des Kodexes überprüft. Im Ergebnis zeigte sich eine frühe Konformität, welche zwischen 100 % und 78,13 % lag. Dies kann als hoher Umsetzungsgrad zu diesem Zeitpunkt bewertet werden und bestätigt die Eigenmotivation der Unternehmen, dem Corporate Gover-

nance Kodex zu entsprechen. Ein jährlicher Bericht vom Berlin Center of Corporate Governance betrachtete die Einhaltung von Empfehlungen und Anregungen (C-Rules und R-Rules) bei Gesellschaften verschiedener DAX-Listings über die Jahre hinweg basierend auf einer Befragung von Unternehmen. Insgesamt konnte eine deutlich höhere Entsprechung bei den Empfehlungen (C-Rules) als bei den Anregungen (R-Rules) beobachtet werden. Eine Untersuchung von von Werder und Bartz unterstützt dies (vgl. Welge und Eulerich 2014, S. 149 ff.; von Werder und Bartz 2013).

Beispiel aus der Schweiz: Die Selbstregulierungskraft des Corporate Governance Kodex
Der Swiss Code of Best Practice for Corporate Governance, kurz Swiss Code, des Schweizer Unternehmerverbandes economiesuisse wurde 2002 eingeführt. Er dient Schweizer Unternehmen als Leitlinie und Empfehlung bzgl. Nachhaltiger Unternehmensführung und -kontrolle und folgt dem comply or explain-Prinzip (vgl. economiesuisse 2016). Statt auf gesetzlicher Verpflichtung basiert die Umsetzung und Einhaltung der Empfehlungen auf Selbstregulierung. Dazu trägt u. a. die Schweizer Ethos-Stiftung bei, deren Zweck es ist, „bei den Anlagetätigkeiten die Berücksichtigung von Grundsätzen für nachhaltige Entwicklung und die Best-Practice-Regeln im Bereich der Corporate Governance zu fördern" (Ethos Stiftung 2011). Dies erfolgt beispielsweise durch die Veröffentlichung einer jährlichen Studie. In den ersten Jahren nach Einführung des Swiss Code wurden in der Studie die größten börsennotierten Schweizer Unternehmen in Hinblick auf Ihre Übereinstimmung mit dem Kodex detailliert analysiert und klassifiziert. So konnten sowohl die besten Unternehmen, die Unternehmen, welche die größten Verbesserungen im Zeitverlauf aufwiesen, als auch die Unternehmen mit den größten Defiziten eindeutig identifiziert werden. Zudem wurden durch die Analysen Ergänzungs- und Verbesserungspotenziale in Bezug auf den Kodex erkannt, die im Rahmen der Veröffentlichung ebenfalls adressiert wurden. Mittlerweile fokussieren sich die Studien auf spezifischere Teilaspekte der Corporate Governance wie beispielsweise die Vergütung der Führungsinstanzen. Eine Klassifizierung der Unternehmen erfolgt nicht mehr. Die Studie biete aber weiterhin einen Vergleichsmaßstab, der zur Beurteilung des Umsetzungsstandes herangezogen werden kann, und führt dadurch zu einer Erhöhung der Transparenz. Folglich stellt sie weiterhin einen Anreiz zur einer freiwilligen Umsetzung des Swiss Code durch die Unternehmen dar (vgl. Ethos Stiftung 2003, 2011, 2017; Swiss Code of Best Practice 2016).

Aktuelle Weiterentwicklungen sind mit der Kodex-Reform von 2019 zu verzeichnen. Wenngleich der Kodex seit seiner Einführung in 2002 regelmäßig überarbeitet und verbessert wurde, so bildet die Reform von 2019 einen Meilenstein. Der Kodex soll der Anforderung stärker entsprechen, Standards zu setzen. Der gesetzlich legitimierte Kodex soll ein unüberschaubares Nebeneinander des Kodexes neben einer Vielzahl an Richtlinien von Investoren und Stimmrechtsberatern verhindern. Damit soll der Kodex insbesondere internationalen Anlegern zur Information dienen und das möglicherweise weniger bekannte deutsche duale Führungssystem einer systematischen Trennung von Vorstand und Aufsichtsrat näherbringen (vgl. Regierungskommission Deutscher Corporate Governance Kodex 2018a, b.).

Die neue Fassung des Kodexes zeichnet sich durch eine veränderte Struktur insgesamt und in den einzelnen Abschnitten aus. Weiterhin wurden inhaltliche Weiterentwicklungen vorgenommen. Die veränderte Struktur folgt einer funktionalen Gliederung und stellt sich wie folgt dar: Die Präambel beschreibt das Grundverständnis des Deutschen Corporate

Governance Kodexes. Nachfolgend wird in Abschnitt A der Bereich der Leitung und Überwachung thematisiert. Dieser umfasst die Aufgaben und Verantwortlichkeiten des Vorstandes und des Aufsichtsrates. Die Bildung von Ausschüssen, die Regelung von Interessenkonflikten zwischen Vorstand und Aufsichtsrat sowie die Informationsversorgung des Aufsichtsrats durch den Vorstand werden hier angesprochen. Regelungen zur Aus- und Fortbildung des Aufsichtsrats, zu Sitzungen und Beschlussfassung des Aufsichtsrats sowie zur Selbstbeurteilung des Aufsichtsrats gehören auch in diesen Bereich. Weiterhin werden Transparenz und Berichterstattung für die Aktionäre sowie die Zusammenarbeit des Aufsichtsrats mit den Abschlussprüfern geregelt. In Abschnitt B wird die Zusammensetzung des Aufsichtsrats betrachtet. Abschnitt C thematisiert die Besetzung des Vorstands. Schließlich wird in Abschnitt D die Vergütung von Vorstand und Aufsichtsrat aufgegriffen. Diese neue Struktur soll im Einklang mit der internationalen Praxis einer verbesserten Lesbarkeit dienen und damit die Klarheit und Verständlichkeit des Kodexes verbessern (vgl. Regierungskommission Deutscher Corporate Governance Kodex 2018a).

Die Besonderheit des neuen Kodexes liegt in der Einführung von Grundsätzen neben den schon zuvor vorhandenen Empfehlungen und Anregungen (vgl. Tab. 2.3). Die Grundsätze sollen die wichtigsten gesetzlichen Regelungen hervorheben. Sie verfolgen das Nebenziel einer Verschlankung des Kodexes. Bei den Empfehlungen werden die Comply or Explain-Regelungen durch Apply and Explain-Regelungen ersetzt. Während ursprünglich die Wahl zwischen einem Befolgen der jeweiligen Regelungen oder der Abgabe einer Erklärung bestand, wird nun in jedem Fall eine Erläuterung erwartet, auf welche Weise die Regelung umgesetzt wird. Grundsätze, Empfehlungen und Anregungen sind im Kodex klar gekennzeichnet (vgl. Regierungskommission Deutscher Corporate Governance Kodex 2018a, b.).

Ein wichtiger Baustein der Weiterentwicklung bildet die Neufassung von Regelungen zur Vorstandsvergütung. Die Anforderungen an Vergütungssysteme sind gestiegen, die Berichterstattung zur Vorstandsvergütung hat sich etabliert. Die Unabhängigkeit von Aufsichtsratsmitgliedern wird weiter betont. Eine positive oder negative Definition des Begriffs über einen Kriterienkatalog wird diskutiert. Die Berichterstattung über Corporate Governance soll vereinfacht werden (vgl. Regierungskommission Deutscher Corporate Governance Kodex 2018a, b.).

Tab. 2.3 Grundsätze, Empfehlungen und Anregungen im aktualisierten Corporate Governance Kodex

Grundsätze	Empfehlungen	Anregungen
Bilden die L-Rules ab. Beschreiben verpflichtende Regelungen, welche auch in Gesetzen niedergeschrieben sind. Sie bilden elementare Bestandteile guter und verantwortungsvoller Unternehmensführung ab.	Bilden die C-Rules ab. Werden über den Begriff „soll" dargestellt. Unternehmen können hiervon abweichen, müssen sich dazu allerdings erklären.	Bilden die R-Rules ab. Werden über den Begriff „sollte" dargestellt. Von Anregungen kann ohne Erklärung abgewichen werden.

Quelle: Eigene Darstellung

Es erfolgt eine Fokussierung auf für die Investoren wichtige Belange. Der neue, verschlankte Kodex zeichnet sich durch Übersichtlichkeit, Kürze und Prägnanz aus, wodurch eine gute Lesbarkeit und Verständlichkeit des Kodexes erreicht werden soll (vgl. Regierungskommission Deutscher Corporate Governance Kodex 2018a, b.). Der Kodex wurde von der Regierungskommission im Mai 2019 beschlossen. Er soll allerdings erst nach Inkrafttreten des ARUG II beim Bundesministerium der Justiz und für Verbraucherschutz zur Veröffentlichung eingereicht werden, um Raum für mögliche Anpassungen an die dann neue Fassung des Aktiengesetzes zu sichern.

2.2.2 Einbettung des Kodexes in den Zusammenhang weiterer Regelwerke

Neben dem Deutschen Corporate Kodex entstanden weitere Regelungen sowohl nationaler als auch internationaler Art. Diese Regulierungen setzen sich auf unterschiedliche Weise mit Transparenz und Verantwortlichkeit zur Wahrung von Interessen der Eigner auseinander. Einige Gesetze wurde im Zeitraum vor und nach Einführung des Deutschen Corporate Governance Kodexes erlassen. Eine Auswahl relevanter rechtlicher Änderungen wird in Tab. 2.4 kurz betrachtet.

Herauszuheben sind das Gesetz zur Kontrolle und Transparenz im Unternehmensbereich (KonTraG) sowie das Gesetz zur weiteren Reform des Aktien- und Bilanzrechts, zu Transparenz und Publizität (TransPuG). Das KonTraG von 1998 sollte die Pflichten des Vorstandes konkretisieren. Ein bedeutendes Element bildet die Pflicht zur Einrichtung eines Frühwarnsystems durch den Vorstand (siehe dazu Kap. 3). Die Aufsichtsräte sollen durch mehr Transparenz unterstützt werden sowie die Zusammenarbeit zwischen Aufsichtsrat und Abschlussprüfern verstärken (siehe Abschn. 2.3.1). Damit soll die Qualität der Abschlussprüfung verbessert werden. Der Prüfungsbericht soll dem Aufsichtsrat direkt ausgehändigt werden. Im Kern soll den Informationsbedürfnissen nationaler und internationaler Investoren nachgekommen werden und gleichermaßen sollen im Fehlverhalten und Schwächen in der Unternehmenskontrolle vermieden werden (vgl. Welge und Eulerich 2014; Bress 2008; Müller 2007).

Das Gesetz zur weiteren Reform des Aktien- und Bilanzrechts, zu Transparenz und Publizität (TransPuG) von 2002 soll die gesetzliche Verpflichtung zur Verbesserung der Corporate Governance in der Unternehmenspraxis stärken. Schwerpunkte der Neuerungen für die Aufsichtsratspraxis liegen insbesondere in der Definition von Verantwortlichkeiten und einer Verbesserung der Informationsbasis der Mitglieder des Aufsichtsrats, beispielsweise durch vermehrte Sitzungen und eine Vertiefung der Erklärungspflicht von Vorständen. Weiterhin liegen sie in der Verankerung der jährlichen, schriftlich fixierten Entsprechenserklärung zu den Comply-or-Explain-Regelungen des Deutschen Corporate Governance Kodexes. Diese wurde in § 161 AktG festgelegt und ist somit verpflichtend. Aufsichtsrat und Vorstand geben die Entsprechungserklärungen gemeinsam ab (vgl. Welge und Eulerich 2014; Bress 2008).

Tab. 2.4 Rechtsquellen und Folgen für die Unternehmen

Jahr: Regulierung	Rechtsquelle	Folgen für die Unternehmen
1994: Wertpapierhandelsgesetz (WpHG)	Eigenständiges Gesetz mit Regelungen - zum Bundesaufsichtamt für Wertpapierhandel (heute: Bundesanstalt für Finanzdienstleistungsaufsicht) - zur Insiderüberwachung - zu Mitteilungs- und Veröffentlichungspflichten bei Veränderungen des Stimmrechtsanteils an börsennotierten Gesellschaften - zu Verhaltensregeln für Wertpapierdienstleistungsunternehmen - zu Straf- und Bußgeldern	Regulierung und Kontrolle des Wertpapierhandels Anlegerschutz
1998: Kapitalaufnahmeerleichterungsgesetz (KapAEG)	Die §§ 264, 291, 292 und 292a HGB sehen bzw. sahen Befreiungen von der Aufstellung eines Einzelabschlusses oder Konzernabschlusses vor, sofern bestimmte Voraussetzung erfüllt werden bzw. wurden	Erleichterung durch Entfall der Verpflichtung zur Abschlussaufstellung unter bestimmten Voraussetzung
1998: Gesetz zur Kontrolle und Transparenz im Unternehmensbereich (KonTraG)	Einrichtung eines Systems nach § 91 Abs. 2 AktG, Prüfung nach § 317 Abs. 4 HGB Neudefinition der Beziehung zwischen Aufsichtsrat/ Wirtschaftsprüfer Verschärfung der Haftung durch Organklage (§ 147 Abs. 2 AktG)	Implementierung eines konformen Risikofrüherkennungs- und Überwachungssystems Erteilung des Prüfungsauftrags durch den AR; ggf. Definition von Prüfungsschwerpunkten Verschärfte Haftung für Organmitglieder
2002: Transparenz- und Publizitätsgesetz (TransPuG)	Entsprechungserklärung nach § 161 AktG, damit Verankerung des DCGK als „soft law" Verpflichtung zur Verabschiedung eines Katalogs zustimmungspflichtiger Geschäfte nach § 111 Abs. 4 AktG Verpflichtung des Vorstandes auf eine Follow-Up-Berichterstattung durch § 90 Abs. 1 S. 1 AktG	Konkretisierung der gesetzl. Pflichten, Erweiterung/Spezifikation der Sorgfaltspflichten Zustimmungspflicht des Aufsichtsrates bei Entscheidungen und Maßnahmen von existenzieller Bedeutung für die Gesellschaft Erweiterte Informationsversorgung des Aufsichtsrates durch die Darstellung der Entwicklung der verabschiedeten/vereinbarten Zielen

2002: EU Regulation 1606/2002	Pflicht zur Aufstellung eines IFRS-Konzernabschlusses für kapitalmarktorientierte Unternehmen, verankert im nationalen Recht in § 315e Abs. 1 HGB	Erhöhte Transparenz und Vergleichbarkeit
2002: Deutscher Corporate Governance Kodex (DCGK)	Konkretisierung gesetzl. Verpflichtungen und zusätzliche Empfehlungen und Anregungen Informationsversorgung des Aufsichtsrats als gemeinsame Aufgabe von Vorstand und Aufsichtsrat	Jährlich abzugebende Erklärung der Organe über Umsetzung des DCGK und Verpflichtung des Aufsichtsrates auf die „beratende Kontrolle" Empfehlung einer regelmäßigen Effizienzprüfung
2004: Bilanzkontrollgesetz (BilKoG)	Rechtsgrundlage für ein Enforcement-Verfahren über § 342b HGB sowie §§ 37n ff. WpHG	Überprüfung der Einhaltung gesetzlicher Rechnungslegungsvorschriften für kapitalmarktorientierte Unternehmen durch eine vom zu prüfenden Unternehmen sowie dessen Abschlussprüfer unabhängige Stelle
2004: Bilanzrechtsreform-gesetz (BilReG)	Ausweitung der Prognoseberichterstattung des Lageberichts (§ 289 Abs. 1 S. 4 HGB) Erweiterung der Prüfungspflicht (§ 317 Abs. 2 S. 2 HGB)	Verpflichtende Darstellung von Risiken und Chancen im Lagebericht Bedeutungszunahme: Prämissen der Unternehmensplanung als Überwachungsgegenstand
2005: Abschlussprüfer-aufsichtsgesetz (APAG)	Errichtung einer Abschlussprüferaufsichts-kommission nach § 66a Wirtschaftsprüferordnung	Berufsstandsunabhängige Aufsicht für den Prüferberuf zur Steigerung der Qualität und Unabhängigkeit
2005: Gesetz über Offenlegung von Vorstandsvergütung (VorstOG)	Verbindliche Vorschriften zur Offenlegung der Gesamtbezüge der Geschäftsführung und des Aufsichtsrats für Kapitalgesellschaften auf Einzel- und Konzernabschlussebene durch § 285 S. 1 Nr. 9 und § 314 Abs. 1 Nr. 6	Transparenz durch Unterteilung der Bezüge in eine erfolgsabhängige und -unabhängige Komponente, eine Komponente mit langfristiger Anreizwirkung und zugesagte Leistungen im Falle der Tätigkeitsbeendigung Überprüfbarkeit der Angemessenheit im Sinne der Aufgaben des Vorstandes sowie der Lage des Unternehmens

(Fortsetzung)

Tab. 2.4 (Fortsetzung)

Jahr: Regulierung	Rechtsquelle	Folgen für die Unternehmen
2005: Gesetz zur Unternehmensintegrität und Modernisierung des Anfechtungs-rechts (UMAG)	Modifikation des § 142 AktG verschärft das Haftungsrisiko der Organe Kodifizierung des Business Judgement Rule durch § 93 Abs. 1 S. 2 AktG	Bestimmung des Haftungsfreiraums der Organmitglieder Ermessensspielraum für Vorstand und Aufsichtsrat, wo fehlgeschlagene Maßnahmen nicht zur Haftung führen
2007: Transparenzrichtlinie-Umsetzungsgesetz (TUG)	Änderungen v. a. im Wertpapierhandelsgesetz und hier insbesondere bzgl. Schwellwerten und Meldefristen bei Stimmrechtsanteilsänderungen, Jahres- und Halbjahresfinanzberichte sowie Zwischenmitteilungen der Geschäftsführung	Steigende Transparenz über Beteiligungsverhältnisse und die aktuelle Vermögens-, Finanz- und Ertragslage
2009: Bilanzrechtsmodernisierungsgesetz (BilMoG)	Financial Expert: AR-Mitglied muss über Sachverstand in Rechnungs-legung/Abschlussprüfung verfügen (§§100 Abs. 5, 107 Abs. 4 AktG) Einrichtung eines Prüfungsausschusses; Aufgaben werden spezifiziert (§ 107 Abs. 3 S. 2 AktG) Anforderungen: Entsprechungserklärung	Anforderungen an Qualifikation steigt, weiterer Schritt zur Stärkung des Aufsichtsrates. Zusammensetzung des AR nimmt an Bedeutung zu Intensive(re) Auseinandersetzung mit Rechnungslegungsprozess, Risikomanagement und Compliance Größerer Anwenderkreis, Begründungspflicht
2009: Gesetz zur Angemessenheit der Vorstandsvergütung (VorstAG)	Plenum beschließt Vorstandsvergütung; Schadenersatzpflicht AR bei Unangemessenheit (§§107 Abs. 3 S. 3, 116 S. 3 AktG) „Say on Pay": unverbindlicher Beschluss der HV zur Billigung der Vorstandsvergütung (§ 120 Abs. 4 AktG) Karenzzeit von 2 Jahren für den Wechsel vom Vorstand in den Aufsichtsrat	Höhere Verantwortung des Aufsichtsrats bei der Vorstandsvergütung; stärkere Berücksichtigung langfristiger Faktoren Gefahr der öffentlichkeitswirksamen Abstrafung von Vorstand und Aufsichtsrat Stärkung der Unabhängigkeit des Aufsichtsrats, Betonung seiner Autonomie
2009: Gesetz zur Umsetzung der Aktionärsrichtlinie (ARUG)	Änderungen v. a. im Aktiengesetz wie z. B. § 118 AktG (Möglichkeit der Teilnahme an der Hauptversammlung ohne physische Präsenz sowie Ausübung der Aktionärsrechte in elektronischer Form) und § 124a (Bereitstellung von für die Aktionäre relevanten Informationen über die Homepage des Unternehmens)	Verbesserte Informationsbereitstellung für Aktionäre Erleichterung der (grenzüberschreitenden) Aktionärsrechtsausübung

Quelle: Eigene Darstellung in Anlehnung an Welge und Eulerich 2014, S. 3 f.

Dies zeigt die Ziele der Gesetzesänderungen bereits auf. Die in Tab. 2.4 betrachten Gesetze beeinflussen mit dem Gesellschafts- und Handelsrecht die Berichts- und Offenlegungspflichten der Unternehmen sowie die Ausgestaltung der Organe. Sie tragen zu einer Erhöhung von Transparenz und Verantwortlichkeit bei und fördern somit verantwortungsvolle Unternehmensführung. Gemäß Schnabel (2015, S. 40) führen die seit Ende des letzten Jahrhunderts entstandenen Gesetze und Regelwerke dazu, dass bei der Optimierung der Aufsichtsratstätigkeit drei Schwerpunkte gesetzt wurden: Die Qualität des Aufsichtsrats und damit dessen Professionalisierung wurden thematisiert. Weiterhin wurde die Unabhängigkeit des Aufsichtsrats betrachtet. Und letztlich wurden Aufgaben und Zuständigkeiten ausgeweitet (vgl. Schnabel 2015, S. 40).

▶ Die Gesetzesänderungen sollen das Vertrauen in die Aktiengesellschaften stärken durch Transparenz und Verantwortung.
  • Mehr Transparenz wird über die Einführung von Kontrollsystemen, aber auch über eine Stärkung von Berichts- und Offenlegungspflichten erreicht.
  • Eine Hervorhebung und Stärkung von Verantwortlichkeiten zeigt sich über die Stärkung des Aufsichtsrats sowie der Konkretisierung von Aufgaben und Pflichten bei Vorstand und Aufsichtsrat.

Darüber hinaus sollen Corporate Governance-Aktivitäten im internationalen Kontext betrachtet werden. Nationale Regelungen wie der Corporate Governance Kodex sind in etwa hundert Ländern zu finden. In den vergangenen Jahrzehnten wurden Corporate Governance Kodizes in vielen Ländern entwickelt, um auf freiwilliger Basis Empfehlungen für eine gute Unternehmensführung bereitzustellen (vgl. Dine und Koutsias 2013; Hopt 2013). Ergänzend dazu bestehen supranationale, das heißt nationenübergreifende Aktivtäten (siehe vertiefend Mallin 2013; Monks und Minow 2011, S. 415 ff.). Dies umfasst die Beiträge der OECD und der Vereinten Nationen sowie beispielhaft für eine internationale wissenschaftliche Organisation die Tätigkeit des European Corporate Governance Institutes.

Die G20/OECD-Grundsätze der Corporate Governance
Die Organisation for Economic Co-operation and Development (OECD) als Organisation für ökonomische Kooperation und Entwicklung legt ihre Ziele in Artikel 1 der Konvention fest. Diese Konvention wurde im Dezember 1960 unterzeichnet und trat am 30. September 1961 in Kraft.

Die OECD zielt darauf ab, eine Politik zu befördern, die das Leben der Menschen weltweit in wirtschaftlicher und sozialer Hinsicht verbessert. Ein hohes nachhaltiges Wirtschaftswachstum und Beschäftigung unter finanzieller Stabilität in den Mitgliederländern soll einen wachsenden Lebensstandard in den Mitgliederländern ermöglichen. Damit soll zur Entwicklung der Weltwirtschaft beigetragen werden. Ein gesundes Wirtschaftswachstum soll sowohl bei Mitglieder- als auch bei Nicht-Mitgliederländern über den Ausbau des Welthandels auf multilateraler, nicht-diskriminierender Basis in Übereinstimmung mit internationalen Regelungen erreicht werden (vgl. OECD 2018).

Die Grundsätze der Corporate Governance wurden 1999 erstmalig veröffentlicht und sind aktuell in der Fassung von 2015 verfügbar. Neben der OECD werden die Grundsätze inzwischen auch von der G20 getragen. Die Grundsätze bilden einen internationalen Maßstab für politische Entscheidungsträger, Investoren, Unternehmen und sonstige Akteure in aller Welt. Sie bilden als ein Kernstandard für solide Finanzsysteme des Finanzstabilitätsrats die Grundlage für das Corporate-Governance-Modul der Weltbank-Berichte über die Einhaltung von Standards und Kodizes. Die Schaffung eines Umfeldes von Vertrauen, Transparenz und Rechenschaftspflicht wird hierbei verfolgt, indem die politischen Entscheidungsträger bei der Implementierung und Weiterentwicklung von nationalen Corporate Governance-Regelungen unterstützt werden. Auch hier werden Rahmenbedingungen für börsennotierte Unternehmen zur Verbesserung der Unternehmensführung geschaffen. Eine Übertragung auf kleinere und nicht-börsennotierte Unternehmen wird empfohlen. Als Leitlinien sollen die G20/OECD-Grundsätze der Corporate Governance dazu dienen, detaillierte nationale und verbindliche oder freiwillige Bestimmungen auszuarbeiten. Diese sollen die länderspezifischen wirtschaftlichen, rechtlichen und kulturellen Besonderheiten berücksichtigen. Zur Entwicklung derartiger Bestimmungen wird die Einbindung von länderspezifischen staatlichen, halbstaatlichen und privatwirtschaftlichen Initiativen empfohlen. Gegenstand der Regelungen sind die Beziehungen zwischen der Geschäftsführung von Unternehmen und deren Aufsichtsorganen sowie weiteren relevanten Stakeholdern. Wenngleich die OECD kein Universalmodell entwickelt hat, so arbeitete sie dennoch Elemente heraus, die allen Formen verantwortungsvoller Unternehmensführung gemeinsam sind. Sie sind nicht verbindlich, sondern sollen für die nationalen Gesetzgeber eine Hilfestellung zur Eigenentwicklung eines nationalen Ansatzes geben (vgl. OECD 2015).

Dafür werden im Einzelnen die Voraussetzungen für einen effizienten Rahmen beschrieben. Dieser umfasst die Förderung transparenter und fairer Märkte ebenso wie die effiziente Ressourcenallokation. Die Auswirkungen auf die allgemeine Wirtschaftsentwicklung und die Marktintegrität sollen bedacht und Fehlanreize vermieden werden. Die Rechtsstaatlichkeit sichern, dem öffentlichen Interesse folgen, die Unterstützung durch die Börsenregulierung sichern sowie notwendige Autoritäten an die beteiligten Organe zu vergeben zählen ebenso zu den Grundlagen. Mit der Kernaufgabe der Sicherung internationaler Zusammenarbeit wird ein Fokus auf grenzüberschreitende Kapitalflüsse gelegt. Im Einzelnen werden die Aktionärsrechte geregelt, wobei die Gleichbehandlung von Minderheitsaktionären und grenzüberschreitenden Aktivitäten (z. B. eine grenzüberschreitende Stimmrechtsabgabe der Aktionäre) beachtet werden. Attraktive Aktienmärkte für institutionelle Anleger sollen über Anreize und Funktionsfähigkeit der Institutionen (z. B. Märkte, Analysten) entlang der gesamten Anlagekette geschaffen werden. Die Wahrung der Rechte der verschiedenen Stakeholder wird betrachtet. Hierbei werden Arbeitnehmer und Arbeitnehmerbeteiligungen, aber auch Gläubiger und der Gläubigerschutz angesprochen. Offenlegung und Transparenz über die Vermögens-, Ertrags- und Finanzlage sowie Eigentumsverhältnisse und Strukturen werden eingefordert. Die Pflichten der Aufsichtsorgane werden beschrieben. Sachkenntnis, faire Behandlung der Aktionäre, Einhaltung ethischer

Standards, Ausübung von Schlüsselfunktionen werden unter anderem angesprochen. Damit wird ein umfassendes Bild einer verantwortungsvollen Unternehmensführung gezeichnet (vgl. OECD 2015).

Der Beitrag der Vereinten Nationen

Bei der UN-Konferenz für Handel und Entwicklung (United Nations Conference on Trade and Development, UNCTAD) handelt es sich um ein Organ der Generalversammlung der Vereinten Nationen, deren Ziel in der Förderung von Entwicklung der Nationen durch internationalen, d. h. grenzüberschreitenden Handel liegt. Hierbei sollen insbesondere sogenannte Entwicklungsländer gefördert werden. Dies soll beispielsweise durch eine Verbesserung von Marktzugang zu internationalen Handelssystemen geschehen. Hierzu kann auch der Zugang zu internationalen Kapitalmärkten zählen (vgl. UNCTAD 2019).

Dafür hat die UNCTAD Leitlinien zur guten, ausgeübten Praxis von Corporate Governance herausgegeben (im Original: Guidance on Good Practices in Corporate Governance Disclosure) (vgl. UNCTAD 2006). Die aktuellen Leitlinien von 2006 umfassen finanzielle und nicht-finanzielle Angaben sowie die Zielsetzung von Unternehmen. Sie thematisieren die Offenlegungspflichten der Unternehmensergebnisse, Transparenz über Unternehmensziele, Gewährleistung von Eigentumsrechten und Rechten von Anteilseignern sowie die Änderung hinsichtlich wesentlicher Vermögenswerte. Weiterhin werden Governance Strukturen angesprochen, insbesondere im Hinblick auf Vorstände und relevante Entscheider. Stakeholder sowie Umwelt und gesellschaftliche Aspekte werden ebenso angeführt wie wesentliche Risiken der Unternehmensführung, die Unabhängigkeit der Abschlussprüfer und interne Audits (vgl. UNCTAD 2006). Damit wird eine Leitlinie zur Verfügung gestellt, welche verantwortungsvolle Unternehmensführung umfassend beleuchtet. Die Leitlinie ist für Regierungen geeignet, um Corporate Governance auf nationaler Ebene zu etablieren, beispielsweise über einen nationalen Corporate Governance Kodex.

Das European Corporate Governance Institute

Bei dem European Corporate Governance Institute (ECGI) handelt es sich um eine internationale, wissenschaftliche Non-Profit-Organisation. Sie stellt ein Forum zum Austausch über Corporate Governance bereit. Der Dialog zwischen Akademikern und Praktikern soll die Entwicklung und das Etablieren einer Best Practice von Corporate Governance fördern. Dazu bringen führende Wissenschaftler im Bereich Corporate Governance ihre Forschungsergebnisse ein. Führungspersönlichkeiten aus den Unternehmen und Gesetzgeber können sich auf diese Weise über die aktuellsten Erkenntnisse informieren. Ein Austausch zwischen Theorie und Praxis fördert die Weiterentwicklung von Corporate Governance, indem die neuen Erkenntnisse in die Praxis eingebunden werden können und zudem neue Forschungsfragen und -projekte entstehen. Die Zusammenarbeit verschiedener Disziplinen, wie z. B. Ökonomie, Recht, Finanzen und Unternehmensführung fördert das Entstehen komplexer Problemlösungsmöglichkeiten. Die Erkenntnisse werden über ein European Corporate Governance Network verbreitet und öffentlich zugänglich gemacht.

Das Institut wurde in 2002 gegründet. Der Vorstand besteht aus zehn Mitgliedern, davon sechs Akademiker und vier nichtwissenschaftliche Personen. Diese entstammen verschiedenen Nationen der Europäischen Union. Mehr als 590 Mitglieder aus 54 Ländern haben sich über eine Vielzahl an Forschungspapieren, internationalen Konferenzen und Workshops ausgetauscht. Über die European Corporate Governance Research Foundation soll eine ausreichende Finanzierung der Tätigkeiten des ECGI gewährleistet sein (vgl. ECGI 2019).

Diese drei Organisationen verbindet die gemeinsame Aufgabe, Corporate Governance einer Vielzahl an Personen und Institutionen zugänglich zu machen. Die Kenntnis um Corporate Governance soll auf dem aktuellsten Stand vermittelt werden. Die Bedeutung eines Schaffens von Vertrauen, Transparenz und Rechenschaftsverpflichtungen für die Funktionsfähigkeit von Kapitalmärkten soll ebenso verbreitet werden wie die Bedeutung funktionierender Kapitalmärkte für erfolgreiches Wirtschaften der Unternehmen und der Wohlstand der beteiligten Nationen. Anregungen für die Umsetzung sollen bereitgestellt werden. Wenngleich kapitalmarktorientierte Unternehmen im Fokus der Betrachtung stehen, wird dennoch am Rande auf die Übertragbarkeit für Unternehmen anderer Formen und Größen hingewiesen. Neben der Gemeinsamkeit stehen die Unterschiede, welche sich aus den Zielen der Institutionen ergibt: Während OECD und UNCTAD internationalen Handel und damit grenzüberschreitende Kapitalflüsse sowie deren Rahmenbedingungen fördern, so verfolgt das ECGI den Ansatz, Corporate Governance in Theorie und Praxis international forschungsbasiert voranzutreiben.

Fragestellungen

Folgende Fragen sollen Sie beim Wissenserwerb unterstützen beziehungsweise zur Diskussion anregen:

1. Worin liegt der Unterschied zwischen L-Rules, C-Rules und R-Rules?
2. Warum wurde der Deutsche Corporate Governance Kodex nicht als Gesetz erlassen?
3. Nehmen Sie Stellung zu der provokanten Aussage „Der Deutsche Corporate Governance Kodex ist ein zahnloser Tiger."
4. Bitte bewerten Sie die Eignung von Kommissionen zur Erstellung des Kodexes.
5. Bitte beschreiben und bewerten Sie die Unterschiede zwischen dem originären Deutschen Corporate Governance Kodex und seiner Weiterentwicklung aus 2019.
6. Worin liegt der Unterschied zwischen „comply or explain" und „apply and explain"?
7. Woran orientierte sich der originäre Deutsche Corporate Governance Kodex?
8. Sollte es einen EU-Corporate Governance Kodex geben? Welche Gründe sprechen dafür bzw. dagegen?
9. Soll der Selbstregulierungsmechanismus von Corporate Governance beibehalten werden? Empfinden Sie ihn als ausreichend?
10. Welche Regelungen und Gesetze sollten die Corporate Governance zukünftig (vermehrt) unterstützen?

2.3 Die interne Umsetzung von Corporate Governance

Im Rahmen der internen Umsetzung können unternehmenseigene Konzepte zur Gewährleistung von gewünschtem Verhalten des Unternehmens und seiner Stakeholder entwickelt werden. Eine hervorstechende Rolle kommt dem Aufsichtsrat eines Unternehmens zu. Über den Deutschen Corporate Governance Kodex und begleitende Gesetzesänderungen wird seine Position gestärkt. Seine Aufgaben wurden ausgeweitet und parallel dazu haben sich die Anforderungen an den Aufsichtsrat verändert. Diese Entwicklungen werden in Abschn. 2.3.1 betrachtet.

Weiterhin umfasst die interne Umsetzung die systematische Errichtung eines Informations- und Kontrollsystems für eine funktionierende Corporate Governance. Dazu wird das Three-Lines-of-Defense-Modell in Abschn. 2.3.2 vorgestellt und seine Elemente beschrieben. Ergänzende Instrumente runden in Abschn. 2.3.3 die Möglichkeiten einer internen Umsetzung von Corporate Governance ab.

2.3.1 Die Rolle des Aufsichtsrats

Der Aufsichtsrat nimmt Überwachungs- und Kontrollaufgaben in Kapitalgesellschaften und weiteren Organisationen wahr. Er steht in regelmäßigem Austausch mit dem Vorstand einer Aktiengesellschaft. Die Einrichtung eines Aufsichtsrats ist gesetzlich verpflichtend für Aktiengesellschaften, aber auch für Kommanditgesellschaften auf Aktien und eingetragene Genossenschaften (vgl. §§ 95–116 AktG bzw. §§ 9, 36–41 GenG). Auch Gesellschaften anderer Rechtsformen können zur Bildung eines Aufsichtsrates verpflichtet sein, wie die Societas Europaea (SE) sowie Kapitalgesellschaften mit mehr als 500 Mitarbeitern, für die in Deutschland entsprechende Mitbestimmungsregeln gelten. Auch eine freiwillige Verpflichtung zur Bildung eines Aufsichtsrats ist möglich. Er stellt damit ein von der Geschäftsführung unabhängiges Kontrollorgan dar (vgl. Schnabel 2015).

Aktiengesetz
§ 100 Persönliche Voraussetzungen für Aufsichtsratsmitglieder

(1) Mitglied des Aufsichtsrats kann nur eine natürliche, unbeschränkt geschäftsfähige Person sein. Ein Betreuter, der bei der Besorgung seiner Vermögensangelegenheiten ganz oder teilweise einem Einwilligungsvorbehalt (§ 1903 des Bürgerlichen Gesetzbuchs) unterliegt, kann nicht Mitglied des Aufsichtsrats sein.
(2) Mitglied des Aufsichtsrats kann nicht sein, wer
    1. bereits in zehn Handelsgesellschaften, die gesetzlich einen Aufsichtsrat zu bilden haben, Aufsichtsratsmitglied ist,
    2. gesetzlicher Vertreter eines von der Gesellschaft abhängigen Unternehmens ist,
    3. gesetzlicher Vertreter einer anderen Kapitalgesellschaft ist, deren Aufsichtsrat ein Vorstandsmitglied der Gesellschaft angehört, oder

4. in den letzten zwei Jahren Vorstandsmitglied derselben börsennotierten Ge-
    sellschaft war, es sei denn, seine Wahl erfolgt auf Vorschlag von Aktionären,
    die mehr als 25 Prozent der Stimmrechte an der Gesellschaft halten.

Auf die Höchstzahl nach Satz 1 Nr. 1 sind bis zu fünf Aufsichtsratssitze nicht
anzurechnen, die ein gesetzlicher Vertreter (beim Einzelkaufmann der Inhaber)
des herrschenden Unternehmens eines Konzerns in zum Konzern gehörenden
Handelsgesellschaften, die gesetzlich einen Aufsichtsrat zu bilden haben,
innehat. Auf die Höchstzahl nach Satz 1 Nr. 1 sind Aufsichtsratsämter im
Sinne der Nummer 1 doppelt anzurechnen, für die das Mitglied zum
Vorsitzenden gewählt worden ist.

(3) Die anderen persönlichen Voraussetzungen der Aufsichtsratsmitglieder der Arbeit-
    nehmer sowie der weiteren Mitglieder bestimmen sich nach dem Mitbestim-
    mungsgesetz, dem Montan-Mitbestimmungsgesetz, dem Mitbestimmungsergän-
    zungsgesetz, dem Drittelbeteiligungsgesetz und dem Gesetz über die
    Mitbestimmung der Arbeitnehmer bei einer grenzüberschreitenden Verschmel-
    zung.

(4) Die Satzung kann persönliche Voraussetzungen nur für Aufsichtsratsmitglieder
    fordern, die von der Hauptversammlung ohne Bindung an Wahlvorschläge gewählt
    oder auf Grund der Satzung in den Aufsichtsrat entsandt werden.

(5) Bei Gesellschaften, die kapitalmarktorientiert im Sinne des § 264d des Handelsge-
    setzbuchs, die CRR-Kreditinstitute im Sinne des § 1 Absatz 3d Satz 1 des Kredit-
    wesengesetzes, mit Ausnahme der in § 2 Absatz 1 Nummer 1 und 2 des Kredit-
    wesengesetzes genannten Institute, oder die Versicherungsunternehmen im Sinne
    des Artikels 2 Absatz 1 der Richtlinie 91/674/EWG des Rates vom 19. Dezember
    1991 über den Jahresabschluß und den konsolidierten Abschluß von Versicher-
    ungsunternehmen (ABl. L 374 vom 31.12.1991, S. 7), die zuletzt durch die Richt-
    linie 2006/46/EG (ABl. L 224 vom 16.08.2006, S. 1) geändert worden ist, sind,
    muss mindestens ein Mitglied des Aufsichtsrats über Sachverstand auf den Gebi-
    eten Rechnungslegung oder Abschlussprüfung verfügen; die Mitglieder müssen
    in ihrer Gesamtheit mit dem Sektor, in dem die Gesellschaft tätig ist, vertraut
    sein.

Der Aufsichtsrat nimmt bestimmte Aufgaben wahr, die ebenso wie die dafür benötigten
Kompetenzen im nachfolgenden Abschnitt beschrieben werden (vgl. Abschn. 2.3.1.1). Die
Entwicklungen von Corporate Governance, die im Deutschen Corporate Governance Kodex, aber auch in weiteren Gesetzen niedergelegt wurden, haben die Rolle des Aufsichtsrats gestärkt (vgl. Abschn. 2.2). Die Ausgestaltung dieser Stärkung widmet sich Abschn. 2.3.1.2, gefolgt von Herausforderungen, die im Zusammenhang mit der veränderten
Rolle des Aufsichtsrats entstanden sind (vgl. Abschn. 2.3.1.3). Eine Betrachtung möglicher Weiterentwicklungen im Zusammenhang der Aufsichträte rundet diesen Abschnitt ab
(vgl. Abschn. 2.3.1.4).

2.3.1.1   Aufgaben und benötigte Kompetenzen des Aufsichtsrats

Der Aufsichtsrat agiert als Repräsentant der Aktionäre und vertritt die Interessen der Aktionäre gegenüber dem Vorstand. In mitbestimmten Aufsichtsräten ist der Aufsichtsrat gleichermaßen Agent der Arbeitnehmer, was im vorliegenden Werk vernachlässigt wird (vgl. Nieber 2017; Schiedermair und Kolb 2004; Becker 1993). Zu seinen Aufgaben zählt eine enge Auseinandersetzung mit der strategischen Ausrichtung des Unternehmens. Eine Zustimmung zu wesentlichen Geschäften wird benötigt, wenn diese die Vermögens-, Finanz- und Ertragslage grundlegend verändern. Das kann beispielsweise aufgrund von hohen Investitionen beziehungsweise hohen Aufnahmen von Fremdkapital der Fall sein. Der Aufsichtsrat überwacht den Rechnungslegungsprozess, das interne Kontrollsystem, das Risikomanagementsystem sowie das interne Revisionssystem. Weiterhin zählt die Prüfung des Jahresabschlusses in Zusammenarbeit mit den Abschlussprüfern, die Bestellung der Vorstandsmitglieder sowie die Festsetzung von deren Vergütung zu den Aufgaben des Vorstandes (vgl. Nieber 2017).

Mitbestimmung von Arbeitnehmern
Neben den Arbeitgebervertretern im Aufsichtsrates nehmen bei entsprechender Unternehmensgröße auch Arbeitnehmer eine Rolle im Aufsichtsrat ein. Auf diese Weise nehmen auch Arbeitnehmer am Willensbildungsprozess im Unternehmen teil. Die Mitbestimmung von Arbeitnehmern ist gesetzlich geregelt. Mitbestimmung verfolgt auf der Ebene der Unternehmen das Ziel, das Zusammenwirken im Arbeitsverhältnis zu regeln. Die Interessen der Arbeitnehmer sollen im Hinblick auf arbeitstechnische, organisatorische und soziale Aspekte hin verfolgt werden. Der Betriebsrat ist ein Organ, das diese Zwecke erfüllt. Auch die Gewerkschaften nehmen z. B. über Manteltarifverträge eine mitbestimmende Aufgabe wahr. Im Rahmen von Corporate Governance sollten folglich neben der Aufsichtsratsmitgliedschaft auch der Betriebsrat beachtet werden. Die Mitbestimmung des Betriebsrats erstreckt sich auf soziale, personelle und wirtschaftliche Angelegenheiten (vgl. Zaumseil 2013).

- Soziale Angelegenheiten umfassen Regelungen zu Arbeitszeit und Arbeitsentgelt, Urlaub, Arbeitsschutz, die Überwachung von Sozialeinrichtungen und technischen Einrichtungen.
- Personelle Angelegenheiten umfassen ein Engagement bei Einstellungen, Versetzungen, Eingruppierung in Vergütungsgruppen beziehungsweise Umgruppierungen.
- Wirtschaftliche Angelegenheiten umfassen eine Informations- und Beratungsfunktion bei Betriebsänderungen wie beispielsweise Einschränkungen und Stilllegungen von Betrieben oder Betriebsteilen, Zusammenschlüsse von Betrieben, grundlegende Änderungen von Betriebszweck, Betriebsorganisation oder Betriebsanlagen sowie die Einführung grundlegend neuer Arbeitsmethoden und Fertigungsverfahren.

Die Mitbestimmung von Arbeitnehmern im Aufsichtsrat ist im Mitbestimmungsgesetz geregelt. In Aktiengesellschaften, Kommanditgesellschaften auf Aktien, Gesellschaften mit beschränkter Haftung und Genossenschaften mit mehr als 2000 Beschäftigten wird der Aufsichtsrat paritätisch von Arbeitnehmer- und Arbeitgebervertretern besetzt. Die Größe des Aufsichtsrats hängt von der Anzahl der Beschäftigten im Unternehmen ab. Der Aufsichtsrat besteht aus 12, 16 beziehungsweise 20 Aufsichtsratsmitgliedern bei bis zu 10.000, bis zu 20.000 beziehungsweise über 20.000 Mitarbeitern. Hierunter fallen bis zu drei Sitze an die im Unternehmen vertretenen Gewerkschaften und werden um Beschäftigte des Unternehmens ergänzt. Auch leitende Angestellte sind mit einem Sitz im Aufsichtsrat vertreten. Die Funktion des Aufsichtsratsvorsitzenden nimmt üblicherweise ein Vertreter der Anteilseigner ein. Das Montan-Mitbestimmungsgesetz und das Drittelbeteiligungsgesetz gestalten diese Regelungen weiter aus (vgl. Zaumseil 2013).

Diskussionsfragen:

1. Welche Vor- und Nachteile sehen Sie in der Einbindung von Arbeitnehmern?
2. Welche Auswirkungen nimmt die Einbindung von Arbeitnehmern auf Corporate Governance?

Diese Aktivitäten dienen der Vermeidung von Unternehmenskrisen, aber im positiven Sinne auch dem Sicherstellen eines bestmöglichen Einsatzes von Kapital und allen anderen Ressourcen. Dies geschieht über die Rückschaufunktion, bei der die Ergebnisse der Geschäftsführung rückwirkend bewertet werden. Über eine Vorschaufunktion wird die zukünftige Ausrichtung der Gesellschaft gesteuert (vgl. Hennike 2016; Malik 2008, S. 120 ff.). Seine Überwachungsaufgabe gliedert sich in eine begleitende und prüfende, eine präventive sowie eine gestaltende Überwachung (vgl. Nieber 2017). Im Einzelnen gehört zu den Aufgaben des Aufsichtsrates

1. **Die Überwachungspflicht**
    Der Aufsichtsrat überwacht die Geschäftsführung. Diese Aufgabe wird als aktive Kontrolle wahrgenommen. Der Aufsichtsrat muss entscheiden, welche Aufgaben beobachtet werden. Auch die Überwachungsintensität muss festgelegt werden. Hierbei muss die Lage der jeweiligen Gesellschaft berücksichtigt werden. So können in schwierigen Phasen, beispielsweise beim Auftreten risikoträchtiger Besonderheiten oder auch bei einem Verdacht von Fehlverhalten im Management, eine engmaschigere Überwachung oder auch Einzelfallprüfungen durchgeführt werden. Die Überwachungstätigkeit kann vom gesamten Aufsichtsrat, aber auch von Ausschüssen wahrgenommen werden (vgl. Schnabel 2015, S. 18 ff.).
2. **Personalentscheidungen**
    Der Aufsichtsrat bestellt den Vorstand und hat die Möglichkeit, ihn abzuberufen. Er schließt Anstellungsverträge ab, setzt die Vorstandsbezüge fest und kann Kredite gewähren. Der Aufsichtsrat soll darauf achten, dass die Gesamtbezüge der einzelnen Vorstandsmitglieder in einem angemessenen Verhältnis zu deren Aufgaben, zu deren Leistungen und zur Unternehmenslage stehen (vgl. Schnabel 2015, S. 24 sowie 56 ff. sowie §§ 84, 87, 98 AktG).
3. **Ausüben von Zustimmungsvorbehalten**
    Bestimmte Geschäfte bedürfen der Zustimmung des Aufsichtsrats (§ 95 Abs. 5 S. 2 AktG).
4. **Mitbestimmungsmöglichkeiten**
    Vorstandsmitgliedern gegenüber vertritt ausschließlich der Aufsichtsrat die Gesellschaft gerichtlich und außergerichtlich (§ 112 AktG).

Die Kompetenzverteilung zwischen Vorstand und Aufsichtsrat ist derart gestaltet, dass der Vorstand die Geschäfte unter eigener Verantwortung leitet. Dies umfasst die Festlegung der Unternehmenspolitik und die Entscheidung über und Übernahme von geschäftlichen und finanziellen Risiken, weiterhin die organisatorische Durchsetzung der Unternehmenspolitik über Planung, Steuerung und Kontrolle der Unternehmensprozesse einschließlich einer Sicherung funktionierender Finanzströme sowie Personalentscheidungen bei der Besetzung der oberen Führungspositionen. Dem Aufsichtsrat kommt eine Überwachungsfunktion zu. Maßnahmen der Geschäftsführung dürfen dem Aufsichtsrat nicht übertragen werden (§ 111 Abs. 1 und Abs. 4 AktG). Diese wird allerdings durch Zustimmungsvorbehalte bzw. Vetorechte sowie Mitbestimmungsmöglichkeiten aufgeweicht (vgl. Schnabel 2015, S. 25 ff.).

▶   Die veränderte Rolle des Aufsichtsrats führt zu einer Erhöhung von Transparenz
     und einer Stärkung von deren Verantwortlichkeit und Rechenschaftspflichten.
     Darüber soll das Vertrauen in die Unternehmen gestärkt werden (vgl. Abb. 2.6).

Um die Aufgaben zu übernehmen, müssen die Mitglieder des Aufsichtsrats persönliche Voraussetzungen nach § 100 AktG erfüllen. Sie müssen natürliche, unbeschränkt geschäftsfähige Personen sein. Sie müssen die Aufgaben selbst wahrnehmen und dürfen nicht von anderen vertreten werden (vgl. § 111 Abs. 5 AktG). Weiterhin müssen sie über eine fachliche Kompetenz, aber auch über Unabhängigkeit sowie Zeit verfügen (vgl. Malik 2008). Die erforderlichen fachlichen Qualifikationen beinhalten Fähigkeiten zur Beurteilung der wirtschaftlichen Lage der Unternehmen basierend auf der Bilanz, der Gewinn- und Verlustrechnung sowie weiterer Kennzahlen. Weiterhin wird Marktkenntnis benötigt, welche ein Verständnis über Wettbewerber, Kunden und mögliche weitere relevante

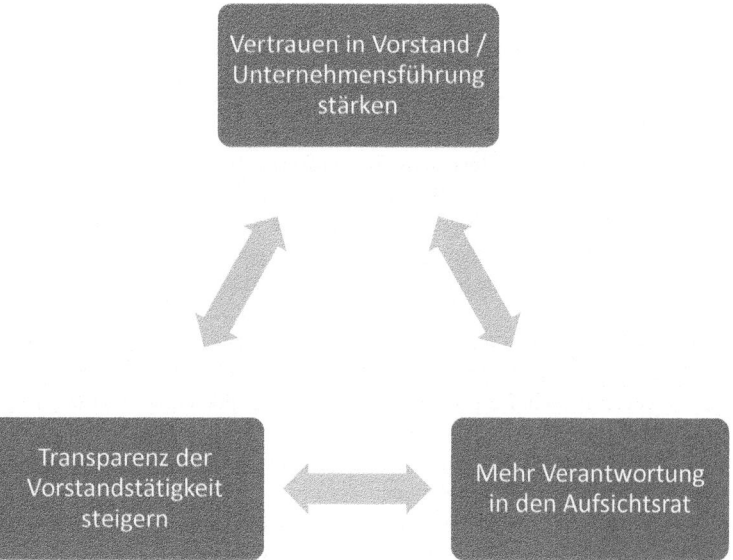

Abb. 2.6 Das Zusammenspiel von Transparenz, Verantwortung und Vertrauen als Ziel der Stärkung von Aufsichtsräten. (Quelle: Eigene Darstellung)

Marktpartner ebenso beinhaltet wie – z. B. rechtliche – Rahmenbedingungen des Unternehmens, aber auch Wissen um Risikomanagement und Personalkompetenz bei der Auswahl des Vorstandes (vgl. Von Preen et al. 2017; Schnabel 2015, S. 49 ff.).

Schnabel (2015, S. 52 ff.) kritisiert fehlende Regelungen der formalen Qualifikationen. Ein sachverständiges Mitglied des Aufsichtsrats sollte im Stande sein, mit den Abschlussprüfern und dem Finanzvorstand auf Augenhöhe zu argumentieren. Auch die Beurteilung der Wirksamkeit von Kontrollsystemen erfordert profunde Sachkenntnis, möglicherweise ergänzt um einschlägige Berufserfahrung.

Zu weiteren Anforderungen zählen Sorgfalt, Verschwiegenheit und Verantwortlichkeit (vgl. §§ 116 und 93 AktG). Ein Anspruch an Integrität lässt sich aus § 100 AktG ableiten, demzufolge die Abhängigkeiten einer Gesellschaft von einer anderen dazu führt, dass eine Person nicht im Aufsichtsrat beider Gesellschaften sein darf.

Nach Tricker zeichnet sich ein erfolgreicher Vorstand durch sechs Eigenschaften aus (die Six Cs) (vgl. Tricker 2012, S. 390 ff.). Dies kann auf den Aufsichtsrat übertragen werden. Die Eigenschaften können der Tab. 2.5 entnommen werden.

Hervorstechend ist die Unabhängigkeit der Aufsichtsräte. Sie ist im Deutschen Corporate Governance Kodex in Ziffer 5.4.1 und 5.4.2 verankert (Version 2015). Unter Unabhängigkeit wird die Abwesenheit von Interessenkonflikten verstanden. Interessenkonflikte können aus den Beziehungen zum Vorstand, der Gesellschaft sowie zum Mehrheitsaktionär entstehen. So wird beispielsweise bei einem Wechsel ehemaliger Vorstandsmitglieder in den Aufsichtsrat zwar positiv angemerkt, dass auf diese Weise Sachverstand und Unternehmenskenntnis gewährleistet sind. Allerdings wird kritisiert, dass frühere Vorstandsmitglieder den von ihnen selbst initiierten Unternehmensstrategien nicht objektiv genug ge-

Tab. 2.5 Die Six Cs: Eigenschaften eines erfolgreichen Aufsichtsrats

Eigenschaft	Beschreibung
Commitment	Commitment als Bekenntnis zu den Werten, zur gemeinsamen Vision und zur strategischen Ausrichtung des Unternehmens.
Character	Der Aufsichtsrat wird durch die Integrität jedes einzelnen geprägt. Deren persönliche Werte und Eigenschaften spiegeln das Gremium wider und strahlen auf ihre Umgebung aus. Starke Persönlichkeiten formen einen starken Aufsichtsrat.
Collaboration	Der Aufsichtsrat funktioniert als Team, bei dem die Mitglieder einen Teil davon bilden. Dies erfordert Kommunikation, die auf Vertrauen, Verlässlichkeit und gegenseitigem Respekt, aber auch einer funktionierenden Diskussions-Kultur basiert.
Competence	Die Mitglieder bringen eine Vielfalt an Erfahrungen, Sachkenntnis und persönlichen Fähigkeiten ein.
Creativity	Kreativität bedeutet hier, die vorherrschende Meinung in Frage zu stellen und neue Wege zu diskutieren (outside the box-Denken).
Contribution	Ein leistungsorientiertes Unternehmen zielt darauf ab, das Potenzial seiner (Vorstands-)Mitglieder auszuschöpfen.

Quelle: Eigene Darstellung in Anlehnung an Tricker 2012, S. 390 f

genüberstehen und zudem zu den noch aktuellen Mitgliedern des Vorstandes eine (positive oder negative) Beziehung aufgebaut haben. Auch dies steht einer Objektivität entgegen (vgl. Schnabel 2015, S. 65 ff.).

2.3.1.2 Stärkung des Aufsichtsrats

Der Aufsichtsrat bewegt sich im Rahmen der Änderungen von einer eher passiven Position hin zu einer aktiven Rolle im Unternehmen. Dies umfasst eine aktive Beratung und Begleitung des Vorstands. Auch weitere Stakeholder, wie z. B. größere Investoren treten in Kontakt mit dem Aufsichtsrat. Die Öffentlichkeit ersucht ebenso in gewissen Fällen Auskünfte vom Aufsichtsrat (vgl. Hammann 2018; Nieber 2017; Merz 2017).

Die Stärkung des Aufsichtsrats zeigt sich in einem Anstieg an Aufgaben und Zuständigkeiten und soll durch weitere Veränderungen unterstützt werden. Dies umfasst einen Anstieg bei Mitbestimmungsrechten und dem Informationsaustausch mit dem Vorstand, ein größerer Einfluss bei der Jahresabschlussprüfung und bei der Vergütungsstruktur des Vorstands. Die Stärkung zeigt sich zudem in einer gestiegenen Anzahl an Aufsichtsratssitzungen und in der verstärkten Bildung von Ausschüssen und deren Aktivitäten.

Mitbestimmungsrechte des Aufsichtsrats
Bei bestimmten Entscheidungen soll der Aufsichtsrat zukünftig mitbestimmen. Diese Entscheidungen werden vom Aufsichtsrat oder in einer Satzung festgehalten. Sie umfassen bestimmte ausgewählte Arten von Geschäften des Unternehmens, welche die Ertragsaussichten oder die Risikolage des Unternehmens grundlegend verändern. Damit greift der Aufsichtsrat in die Geschäftsführung ein, wobei die Verantwortung der Unternehmensleitung nicht aufgehoben werden soll. Der Einsatz von Zustimmungsvorbehalten soll bei bedeutsamen und außergewöhnlichen Geschäften erfolgen. Eine klare Festlegung von Kriterien derartiger Geschäfte wird von Experten diskutiert, ohne bislang eine fixierte Lösung zu erzielen. Dies gilt auch für die Einbeziehung des Aufsichtsrats in unternehmenspolitische Grundsatzentscheidungen. Der Wunsch nach einer Stärkung des Aufsichtsrats und die Rollen des Vorstandes als Geschäftsführung mit Verantwortung und Entscheidungsgewalt sowie der Aufsichtsrat in seiner Kontrollfunktion prallen aufeinander. Diese Stärkung des Aufsichtsrats basiert auf dem TransPuG sowie dem § 111 Abs. 4 S. 1.

Informationsaustausch mit dem Vorstand
Die Forderung nach Transparenz beinhaltet regelmäßige Informationen an den Aufsichtsrat bzw. die Ausschüsse durch den Vorstand. Hierbei kann zwischen formeller und informeller Information sowie zwischen Routine- und Nicht-Routine-Information unterschieden werden. Die Inhalte und das Ausmaß offizieller und regelmäßiger Information muss abgesprochen werden. Die Informationen sollten vertrauenswürdig, verständlich, übersichtlich, präzise, prägnant und nachvollziehbar aufbereitet sein sowie zeitnah bereitgestellt werden. Informationen über gelegentliche relevante Einzelfälle außerhalb der Routine sollen regelmäßige Informationen in Bedarfsfällen ergänzen. Als Informationssystem können papierhafte Berichte erstellt werden, die auch in elektronischer Form auf Kommunikationsgeräten

wie Tablets oder Smartphones verfügbar gemacht werden können. Die Einhaltung von Ver-traulichkeit, Datenschutz und Datensicherheit ist zu gewährleisten (vgl. Tricker 2012, S. 403).

Die Intensivierung des Informationsaustauschs zwischen Vorstand und Aufsichtsrat stärkt seine Beratungsqualität. Der Aufsichtsrat erhält Berichte über die Unternehmens-planung, welche langfristige Weichenstellungen einschließlich einer Finanz-, Investitions- und Personalplanung umfassen (§ 90 Abs. 1 Nr. 1 AktG). Neben den ordentlichen Vor-standsberichten kann jedes Aufsichtsratsmitglied jederzeit weitere Berichte über verschiedene Angelegenheiten der Gesellschaft verlangen. Dies umfasst beispielsweise geschäftliche Vorgänge der Gesellschaft, aber auch übergeschäftliche Beziehungen zu weiteren Gesellschaften (§ 90 Abs. 1 AktG). Mit § 91 Abs. 2 AktG wurde weiterhin die Einrichtung eines Risikoüberwachungssystems verpflichtend eingeführt (siehe Kap. 3).

Jahresabschlussprüfung

Zur Steigerung von Aufgaben und Zuständigkeiten zählt eine stärkere Rolle bei der Jah-resabschlussprüfung. Der Aufsichtsrat erteilt den Prüfungsauftrag an den Abschlussprüfer, der von der Hauptversammlung gewählt wurde. Der Abschlussprüfer übernimmt die Prü-fung für den Jahres- bzw. Konzernabschluss. Damit kann der Vorstand seine Prüfer nicht selbst auswählen, was für Distanz und Unabhängigkeit zwischen Abschlussprüfer und Vorstand sorgen soll. Durch den direkten Kontakt zwischen Abschlussprüfer und Auf-sichtsrat können mögliche Schwerpunkte einer Prüfung vereinbart werden. Diese Aufsichtsrats-Stärkung basiert auf dem KonTraG, daraus abgeleitet dem § 111 Abs. 2 S. 3 und dem § 290 HGB.

Vergütungsstruktur des Vorstands

Die Vergütungsstruktur des Vorstandes soll auf eine nachhaltige Unternehmensentwick-lung ausgerichtet werden. Kurzfristiger und langfristiger Erfolg sollen gleichermaßen ge-sichert werden, indem der Vorstand durch Grundgehalt, leistungsorientierte Vergütung und weitere Incentives ein attraktives Einkommen erzielt. Dieses soll ihn motivieren, die Ge-schäfte im Sinne der Aktionäre zu führen. Nachhaltigkeit soll in diesem Zusammenhang den langfristigen Erfolg des Unternehmens sichern. Wenngleich eine leistungsorientierte Vergütung mit Anreizen zur nachhaltigen Erfolgssicherung positiv bewertet werden muss, so soll ein Kritikpunkt nicht unterschlagen werden. Der Einfluss bei der Gestaltung der Vorstandsvergütung und der Möglichkeit, Anreize für geschäftliches Handeln zu setzen, könnte mit § 76 AktG in Konflikt geraten. Gemäß § 76 AktG soll die Definition der Unter-nehmensziele der alleinigen Verantwortung des Vorstandes unterliegen. Die Stärkung des Aufsichtsrats basiert auf dem VorstAG und schlägt sich in § 87 Abs. 1 S. 2 AktG nieder. Die gleichzeitige Einhaltung von §§ 76 und 87 AktG muss beachtet werden.

Aufsichtsratssitzungen

Im Zuge der Stärkung von Aufsichtsräten wurde zunächst die Sitzungshäufigkeit erhöht. Eine Mindestanzahl von vier Aufsichtsratssitzungen pro Kalenderjahr ist in § 110 Abs. 3

AktG festgeschrieben. Dadurch soll der Austausch im Aufsichtsrat gesichert werden. Ergänzend zu diesen Treffen wurden vermehrt Ausschüsse gebildet (s. u.). Das Engagement des Aufsichtsrats und der Austausch mit dem Vorstand wurden somit quantitativ verstärkt.

Bildung von Ausschüssen

Der Deutschen Corporate Governance Kodex empfiehlt die Bildung fachlich qualifizierter Ausschüsse, was auch im Aktiengesetz § 107 Abs. 3 AktG verankert ist (vgl. Deutscher Corporate Governance Kodex 2017). Diese setzen sich aus ausgewählten Aufsichtsratsmitgliedern zusammen, welche für die jeweilige Aufgabe des Ausschusses als geeignet erscheinen, um einen Spezialisierungsvorteil zu nutzen. Damit kann der Aufsichtsrat einen engmaschigen und qualitativ hochwertigen Informationsaustausch einschließlich Beratungskompetenz gewährleisten. Als häufigste Erscheinungsformen wurden Audit/Prüfungsausschuss, Nominierung, Vorstandsvergütung, Risiko und Ethik benannt. Dem Prüfungsausschuss obliegt die Überwachung des Rechnungslegungsprozesses. Die Wirksamkeit des internen Kontroll- und Revisionssystems und der Abschlussprüfung sollen gesichert werden. Dem Nominierungsausschuss kommt die Aufgabe zu, geeignete Kandidaten für den Aufsichtsrat zu ermitteln und für die Wahl während der Hauptversammlung vorzuschlagen. Der Vermittlungsausschuss bereitet Vorschläge für die Bestellung von Vorstandsmitgliedern nach § 31 Abs. 3 MitbestG vor (vgl. Welge und Eulerich 2014, S. 54 ff.; Mallin 2013, S. 173 ff.; Tricker 2012, S. 186 ff.).

Ausschüssen können konkrete Aufgaben zur Beratung oder zum Beschluss übertragen werden. Die allgemeine Überwachungsaufgabe steht jedoch nur dem Aufsichtsrat als Ganzes zu (vgl. Schnabel 2015, S. 23). Vorteile der Ausschussbildung liegen in einer effektiveren Arbeitsweise durch ihre höhere zeitliche Flexibilität sowie durch Spezialisierung und den Einsatz von Fachwissen. Damit kann das Leistungspotenzial der Mitglieder ausgeschöpft werden und gleichzeitig das Verantwortungsbewusstsein erhöht werden. Die Ausschussarbeit kann Nähe erzeugen, die zu einer verstärkten Vertrautheit zwischen Vorstand und Aufsichtsrat führen kann. Nachteilig kann angeführt werden, dass die Ausschüsse und ihre Tätigkeit ein Informationsgefälle zwischen Gesamtaufsichtsrat und Ausschussmitgliedern erzeugen können, was weiterhin mit Einbußen eines Verantwortungsgefühls bzw. der tatsächlichen Gesamtverantwortung beim Gesamtaufsichtsrat einhergehen kann. Insbesondere Arbeitgebervertreter könnten in den Ausschüssen weniger stark vertreten sein. Ein „Zwei-Klassen-Aufsichtsrat" könnte entstehen. Kompetenzkonflikte können entstehen, welche sich zwischen Ausschuss und Gesamtaufsichtsrat, aber auch zwischen Ausschuss und Vorstand entfalten können (vgl. Welge und Eulerich 2014; Grothe 2006).

Diese Vor- und Nachteile hat Grothe (2006) in einer empirischen Erhebung aus Aufsichtsratsperspektive ergründet. Als Vorteile wurden insbesondere eine intensivierte Diskussion, das Bündeln von Spezialwissen, eine höhere Problemlösungswahrscheinlichkeit, flexiblere Arbeit, höhere Leistungsfähigkeit, aber auch ein höheres Verantwortungsbewusstsein, gestiegene Tätigkeitsanreize und ein verbessertes Verhältnis zum Vorstand angeführt. Nachteilig wurden von den befragten Aufsichtsräten das Informationsgefälle (innerhalb des Aufsichtsrats und zum Vorstand), Kompetenzkonflikte sowie die gestiegene

Mitbestimmung der Ausschüsse sowie die gesunkene Mitbestimmung der Gesamtaufsichtsräte bewertet.

2.3.1.3 Herausforderungen im Kontext der Stärkung von Aufsichtsräten

Die Stärkung des Aufsichtsrates beruht auf einer Steigerung von Aufgaben und Zuständigkeiten. Diese zusätzlichen Wirkungsfelder führen zur Diskussion um die Wechselwirkungen zwischen einer Professionalisierung des Aufsichtsrates und der Forderung nach Unabhängigkeit der Aufsichtsräte (vgl. Abb. 2.7). Zu weiteren Herausforderungen zählen die Mehrfachmandate und daraus resultierende Verflechtungen. Eine weitere Herausforderung liegt in der Forderung nach mehr Vielfalt. Die Abdeckung von Schulungsbedarf, die Selbstevaluation der Aufsichtsratstätigkeit und die Absicherung von Privathaftung ergänzen die Herausforderungen.

Wechselwirkungen zwischen Professionalisierung, Unabhängigkeit und Aufgabenvermehrung

Die zunehmende Aufgabenvermehrung des Aufsichtsrats bringt einen vermehrten Informationsaustausch zwischen Vorstand und Aufsichtsrat mit sich. Die fachlichen Anforderungen an den Aufsichtsrat steigen dabei an. Um als Berater des Vorstandes und in seiner Überwachungsfunktion erfolgreich zu sein, benötigt der Aufsichtsrat zunehmend Kenntnisse und Erfahrung in der Unternehmensführung sowie Branchenwissen. Die Erweiterung von Aufgaben und Zuständigkeiten kann nur erfolgträchtig sein, wenn der Vorstand über einen gewissen Grad an Professionalisierung verfügt. Die Besetzung des Aufsichtsrates mit geeigneten Personen könnte allerdings dazu führen, verstärkt Experten aus Unternehmen gleicher Branche und Vorstände anderer Aktiengesellschaften einzusetzen. Wenn hier wettbewerbliche Beziehungen bestehen, so kann die Unabhängigkeit beeinträchtigt sein (siehe dazu den folgenden Abschnitt über Mehrfachmandate und Verflechtungen).

Abb. 2.7 Veränderungen für Aufsichtsräte. (Quelle: Eigene Darstellung)

Das Unabhängigkeitspostulat soll eine unabhängige Überwachung der Geschäftsführung in den Gesellschaften unabhängig von der Aktionärsstruktur sicherstellen. Interessenkonflikte zwischen Vorstand und Aufsichtsrat, welche die Unabhängigkeit einschränken können, sollen identifiziert werden. Dieser Sachverhalt ist in der Empfehlung 2005/162/EG verankert und in § 100 Abs. 5 AktG aufgegriffen worden (vgl. Schnabel 2015, S. 88).

Die engere Zusammenarbeit zwischen Vorstand und Aufsichtsrat wird deren Beziehung prägen. Mehr Nähe entsteht, welche eine Unabhängigkeit schmälern kann. Weiterhin kann eine Ausweitung von Zuständigkeiten den Einfluss des Vorstands in Relation zum Einfluss von Mehrheitsaktionären steigern. Dessen Einfluss auf den Vorstand sinkt in Relation zum steigenden Einfluss des Aufsichtsrats (vgl. Schnabel 2015, S. 103 ff.).

Sowohl das Unabhängigkeitspostulat als auch der Ruf nach Professionalisierung müssen bei der Stärkung des Aufsichtsrats berücksichtigt werden.

Professionalisierung des Aufsichtsrats
Die Einflusskraft des Aufsichtsrats reicht weit über die ursprünglich angedachte Funktion eines unabhängigen Kontrollorgans des Vorstandes hinaus. Zum einen kommt dem Aufsichtsrat die Aufgabe zu, den Vorstand zu bestellen. Fernen kann der Aufsichtsrat über seine Beratungsfunktion sowie aufgrund seines Vetorechts maßgeblichen Einfluss auf die Entscheidungen des Vorstandes ausüben. Durch gesetzliche Änderungen, wie beispielsweise die Verpflichtung zu einem gesteigerten Informationsaustausch zwischen Vorstand und Aufsichtsrat, die Erhöhung der Sitzungsfrequenz sowie die vermehrte Ausschussbildung, welche einhergeht mit der Forderung nach höherer fachlicher Qualifikation der Aufsichtsratsmitglieder, rückt die Professionalisierung verstärkt in den Fokus der Diskussionen über den Aufsichtsrat (Schnabel 2015, S. 41–64).

Fragestellungen

1. Was bedeutet die Professionalisierung des Aufsichtsrates?
2. Welche Vorteile hätte ein professioneller Aufsichtsrat?
3. Gibt es auch Nachteile, die gegen eine Professionalisierung des Aufsichtsrates sprechen? Welche Probleme könnten in Bezug auf die Unabhängigkeit bei einem professionellen Aufsichtsrat auftreten?

Mehrfachmandate und Verflechtungen können zu einer Inkompatibilität mit dem Amt führen
Zunächst war das Amt des Aufsichtsrats als Nebenamt vorgesehen. Damit wurde die Option geschaffen, durchaus mehrere Aufsichtsratsmandate gleichzeitig zu übernehmen. Die maximale Anzahl der Mandate pro Person liegt bei zehn, wobei der Vorsitz eines Aufsichtsrates doppelt gezählt wird (vgl. § 100 AktG). Die Unabhängigkeit und die Unbefangenheit wird in ausgewählten Fällen abgesprochen, in denen Personen mehrere Aufsichtsratsmandate und insbesondere gleichzeitig weiterer relevante Funktionen im Unternehmen bzw. in Organisationen eines Konzerns wahrnehmen (vgl. Schnabel 2015, S. 17).

Bei einer Übernahme mehrerer Mandate kann es zu Verflechtungen kommen. Eine Personalverfechtung entsteht, wenn ein Vorstands- oder Aufsichtsratsmitglied mindestens ein weiteres Mandat im Vorstand oder Aufsichtsrat eines anderen Unternehmens einnimmt. Diese können mit Kapitalverflechtungen einhergehen. Dabei können Verflechtungen drei Richtungen einnehmen. Gerichtete Verflechtungen entstehen, wenn ein Vorstands- oder Aufsichtsratsmitglied des einen Unternehmens gleichzeitig Mitglied im Aufsichtsrat eines weiteren Unternehmens ist. Bei Überkreuzverflechtungen ist ein Aufsichtsratsmitglied eines Unternehmens gleichzeitig Vorstandsmitglied eines anderen Unternehmens und umgekehrt. Diese Form ist in Deutschland verboten. Bei ungerichteten Verflechtungen nimmt ein externer Mandatsträger Aufsichtsratsmandate in zwei Unternehmen gleichzeitig ein (vgl. Abb. 2.8).

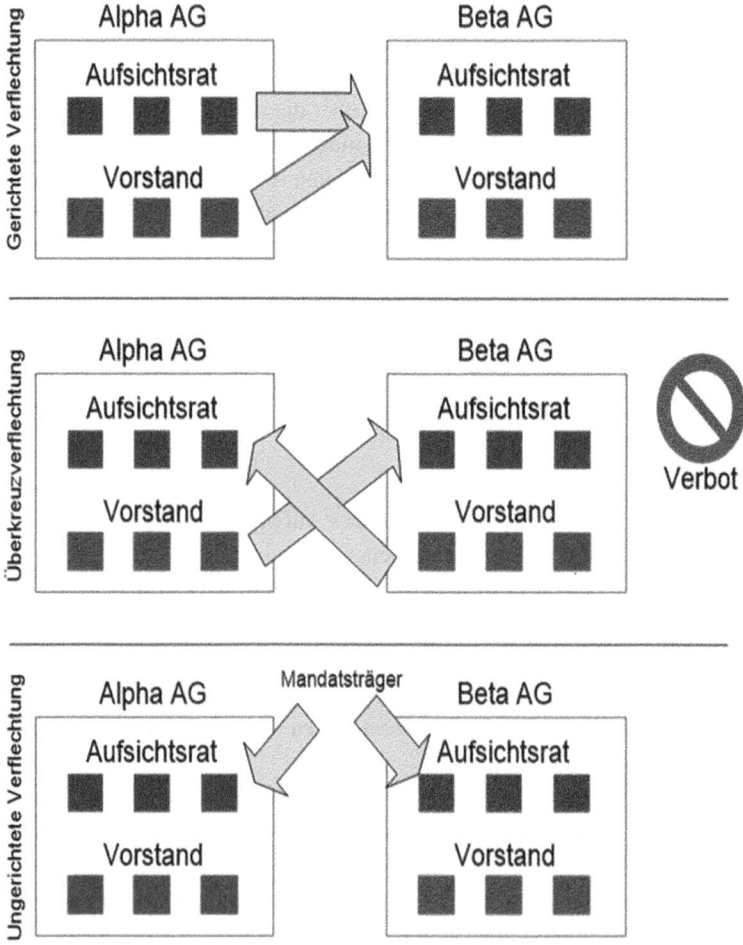

Abb. 2.8 Mögliche Richtungen von Verflechtungen (Eigene Darstellung in Anlehnung an Welge und Eulerich 2014, S. 52)

Tab. 2.6 Ausgewählte Formen von Personalverflechtungen

Ausgangspunkt der Verflechtung Richtung der Verflechtung	Verflechtung aufgrund von Kapitalbeteiligungen	Verflechtung aufgrund von Lieferanten- oder Kundenbeziehungen	Verflechtung aufgrund von Kreditbeziehungen	Verflechtungen aufgrund des Amtes	Verflechtung aufgrund der Qualifikation
Gerichtete Verflechtung	Häufig	Gelegentlich	Gelegentlich	Häufig	Selten
Überkreuzverflechtung	In Deutschland verboten				
Ungerichtete Verflechtung	Selten	Gelegentlich	Selten	Häufig	Häufig

Quelle: Eigene Darstellung in Anlehnung an Welge und Eulerich 2014, S. 53

Die betrachteten Unternehmen können zueinander in Beziehungen unterschiedlicher Formen stehen. Hierbei sind zunächst Kapitalverflechtungen zu nennen. Die Unternehmen können gesellschaftsrechtlich verbunden sein. Bei einer Verflechtung aufgrund von Kunden- oder Lieferantenbeziehungen sind die Unternehmen entlang der Wertschöpfungskette miteinander verbunden. Sie haben enge Geschäftsbeziehungen und bewegen sich in derselben Branche. Dadurch können die Aufsichtsratsmitglieder kompetente Ratgeber sein, aber auch Eigeninteressen verfolgen. Personalverflechtungen aufgrund von Kreditbeziehungen entstehen durch Berufungen von Mitgliedern der Hausbank in den Aufsichtsrat. Auch hier treffen gemeinsame Interessen und Eigeninteressen aufeinander. Verflechtungen aufgrund des Amtes betrifft Träger politischer Ämter (Bürgermeister, Stadträte) sowie Vertreter von Institutionen wie beispielsweise der Industrie- und Handelskammern oder der Gewerkschaften. Qualifikation und Know-how als Verflechtungsgrund betrifft auf besondere Weise qualifizierte Personen, beispielsweise Hochschulprofessoren (vgl. Tab. 2.6 sowie Welge und Eulerich 2014, S. 51 ff.).

Verflechtungen bringen die Gefahr mit sich, dass die Mandatsträger ihr Wissen nicht nur im Interesse des Aufsichtsratsmandates der Beta AG, sondern auch in der Funktion als Vorstand oder Aufsichtsrat der Alpha AG beziehungsweise als externer Mandatsträger einsetzen. Hier greifen die in Abschn. 2.1.4 beschriebenen Informationsasymmetrien mit den Problemen der Prinzipal-Agent-Theorie. Es können auch positive Wirkungen aus den Multimandaten entstehen, wenn die Mandatsträger dadurch Branchenkenntnisse und Managementerfahrung mitbringen und somit kompetente Berater der Vorstände sein können. Mit § 100 Abs. 2 S. 1 AktG wird die Überkreuzverflechtung verboten, weil dort die Interessenkonflikte das Einbringen von Erfahrungswissen überlagern.

Forderung nach Diversität in den Aufsichtsräten
Ein zusätzliches Ziel bildet es, die Diversity beziehungsweise Vielfalt im Aufsichtsrat zu erhöhen. Durch eine Vielfalt an Profilen kommen vielfältige Wertvorstellungen, Ansichten und Kompetenzen zusammen. Diese Heterogenität soll eine Kultur des Hinterfragens und der Diskussion fördern. Die Gefahr festgefahrener Denkmuster soll durch ein Potenzial

für kreative Lösungsfindungen ersetzt werden. Vielfalt soll über eine größere Internationa-lität sowie einen erhöhten Frauenanteil in den Aufsichtsräten erreicht werden (vgl. Schna-bel 2015, S. 43 ff.). Diese Ansätze tragen zur Professionalisierung des Aufsichtsrats bei. Dadurch wird das Gremium gestärkt, weil es die Fähigkeit zum Berücksichtigen der Per-spektiven unterschiedlicher Stakeholder intensiviert (vgl. Mallin 2013, S. 187). Eine Reihe an empirischen Studien unterstützt diese Aussage (vgl. Ferreira 2011; Grosvold und Brammer 2011; Erkut et al. 2008; Carter et al. 2003, 2007).

Die Europäische Kommission fördert den Frauenanteil in Aufsichtsräten und Vorstän-den. Dies führt zu einer Verankerung dieser Forderung in vielen Ländern der EU, so bei-spielsweise in Deutschland, Spanien und Norwegen (vgl. Europäische Kommission 2012).

Eine erhöhte Repräsentanz von Frauen in Aufsichtsräten geht einher mit dem Stufen-plan, den durchschnittlichen Anteil von Frauen in Aufsichtsräten in Form einer gesetzli-chen Pflicht zur Selbstverpflichtung sukzessive zu erhöhen. Damit wird eine gesellschafts-politische Zielsetzung erfüllt. Die Forderung nach Diversität wird im Hinblick auf den Gender-Aspekt erfüllt (vgl. Schnabel 2015, S. 177 ff.).

Frauen im Aufsichtsrat

Gemäß dem Deutschen Corporate Governance Kodex soll bei der Zusammensetzung des Aufsichtsrats u. a. auf Vielfalt (Diversity) geachtet werden. Dies inkludiert beispielsweise die Berücksichtigung von Frauen. Verbindliche Regelungen, die einen Anteil an Frauen sowie Männern von jeweils mindestens 30 Prozent vorsehen, wurden über das Mitbestim-mungsgesetz, das Montan-Mitbestimmungsgesetz sowie das Mitbestimmungsergänzungs-gesetz normiert (DCGK 2017 Punkt 5.4.1).

Fragestellungen

1. Gibt es neben den gesetzlichen Vorgaben weitere Motive, die für eine erhöhte Repräsentanz von Frauen in Aufsichtsräten sprechen?
2. Welche Auswirkungen könnte eine geschlechterspezifische Vielfalt auf die Arbeit des Aufsichtsrates haben?
3. Wie tragen Frauen dazu bei, dass Entscheidungen des Aufsichtsrates „besser" werden?
4. Gibt es neben der geschlechterspezifischen Auslegung von Vielfalt weitere Aspe-kte, welche positive Effekte auf die Arbeit des Aufsichtsrates haben könnten? Wie könnte der Einfluss dieser Aspekte konkret aussehen?

Weitere Herausforderungen

Neben dem grundlegenden Abgleich der Wechselwirkungen zwischen der Vielzahl an Aufgaben und der Forderung nach Unabhängigkeit sowie einem gewissen Grad an Profes-sionalisierung, der Problematik der Mehrfachmandate sowie der Forderung nach Vielfalt sollen einige ergänzende Herausforderungen betrachtet werden. Hierbei handelt es sich um die Aus- und Fortbildung der Aufsichtsräte, die Einhaltung von Qualität über Selbste-valuation sowie die Frage nach der Haftung.

1. Um die Beratungsqualität des Aufsichtsrats zu sichern, benötigen die Mitglieder eine Vielzahl an Kenntnissen, die bereits vorhanden sind oder ergänzt werden können. Der überarbeitete Corporate Governance Kodex (Version von 2019) legt die Aus- und Fortbildung des Aufsichtsrats in dessen Selbstverantwortung. Dennoch benötigen neue Mitglieder des Aufsichtsrats Orientierung und Einarbeitungsprogramme. Sie müssen das Unternehmen, die strategische Ausrichtung ebenso wie das Tagesgeschäft und den historischen Verlauf von Entscheidungen kennenlernen. Dazu zählen insbesondere Kenntnis des Unternehmens, der Branche, der Finanzlage sowie der Erwartungen an das Amt des Aufsichtsrates. Ein Mentoren-Programm kann hier hilfreich sein (vgl. Tricker 2012, S. 392 ff., insbes. S. 416 f.).
2. Zur Gewährleistung der Qualität einer Institution sollte regelmäßig eine Evaluation stattfinden. Dies ist für die Aufsichtsräte bislang nicht geregelt. Wenngleich keine externe Überprüfung institutionalisiert ist, so besteht die Möglichkeit einer freiwilligen und möglicherweise informellen Selbstevaluation. Ein Gremium wie der Aufsichtsrat sollte regelmäßig seine Effektivität und Effizienz hinterfragen. Hierzu zählt die Bewertung der Menge und Qualität der Informationsflüsse, der Treffen und der eingesetzten Informationsquellen ebenso wie auch die Bewertung einzelner Mitglieder des Gremiums. Die Weiterentwicklung des Aufsichtsrates an die sich wandelnden Anforderungen an die Funktion müssen Raum für Diskussion finden (vgl. Tricker 2012, S. 420 ff.).
3. Durch die gestiegene Mitbestimmung steigt zunehmend auch Gefahr für Aufsichtsräte, für die Entscheidungen in Haftung genommen zu werden. Zur Absicherung der Privathaftung von Aufsichtsräten kann eine Directors and Officers (D&O)-Versicherung eingesetzt werden (vgl. Tricker 2012, S. 399 ff.). Die persönliche Haftung von Leitungsorganen der Gesellschaften (Vorstände und Aufsichtsräte) erstreckt sich auf eine Innen- und Außenhaftung. Hier kann eine D&O-Versicherung als eine Vermögensschaden-Haftpflichtversicherung greifen. Ein Unternehmen kann sie für Vorstand und Aufsichtsrat, aber auch für leitende Angestellte abschließen. Es handelt sich dabei um eine Versicherung, die der Art nach zu den Berufshaftpflichtversicherungen gezählt wird. Der Versicherungsschutz umfasst zwei Ansprüche: den Anspruch auf Erstattung der Abwehrkosten für den Fall der unbegründeten Inanspruchnahme (Rechtsschutzfunktion) sowie den Anspruch auf Freistellung von begründeten Schadensersatzforderungen (Freistellungsfunktion) (vgl. Schmitt 2007). In einer D&O-Versicherung soll gemäß des Deutschen Corporate Governance Kodexes für den Aufsichtsrat ein gewisser Selbstbehalt vereinbart werden (vgl. Deutscher Corporate Governance Kodex 2017, S. 5).

2.3.1.4 Mögliche Weiterentwicklungen des Aufsichtsrats

Sowohl Struktur als auch Aufgaben des Aufsichtsrats hat sich im Zusammenhang mit seiner Stärkung bereits verändert und wird möglicherweise weiteren Anpassungen unterworfen werden. Bei der Initiierung weiterer Veränderungen kann auf theoretische Überlegungen zurückgegriffen werden. Zudem kann das Meinungsbild und das Erfahrungswissen der aktiven Aufsichtsräte Anregungen für Weiterentwicklungen bieten.

Theoretische Überlegungen

Die zunehmende Professionalisierung des Aufsichtsrats könnte durch eine Umwandlung der nebenberuflichen in eine hauptberufliche Tätigkeit unterstützt werden. Wenn der Aufsichtsrat sein Amt in Vollzeit ausüben würde, so könnte dies die Identität mit seiner Aufgabe stärken und durch die vermehrte Zeit auch vertiefen. Eine derartige Weiterentwicklung steht allerdings seiner Unabhängigkeit und einer Objektivität entgegen (vgl. Schnabel 2015; Cahn 2013; Roth und Wörle 2004; Claussen und Bröcker 2000).

Eine Absenkung der gesetzlichen Grenze für Aufsichtsratsmandate könnte sowohl die Problematik der Verflechtungen senken und die Unabhängigkeit stärken als auch dem gestiegenen Zeitbedarf gerecht werden. Kritisch wird angemerkt, dass das Mandatsträger, die gleichzeitige mehrere Mandate ausüben, Erfahrungswissen generieren könnten. Da nur 9,4 % der Mandatsträger gemäß einer Untersuchung von 2011 mehr als fünf Mandate innehatte, kann diese mögliche Weiterentwicklung als unbedeutend bewertet werden (vgl. Schnabel 2015; Oehmichen 2011).

Eine weitere Erhöhung der Sitzungsfrequenz und damit des Zeitbedarfs wird zudem diskutiert. Der Zeitbedarf eines Mandats kann je nach Unternehmen und Unternehmenssituation variieren. Eine Verallgemeinerbarkeit existiert nicht. Folglich sind keine allgemeingültigen Zeitvorgaben möglich (vgl. Schnabel 2015; Oehmichen 2011).

Eine weitere Intensivierung der Ausschussarbeit ist zudem möglich. Mehr Ausschüsse sind mit dem Vorteil verbunden, dass der jeweilige Ausschuss aus fachlich geeigneten Aufsichtsratsmitgliedern bestehen kann. Es wird jeweils nur ein kleinerer Kreis an Aufsichtsratsmitgliedern benötigt, was den Zeitaufwand und die Flexibilität der Aufsichtsratsmitglieder insgesamt positiv beeinflusst. Allerdings gilt dies nur für Aufsichtsräte mit einer gewissen höheren Anzahl an Mitgliedern (vgl. Schnabel 2015; Goldschmidt 2012; Lutter 2009). Eine Verkleinerung des Aufsichtsrats stünde der Möglichkeit von Ausschussbildungen entgegen und wird nicht vermutet (vgl. Schnabel 2015).

Erhöhte Anforderungen an die Fachkenntnisse der Aufsichtsratsmitglieder sind eine der hervorstechenden Entwicklungen. Der Bedarf an Finanzexperten, Personen mit Produkt- und Produktionskenntnis, Experten im Bereich Entwicklung, Recht, Steuern und internationaler Geschäftsführung besteht. Bislang wurde keine Vorgabe einer konkreten Besetzung mit Experten niedergelegt. Eine Begründung dafür kann in der Gefahr liegen, dass Experten ein Schubladendenken zuungunsten eines Gesamtüberblicks einnehmen. Weiterhin muss die Besetzung der Aufsichtsräte durch Aktionärs- und Arbeitnehmervertreter im Hinblick auf die Verteilung von Expertenwissen in beiden Gruppen diskutiert werden. Die Forderung nach Expertenwissen darf nicht nur auf die Vertreter der Anteilseigener beschränkt bleiben. Eine Lösungsmöglichkeit besteht darin, dass der Aufsichtsrat die Expertenrolle jedes Mitglieds festlegt. Dieser Bedarf an Fachkenntnis fällt in den Bereich der Sorgfaltspflicht, der Verantwortung und des Haftungsrisikos von Aufsichtsratsmitgliedern. Damit müssen die Personen eigenverantwortlich mögliche Lücken schließen. Die Kosten für die Weiterbildung kann bei der Entlohnung der Aufsichtsräte berücksichtigt werden. Auch die Übernahme einer D&O-Versicherung zum Absichern des Haftungsrisikos ist möglich (vgl. Schnabel 2015; Rieder und Holzmann 2010; Säcker

2004). Ein Lösungsansatz kann über Mitarbeiter entwickelt werden, welche den Aufsichtsratmitgliedern zuarbeiten und sie unterstützen. Dies entbindet die Aufsichtsratmitglieder allerdings nicht ihrer Pflicht, sich zu informieren und eine eigene Position zu bilden. Ihr Haftungsrisiko bliebe bestehen. Zudem kann die Unabhängigkeit des Vorstandes gefährdet werden (vgl. Schnabel 2015; Lutter 2009; Rieder und Holzmann 2010).

Erfahrungswissen der Aufsichtsräte

Das Erfahrungswissen der Aufsichtsräte kann Ansatzpunkte zum Weiterentwickeln der Qualität in der Aufsichtsrattätigkeit liefern. In einer Studie mit 120 Aufsichtsräten aus Deutschland und Österreich zeigte sich, dass das Vertrauen in die Geschäftsleitung bei 46 % sehr hoch und bei 40 % hoch ist. Lediglich 14 % der Aufsichtsräte bewerteten das Vertrauen in die Geschäftsleitung als zufriedenstellend (vgl. BCG 2018, S. 6). Dies zeigt zunächst, dass die Qualität der Zusammenarbeit zwischen Vorstand und Aufsichtsrat durchaus gut ist. Dennoch lässt sich hier Optimierungspotenzial erschließen. Es wurde in der Studie betrachtet, welche der Kernaufgaben (vgl. Tab. 2.7) als wichtig erachtet werden.

Es zeigt sich bei den befragten 120 Aufsichtsräten in Deutschland und Österreich, dass sie das Mitgestalten neben Kontrollieren und Beraten zu ihren Kernaufgaben zählen. Damit möchten sie die wirtschaftlichen Umbrüche der Unternehmen begleiten. Während die Kontrolle ebenso wie das Gestalten von 91 % als wichtig oder sehr wichtig erachtet wird, so wird die Beratung nur von 82 % als wichtig oder sehr wichtig erachtet. Bei (vgl. BCG 2018).

In der Erhebung von BCG wurden die Aufsichtsräte nach ihren Einschätzungen über die Wichtigkeit der zwölf Kernaufgaben und ebenso über Wichtigkeit gewünschter Änderungen der Tätigkeitsschwerpunkte befragt. Eine Gegenüberstellung dieser Dimensionen schürfte das in Abb. 2.9 gezeigte Bild zutage (vgl. BCG 2018). Einige Aktivitäten weisen Änderungswünsche bei hoher Wichtigkeit auf. Dies umfasst das Mitwirken bei der strategischen Richtung, bei strategischer Überwachung, die Beratung unternehmerischer Entscheidungen, die Besetzung der Geschäftsleitung und deren Bewertung sowie die Überwachung des Risikos. Einzelheiten der Veränderungswünsche müssen zwischen Vorstand und Aufsichtsrat verhandelt werden.

Es zeigt sich, dass Aufsichtsräte die Ausgestaltung ihrer Arbeit systematisch überdenken können und müssen. Hierbei haben sich acht Dimensionen herauskristallisiert (vgl. Tab. 2.8). Dieses Schema kann von Unternehmen genutzt werden, um die Situation des bestehenden Aufsichtsrats zu hinterfragen und Weiterentwicklungsmöglichkeiten zu erkennen (vgl. BCG 2018, S. 13).

Auf diese Weise kann die in Abschn. 2.3.1.3 gestellte Forderung nach Selbstevaluation umgesetzt werden. So sollte regelmäßig die Zusammensetzung des Aufsichtsrats und die Zuständigkeiten hinterfragt werden. Die Sitzung selber kann bezüglich Häufigkeit, Dauer und Inhalten betrachtet werden. Insbesondere Arbeitsweise und Kultur sollte regelmäßig hinterfragt werden. Auf diese Weise kann die Qualität der Aufsichtsrattätigkeit systematisch optimiert werden.

Tab. 2.7 Kernaufgaben von Aufsichtsräten

Kernaufgaben	Ausgestaltung
Kontrollieren	
Strategische Überwachung	Überwachung von Marktentwicklung und strategischer Lage Erfolgskontrolle strategischer Initiativen
Kontrolle der finanziellen Zielerreichung	Festlegung des Prüfungsprozesses und Genehmigung des Jahresabschlusses Erfolgskontrolle von Investitionen und finanziellen Maßnahmen
Überwachung des Risikos	Überwachung des Risikomanagements Diskussion wesentlicher Risiken und notwendiger Maßnahmen
Bewerten der Geschäftsleitung	Bewertung der Zielerreichung, Beurteilung von Kompetenz und Integrität Festlegung der Vergütung der Geschäftsleitung
Gestalten	
Besetzen der Geschäftsleitung	Entscheidung über (Ab-)Berufung von Mitgliedern der Geschäftsleitung Planung der Nachfolge, Förderung von Nachwuchstalenten
Zielvereinbarung mit der Geschäftsleitung	Vereinbarung von Zielen mit der Geschäftsleitung Festlegung von Anreizsystemen und der Vergütung
Mitwirkung bei strategischer Richtung	Mitentscheidung über Horizont, Annahmen und Zielgrößen Genehmigung der Gesamtstrategie
Entscheidung über zustimmungspflichtige Geschäfte	Festlegung der Zustimmungspflichten Genehmigung Budget, Investitionen, M&A, Kapitalmaßnahmen, Dividende
Beraten	
Beratung bei unternehmerischen Entscheidungen	Diskussion verschiedener Optionen im Gremium Einbringen von Erfahrung und Wissen, Hinterfragen von Annahmen
Bereitstellung von Fachexpertise	Bereitstellung spezifischer funktionaler Expertise Begleitung der Umsetzung besonders relevanter Fragestellungen
Coaching der Geschäftsleitung	Förderung der persönlichen Entwicklung der Geschäftsleitung Rolle als persönlicher Sparringspartner und Ratgeber
Unterstützung mit geschäftlichem Netzwerk	Vermittlung von relevanten Kontakten Führung von Gesprächen mit Externen zu ausgewählten Themen

Quelle: Eigene Darstellung in Anlehung an BCG 2018, S. 8

Abb. 2.9   Portfolio der Aufgaben des Vorstands. (Quelle: BCG 2018, S. 11)

Fragestellungen

1. Wie bewerten Sie die Gefahr, dass die Unabhängigkeit eines Aufsichtsratsmitgliedes beeinträchtigt ist? Wie lässt sie eine Abhängigkeit feststellen? Welche Gegenmaßnahmen lassen sich ergreifen?
2. Wie bewerten Sie den Trend zur Professionalisierung des Aufsichtsrates?
3. Welche Unterstützung wünschen Sie sich persönlich für den Fall, dass Sie in einen Aufsichtsrat berufen würden?
4. Wie sehen Sie die Rolle der Arbeitgebervertretung im professionalisierten Aufsichtsrat?
5. Welche Rolle weisen Sie der Diversität zu? Welche Kriterien sollten neben dem Geschlecht bei der Diversität berücksichtigt werden? Welche Probleme resultieren daraus?
6. Welche Kompetenzen benötigt der Aufsichtsrat im Detail?
7. Auf welche Weise können diese Kompetenzen vermittelt werden?

2.3.2   Ein systematisches Kontroll- und Überwachungssystem

Ein funktionierendes Kontroll- und Überwachungssystem als Ausgestaltung einer internen Governance schafft Transparenz über Prozesse und Aktivitäten. Es ermöglicht ein zielgerichtetes Aufdecken von Fehlentwicklungen. Diesen Fehlentwicklungen kann dann frühzeitig entgegengewirkt werden.

Das Three-Lines-of-Defense-Modell stärkt das Risikomanagement prozessorientiert und trägt gleichermaßen zum Qualitätsmanagement bei. Es wird bereits im Bankensektor angewandt. Die Besonderheit des Ansatzes liegt darin, dass die grundlegende effektive

Tab. 2.8 Dimensionen zur regelmäßigen Überprüfung von Veränderungsbedarf

Dimension	Ausgestaltung
Struktur	
Zusammensetzung	Strukturelle Beschränkungen (Größe, Amtsdauer/Rotation, Alter) Kompetenzen (Unabhängigkeit, Expertise) Diversität (Internationalität, Geschlecht) Nachfolgeplanung und Besetzungsprozess
Zuständigkeiten	Umfang zustimmungspflichtiger Geschäfte Rollen einzelner Mitglieder Ausschüsse und Ausschussbesetzung
Instrumente	
Agenda	Sitzungsfrequenz Inhaltlicher Fokus/Prioritäten Ablauf der Sitzungen
Informationen	Art (Umfang, Medien, Qualität, Fristen, Kontakt zur 2. Führungsebene, Vor-Ort-Besuche, Externe) Weiterbildung
Arbeitsprozesse	Zeiteinsatz, Ressourcen Sitzungen ohne Geschäftsleitung, Vorbesprechungen Prozesse für Entscheidung und wichtige Vorgänge Effektivitätsprüfung
Arbeitsweise und Kultur	
Fokus Aufsichtsratsvorsitzender	Rolle und Selbstverständnis Aufgaben Auftreten und Verhalten Kontaktfrequenz zur Geschäftsleitung
Zusammenarbeit im Aufsichtsrat	Atmosphäre, Gruppendynamik Beteiligung aller Mitglieder Art der Zusammenarbeit (Diskussionskultur, Konfliktlösung, Transparenz, Vertrauen)
Zusammenarbeit mit der Geschäftsleitung	Atmosphäre und Beziehung zur Geschäftsleitung Art der Zusammenarbeit (Kommunikation, Konfliktlösung, Transparenz, Vertrauen)

Quelle: Eigene Darstellung in Anlehnung an BCG 2018

Steuerungs-Struktur in allen Unternehmen einsetzbar ist. Das Modell kann unabhängig von Branche oder Unternehmensgröße eingesetzt werden. Es kann als allgemeingültiger Handlungsrahmen für die Unternehmen verstanden werden. Der Ansatz gewinnt seine Stärke aus der Integration des Prozess-Bevollmächtigten und des Risiko-Bevollmächtigten. Der Prozess-Bevollmächtigte hat die Verantwortung und die Entscheidungsvollmacht, einen Prozess zu errichten, zu erhalten und zu verbessern. Ein Risiko-Bevollmächtigter hält die Verantwortung und die Entscheidungsvollmacht, Risiken zu managen. Die Integration führt dazu, dass die Bevollmächtigten die Risiken der Prozesse kennen und Aktivitäten zu deren Minimierung durchführen können. Damit soll das inhärente Risiko nach dem Durchlaufen von drei Verteidigungslinien reduziert werden. Lediglich ein unvermeidliches Restrisiko verbleibt (siehe Abb. 2.10) (vgl. Luburic et al. 2015; Welge und Eulerich 2014, S. 59 ff.).

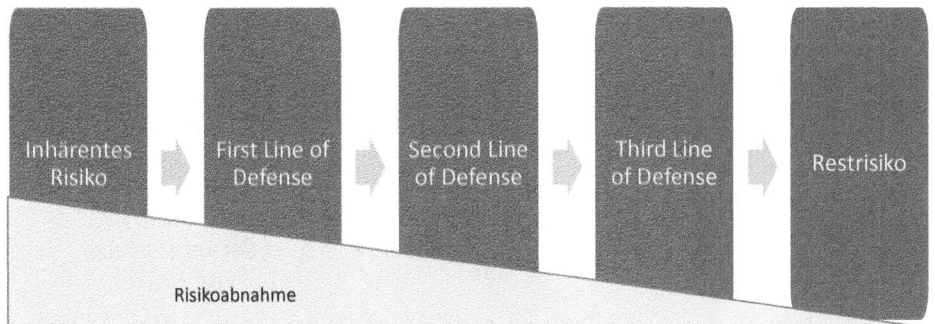

Abb. 2.10 Reduktion des Unternehmensrisikos durch das Three-Lines-of-Defense-Risiko. (Quelle: Eigene Darstellung in Anlehnung an Ruud und Kyburz 2014, S. 763)

▷   Das Three-Lines-of-Defense-Modell stärkt das Vertrauen der Stakeholder in ein Unternehmen.
   • Transparenz wird über einen systematischen und koordinierten dreistufigen Ansatz geschaffen
   • Verantwortlichkeit und Rechenschaftspflicht wird von einer Vielzahl an Akteuren übernommen und über das ganze Unternehmen verbreitet: Personen mit einer Leitungsfunktion in den Bereichen Controlling, Compliance Management, IT, Facility Management etc.

Das Gesamtmodell nimmt unterschiedliche Funktionen wahr (vgl. Luburic 2017, S. 33; Luburic et al. 2015, S. 245.) (vgl. Abb. 2.11).

• Funktionen des Managements und der Verantwortung von Risiken: Diese Funktion kombiniert Prozesse und Risiken im Hinblick auf Management und Verantwortungsübernahme.
• Funktionen der Risikoüberwachung: Das Modell dient der Überwachung von Risiken. Diese Überwachung findet auf operativer und strategischer Ebene statt.
• Funktion der Bereitstellung einer unabhängigen Absicherung über die Wirkungskraft des Modells: Diese Funktion umfasst eine Evaluation des Systems, d. h. insbesondere der vorherigen Funktionen.

Dafür ist das Modell in drei Verteidigungslinien aufgeteilt. Diese dreifache Absicherung agiert nicht sequenziell, sondern parallel (vgl. Luburic 2017; Luburic et al. 2015; Ruud und Kyburz 2014; Welge und Eulerich 2014, S. 60 ff.) (vgl. Abb. 2.12):

First Line of Defense
Die erste Verteidigungslinie umfasst die klassische interne operative Kontrolle. Das operationale Management verfügt über die „Ownership" und somit über Verantwortung und Rechenschaftspflicht über die Einheit und dort entstehende und beobachtbare Risiken. Sie

Abb. 2.11 Funktionen des
Three-Lines-of-Defense-
Modells. (Quelle: Eigene
Darstellung)

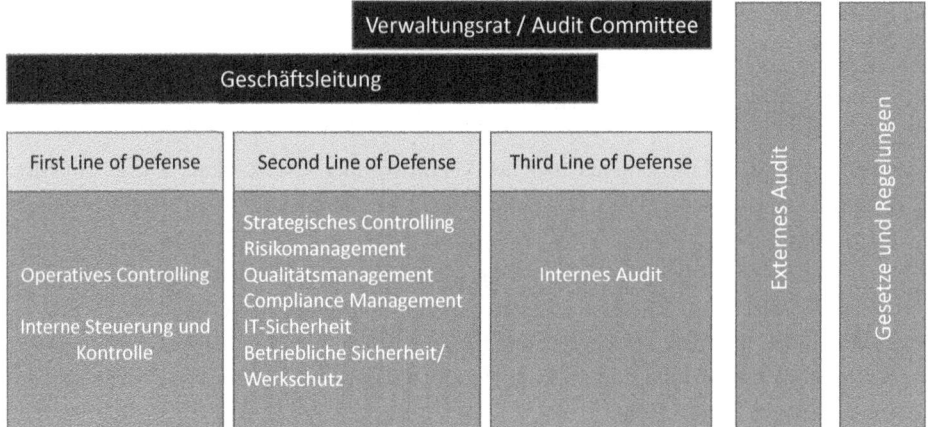

Abb. 2.12 Das Three-Lines-of-Defense-Modell in seiner Einbettung in den unternehmerischen Gesamtzusammenhang. (Quelle: Eigene Darstellung in Anlehnung an Ruud und Kyburz 2014, S. 762)

können bewertet, überwacht und entschärft werden. Im internen Kontrollsystem werden Regelungen zur Steuerung der Unternehmensaktivitäten hinterlegt und dann überwacht. Sie umfassen alle Steuerungs- und Kontrollelemente im Wertschöpfungsprozess. Hier werden Risiken auf operativer Ebene aufgespürt.

Second Line of Defense

Die zweite Verteidigungslinie umfasst verschiedene Komponenten der internen Governance. Die Elemente der Second Line hängen vom jeweiligen Geschäftsmodell des Unternehmens und den damit verbundenen Risiken ab. Dazu zählen im Allgemeinen Risk Management, Qualitätsmanagement, Compliance Management, Strategisches Controlling, IT-Sicherheit und Werksschutz. Diese Bereiche fokussieren spezifische Risikobereiche und bilden daraus strategische Einheiten, die die Risikoüberwachung eines spezifischen Unternehmensbereichs bzw. einer bestimmten Unternehmensfunktion zur Aufgabe haben. Auch hier greift eine kombinierte Ownership. Die zweite Verteidigungslinie greift auf ausgewählte Informationen der ersten Verteidigungslinie zurück. Daraus erwächst eine gewisse Verzahnung der beiden Verteidigungslinien.

Third Line of Defense

Das interne Audit bildet die dritte Verteidigungslinie. Hier werden Effektivität und Effizienz der beiden vorgelagerten Linien bewertet. Sie bildet eine unabhängige Einheit, die nicht mit den vorgelagerten Stufen verwoben ist. Einen Nutzen kann ein internes Audit aufweisen, indem Probleme identifiziert werden, Benchmarks erstellt werden, Verständnis für die Prozesse und deren Interaktionen erzeugt werden sowie eine gute Unternehmenspraxis etabliert wird. Damit wird ein effektives und effizientes System im Unternehmen entwickelt. Über diese Verteidigungsstufen hinaus verbleibt dennoch ein Restrisiko.

Elemente der Verteidigungslinien

Operatives Controlling zur internen Steuerung und Kontrolle in der ersten Verteidigungslinie

Der Zweck des Controllings liegt darin, die Unternehmensführung bei der Erfüllung ihrer Aufgaben zu unterstützen. Das Controlling wird in ein strategisches und operatives Controlling aufgeteilt. Das operative Controlling nimmt dabei eine starke Ausrichtung auf das alltägliche Unternehmensgeschehen ein. Es unterstützt die Prozesse durch einen Beitrag zum reibungslosen Ablauf und zur Sicherung der Wirtschaftlichkeit. Dazu werden eine Vielzahl interner Informationsquellen genutzt, z. B. Buchhaltung, Kosten- und Erlösrechnung oder auch betriebliche Statistiken. Das operative Controlling ist auf die primäre Unterstützung einer reibungslosen, kurzfristigen Unternehmensführung ausgerichtet, die sich auf laufende Betriebsprozesse bezieht. Hier besteht ein hoher Detaillierungsgrad der Informationen, die zeitlich engmaschig erhoben werden und kurz- bis mittelfristige zeitliche Betrachtungen ermöglichen. Aus der detaillierten Betrachtung lässt sich ein differenziertes Bild des Unternehmens und seiner Teilbereiche erzeugen. Eine differenzierte Betrachtung ermöglicht beispielsweise eine tief strukturierte Analyse von Plan-Ist-Abweichungen und deren Ursachen. Auf diese Weise können neben der klassischen Unternehmenssteuerung im Hinblick auf Erfolgs- und Liquiditätssicherung auch Risiken oder Fehlverhalten entdeckt und behoben werden (vgl. Krützfeldt 2007, S. 24 ff.; Horvath 2011, S. 252 ff., 1981, S. 405 ff.). Interne Daten werden im Hinblick auf Risiken erhoben und analysiert. Instrumente zur Risikoreduktion werden integriert, wie beispielsweise Unterschriftenregelungen oder ein Vier-Augen-Prinzip. Eine Zeiterfassung dient beispielsweise der Einhaltung von Arbeitsschutzrichtlinien. Pausenzeiten, Urlaubszeiten, Überstunden werden erfasst und können gesteuert werden.

Strategische Steuerung auf der zweiten Verteidigungslinie
Strategisches Controlling

Strategisches Controlling ist Bestandteil der strategischen Führung. Ziel des strategischen Controllings ist ein Beitrag zur langfristigen Existenzsicherung von Unternehmen. Es trägt dazu bei, dass Unternehmen sich an Herausforderungen und externe Veränderungen flexibel und dynamisch anpassen können. Vorausschauende Reaktionen sollen ermöglicht werden. Hier werden umfassende Sachverhalte abgebildet, welche eine mittel-bis langfristige Ausrichtung aufweisen. Dazu werden externe Informationsquellen herangezogen, wie z. B. Veröffentlichungen von Wettbewerbern oder amtliche Statistiken. Zukünftige Risiken, aber auch Chancen sollen aufgedeckt werden. Damit soll Erfolgspotenzial systematisch erschlossen werden (vgl. Krützfeldt 2007, S. 26 ff.) Das Aufdecken und Bewerten von Risiken (z. B. im Rahmen einer SWOT-Analyse) bildet einen grundlegenden Bestandteil des Controllings. Eine Verzahnung von Unternehmensführung und Risiko ist hier bereits vorhanden. Daher kann es zu den grundlegenden Elementen der zweiten Verteidigungslinie gezählt werden.

Risikomanagement

Das Risikomanagement übernimmt eine strategisch ausgerichtete unternehmensweite Messung, Steuerung und Überwachung von Risiken im Unternehmen. Risikomanagement beschreibt einen kontinuierlichen Prozesszyklus mit vier Phasen, der eine ganzheitliche Risikoüberwachung bzw. Prozessüberwachung sicherstellt. Er umfasst im Einzelnen die Phase der Risikoidentifikation. Hier werden basierend auf detaillierten Informationen Risikofelder identifiziert und dabei alle Unternehmensrisiken systematisch abgebildet. In der zweiten Phase der Risikobeurteilung werden die identifizierten Risikofelder bewertet und priorisiert. Schadensausmaß und Eintrittswahrscheinlichkeit zählen zu den wichtigsten Bewertungskriterien, die von Experten eingeschätzt werden. Die damit erzeugte Risikomatrix fließt in die dritte Phase der Risikosteuerung ein. Hier werden Aktivitäten entwickelt, mit denen den Risiken einzeln und in ihrem Zusammenspiel entgegnet wird. Abgeleitete strategische und operative Tätigkeiten sollen die Eintrittswahrscheinlichkeiten der Risiken sowie die Schäden der Risiken mindern. In der vierten Phase der Risikoüberwachung wird überprüft, ob die tatsächliche Risikolandschaft noch mit den identifizierten Risikofeldern übereinstimmt. Möglicher Anpassungsbedarf bei den Risikofeldern ebenso wie bei der Risikobeurteilung kann aufgedeckt werden (vgl. Welge und Eulerich 2014, S. 64 ff.; Keim 2004).

Qualitätsmanagement

Das Qualitätsmanagement umfasst alle Aktivitäten eines Unternehmens zur Verbesserung der Qualität von Prozessen und Leistungen sowie Produkten. Der Erfolg vieler Unternehmen hängt von der Qualität ihrer Leistungen ab. Die Qualität der Prozesse prägt die Produktqualität und sie bestimmt gleichermaßen die Prozesskosten. Daher nimmt Qualität in den Unternehmen einen hohen Stellenwert ein. Unter Qualität wird zunächst die Gesamtheit der Merkmale und Merkmalswerte im Hinblick auf ihre Eignung verstanden, festgelegte und vorausgesetzte Anforderungen zu erfüllen. Sie wird zu einem der Maßstäbe, welche die Kaufentscheidungen von Kunden ausmachen. Daher trägt Qualität maßgeblich zur Wettbewerbsfähigkeit bei. Umfassende Qualitätskonzepte wie die DIN ISO 9001: 2000, der TQM-Ansatz, das EFQM-Modell oder auch Business Excellence Modelle tragen zu einer permanenten Qualitätssicherung und -steigerung bei. Alle Qualitätsmanagementmodelle zeichnen sich dadurch aus, dass sie die Organisationsstruktur systematisch aufarbeiten, die Prozesse erfassen und in dieser detaillierten Betrachtung Produkt- und Prozessrisiken identifizieren und steuern. Qualitätsrisiken werden minimiert. (vgl. Bruhn 2016, S. 22; Brüggemann und Bremer 2012; Stockmann 2006).

Compliance Management

Compliance Management setzt sich mit der Einhaltung gesetzlicher und unternehmensindividueller Regelungen auseinander. Gesetzlichen Anforderungen soll in den Unternehmen ebenso entsprochen werden wie sozialen und ethischen Normen der Gesellschaft im allgemeinen sowie einzelnen Unternehmen im Besonderen. Compliance Management entwickelt einen dafür passenden Handlungsrahmen. Ein systematisches Konzept wird im Unternehmen etabliert. Compliance Management wird im Kap. 3 ausführlich betrachtet (vgl. Welge und Eulerich 2014, S. 66 f.).

IT-Sicherheit

IT-Sicherheit dient dem Schutz von elektronisch gespeicherten Daten und der Systeme, in denen sie verarbeitet werden. Hierbei kann es sich um Kundendaten, Mitarbeiterdaten, Daten über Prozesse, Daten aus der Rechnungslegung, wettbewerblich relevante Daten (patentgeschützte Technologien oder Rezepturen) und vieles mehr handeln. Datenschutz dient der Aufrechterhaltung von Vertrauen der Stakeholder. Weiterhin dient er dem Schutz gegen Eingriffe Externer, die wettbewerbsschädigende oder auch zerstörerischen Absichten verfolgen. Damit werden Risiken im Zusammenhang mit Datenmissbrauch in den Fokus unternehmerischer Handlungen gerückt. Konkrete Schutzziele liegen in der Einhaltung von Vertraulichkeit, Integrität und Verfügbarkeit im Zusammenhang mit den Daten eines Unternehmens. Diese Schutzziele können um Anonymität, Unbeobachtbarkeit und weitere Vertraulichkeitskonzepte ergänzt werden. Informationsvertraulichkeit sorgt dafür, dass nur Befugte Zugang zu bestimmten Informationen erhalten. Transparenz hingegen soll als Schutzziel Klarheit, Erkennbarkeit und Nachverfolgbarkeit schaffen. Systeme und ihr technischer Aufbau sollen durchschaubar und ihre Funktions- und Arbeitsweise soll nachvollziehbar sein. Die informationstechnischen Systeme und auch die darin enthaltenen Daten sollen stets betriebsbereit und damit verfügbar sein. Letztlich sorgt das Schutzziel der Integrität bzw. Unversehrtheit für eine Vollständigkeit und Korrektheit der Daten und der Funktionsweise eines Systems. Die Daten müssen vollständig verfügbar und transferierbar sein. Weiterhin müssen die Daten Sachverhalte unverfälscht wiedergeben (vgl. Bedner und Ackermann 2010). Risiken im Umgang mit Daten führen zu möglichen Fehlentscheidungen aufgrund von unvollständigen oder nicht nachvollziehbaren Datenmanagement-Systemen. Wettbewerbsnachteile entstehen, wenn die Unternehmensdaten missbraucht oder von Unbefugten verwendet werden. Die damit verbundenen Risiken müssen minimiert werden.

Betriebliche Sicherheit/Werkschutz
Der Werkschutz übernimmt die Aufgabe der betrieblichen Sicherheit. Unter betrieblicher Sicherheit wird ein störungsfreier Betrieb verstanden. Bei Störungen handelt es sich um Beeinträchtigungen des Betriebsablaufs gegenüber dem geplanten Betriebsablauf. Diese Beeinträchtigungen können Menschen und deren Leben bzw. Gesundheit schädigen und auch die Sicherheit der Sachgüter beeinträchtigen. Diese Risiken sind oftmals unkalkulierbar und mit unkalkulierbaren rechtlichen (oftmals arbeitsrechtlichen) und wirtschaftlichen Folgen verbunden. Es liegt in der unternehmerischen Verantwortung, derartige Störungen zu vermeiden. Hieraus erwächst das Ziel der betrieblichen Sicherheit: Die Umstände, welche zu betrieblichen Störungen führen können, sollen beseitigt werden. Dadurch sollen die Arbeitnehmer vor Gefahren geschützt und Sachschäden sowie damit verbundene Kosten vermieden werden. Bereiche der Gefahrenabwehr liegen im Arbeitsschutz, im vorbeugenden und abwehrenden Brandschutz, im Katastrophenschutz und im Schutz gegen Betriebskriminalität, insbesondere Diebstahl und Sachbeschädigung. Die Tätigkeit des Werkschutzes kann von Behörden und Körperschaften öffentlichen Rechts unterstützt werden (z. B. Gewerbeaufsichtsbehörden, Berufsgenossenschaften, TÜV) (vgl. Karl 1981, S. 8 ff.).

Es zeigt sich, dass die Elemente der zweiten Verteidigungslinie jeweils Risiken aus einer individuellen Perspektive betrachten. Diese Perspektiven müssen nicht durchgehend überschneidungsfrei sein. Sie tragen auf ihre Weise zur Reduktion des Gesamtrisikos bei. Ein verbleibendes Restrisiko ist unvermeidlich.

Internes Audit als dritte Verteidigungslinie
Die Aufgaben des internen Audits können von der internen Revision getragen werden. Die interne Revision übernimmt eine prüfende und beratende Rolle für die verantwortlichen Gremien und Organe. Weiterhin nimmt sie Überwachungsaufgaben wahr. Sie überwacht die vorgelagerten Verteidigungslinien und stellt damit die letzte Verteidigungslinie dar. Sie wird in drei Bereiche unterteilt. Das Financial Auditing setzt sich mit der Prüfung des Finanz- und Rechnungswesens auseinander. Dessen Ordnungsmäßigkeit soll festgestellt werden. Die Informationen im Finanz- und Rechnungswesen sollen angemessen, korrekt und verlässlich sein sowie externe und interne Richtlinien einhalten. Das Operational Auditing stellt eine Systemprüfung dar. Die Aufbau- sowie die Ablauforganisation soll im Hinblick auf die Zweckmäßigkeit von Unternehmensprozessen, -strukturen und -systemen geprüft werden. Das Management Auditing überprüft die Effektivität und Effizienz von Führungsprozessen und -institutionen. Ursachen für (Miss-)Erfolge und Schwachstel-

len sollen aufgedeckt werden, um daraus Problemlösungen zu entwickeln. Die Prüfungen insgesamt verfolgen das Ziel der Existenz- bzw. Erfolgssicherung von Unternehmen (vgl. Welge und Eulerich 2014, S. 62 ff.).

Die Elemente sind wie in Abb. 2.12 dargestellt in das Modell integriert und in den Gesamtzusammenhang des Unternehmens eingebettet. Die Geschäftsleitung verantwortet und strukturiert das Modell. Sie trägt die Verantwortung insbesondere für die ersten beiden Stufen. Eine effektive Wirkungsweise dieser Stufen soll gesichert werden. Der Aufsichts-/ Verwaltungsrat oder ein Audit-Komitee nimmt eine Überwachungsfunktion wahr. Diese umfasst die Überwachung von Entscheidungen der Geschäftsleitung und fokussiert dabei das Interne Audit in der dritten Stufe. Externe Audits und gesetzliche Regularien bleiben außerhalb des Modells, wenngleich sie als eine vierte Verteidigungslinie verstanden werden könnten (vgl. Luburic et al. 2015, S. 246; Ruud und Kyburz 2014).

Weiterentwicklung des Modells
In einer Weiterentwicklung des Modells wird ein Rückkopplungsmechanismus integriert. Im vorliegenden Modell bauen die drei Stufen aufeinander auf. Die operative First Line prägt die strategische Second Line und wird von der Third Line überwacht. Ergänzend kann ein Rückwirkungsprozess angestoßen werden. Die Erkenntnisse des Audits können Veränderungen in der Second Line of Defense auslösen, welche wiederum Veränderungen in der First Line of Defense mit sich bringen können. Diese Rückkopplungen können zu einer Steigerung von Effektivität und Effizienz in Unternehmensführung und Risikoreduktion führen. Um die Verzahnung der drei Stufen – auch im Originalmodell – zu gewährleisten, müssen klare Berichterstattungswege implementiert werden. Damit sind Kompetenzen geregelt und Eingriffe sowie Korrekturen können erfolgen (vgl. Luburic et al. 2015, S. 247; Ruud und Kyburz 2014).

Kritik am Three-Lines-of-Defense-Modell
Kritisch wird die Bezeichnung „Defense" im Modell – sowohl in der Überschrift als auch in den Elementen – betrachtet. Verteidigung wird mit einer primär abwehrenden Haltung verbunden. Dies schwächt die proaktive Vorgehensweise im Modell. Risiken sollen vielmehr aktiv aufgedeckt und aktiv reduziert werden. Alternativ könnte der Begriff „Control" genutzt werden. Dieser Begriff ist mit einer aktiven Steuerung assoziiert. In der dritten Stufe könnte der Begriff „Assurance" eingeführt werden. Dieser löst sich von einer Kontrollfunktion und bringt neue Assoziationen in Form von Garantie, Versicherung, Zuversicht bis hin zu Vertrauen ein. Diese Überlegungen führen zu einer First-Line-of-Control, einer Second-Line-of-Control und einer Third-Line-Assurance (vgl. Ruud und Kyburz 2014, S. 764).

Ein weiterer Kritikpunkt liegt in der Trennung der drei Linien, welche zu einem Silo-Denken führen könnte. Allerdings liegt in der Eigenständigkeit der drei Linien und damit in der Chance, Spezialisierungsvorteile zu erzielen, eine große Stärke. Dies führt zur Forderung nach einer optimalen Koordination, die Kontrolllücken und auch Doppelungen in Verantwortungsbereichen sowie Berichtswegen vermeidet. (vgl. Ruud und Kyburz 2014, S. 765).

Schließlich kann die alleinige Einbindung des internen Audits als dritte Verteidigungslinie kritisiert werden. Diese Instanz muss einerseits Kompetenzen und Erfahrungen aufweisen. Andererseits muss sie Unabhängigkeit gewährleisten. Dies führt zu einer Forderung nach weiteren ergänzenden unabhängigen Assurance-Providern, wie beispielsweise einem Audit über Beratungsdienstleister oder Berufsorganisationen (vgl. Ruud und Kyburz 2014, S. 766).

Diesen Kritikpunkten kann über eine Weiterentwicklung des Modells entgegnet werden. Sie schmälern nicht die Wirkungskraft des Modells als effektives und effizientes Governance-Instrument.

Fragestellungen

1. Wie bewerten Sie die Unterschiede zwischen den drei Stufen? Wo liegen die Übergänge bzw. Verbindungen zwischen den Stufen?
2. Welche Informationen stellt die erste Stufe beispielsweise dem Compliance Management oder dem Risikomanagement zur Verfügung?
3. Wie bewerten Sie das Zusammenspiel der Elemente in der zweiten Verteidigungslinie? Wo sehen Sie Überschneidungen und wie beurteilen Sie diese?
4. Wo sehen Sie die Unterschiede zwischen internem und externem Audit?
5. Welche Vorteile sehen Sie bei der Einbindung eines Rückkopplungsprozesses?
6. Wie bewerten Sie den Unterschied zwischen Defense und Controlling?

2.3.3   Ergänzende Corporate Governance-Mechanismen und deren Zusammenspiel

In Abschn. 2.1.4 wurde basierend auf der Principal-Agent-Theorie erläutert, dass der Abbau von Informationsasymmetrien zwischen Entscheidern und Investoren nur reduziert, aber nicht eliminiert werden kann. Eine Vielzahl an Mechanismen trägt somit zu einer optimalen Corporate Governance bei. In den vorangegangenen Abschnitten wurden für die Unternehmen besonders bedeutsame Ansätze erörtert. Dazu zählt der Deutsche Corporate Governance Kodex, die Stärkung des Aufsichtsrats sowie das Three-Lines-of-Defense-Modell (vgl. Abschn. 2.2, 2.3.1 und 2.3.2). In diesem Abschnitt sollen die beschriebenen noch um weitere Mechanismen ergänzt werden, welche die Rolle der Entscheider im Unternehmen beeinflussen und dabei unabhängig von Corporate Governance existieren.

Hierbei wird zunächst zwischen internen und externen Mechanismen unterschieden. Interne Mechanismen können vom Unternehmen bis zu einem gewissen Grad selbst gestaltet werden. Externe Mechanismen können als Signalgeber für die Qualität der Manager gesehen werden. Diese werden nachfolgend betrachtet. Der Abschnitt wird abgerundet mit einer Erörterung von Unterschieden der Corporate Governance-Instrumente im Hinblick auf Gestaltungsspielräume und Durchsetzungsstärke (vgl. Tab. 2.9).

Tab. 2.9 Ausgewählte Corporate Governance-Mechanismen

Interne Mechanismen	Externe Mechanismen
- Aufsichtsrat als Kontrollorgan	- Arbeitsmarkt für Manager
- Three-Lines-of-Defense-Modell	- Kapitalmärkte
- Anreizorientierte Vergütung	- Markt für Unternehmenskontrolle
- Peer Control	- Faktor- und Produktmärkte

Quelle: Eigene Darstellung in Anlehnung an Diedrichs und Kißler 2008, S. 28

2.3.3.1   Weitere interne Mechanismen der Corporate Governance

Einige der internen Mechanismen wurden bereits in den vorangegangenen Abschnitten betrachtet. Dazu zählt zunächst der Aufsichtsrat. Mit seiner Kontrollfunktion soll er die Transparenz von Entscheidungen und Aktivitäten des Vorstandes und Rechenschaftspflichten fördern. Das Three-Lines-of-Defense-Modell dient einem systematischen Steuern von Risiken. Ergänzende Instrumente stellen die Anreizorientierte Vergütung sowie die Peer Control dar.

Anreizorientierte Vergütung

Leistungsorientierte Bezüge folgen dem Anspruch, das Eigeninteresse der Manager auf die Interessen der Aktionäre auszurichten. Dies geschieht über die Einbindung von wertebasierten Key Performance Indicators, wie beispielsweise der Economic Value Added (EVA) (vgl. Bratton 2012; Zarbafi 2011). Im aktualisierten Deutschen Corporate Governance Kodex wird dies in Punkt D konkret aufgegriffen. Der Aufsichtsrat hat die Aufgabe, ein System zur Vergütung der Vorstandsmitglieder festzulegen. Dieses System bildet die Basis für die Gesamtvergütung. Es besteht aus Komponenten, welche sowohl kurzfristige als auch langfristige variable Anteile umfassen. Die Auszahlung dieser Anteile basiert auf vorher festgelegten finanziellen und nicht-finanziellen Zielen, die erreicht werden müssen. Die kurzfristige variable Vergütung kann finanzielle wie auch nicht-finanzielle Ziele beinhalten. Im Mittelpunkt der langfristig variablen Vergütung steht die Umsetzung der Unternehmensstrategie, deren Erreichung über Meilensteine über die Jahre der Strategieumsetzung hinweg betrachtet wird. Damit wird der Mittel- bis Langfristigkeit der Erreichung strategischer Ziele Rechnung getragen. Eine Obergrenze der Auszahlungsbeträge wird festgelegt. Die Vergütung soll in einem angemessenen Verhältnis zu den Aufgaben der Vorstände und der Lage des Unternehmens stehen (vgl. Regierungskommission Deutscher Corporate Governance Kodex 2018a, S. 11 ff.). Diese Aufteilung soll die Vorstandsmitglieder zum Erreichen von sowohl kurz- als auch langfristigen Unternehmenserfolgen motivieren.

Peer Control

Unter einer Peer Control ist eine Überwachungsfunktion zu verstehen, welche durch Manager in Augenhöhe vollzogen wird. In der Unternehmenshierarchie gleichrangige Personen können eine Peer Control wahrnehmen. Es besteht eine laterale Beziehung zwischen den Peers. Die Kontrollfunktion kann formal oder informell ausgeführt werden (vgl. Loughry 2010). Die Vorstandsmitglieder stehen in einer derartigen Beziehung. Sie eint das gemeinsame Ziel des Unternehmenserfolgs. Die Vorstandsmitglieder haben einen gewissen Einblick in die Aktivitäten aller Kollegen. Wenn ein einzelnes Vorstandsmitglied übliche Verhaltensweisen oder die Arbeitsmotivation verändert, so wird es in diesem Kreis zutage treten. Der Umgang mit diesen Wahrnehmungen kann auf unterschiedliche Weise erfolgen. Informelle klärende Gespräche mit den Betroffenen zählen ebenso dazu wie die Information des Aufsichtsrats. Peer Control hat das Potenzial, Veränderungen frühzeitig zu erkennen und Reaktionen angemessen darauf abzustimmen.

2.3.3.2   Externe Mechanismen von Corporate Governance

Unter externen Mechanismen versteht man generelle Einflussmöglichkeiten des Markts auf die wahrgenommenen Handlungen des Managements. Verschiedene Gruppen nehmen die Mitglieder des Managements wahr. Sie können die Ergebnisse der Unternehmensführung ebenso bewerten wie das Auftreten der Personen in der Öffentlichkeit bzw. deren Darstellung in der Presse (vgl. Welge und Eulerich 2014, S. 72 ff.).

Arbeitsmarkt für Manager

Manager stehen in Konkurrenz zueinander. Führungspersonen können ausgetauscht und ersetzt werden. Befristete Beschäftigungsverhältnisse verstärken diesen Druck. Auf dem Arbeitsmarkt befinden sich mögliche externe Nachfolger der Managementpositionen. Innerhalb des Unternehmens entsteht Konkurrenz durch Nachwuchs-Führungskräfte. Das mittlere Management möchte zum Top-Management aufsteigen und ebenso können Manager horizontal ihre Stellen wechseln. Die latente Gefahr, den Arbeitsplatz bei gleichzeitigen Imageeinbußen zu verlieren, motiviert die Manager zum Handeln im Sinne der Unternehmenseigner. Dies kann als Selbststeuerungsmechanismus verstanden werden.

Kapitalmärkte

Die Märkte für Eigen- und Fremdkapital können ebenfalls einen regulierenden Mechanismus ausüben. Markt für Eigenkapital kann von aktuellen und potenziellen Anlegern beobachtet werden. Die Aktienkurs-Entwicklungen können den Aktivitäten des Managements zugeordnet werden. Sie können zu deren Bewertung herangezogen werden, auch wenn diese Informationen möglicherweise kein vollständiges Bild der Managertätigkeit erzeugen. Der hohe Anteil an Fremdkapital schafft eine Abhängigkeit von den Banken und deren Entscheidern bei der Gewährung von Krediten und deren Konditionen. Banken sind an einem Fortbestand der Geschäftsbeziehung zu den Unternehmen interessiert, welche durch erfolgreiche Führungskräfte ermöglicht wird. Insbesondere sind Banken an den Rückflüssen von Tilgungsbeträgen und Zinszahlungen interessiert. Daraus lässt sich das Interesse der Banken ableiten, Geschäfte mit einem begrenzten Risiko abzuschließen und den Fortbestand der Bank damit zu sichern. Somit üben die Märkte für Eigen- und Fremdkapital eine steuernde Funktion aus.

Markt für Unternehmenskontrolle

Der Markt für Unternehmenskontrolle zeichnet sich durch die Suche nach potenziellen Akquisitionen aus. Diese drohenden Übernahmen motivieren die Manager dazu, den Marktwert des Unternehmens derart hoch zu halten, so dass eine Übernahme unwahrscheinlich wird. Der Aktienkurs wird folglich sehr hoch gehalten. Auf diese Weise nimmt der Markt für Unternehmenskontrolle eine regulierende Funktion wahr.

Faktor- und Produktmärkte

Die Märkte für Produktionsfaktoren bzw. die Produktmärkte stellen die Beschaffungs- und Absatzmärkte des Unternehmens dar. Diese Märkte sind zunächst an einer langfristigen Geschäftsbeziehung zu ihren Marktpartnern interessiert, da diese zum Erfolg der Unternehmen auf den Faktor- und Produktmärkten beitragen bzw. zur Verfügbarkeit des Leistungsangebots. Alle Unternehmen sind dem Wettbewerb ausgesetzt. Sie verschwinden von den Märkten, sobald sie im Wettbewerb nicht mehr bestehen können. Dies kann z. B. auf geringere Effizienz, geringere Effektivität oder geringere Innovationskraft zurückgeführt werden. Hieraus erwächst der Druck auf Manager, den Ansprüchen der Faktor- und Produktmärkte zu entsprechen und dabei den Unternehmenswert zu steigern.

Die Wirkungsmechanismen beruhen in den beschriebenen Märkten auf einer vollständigen Informationsversorgung und -verarbeitung. In der Realität ist eine derartige Informationsversorgung nicht vorhanden. Trotz dieser Kritik können die Mechanismen in der Tendenz ihre beschriebene Wirkung entfalten.

2.3.3.3   Durchsetzungsstärke und Gestaltungsspielräume von Corporate Governance-Instrumenten

Die Corporate Governance-Instrumente unterscheiden sich grundlegend. Zum einen werden Organe geschaffen bzw. deren Einfluss verändert, zum anderen werden Systeme errichtet. Diese Aktivitäten können freiwilliger Natur sein und damit frei gestaltet werden, sie können aber auch auf bestehenden gesetzliche Regelungen oder marktüblichen Vorgehensweisen beruhen. Damit unterscheiden sie sich im Hinblick auf ihren Durchsetzungsgrad sowie im Hinblick auf die Freiheitsgrade bei der Ausgestaltung. Folgende Formen bestehen (vgl. Abb. 2.13):

Hard Law

Unter Hard Law versteht man verbindliche rechtliche Verpflichtungen der Beteiligten, die somit auch vor Gericht eingeklagt werden können. Die Vorteile von Hard Laws bestehen dort, wo Regelungen präzise formuliert werden können. Basierend auf der präzisen Formulierung können die Regelungen dann durchgesetzt oder deren Einhaltung überwacht

Abb. 2.13 Das Kontinuum zwischen Hard Law und Soft Law. (Quelle: Eigene Darstellung)

werden, z. B. durch Gerichte, durch Polizei, Zoll, Bundesgrenzschutz o. ä. Solche zwingenden Vorschriften nennt man dementsprechend auch Hard Law, also „hartes Recht", da sich hierbei alle Beteiligten zu dessen Vollzug verbindlich verpflichten (vgl. ecchr 2019; Juraforum 2019; Guzman und Meyer 2009; Abbott und Snidal 2000).

Mit der Möglichkeit zur präzisen Formulierung können Transaktionskosten bei der Bewertung und Durchsetzung der Einhaltung von Hard Laws bzw. gesetzlichen Regelungen reduziert werden. Die Glaubwürdigkeit von Verpflichtungen wird gestärkt und die Probleme unvollständiger Verträge können aufgegriffen werden. Sie stoßen an ihre Grenzen beim Anfertigen vollständiger Verträge, da dies zu aufwändig und kostenintensiv wäre (vgl. Abbott und Snidal 2000).

So sind Regelungen im Aktiengesetz oder auch im Handelsgesetzbuch als Hard Law zu verstehen, mittels derer Corporate Governance umgesetzt wird. Dazu zählen beispielsweise die gesetzlichen Regelungen über Aufgaben und Zusammensetzung von Aufsichtsräten.

Soft Law

Soft Law ist eine Bezeichnung für nicht rechtlich verbindliche Übereinkünfte, Absichtserklärungen oder Leitlinien. Im Gegensatz zum Hard Law, zu dessen Vollzug sich die Beteiligten verbindlich verpflichten, stellt das Soft Law eine weniger strenge Selbstbindung dar, wobei dies nicht zwangsläufig Wirkungslosigkeit impliziert. Soft Law findet vor allem im internationalen Bereich Anwendung, etwa im Europarecht oder im Völkerrecht und mittlerweile auch in der Corporate Governance. Im Völkerrecht lässt sich Soft Law etwa häufig bei Empfehlungen, Resolutionen und Deklarationen von Gremien, Organen und Sonderorganisationen der UNO finden (vgl. ecchr 2019; Juraforum 2019; Richter 2014).

Die Bezeichnung als Soft Law wird wegen seiner reduzierten Geltungskraft kritisiert, da es sich nur bei den zwingenden Normbefehlen des Hard Law um die Kategorie Law (Recht) handele. Die Wichtigkeit von Soft Law lässt sich anhand von Resolutionen der UN-Generalversammlung beispielhaft aufzeigen. Die gleichartigen Willensbekundungen der dort anwesenden Staaten tragen oftmals zur Entstehung von Gewohnheitsrecht bei. Darüber hinaus können solche Resolutionen auch zur inhaltlichen Umschreibung des zwingenden Völkerrechts herangezogen werden (vgl. Juraforum 2019; Richter 2014).

Der Bereich der Soft Laws beginnt dort, wo rechtliche Regelungen an ihre Grenzen stoßen, weil die Verbindlichkeit, die Genauigkeit oder die Übertragung von Vollmachten schwierig zu gestalten oder durchzusetzen sind. Gerade bei komplexen Sachverhalten mit möglicherweise noch unbekannten Konsequenzen und Wechselwirkungen zwischen einzelnen Ereignissen bei einer möglichweise dynamischen Entwicklung von Ereignissen entsteht Unsicherheit. Diese Unsicherheit steht den präzisen Regelungen von Hard Laws entgegen. Soft Laws hingegen können die Lücke schließen, so dass keine Kosten für einen ungeregelten Raum entstehen bzw. die Kosten permanenter Verhandlungen und Auseinandersetzungen über die Sachverhalte vermieden werden. Soft Laws können auch als ein

Zwischenschritt verstanden werden, bevor ein Gesetz in einem bislang ungeregelten Raum greift. In diesem Prozess können Gewohnheitsrechte entstehen (s. u., vgl. Guzman und Meyer 2009; Abbott und Snidal 2000).

Die Wahl für Soft Laws fällt, wenn sie einen größeren Nutzen bzw. mit geringeren Kosten verbunden sind als Hard Laws. Soft Laws vermeiden ausgewählte Kosten, so beispielsweise alle Kosten nach den Vereinbarungskosten. Soft Laws ermöglichen einen effektiveren Weg im Umgang mit Unsicherheiten, da Einzelheiten freier und schneller geregelt und angepasst werden können. Insbesondere wird ein Prozess angestoßen, der den Akteuren erlaubt, über die Einzelheiten von Vereinbarungen im Zeitverlauf Erfahrungen zu sammeln (vgl. Guzman und Meyer 2009; Abbott und Snidal 2000).

So ist der Corporate Governance Kodex als Soft Law zu verstehen. Er besteht auf freiwilliger Basis. Seine Einhaltung wird nicht gesetzlich verfolgt, sondern es wird auf die Selbstregulierungskraft der Kapitalmärkte vertraut. Wenngleich mit den L-Rules auch gesetzlich verpflichtende Regulierungen eingebunden sind, so würde deren Missbrauch nicht über den Corporate Governance Kodex verfolgt, sondern über die zugrunde liegenden Gesetze (z. B. Aktiengesetz) geregelt. Die Selbstregulierungskraft ersetzt beispielsweise die Transaktionskosten für die Kontrolle der Einhaltung von Regelungen. Weiterhin sind die Anpassungskosten bei Änderungen des Kodexes geringer als bei einem Gesetz.

Hard und Soft Law unterscheidet sich durch unterschiedlichen Kosten und Nutzen in den jeweiligen Situationen. Sie bilden Extrempunkte ab, da zwischen einer reinen gesetzlichen Regelung und einer reinen Regelung über Selbstverpflichtungen auch Unterformen existieren (vgl. Abbott und Snidal 2000). Dazu zählen beispielsweise kollektive Vereinbarungen und Verträge.

Kollektive Vereinbarungen
Als Oberbegriff umfassen kollektive Vereinbarungen alle zwischen den Vertragsparteien geregelten schriftlichen Vereinbarungen. Sie werden verbindlich für ein Kollektiv abgeschlossen. Hierbei kann es sich um Tarifverträge handeln, die zwischen Arbeitgeberverband bzw. Arbeitgeber und Gewerkschaft im Rahmen des Tarifvertragsgesetzes vereinbart werden. Es können zudem Betriebsvereinbarungen zwischen der Arbeitgeberseite und dem Betriebsrat im Rahmen des Betriebsverfassungsgesetzes abgeschlossen werden. Dienstvereinbarungen können zwischen Dienststellenleitungen und dem Personalrat im Rahmen des Personalvertretungsrechts (Bundespersonalvertretungsgesetz; Personalvertretungsgesetze der Länder) getroffen werden. Diese Vereinbarungen sind verbindlich und basieren auf Gesetzen. Ihre Inhalte können zwischen den Vertragsparteien in einem gewissen Rahmen frei verhandelt werden.

Diese Kollektivvereinbarungen können im Rahmen von Corporate Governance beispielsweise Vereinbarungen im Zusammenhang mit dem Three-Lines-of-Defense-Modell, z. B. im Umgang mit Datenschutz und Vertraulichkeit umfassen. Hier können aber auch Regelungen zu Verbesserungsvorschlägen getroffen werden, die sich in die Whistleblowing-Konzepte einfügen (vgl. Abschn. 3.2).

Individuelle Verträge

Verträge zwischen Unternehmen und deren Stakeholdern können individuell vereinbart werden. Sie können Elemente von Transparenz und Vertraulichkeit, aber auch Verantwortung beinhalten. Hier sind zunächst Arbeitsverträge mit Führungskräften, aber auch Mitarbeitern zu nennen. Diese können frei gestaltet werden, müssen aber im Einklang mit ausgewählten Gesetzen stehen. So müssen Arbeitsverträge sich an das Arbeitsrecht halten.

Im Bereich von Corporate Governance können Verträge beispielsweise die kurz- und mittelfristigen Anreize im Zusammenhang mit den erfolgsabhängigen Bonuszahlungen in ihrem Grundgerüst geregelt werden. In Jahres- und Quartalsvereinbarungen können die Details zu den Anreizsystemen ausgestaltet werden. Ein weiteres Beispiel sind Wettbewerbsklauseln, die die Vertraulichkeit der Unternehmensinformationen auch über das Ausscheiden aus dem Unternehmen hinaus regeln.

▶ **Corporate Governance: Aus vielen Mosaiksteinen wird ein Bild** Die Vielzahl der Corporate Governance-Instrumente und -Mechanismen tragen gemeinsam zu einer erfolgreichen vertrauensbasierten Führung bei. Sie sind auf einzelne Teilbereiche des Unternehmens und der Unternehmensführung spezialisiert. Aus theoretischer Sicht reduzieren sie Informationsasymmetrien. Sie steigern die Transparenz und regeln Verantwortung sowie Rechenschaftspflicht. Letztlich kann damit Vertrauen der (aktuellen und potenziellen) Investoren, aber auch weiterer Stakeholder in das Unternehmen aufgebaut und verstärkt werden.

Fragestellungen zur Vertiefung
1. Welche Vorteile haben Hard Laws?
2. Welche Vorteile haben Soft Laws?
3. Welche weiteren Soft Laws kennen Sie?

2.4 Status quo von Corporate Governance

Die Umsetzung von Corporate Governance ist ein dynamischer Prozess. Die Vielfalt an einzelnen Instrumenten verweist bereits darauf, dass Aktivitäten in verschiedenen Bereichen und für diverse Stakeholder durchgeführt werden müssen. Der Umsetzungsgrad in den Unternehmen unterscheidet sich ebenso wie die Wahrnehmung der Bedeutung von Corporate Governance, die Auswirkungen auf die Stakeholder, auf das Geschäft, auf die Prozesse und Strukturen und auch auf die Unternehmenskultur. In diesem Abschnitt soll der Status quo von Corporate Governance über die Wahrnehmung der Unternehmenspraxis abgebildet werden. Hierbei kann es sich nur um eine Momentaufnahme handeln. Diese Momentaufnahme zeichnet sich durch die Schwäche aus, dass die herangezogenen Quellen möglicherweise nicht repräsentativ und die Informationen nicht zeitstabil sind. Dennoch kann eine derartige Bestimmung des Status quo Trends und Entwicklungspotenzial von Corporate Governance aufzeigen.

Zum Aufzeigen der Bedeutung von Corporate Governance in den Unternehmen wurde die Wahrnehmung von Vertretern aus der Unternehmenspraxis herangezogen. Dazu wurden in einer Studie im Jahr 2015 100 Führungskräfte von großen Unternehmen (mindestens 500 Mitarbeiter) zur Situation von Corporate Governance in ihrem Unternehmen befragt, die folgendes Bild zeichnete (vgl. KPMG 2016):

Die Bedeutung von Corporate Governance im Unternehmen
Corporate Governance wird von 80 % der befragten Führungskräfte eine sehr große oder eine eher große Rolle eingeräumt. Bei sehr großen Unternehmen nimmt diese Rolle einen höheren Stellenwert ein als bei weniger großen Unternehmen. In Dienstleistungsunternehmen wird Corporate Governance eine besonders große Bedeutung beigemessen im Vergleich zu Industrie, Handel und Öffentlicher Verwaltung. Eine geringere Bedeutung nimmt Corporate Governance in jenen Unternehmen ein, die dieses Konzept nur als Verpflichtung zur Einhaltung gesetzlicher Vorgaben sehen. Für etwa jedes dritte Unternehmen bedeutet Corporate Governance die reine Einhaltung gesetzlicher Vorgaben. Etwa die Hälfte der Unternehmen (46 %) erwartet durch die Einführung von Corporate Governance Vorteile für die Geschäftstätigkeit. Ein größerer Anteil der Unternehmen führen Corporate Governance ein, um den aktuellen Standards im Bereich der Unternehmensführung gerecht zu werden (80 %) bzw. um den gesellschaftlichen Erwartungen oder den Erwartungen der Anspruchsgruppen gerecht zu werden (71 %) (vgl. Abb. 2.14 sowie KPMG 2016).

Strukturelle, Organisationale sowie personelle Aspekte
Wenn Corporate Governance eine große Rolle spielt, dann wird dies in einen eigenständigen oder dezentralen organisationalen Bereich ausgelagert. Andernfalls wird Corporate Governance häufig den Bereichen Recht, Personal und Risikomanagement zugeordnet, ist aber auch in den Bereichen Finanzen, Controlling und Revision zu finden (vgl. KPMG 2016).

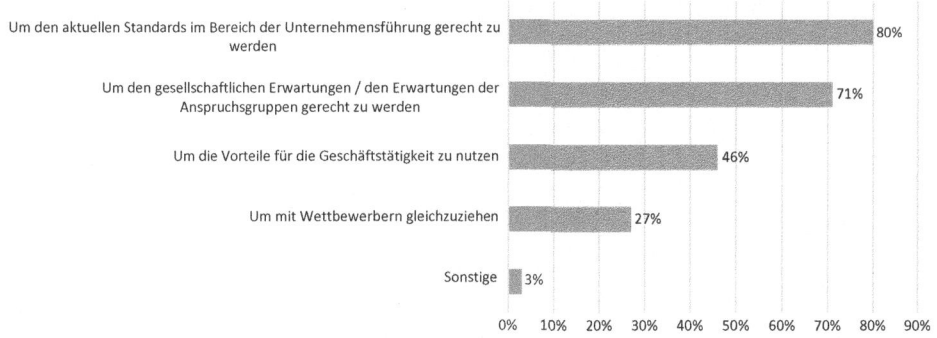

Abb. 2.14 Gründe für die Einführung von Corporate Governance. (Quelle: KPMG 2016, S. 32)

Fast 70 % der Unternehmen setzen einen Datenschutzbeauftragten ein, um die Einhaltung der Corporate Governance-Richtlinien zu gewährleisten. Wenn Corporate Governance eine große Rolle spielt, so wird dort häufig ein Compliance Management-System errichtet und ein Compliance Officer eingesetzt (vgl. Abschn. 3.2). Dies geschieht vor allem in großen Unternehmen. Nur jedes dritte Unternehmen setzt einen Chief Governance Officer ein. Zur Einhaltung von Corporate Governance-Maßnahmen werden häufig standardisierte Reporting-Systeme, IT-gestützte Überwachungssysteme und ein anonymes Meldewesen eingesetzt sowie die Bereiche Governance, Risk, Compliance und Revision fest miteinander verzahnt (vgl. KPMG 2016).

Für verschiedene Aufgabenbereiche existieren verbindliche, schriftlich fixierte Regeln. Die Einhaltung von Richtlinien und Gesetzen, der Umgang mit vertraulichen Informationen (Verschwiegenheit) sowie das Einhalten von Maßnahmen zum Datenschutz sind am häufigsten schriftlich fixiert. Die Einhaltung von Verhaltensregeln bei Geschenken und Zuwendungen, die Berücksichtigung sozialer oder kultureller Belange, die Vermeidung von Interessenkonflikten sowie das Auftreten gegenüber Öffentlichkeit und Geschäftspartnern schließen sich an (vgl. KPMG 2016).

Als größte Herausforderung bei der Umsetzung bewerten die Unternehmen die hohen Investitionen und die unterschiedlichen Auslegungen von Regeln gefolgt von Unklarheiten in der Ausgestaltung und einem hohen Ausmaß an erforderlichen strukturellen Änderungen. Fehlende Kontrollfunktionen, fehlende Akzeptanz bei den Mitarbeitern und eine schwierige Vereinbarkeit der Governance-Regeln mit den Anfordernissen des Marktes werden ergänzend genannt (vgl. Abb. 2.15).

Auswirkungen von Corporate Governance auf die Stakeholder
Nach Angaben der befragten Unternehmen wirkt sich die Corporate Govenance am stärksten auf die Mitarbeiter aus, gefolgt von Medien und Kapitalgebern. Erst auf Platz vier im Hinblick auf Auswirkungen durch Corporate Governance kommen die Kunden, danach die Lieferanten, Investoren/Aktionäre, NGO, Gesellschaft/Öffentlichkeit und Staat (vgl. KPMG 2016).

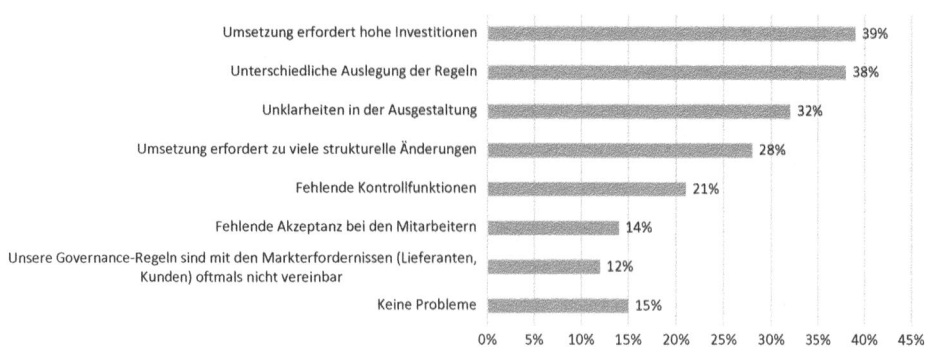

Abb. 2.15 Herausforderungen bei der Umsetzung. (Quelle: KPMG 2016, S. 36)

Nach eigenen Angaben hat sich durch die Einführung von Corporate Governance insbesondere der Ruf als guter Arbeitgeber verbessert und ebenso hat sich das Bild in der Öffentlichkeit verbessert. Die Beliebtheit bei Investoren und Aktionären ist gestiegen, die Mitarbeiterstrukturen haben sich geändert und die Zusammenarbeit mit den Medien gestaltet sich vertrauensvoller. Weiterhin schätzen die Lieferanten die Unternehmen als verlässliche Partner, empfinden die Mitarbeiter ein höheres Mitspracherecht und die Kommunikation mit Politik und Verwaltung hat sich verbessert. Wenngleich auch die Zusammenarbeit mit den Behörden sich verbesserte, die Banken eine höhere Bereitschaft zur Vergabe von Krediten zeigen und die Zusammenarbeit mit Non-Governmental-Organisationen sich verbesserte, so kommt diesen Auswirkungen eine nachrangige Bedeutung zu (vgl. KPMG 2016).

Auswirkungen auf das Geschäft insgesamt
Verschiedenen Aspekten wird nach Angaben der befragten Unternehmen eine Auswirkung auf den monetären Unternehmenserfolg zugesprochen. Hierbei nehmen das Einhalten von Maßnahmen zum Datenschutz, ein offener und transparenter Umgang mit Informationen sowie der Umgang mit vertraulichen Informationen (Verschwiegenheit) eine hervorstechende Rolle ein. Es folgen die Erfüllung ethischer Anforderungen, ein verantwortungsbewusster Umgang mit Produktrisiken, die Vermeidung von Korruption/Bestechung, die Beachtung der Regeln des fairen Welthandels sowie ein positives Auftreten gegenüber Öffentlichkeit und Geschäftspartnern. Von nicht zu vernachlässigender, aber erst nachrangiger Bedeutung im Vergleich zu den vorhergenannten ist die Einhaltung von Verhaltensregeln bei Geschenken und Zuwendungen, Unterbindung von mitarbeiterdiskriminierendem Verhalten, die Beachtung von Richtlinien und Gesetzen, die Vermeidung sozialer oder kultureller Belange sowie die aktive Wahrung der Interessen der Anspruchsgruppen (vgl. KPMG 2016).

Bei der Bewertung des Einflusses von Corporate Governance wird der Einfluss auf die Sicherung der Reputation und dem Schutz der Mitarbeiter eine besonders positive Rolle zugesprochen. Weiterhin dient Corporate Governance der Vereinheitlichung einer Unternehmenskultur, der Vermeidung von Interessenkonflikten, der Transparenz gegenüber Stakeholdern, dem Schutz der Kapitalgeber, der Stärkung der Werteorientierung im Unternehmen sowie der Risikominimierung bzw. Krisenprävention. Von nachrangiger Bedeutung sind der Einfluss auf den Abbau von Machtmonopolen, auf das Inlandsgeschäft, auf Marktanteile, auf das Neugeschäft im Inland, auf das Neugeschäft im Ausland oder auch auf das bestehende Auslandsgeschäft. Bei den Auswirkungen der Corporate Governance auf die Geschäftstätigkeit wird insbesondere die Transparenz über die Unternehmensprozesse angeführt.

Auswirkungen auf Prozesse und Strukturen sowie Unternehmenskultur
Mehr als 90 % der befragten Unternehmen gaben an, dass durch Corporate Governance neue Aufgabenbereiche entstanden sind. Weiterhin werden seit der Einführung von Corporate Governance auch Verhaltensrichtlinien und Compliance-Prozesse regelmäßig an Mitarbeiter kommuniziert (vgl. Kap. 3). Bei noch 80 % der Befragten wurde ein internes

Überwachungssystem eingeführt. Die Corporate Governance wird gegenüber den Kunden und bei der Akquise explizit kommuniziert und die Geschäftsbeziehungen haben sich geändert (jeweils 70 %). Bei immerhin 63 % sind die Prozesse effizienter geworden und es wurde ein Aufsichtsgremium zur Überwachung der Unternehmensführung eingeführt (vgl. KPMG 2016).

Für fast alle Unternehmen hat sich die Unternehmenskultur verändert. Nach Angaben der Unternehmensführung wird die Corporate Governance offen kommuniziert und honoriert. Den Mitarbeitern erwächst daraus eine Möglichkeit, die Interessen zu schützen und durchzusetzen. Das Arbeitsumfeld ist angenehmer geworden (vgl. KPMG 2016).

Aktueller Ausblick

Insgesamt planen mehr als drei Viertel der befragten Unternehmen, ihre Corporate Governance weiter auszubauen. Wenngleich die Zufriedenheit bereits hoch ist, so soll doch die bestehende Corporate Governance optimiert werden. Die Unternehmen sind davon überzeugt, mit einer guten Corporate Governance langfristig erfolgreicher zu sein. Einschränkungen durch Corporate Governance, z. B. von Wettbewerbsnachteilen durch zu viel Transparenz oder auch eine Einschränkung der unternehmerischen Freiheit nehmen eine nachrangige Position ein (vgl. Abb. 2.16).

2.5 Corporate Governance in kleinen und mittelständischen Unternehmen

Die vorangegangenen Ausführungen setzten einen Fokus auf große Unternehmen. Die Unternehmenslandschaft besteht neben den Konzernen auch aus einer Vielzahl an kleineren Unternehmen, die einen wichtigen Beitrag leisten. Diese Unternehmen zeichnen sich durch eigene Charakteristika aus (Abb. 2.17). Daher soll nun betrachtet werden, ob und auf welche Weise Corporate Governance in kleinen und mittelständischen Unternehmen eingebunden werden kann.

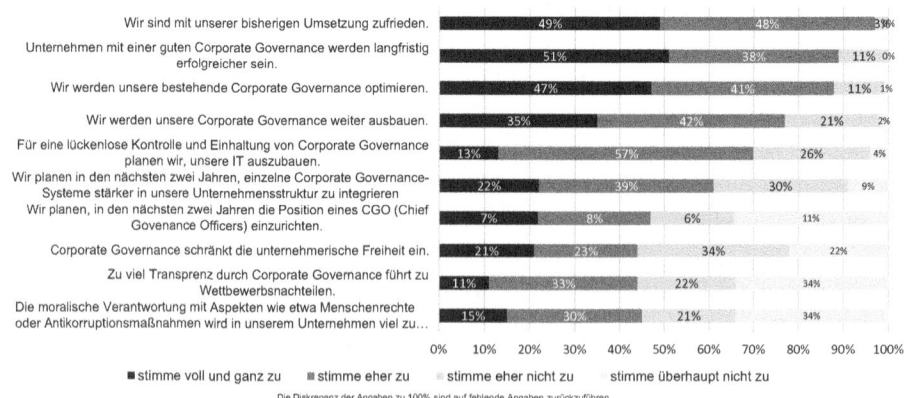

Abb. 2.16 Die nahe Zukunft von Corporate Governance. (Quelle: KPMG 2016, S. 72)

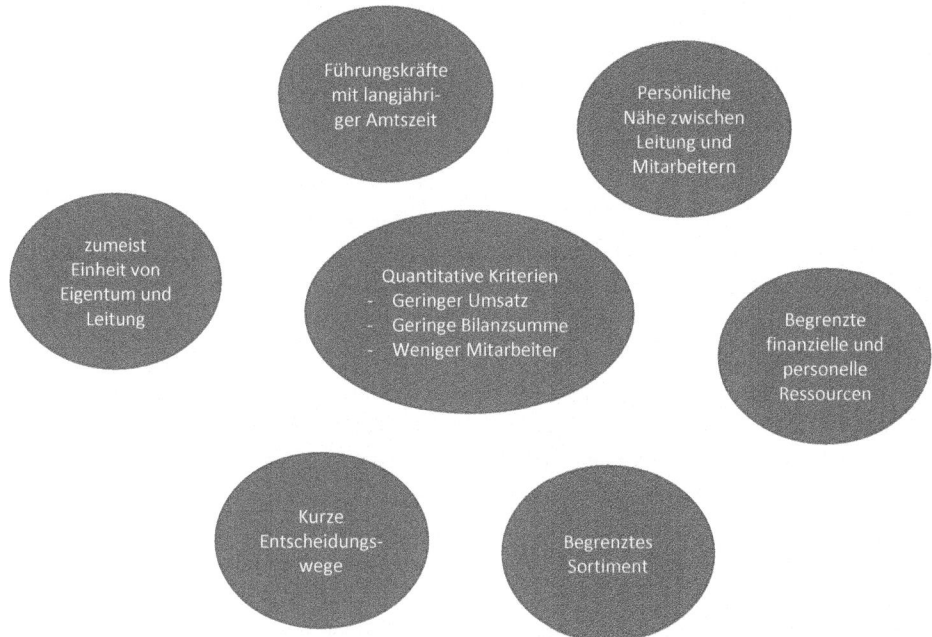

Abb. 2.17 Charakteristika von kleinen und mittleren Unternehmen. (Quelle: Eigene Darstellung)

Bereits 1981 postulierten Welsh und White: „A small business is not a little big busi-ness" (Welsh und White 1981, S. 18). Die unterschiedlichen Charakteristika der kleinen und mittelständischen Unternehmen (KMUs) im Vergleich zu den Großunternehmen führen zu anderen Bedürfnissen, divergierenden Möglichkeiten und unterschiedlichen Vorgehensweisen im Wirtschaftsleben. Ereignisse, Trends und neue Konzepte im Wirt-schaftsalltag beeinflussen die kleinen und mittelständischen Unternehmen – aber gegebe-nenfalls auf andere Weise als ihre Marktpartner in den Konzernen. Dies gilt es bei der Analyse von Veränderungen im Unternehmensumfeld zu beachten.

Der Mittelstand gilt als „das Herz der deutschen Wirtschaft". Dies begründet sich aus der großen Anzahl dieser Unternehmen. Über 99 % der Unternehmen gelten gemäß Anga-ben des Instituts für Mittelstandsforschung (IfM) Bonn als mittelständisch oder mittel-ständisch geprägt. Auf sie entfielen in 2016 etwa 60 % der sozialversicherungspflichtigen Beschäftigten, 82 % der Auszubildenden sowie 35,3 % der Umsätze (vgl. Pfohl 2013, S. 17; von Ahsen et al. 2010, S. 2; IfM Bonn 2019; Simon et al. 2006, S. 156). Familien-geführte Unternehmen stellen in vielen Ländern der Erde die vorherrschende Eigentums-form dar (vgl. Mallin 2013, S. 95). Sie tragen in Europa zu mehr als 75 % des Bruttosozi-alprodukts bei (EcoDa 2010, S. 6). Die Bedeutung dieser Wirtschaftskraft aufgrund ihres hohen Beitrags zum Bruttosozialprodukt sowie als Ort mit vielen Ausbildungs- und Ar-beitsplätzen löst den Impuls zu einer intensiven Auseinandersetzung mit diesen Unterneh-men und deren Besonderheiten aus.

Zur Definition bzw. Abgrenzung kleiner und mittelständischer Unternehmen von Großun-ternehmen lassen sich quantitative Kriterien ebenso wie qualitative Merkmale heranziehen.

Auf Basis quantitativer Kriterien gelten Unternehmen mit geringer Anzahl an Mitarbeitern, geringem Umsatz oder auch geringer Bilanzsumme als klein bzw. mittelständisch. Eine explizite Quantifizierung von „gering" führt im Vergleich verschiedener Institutionen sowie Gesetzesquellen (Europäische Union, Institut für Mittelstandsforschung, HGB, HGB nach BilMoG, PublG) zu uneinheitlichen Ergebnissen. Eine geringe Mitarbeiterzahl gilt gemäß EU bei weniger als 249 Angestellten als erfüllt, wohingegen das Institut für Mittelstandsforschung eine Mitarbeiterzahl unter 500 als Grenze ansieht. Obergrenzen des Umsatzes für kleine und mittelständische Unternehmen bewegen sich zwischen 32,1 Mio. € und 50 Mio. €, obere Abgrenzungen der Bilanzsummen zwischen 16,1 Mio. € und 50 Mio. € (zu einem Überblick vgl. Becker et al. 2015, S. 2 f.; von Ahsen et al. 2010).

Die Schwankungsbreiten der genannten Kriterien stehen einer einheitlichen Definition entgegen. Dies lässt sich aus der Heterogenität der kleinen bzw. mittelständischen Unternehmen heraus begründen. Daher werden oftmals qualitative Charakteristika ergänzend zur Abgrenzung zwischen kleinen, mittleren und großen Unternehmen herangezogen. KMUs zeichnen sich durch die Einheit von Eigentum und Leitung aus, selten beobachtet man ein Fremdmanagement. Hieraus begründen sich kurze Entscheidungswege mit einer dadurch großen Flexibilität. Es erwächst die Möglichkeit einer schnellen Anpassung an Veränderungen der Umwelt. Die Persönlichkeit des Eigners bzw. Geschäftsführers prägt stark die Entscheidungen. Diese können auch intuitiv oder emotional motiviert getroffen werden. Formale Instrumente der Unternehmensführung nehmen oftmals eine nachrangige Rolle ein. Die Amtszeit der Unternehmensführung übersteigt jene der Konzernleitungen immens. Während in Familienunternehmen die CEOs im Mittel ihre Position 24 Jahre innehaben, nehmen CEOs in Nicht-Familienunternehmen ihr Amt nur durchschnittlich 3–4 Jahre wahr. Durch eine im Vergleich zu Konzernen geringe Anzahl an Mitarbeitern bei flachen Hierarchien besteht in Kleinunternehmen und Mittelstand eine größere persönliche Nähe. Hieraus kann gegenseitiges Vertrauen zwischen der Unternehmensleitung und den Mitarbeitern wachsen. Daher erscheint der Einsatz von Instrumenten der Kontrolle als weniger wichtig. Die Produktpalette ist eher schmal und wenig diversifiziert. Hieraus geht eine intensive Produkt- bzw. Marktkenntnis einerseits hervor. Andererseits besteht dadurch bei dynamischen Produktmärkten ein starker Anpassungsbedarf. Dafür stehen begrenzte finanzielle und personelle Ressourcen zur Verfügung. Durch den geringen finanziellen Rückhalt können Fehlentscheidungen nachhaltige, im Einzelfall gar existenzbedrohende Konsequenzen haben (vgl. Becker et al. 2015, S. 16–20; Alderson 2012, S. 400 ff.; Pfohl 2013, S. 18–21; Gelbmann et al. 2004, S. 252–255; Fueglistaller 2004, S. 11; Walther 2004, S. 36 f.; von Ahsen et al. 2010, S. 2).

Aus diesen Ausführungen lassen sich zwei Erkenntnisse ableiten: Durch die räumliche Nähe und flache Hierarchien besteht mehr Raum für Transparenz, Verantwortungen sind geregelt und mit Personen verbunden. Hieraus entsteht Vertrauen. Die Notwendigkeit eines systematischen Vertrauensaufbaus durch mehr Transparenz und zusätzlich geregelte Verantwortlichkeiten wird als weniger wichtig erachtet.

In kleineren Unternehmen entscheiden nur wenige Personen über deren strategische Ausrichtung. Ziel einer Good Governance besteht weniger darin, Anleger zu schützen.

Vielmehr soll in kleineren Unternehmen die Entscheidungskraft der Eigentümer bzw. Geschäftsführer unterstützt werden. Dazu sollen Strukturen geschaffen werden, die einen Mehrwert in die Unternehmen bringen und einen langfristigen Erfolg sichern. Kleinere Unternehmen haben dafür einen weitreichenden Gestaltungsspielraum und sind nur wenig durch gesetzliche Regelungen eingeschränkt. Allerdings können sie weniger auf interne Unterstützung zugreifen, wie z. B. juristische Expertise. Zudem müssen entstehende Kosten und erwarteter Nutzen der neuen Strukturen abgeschätzt werden (vgl. EcoDa 2010, S. 12 f.).

Corporate Governance beschäftigt sich somit letztlich mit Entscheidungsprozessen, Abläufen und Grundhaltungen, über welche Unternehmen ihre Ziele erreichen. Hieraus können folgende Vorteile für die kleinen und mittleren Unternehmen entstehen (vgl. EcoDa 2010, S. 13 f.):

1. Die Abhängigkeit von den Beiträgen des einzigen Unternehmensgründers kann durch breitere Entscheidungs- und Beratungsgremien abgelöst werden. Wenngleich die Dynamik des Entrepreneurs für das Gründen von Unternehmen nötig sein kann, so benötigen wachsende Unternehmen Veränderungen in (Entscheidungs-)Strukturen.
2. Die Entwicklung wirksamer Governance-Prozesse können den Unternehmensgründer von Druck befreien und motivierend wirken. Ein Zugang zu mehr Sach- und Erfahrungswissen entsteht und kann zu konstruktiven Zielbildungsprozessen beitragen.
3. Die Governance-Strukturen können den Zugang zu neuen Finanzierungsquellen erleichtern, da vorhandene Governance-Strukturen Vertrauen in die Funktionsfähigkeit der Organisation schaffen können.
4. Insbesondere, wenn weitere Inhaber in das Unternehmen aufgenommen werden, wird die Regelung von Governance-Strukturen unerlässlich.
5. Anteilseigner von kleinen und mittleren (Familien-)Unternehmen unterliegen Einschränkungen im Verkauf ihrer Anteile. Daher sollten sie über Corporate Governance Sicherheiten erhalten, dass das jeweilige Unternehmen erfolgsträchtig geführt wird.
6. Über die Transparenz und das Schaffen von Vertrauen in eine erfolgsträchtige Unternehmensführung kann die Unternehmensreputation gesichert und positiv verstärkt werden. Die Unternehmen können den gesellschaftlichen Erwartungen besser entsprechen.
7. Ein Nachweis über eine verantwortungsvolle Unternehmensführung kann erbracht werden. Dies verstärkt den Willen der Mitbesitzer, ihre Anteile im Unternehmen zu belassen, hat aber auch eine motivierende Wirkung auf die Mitarbeiter und Führungskräfte im Unternehmen.
8. Verantwortungsvolle Unternehmensführung erzeugt zudem Respekt bei den externen Stakeholdern. Dies kann sich auf potenzielle Geldgeber, zukünftige Mitarbeiter, Kunden, kommunale und regionale Organisationen erstrecken.

Mit den „Corporate Governance Guidance and Principles for Unlisted Companies in Europe" wurde 2010 ein Instrument von der European Confederation of Directors' Association entwickelt. Dieses Instrument kann in familiengeführten Unternehmen auf freiwilliger

Basis angewandt werden (vgl. Mallin 2013, S. 92). Es wurde entwickelt, um Wachstum und Nachhaltigkeit in europäischen nicht-börsennotierten Unternehmen zu fördern. Dies soll Wandel und Anpassung an neue Umweltsituationen vorantreiben und Entrepreneurship fördern. Weiterhin kann es als Vorlage zur Entwicklung nationaler Corporate Governance Codes für nicht-börsennotierte Unternehmen genutzt werden. Es besteht aus vierzehn Prinzipien einer Good Corporate Governance, welche Unterschiede in Größe, Komplexität und Reifegrad der anwendenden Unternehmen berücksichtigen. Nicht-gelistete Unternehmen (Ein-Personen-Unternehmen, Start-ups, Gründer, kleine familiengeführte Unternehmen bis hin zu komplexen mittelständischen Unternehmen) können die Prinzipien schrittweise einführen. Sie können damit die Entwicklung von Unternehmen über deren Unternehmens-Lebenszyklus hinweg begleiten. Somit steht hier weniger der Schutz externer Investoren, sondern vielmehr die erfolgsträchtige Gestaltung von Unternehmen im Mittelpunkt. Damit entsteht auch Raum für eine gesellschaftliche Verantwortung, indem Ausbildungs- und Arbeitsplätze ebenso wie Steuereinnahmen gesichert werden. Ziel ist es, die Produktivität und das Schaffen von Arbeitsplätzen zu fördern. (vgl. EcoDa 2010, S. 6 f.).

Governance Kodex für Familienunternehmen
In der Fassung vom 29. Mai 2015 beinhaltet der Kodex folgende Inhalte (vgl. Kommission Governance Kodex für Familienunternehmen 2015):

1. Selbstverständnis der Inhaber
   – Bekenntnis zur Aufrechterhaltung des Unternehmens für die nächste Generation inkl. eines Bekenntnisses zum verantwortungsvollen Umgang mit der Inhaberrolle
   – Festlegung von Werten und Zielen
   – Stellenwert des Familienunternehmens
   – Bedeutung von Interessen der Inhaberfamilie und anderer Stakeholder
2. Ausgestaltung der Inhaberrechte und -pflichten
   – Allgemeine Gestaltungsparameter: Erwartungen an Stabilität, Rentabilität und langfristiges Wachstum, Rolle der Inhaber bei der Führung und Kontrolle des Unternehmens, Organisation und Entscheidungsfähigkeit, Einbindung möglicher Aufsichtsgremien, Entwicklung von Unternehmens- und Informationsstrukturen
   – Individuelle Gestaltungsparameter für einzelne Inhaber: Gestaltung zentraler Mitwirkungsrechte/Stimmrechte, Regelung der Auskunfts- und Informationspolitik, Voraussetzung für das Beziehen von Leistungen aus dem Unternehmen, Art der Tätigkeit im Unternehmen, Rechte und Pflichten bei Inhaberversammlungen, Geheimhaltung, Schutz gegen Wettbewerb
3. Aufsichtsgremium
   – Aufgaben und innere Ordnung des Aufsichtsgremiums
   – Zusammensetzung des Aufsichtsgremiums
   – Vergütung und Haftung
4. Unternehmensführung
   – Aufgaben der Unternehmensführung
   – Zusammensetzung der Unternehmensführung
   – Vergütung und Haftung
5. Ergebnisermittlung und -verwendung
   – Ergebnisermittlung
   – Ergebnisverwendung

6. Übertragbarkeit der Inhaberschaft, Ausscheiden aus dem Inhaberkreis
7. Family Governance
    – Grundlagen
    – Umgang
    – Aktivitäten
8. OrganisationErstellung und Gültigkeit eines eigenen Governance Kodexes

Familienunternehmen stellen eine durchaus häufige Sonderform kleiner und mittlerer Unternehmen dar. Familienmitglieder sind Inhaber eines Unternehmens und können zusätzlich Geschäftsführungs- oder sonstige Tätigkeiten wahrnehmen. Nicht alle Familienmitglieder arbeiten im Unternehmen und nicht alle Familienmitglieder sind Anteilseigner. Der Übergang von der Geschäftsführung auf die nächste Generation an Familienmitgliedern ist üblich. Familienunternehmen sind üblicherweise nicht kapitalmarktorientiert und zeichnen sich durch eine große Vielfalt an Rechtsformen, Größenordnungen sowie Unternehmens-, Inhaber- und Führungsstrukturen aus. Die Besonderheiten von Familienunternehmen sollen in dem bereits 2004 entwickelten Governance Kodex für Familienunternehmen aufgegriffen werden. In der aktuellen Fassung von 2015 soll der Kodex eine gemeinsame Willensbildung der Inhaber begleiten und dabei als Leitfaden für die Entwicklung individueller Regelungen dienen. Der langfristige Fortbestand des Familienunternehmens soll unterstützt werden. Der Einsatz des Kodexes erfolgt auf freiwilliger Basis (vgl. Kommission Governance Kodex für Familienunternehmen 2015).

Der GmbH-Beirat
Ein Beirat wird zuweilen als „kleiner Bruder" des Aufsichtsrats gesehen. Unter einem Beirat wird ein freiwilliges Organ verstanden, das neben der Gesellschafterversammlung und der Geschäftsführung gebildet werden kann. Die Aufgabenfelder eines GmbH-Beirats können frei bestimmt werden. Ein Beirat kann dabei verschiedene Aufgaben wahrnehmen. Beiräte können beratende und streitschlichtende Funktionen übernehmen. Sie können Änderungsprozesse begleiten, wie ein Aufsichtsrat als Aufsichts- und Kontrollorgan fungieren oder auch Sonderaufgaben übernehmen. Ein beratender Beirat könnte externes Know-How beisteuern, um fehlende Kompetenz für anstehende Entscheidungen zu integrieren und um Kompetenz nach außen zu demonstrieren. Eine besondere Aufgabe kann das Begleiten im Prozess der Unternehmensnachfolge sein. Ein Ausgleich von Konflikten kann bei einer Besetzung mit externen Mitgliedern, insbesondere solchen mit Konfliktmanagement-Kenntnis sinnvoll sein. Ein Beirat kann eingerichtet werden, weil die Geschäftsführung seine begleitende und beratende Kompetenz schätzt. Weiterhin kann seine Einrichtung auf den Druck der Gesellschafter hin geschehen, die nicht an der Geschäftsführung beteiligt sind. Einen derartigen Druck können auch externe Stakeholder ausüben, die eine bessere Informations- oder Einflusssituation wünschen. Die große Gestaltungsfreiheit aufgrund fehlender gesetzlicher Regelungen bieten die Möglichkeit, ihn als Organ einer Corporate Governance einzusetzen (vgl. Wassermann 2013).
    Diskussionsfragen:

1. Welchen Aufgaben und welchen Einfluss kann ein GmbH-Beirat im Hinblick auf Corporate Governance einnehmen?
2. Wie bewerten Sie das Ausmaß seines Einflusses?
3. Wie sollte der Beirat zusammengesetzt sein (interne/externe Personen)?
4. Über welche Fähigkeiten sollten die Beiratsmitglieder verfügen?

Ein entscheidender Schritt bildet die Einbindung externer Beiräte bzw. Aufsichtsräte (vgl. EcoDa 2010, S. 7). Die Governance in familiengeführten Unternehmen kann verschiedene Formen annehmen. So kann stufenweise eine Familienversammlung (family assembly), Familienführungsgremium (family council), ein Familienbeirat (advisory board) oder auch eine Gremienstruktur entsprechend einer Aktiengesellschaft eingeführt werden (vgl. Mallin 2013, S. 85 ff.). Auch für kleine und mittlere sowie möglicherweise familiengeführte Unternehmen kann ein positiver Einfluss von unabhängigen Kontrollorganen erwartet werden (vgl. Mallin 2013, S. 95). Wenngleich die Errichtung derartiger Aufsichtsorgane mit erheblichem Aufwand verbunden sein kann, so überwiegen deren Vorteile: Sie können eine beratende, repräsentative oder auch streitschlichtende Funktion übernehmen (vgl. Neuvians 2013, S. 17 f.).

Im Kern umfasst ein systematischer Corporate Governance-Ansatz unabhängig von der Größe drei Elemente (vgl. OECD 2004, S. 11):

1. Regelungen der Beziehung zwischen der Unternehmensführung, dem Aufsichtsrat, den Anteilseignern und weiteren Stakeholdern.
2. Eine Struktur, auf deren Basis die Ziele des Unternehmens gesetzt, die Mittel zur Zielerreichung und die Überwachung des Unternehmenserfolgs festgelegt werden.
3. Festlegung geeigneter Anreize für alle Organe, um die Zielerreichung im Interesse des Unternehmens und seiner Eigentümer zu sichern

Diese drei Elemente werden in den Corporate Governance Guidelines and Principles for Unlisted Companies in Europe aufgegriffen. Weiterhin wurde im Jahr 2004 erstmalig der Governance Kodex für Familienunternehmen (GKFU) veröffentlicht. Er wurde nicht gesetzlich verankert und basiert somit auf Freiwilligkeit. Seine Empfehlungen greifen die Besonderheiten von Familienunternehmen auf. Es wird der Tatsache Rechnung getragen, dass nicht jedes Familienmitglied gleichzeitig Inhaber oder gar Mitglied der Geschäftsführung ist. Der GKFU soll dafür Sorge tragen, dass die Inhaber eine konsistente Ausrichtung über die grundlegende Unternehmensführung entwickeln. Die Entscheidungsfähigkeit der Inhaber wird mit der Stimmrechtsverteilung geregelt und letztlich wird für die Gleichbehandlung der mitwirkenden Inhaber gesorgt (vgl. Neuvians 2013, S. 14 f.).

Corporate Governance Guidance and Principles for Unlisted Companies in Europe
Phase 1: Prinzipien für alle nicht-börsennotierte Unternehmen
Prinzip 1: Eigentümer sollten einen geeigneten Governance- und Verfassungs-Rahmen im Unternehmen einrichten.
Prinzip 2: Jedes Unternehmen sollte die Einrichtung eines wirksamen Boards (Vorstand und Aufsichtsrat) anstreben, welches gemeinsam den langfristigen Erfolg des Unternehmens einschließlich der Definition einer Unternehmensstrategie verantwortet. Ein Zwischenschritt kann die Errichtung eines Beirats sein.
Prinzip 3: Die Größe und die Zusammensetzung des Boards soll die Größenordnung und die Komplexität der Unternehmensaktivitäten widerspiegeln.

Prinzip 4: Das Board soll hinreichend oft zusammentreffen, um seinen Pflichten zu erfüllen und um zeitnah mit angemessenen, zweckdienlichen Informationen versorgt zu werden.

Prinzip 5: Vergütungsstufen sollten hinreichend sein, um Führungskräfte und Mitarbeiter mit der nötigen Qualität zum erfolgreichen Führen der Unternehmen zu gewinnen, zu halten und zu motivieren.

Prinzip 6: Das Board ist verantwortlich für eine Risikokontrolle und sollte ein solides internes Kontrollsystem errichten, um die Investitionen der Eigentümer sowie das Vermögen des Unternehmens zu schützen.

Prinzip 7: Zwischen Board und Eigentümer sollte ein Dialog stattfinden, um ein gegenseitiges Verständnis der Ziele zu schaffen. Das Board als Ganzes trägt die Verantwortung, dass ein ausreichender Dialog mit den Eigentümern stattfindet. Alle Eigentümer sollen gleichbehandelt werden.

Prinzip 8: Alle Mitglieder des Boards erhalten eine Einarbeitung beim Beitritt in das Board und sie sollten regelmäßig ihre Fähigkeiten und ihr Wissen auffrischen und verbessern.

Prinzip 9: Familiengeführte Unternehmen sollten Familien-Governance-Mechanismen einführen, die die Koordination und das gegenseitige Verständnis zwischen den Familienmitgliedern fördern und ebenso die Beziehung zwischen Familien-Governance und Corporate Governance gestalten.

Phase 2: Prinzipien für größere und komplexere nicht-börsennotierte Unternehmen

Prinzip 10: Es sollte eine klare Trennung der Verantwortlichkeiten an der Spitze des Unternehmens bestehen. Die Aktivitäten des Boards und das Tagesgeschäft sollten getrennt sein. Keine einzelne Person sollte uneingeschränkte Entscheidungsmacht haben.

Prinzip 11: Board-Strukturen unterscheiden sich entsprechend nationaler Anforderungen und der Normen im Geschäftsleben. Allerdings sollten alle Gremien Mitglieder mit einem hinreichenden Mix aus Kompetenzen und Erfahrungen umfassen. Keine Einzelperson (oder Kleingruppe) sollte das Entscheidungsverhalten des Gremiums dominieren.

Prinzip 12: Das Board sollte geeignete Kommissionen errichten, um eine effektivere Wahrnehmung der Pflichten zu ermöglichen.

Prinzip 13: Das Board sollte eine regelmäßige Beurteilung der eigenen Leistung und jener der einzelnen Mitglieder durchführen.

Prinzip 14: Das Board sollte den externen Stakeholdern eine ausgewogene und verständliche Einschätzung der Unternehmenslage und Unternehmensperspektiven vorlegen. Ein angemessenes Programm für ein Stakeholder Engagement soll entwickelt werden.

Erfolgsträchtige Corporate Governance-Strukturen für kleine und mittlere Unternehmen beruhen dabei auf folgenden Säulen (vgl. EcoDa 2010, S. 18 ff.):

1. In wachsenden Unternehmen müssen Handlungsvollmachten zum Erhalt einer funktionsfähigen Organisation delegiert werden. Dies ist ein immerwährender Prozess, der systematisch gestaltet werden muss.

2. Entwicklung und Aufrechterhaltung einer Gewaltenteilung begleiten diesen Prozess. Einzelpersonen sollten keine uneingeschränkte Entscheidungsmacht haben. Dies könnte zum Ausüben von Individualinteressen statt dem Umsetzen des Unternehmensinteresses führen. Ebenso besteht die Gefahr von Fehlentscheidungen.

3. Professionalisierung von Entscheidungen über das Einbinden verschiedener Kompetenzen und Fachwissen in den Gremien und in der hierarchischen Unternehmensstruktur steigern die Wahrscheinlichkeit richtiger Entscheidungen.
4. Verantwortlichkeit und Rechenschaftspflichten begleiten die Handlungsvollmachten und die hierarchisch gegliederten Entscheidungsstrukturen. Sie führen zu einer Struktur des Berichtswesens und von Kontrolleinheiten.
5. Transparenz der Aktivitäten und Prozesse führt zur Entwicklung von hochwertigen Verhaltensstandards
6. Interessenkonflikte zwischen Akteuren können durch Entscheidungsstrukturen und die Regelung von Verantwortung gemildert werden.
7. Anreize der Führungskräfte müssen koordiniert werden. Während in börsennotierten Unternehmen dazu Regelungen bestehen, müssen kleinere Unternehmen Vergütungs- und Anreiz-Konzepte entwickeln.

Ein effektives Governance-System regelt die Beziehungen zwischen relevanten Akteuren. Die Entscheidungsbefugnisse, d. h. die Verantwortungen werden gestaltet. Für die relevanten Stakeholder kleiner und mittlerer Unternehmen umfasst dies folgende:

• Die Eigentümer: Eigentümer haben nicht zwangsläufig eine geschäftsführende oder mitbestimmende Funktion in Unternehmen. Sie können beispielsweise stille Gesellschafter sein. Der Einfluss dieser Miteigentümer muss gesellschaftsrechtlich niedergeschrieben werden. Eine Unternehmensverfassung bietet Raum für die Regelung von Mitbestimmungs- bzw. Vetorechten, aber auch die Möglichkeiten zum Einberufen von Eigentümerversammlungen und Beschlussanträgen.
• Geschäftsführer und Vorstandsmitglieder: Auch Miteigentümer sollten bei der Berufung von Geschäftsführern einbezogen sein. Dies kann in der Unternehmensverfassung niedergeschrieben werden. Geschäftsführer und Vorstandsmitglieder unterstützen beispielsweise den Unternehmensgründer bei der Ausgestaltung von Unternehmensvision und Unternehmenswerten. Sie gestalten die Unternehmensstrategie sowie dazu passende Strukturen mit.
• Aufsichtsräte, Beiräte und Kommissionen: Die Einrichtung dieser Organe wird ebenfalls in der Unternehmensverfassung verankert. Aufgaben und Befugnisse werden dort ebenso geregelt wie die Häufigkeit des Zusammentreffens und die Reichweite von deren Empfehlungen.
• Das Management mit seinen geschäftsführenden Aufgaben übernimmt Entscheidungs- und Rechenschaftspflichten. Diese werden in der Aufbauorganisation des Unternehmens geregelt.
• Weitere Stakeholder wie beispielsweise Mitarbeiter, Kunden, Fremdkapitalgeber, Lieferanten, nationale und kommunale Regierungseinheiten müssen ebenso berücksichtigt werden. Der Einfluss der jeweiligen Stakeholder kann unternehmensspezifisch sehr unterschiedlich sein. Ein Vertrauensaufbau muss über ein systematisches Stakeholder Management geregelt werden.

Die Implementierung eines Corporate Governance-Systems in kleinen und mittleren Unternehmen ist mit einer Reihe von Herausforderungen verbunden. Mögliche Hürden können bei der Einbindung externer Partner in strategische Unternehmensentscheidung entstehen. Das Unternehmen verfügt zu diesem Zeitpunkt noch über keine Erfahrung damit, Unternehmensinterna mit Dritten zu diskutieren. Die Befürchtung eines Missbrauchs dieser Vertrauensposition kann entstehen. Ebenso kann die Sorge aufkeimen, dass eine stärkere Formalisierung das Unternehmen in seinen Entscheidungen verlangsamen und das Unternehmen damit an Wettbewerbskraft verlieren könnte (vgl. Neuvians 2013, S. 12; EcoDa 2010). Diese Ängste müssen überwunden werden, beispielsweise über eine Begleitung durch ein Veränderungsmanagement. Wichtige Voraussetzungen für eine erfolgsträchtige Implementierung müssen erfüllt sein:

- Die Entscheidungsträger der Unternehmen müssen von der Notwendigkeit und dem Nutzen eines Corporate Governance-Systems überzeugt sein.
- Die Implementierung der Corporate Governance muss in Übereinstimmung mit den Unternehmenszielen geschehen.
- Die Umsetzung sollte schrittweise in einem für das Unternehmen geeigneten Tempo erfolgen. Die Leitlinien müssen nicht alle gleichzeitig umgesetzt werden. Ein derartiges organisches Wachstum erlaubt den Aufbau von Vertrauen in die Corporate Governance-Strukturen
- Ein Veränderungsmanagement (Change Management) sollte den Prozess unterstützen.

Unter Einhaltung dieser Voraussetzungen kann Corporate Governance sein Erfolgspotenzial in kleinen und mittleren Unternehmen entfalten.

Diskussionsfragen zur Vertiefung

1. Wo liegt ein Nutzenbeitrag von Corporate Governance für kleine und mittlere Unternehmen?
2. Wie können kleine und mittlere Unternehmen Corporate Governance umsetzen?
3. Wie bewerten Sie die Leitlinien für nicht-börsennotierte Unternehmen im Hinblick auf Wirkungskraft und Umsetzbarkeit?

2.6   Auswirkungen von Corporate Governance auf den Unternehmenserfolg

Corporate Governance soll einen maßgeblichen Beitrag zum Erfolg von Unternehmen leisten (vgl. Michelberger 2017; Dignam und Galanis 2016; Jensen und Meckling 1976). Erfahrungen der Unternehmen über die Erfolge werden die Unternehmen motivieren, Corporate Governance noch stärker im Unternehmen zu verankern. Unternehmen ohne Corporate Governance-Erfahrung (auch kleinere und mittlere Unternehmen) werden das Konzept ins Unternehmen integrieren.

Über eine Vielzahl früher Studien konnte bereits gezeigt werden, dass Unternehmen mit einer guten Corporate Governance ein besseres langfristiges Unternehmensergebnis aufweisen (vgl. Shleifer und Vishny 1997; Brickley und James 1987; Hermalin und Weisbach 1991; Jensen 1986). Im Hinblick auf die aktuellere Situation in Deutschland wurden einige Studien angefertigt. In diesen Studien werden zumeist börsennotierte Unternehmen betrachtet, die im DAX30, dem TecDAX, MDAX oder dem SDAX gelistet sind. Als Erfolgsparameter werden beispielweise der Unternehmenswert, der Wertschöpfungsbeitrag (Economic Value Added (EVA)) oder Rentabilitätsindikatoren (Return on Asset, Return on Invested Capital) eingesetzt.

2.6.1 Corporate Goverance-Studien in Deutschland

Stiglbauer konnte in seiner Studie die Erfolgsrelevanz transparenter Corporate Goverance- Berichterstattung für den Kapitalmarkt bestätigen. Die positive Erfolgswirkung transparenter Corporate Governance Berichterstattung führt zu der Empfehlung, in Corporate Governance-Signale für den Kapitalmarkt zu investieren. Damit können Wertsteigerungen über günstigere Finanzierungskonditionen für künftiges Wachstum erzielt werden (vgl. Stiglbauer 2010).

Hau und Thum legten den Schwerpunkt ihrer Untersuchung in den Banksektor. Der Vergleich zwischen staatlichen und Privatbanken zeigte eine statistisch signifikant höhere Finanz- und Management-Kompetenz der Aufsichtsratsmitglieder in Privatbanken. Weiterhin wird erkannt, dass die Privatbanken in der Bankenkrise von 2007 und 2008 signifikant bessere Ergebnisse aufwiesen. Der daraus erkennbare Handlungsbedarf wird weiter diskutiert (vgl. Hau und Thum 2010).

Mustaghni hat den Einfluss von Corporate Governance auf den Unternehmenserfolg im Hinblick auf u. a. Unternehmenswert und Rentabilitätskennzahlen betrachtet. Er hat einen leicht positiven Effekt aufgedeckt, den die Vergütungsregelungen auf die Unternehmensbewertung nehmen. Andere Wirkungsverläufe wurden allerdings auch als fragwürdig bewertet. So beispielsweise zeigten die Struktur und die Qualität des Aufsichtsrates kaum eine Wirkung (vgl. Mustaghni 2012).

Ebeling untersucht den Umsetzungsgrad kapitalmarktorientierter Immobilienunternehmen aus dem DIMAX. Er arbeitet heraus, dass die Umsetzung eine erhebliche Spannweite hat. Der Anteil an Immobilienunternehmen, welche den Kodex nicht umsetzen, wird als hoch beschrieben. Begründet wird diese Situation damit, dass der Nutzen und damit der Beitrag zum Unternehmenserfolg nicht erkannt werden. Der Einfluss auf ein positives Image, Transparenz und rationale Unternehmensführung wird nicht gesehen (vgl. Ebeling 2015, insbes. S. 163).

Michelberger betrachtet die Beziehung zwischen Corporate Governance und Unternehmenserfolg. Eine quantitative Datenanalyse wird dabei um eine Befragung von Aufsichtsratsmitgliedern ergänzt. Die Studie bestätigt den wichtigen Einfluss von Corporate Governance-Regulierungen auf die Aufsichtsratstätigkeit und die Kompetenzen im Aufsichtsrat (vgl. Michelberger 2017).

Diese Ergebnisse verweisen in der Tendenz auf positive Erfolgsbeträge durch Corporate Governance. Allerdings muss dabei kritisch betrachtet werden, dass eine Vielzahl an unterschiedlichen Modellen mit unterschiedlichen Methoden und unterschiedlichen Einfluss- und Störgrößen betrachtet wurde. Eine Gruppe an Studien betrachtet den Einfluss einzelner Corporate Governance-Mechanismen auf das Finanzergebnis. In einer weiteren Gruppe wurden Indices entwickelt, welche mehrere Rechtssysteme kombiniert analysieren lassen und somit Ländervergleiche ermöglichen. Drittens wurden aggregierte Maßzahlen genutzt, um den Zusammenhang von Corporate Governance und Performance für Unternehmen innerhalb eines Rechtssystems zu betrachten (vgl. Bress 2008; Denis und McConnell 2003).

Im Feld der einzelnen Corporate Governance-Mechanismen kann zwischen internen und externen Mechanismen unterschieden werden. Zu den internen zählen die Struktur des Boards (Vorstand und Aufsichtsrat) einschließlich Zusammensetzung und Aufgabenverteilung, aber auch Eigentümerstruktur, Vergütung und Kapitalstruktur. Die externen Mechanismen umfassen den Markt für Unternehmenskontrolle, Transparenz und Rechnungslegung. Zu einem Überblick ausgewählter Ergebnisse siehe Bress (2008). Wenn die Mechanismen separat betrachtet werden, dann werden Abhängigkeiten und Wechselwirkungen zwischen den Mechanismen nicht beachtet. Folglich können keine Aussagen zum Gesamtbeitrag von Corporate Governance zur finanziellen Performance getroffen werden (vgl. Bress 2008, S. 44).

Im Vergleich mehrerer Rechtssysteme werden beispielsweise Mechanismen zur Sicherung der Stellung von Aktionären betrachtet. Die Forscher bewerten den Anlegerschutz in Deutschland im internationalen Vergleich als vergleichsweise gering im Vergleich mit dem angelsächsischen Raum. Die Durchsetzung von Recht wird in Deutschland im internationalen Vergleich als mit am höchsten bewertet. Corporate Governance-Mechanismen können Defizite im Rechtssystem ausgleichen. Besserer Anlegerschutz geht im internationalen Vergleich mit geringeren erwarteten Renditen einher (vgl. Bress 2008; La Porta et al. 2002, 1998 sowie 1997).

2.6.2   Indikatoren monetären Erfolgs

Einige der Studien setzen sich mit der Frage auseinander, ob die Corporate Governance-Qualität den Unternehmenserfolg beeinflusst. Dazu wird der Unternehmenserfolg als monetäre Größe betrachtet, die oftmals über Aktienrenditen, die Gesamt- oder Eigenkapitalrendite oder über Tobin's Q dargestellt wird (vgl. Bress 2008).

Im Einzelnen fokussieren die Erfolgsindikatoren die Rentabilität von Unternehmen bzw. von Investitionen in Unternehmen:

- Die Aktienrendite bemisst sich als Rendite einer Aktie zwischen zwei Zeitpunkten (aktueller Zeitpunkt und Ausgangszeitpunkt. Der Wert bestimmt sich aus der Kursentwicklung sowie den möglicherweise in diesem Zeitraum gezahlten Dividenden. Der aktuelle Aktienwert wird um die gezahlten Dividenden ergänzt. Dieser Wert wird in Relation zum Wert beim Ausgangszeitpunkt gesetzt.

- Die Eigenkapitalrendite zeigt an, wie sich das Eigenkapital eines Unternehmens innerhalb eines Zeitraums verzinst hat. Sie berechnet sich als das Verhältnis des Gewinns bzw. Jahresüberschuss zum Eigenkapital.
- Die Gesamtkapitalrendite zeigt an, wie effizient der Kapitaleinsatz von Investitionsvorhaben innerhalb bestimmter Zeiträume war. Das Gesamtkapital setzt sich aus Eigenkapital und Fremdkapital zusammen. Die Gesamtkapitalrendite berechnet sich als Summe von Reingewinn und Fremdkapitalzinsen in Relation zum Gesamtkapital.
- Der Tobinsche Quotient (Tobin's Q) beschreibt die Veränderung des Wertes eines Unternehmens und die hierfür zu Grunde liegenden Investitionen. Ein über den Zeitverlauf wachsendes Tobin's Q beschreibt einen Anstieg des Unternehmenswertes bei gleichbleibenden oder sinkenden Investitionen. Alternativ wächst Tobin's Q bei sinkenden Investitionen und gleichbleibendem Unternehmenswert.

Neben Rentabilitätskennzahlen kann das Wachstum des Unternehmenswertes ein Indikator für erfolgreiches Wirtschaften darstellen. Die Ermittlung des Unternehmenswertes kann grundsätzlich über Einzelwertungsverfahren oder auch Gesamtbewertungsverfahren erfolgen. Einzelbewertungsverfahren betrachten den Unternehmenswert über eine isolierte Bewertung von einzelnen Vermögensgegenständen und Schulden zu einem bestimmten Stichtag. Die Werte aller Vermögensgegenstände werden summiert und um die Werte aller Schulden vermindert. Auf diese Weise entsteht ein Substanzwert. Bei Gesamtbewertungsverfahren wird das Unternehmen als Ganzes betrachtet. Man geht davon aus, dass sich der Unternehmenswert aus der zukünftigen Ertragskraft eines Unternehmens ableiten lässt. Die Ertragskraft kann mit Hilfe von Ertragswertverfahren, Discounted Cash Flow-Verfahren oder Vergleichsverfahren ermittelt werden. Auch Mischformen aus Einzel- und Gesamtbewertungsverfahren sind beispielsweise in Form von Mittelwertverfahren möglich (vgl. Heesen 2018).

Die beschriebenen Kennzahlen stellen den monetären Erfolg der Unternehmen dar. Kritisch betrachtet werden muss die Komplexität von Unternehmen und damit auch die Komplexität von Unternehmenserfolg. Zum monetären Erfolg trägt eine Vielzahl an Aspekten bei. Neben Erfolgsbeiträgen einer effektiven und effizienten Corporate Governance müssen auch weitere Faktoren bedacht werden. Hierzu zählen ein gutes Kostenmanagement mit einer guten Investitions- und Liquiditätsplanung, eine fähige Forschung und Entwicklung im Unternehmen, die innovativ und kundenorientiert Leistungen entwickelt. Ein kompetentes Team in Marketing und Vertrieb muss diese Leistungen an die Kunden vermitteln. Die Kunden müssen sich durch eine akzeptable Zahlungsmoral auszeichnen. Auch eine insgesamt gute Wirtschaftslage einer Volkswirtschaft oder einer Branche beeinflussen die Lage von Unternehmen. Diese und noch weitere Faktoren tragen in ihrem Zusammenspiel zum ökonomischen Erfolg eines Unternehmens bei. Ein isoliertes Betrachten einzelner Faktoren ist begrenzt möglich, aber schwierig durchführbar und aufwändig modellierbar.

2.6.3   Vertrauen als Erfolgsindikator

Unter Erfolg wird ganz allgemein das Erreichen von gesetzten Zielen verstanden (vgl. Martens und Kuhl 2013, S. 35). Diese Ziele können vom Unternehmen selbst gesetzt werden. Sie berücksichtigen dabei die Erwartungen von internen und externen Stakeholdern, insbesondere der Shareholder mit deren Erwartungen an eine Verzinsung des Kapitals. Die Zielerreichung wird häufig über eine Quantifizierung durch monetäre Größen dargestellt, so wie dies in den vorangegangenen Abschnitten geschah.

Das Ziel eines Unternehmens baut auf den Unternehmenszweck auf und integriert die Erwartungen der Stakeholder gemäß dem Koalitionsgedanken (vgl. Abschn. 1.3). Corporate Governance dient diesem Unternehmenszweck auf seine Weise. Corporate Governance dient dem Aufbau von Vertrauen durch eine Erhöhung von Transparenz und die Regelung von Verantwortlichkeiten. Ein erfolgreiches Umsetzen führt zur Entwicklung von Vertrauen in die Unternehmensentscheidungen bei relevanten Stakeholdern.

Damit kann der Aufbau von Vertrauen als Erfolg gelten. Ein Beispiel aus dem US-amerikanischen Raum stellt Farber (2005) bereit. Er untersuchte die Beziehung zwischen Glaubwürdigkeit des Rechnungslegungssystems und die Qualität der Corporate Governance-Mechanismen an 87 Unternehmen. Im Ergebnis zeigte sich, dass Betrugsunternehmen eine signifikant schlechtere Corporate Governance haben. Sie zeichneten sich insbesondere durch weniger Finanzexperten in Audit-Kommissionen, weniger Treffen der Audit-Kommissionen und weniger Mitglieder im Aufsichtsrat aus. Dennoch konnten die Betrugsunternehmen ihrer Governance-Strukturen verbessern. Eine verbesserte Governance beeinflusst die Teilnehmer des Kapitalmarktes. Der Autor leitet aus den Entwicklungen ab, dass Investoren Verbesserungen der Corporate Governance anerkennen und Vertrauen aufbauen.

Verstegen Ryan und Buchholtz (2001) untersuchen im Kontext von Corporate Governance die Rolle von Vertrauen im Entscheidungsprozess von Investoren. Das entwickelte Modell konnte die Bedeutung des Konstruktes aufzeigen. Vertrauen beeinflusst das wahrgenommene Risiko und dieses wiederum nimmt Einfluss auf Investitionsentscheidungen. Vertrauen gibt Sicherheit bei Investitionsentscheidungen.

Weitere Auseinandersetzungen mit Vertrauen erfolgten auf theoretischer Basis. Roberts (2001) zeigte auf an, dass Vertrauen und Kontrolle im angloamerikanischen Corporate Goverance-System den Prozess der Rechenschaftspflicht beeinflusst.

Wenngleich an dieser Stelle nur wenige empirische Erkenntnisse dargestellt werden, so zeigen diese bereits auf, dass Vertrauen eine hervorstechende Wirkung entfalten kann. Von einer Auswirkung von Vertrauen über Corporate Governance auf den Unternehmenserfolg kann ausgegangen werden.

Diskussionsfragen zur Vertiefung

1. Welche Indikatoren erachten Sie als besonders relevant zur Bewertung des Erfolgs von Corporate Governance?
2. Wie bewerten Sie die Beziehung zwischen monetärem Erfolg und Vertrauen?

3. Wie genau würden Sie Vertrauen der Anleger in ein Unternehmen messen, d. h. welche Gruppe an Einzelfragen würden Sie stellen? Wie würden Sie die Skala der Fragen gestalten?
4. Auf welche Weise könnte man den Erfolg von Corporate Governance steigern?

Literatur

Abbott, K. W., & Snidal, D. (2000). Hard and soft law in international governance. *International Organization, 54*(3), 421–456.

Akerlof, G. A. (1970). The market for „Lemons": Quality uncertainty and the market mechanism. *The Quarterly Journal of Economics., 84*(3), 488–500.

Alderson, K. J. (2012). Effective governance in the family owned business. In S. Boubaker, B. D. Nguyen & D. K. Nguyen (Hrsg.), *Corporate governance. Recent developments and new trends* (S. 399–414). Heidelberg: Springer.

Alparslan, A. (2006). *Strukturalistische Prinzipal-Agent-Theorie – Eine Reformulierung der Hidden-Action-Modelle aus der Perspektive des Strukturalismus*. Berlin: Springer.

Arrow, K. J. (1985). The economics of agency. In J. W. Pratt & R. J. Zeckhauser (Hrsg.), *Prinicipals and agents* (S. 37–51). Cambridge: Harvard Business School Press.

Baums, T. (2002). Aktienrecht für globalisierte Kapitalmärkte: Generalbericht. In P. Hommelhoff, M. Lutter, K. Schmidt, W. Schön & P. Ulmer (Hrsg.), *Corporate Governance – Gemeinschafts-symposium der Zeitschriften ZHR/ZGR* (S. 13–25). Heidelberg: Recht und Wirtschaft GmbH.

BCG. (2018). Herausforderungen in der Aufsichtsratsarbeit. Ergebnisse der BCG-Aufsichtsrats-befragung 2018. https://www.bcg.com/Images/BCG-Report-Herausforderungen-AR-Arbeit_tcm108-210871.pdf. Zugegriffen am 28.02.2019.

Becker, T. (1993). *Informationsorientierte Überwachungskonzepte zur Kontrolle von Vorständen*. Stuttgart: Schäffer-Poeschel.

Becker, W., Ebner, R., Fischer-Petersohn, D., & Ruhnau, M. (2015). *Projektrisikomanagement im Mittelstand*. Wiesbaden: Springer.

Bedner, M., & Ackermann, T. (2010). Schutzziele der IT-Sicherheit. *Datenschutz und Datensicher-heit, 34*(5), 323–328.

Berghe, L. (2012). *International standardisation of good corporate governance: Best practices for the Board of Directors* (2. Aufl.). Dordrecht: Springer Science + Business Media.

Berrar, C. (2001). *Die Entwicklung der Corporate Governance in Deutschland im internationalen Vergleich*. Baden-Baden: Nomos Verlagsgesellschaft.

Blair, M. M. (1995). *Ownership and control, rethinking Corporate Governance for the twenty-first century*. Washington, DC: The Brookings Institution.

Brandeins. (2019). Olympus. Verdorben bis ins Mark. https://www.brandeins.de/magazine/brand-eins-thema/reputation-2019/verdorben-bis-ins-mark?utm_source=zeit&utm_medium=parkett. Zugegriffen am 04.03.2019.

Bratton, W. (2012). Agency theory and incentive compensation. In R. S. Thomas & J. G. Hill (Hrsg.), *Research handbook on executive pay* (S. 101–119). Cheltenham: Edward Elgar Publishing.

Bress, S. (2008). *Corporate governance in Deutschland*. Lohmar: Josef Eul.

Breuer, M. S. D. (2010). *Socio-cognitive dynamics in strategic processes*. Köln: Eul.

Brickley, J. A., & James, C. M. (1987). The takeover market, corporate boards composition and ownership structure: The case of banking. *Journal of Law and Economics, 30*(1), 161–180.

Brüggemann, H. & Bremer, P. (2012). *Grundlagen Qualitätsmanagement. Von den Werkzeugen über Methoden zum TQM*. Wiesbaden: Springer.

Bruhn, M. (2016). *Qualitätsmanagement für Dienstleistungen*. Berlin/Heidelberg: Springer.

Bundesministerium für Finanzen. (2019). Bedeutendste Beteiligungen des Bundes. Deutsche Telekom AG. https://www.bundesfinanzministerium.de/Content/DE/Standardartikel/Themen/Bundesvermoegen/Privatisierungs_und_Beteiligungspolitik/Beteiligungspolitik/deutsche-telekom-ag.html. Zugegriffen am 29.03.19

Cadbury, A. (2000). Foreword. In M. Iskander & N. Chamlou (Hrsg.), *Corporate governance: A framework for implementation* (S. V–VI). Washington, DC: The World Bank.

Cadbury, A. (2002). *Corporate governance and chairmanship*. Oxford: Oxford University Press.

Cahn, A. (2013). Professionalisierung des Aufsichtsrats. In R. Veil (Hrsg.), *Unternehmensrecht in der Reformdiskussion* (S. 140–159). Tübingen: Mohr Siebeck.

Carter, D. A., Simkins, B. J., & Simpson, W. G. (2003). Corporate governance, board diversity, and firm value. *The Financial Rewiew, 38*, 33–53.

Carter, D. A., D'Souza, F., Simkins, B. J., & Simpson, W. G. (2007). The diversity of corporate board committees and financial performance. https://pdfs.semanticscholar.org/7874/33ee-9a477ff269451d27ac8651dc5feb7a89.pdf. Zugegriffen am 08.12.2018.

CEPS (1995). Corporate Governance in Europe. Report of a CEPS Working Party. CEPS Working Report No. 12. Brüssel: CEPS.

Clarke, T. (2004). *Theories of Corporate Governance*. London: Routledge.

Claussen, C., & Bröcker, N. (2000). Corporate-Governance-Grundsätze in Deutschland – Nützliche Orientierungshilfe oder regulatorisches Übermaß. *AG – Die Aktiengesellschaft, 11*, 481–491.

Coffee, J. C. (2006). *Gatekeepers. The Professions and Corporate Governance*. Oxford: Oxford University Press.

Coleman, J. (1990). *Foundations of social theory*. Cambridge: Harvard University Press.

Cromme, G. (19. Dezember 2001). Wer sich nicht an den Kodex hält, den straft der Kapitalmarkt. *Frankfurter Allgemeine Zeitung*, S 13.

Demb, A., & Neubauer, F. (1992). The corporate board: confronting the paradoxes. *Long Range Planning, 25*(3), 9–20.

Denis, D. K., & McConnell, J. J. (2003) International corporate governance. European Corporate Governance Institute. Working Paper Nr. 5.

Deutscher Corporate Governance Kodex. (2017). Der Deutsche Corporate Governance Kodex. (Ohne Verlag und Ort).

Deutschlandfunk Kultur. (2016). Vor 20 Jahren. Als Baulöwe Jürgen Schneider verhaftet wurde. https://www.deutschlandfunkkultur.de/vor-20-jahren-als-bauloewe-juergen-schneider-verhaftet-wurde.932.de.html?dram:article_id=346401. Zugegriffen am 01.02.2019.

Diedrichs, M., & Kißler, M. (2008). *Aufsichtsratsreporting. Corporate Governance, Compliance und Controlling*. München: Vahlen.

Dignam, A., & Galanis, M. (2016). *The globalization of corporate governance*. Milton Park: Routledge.

Dine, J., & Koutsias, M. (2013). *The nature of corporate governance*. Cheltenham: Edward Elgar Publishing.

Dunn, M. (2013). *Inside the capitalist firm: An evolutionary theory of the principal-agent-relation*. Potsdam: Potsdam University Press.

Ebeling, P. C. (2015) Corporate Governance kapitalmarktorientierter Immobiliengesellschaften – Die Umsetzung des Corporate Governance Kodexes in der Praxis – Eine empirische Studie Regensburg. Schriften zu Immobilienökonomie und Immobilienrecht. 75. Dissertation, Universität Regensburg.

Ebers, M., & Gotsch, W. (1999). Institutionenökonomische Theorien der Organisation. In A. Kieser (Hrsg.), *Organisationstheorien* (3. Aufl., S. 199–251). Stuttgart: Kohlhammer.

ECCHR. (2019). Hard law/Soft law. https://www.ecchr.eu/glossar/hard-law-soft-law/. Zugegriffen am 28.03.2019.

ECGI. (2019). European Corporate Governance Institute. https://ecgi.global/. Zugegriffen am 08.12.2018.

EcoDa. (2010). *Corporate governance guidance and principles for unlisted companies in Europe. An initiative of EcoDa*. Brüssel: EcoDa.

Erkut, S., Kramer, V. W., & Konrad, A. (2008). Critical mass: Does the number of women in corporate boards make a difference? In S. Vinnicombe, V. Sing, R. Burke, D. Bilimoria & M. Huse (Hrsg.), *Women on corporate boards of directors: International research and practice* (S. 222–232). Northampton: Eward Elgar.

Erlei, M., Leschke, M., & Sauerland, D. (2007). *Neue Institutionenökonomik* (2. Aufl.). Stuttgart: Schäffer-Poeschel.

Ethos Stiftung. (2003). Ethos-Studie 2003. https://ethosfund.ch/sites/default/files/upload/publication/p148d_110301_Statuten_Ethos_Stiftung.pdf. Zugegriffen am 06.03.2019.

Ethos Stiftung. (2011). Statuten der Ethos-Stiftung in der Fassung von 2011. https://ethosfund.ch/sites/default/files/upload/publication/p148d_110301_Statuten_Ethos_Stiftung.pdf. Zugegriffen am 06.03.2019.

Ethos Stiftung. (2017). Ethos-Studie 2017.

Europäische Kommission. (2012). *Women in economic decision-making in the EU: Progress report*. Luxemburg: Publications of the EU.

Farber, D. B. (2005). Restoring trust after Fraud: Does corporate governance matter? *The Accounting Review, 80*(2), 539–561.

Ferreira, D. (2011). Board diversity. In H. Kent Baker & R. Anderson (Hrsg.), *Corporate governance. A synthesis of theory, research and practice* (S. 225–242). Hoboken: John Wiley & Sons.

Focus Online. (2009a). Firmenpleiten. Jürgen Schneider – Die „Peanuts"-Pleite. https://www.focus.de/finanzen/news/tid-13685/firmenpleiten-juergen-schneider-die-peanuts-pleite_aid_381386.html. Zugegriffen am 01.02.2019.

Focus Online. (2009b). Flowtex – Milliardenbetrug mit Horizontalbohrern. https://www.focus.de/finanzen/news/tid-13685/firmenpleiten-flowtex-milliardenbetrug-mit-horizontalbohrern_aid_381616.html. Zugegriffen am 01.02.2019.

Forbes. (Hrsg.) (2018). Global 2000. The world's largest public companies. https://www.forbes.com/global2000/#1665fcdb335d. Zugegriffen am 29.03.2019.

Fueglistaller, U. (2004). *Charakteristik und Entwicklung von Klein- und Mittelunternehmen (KMU)*. St. Gallen: Schweizerisches Institut für Klein- und Mittelunternehmen.

Gelbmann, U., Vorbach, S., & Zotter, K. (2004). Konzepte für das Innovationsmanagement in Klein- und Mittelunternehmen. In E. Schwarz (Hrsg.), *Nachhaltiges Innovationsmanagement* (S. 248–273). Wiesbaden: Springer.

Gleich, R., & Oehler, K. (2006). *Corporate Governance Umsetzen, Erfolgsfaktoren Controlling und Informationssysteme*. Stuttgart: Schäffer-Poeschel.

Goldschmidt, U. (2012). Corporate Governance-Kodex sollte Aufsichtsräte stärken und nicht schwächen. *Der Betrieb, 19*, M1.

Grossman, S. J., & Hart, O. D. (1983). An analysis of the principal agent problem. *Econometrica, 51*(1), 7–45.

Grothe, P. (2006). *Unternehmensüberwachung durch den Aufsichtsrat – Ein Beitrag zur Corporate Governance Diskussion in Deutschland*. Frankfurt: Lang.

Grosvold, J., & Brammer, S. (2011). National institutional systems as antecedents of female board representation: An empirical study. *Corporate Governance: An International Review, 19*(2), 116–135.

Guzman, A. T., & Meyer, T. L. (2009). International soft law. *Journal of Legal Analysis, 2*(1), 171–225.

Hammann, K. (2018). Investoren und Aufsichtsrat im Dialog. *Empirische Befunde über die neuen Wege der Kapitalmarktkommunikation in Deutschland, DIRK-Forschungsreihe* (Bd. 24). Frankfurt a. M: O. V.

Hau, H., & Thum, M. (2010) Subprime Crisis and Board (In-) Competence: Private vs. Public Banks in Germany. CESifo Working Paper. Nr. 2640. Center for Economic Studies and Ifo Institute (CESifo). München.

Heesen, B. (2018). *Basiswissen Unternehmensbewertung* (S. 1–11). Wiesbaden: Springer.

Hennike, P. (2016). Die Aufgaben des Aufsichtsrates. *BOARD, 6,* 211–213.

Hermalin, B., & Weisbach, M. S. (1991). The effects of board composition and direct incentives on firm performance. *Financial Management., 20*(4), 101–112.

Hilb, M. (2005). *Integrierte Corporate Governance, Ein neues Konzept der Unternehmensführung und Erfolgskontrolle.* Heidelberg: Springer.

Hilmer, F. G. (1993). *Strictly boardroom, improving governance to enhance company performance.* Melbourne: Information Australia.

Holmström, B. (1979). Moral hazard and observability. *Bell Journal of Economics, 13*(2), 74–91.

Hopt, K. J. (2013). Some corporate governance thoughts from Europe. In P. Davies, P. L. Davies, K. J. Hopt, R. Nowak & G. Solinge (Hrsg.), *Corporate boards in european law: A comparative analysis* (S. 531–562). Oxford: Oxford University Press.

Horvath, P. (1981). Entwicklungstendenzen des Controlling: Strategisches Controlling. In E. Rühli & J.-P. Thommen (Hrsg.), *Unternehmungsführung aus finanz- und bankwirtschaftlicher Sicht* (S. 397–415). Stuttgart: Poeschel.

Horvath, P. (2011). *Controlling* (12. Aufl.). München: Vahlen.

IfM Bonn. (2019). Mittelstand im Überblick. http://www.ifm-bonn.org/statistiken/mittelstand-im-ueberblick/#accordion=0&tab=0. Zugegriffen am 22.03.2019.

Jensen, M. (1986). The agency costs of free cash flow. *American Economic Review, 76,* 326–329.

Jensen, M. C., & Meckling, W. H. (1976). Theory of the firm: Managerial behavior, agency costs and ownership structure. *The Journal of Industrial Organization, 14*(3), 305–360.

Johnson, G., Scholes, K., & Whittington, R. (2011) *Strategisches Management – Eine Einführung: Analyse, Entscheidung und Umsetzung.* Hallbergmoos/Frankfurt a. M: Pearson.

Jost, P.-J. (2001). Einführung in die Prinzipal-Agenten-Theorie. In P.-J. Jost (Hrsg.), *Die Prinzipal-Agenten-Theorie in der Betriebswirtschaftslehre* (S. 9–43). Stuttgart: Schäffer-Poeschel.

Juraforum. (2019). Soft Law. https://www.juraforum.de/lexikon/soft-law. Zugegriffen am 28.03.2019.

Karl, H. (1981). *Integrierte Betriebliche Gefahrenabwehr. Praxisinformation Betriebssicherheit.* Lübeck: Schmidt-Römhild.

Keim, M. (2004). Die Prüfung des Risikomanagements im Rahmen der Abschlussprüfung. https://www.google.de/url?sa=t&rct=j&q=&esrc=s&source=web&cd=2&ved=2ahUKEwj86bHl-hMrhAhXBK1AKHbu2CdcQFjABegQIAxAC&url=https%3A%2F%2Fopus4.kobv.de%2Fopus4-bamberg%2Ffiles%2F93%2FDissertationLETZEFASSUNG.pdf&usg=AOvVaw2CZJNC-4jjcAJHNmxsVYEHW. Zugegriffen am 28.02.2019.

Klein, B., Crawford, R. G., & Alchian, A. A. (1978). Vertical integration, appropriable rents, and the competitive contracting process. *Journal of Law and Economics, 21*(2), 297–326.

Kleine, A. (1995). *Entscheidungstheoretische Aspekte der Principal-Agent-Theorie.* Heidelberg: Physica.

Kommission Governance Kodex für Familienunternehmen. (Hrsg.) (2015). *Governance Kodex für Familienunternehmen. Leitlinien für verantwortungsvolle Führung von Familienunternehmen und Unternehmerfamilien.* Bonn-Bad Godesberg: O.V.

KPMG. (Hrsg.) (2016). Corporate Governance. Handelsblatt Trend Studie. https://assets.kpmg/content/dam/kpmg/pdf/2016/06/handelsblatt-trend-corporate-governance-02-2016-KPMG.pdf. Zugegriffen am 28.02.2019.

Krützfeldt, T. (2007). *Integration von operativem und strategischem Controlling im Hinblick auf die Erfolgs- und Finanzlenkung von Unternehmen – ein prognosebasierter Ansatz.* Oldenburg.: O.V.

Landeszentrale für politische Bildung. (2019). Der Flowtex-Skandal. http://www.landeskunde-baden-wuerttemberg.de/flowtex-skandal.html. Zugegriffen am 01.02.2019.

LaPorta, R., Silanes, F. L., & Shleifer, A. (1997). Legal determinants of external finance. *The Journal of Finance, 52*(3), 1131–1150.

LaPorta, R., Silanes, F. L., & Shleifer, A. (1998). Law and finance. *Journal of Political Economy, 106*(6), 1113–1155.

LaPorta, R., Silanes, F. L., & Shleifer, A. (2002). Investor protection and corporate valuation. *The Journal of Finance, 57*(3), 1147–1170.

Loughry, M. (2010). Peer control in organizations. In S. Sitkin, L. Cardinal & K. Bijlsma-Frankema (Hrsg.), *Organizational control. Cambridge Companions to Management* (S. 324–362). Cambridge: Cambridge University Press.

Luburic, R. (2017). Strengthening the three lines of defences in terms of more efficient operational risk managements in Central Banks. *Journal of Central Banking Theory and Practice, 1*, 29–53.

Luburic, R., Perovic, M., & Sekulovic, R. (2015). Quality management in terms of strengthening the „Three Lines of Defence" in risk management – Process approach. *International Journal for Quality Research, 9*(2), 243–250.

Lutter, M. (2003). Deutscher corporate governance Kodex. In P. Hommelhoff, K. J. Hopt & A. von Werder (Hrsg.), *Handbuch corporate governance* (S. 737–748). Köln: Dr. Otto Schmidt.

Lutter, M. (2009). Die Empfehlungen der Kommission vom 14.12.2004 und vom 15.02.2005 und ihre Umsetzung in Deutschland. *Europäische Zeitschrift für Wirtschaftsrecht, 22*, 799–804.

Malik, F. (2008). *Die richtige Corporate Governance. Mit wirksamer Unternehmensaufsicht Komplexität meistern.* Frankfurt a. M./New York: Campus.

Mallin, C. A. (2013). *Corporate governance* (4. Aufl.). Oxford: Oxford University Press.

Manager magazin. (2001). 4.130.000.000 Mark Schaden. http://www.manager-magazin.de/unternehmen/artikel/a-159263.html. Zugegriffen am 01.02.2019.

Martens, J.-U., & Kuhl, J. (2013). *Die Kunst der Selbstmotivierung* (5. Aufl.). Stuttgart: Kohlhammer.

Mathissen, M. (2009). *Die Principal-Agent-Theorie: Positive und normative Aspekte für die Praxis.* Hamburg: Igel.

Ménard, C., & Shirley, M. M. (2008). *Handbook of new institutional economics.* Berlin: Springer.

Merz, F. (2017). Multi-Aufsichtsräte: Die Anforderungen steigen. *Der Aufsichtsrat, 14*(1), 2–4.

Michelberger, K. J. (2017). Survey on competence and administration of supervisory board activities in German Stock-listed Companies. *Economics and Business, 30*, 62–78.

Monks, A. G., & Minow, N. (2011). *Corporate governance* (5. Aufl.). Chichester: John Wiley & Sons.

Müller, H. (2007). *Unternehmenswert im Spannungsfeld von Investorenvertrauen und Kapitalmarkttheorie. Theoretische Modellierung und praktische Anwendung zur Bewertung des Deutschen Corporate Governance Kodex.* Berlin: Logos.

Mustaghni, B. (2012). *Einfluss von Corporate Governance auf den Erfolg von Unternehmen: eine Untersuchung börsennotierter Unternehmen in Deutschland.* Bern: Lang Verlag.

Neuvians, N. (2013). Good Governance in mittelständischen Familienunternehmen. In S. Bustamante, P. Fissenewert, R. Lohmann, N. Neuvians, B. Raske, H. Wassermann & P. Zaumseil (Hrsg.), *Corporate Governance im Mittelstand* (S. 9–29). Essen: Akademieverlag.

Nieber, M. (2017). *Die neue Rolle des Aufsichtsrates in der Kapitalmarktkommunikation. DIRK-Forschungsreihe* (Bd. 20). Frankfurt a. M.: O.V.

Nowak, E., Rott, R., Mahr, T. G. (2005). Wer den Kodex nicht einhält, den bestraft der Kapitalmarkt? Eine empirische Analyse der Selbstregulierung und der Kapitalmarktrelevanz des Deutschen

Corporate Governance Kodex. *Zeitschrift für Unternehmens- und Gesellschaftsrecht, 34*(2), 252–279.

OECD. (2004). *OECD Principles of Corporate Governance.* Paris: OECD Publications.

OECD. (2015). *G20/OECD-Grundsätze der Corporate Governance.* Paris: OECD Publishing. https://doi.org/10.1787/9789264250130-de. Zugegriffen am 28.06.2018.

OECD. (2018). Ziele. http://www.oecd.org/berlin/dieoecd/. Zugegriffen am 28.06.2018.

Oehmichen, J. (2011). *Mehrfachmandate von Aufsichtsratsmitgliedern. Eine Panel-Analyse ihrer Wirkung in deutschen Unternehmen.* München: Rainer Hampp.

Owen, G. (2015). Sir Adrian Cadbury, corporate governance pioneer, 1929–2015. *Financial Times.* https://www.ft.com/content/2f99b24a-5328-11e5-8642-453585f2cfcd?mhq5j=e1. Zugegriffen am 10.08.2017.

Peemöller, V. H., & Hofmann, S. (2005). *Bilanzskandale: Delikte und Gegenmaßnahmen.* Berlin: Erich Schmidt.

Pfohl, H. C. (2013). Abgrenzung der klein- und Mittelbetriebe von Großbetrieben. In H. C. Pfohl (Hrsg.), *Betriebswirtschaftslehre der Mittel- und Kleinbetriebe* (5. Aufl., S. 2–24). Berlin: Erich Schmidt.

Picot, A., & Wolff, B. (1994). Zur ökonomischen Organisation öffentlicher Leistungen. In F. Naschold & M. Pröhl (Hrsg.), *Produktivität öffentlicher Dienstleistungen* (S. 51–120). Gütersloh: Bertelsmann-Stiftung.

Regierungskommission Deutscher Corporate Governance Kodex. (2018a). Entwurf eines geänderten Deutschen Corporate Governance Kodex. https://www.dcgk.de/de/konsultationen/aktuelle-konsultationen.html. Zugegriffen am 12.02.2019.

Regierungskommission Deutscher Corporate Governance Kodex. (2018b). *Kodesreform 2019 – Entwurf eines geänderten Kodex veröffentlicht: relevanter, klarer und kompakter.* Frankfurt: Pressemitteilung. O.V.

Regierungskommission Deutscher Corporate Governance Kodex. (2019). Der Deutsche Corporate Governance Kodex. https://www.dcgk.de/de/. Zugegriffen am 08.01.2019.

Richter, J. (2014). Soft Law als Brückenbauer zwischen Wirtschaft und dem Schutz der Gesundheit? *Archiv des Völkerrechts, 52*(4), 545–565.

Richter, R., & Furubotn, E. G. (2003). *Neue Institutionenökonomik: Eine Einführung und kritische Würdigung* (3. Aufl.). Tübingen: Mohr Siebeck.

Rieder, M., & Holzmann, D. (2010). Brennpunkte der Aufsichtsratsregulierung in Deutschland und den USA. *AG – Die Aktiengesellschaft, 16*, 570–580.

Roberts, J. (2001). Trust and control in Anglo-American systems of corporate governance: The individualizing and socializing effects of process of accountability. *Human Relations, 54*(12), 1547–1572.

Ross, S. A. (1973). The economic theory of agency: The Principal's problem. *American Economic Review, 63*(2), 134–139.

Roth, G., & Wörle, U. (2004). Die Unabhängigkeit des Aufsichtsrats – Recht und Wirklichkeit. *Zeitschrift für Unternehmens- und Gesellschaftsrecht, 5*, 565–630.

Rüdiger, A. (2012). Vom Staatsbetrieb zum Global Player. Die Geschichte der Deutschen Telekom. pcwelt.de. https://www.pcwelt.de/ratgeber/Geschichte-der-Deutschen-Telekom-Vom-Staatsbetrieb-zum-globalen-ITK-Player-3858276.html. Zugegriffen am 29.03.19.

Ruud, T.F., Kyburz, A. (2014) Gedanken zum Three Liens of Defense Modell – Was ist mit Verteidigung gemeint? Analyse des Governance Modells aus Sicht des internen Audits. *Der Schweizer Treuhänder, 889.* S. 761–766.

Säcker, F. J. (2004). Rechtliche Anforderungen an die Qualifikation und Unabhängigkeit von Aufsichtsratsmitgliedern. *AG – Die Aktiengesellschaft, 4*, 180–186.

Schiedermair, M., & Kolb, F. J. (2004). Der Aufsichtsrat. In W. Müller & T. Rödder (Hrsg.), *Beck'sches Handbuch der AG* (S. 557–618). München: CH Beck.

Schmitt, S. M. (2007). *Organhaftung und D&O-Versicherung. Zu haftungs- und deckungsrechtlichen Problemen der Managementhaftung.* München: Herbert Utz.

Schnabel, J. M. (2015). *Der Aufsichtsrat – Kontrollorgan oder (Mit)geschäftsführungsorgan? – Eine Betrachtung der Entwicklungen im Recht des Aufsichtsrats unter besonderer Berücksichtigung der Entwicklungen seit Ende der 1990er-Jahre.* Köln: Ohne Verlag.

Shleifer, A., & Vishny, R. (1997). A survey of corporate governance. *The Journal of Finance, 52*(2), 737–783.

Simon, C., Welling, M., & Freiling, J. (2006). Internationalisierung – Wachstumstreiber oder Totengräber des innovativen Mittelstands. In R. Abel, H. Bass & R. Ernst-Siebert (Hrsg.), *Kleine und mittelgroße Unternehmen im globalen Innovationswettbewerb* (S. 154–178). München: Rainer Hampp.

Smith, A., & Recktenwald, H. C. (Hrsg.). (1999). *Der Wohlstand der Nationen* (8. Aufl.). München: Deutscher Taschenbuchverlag.

Spiegel Online. (2000). Wundersame Vermehrung. Zwei Rohrverleger narrten mit gefälschten Leasingverträgen die Banken und erschwindelten hunderte von Millionen. http://www.spiegel.de/spiegel/print/d-15680652.html. Zugegriffen am 01.02.2019.

Spiegel Online. (2007). Milliardenbetrüger Jürgen Schneider. Der Gauner mit der weißen Weste. http://www.spiegel.de/einestages/milliardenbetrueger-juergen-schneider-a-946458.html. Zugegriffen am 01.02.2019.

Spira, L. (2002). *The Audit Committee: Performing corporate governance.* New York: Kluver.

Spremann, K. (1990). Asymmetrische Information. *Zeitschrift für Betriebswirtschaft, 60*, 561–586.

Stiglbauer, M. (2010). *Corporate Governance Berichterstattung und Unternehmenserfolg: Eine empirische Untersuchung für den deutschen Aktienmarkt.* Wiesbaden: Springer Gabler.

Stockmann, R. (2006). *Evaluation und Qualitätsentwicklung. Eine Grundlage für wirkungsorientiertes Qualitätsmanagement.* Münster: Waxmann.

Swiss Code of Best Practice. (2016). Swiss code of best practice for corporate governance. https://www.economiesuisse.ch/sites/default/files/publications/economiesuisse_swisscode_d_web.pdf. Zugegriffen am 06.03.2019.

Theisen, M. N. (2003). Herausforderung Corporate Governance. *Die Betriebswirtschaft, 63*(4), 441–464.

Tricker, B. (2012). *Corporate governance, principles, policies, and practices.* Oxford: Oxford University Press.

UNCTAD. (2006). *Guidance on good practices in corporate governance disclosure.* New York/Genf: United Nations Publications.

UNCTAD. (2019). United nations conference on trade and development. https://unctad.org/en/Pages/aboutus.aspx. Zugegriffen am 08.01.2019.

Verstegen Ryan, L., & Buchholtz, A. K. (2001). Trust, risk, and shareholder decision making: An investor perspective on corporate governance. *Business Ethics Quarterly, 11*(1), 177–193.

Voigt, S. (2002). *Institutionenökonomik* (2. Aufl.). Stuttgart: Utb.

Von Ahsen, A., Heesen, M., & Kuchenbuch, A. (2010). Grundlagen der Bewertung von Innovationen im Mittelstand. In A. Von Ahsen (Hrsg.), *Bewertung von Innovationen für im Mittelstand* (S. 1–38). Berlin/Heidelberg: Springer.

Von Preen, A., Pacher, S., & Gunnesch, M. (2017). Kompetenz und Effizienz im Aufsichtsrat. Status quo und Ausblick der Professionalisierung der Gremienarbeit. *BOARD, 1*, 3–8.

Von Werder, A. (2015). *Führungsorganisation, Grundlagen der Corporate Governance, Spitzen- und Leitungsorganisation.* Wiesbaden: Springer Gabler.

Von Werder, A. (2019). *Corporate Governance. Gabler Wirtschaftslexikon.* Wiesbaden: Springer Fachmedien. https://wirtschaftslexikon.gabler.de/definition/corporate-governance-28617. Zugegriffen am 09.01.2019.

Von Werder, A., & Bartz, J. (2013). Corporate Governance Report 2013: Abweichungskultur und Unabhängigkeit im Lichte der Akzeptanz und Anwendung des DCGK. *Der Betrieb, 66*(17), 885–895.

Walther, S. (2004). *Erfolgsfaktoren von Innovationen in mittelständischen Unternehmen.* Frankfurt a. M: Peter Lang-Verlag.

Wassermann, H. (2013). Der GmbH-Beirat im Lichte der Corporate Governance. In S. Bustamante, P. Fissenewert, R. Lohmann, N. Neuvians, B. Raske, H. Wassermann & P. Zaumseil (Hrsg.), *Corporate Governance im Mittelstand* (S. 101–119). Essen: Akademieverlag.

Welge, M. K., & Eulerich, M. (2014). *Corporate-Governance-Management, Theorie und Praxis der guten Unternehmensführung.* Wiesbaden: Springer Gabler.

Welsh, J. A. & White, J. F. (1981). A Small Business is not a Little Big Business. *Harvard Business Review, 59*(4), 18–26.

Williamson, O. E. (1990). *Die ökonomischen Institutionen des Kapitalismus: Unternehmen, Märkte, Kooperationen.* Tübingen: Mohr Siebeck.

Yahoo! Finanzen. (2019). Olympus Börsenkurse 2011. https://de.finance.yahoo.com/quote/7733.T/history?period1=1317333600&period2=1321311600&interval=1d&filter=history&frequency=1d. Zugegriffen am 04.03.2019.

Zarbafi, E. M. (2011). *Responsible investment and the claim of corporate change: A sensemaking perspective.* Wiesbaden: Springer.

Zaumseil, P. (2013). Arbeitnehmermitbestimmung im Rahmen der Corporate Governance. In S. Bustamante, P. Fissenewert, R. Lohmann, N. Neuvians, B. Raske, H. Wassermann & P. Zaumseil (Hrsg.), *Corporate Governance im Mittelstand* (S. 75–100). Essen: Akademieverlag.

Compliance Management

3

Wir sind nicht nur verantwortlich für das, was wir tun, sondern auch für das, was wir nicht tun. (Molière)

Zusammenfassung

Compliance Management stellt die rechtliche Verantwortung von Unternehmen in den Fokus. Rechtlich korrektes Verhalten soll im Unternehmen bei allen Beteiligten gesichert werden. Dafür können Unternehmen Compliance Management-Systeme etablieren. Der Begriff Compliance Management, seine Treiber, Nutzen und die Funktionen verweisen bereits auf das Potenzial des Ansatzes. Die theoretische Basis und die rechtliche Grundlage von Compliance Management werden erörtert. Ausmaß und Arten von Wirtschaftskriminalität zeigen mögliche Schäden in Unternehmen auf, denen ein Compliance Management entgegnen kann. Bei der Umsetzung von Compliance Management in Unternehmen wird auch das Konzept des Whistleblowing eingebunden. Neben einer organisatorischen Verankerung bildet insbesondere die Ausgestaltung einer Compliance-Kultur einen Eckpfeiler erfolgreichen Managements. Compliance Management wird ergänzend mit besonderem Augenmerk auf kleine und mittelständische Unternehmen betrachtet. Eine Untersuchung der Erfolgswirkungen von Compliance Management rundet das Kapitel ab.

Verantwortungsvolle Unternehmensführung in Form von Compliance Management steht im Fokus von Kapitel drei. Hier sollen insbesondere die folgenden Kernfragen erörtert werden:

© Springer Fachmedien Wiesbaden GmbH, ein Teil von Springer Nature 2020

C. Kreipl, *Verantwortungsvolle Unternehmensführung*,

https://doi.org/10.1007/978-3-658-28140-3_3

- Was versteht man unter Compliance Management?
- Wie erklärt sich die Bedeutung von Compliance Management?
- Wie kann eine Compliance-Struktur gestaltet werden?
- Welchen Beitrag leistet ein Whistleblower-System?
- Wie kann eine Compliance-Kultur gestaltet werden?
- Was kennzeichnet den Status quo von Compliance Managment?
- Wie kann Compliance Management in kleineren und mittleren Unternehmen ausgestaltet werden?
- (Wie) Kann der Erfolg von Compliance Management gemessen werden?

3.1   Grundlagen

Compliance beschreibt im Kern die Pflicht, die für das Unternehmen geltenden Gesetze und Regelungen einzuhalten. Auch eine Übererfüllung von Gesetzen und Standards ist möglich, z. B. kann die Regelung des Mindestlohns übererfüllt werden durch einen Stundensatz der deutlich über dessen Höhe liegt. Dieses Beispiel zeigt, dass Unternehmen im Rahmen von Compliance Management auch eigene, unternehmensspezifische Regelungen und Verhaltensnormen aufstellen können. Sie können geltendes Recht strikter interpretieren, aber auch detaillierter ausformulieren.

Compliance Management kann als Ausgestaltung der rechtlichen Verantwortung von Unternehmen verstanden werden (vgl. Abschn. 1.4 und 1.5). Da rechtliches Fehlverhalten auch zu finanziellen Schäden führen kann, leistet Compliance Management auch einen Beitrag zur ökonomischen Verantwortung. Die ethische Verantwortung wird zudem berührt, wenn das Fehlverhalten neben rechtlichen auch moralische Aspekte umfasst. Mit der Betrachtung von Compliance Management wird die Stakeholder-Perspektive aufgegriffen (vgl. Abschn. 2.1.3). Das bedeutet, dass als Akteure nicht nur die Führungskräfte, sondern auch die Mitarbeiter und die Lieferanten sowie weitere Marktpartner betrachtet werden. Sie alle können durch ihr (Fehl-) Verhalten einen Beitrag zum Erfolg eines Unternehmens leisten.

3.1.1   Begriff, Funktionen, Treiber und Nutzen von Compliance Management

3.1.1.1   Begriff
Die Einhaltung von Regeln und Gesetzen ist nicht neu, sondern sollte als Selbstverständlichkeit gelten. Vielmehr liegt das Besondere in der Einbettung von Compliance Management in einen größeren Zusammenhang und in dem Erzeugen eines umfassenden, systematischen Konzeptes (vgl. Behringer 2012, S. 20). Compliance umfasst ein proaktives Vorgehen der Geschäftsleitung und erstreckt sich auf das gesamte Unternehmen. Compliance beschränkt sich zudem nicht ausschließlich auf das Postulat der Rechtstreue, sondern

umschreibt die Summe aller organisatorischen Maßnahmen eines Unternehmens zur Gewährleistung des rechtmäßigen Verhaltens von Geschäftsleitung und allen Mitarbeitern
(vgl. Behringer 2013, S. 35; Vetter 2008, S. 29; Ulrich 2012, S. 216). Diese Aktivitäten erstrecken sich auf sämtliche Organisationsebenen aller Geschäfts- und Funktionsbereiche.

▶ Compliance Management ist nicht neu – die Einhaltung von Recht und Gesetz
zählt von jeher zu einer Selbstverständlichkeit. Die Besonderheit liegt in der
Einbettung in einen größeren Zusammenhang und eine systematische Umsetzung des Anspruchs an „richtiges" Verhalten.

Das Begriffsverständnis von Compliance unterzog sich im Laufe der Zeit einem Wandel.
Eine gesetzliche Definition existiert nicht, ebenso wenig hat sich bislang eine allgemein
anerkannte Definition durchgesetzt. Zunächst wurde die Pflicht zur Erfüllung von gesetzlichen Regelungen fokussiert. Damit sollten Haftungsrisiken des Unternehmens und der
Manager vermindert werden (vgl. Vetter 2008, S. 31).

Inzwischen erfolgte eine Ausweitung auf den Gesamtkontext einer wert- und werteori-
entierten Unternehmensführung, welche auch unternehmenseigenen Normen und Verhaltensstandards Raum gibt. Damit wird unter regelkonformem Verhalten das Handeln in
Übereinstimmung mit dem geltenden Recht, den sittlichen Geboten, kulturellen Normen
und Erwartungen der Anspruchsgruppen und des Unternehmens verstanden. Dies geht
über reine rechtliche Unbescholtenheit hinaus und erweitert Compliance um ein moral-
konformes Handeln entsprechend den Unternehmenswerten (vgl. Schwartz und Seitz
2014, S. 286 f.). Mit der Ausweitung auf den Gesamtkontext einer wert- und werteorien-
tierten Unternehmensführung wird nun auch unternehmenseigenen Normen und Verhaltensstandards Raum gegeben (vgl. Deloitte 2011, S. 5 ff.; Behringer 2012, S. 19; Vetter
2008, S. 31).

Neuere Ansätze binden die relevanten Stakeholder ganzheitlich ein. Compliance umfasst demzufolge sämtliche Maßnahmen, die regelkonformes Handeln bei den Anspruchsgruppen des Unternehmens gezielt auf allen Organisationsebenen und entlang der gesamten Wertschöpfungskette durchzusetzen versuchen. Damit werden nicht nur Manager und
Mitarbeiter Teil des Konzeptes, sondern alle Marktpartner, z. B. auch Lieferanten und
Abnehmer, Absatzhelfer und Absatzmittler, angesprochen (vgl. Schwartz und Seitz 2014,
S. 286 f.).

Mit der Aufgabe der Risikovorbeugung und Schadensabwehr bzw. -begrenzung sollen
Ansprüche Dritter gegen die Gesellschaft, aber auch Ansprüche der Gesellschaft gegenüber den Mitgliedern der Geschäftsführung im Rahmen von Außen- und Innenhaftung
begegnet werden. Damit kann Compliance auch als Risikofrüherkennungs- und Überwachungssystem verstanden werden (vgl. Vetter 2008, S. 31). Durch Compliance Management sollen Risiken im Unternehmen minimiert werden und gleichermaßen Effektivität
und Effizienz gesichert werden. Dazu soll ein systematisches Konzept entwickelt werden. Dies folgt der Forderung nach einem holistischen Ansatz. Im Einzelnen wird Compliance Management durch die in Abb. 3.1 dargestellten Eigenschaften bestimmt. Die

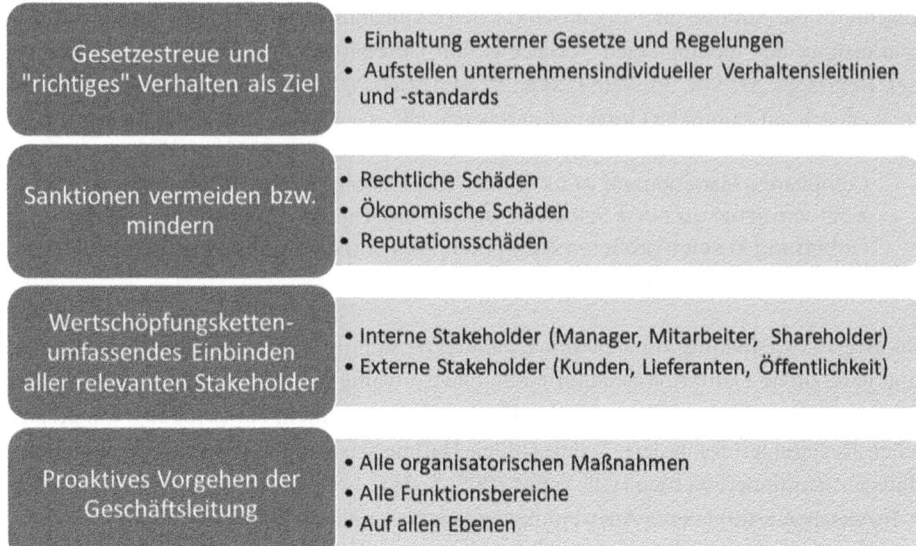

Abb. 3.1 Charakteristika des Compliance-Ansatzes. (Quelle: Kreipl 2015, S. 7)

Einhaltung der Gesetzestreue umfasst das Beachten externer Gesetze und Regelungen, die alle Unternehmen betreffen. Sie können individuell von den Unternehmen um eigene Verhaltensleitlinien ergänzt werden. Damit können Unternehmen die Gesetze strenger fassen und ihre eigenen, auch ethischen Standards bilden. Sie können aber auch die Gesetze detaillierter operativ umsetzen. Damit sollen rechtliche Schäden vermieden werden, die mögliche Imageschäden auslösen können. Letztlich sollen ökonomische Schäden vermieden werden. Ein Compliance Management als ganzheitlicher Ansatz beruht auf einem proaktiven Vorgehen der Geschäftsleitung, die organisatorische Maßnahmen auf allen Unternehmensebenen (vom gehobenen über das mittlere Management bis zu den Mitarbeitern) und zudem alle Unternehmensfunktionen und -bereiche umfasst. Als umfassendes Konzept werden die internen Stakeholder um die Betrachtung der gesamten Wertschöpfungskette ergänzt.

▶ **Compliance Management**
- Compliance Management sichert die Gesetzes- und Regeltreue und hat das „richtige" Verhalten der am Unternehmen Beteiligten zum Ziel.
- Der Ansatz zielt darauf ab, Schäden für das Unternehmen zu vermeiden und zu vermindern.
- Als umfassender Ansatz werden alle relevanten Stakeholder eingebunden.
- Ein konsequentes Compliance Management beruht auf einem proaktiven Vorgehen der Geschäftsleitung, die ein umfassendes Konzept entwickelt und umsetzt.

Abb. 3.2 Compliance-
Funktionen. (Quelle: Eigene
Darstellung)

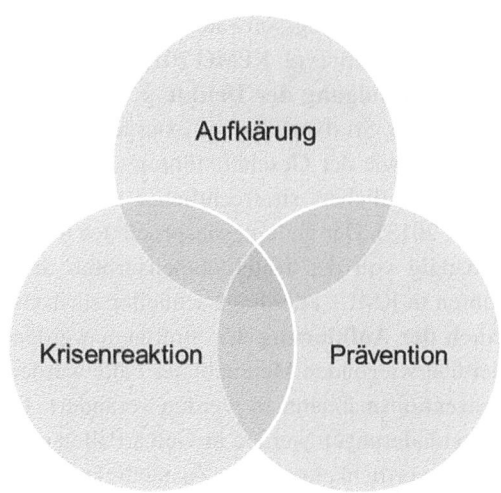

Abb. 3.2 Compliance-Funktionen. (Quelle: Eigene Darstellung)

3.1.1.2   Funktionen

Compliance umfasst im Kern drei Funktionen, die ein Compliance Management abdecken kann (vgl. Abb. 3.2). Dazu zählen die Funktion der Aufklärung, der Krisenreaktion und der Prävention:

Die Funktion der Aufklärung

Die Funktion der Aufklärung beinhaltet die Aufdeckung und Aufklärung von kriminellen Aktivitäten. Hierbei kann die Aufklärungsfunktion eine Signalwirkung für interne und externe Täter einnehmen. Das Wissen um die Gefahr einer Aufdeckung kann eine abschreckende Wirkung entfalten.

Interne Ermittlungen werden aus verschiedenen Gründen durchgeführt. Zunächst bestehen gesetzliche Verpflichtungen, einem Verdacht auf Gesetzesverstöße nachzugehen. Darüber hinaus dienen die Ermittlungen dazu, das interne Kontrollsystem zu verbessern (gemäß 69 % der Befragten Compliance-Experten einer Studie von PwC), ein strafrechtliches Verfahren vorzubereiten (64 %) und/oder Schadenersatz durchzusetzen (61 %). Eine gesellschaftsrechtliche Verpflichtung wurde bei 61 % als Grund angegeben. 55 % beabsichtigen mit der Aufklärung, das Compliance Management-System zu verbessern und 54 % nutzen die Ermittlungen zur Vorbereitung arbeitsrechtlicher Maßnahmen (vgl. PwC 2018, S. 62).

Die **operative Aufklärung** erfolgt in den Unternehmen zumeist über die interne Revision bzw. über interne Ermittlungseinheiten, aber auch in einer Compliance- oder der Rechtsabteilung. Weiterhin ermitteln externe Berater oder Strafverfolgungsbehörden. Detekteien werden seltener beauftragt. Auch eine alleinige Ermittlung der Geschäftsführung ist möglich, aber selten. (vgl. KPMG 2016). Zu den Aufklärungsmaßnahmen zählen Mitarbeiterbefragungen bzw. Interviews, Hintergrundrecherchen, die Auswertung physischer Unternehmensakten, elektronische Datenanalysen, der Einsatz von Videokameras, der

Einsatz von Prüfungssoftware sowie der Zugriff auf und die Analyse von E-Mail-Konten von Mitarbeitern (vgl. KPMG 2016).

Die **Verfolgung der Delikte** geschieht mehrheitlich mittels Einschaltung von Behörden der Strafverfolgung, externer Anwälte, interner Revision/Compliance-Abteilungen sowie der Geschäftsführungen/externer Berater. Sanktionen erfolgen in Form arbeitsrechtlicher, strafrechtlicher und zivilrechtlicher Konsequenzen (vgl. KPMG 2012, 2013). Der Geltungsanspruch des Rechts einschließlich der Rechtsfolgen ist unabhängig von der Unternehmensgröße. Schadenersatzforderungen oder Geldbußen führen in KMUs allerdings schneller zur Existenzbedrohung (vgl. Uhlig 2012, S. 31). **Nach der Aufklärung** der Straftaten werden verschiedene Maßnahmen ergriffen. In der überwiegenden Mehrzahl der Fälle werden die Täter sanktioniert. Die bestehenden Präventionsmaßnahmen werden verändert. Organisatorische Maßnahmen und Strukturveränderungen werden in vielen Fällen durchgeführt. Personelle Veränderungen bei Verantwortlichkeiten und Zuständigkeiten können zudem angepasst werden (vgl. KPMG 2016; Müller 2012, S. 56 ff.).

Eine **Sanktionierung** in Form von Strafanzeigen gegen Täter ist möglich, wird allerdings nur bei einem kleineren Teil der Fälle eingesetzt. Zu den Gründen, die gegen eine Strafanzeige sprechen, zählen die nur begrenzt kalkulierbaren Risiken. Eine Strafverfolgung kann sehr viel Unruhe in ein Unternehmen tragen. Die strafrechtliche Verfolgung gilt zudem als ineffizient und die abschreckende Wirkung wird als niedrig bewertet (vgl. Bussmann 2004). Eine Reaktion ist dennoch wichtig. Bussmann erachtet informelle Sanktionen aus dem unmittelbaren Umfeld als wirksam. Diese lösen aufgrund der vielfältigen Beziehungen ein Schamgefühl („Shaming") aus (vgl. Bussmann 2004, S. 39; Dannecker 2014, S. 50).

Eine **Entdeckung der Handlung** erfolgt gemäß einer Befragung von 500 Unternehmen im Jahr 2016 zu 57 % durch offene Hinweise von Unternehmensinternen. 42 % der Handlungen werden durch die interne Revision bzw. interne Ermittlungseinheiten aufgedeckt. Mit 40 % erfolgen auch eine Vielzahl an offenen Hinweisen durch Unternehmensexterne. 39 % der Handlungen wurden zufällig aufgedeckt. Wenngleich dies hoch erscheinen mag, so ist im Vergleich zu 2014 mit 54 % ein deutliches Absinken zufälliger Entdeckungen zu beobachten. Die Hinweise kamen in anonymer Form über eine Ombudsperson, über eine Strafverfolgung bzw. Aufsichtsbehörden, wurden im Rahmen der Jahresabschlussprüfung aufgedeckt, kamen durch Medienberichterstattung, Internetforen oder die Öffentlichkeit an das Unternehmen. In wenigen Fällen waren Schäden offensichtlich und wurden sofort bemerkt (Mehrfachnennungen waren möglich, vgl. KPMG 2016).

Man könnte unter Aufklärung neben der Aufklärung von Fehlverhalten auch eine Aufklärung über Sachverhalte verstehen. Dies bedeutet, dass bei den Mitgliedern des Unternehmens – Führungskräfte ebenso wie Mitarbeiter – Transparenz geschaffen wird. Sie werden darüber informiert, welche Verhaltensweisen als falsch oder auch richtig eingestuft werden. Weiterhin werden sie über die aktuelle Gesetzeslage und gesetzlichen Neuerungen in ihren jeweiligen Unternehmensbereichen in Kenntnis gesetzt. Dies ist letztlich eine Informationsfunktion, die in den Bereich der Prävention eingeordnet wird.

Die Funktion der Reaktion in Krisen

Die Funktion der Reaktion in Krisen kann ein Unternehmen darin unterstützen, das Ausmaß von Krisen einzudämmen und **Krisen möglichst schnell zu überwinden**. Unter Krisen versteht man sehr selten auftretende, aber wirkungsvolle Ereignisse, deren Ursachen schwer zu bestimmen sind. Krisen können kaum vermieden werden (vgl. Pearson und Clair 1998; Smart und Vertinsky 1977). Krisen können sich in Form von Skandalen, aber auch als Unfälle ereignen. Als Reaktionen auf Krisen können Schweigen, Verschleierung, Leugnung, Schuldabwälzung, aber auch Entschuldigungen, Entschädigungen, der Abbruch von Geschäftsbeziehungen oder Restrukturierungen erfolgen (vgl. Breitsohl 2009).

Um eine (schwerwiegende) Krise möglichst schnell zu überwinden und deren Schadensausmaß möglichst gering zu halten, empfiehlt es sich, bereits vor Eintritt **Krisenreaktionspläne** zu erstellen und eine Krisenkommunikation zu gestalten. Damit werden Krisen antizipiert. In Form eines Schubladen-Plans liegt eine Handlungsanweisung bereit. In diesem Plan werden Regelungen getroffen über die Schritte der durchzuführenden Handlungen einschließlich der Personen und Institutionen, die informiert oder eingebunden werden. Die Verantwortlichkeiten sind in den Handlungsplänen geregelt und Vorlagen für mögliche Presseerklärungen angefertigt. Auf diese Weise werden Unsicherheiten und Diskussionen vermieden. Dadurch ist eine schnelle und frühzeitige Reaktion möglich, was wiederum ein Ausbreiten von Krisen eindämmen kann.

Als **Folge einer Krise** wird die Reaktion der Unternehmen auf die Krisensituation von den Stakeholdern bewertet (vgl. Breitsohl 2009; Pfarrer et al. 2008). Diese Bewertung kann in Form eines Feedbacks, aber auch in Handlungen erfolgen. Eine Kundenbindung oder deren Abwanderung kann ein derartiges Signal sein; ebenso kann die Aufrechterhaltung von Geschäftsbeziehungen eine positive Reaktion darstellen. Die Angemessenheit der Krisenreaktion und das Timing sind Ansatzpunkte für die Bewertung durch die Stakeholder. Eine Reaktion auf eine Krise sollte daher nicht zu früh und nicht zu spät und ebenfalls nicht als Über- bzw. Fehl-Reaktion erfolgen. Aus der Vielzahl an Typologien der Krisenreaktionen muss ein geeigneter Weg ausgewählt werden, z. B. in Form einer anerkennenden, entgegenkommenden, ausweichenden oder abwehrenden Reaktion (vgl. Breitsohl 2009).

Auf diese Weise kann eine Krise überwunden werden. Trotz unternehmerischer Bemühungen können dennoch mit einem **Legitimitätsverlust** einhergehen. Wenn beispielsweise die regulative Legitimität sinkt, so sinkt die Wahrnehmung, dass das Unternehmen sich an geltende Gesetze und Normen hält. Die pragmatische Legitimität beinhaltet eine Wahrnehmung des Unternehmens als geeigneten Austausch- und Kooperationspartner. Die moralische oder normative Legitimität ist mit der Einhaltung gesellschaftlicher Wertvorstellungen verknüpft (vgl. Breitsohl 2009). Derartige Legitimitätsverluste können über eine langfristige Image-Strategie wieder ausgeglichen werden.

Die Funktion der Prävention

Die Funktion der Prävention rundet die betrachteten Bereiche ab. Ein Vermeiden von Schäden steht in ihrem Fokus. Zu vermeiden sind insbesondere Schäden, die aus Unwissenheit geschehen. Weiterhin kann das Vorhandensein von Compliance Management eine

Signalwirkung aussenden, dass ein Fehlverhalten mit großer Wahrscheinlichkeit aufgedeckt wird und zu Konsequenzen für die Täter führen wird. Damit kann sich eine abschreckende Wirkung entfalten. In der Kriminalprävention wird zwischen täterbezogener, situationsbezogener und opferbezogener Prävention unterschieden (vgl. Meier 2016):

- Eine täterbezogene Prävention kann beispielsweise durchgesetzt werden, indem man Tätern keinen Spielraum für weitere Taten lässt. Dies kann z. B. über Kündigungen oder Versetzungen geschehen.
- Eine situationsbezogene Prävention kann geschehen, indem die Rahmenbedingungen für Straftaten begrenzt werden, so kann z. B. Diebstahl von Büromaterial eingeschränkt werden, indem die Herausgabe von Material mit Unterschriften protokolliert wird.
- Eine opferbezogene Prävention kann geschehen, indem Opfer gestärkt und somit Vorfälle zukünftig vermieden werden. Dies kann beispielsweise durch eine psychologische Betreuung von Mobbing-Opfern geschehen (vgl. Meier 2016).

In einer Befragung im Jahr 2016 bei 500 Unternehmen zeigte sich, dass etwa die Hälfte der Befragten **externe Unterstützung in der Prävention** in Anspruch nimmt. Diese Unterstützung erfolgt in Form einer Ausarbeitung von Richtlinien (46 % der Befragten), zur Durchführung von Trainings (43 %) sowie von Integrity Due Diligences und Hintergrundrecherchen (43 %). Zudem werden Datenanalysen mit Fraud Routinen (36 %) und Risiko-Assessments mit dem Fokus Wirtschaftskriminalität durchgeführt (33 %) (vgl. KPMG 2016).

Im der Praxis wurden als **Präventionsmaßnahmen** insbesondere die Festlegung von Krisenreaktions- und Kommunikationsplänen genannt. Weiterhin werden Marktforschung, Social Media Monitoring und Presse-Clippings genannt. Ein gewisser Anteil der Unternehmen setzte zum Befragungszeitpunkt noch keine Maßnahmen um. Die Angaben beruhen auf einer Befragung von 500 Unternehmen im Jahr 2016 (vgl. KPMG 2016).

Im Rahmen präventiver Maßnahmen werden insbesondere der Definition von Leitbildern und Verhaltensgrundsätzen, Datenschutzaktivitäten, der Integritäts-Überprüfung von Geschäftspartnern und Bewerbern sowie der Errichtung von Compliance-Strukturen Bedeutung beigemessen. 5 % der Unternehmen hatten in 2012 noch keine Präventionsmaßnahmen getätigt. 24 % der Unternehmen setzen ein bis drei Maßnahmen um, mehr als die Hälfte setzt drei bis acht Maßnahmen um. Mittelständische Unternehmen liegen damit deutlich hinter den Großunternehmen mit einem Umsetzungsgrad von ca. 60 % der möglichen Maßnahmen. Es ist ein Anstieg der Präventionsmaßnahmen im Mittelstand zu verzeichnen, wenngleich deren Bedeutung stark unterschätzt wird (vgl. KPMG 2012, 2013, 2014, S. 18 ff.).

Ein weiterer präventiver Ansatz liegt bereits in der **Phase der Einstellung** von Mitarbeitern. Bewerber können unter kriminalpräventiven Aspekten überprüft werden. Da Wirtschaftsstraftäter in hohem Maße sozial unauffällig sind, erweist sich dies als schwierig. Ihre Charakteristika weisen zudem gemäß der kriminologischen Forschung Überschneidungen mit sogenannten Erfolgstypen auf. Deren Ausgrenzung beträfe möglicherweise auch erfolgreiche Manager ohne kriminelle Absichten. Eine Einbindung kriminalpräventiver Ansätze in die Personalbeschaffung ist folglich äußerst kritisch zu sehen (vgl. Bussmann 2004, S. 40 f.).

Bussmann (2004, S. 41) empfiehlt daher einen Ansatz, der das gesamte Unternehmen in den Blick nimmt. Dies umfasst insbesondere das Unterbinden von Möglichkeiten, z. B. über Kontrollen. Da auch Leistungsdruck unrechtmäßiges Verhalten fördern kann, bieten sich auch hier Ansatzpunkte. Letztlich wird ein positiver Ansatz empfohlen, der die Identifikation mit dem Unternehmen fördert. Basierend auf Social Bond-Theorien soll eine emotionale und soziale Bindung an eine Gemeinschaft die Hemmschwellen vor Schädigung erhöhen. Dies wird im Zusammenhang mit der Diskussion der Compliance-Denkhaltung bzw. Compliance-Kultur aufgegriffen (vgl. Abschn. 3.2.4).

Der Verlauf der Kriminalstatistik und ebenso die Ergebnisse der Befragungen brachten die These hervor, dass die Compliance-Programme sich zunehmend präventiv auswirken. Die geringeren Schadensfolgen stärken diese These (vgl. PwC 2018).

> **Beispiele für die striktere sowie die detailliertere Auslegung von Gesetzen**
> Mindestlohn als Beispiel für eine striktere Auslegung von Gesetzen: Der Mindestlohn beträgt 9,19 € pro Stunde im Jahr 2019. Zahlt ein Unternehmen 10,00 € Stundenlohn, so wird das Gesetz strikter ausgelegt.
>
> Die Annahme von Geschenken als Beispiel für eine striktere Auslegung von Gesetzen: Wenn der Gesetzgeber Geschenke zwischen Geschäftspartnern in einem gewissen Maße zulässt, das Unternehmen aber ihren Mitarbeitern die Annahme von Geschenken grundsätzlich untersagt, so wird das Gesetz strikter ausgelegt.
>
> Geschäftsessen als Beispiel für eine detailliertere Auslegung von Gesetzen: Um die Gefahr einer Bestechung bei der Einladung von Geschäftspartnern zu Geschäftsessen zu vermeiden, können Unternehmen ihren Mitarbeitern mit einer Liste von empfohlenen Restaurants und einer Spannbreite an Kosten je Person die Gesetze detaillierter auslegen.

3.1.1.3 Treiber

Die Gründe für das Entstehen von Compliance Management sind vielfältig. Oftmals werden – ebenso wie bei Corporate Governance – Skandale als Ausgangspunkt angeführt (vgl. Boston Consulting Group 2012, S. 3). Skandale tragen möglicherweise

- zur Verschärfung von Strafvorschriften,
- zu einem vermehrten Eingreifen der Strafverfolgungsbehörden,
- zu einer intensiveren Wahrnehmung von Compliance-Verstößen seitens der Öffentlichkeit und somit
- zu verstärkten Reputationsschäden neben den rechtlichen und wirtschaftlichen Konsequenzen bei (vgl. Behringer 2012, S. 21).

Zu den wichtigen Treibern von Compliance zählt zunächst die bereits große und stets wachsende Anzahl von Gesetzen und Verordnungen und deren Ausgestaltung. Diese

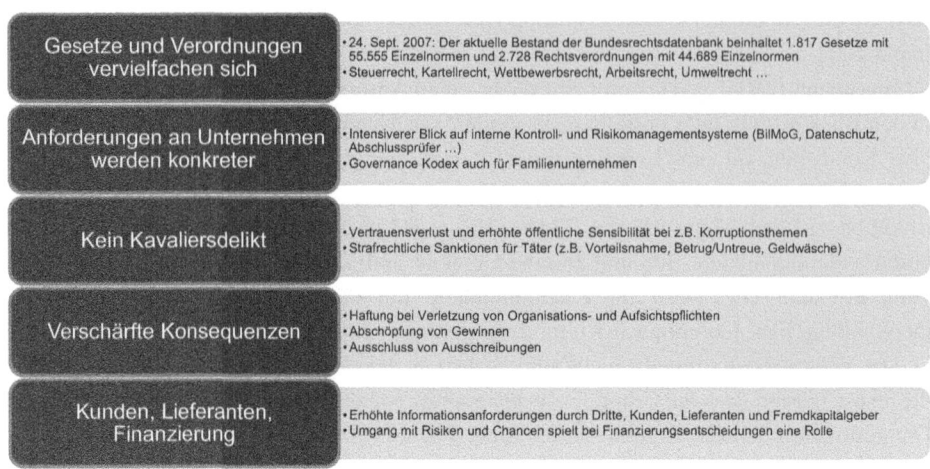

Abb. 3.3 Compliance-Treiber. (Quelle: Kreipl 2015, S. 10)

erschweren es den einzelnen Unternehmen bzw. Unternehmern, einen umfassenden Überblick über die aktuelle rechtliche Situation von Unternehmensentscheidungen zu gewährleisten (vgl. Kreipl 2015; Deloitte 2011).

Zudem ist die Wahrscheinlichkeit angestiegen, dass Fehlverhalten aufgrund gestiegenen öffentlichen und medialen Interesses, verstärkter Rechtsverfolgung sowie gestiegener Transparenz durch globale Kommunikationsinstrumente wie z. B. soziale Netzwerke aufgedeckt wird (vgl. Boston Consulting Group 2012, S. 2 ff.). Durch die intensivierte Wahrnehmung von Delikten und Skandalen in Unternehmen seitens der Öffentlichkeit, aber auch der Marktpartner, führt das Aufdecken von Fehlverhalten zu hohen direkten Kosten und zusätzlichen (Image-)Schäden. Die Bedeutung, derartige Schäden zu vermeiden, ist somit gestiegen. Auch die Erwartungen der Stakeholder sind gestiegen. Höhere Informationsanforderungen müssen bedient werden. Die Haftung der Manager nimmt einen höheren Stellenwert ein, weshalb Ansatzpunkte für einen Haftungsausschluss an Bedeutung gewonnen haben. Auch gesellschaftliche Treiber sind aufgrund eines Rückgangs von Sozialkontrolle und zunehmender Komplexität gerade durch die Globalisierung zu nennen. Ein Überblick über die Compliance-Treiber bietet Abb. 3.3 (vgl. Kreipl 2015; Heißner 2014; Deloitte 2011).

Basierend auf diesen Gedanken lässt sich das Entstehen von Compliance-Management folgendermaßen begründen:

- Der rechtliche Rahmen, in welchem Unternehmen und Manager sich bewegen, wird zunehmend komplexer und komplizierter.
- Das Schadensausmaß ist weitreichender durch die steigende Wahrscheinlichkeit des Aufdeckens aufgrund einer verstärkten Verfolgung, durch verschärfte strafrechtliche Konsequenzen sowie einer intensiven Wahrnehmung durch Marktpartner und Öffentlichkeit.
- Der Managerhaftung bzw. dem Sichern „richtigen" Verhaltens sowie der Schadensvermeidung kommt daher eine große und wachsende Bedeutung zu.

- Der Nutzen aus einem Compliance-Management liegt damit zunächst in der Bewälti-gung dieser Herausforderungen. Der Ansatz unterstützt darin, rechtliche, ökonomische und imagebeeinträchtigende Schäden im Unternehmen zu vermeiden und zu mindern. Ein vorhandenes Compliance-Management-System kann in ausgewählten Fällen zur Strafreduzierung führen (vgl. Passarge 2012, S. 86).

Über die Reduktion von Haftungsrisiken auch in Form einer persönlichen Manager-Haftung hinaus (vgl. Boston Consulting Group 2012, S. 5 f.; Fissenewert 2013, S. 37) liegen die Chancen, die sich aus einem Compliance Management ergeben in

- der Erzeugung von Imagevorteilen,
- einer Erhöhung des Vertrauens der Stakeholder,
- einer positiven Wahrnehmung einer praktizierten und nachvollziehbaren Struktur unter Vermeidung von „Verkrustungen" sowie dem Schaffen von realistischen Erwartungs-haltungen (z. B. im Umgang mit Geschenken),
- dem Schaffen einer Wertegemeinschaft mit Stärkung der gemeinsamen Unternehmens-kultur (z. B. zur Verbesserung der Mitarbeiterbindung) und
- daraus entstehenden Wettbewerbsvorteilen (vgl. Fissenewert 2013, S. 41 f.; Berndt 2014, S. 25).

Es zeigt sich wiederum, dass Compliance keine neue Form der Unternehmensverantwor-tung darstellt, aber keinesfalls als Modeerscheinung oder Worthülse abqualifiziert werden darf. Vielmehr handelt es sich um eine eigenständige Unternehmensaufgabe, die aufgrund veränderter Rahmenbedingungen entstanden ist (vgl. Bachmann und Fechner 2014, S. 4). Es besteht Bedarf an Konzepten zur Vermeidung von Skandalen und den daraus resultie-renden Problemen. Als Reaktion auf diese Herausforderungen kann Compliance Manage-ment den Erfolg von Unternehmen unterstützen.

3.1.1.4 Nutzen von Compliance Management

Der Nutzen von Compliance Management liegt in der Vermeidung von rechtlichen und ökonomischen Schäden in Form von Haft- und Geldstrafen sowie Umsatzeinbußen. Aber auch die Vermeidung von vor-ökonomischen Schäden, z. B. durch Imageverlust, ist rele-vant. Nicht unterschätzt werden sollten die Wirkungen des Bekanntwerdens von Gesetzes-verstößen auf das Ansehen eines Unternehmens in der Öffentlichkeit, auf die Motivation der Mitarbeiter, auf die Akzeptanz der Produkte im Markt und damit letztlich auf den Unternehmenserfolg. Nur beispielhaft werden mögliche Konsequenzen an dieser Stelle aufgeführt (vgl. Heinichen 2014, S. 71 ff.; Vetter 2008, S. 33 f.; Hefendahl 2007, S. 834 ff.):

- Gefährdung durch negative Presseberichte,
- Werteverfall für die Eigentümer,
- Eingreifen von Aufsichtsbehörden,
- Betriebsstillegung,

- Unternehmenskrise mit einer Gefährdung von Arbeitsplätzen,
- Bußgelder,
- Vergabesperre bei öffentlichen Aufträgen,
- Verfall der mit inkriminierten Geschäften erzielten Erlösen an die Staatskasse,
- Untersuchungshaft oder Haft für Manager,
- Geldstrafen für Management und Unternehmen,
- einstweilige Verfügung gegen einzelne Geschäftsaktivitäten,
- Pfändung von Bankkonten,
- Schadenersatzforderungen durch Kunden, Wettbewerber, Verbraucher,
- Zeitaufwand für das Management mit Rechtfertigungsaktivitäten zu Lasten der Konzentration auf Kernaufgaben oder auch die Bedrohung der beruflichen Existenz
- die Nichtigkeit getroffener Vereinbarungen,
- Imageschäden durch den Fall selbst, die Presseberichte, durch veröffentlichte Urteile,
- die Aufnahme in ein Korruptionsregister,
- eine Beeinträchtigung der Kreditwürdigkeit,
- Verfahrenskosten und
- die zeitliche Bindung von Führungskräften und Mitarbeitern.

Zu den möglichen externen Reaktionen auf entdeckte Compliance-Verstöße zählen Strafanzeige und Offenbarung gegenüber den Ermittlungsbehörden (vgl. Pelz 2014, S. 59 ff.). Interne Sanktionsmöglichkeiten der Unternehmen bei Compliance-Verstößen liegen in der Abmahnung oder auch der Kündigung von Mitarbeitern (vgl. Becher 2012, S. 110 f.).

Compliance Management erschöpft sich keinesfalls in der Funktion eines „Risikominimierers" oder „Schadens- und Haftungsverhinderers". Vielmehr steigert eine solche Organisation die Unternehmenseffizienz und kann dadurch den Unternehmenserfolg fördern. Die Risikominimierung stellt sich bei zunehmend funktionierenden Compliance-Strukturen lediglich als ein Aspekt und ein Effekt guter Corporate Compliance dar (vgl. Wecker und van Laak 2008, S. 5).

Konkret wird dies erzielt durch eine

- **Erhöhung von Transparenz**: Die erhöhte Transparenz über richtiges Verhalten beugt Fehlverhalten vor und vermeidet Folgekosten und Folgeschäden.
- **Frühzeitige Problemerkennung**: Hieraus erwächst die Möglichkeit, schnell reagieren zu können. Damit kann das Schadensausmaß geringgehalten werden.
- **Förderung des Vertrauens in die Mitarbeiter**: Durch Information und Schulung sowie Erzeugen einer Compliance-Denkhaltung kann Vertrauen in das richtige Verhalten von Mitarbeitern aufgebaut werden.
- **Vertrauensbasierte Führung**: Die Führung kann vertrauensbasiert erfolgen. Dies kann als eine effiziente Form der Führung insbesondere in komplexen Unternehmensstrukturen gelten.
- **Sicherheit durch Kontrollen**: Ergänzend zum Vertrauen sind dennoch Kontrollen, z. B. zur Überprüfung der Regelmäßigkeit und der Einhaltung von Trainings möglich.

Compliance hat damit den Weg zu einem ausschlaggebenden Erfolgsfaktor langfristig orientierter, nachhaltiger Wachstumsstrategien von Unternehmen eingeschlagen. Das Konzept verändert sich von einem reinen Kostenfaktor zu einem Qualitätsindikator für gut geführte, transparente Unternehmen und stellt somit eine dauerhafte Grundlage für Wettbewerbsvorteile in einer sich wandelnden Umwelt dar. Compliance entwickelt sich von einer Nische der Rechts-Spezialisten zu einer Kernaufgabe des Top-Managements. Dessen Herausforderung besteht darin, ein Compliance-System entlang der gesamten Wertschöpfungskette und über Ländergrenzen hinweg auch für globale Geschäftsbeziehungen zu entwickeln (vgl. Boston Consulting Group 2012, S. 2 f.).

3.1.2 Wirtschaftskriminalität

Compliance Management setzt sich mit Fehlverhalten auseinander. Fehlverhalten kann auf der Verletzung von internen Regelungen, von ethischen Grundsätzen, aber auch von Gesetzen beruhen. Bei rechtlichem Fehlverhalten können viele Formen beobachtet werden. Für Unternehmen äußern sie sich in Form von Wirtschaftskriminalität. Unter Wirtschaftskriminalität wird aufbauend auf dem § 74c Gerichtsverfassungsgesetz (GVG) folgendes verstanden: Es handelt sich um Delikte, die im Rahmen einer tatsächlichen oder vorgetäuschten wirtschaftlichen Betätigung begangen werden und über eine Schädigung des Einzelnen hinaus das Wirtschaftsleben beeinträchtigen oder die Allgemeinheit schädigen können und/oder deren Aufklärung besondere kaufmännische Kenntnis erfordert (vgl. Ziercke 2008, S. 26).

3.1.2.1 Ausmaß von Wirtschaftskriminalität

Das Ausmaß rechtlichen Fehlverhaltens ist in den Statistiken zur Wirtschaftskriminalität erkennbar: Die Anzahl an Fällen von Wirtschaftskriminalität ist von 2016 auf 2017 um 28,7 % auf 74.070 gestiegen. Der Schaden dieser Fälle beläuft sich in 2017 auf 3738 Mio. €, was einem Anstieg von 25,9 % im Vergleich zum Vorjahr entspricht. Parallel zur Gesamtentwicklung sind die Fallzahlen in ausgewählten Teilbereichen der Wirtschaftskriminalität stark gestiegen. Dies ist insbesondere der Fall in den Bereichen Betrug/Untreue im Zusammenhang mit Kapitalanlagen. Hier sind die Fallzahlen um 252,7 % gestiegen. Bei Anlage- und Finanzierungsdelikten ist ein Anstieg um 229,9 % zu beobachten. Abrechnungsbetrug im Gesundheitswesen ist um 126,7 % und Wirtschaftskriminalität bei Betrug ist um 65 % angestiegen. Leicht rückläufige Tendenzen sind bei den Wettbewerbsdelikten und den Arbeitsdelikten mit -7,1 % beziehungsweise -3,0 % zu verzeichnen (siehe Tab. 3.1, vgl. Bundeskriminalamt 2018).

Die Anzahl der Tatverdächtigen ist insgesamt leicht gesunken, wobei diese Entwicklung am stärksten bei Anlage- und Finanzierungsdelikten und Betrug/Untreue im Zusammenhang mit Kapitalanlagen auftritt. Die Aufklärungsquote der Fälle von Wirtschaftskriminalität liegt mit 94,6 % in 2017 sehr hoch (in 2016: 94,0 %). Sie überstieg die Aufklärungsquote aller in der Polizeilichen Kriminalstatistik (PKS) erfassten Straftaten in Höhe von 57,1 % deutlich (vgl. Bundeskriminalamt 2018).

Tab. 3.1 Entwicklung in den einzelnen Bereichen der Wirtschaftskriminalität

Deliktsbereich	Fallzahlen 2017 (2016)	Tendenz	Tatverdächtige 2017 (2016)	Tendenz	Schaden in Mio. Euro 2017 (2016)	Tendenz
Wirtschaftskriminalität gesamt	**74.070** (57.546)	st	**26.010** (27.615)	-lf	**3738** (2970)	st
Wirtschaftskriminalität bei Betrug	**48.103** (29.160)	st	**9099** (9824)	lf	**2065** (772)	st
Insolvenzdelikte	**10.640** (11.283)	lf	**9490** (9940)	lf	**1157** (1566)	f
Anlage- und Finanzdelikte	**28.255** (8566)	st	**1391** (1744)	f	**1558** (466)	st
Wettbewerbsdelikte	**1614** (1737)	lf	**1496** (1579)	lf	**8** (7)	st
Arbeitsdelikte	**7467** (7699)	lf	**4215** (4320)	lf	**45** (47)	lf
Betrug/Untreue i. Z. m. Kapitalanlage	**27.564** (7815)	st	**778** (967)	f	**1617** (356)	st
Abrechnungsbetrug im Gesundheitswesen	**5588** (2465)	st	**1455** (1577)	lf	**120** (29)	st

Quelle: Bundeskriminalamt 2018, S. 4. Legende: st= steigend, f=fallend, lf=leicht fallend

Mit dem Anstieg der Fallzahlen ist auch ein Anstieg der Gesamtschadenssumme in 2017 um 25,9 % zu verzeichnen. Dieser Anstieg betrifft nahezu alle Teilbereiche der Wirtschaftskriminalität. Wirtschaftskriminalität bei Betrug sticht besonders hervor. Die Schadenshöhe liegt mit 2065 Mio. € am höchsten bei einem gleichzeitig starken prozentualen Anstieg im Vergleich zum Vorjahr um 167,5 %. Ebenfalls entstand ein besonders hoher Schaden durch Betrug/Untreue im Zusammenhang mit Kapitalanlagedelikten. Hier ist ein Wachstum von 354,2 % im Vergleich zum Vorjahr zu beobachten. Diese Entwicklung wird gefolgt von Anlage- und Finanzierungsdelikten mit einem Anstieg um 234,3 % im Vergleich zum Vorjahr sowie vom Abrechnungsbetrug im Gesundheitswesen mit einem Wachstum von 313,8 % in Relation zum Vorjahr. Der Anteil der Schadenssumme bei Wirtschaftskriminalität liegt im Verhältnis zur Gesamtschadenssumme insgesamt ebenfalls hoch. Diese Schadenssumme nimmt in 2017 50,5 % der Gesamtschadenssumme aller in der Polizeilichen Kriminalstatistik ausgewiesenen Delikte ein (vgl. Bundeskriminalamt 2018).

Statistiken zur Wirtschaftskriminalität beruhen auf polizeilichen Daten, welche in der Polizeilichen Kriminalstatistik erfasst werden. Sie bauen bei der Zuordnung von Strafen auf den Katalog des § 74c Abs. 1 Nr. 1 bis 6b Gerichtsverfassungsgesetz (GVG) auf. Nicht erfasst werden Wirtschaftsstraftaten, welche ohne Beteiligung der Polizei bearbeitet werden. Dazu zählen Wirtschaftsstraftaten, welche nur von Staatsanwaltschaften, Finanzbehörden oder auch der Zollverwaltung bearbeitet werden, wie z. B. Wettbewerbsdelikte (Markenpiraterie) oder illegale Beschäftigungsverhältnisse. Weiterhin wird von großen Dunkelziffern ausgegangen, da die Opfer oftmals auf Anzeigen verzichten (vgl. Bundeskriminalamt 2018).

Zudem bilden die in der Polizeilichen Kriminalstatistik erfassten Schäden nur einen Teil der Gesamtschäden ab, da sie sich auf die monetär darstellbaren Schäden beschränken. Da immaterielle Schäden schwierig quantifizierbar sind, können sie nicht berücksichtigt werden. Dennoch nehmen auch Reputationsschäden, Vertrauensverluste in Unternehmen, Branchen oder Wirtschaftsstandorten oder auch der Verlust von Wettbewerbsvorteilen und Wettbewerbspositionen einen hohen Stellenwert ein und entfalten ein großes und kaum quantifizierbares Schadenspotenzial (vgl. Bundeskriminalamt 2018, Bundeskriminalamt 2015, Bundesministerium des Inneren 2015). Es kann davon ausgegangen werden, dass das Ausmaß der Schäden in der Realität höher liegt.

Somit bieten sich Befragungen von Unternehmen als ergänzende Informationsquelle an. Diese Befragungen bieten möglicherweise nicht die Repräsentativität der Statistiken des Bundeskriminalamts, zeigen aber zumindest Trends auf. Gemäß Befragungen in Unternehmen wurden Datenschutz, Korruption und Haftungsfragen als größte Compliance-Risiken benannt. Kartellrechtliche Fragen und Geldwäsche spielen eine nachgeordnete Rolle. Als hervorstechende Ereignisse im Zusammenhang mit Compliance-Risiken wurden die Datenschutzgrundverordnung, die vierte EU-Geldwäscherichtlinie sowie aktuelle Sanktionen z. B. gegen Russland benannt (vgl. CMS Compliance-Barometer 2016, 2017).

Eine Befragung von 500 Verantwortlichen aus dem Compliance-Bereich ergänzt um 32 Tiefeninterviews bestätigte die Abnahme aller Deliktsarten über den Zeitverlauf. Auch hier wird von neuen Formen der Kriminalität berichtet (Abb. 3.4). 46 % der Unternehmen sind nach eigenen Angaben bereits Opfer einer Cyber-Attacke geworden bzw. sie haben einen konkreten Verdacht. Auch über das Aufdecken versuchter Straftaten in diesem Feld liegen Informationen vor. So wurde bei 40 % der Befragten von Versuchen von CEO-Fraud in den letzten beiden Jahren berichtet. (vgl. PwC 2018).

Täterherkunft, Motive und betroffene Bereiche
Eine Befragung von PwC in 2017 betrachtete die Beziehung von Tätern zum geschädigten Unternehmen. Es zeigte sich, dass in 46 % der Fälle interne Täter verantwortlich waren. In 12 % der Fälle waren interne und externe Täter gleichermaßen beteiligt. In 42 % der Fälle lag die Verantwortung bei externen Tätern. Die internen Täter kamen zu 25 % aus dem Senior- oder Top-Management, zu 31 % aus dem mittleren Management, zu 4 % aus dem Junior-Management und zu 40 % aus dem Kreise anderer Beschäftigter. Die externen Täter kamen aus dem Kreis von Kunden bzw. Mandanten (10 %), Geschäftspartnern bzw. Dienstleistern (34 %), waren ohne Geschäftsbeziehung (37 %) und in 19 % der Fälle stammten die Täter aus der organisierten Kriminalität. Die externen Täter konnten zu 49 % dem Senior-oder Top-Management zugeordnet werden. 18 % gehörten dem mittleren, 2 % dem Junior-Management und 31 % dem Kreis anderer Beschäftigter an. Die internen Untersuchungen wurden durch die interne Revision, die Compliance-Abteilung, die Rechtsabteilung und die Abteilung Unternehmenssicherheit durchgeführt (vgl. PwC 2018, S. 59 ff.)

Gemäß einer Befragung von 500 Vertretern großer Unternehmen in 2016 ist ein besonders hoher Anteil externer Täter bei den Delikten Geldwäsche, Korruption, Kartellrechtsverstößen sowie Verletzungen von Schutz- und Urheberrechten zu finden. Das

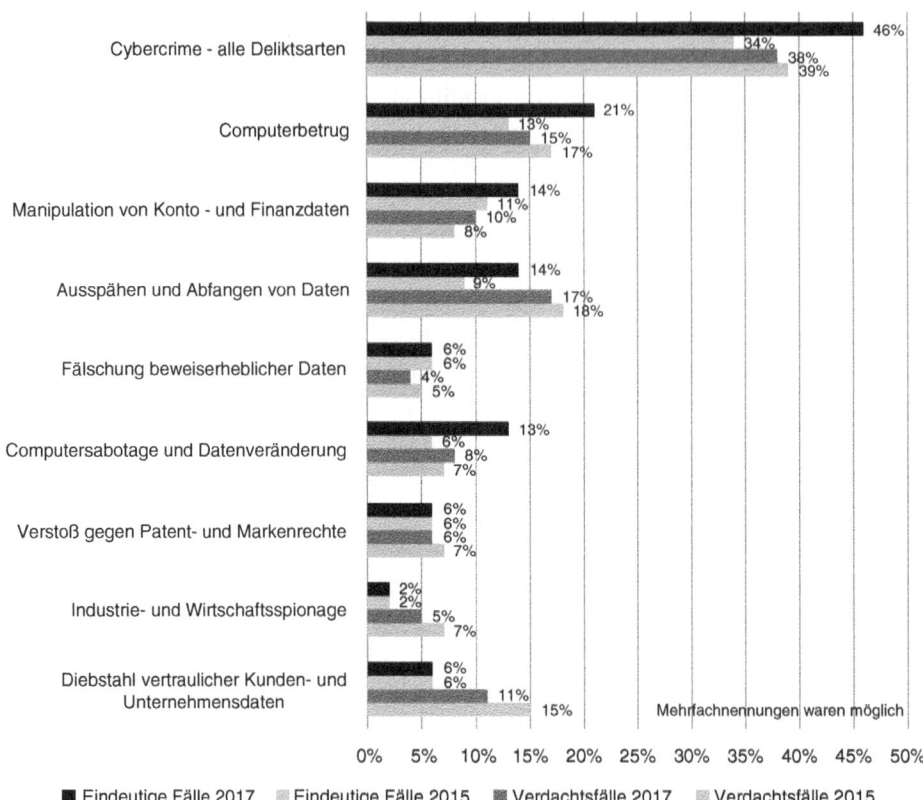

Cybercrime - alle Deliktsarten — 46% / 34% / 38% / 39%
Computerbetrug — 21% / 13% / 15% / 17%
Manipulation von Konto - und Finanzdaten — 14% / 11% / 10% / 8%
Ausspähen und Abfangen von Daten — 14% / 9% / 17% / 18%
Fälschung beweiserheblicher Daten — 6% / 6% / 4% / 5%
Computersabotage und Datenveränderung — 13% / 6% / 8% / 7%
Verstoß gegen Patent- und Markenrechte — 6% / 6% / 6% / 7%
Industrie- und Wirtschaftsspionage — 2% / 2% / 5% / 7%
Diebstahl vertraulicher Kunden- und Unternehmensdaten — 6% / 6% / 11% / 15%

Mehrfachnennungen waren möglich

0% 5% 10% 15% 20% 25% 30% 35% 40% 45% 50%

■ Eindeutige Fälle 2017   ▨ Eindeutige Fälle 2015   ▨ Verdachtsfälle 2017   ▨ Verdachtsfälle 2015

Abb. 3.4 Cybercrime: Eindeutige Fälle und Verdachtsfälle. (Quelle: Eigene Darstellung in Anlehnung an PwC 2018, S. 18 f.)

Top-Management ist ebenso involviert wie Management und Mitarbeiter. Eine (Mit-) Täterschaft des Top-Managements wurde insbesondere bei der Manipulation jahresabschlussrelevanter Informationen und Kartellrechtsverstößen vorgefunden. Das Management trat besonders häufig bei der Manipulation jahresabschlussrelevanter Informationen, beim Verrat von Betriebs- und Geschäftsgeheimnissen sowie bei Korruption in Erscheinung. Über die Mitarbeiter wurde besonders häufig im Rahmen von Delikten des Diebstahls und der Unterschlagung, bei dem Verrat von Geschäfts- und Betriebsgeheimnissen sowie bei Betrug und Untreue berichtet (vgl. KPMG 2016).

Vor allem menschliche Faktoren begünstigten nach Angaben von 500 befragten Unternehmen die Handlungen der Wirtschaftskriminalität. Unachtsamkeit bzw. Nachlässigkeit ebenso wie mangelndes Unrechtsbewusstsein sowie fehlende oder mangelnde Kontrollen lösen Fehlverhalten aus. Auch fehlende Schulungen und Trainings, fehlende oder mangelhafte Leitlinien bzw. Vorgaben, eine mangelhafte Sanktionierung von Fehlverhalten, Erfolgsdruck, Zeitdruck, fehlende Leit-und Vorbilder im Top-Management oder auch finanzieller Druck bzw. Bonuszielerreichung führen zu kriminellen Handlungen (vgl. KPMG 2016).

Schäden und Konsequenzen

Die Folgen für interne Täter zeigen sich auf unterschiedliche Weise. Bei 87 % der von PwC befragten Unternehmen führten die Ermittlungen und die Taten zu einer Kündigung, in 65 % der Fälle erfolgten Strafanzeigen und in ebenfalls 65 % der Fälle wurden zivilrechtliche Schritte eingeleitet. Zu Abmahnungen kam es bei 16 %, von Versetzungen wurde nicht berichtet. Lediglich 6 % der Fälle blieben ohne Konsequenzen für die internen Täter (vgl. PwC 2018, S. 68 f.).

77 % der von Reputationsschäden betroffenen Unternehmen erleben spürbare Auswirkungen nach der Veröffentlichung von Straftaten. Als hervorstechende Auswirkungen durch Reputationsschäden wurden in der Unternehmenspraxis negative Auswirkungen auf die Identifikation der Mitarbeiter mit dem Unternehmen sowie Bedingungen für die Fortsetzungen von Geschäftsbeziehungen genannt. Ein Beenden von Geschäftsbeziehungen, auch ein Beenden von Partnerschaften jeglicher Art, eine gesunkene Nachfrage durch Kunden, negative Auswirkung auf den Börsenkurs und die Investoren sowie negative Auswirkungen auf das Verhalten von Zuwendungsgebern wurde zudem benannt. Die Angaben beruhen auf einer Befragung von 500 Unternehmen im Jahr 2016 (vgl. KPMG 2016).

Das Verhalten gegenüber Tätern wirtschaftskrimineller Handlungen kann zur Folge haben, dass die Fortsetzung der Geschäftsbeziehung an Bedingungen geknüpft wird (etwa 50 % der Befragten). Ein Abbruch der Geschäftsbeziehungen geschieht bei 35 % der Befragten. Die Angaben beruhen auf einer Befragung von 500 Unternehmen im Jahr 2016 (vgl. KPMG 2016).

Zu den Bedingungen für eine Fortsetzung der Geschäftsbeziehungen zählt als meistgenannte Bedingung eine Aufklärung des Sachverhaltes durch Unabhängige (87 %). Die Einführung eines wirksamen Compliance Management-Systems wird von 73 % eingefordert. 72 % der Befragten erwarten, dass der Täter das Unternehmen verlassen hat. Etwa 65 % erwarten, dass die staatsanwaltschaftlichen Ermittlungen beendet sind. Knapp 40 % der Befragten erwarten eine unabhängige Prüfung des Compliance Management-Systems durch Dritte. Die Angaben beruhen auf einer Befragung von 500 Unternehmen im Jahr 2016 (vgl. KPMG 2016).

3.1.2.2 Compliance-relevante Rechtsgebiete

Rechtliches Fehlverhalten kann in Unternehmen dort geschehen, wo Führungskräfte oder Mitarbeiter ihre Entscheidungen treffen. Diese Fehlentscheidungen können auf Unwissenheit beruhen oder darauf, vorsätzlich Eigeninteressen über die Unternehmensinteressen zu stellen. Mögliche Compliance-Risiken sind vielfältig und können in den einzelnen Unternehmen unterschiedlich ausgeprägt sein. Zu den compliance-relevanten Rechtsgebieten können u. a. folgende gezählt werden (vgl. Bannenberg 2008, S. 73 ff.; Bauer 2008, S. 145 ff.; Becher 2012, S. 99 ff.; Blumenberg 2014, S. 86 ff.; Disterer 2012, S. 159 ff.; Eckert 2014, S. 63 ff.; Heinichen 2014, S. 64 ff.; Jung 2012, S. 119 ff.; Lustermann und Witte 2008, S. 85 ff.; Mäder 2008, S. 167 ff.; Mellert 2008, S. 77 ff.; Pelz 2014, S. 34 ff.; Passarge 2012, S. 77 ff.; Peemöller 2008, S. 43 ff.; Potinecke 2012, S. 187 ff.; Rath 2008, S. 119 ff.; Schmidl 2014, S. 149 ff.; Steimle und Dornieden 2008, S. 65 ff.; Süßbrich 2008, S. 192 ff.; Ull 2012, S. 137 ff.):

- Produkthaftung
- Exportkontrolle
- Internationale Geschäftstätigkeit inkl. Dual Use
- Korruption/Bestechung einschließlich Steuerhinterziehung
- Schutz gewerblicher und Urheberrechte insbesondere im internationalen Kontext
- Im Umgang mit Informationstechnologie und dabei insbesondere im Hinblick auf Datenschutz bzw. Datenmissbrauch
- Arbeitsrecht und Arbeitsschutz
- Rechnungslegung und Bilanzdelikte
- Bei Mergers und Acquisitions
- Kapitalmarktvergehen, beispielsweise Insiderhandel
- Vorteilsnahme in beruflichen Positionen (Vetternwirtschaft, Nepotismus)
- Geldwäsche
- Kartellbildung

Zu neueren Entwicklungen im Bereich der Wirtschaftskriminalität zählen Vergehen im Zusammenhang mit virtuellen Währungen, Binäre Optionen, Social Bots und CEO-Fraud (vgl. Bundeskriminalamt 2018).

Bei Vergehen mit virtuellen Währungen beziehungsweise **Kryptowährungen** handelt es sich um Investitionen in virtuelle Währungen. Da das allgemeine Interesse in derartige Währungen gestiegen ist, wuchsen auch betrügerische Aktivitäten in diesem Umfeld. Kryptowährungen bzw. virtuelle Währungen stellen jegliche Form von Zahlungsmitteln dar, welche ausschließlich digital existieren. Sie unterliegen keiner zentralen oder regulierenden Instanz und sind somit nicht geschützt. Oftmals werden Investitionen in Kryptowährungen in Form von Schneeballsystemen organisiert. Es handelt sich hier um eine besondere Form des Anlagebetrugs (vgl. Bundeskriminalamt 2018, S. 17 f.).

Binäre Optionen stellen eine neue Ausprägung von klassischen Anlagedelikten dar. Es handelt sich um eine Art Wettgeschäft mit Alles-oder-Nichts-Ausgang. Mittels eines festgelegten Geldbetrags wird auf eine Kursentwicklung von Basiswerten der Aktien oder Indices gesetzt. Tritt die Entwicklung ein, so realisiert der Anleger einen Gewinn, andernfalls einen Verlust. Diese Option kann legal sein. Es haben sich allerdings illegale Online-Handelsplattformen gebildet, die mit aggressiver Kommunikation und Angeboten die Kunden beeinflussen. Die Anbieter können eigene Kurswerte festlegen, die von den Tageskursen und Kursentwicklungen abweichen. Die Realisierung von Gewinnen liegt damit außerhalb der realen Kursentwicklungen und können von den Anbietern beeinflusst werden (vgl. Bundeskriminalamt 2018, S. 14 ff.).

Bei **Social Bots** handelt es sich um Computerprogramme, die eine menschliche Identität vortäuschen und zu manipulativen Zwecken eingesetzt werden. Social Bots kommunizieren wie Menschen im Internet und erwecken den Eindruck realer Internet-User. Social Bots können Falschmeldungen verbreiten und damit manipulieren. So können Unternehmen beispielsweise in Misskredit gebracht werden und möglicherweise Investitionsentscheidungen beeinflusst werden. Weiterhin können sie im Dialog mit Kunden als Influencer auftreten und Kaufentscheidungen beeinflussen (vgl. Bundeskriminalamt 2018, S. 7 f.).

Bei **CEO-Fraud** geht es sich um eine besondere Form des Betrugs. Kriminelle Akteure geben sich hier als Geschäftsführer beziehungsweise Chief Executive Officer (CEO) aus und veranlassen Mitarbeiter eines Unternehmens, größere Geldbeträge ins Ausland zu transferieren. Zugang zu dafür erforderliche personen- oder unternehmensspezifische Daten werden über ein sogenanntes Social Engineering beziehungsweise ein Social Hacking erzeugt. Diese Form des Datenmissbrauchs wird durch ein unrechtmäßiges Ausspionieren des persönlichen Umfelds der Opfer erzeugt. Öffentlich zugängliche Informationen über das Handelsregister, die Homepage von Unternehmen, aber auch über persönliche Angaben in den Social Media werden genutzt, um die Opfer und ihre berufliche Position zu kennen. Dann können die Täter vor den Opfern sachkundig und glaubwürdig auftreten und Vertrauen aufbauen (vgl. Bundeskriminalamt 2018, S. 10 ff.).

3.1.3 Rechtliche Grundlagen von Compliance

Ein explizites Compliance-Gesetz, welches die Thematik direkt aufgreift, existiert nicht. Im Bereich der Aktiengesellschaften bestehen Regelungen, die eine derartige Verpflichtung in das Aktiengesetz einbinden. Für Gesellschaften mit beschränkter Haftung wird die Haftung der Geschäftsführer im GmbHG geregelt, wofür die Nützlichkeit von Compliance Management-Systemen abgeleitet werden kann. Für weitere Rechtsformen wurden keine konkreten Regelungen entwickelt. Grundsätzlich gilt für alle Rechtsformen das Gesetz über Ordnungswidrigkeiten. Daraus kann ein Compliance Management-System als Empfehlung abgeleitet werden. Im Einzelnen ist dies wie folgt geregelt:

Für Aktiengesellschaften besteht ausgelöst durch das KonTraG die gesetzliche Verpflichtung, ein Compliance Management System einzuführen. Dies wurde in § 91 Abs. 2 AktG verankert. Die Formulierung, der Vorstand habe geeignete Maßnahmen zu ergreifen und insbesondere ein Überwachungssystem zu etablieren, wird als Verpflichtung zum Errichten eines Compliance Management-Systems verstanden. Der Begriff Compliance Management wird hier nicht explizit genutzt. Auf dieser gesetzlichen Basis beruhen die Compliance Management-Systeme der Aktiengesellschaften.

§ 91 AktG: Organisation. Buchführung

(1) Der Vorstand hat dafür zu sorgen, dass die erforderlichen Handelsbücher geführt werden.
(2) Der Vorstand hat geeignete Maßnahmen zu treffen, insbesondere ein Überwachungssystem einzurichten, damit den Fortbestand der Gesellschaft gefährdende Entwicklungen früh erkannt werden.

Der Deutsche Corporate Governance Kodex unterstützt die Regelung des Aktiengesetzes in 4.1.3 mit der Ergänzung, dass sowohl die Einhaltung gesetzlicher Regelungen als auch unternehmensinterne Richtlinien überwacht werden sollen. Hier wird explizit der Begriff des Compliance Management-Systems genutzt. Da der Deutsche Corporate Governance Kodex auf Freiwilligkeit basiert, so erwächst hieraus keine echte gesetzliche Verpflichtung.

Dennoch trägt dieser Kodex mit seinen Empfehlungen und Anregungen dazu bei, dass sich Standards in den Aktiengesellschaften entwickeln. Dies gilt auch für Compliance Management Systeme, die sich inzwischen in Aktiengesellschaften etabliert haben.

Deutscher Corporate Governance Kodex (Fassung 2015): Vorstand
Abschn. 4.1.3

Der Vorstand hat für die Einhaltung der gesetzlichen Bestimmungen und der unternehmensinternen Richtlinien zu sorgen und wirkt auf deren Beachtung durch die Konzernunternehmen hin (Compliance). Er soll für angemessene, an der Risikolage des Unternehmens ausgerichtete Maßnahmen (Compliance Management System) sorgen und deren Grundzüge offenlegen. Beschäftigten soll auf geeignete Weise die Möglichkeit eingeräumt werden, geschützt Hinweise auf Rechtsverstöße im Unternehmen zu geben; auch Dritten sollte diese Möglichkeit eingeräumt werden.

Für weitere Rechtsformen muss die Gesellschaft mit beschränkter Haftung (GmbH) Erwähnung finden. In § 43 GmbHG wird die Haftung der Geschäftsführer angesprochen. Die Geschäftsführer unterliegen einer Sorgfaltspflicht. Wenn die Sorgfaltspflicht verletzt wird, dann haftet die Geschäftsführung für den entstandenen Schaden. Hier wird keine Verpflichtung für ein Compliance Management System festgeschrieben. Allerdings kann ein derartiges System aufzeigen, dass die Geschäftsführer ihre Sorgfaltspflicht wahrnehmen. Dadurch kann die Haftung vermindert werden.

Gesetz betreffend die Gesellschaften mit beschränkter Haftung (GmbHG)
§ 43 Haftung der Geschäftsführer

(1) Die Geschäftsführer haben in den Angelegenheiten der Gesellschaft die Sorgfalt eines ordentlichen Geschäftsmannes anzuwenden.
(2) Geschäftsführer, welche ihre Obliegenheiten verletzen, haften der Gesellschaft solidarisch für den entstandenen Schaden.
(3) Insbesondere sind sie zum Ersatz verpflichtet, wenn den Bestimmungen des § 30 zuwider Zahlungen aus dem zur Erhaltung des Stammkapitals erforderlichen Vermögen der Gesellschaft gemacht oder den Bestimmungen des § 33 zuwider eigene Geschäftsanteile der Gesellschaft erworben worden sind. Auf den Ersatzanspruch finden die Bestimmungen in § 9b Abs. 1 entsprechende Anwendung. Soweit der Ersatz zur Befriedigung der Gläubiger der Gesellschaft erforderlich ist, wird die Verpflichtung der Geschäftsführer dadurch nicht aufgehoben, dass dieselben in Befolgung eines Beschlusses der Gesellschafter gehandelt haben.
(4) Die Ansprüche auf Grund der vorstehenden Bestimmungen verjähren in fünf Jahren.

Regelungen für weitere Rechtsformen bestehen bislang nicht. Für alle Unternehmen, unabhängig von der Rechtsform, greift das Gesetz über Ordnungswidrigkeiten (OWiG). In § 130 OWiG wird die Verpflichtung zu Aufsichtsmaßnahmen in Betrieben angeführt. Die Aufsichtspflichten obliegen den Inhabern von Betrieben bzw. Unternehmen. Verletzungen der Aufsichtspflichten können zu Geldbußen führen. Compliance Management Systeme können als Aufsichtsmaßnahmen verstanden werden, über die die Aufsichtspflichten übernommen werden.

Gesetz über Ordnungswidrigkeiten (OWiG)
§ 130

(1) Wer als Inhaber eines Betriebes oder Unternehmens vorsätzlich oder fahrlässig die Aufsichtsmaßnahmen unterlässt, die erforderlich sind, um in dem Betrieb oder Unternehmen Zuwiderhandlungen gegen Pflichten zu verhindern, die den Inhaber treffen und deren Verletzung mit Strafe oder Geldbuße bedroht ist, handelt ordnungswidrig, wenn eine solche Zuwiderhandlung begangen wird, die durch gehörige Aufsicht verhindert oder wesentlich erschwert worden wäre. Zu den erforderlichen Aufsichtsmaßnahmen gehören auch die Bestellung, sorgfältige Auswahl und Überwachung von Aufsichtspersonen.

(2) Betrieb oder Unternehmen im Sinne des Absatzes 1 ist auch das öffentliche Unternehmen.

(3) Die Ordnungswidrigkeit kann, wenn die Pflichtverletzung mit Strafe bedroht ist, mit einer Geldbuße bis zu einer Million Euro geahndet werden. § 30 Absatz 2 Satz 3 ist anzuwenden. Ist die Pflichtverletzung mit Geldbuße bedroht, so bestimmt sich das Höchstmaß der Geldbuße wegen der Aufsichtspflichtverletzung nach dem für die Pflichtverletzung angedrohten Höchstmaß der Geldbuße. Satz 3 gilt auch im Falle einer Pflichtverletzung, die gleichzeitig mit Strafe und Geldbuße bedroht ist, wenn das für die Pflichtverletzung angedrohte Höchstmaß der Geldbuße das Höchstmaß nach Satz 1 übersteigt.

▶ Über Sorgfalts- und Aufsichtspflichten mit ihren möglichen Haftungsfolgen hinaus besteht ein Eigeninteresse der Unternehmensführung zum Errichten eines Compliance Management Systems. Das Aufdecken rechtlichen Fehlverhaltens kann Imageschäden und monetäre Schäden mindern oder gar vermeiden und somit zum Unternehmenserfolg beitragen.

3.1.4 Theoretische Basis: Informationsasymmetrien begünstigen Compliance-Verstöße

Unabhängig von gesetzlichen Verpflichtungen besteht ein Eigeninteresse des Unternehmens, das Fehlverhalten von Beteiligten zu vermeiden. Zu den internen Beteiligten zählen neben den Führungskräften auch die Mitarbeiter, welche hier gemeinsam betrachtet werden. Aus theoretischen Überlegungen heraus sollen die Verhaltensweisen der Mitarbeiter zunächst strukturiert und erklärt werden. Daraus sollen dann Instrumente für das Compliance Management abgeleitet werden. Dazu soll wiederum die Principal-Agent-Theorie herangezogen werden.

Die Beziehung zwischen den Eigentümern vertreten durch Aufsichtsräte und den Entscheidern in Form der Vorstände wurde bereits betrachtet. Anhand der Principal-Agent-Theorie wurde die Problematik der Informationsasymmetrie zwischen diesen Akteuren beleuchtet. Entstehende Herausforderungen wurden detailliert beschrieben. Die Lösungsansätze der Theorie wurden herausgearbeitet und auf die Beziehung zwischen Vorständen und Aufsichtsräten übertragen (vgl. Abschn. 2.1.4, vgl. Dunn 2013; Alparslan 2006; Coleman 1990, S. 146; Williamson 1990; Arrow 1985; Jensen und Meckling 1976). Nun soll die Beziehung zwischen Unternehmen(-sleitung) und allen Mitarbeitern (einschließlich der Führungspersonen) betrachtet werden.

Wenngleich die Geschäftsführer die Leitung der Unternehmen wahrnehmen und die grundlegende Ausrichtung von Unternehmen lenken, so werden sie dabei durch weitere Akteure unterstützt. Mitarbeitende setzen die Entscheidungen um. Diese ausführenden Tätigkeiten können im Sinne der Entscheider erfolgen und zum unternehmerischen Erfolg beitragen. Sie können aber auch fahrlässig oder vorsätzlich davon abweichen und dem Unternehmen schaden, z. B. Fehler aus Unwissenheit oder auch durch kriminelle Handlungen in Form von Korruption, Vetternwirtschaft oder Diebstahl. Diebstahl führt zu direkten monetären Einbußen. Korruption und Vetternwirtschaft führen zu Entscheidungen für möglicherweise weniger geeigneten Lieferanten und Mitarbeitern, die eine geringere Qualität bzw. Fähigkeit bieten und damit zu Einbuße führen.

Die Komplexität der Unternehmen führt dazu, dass nicht alle unternehmerischen Entscheidungen zentral getroffen werden können. Neben der Geschäftsführung auf der obersten Ebene wird Entscheidungskompetenz auf darunterliegende Ebenen delegiert. Auf diese Weise können Spezialisierungsvorteile erzielt werden. Entscheidungs- und Sachkompetenzen der jeweiligen Instanzen können kombiniert werden. Damit umfasst die Delegation nicht nur ausführende Tätigkeiten, sondern auch Management- bzw. Entscheidungsaufgaben.

Die einzelnen Aktivitäten der unteren Managementebenen sowie der Mitarbeitenden mit lediglich ausführenden Tätigkeiten können von der Geschäftsführung kaum im Einzelnen beobachtet und bewertet werden. Dies ist einerseits durch fehlende zeitliche Kapazitäten, aber auch fehlende Detailkenntnissen der einzelnen Tätigkeitsfelder begründet. Das (Fehl-) Verhalten von Mitarbeitenden kann sich dabei auf die Unternehmensergebnisse auswirken. Auch weitere Marktpartner können mit ihrem (Fehl-)Verhalten den unternehmerischen Erfolg beeinflussen. Im Rahmen von Wirtschaftskriminalität sind oftmals auch Externe (beispielsweise Lieferanten) beteiligt, so z. B. im Falle von Korruption. Compliance betrachtet das Fehlverhalten von Mitarbeitenden, strahlt aber auch auf weitere Marktpartner aus. Nachfolgend soll der Fokus auf die Mitarbeitenden als Kernzielgruppe gelenkt werden, da deren Verhalten im Unternehmen unmittelbare und weitreichende Wirkung entfalten.

Im Sinne der Principal-Agent-Theorie kann die Beziehung zwischen Mitarbeitenden und Unternehmensleitung bzw. Vorgesetzten wie folgt beschrieben werden:

- **Hidden Characteristics:** Die Eigenschaften einer Person bzw. deren Fähigkeiten für die Übernahme von Tätigkeiten im Unternehmen kann die Unternehmensleitung nur begrenzt bewerten. Sie delegiert die Personalauswahl in die Personalabteilung, welche über geeignete Bewertungsinstrumente verfügt. Zudem werden üblicherweise direkte Vorgesetzte oder auch zukünftige Kollegen in die Entscheidung eingebunden. Diese kennen inhaltliche und weitere Anforderungen an die Stelle. Dennoch werden Personalmanagement und direkte Vorgesetze trotz Einsatz von Personalmanagement-Instrumenten, Erfahrungswissen und Menschenkenntnis an Grenzen der Bewertungsfähigkeit stoßen.

- **Hidden Action:** Die Aktivitäten der einzelnen Mitarbeitenden in deren Alltag können von der Unternehmensleitung im Grunde gar nicht und von den direkten Vorgesetzten begrenzt beobachtet werden. Die Ergebnisse sind über Kennzahlen ersichtlich, die die Zielerreichung widerspiegeln. Hierzu kann die produzierte Menge in einer Zeiteinheit herangezogen werden, aber auch eine Zufriedenheitsmessung bei den betreuten Kunden. Ob dabei das Maximum an Möglichkeiten ausgeschöpft wurde oder ob Fehlverhalten vorliegen, kann nicht oder nur begrenzt bewertet werden.

- **Hidden Information:** Die exogenen Wirkungsfaktoren und deren Wirkstärke, d. h. Entwicklungen der Arbeits- und Lebensumgebung, welche den Arbeitserfolg der Mitarbeitenden beeinflussen, sind der Geschäftsleitung nicht und auch den direkten Vorgesetzten nur begrenzt bekannt. Die Qualität der Zusammenarbeit, ein mögliches Mobbing am Arbeitsplatz oder auch private Sorgen zählen dazu. Auch Informationen über die Grundhaltung zur Arbeit und zum Arbeitgeber sind nur annähernd bekannt.

- **Hidden Intention:** Opportunistisches Verhalten der Mitarbeitenden beruht auf deren individuellen Absichten basierend auf intrinsischer Motivation einerseits und deren Zukunfts- beziehungsweise Lebensplänen andererseits. So kann ein Mitarbeiter die aktuelle Arbeitsstelle mit dem Wunsch antreten, das restliche Arbeitsleben dort zu verbringen. Es kann aber auch die Vorstellung bestehen, dass die aktuelle Stelle lediglich ein Sprungbrett darstellen soll. Zudem können sich diese Motive ändern. Insbesondere bei Veränderungen in begleitenden Lebensumständen kann dies geschehen. Der Wunsch nach mehr Zeit für die Betreuung von Kindern oder zu pflegenden Eltern kann entstehen. Auch die eigene Gesundheit kann Wünsche nach reduzierten Arbeitszeiten, weniger Engagement oder auch nach einer Auszeit erzeugen. Diese Intentionen sind der Geschäftsführung im Normalfall nicht und den direkten Vorgesetzten eher wenig bekannt.

Diese Informationsasymmetrien zeigen auf, dass die Mitarbeiter, ihre Eigenschaften, Tätigkeiten und Absichten der Geschäftsleitung im Besonderen, aber auch den direkten Vorgesetzten nur begrenzt bekannt sind. Daher ist Raum für Fehlverhalten in Form krimineller Aktivitäten möglich. Hier können die in Abschn. 2.1.4.1 erarbeiteten Lösungsansätze zum Tragen kommen:

- **Anreizsysteme:** Die Motivation der Mitarbeitenden, im Sinne des Unternehmens zu handeln, lässt sich – ebenso wie bei der Vorstandsvergütung – über monetäre Anreize wie beispielsweise ein attraktives Gehalt einschließlich variabler, erfolgsabhängiger Anteile, aber auch über Unternehmensanteile sowie über nicht-monetäre Anreize erzielen. Individuelle Ziele können über Mitarbeitervereinbarungen festgelegt werden und über Bonuszahlungen in Anreizsysteme eingebunden werden. Negative Anreize können über

Sanktionen in Form eines drohenden Karriereknicks erfolgen. Persönliche Haftung mit Privatvermögen oder auch drohenden Haftstrafen sind keine Elemente üblicher Anreizsysteme von Mitarbeitenden.

- **Informations- und Kontrollsysteme:** Die Kontrolle über die Tätigkeit der Mitarbeitenden geschieht mittels Berichterstattungen und Leistungs- bzw. Ergebniskontrollen. Ein Three-Lines-of-Defense-System, insbesondere ein Compliance Management als Teil dieses Ansatzes kann eingesetzt werden.
- **Signalling und Screening** bieten zudem Informationsmöglichkeiten. Die Mitarbeitenden unterziehen sich im Rahmen des Bewerbungsverfahrens einem Screening durch die zukünftigen Vorgesetzten, möglicherweise auch die zukünftigen Kollegen und das Personalmanagement. Über ein Signalling können Mitarbeitende ihre Denkhaltung und Motivation aktiv kommunizieren. Im Rahmen von Mitarbeitergesprächen und der Personalentwicklung können derartige Signalling und Screening-Phasen im Laufe des Beschäftigungsverhältnisses regelmäßig aktualisiert werden.

Die Principal-Agent-Theorie besagt, dass opportunistisches Verhalten ein systemimmanentes Problem in der Interaktion von Marktpartnern ist. Informationsasymmetrien lassen sich nicht eliminieren, sondern nur reduzieren. Einen wichtigen Anteil dabei kann ein Compliance Management-System nehmen. Ergänzend lassen sich Instrumente des Personalmanagements einsetzen. Einen Überblick über die Herausforderungen und Lösungsansätze bietet Tab. 3.2.

Tab. 3.2 Principal-Agent-Theorie – Probleme und Lösungsansätze im Überblick

	Hidden Characteristics	Hidden Information und Hidden Action	Hidden Intention
Informationsproblem auf Unternehmensseite	Eigenschaften der Mitarbeitenden unbekannt	(Fehl-)Verhalten der Mitarbeitenden unbekannt	Absichten der Mitarbeitenden unbekannt
Lösung	Signalling und Screening	Information und Kontrolle	Interessenangleichung durch Anreizsysteme
Umsetzungsmöglichkeiten	Screening vor Vertragsabschluss über Zeugnisse, Lebenslauf, Testimonials, Signalling vor oder nach Vertragsabschluss z. B. über einen Manager-Eid (vgl. Kap. 4)	Information und Kontrolle über Compliance Management-Systeme inkl. Whistleblowing (vgl. Abschn. 3.2)	Zielvereinbarungen führen nach Überprüfung zu Bonuszahlungen Positive monetäre und nicht-monetäre Anreize (hohes Grundgehalt, leistungsbezogene Boni, Beteiligungen, Statussymbole, Handlungsfreiraum, z. B. Sabbatical (vgl. Abschn. 2.3.3.1))

Eigene Darstellung in Anlehnung an Picot und Wolff 1994, S. 73

Zur Überprüfung der Ausführung aus Abschn. 3.1 können folgende Fragen dienen
1. Was versteht man unter Compliance Management?
2. Welches sind die fünf Funktionen eines Compliance Management-Systems?
3. Wo liegen Motive und Nutzen von Compliance Management?
4. Welche Arten von Wirtschaftskriminalität erachten Sie als besonders bedeutsam?
5. Finden Sie Beispiele für Hidden Characteristics, Hidden Action, Hidden Information und Hidden Intention in der Beziehung zwischen Mitarbeiter und Vorgesetzten. Wie lässt sich Wirtschaftskriminalität hier konkret einbinden?

3.2 Ausgestaltung eines Compliance Management Systems

Die Compliance Management Systeme können von den Unternehmen frei gestaltet werden. Vier grundlegende Anforderungen kennzeichnen ein hervorstechendes Compliance Management (vgl. Boston Consulting Group 2012, S. 10 f.):

1. Hierbei ist zunächst die Integration von Compliance in das Kerngeschäft statt des Schaffens einer separaten Compliance-Struktur zu nennen.
2. Weiterhin benötigt jede Branche und jedes Unternehmen eine maßgeschneiderte Lösung.
3. Zudem gilt es, Compliance vom Kostenfaktor zum Wettbewerbsvorteil zu entwickeln. Dies geschieht unter effektivem und effizientem Einsatz der Instrumente bzw. von Key Performance-Indikatoren zu deren Erfolgsmessung im Sinne eines Lean Compliance.
4. Letztendlich gilt es, das Konzept auf die vor- und nachgelagerten Geschäftspartner auszuweiten.

Die Auseinandersetzung mit Compliance Management erfordert die simultane Einbindung des Vierklangs von rechtlichen Regelungen, betriebswirtschaftlichen Prozessen, ethischen Werten und psychologischen Strukturen (vgl. Bachmann und Fechner 2014, S. 7 ff.). Bachmann und Fechner reduzieren diesen Vierklang auf zwei Dimensionen der Compliance. Erstere umfasst die Summe der organisatorischen Maßnahmen im Unternehmen. Die zweite Dimension erstreckt sich auf die Normloyalität der Individuen im Unternehmen (vgl. Bachmann und Fechner 2014, S. 4).

Wesentlich ist es also, einerseits eine Compliance-Struktur zu schaffen und zudem eine Compliance-Denkhaltung als Teil der Unternehmenskultur zu erzeugen. Das Schaffen einer grundlegenden Struktur soll nachfolgend um das spezifische Konzept des Whistleblowing Systems (vgl. Abschn. 3.2.3) sowie um die Kontrolle des Compliance Management Systems (vgl. Abschn. 3.2.2) ergänzt werden. So kann man den Aufgabenfeldern der Aufklärung, der Prävention und der Krisenreaktion im oben genannten Vierklang gerecht werden.

3.2.1   Schaffen einer Compliance Management-Struktur

Der Aufbau einer Compliance-Organisation sollte systematisch erfolgen, um dem Anspruch an Ganzheitlichkeit Rechnung tragen zu können. Eine geeignete Compliance-Struktur muss dabei die Forderungen nach Unabhängigkeit, Wirksamkeit und Dauerhaftigkeit erfüllen (vgl. Blumenberg 2014, S. 94 ff., Wecker und Galla 2008).

In der Literatur findet sich eine Vielzahl an Vorschlägen zur Strukturierung eines Compliance-Systems. Lohmann bezeichnet einen Verhaltenskodex, eine klare Organisationsstruktur inklusive Prozessen und Verantwortlichen, unternehmensinterne Richtlinien, Trainings und Schulungen, interne Kontrollsysteme sowie Kommunikations- und Berichtswege als die wesentlichen Elemente eines einheitlichen Compliance Management-Systems (vgl. Lohmann 2013). Vetter geht in fünf Schritten vor. Die Analyse zur Identifikation der individuellen rechtlichen Risiken eines Unternehmens bildet den ersten Prozessschritt. Im folgenden Commitment-Schritt gilt es, die Unterstützung der Unternehmensleitung als verbindliche Selbstverpflichtung einzuholen. Als drittes folgt die Kommunikation der Compliance-Haltung. Die Botschaft, dass sich das Unternehmen an maßgebliche Rechtsvorschriften sowie interne Vorschriften und Regularien halten will, wird innerhalb des Unternehmens, aber auch gegenüber externen Stakeholdern kommuniziert. Im folgenden Schritt der Organisation gilt es, erforderliche Stellen und Abteilungen zu schaffen sowie Zuständigkeiten, Verantwortlichkeiten und Ansprechpartner zu regeln. Im letzten Schritt – der Dokumentation – werden die Entscheidungen, Prozesse, Maßnahmen und Berichtswege transparent nachgewiesen (vgl. Vetter 2008, S. 31 ff.). Typische Elemente im Aufbau eines Compliance Systems liegen nach Kennecke et al. in der Identifikation unternehmensindividueller Risikofelder, Ermittlung erforderlicher Schritte zur Risikovorsorge, Festlegung von Verfahrensabläufen bei Regelverstößen, Einrichtung eines Kontrollsystems sowie der Kommunikation nach innen und außen (vgl. Kennecke et al. 2014, S. 245 ff.).

Führt man diese Gedanken zusammen, so sollte das Compliance-Management die in Abb. 3.5 aufgezeigten Elemente umfassen.

Identifikation von Risiken

Einigkeit herrscht in der Notwendigkeit, relevante rechtliche Risiken als initialen Schritt zu identifizieren (vgl. Uhlig 2012, S. 31 f.). Die erkannten Risiken werden im Hinblick auf Schadenspotenzial und Eintrittswahrscheinlichkeit bewertet. Hieraus erwächst ein gemeinsames Verständnis der aktuellen Compliance-Situation. Dies bildet einen Ausgangspunkt für die Erarbeitung von Reaktionsmöglichkeiten sowie die Festlegung von Verantwortlichkeiten.

Die Risikobetrachtung baut auf geltende Vorschriften auf. Sie erschöpft sich nicht in einer internen Analyse von Entscheidungs- und Finanzströmen, sondern erstreckt sich auch auf eine Analyse von Marktrisiken. Der Konzentrationsgrad des Marktes, die Anzahl der Marktteilnehmer, der Grad an Transparenz, die Höhe der Marktzutrittsschranken sowie die Stabilität von Angebots- und Nachfragebedingungen prägen ebenso das Ausmaß an Gelegenheiten für Non-Compliance (vgl. Heinichen 2014, S. 79 f.).

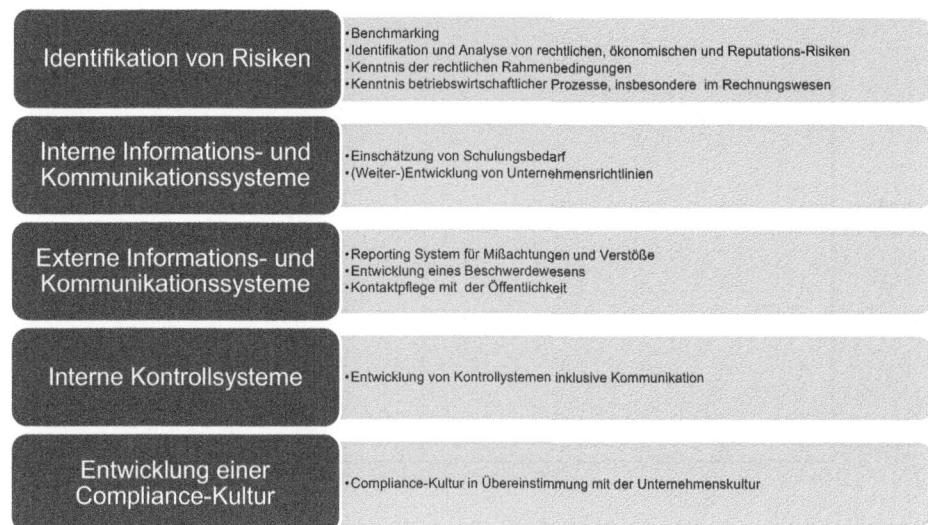

Abb. 3.5 Elemente eines Compliance Management Systems. (Quelle: Kreipl 2015, S. 15)

Zur Erzeugung eines Compliance-Rahmens schlägt Berndt (2014, S. 27 f.) die Integration von regionalen Tätigkeitsfeldern des Unternehmens, produktbezogenen Unternehmensbereichen, Funktionsbereichen sowie Risiko-Feldern vor. Dies muss noch um die Stakeholder des Unternehmens ergänzt werden. Mit dieser Betrachtung der relevanten Akteure wird gleichermaßen die Perspektive auf die Wertschöpfungskette ausgeweitet. Dies bietet eine Struktur, die ein systematisches Aufdecken von Compliance-Risiken unterstützt.

Aus diesen Möglichkeiten müssen Unternehmen individuell ihre relevanten Risikobereiche isolieren sowie deren Schadenspotenzial und Eintrittswahrscheinlichkeit schätzen. Diese Überlegungen münden in einer Risiko-Matrix (vgl. Abb. 3.6). Sie stellt das Ergebnis der Auseinandersetzung aller Beteiligten dar. Die Integration von möglichen Risiken und die Einordnung in eines der vier Felder beruht auf einer Diskussion von eingebundenen Experten. Aus den vier Feldern können weitere grundlegende Strategien abgeleitet werden:

1. Risiken mit hohem Schadenspotenzial sowie hoher Eintrittswahrscheinlichkeit werden vorrangig betrachtet. Für sie müssen Notfallpläne für einen Kriseneintritt zur Verfügung stehen. Konzepte zur Aufklärung müssen ebenso implementiert werden wie Präventionsmaßnahmen.
2. Risiken mit hohem Schadenspotenzial sowie niedriger Eintrittswahrscheinlichkeit werden danach berücksichtigt. Krisenreaktionspläne müssen dann entwickelt, Aufklärungs- und Präventionsmaßnahmen festgelegt werden.

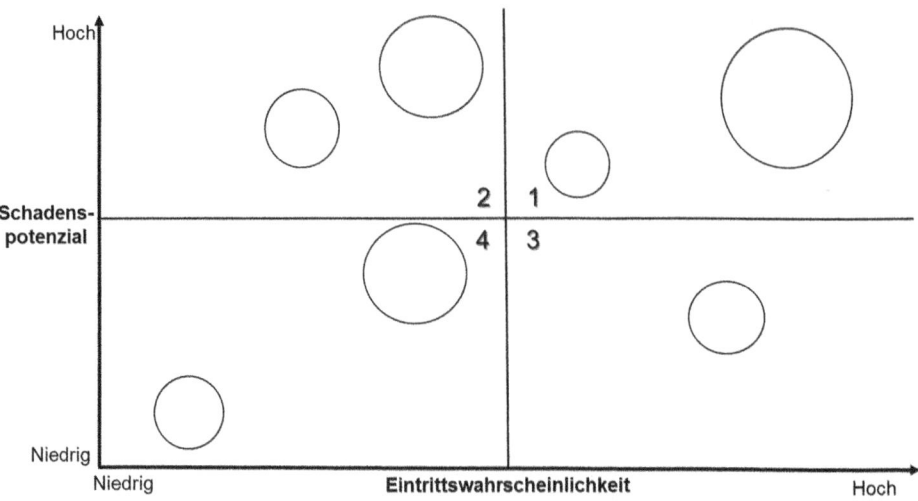

Abb. 3.6 Risikomatrix. (Quelle: Eigene Darstellung)

3. Risiken mit hoher Eintrittswahrscheinlichkeit und niedrigem Schadenpotenzial werden im Anschluss in das Compliancen Management-Konzept eingebunden. Als Krisenreaktionspläne sind Richtlinien ausreichend. Prävention und Aufklärung werden mit geringerem Aufwand betrieben.
4. Risiken mit niedrigem Schadenspotenzial und niedriger Eintrittswahrscheinlichkeit können zunächst vernachlässigt werden.

Diese Bestandsaufnahme bildet somit die Basis für weitere Maßnahmenpläne sowie das Durchführen der nachfolgenden Schritte.

Interne Information und Kommunikation
Die interne Information und Kommunikation zielt darauf ab, die internen Stakeholder des Unternehmens über den Umgang mit Compliance-Risiken in Kenntnis zu setzen. Die Unternehmensleitung ergreift eine Position zu den jeweiligen Risiken und informiert die internen Stakeholder über Erwartungen und erwünschte Verhaltensweisen. Manager und Mitarbeiter erfahren,

• mit welcher Art an Compliance-Risiken sie in ihrem Berufsalltag konfrontiert werden können,
• welche Verhaltensweisen zur Risikovermeidung führen sollen,
• wie bei einem Aufdecken von Compliance-Risiken vorgegangen werden soll,
• auf welche Weise Schäden möglichst geringgehalten werden und
• welche Folgen Fehlverhalten nach sich zieht.

Zur wirksamen Eindämmung von Compliance-Risiken werden explizite Richtlinien empfohlen. Diese Leitlinien müssen von einer klaren Selbstverpflichtung der Unternehmensführung begleitet sein (vgl. Pelz 2014, S. 51). Fissenewert (2013, S. 48 ff.) entwickelte ein Ampelsystem, welches zwischen verbotenem, riskantem und erlaubtem Verhalten unterscheidet und unternehmensindividuell angepasst werden kann. Es kann Risiken im Hinblick auf Geschäftspartner, Amtsträger, bei Einladungen und Events berücksichtigen. Leitlinien können mittels des Weisungs- und Direktionsrechts umgesetzt werden, sie können aber auch in den Arbeitsvertrag integriert werden (vgl. Goldschmidt 2014, S. 266 ff.).

Auf diese Weise werden die erforderlichen Informationen in schriftlicher Form zur Verfügung gestellt. Weiterhin gilt es, den internen Stakeholdern Erwartungen und Verhaltensanforderungen aktiv zu vermitteln. Schulungen und Trainings werden zur Sicherung von Compliance-Verhalten aller Akteure ebenso eingesetzt wie Audits und interne Untersuchungen (vgl. Pelz 2014, S. 58 f.). Schulungen und Trainings können dabei zunächst im Rahmen der Einarbeitung neuer Mitarbeiter erfolgen, aber auch in größeren Abständen wiederholt werden. Diese Wiederholungen werden einerseits möglichen Veränderungen der Compliance-Risiken gerecht, andererseits unterstreichen sie die Bedeutung einer Einhaltung von compliance-gerechten Verhaltensweisen. Über diese Informationen kann Fehlverhalten aus Unwissenheit vermieden werden. Informationen zur Nachverfolgung und den Konsequenzen beim Aufdecken können eine abschreckende Wirkung entfalten.

Externe Information und Kommunikation
Externe Information und Kommunikation dienen dazu, externen Stakeholdern die Bedeutung von Compliance-Verhalten und den Umgang in Fällen einer Non-Compliance darzulegen. Diese Informationen sollen die Integrität des Unternehmens aufzeigen sowie das Vertrauen in das Unternehmen aufbauen und stärken. Es kann nach außen kommuniziert werden

- welche Compliance-Risiken als relevant erachtet werden,
- welche Vorgehensweise beim Aufdecken von Fehlverhalten eingeschlagen werden bzw. welche Konsequenzen ergriffen werden und
- welche Erwartungen ein Unternehmen an das Compliance-Verhalten externer Stakeholder stellt.

Auf diese Weise können Marktpartner eingebunden werden. Zunächst kann die Informationsfunktion eine Signalwirkung entfalten. Sie kann der Abschreckung dienen, indem sie die Konsequenzen für Marktpartner im Falle von Fehlverhalten darlegt. Diese Konsequenzen können sich bis zum Abbruch der Geschäftsbeziehung ausdehnen. Positiv kann auf diese Weise Vertrauen aufgebaut werden. Das Unternehmen kann sich gegenüber seinen Marktpartnern als vertrauenswürdiger und integrer Geschäftspartner profilieren.

Ein wertschöpfungskettenübergreifendes Compliance Management wird möglich. Über die Informationsfunktion hinaus können Compliance-Instrumente eingesetzt werden. Eine Vielzahl an Unternehmen verfügt beispielsweise bereits über einen Supplier-Code of Conduct. In diesem Verhaltenskodex wird die grundlegende unternehmensethische Haltung des Unternehmens kommuniziert. Diese umfasst z. B. die Position des Unternehmens zur Arbeitssituation und die Arbeitsumgebung der Mitarbeiter, zu

Tab. 3.3 Ausgewählte Instrumente der Information und Kommunikation

Instrumente	Einsatzmöglichkeiten
Schulungen	Schulungen werden für Mitarbeiter angeboten. Beim Einstieg in das Unternehmen bieten sich erste Schulungen an. Im Verlauf müssen Auffrischungen erfolgen, um den Wissensstand zu aktualisieren Schulungen für externe Partner sind grundsätzlich möglich, aber unüblich.
Informationsbroschüren	Informationen können für verschiedene Themenbereiche, d. h. getrennt nach Deliktarten und spezifischen Unternehmenssituationen erstellt werden. So können sie den Umgang mit Geschenken, in Bestechungsfällen oder auch die Vorgehensweise beim Beobachten von Fehlverhalten anderer thematisieren. Diese Broschüren können als Printversion oder auch digital bereitgestellt werden. Sie können bei Eintritt in das Unternehmen oder auch im Verlauf an die Mitarbeiter ausgehändigt werden.
Leitlinien (Code of Conduct)	Leitlinien können strategisch ausgerichtet sein und die grundlegenden Werte eines Unternehmens abbilden, wie dies in einem Ethikkodex der Fall ist. Leitlinien können zudem operational ausgewählte Themenfelder oder Deliktarten aufgreifen. Sie können beispielsweise Leitlinien im Umgang mit Geschäftspartnern oder bei Geschäftsessen das aus Unternehmensperspektive richtige Verhalten in einzelnen Unternehmenssituationen beschreiben.

Quelle: Eigene Darstellung

Gesundheit, Sicherheit, Qualität oder auch Umweltschutz. Mit Akzeptanz der Leitlinien seitens der Lieferanten verpflichten sich diese zur Einhaltung der angesprochenen Inhalte.

Externe Kommunikation ermöglicht ebenso wie die interne Kommunikation ein Vermeiden von Compliance-Verstößen aus Unwissenheit und kann ebenso eine abschreckende Wirkung entfalten. Ein Überblick über mögliche Instrumente, die im Rahmen von externer und interner Information und Kommunikation eingesetzt werden können, bietet Tab. 3.3.

Implementierung von Kontrollsystemen

Ein weiteres Element eines Compliance-Managements besteht in der Implementierung von Kontrollsystemen. Kontrollsysteme dienen dabei einerseits der Einhaltung von Compliance bzw. dem Aufdecken von Non-Compliance. Andererseits zielt der Einsatz von Kontrollinstrumenten auf die Bewertung der Effektivität und Effizienz des Compliance Managements ab. Mögliche Kontroll-Instrumente stellen das bereits beschriebenen Three-Lines-of-Defense-Modell (vgl. Abschn. 2.3.2), sogenannte Forensische Prüfungen, Whistleblower-Systeme (vgl. Abschn. 3.2.2), Audits (vgl. Abschn. 3.2.3) oder auch der Einsatz von Compliance-Kennzahlen dar.

Die klassische Abschlussprüfung kann um eine Forensische Prüfung ergänzt werden. Derartige Prüfungen dienen vor allem der Aufklärung von Tatbeständen aufgrund eines bestehenden Verdachts. Dies können z. B. aufgrund unerklärlicher Veränderungen von Kennzahlen oder auffälligen Beobachtungen von und an Mitarbeitern geschehen. Hierbei gilt es zunächst nur, Unklarheiten aufzuhellen. Dazu werden lückenlose Vollprüfungen von eingegrenzten Bereichen durchgeführt, wie z. B. von Warenvorräten, Kassenbeständen oder Anlagevermögen. Bei Bedarf können kriminaltechnische Spezialisten eingebunden werden (vgl. Peemöller 2008, S. 63 ff.).

Als ein Instrument zur Sicherung von Compliance-Verhalten können Whistleblower-Systeme bzw. Hinweisgebersysteme eingesetzt werden. Whistleblowing wird als Abgabe von Hinweisen an das Unternehmen selbst verstanden. Hierbei können die üblichen Berichtswege an den direkten Vorgesetzten durch andere Wege ersetzt werden. Die Zielsetzung eines derartigen Instruments besteht in der Senkung des Risikos von Wirtschaftsstraftaten und Wettbewerbsverstößen und damit einer Minderung des Haftungsrisikos für das Unternehmen und den Unternehmer. Zudem lassen sich Reputationsschäden vermeiden, wenn Compliance-Verstöße frühzeitig intern aufgedeckt werden können. Es muss gewährleistet sein, dass dieses System keinen Raum für Denunzierungen oder Mobbing bietet. Weiterhin müssen arbeits-, straf- und datenschutzrechtliche Regelungen beachtet werden. Die einzurichtende Stelle muss im Compliance-System verankert werden. Die Hinweisgebersysteme können in Form von einer (auch externen) Telefon-Hotline, einem internetbasierten Hinweisgebersystem oder auch einem Ombudsmann-System im Alltag umgesetzt werden (vgl. Süße 2014, S. 196 ff.; Schmidl 2014, S. 167 ff.).

Compliance Management-System-Audits werden beispielsweise von Wirtschaftsprüfern oder anderen externen Sachkundigen angeboten, können aber auch intern durchgeführt werden. Der Prüfungsstandard IDW PS 980 kann dazu genutzt werden. Er umfasst Prüfungen zur Angemessenheit und Wirksamkeit von Compliance Management-Systemen für bestimmte Compliance-Risiken. Diese Prüfungen dienen über die Bewertung der Effektivität des Systems hinaus auch der Reduktion von Haftungsrisiken oder können nach einem erheblichen Compliance-Verstoß durchgeführt werden (vgl. Jantz und Grüninger 2013 sowie Abschn. 3.2.3).

Weiterhin können interne Kennzahlen zur Erfolgskontrolle der Compliance-Maßnahmen erzeugt werden. Diese können verschiedene Erfolgsziele abbilden:

- Anzahl und monetäre Bewertung von Compliance-Fehlverhalten,
- Nutzungsgrad des Systems (z. B. Menge an Meldungen über das Whistleblower-System) sowie
- Informationsstand der internen und externen Stakeholder (z. B. Anteil geschulter Mitarbeiter, Anzahl Schulungstage, Überprüfung des Wissensstandes der Mitarbeiter).

Diese Kennzahlen können den Verlauf im Rahmen der Implementierung gut aufzeigen. Dennoch stößt die Aussagekraft der Kennzahlen an enge Grenzen. Der Nutzungsgrad von Meldesystemen zeigt in Anfangsphasen auf, ob das System bekannt ist und angenommen wird. Eine hohe Anzahl berichteter Fälle gibt allerdings keinen Hinweis auf ein starkes Potenzial an Fehlverhalten, sondern kann Ausdruck von hoher Aufmerksamkeit der Mitarbeiter sein.

Im Gegenzug darf im Falle von nur wenig berichteten Situationen des Fehlverhaltens nicht auf eine Abwesenheit von Wirtschaftskriminalität geschlossen werden.

Entwicklung einer Compliance-Kultur
Letztlich gilt es als ein weiteres entscheidendes Element eines Compliance-Managements, eine Compliance-Kultur zu entwickeln. Dies zielt auf das Erzeugen einer Compliance-Denkhaltung als Ergänzung zur Compliance-Struktur ab und wird in Abschn. 3.2.4 diskutiert.

Diese Elemente müssen individuell für die Unternehmen entwickelt werden. Die Risiken werden sich je nach Branche oder regionaler Ausrichtung unterscheiden. Dadurch wird sich auch die Ausgestaltung der gewählten Instrumente interner und externer Information und Kommunikation unterscheiden. Ergänzend zur Entwicklung der beschriebenen Schritte müssen die organisationale Einbindung, Festlegung von Verantwortlichkeiten sowie Berichtswege und Berichtspflichten geregelt werden.

Die Verantwortung kann in die Hände eines Compliance-Beauftragten gelegt werden, der dies als eine von möglicherweise mehreren Funktionen mit übernimmt. Ein Compliance-Manager oder Compliance-Officer kann diese Aufgabe in Hauptverantwortung übernehmen. Der Compliance-Manager kann zunächst in einer Stabstelle agieren. Bei wachsender Bedeutung von Compliance Management bzw. in größeren Unternehmen wird diese Struktur weiterwachsen. Dem Compliance Manager werden Mitarbeiter zur Seite gestellt, die ihn unterstützen. Er und seine Abteilung wird in die Aufbau- und in die Ablauforganisation integriert. Diese strukturelle Einbindung muss auch eine mögliche internationale Geschäftstätigkeit berücksichtigen.

Ist alles erlaubt, was wirtschaftlich sinnvoll und rechtlich einwandfrei ist?
Nachdem der frühere Compliance-Verantwortliche, Herr Frust, nach nicht einmal einem Jahr wieder gekündigt hatte, stellte die Sicher AG Frau Neu als neue Compliance-Verantwortlichen ein, da die aufsichtsrechtlichen Regelungen für Versicherungen einen Compliance-Beauftragen vorschreiben. Frau Neu wurde damit beauftragte sicherzustellen, dass bei der Ausübung der geschäftlichen Tätigkeit rechtliche und ethische Regeln eingehalten werden. Einige Monate nach Antritt ihrer neuen Stelle kündigte Herr Hart, der Vorstand und gleichzeitig Hauptaktionär der Sicher AG war, auf einer Pressekonferenz überraschend die Fusion mit der Versicherung Secure SE an, die ihren Hauptsitz im Ausland hatte, wo das Lohnniveau deutlich geringer war. Nebenbei erwähnte Herr Hart auch, dass beide Versicherungen wirtschaftlich vom Zusammenschluss profitieren würden, da durch Synergieeffekte mehrere hundert Arbeitsplätze eingespart und ein Teil des Back-Offices der Sicher AG an den kostengünstigeren Hauptsitz der Secure SE verlagert werden würde. Die Belegschaft der Sicher AG, die erst am darauffolgenden Tag aus der Presse von den bevorstehenden Veränderungen erfuhr, war nervös und verärgert zugleich. Doch nicht nur intern brodelte es, auch öffentlich wurde die Sicher AG sowie deren „harter" Vorstand in den Medien scharf für die Ankündigung kritisiert. Die Kommunikationschefin der Sicher AG, Frau Offen, rief daraufhin sofort Herrn Hart, Frau Neu und Herrn Richtig, den Leiter der Rechtsabteilung, zu einer Krisensitzung zusammen.

Frau Offen war gerade dabei die Ereignisse der letzten Tage zusammenzufassen, als Herr Hart sie barsch unterbrach und sich mit der Frage, ob dieser rechtliche Probleme in der Fusion sehe, an Herrn Richtig wandte. Herr Richtig entgegnete hieraufhin, dass alle Transaktionen gewissenhaft gestaltet worden wären und es aus juristischer Sicht keinen Grund zur Beanstandung gäbe. Herr Hart nickte zufrieden, wurde jedoch sofort wieder ernst und sagte: „Unser eigentliches Problem ist, dass innerhalb der letzten 48 Stunden knapp 50 Kunden ihre Versicherung bei uns gekündigt haben. Ich verstehe nicht, wieso wir hier alle noch rumsitzen. Die wirtschaftlichen Vorteile der Fusion liegen auf der Hand. Frau Offen, wieso tragen Sie als Kommunikationschefin nicht endlich dafür Sorge, dass diese Informationen in den Zeitungen erscheint?" Frau Offen wusste nicht wie Sie reagieren sollte. Sofort sprang ihr Frau Neu zur Seite und erklärte: „Es geht hier nicht ausschließlich darum, was juristisch korrekt und wirtschaftlich sinnvoll ist. Am Ende sind es die Kunden, die uns beurteilen und unsere Versicherungen kaufen. Sie messen uns auch an ethischen und moralischen Kriterien. Wir müssen daher das Vertrauen zurückgewinnen, das unserer Kunden sowie das unserer Mitarbeiter. Wenn wir etwas ändern wollen, müssen wir transparent agieren und Verständnis schaffen." Frau Offen pflichtete Frau Neu bei und schlug vor, eine erneute Pressekonferenz anzusetzen, auf der man sich glaubhaft für das Missverständnis entschuldigen sowie alles in Ruhe und durchdacht erläutern könne. Herrn Hart aber gefiel der Vorschlag nicht. „Sie haben doch beide keine Ahnung vom Versicherungsbusiness. Kümmern Sie sich bitte um Ihre eigentlichen Aufgaben und überlassen Sie die Strategie mir!", sagte er zu Frau Offen und Frau Neu. Er wiederholte, dass an den Transaktionen nichts auszusetzen sei und es deshalb am besten wäre möglichst wenig Informationen nach außen zu geben, um die Diskussion nicht noch mehr anzuheizen. Als er den Raum wütend verlies, rief ihm Frau Neu noch hinterher, dass es eben dieses Geheimhalten sei, das intern wie extern für Unruhe und Gesprächsstoff sorge und ein schlechtes Bild auf die Bank werfe.
Diskussionsfragen:

1. Fassen Sie den Konflikt zusammen: Welche Stakeholder sind relevant? Was sind die konkreten Probleme aus Sicht der Stakeholder?
2. Bewerten Sie die Beiträge der Compliance-Managerin sowie des CEOs.
3. Entwickeln Sie ein Konzept zur Problemlösung für die relevanten Stakeholder.
4. Wie lässt sich der Konflikt zwischen dem CEO und der Compliance Managerin lösen?
5. Was kennzeichnet einen guten Compliance Officer?

3.2.2   Hinweisgeber-Systeme

Eine besondere Form der Aufdeckung von Fehlverhalten bieten die Hinweisgeber-Systeme, die oftmals auch als Whistleblower-Systeme bezeichnet werden. Unternehmen sind auf die Meldung von Missständen angewiesen. Sie haben keinen Einblick in alle einzelnen Aktivitäten aller Mitarbeiter. Da am ehesten Unternehmensangehörige selbst oder Personen mit einer engen Beziehung zum Unternehmen einen Einblick in mögliche Fehlverhalten haben, kommt diesen Hinweisgebern eine wichtige Rolle zu (vgl. von Busekist und Racky 2018).

▶ **Whistleblowing** Whistleblowing kann definiert werden als die Offenlegung von illegalen, unmoralischen oder illegitimen Praktiken von Mitarbeitern durch (frühere oder aktuelle) Mitglieder einer Organisation gegenüber Personen oder Organisationen, welche die berichteten Verstöße beeinflussen können (vgl. Near und Miceli 1985, S. 4).

Hieraus ergeben sich grundsätzlich drei Charakteristika (Near und Miceli 1985):

1. Ein Whistleblower gehört aktuell oder gehörte in der Vergangenheit der Organisation an.
2. Ein Fehlverhalten ist aufgetreten, welches illegal, unmoralisch oder illegitim ist.
3. Eine Offenlegung erfolgt gegenüber Individuen oder Institutionen, die in der Lage sind, gegen das Fehlverhalten vorzugehen.

Der Bedarf an Whistleblowing kann auf unterschiedlichen Ebenen entstehen und Fehlverhalten aufdecken helfen (vgl. Leisinger 2008, S. 173 ff.):

1. **Verhalten auf der gleichen hierarchischen Ebene**: Hier werden Fehlverhalten von Kollegen wahrgenommen oder vermutet. Diese Verhaltensweisen können ignoriert oder berichtet werden. Dies ist abhängig von der Schwelle des Whistleblowers, welche Ereignisse als wichtig eingestuft werden. So kann die private Nutzung des Kopierers bei verschiedenen Personen zu unterschiedlichen Schwellen führen.
2. **Verhalten von Vorgesetzten**: Wenn ein Mitarbeiter ein Fehlverhalten seines Vorgesetzten beobachtet, entsteht ein Konflikt zwischen der Loyalität zum Vorgesetzten und der Loyalität zum Unternehmen. Die Entscheidung kann je nach Situation unterschiedlich ausfallen. Hinweisgebersysteme können die Entscheidung für eine Meldung durch anonyme Berichtswege erleichtern.
3. **Verhalten von firmenexternen Instanzen**: Das Berichten von Fehlverhalten Externer ist zunächst nicht mit derartigen Dilemma-Situationen verbunden. Eine Meldung kann relativ unproblematisch erfolgen. Die nachfolgenden Handlungen hingegen können Geschäftsbeziehungen zu Dritten beeinträchtigen. Diese Entscheidungen trifft allerdings nicht mehr der Whistleblower, sondern die mit der Aufklärung und möglichen Sanktionen beauftragte Person bzw. Abteilung.

Die Hinweise können an interne ebenso wie externe Ansprechpartner weitergegeben werden. Man spricht dabei von internem und externem Whistleblowing. Dabei entstehen für die Person, welche das Fehlverhalten beobachtet, drei Handlungsmöglichkeiten. Neben dem externen und dem internen Whistleblowing kann ein Verschweigen des beobachteten Fehlverhaltens gewählt werden (vgl. Wilmes 2017).

Für Unternehmen ist insbesondere das interne Whistleblowing von Interesse, da dieses vom Unternehmen selbst gestaltet werden kann. Externes Whistleblowing ist weniger wünschenswert, da negative Unternehmens-Informationen nach außen dringen, ein möglicher Skandal öffentlich gemacht wird und die Gefahr eines Imageschadens entsteht. Das Vermeidungsverhalten ist ebenfalls nicht wünschenswert, da das Fehlverhalten nicht unterbunden wird und weiterer Schaden für das Unternehmen entstehen kann.

▶   Externes Whistleblowing an Behörden oder die Medien ist für Unternehmen nachteilig, da das Image darunter leiden kann. Es empfiehlt sich die Einrichtung von internen Whistleblowing-Kanälen.

Studien konnten Erkenntnisse über den Nutzen und die Funktionsweise von Whistleblowing aufzeigen

Eine internationale Studie trachtete nach der Ermittlung des ökonomischen Nutzens von Whistleblower-Systemen im Ländervergleich. Die Kosten zum Errichten und Betreiben eines derartigen Hinweisgeber-Systems wird dem Nutzen gegenübergestellt. Verschiedenen Kostenkategorien wurden betrachtet. Unter anderem wurden die Kosten für die Entwicklung einer Rechtsgrundlage, für interne und externe Berichtswege und für die Rechtsprechung eingebunden. Zu den Kernergebnissen zählte, dass die Kosten in Relation zum Nutzen als gering eingestuft wurden. Die Ergebnisse der Studie stehen in Übereinstimmung mit einer US-amerikanischen Untersuchung (vgl. European Commission 2017; Carson et al. 2008).

Die Bedeutung von Whistleblowing konnte zudem in der Anti-Fraud-Studie von 2016 aufgezeigt werden. In fast 40 % der Fälle sind Hinweise von Mitarbeitern ursächlich für die Aufdeckung von Fehlverhalten (vgl. Association of Certified Fraud Examiners 2014, S. 21). Allerdings konnten weitere Studien darlegen, dass nur ein gewisser Anteil der beobachteten Fehlverhalten über die Whistleblowing-Systeme berichtet wurden. Der Anteil unterschied sich nach Deliktarten. Eine besonders niedrige Quote der Offenlegung war bei sexuellen Übergriffen zu beobachten. Im Durchschnitt wurde eine Schätzung von etwa 50 % berichteter Fälle angeführt (vgl. Miceli et al. 1991, 1999, 2008; Lee et al. 2004; Near et al. 2004). Dies verweist auf die Wichtigkeit eines konsequent geführten und im Unternehmenskonzept fest verankerten Systems.

Die Hinweise kommen mit einem hohen Anteil von über 50 % von den Mitarbeitern, von Kunden (18 %), von anonymen Hinweisgebern (14 %), unter den restlichen Hinweisgebern treten noch Lieferanten hervor, Eigentümer und Wettbewerber treten in seltenen Fällen als Hinweisgeber auf (vgl. Association of Certified Fraud Examiners 2014, S. 21).

Nach Angaben der Fraud Study konnten Hinweisgebersysteme über 40 % der Betrugsfälle enthüllen. In Unternehmen, die ein Hinweisgebersystem einsetzen, werden Vorfälle häufiger und schneller aufgedeckt. Dadurch können die Verluste deutlich geringer gehalten werden als in Unternehmen ohne Hinweisgebersystem (vgl. Association of Certified Fraud Examiners 2014; EY (Ernst & Young) 2016, S. 42).

In der Anti-Fraud-Studie von 2016 wurde zudem betrachtet, an wen die Hinweise gegeben wurden. Der direkte Vorgesetzte war mit 21 % am häufigsten genannt worden. Eine

Reihe weitere Informationsempfänger schließen sich an: Nicht näher benannte andere (19 %), die Unternehmensführung (18 %), Abteilung für Betrugsaufdeckung (13 %), die interne Revision (12 %) sowie Kollegen (10 %). Eine nachrangige Bedeutung nahmen Strafverfolgungsbehörden, Aufsichtsrat oder externes Audit (vgl. Association of Certified Fraud Examiners 2014, S. 21). Es zeigte sich, dass vielfältige Personen und Institutionen eingeweiht wurden.

Zusammenfassend zeigte sich, dass

- hinter einem systematischen Aufdecken von Fehlverhalten großes finanzielle Potenzial liegt.
- eine stringente Ausgestaltung eines Whistleblowing-Systems für den Erfolg relevant ist.
- Mitarbeitern ein hoher Stellenwert als Hinweisgeber zukommt.
- neben den Vorgesetzten auch einige andere Personen über die Fehlverhalten informiert wurden.
- Vertrauen in das System bedeutsam ist für dessen Nutzung.

Eine EU-Richtlinie gestaltet einen gesetzlichen Rahmen

Das hohe Potenzial von Whistleblowing, aber auch der Schutzbedarf von Mitarbeitern, die als Hinweisgeber agieren und seine Funktionsfähigkeit ermöglichen, zeigen Bedarf an rechtlichen Regelungen auf.

Die Europäische Union hat ihren „Vorschlag für eine Richtlinie des Europäischen Parlaments und des Rates zum Schutz von Personen, die Verstöße gegen das Unionsrecht melden" am 23.04.2018 vorgestellt. Dieses Richtliniengesetz sieht eine weitreichende Novellierung des Europäischen Wishtleblowing-Rechts vor. Sie unterstreicht ein öffentliches Interesse an eine angemessene Regulierung von Whistleblowing-Fällen (vgl. Gerdemann 2019).

Aus arbeitsrechtlicher Sicht werden die Loyalität des Arbeitnehmers zum Unternehmen aufgegriffen, woraus eine Verpflichtung zum Whistleblowing abgeleitet werden könnte. Die Treuepflicht kann derart interpretiert werden, dass Hinweise an Dritte außerhalb des Unternehmens nicht legitim sind. Demgegenüber stehen einerseits die grundgesetzlich verankerte Meinungsfreiheit und andererseits die Ängste der Arbeitnehmer vor Repressalien im Rahmen des Whistleblowings bis hin zur Kündigung. Diese Aspekte wirken einem funktionsfähigen Whistleblowing-System entgegen (vgl. Gerdemann 2019).

Ziel des Richtlinienvorschlags liegt darin, die Whistleblower besser zu schützen. Man geht davon aus, dass durch diesen Schutz das Meldepotenzial steigen wird. Damit wird ein Whistleblower-System effektiver. Ein aktives Regulierungsinstrument soll in einer Verpflichtung für privatwirtschaftliche Unternehmen (mit nur wenigen Ausnahmen) liegen, interne Whistleblowing-Kanäle zu errichten. Meldesysteme sollen für die überwiegende Mehrzahl an Unternehmen (mit Ausnahme von kleinen und kleinsten Unternehmen) verpflichtend werden und das Aufgreifen der Meldungen soll gesichert sein (vgl. Gerdemann 2019).

Organisatorisch kann eine interne Abteilung selbst errichtet werden oder auch eine externe Person beauftragt werden. In beiden Fällen müssen folgende Rahmenbedingungen sichergestellt sein (vgl. Gerdemann 2019):

- Die Identität des Whistleblowers muss vertraulich behandelt werden.
- Eine verantwortliche Person und Dienststelle muss mit der Aufgabe einer pflichtgemäßen Untersuchung der gemeldeten Vorkommnisse durch geeignete Folgemaßnahmen einschließlich einer physischen Zusammenkunft mit dem jeweiligen Whistleblower betraut sein.
- Leicht zugängliche und verständliche Informationen über die Möglichkeit einer Meldung auch an externe, insbesondere staatliche Stellen sollten bereitgestellt werden.

Der eingerichtete Meldekanal muss allen Mitarbeitern des Unternehmens zugänglich sein. Meldungen können in schriftlicher, telefonischer oder elektronischer Weise erfolgen. Ein anonymisierter Meldekanal erscheint sinnvoll, um die Identität des Whistleblowers zunächst zu schützen. Wenn Meldungen eingegangen sind, so müssen angemessenen Folgemaßnahmen eingeleitet werden. Diese umfassen zunächst die Überprüfung des Wahrheitsgehalts der Information. Anschließend werden anlassabhängige Aufklärungs- und Sanktionierungsmaßnahmen durchgeführt. Der arbeitsrechtliche Schutz des Whistleblowers muss ebenso gewährleistet werden wie auch die Pflicht wahrgenommen werden muss, den Whistleblower in einem angemessenen Zeitraum über die wahrgenommenen Aktivitäten zu informieren (vgl. Gerdemann 2019).

Der Whistleblower soll dabei gegen Repressalien geschützt werden. Vermieden werden sollten negative Folgen wie beispielsweise eine Herabstufung oder das Unterlassen einer zugesagten Beförderung, Gehaltsminderungen, nachteilige Veränderungen von Arbeitszeit, -ort und -tätigkeit, die Nicht-Verlängerung eines Arbeitsvertrags, persönliche Einschüchterungen oder andere soziale Nachteile. Auch ein Entstehen von „Schwarzen Listen", die Whistleblower an andere Arbeitgeber weitermelden, soll gesetzlich unterbunden werden (vgl. Gerdemann 2019).

Meldungen sollen auf dem guten Glauben eines Whistleblowers und dem Vorliegen einer Straftat beruhen. Das bedeutet, dass die Meldung auf altruistischen Motiven beruhen und nicht auf egoistischen Motiven aufbauen bzw. gegen den Arbeitgeber oder andere Unternehmensangehörige gerichtet sein soll (vgl. Gerdemann 2019).

Die EU-Richtlinie sieht vor, dass Whistleblower sich neben den internen auch an staatliche Whistleblowing-Instanzen wenden können. Dazu zählen beispielsweise Polizei-, Finanz- und Aufsichtsbehörden oder die Presse. Dies liegt nicht im Sinne der Unternehmen, da ein internes Behandeln der Meldungen den Schaden, insbesondere einen Image-Schaden, begrenzen kann (vgl. von Busekist und Racky 2018). Eine Meldung an externe Kanäle wird erfolgen, wenn keine unternehmensinternen Kanäle bestehen oder wenn auf die interne Meldung nach angemessener Zeit nicht reagiert wurde. Dies erhöht den Druck, interne Kanäle zu errichten und zu betreiben. Als letzte Eskalationsebene sieht die Richtlinie eine Meldung an Öffentlichkeit und Medien vor. Dadurch wird wiederum Druck auf die Behörden ausgeübt, auf die Meldungen zu reagieren Auf diese Weise entsteht eine Eskalationsroutine (vgl. Gerdemann 2019). Frühzeitige Reaktionen der beiden ersten

Instanzen sind zu vermuten, da die Beteiligten nicht an einer Eskalation interessiert sind. Damit wird die Wirkungsweise des internen Kanals zusätzlich abgesichert.

Interne Ausgestaltung eines Whistleblowing-Systems
Wenngleich ein nationales Whistleblowing-Gesetz noch nicht in Kraft getreten ist, so sollten Unternehmen bereits Hinweisgeber-Systeme in ihren Organisationen installieren. Die gesetzliche Verpflichtung für interne Kanäle ist bereits in der EU-Richtlinie festgeschrieben. Das Nutzenpotenzial aus dem Aufdecken von Fehlverhalten sowie einem Vermeiden von externem Whistleblowing begründen zudem eine Eigenmotivation der Unternehmen.

Die Ausführungen der EU-Richtlinie können neben Erfahrungen aus der Praxis als Leitfaden für die Etablierung eines internen Meldekanals herangezogen werden. Die in Tab. 3.4 dargestellten Schritte sollten von den Unternehmen bedacht werden.

Tab. 3.4 Schritte zum Betreiben eines internen Meldekanals

Schritte zum Betreiben	Erläuterung
1. Meldekanal einrichten	Bei der Einrichtung eines internen Meldekanals müssen eine Reihe von konstitutiven Entscheidungen getroffen werden: - Berichtsweg persönlich, schriftlich, telefonisch, elektronisch - Anonyme vs. offene Berichterstattung - Empfänger der Meldung
2. Ansprechperson festlegen	Als mögliche Ansprechpersonen können - interne Personen und Abteilungen (eine eigene Whistleblowing-Abteilung, eingebunden in die Personalabteilung, zusätzliche Aufgabe des Betriebsrats) oder - externe Personen und Institutionen (eine Ombudsperson, z. B. der Anwalt, Steuerberater oder Wirtschaftsprüfer des Unternehmens) festgelegt werden.
3. Reaktionsweisen inkl. Rückkopplungen zum Hinweisgeber festlegen	- Zeitlicher Rahmen für Reaktionen auf Hinweise festlegen - Grundsätzliche Vorgehensweise bei der Aufklärung des Hinweises gestalten - Gespräch mit dem Hinweisgeber gestalten und Gesprächspartner festlegen
4. Schutzmechanismen für den Whistleblower festlegen	- Aufklärung über die Schutzmechanismen in Form von Schulungen und Broschüren erzeugen - Kontrolle der Einhaltung von Schutzmechanismen regeln
5. Interne Kommunikation des Meldekanals	Schulung und Aufklärung über die Aufgaben des Meldekanals, eine Bewusstseinsschaffung für die Bedeutung von Whistleblowing, Informationen über den Schutz der Hinweisgeber sowie die Konsequenzen eines Missbrauchs des Hinweisgebersystems (z. B. Mobbing)
6. Externe Kommunikation des Meldekanals	Kommunikation der Existenz eines Hinweisgebersystems inkl. der Aufruf an Externe, jegliches beobachtete Fehlverhalten im Unternehmen bzw. mit Geschäftspartnern zu melden sowie ein Erläutern der Konsequenzen auch für das Fehlverhalten Externer. Möglichkeit zum Aufbau von Vertrauen in ein rechtlich und ethisch korrekt handelndes Unternehmen

Quelle: Eigene Darstellung

Es gilt zu hinterfragen, ob die gängige Praxis diesem Leitfaden bereits entspricht. In der Praxis werden bei den Meldemöglichkeiten für Mitarbeiter meistens elektronische Hinweisgebersysteme genutzt. Eine Meldung über die Hinweisgeber- bzw. Meldesysteme sind oftmals anonym möglich. Als weitere Varianten haben sich Email-Postfächer, eine Telefon-Hotline oder eine (interne oder externe) Ombudsperson durchgesetzt. Das Hinweisgebersystem wird in den meisten Fällen über das Intranet bekannt gemacht. Weiterhin wird der Bekanntheitsgrad angehoben über Compliance-Schulungen, im Code of Conduct, über das Internet, über spezielle Kommunikationskampagnen, über Print-Kampagnen oder auch Aushänge. Das Hinweisgebersystem kann in der überwiegenden Mehrheit von Mitarbeitern bzw. Unternehmensinternen genutzt werden. In einigen Unternehmen können auch Geschäftspartner oder andere externe Stakeholder das Meldesystem als Hinweisgeber nutzen. Die Vertraulichkeit der Informationen wird zumeist über ein anonymes Entgegennehmen der Informationen gewahrt. Ein Verbot von Repressalien gegen den Hinweisgeber wird zugesichert. Insbesondere die Ombudsperson garantiert Anonymität (vgl. EY (Ernst & Young) 2016, S. 35 ff.).

Die Problematik eines Missbrauchs von wird von Leisinger als weniger bedeutsam bewertet. Er geht davon aus, dass Denunzianten und Neider relativ einfach von seriösen Whistleblowern unterschieden werden können. Denunzianten zeichnen sich durch eine indirekte Vorgehensweise aus. Sie stacheln latent an. Die Einrichtung einer Ombudsstelle soll dazu beitragen, seriöse von unseriösen Whistleblowern zu unterscheiden (vgl. Leisinger 2008, S. 172).

Whistleblowing – ein Fallbeispiel
Ein langjährig Beschäftigter des öffentlichen Dienstes stellte fest, dass sein vorgesetzter Amtsleiter ein Buch zum Verwaltungsrecht, das der Vorgesetzte privat verfasste und veröffentlichte, von seiner Sekretärin während der Arbeitszeit abtippen und formatieren ließ. Mit der Absicht, die Verwaltung zu schützen und im Interesse der Stadt zu handeln, wandte sich der Beschäftigte an das Personalamt der Stadtverwaltung und, nachdem nichts geschah und er trotz mehrfacher Bitte keine Rückmeldung von diesem erhielt, an den Bürgermeister der Stadt. Als auch hier sich trotz wiederholter Nachfrage keine Resonanz zeigte, verfasste der Whistleblower einen Brief an die Fraktionen der Stadtverordnetenversammlung. Über eine der Fraktionen gelangte der Verstoß des Amtsleiters schließlich an die Medien und somit an die Öffentlichkeit. Die Stadt mahnte den Beschäftigten darauf hin ab, da er Dienstgeheimnisse nach außen getragen und dem Ansehen der Stadtverwaltung geschadet habe. Das Arbeitsgericht entschied, dass die Abmahnung aus der Personalakte entfernt werden müsse, stellte klar, dass der Whistleblower nicht für das negative Bild verantwortlich sei, das der Fall auf die Stadtverwaltung geworfen hat, und die Stadt dankbar sein sollte, dass der Beschäftigte auf die Missstände hingewiesen habe. Der Amtsleiter, der mittlerweile einen neuen Job in einer anderen Stadt angetreten hatte, musste diesen wieder aufgeben.

Diskussionsfragen:

1. Wie bewerten Sie das Verhalten des Angestellten?
2. Wie bewerten Sie das Verhalten des Arbeitgebers?
3. Wie kann eine Vorgehensweise im Optimalfall gestaltet sein?

Entwicklungspotenzial für eine Good Practice des Whistleblowing
Mit Überführung der EU-Richtlinie in eine nationale Gesetzgebung werden die Praxiser-fahrungen sich an den neuen Anforderungen ausrichten müssen. Bereits heute kann den Unternehmen empfohlen werden, die eigenen ersten Ansätze kritisch zu beleuchten und an die Anforderungen der EU-Richtlinie anzugleichen.

Hinweisgebersysteme fungieren keinesfalls als Selbstläufer. Sie sollten in ein Compli-ance Management-System eingebunden sein. Dessen Instrumente müssen aufeinander abge-stimmt sein. So sollte der Code of Conduct, der erwünschtes Verhalten ausdrückt, auch die Verhaltensweisen im Hinweisgebersystem thematisieren. Eine standardisierte Kommunika-tion und ein standardisiertes Berichtwesen ergänzt diese Instrumente. Letztlich muss eine Kultur der Verantwortung entwickelt werden (vgl. EY (Ernst & Young) 2016, S. 42 f.).

Diese Forderungen münden in einer „Good Practice" für Whistleblower-Systeme. Als Elemente einer derartigen „Good Practice" können folgende verstanden werden (vgl. Eu-ropäische Kommission 2017):

- Das **Bewusstsein** der Mitarbeiter für die Wichtigkeit von Whistleblowing muss erzeugt werden. Nur wenn die Mitarbeiter von der Bedeutung eines Hinweisgeber-Systems überzeugt sind und keine Repressalien befürchten, wird es zu Meldungen kommen.
- **Interne Kanäle** müssen errichtet und geführt werden. Die Kenntnis um das Vorhan-densein und die Funktionsfähigkeit der Kanäle wird Mitarbeiter zu Meldungen moti-vieren.
- Eine **Software zur Gewährleistung von Vertraulichkeit** muss installiert werden. Ver-traulichkeit bildet die Basis für ein Hinweisgebersystem, das genutzt wird.
- **Interne Trainings** unterstützen die vorherigen Punkte. Sie erzeugen ein Bewusstsein bei den Mitarbeitern über die Bedeutung von Whistleblowing. Kenntnis über die inter-nen Kanäle und die Vertraulichkeit ergänzen das Wissen.

3.2.3 Durchführen eines Compliance Management-Audits

Für Unternehmen ist von großem Interesse, dass die Compliance Management-Systeme wirksam sind und die Schäden aus Compliance-Verstößen tatsächlich mindern. Zudem möchte die Unternehmensleitung auch aus Haftungsgründen die Wirksamkeit nachwei-sen. Folgende Gründe können die Unternehmensleitung zur Überprüfung des bestehenden Systems bewegen (vgl. Jantz und Grüninger 2013):

- Unternehmen und Geschäftsleitung beabsichtigen die Minderung des Haftungsrisikos.
- Die Geschäftsleitung möchte sich nach erstmaliger Implementierung eines Compliance Management-Systems dessen Effektivität versichern lassen.
- Aufsichtsrat beziehungsweise Prüfungsausschuss kommen ihrer Pflicht gem. §§ 111 Abs. 1, 107 Abs. 3 AktG sowie den Empfehlungen des Deutschen Corporate Governance Kodexes nach, wonach die Wirksamkeit eines internen Kontrollsystems überwacht werden soll.
- Die Prüfung findet im Rahmen der gesetzlichen bzw. freiwilligen Abschlussprüfung statt.
- Im Rahmen von M&A-Transaktionen soll eine unabhängige Instanz die Effektivität und Effizienz des Compliance Management-Systems prüfen.
- Die Überprüfung des Compliance ManagementSystems erfolgt nach einem erheblichen Compliance-Verstoß. Die Unternehmensleitung möchte mögliche Schwachstellen aufdecken. Bei zukünftigen Compliance-Verstößen soll ein effektives und effizientes Compliance Management-System sichergestellt sein.

Aktiengesetz
§ 111 Aufgaben und Rechte des Aufsichtsrats

(1) Der Aufsichtsrat hat die Geschäftsführung zu überwachen.
(2) Der Aufsichtsrat kann die Bücher und Schriften der Gesellschaft sowie die Vermögensgegenstände, namentlich die Gesellschaftskasse und die Bestände an Wertpapieren und Waren, einsehen und prüfen. Er kann damit auch einzelne Mitglieder oder für bestimmte Aufgaben besondere Sachverständige beauftragen. Er erteilt dem Abschlussprüfer den Prüfungsauftrag für den Jahres- und den Konzernabschluss gemäß § 290 des Handelsgesetzbuchs. Er kann darüber hinaus eine externe inhaltliche Überprüfung der nicht-finanziellen Erklärung oder des gesonderten nichtfinanziellen Berichts (§ 289b des Handelsgesetzbuchs), der nichtfinanziellen Konzernerklärung oder des gesonderten nichtfinanziellen Konzernberichts (§ 315b des Handelsgesetzbuchs) beauftragen.
(3) Der Aufsichtsrat hat eine Hauptversammlung einzuberufen, wenn das Wohl der Gesellschaft es fordert. Für den Beschluss genügt die einfache Mehrheit.
(4) Maßnahmen der Geschäftsführung können dem Aufsichtsrat nicht übertragen werden. Die Satzung oder der Aufsichtsrat hat jedoch zu bestimmen, daß bestimmte Arten von Geschäften nur mit seiner Zustimmung vorgenommen werden dürfen. Verweigert der Aufsichtsrat seine Zustimmung, so kann der Vorstand verlangen, dass die Hauptversammlung über die Zustimmung beschließt. Der Beschluß, durch den die Hauptversammlung zustimmt, bedarf einer Mehrheit, die mindestens drei Viertel der abgegebenen Stimmen umfasst. Die Satzung kann weder eine andere Mehrheit noch weitere Erfordernisse bestimmen.

(5) Der Aufsichtsrat von Gesellschaften, die börsennotiert sind oder der Mitbestimmung unterliegen, legt für den Frauenanteil im Aufsichtsrat und im Vorstand Zielgrößen fest. Liegt der Frauenanteil bei Festlegung der Zielgrößen unter 30 Prozent, so dürfen die Zielgrößen den jeweils erreichten Anteil nicht mehr unterschreiten. Gleichzeitig sind Fristen zur Erreichung der Zielgrößen festzulegen. Die Fristen dürfen jeweils nicht länger als fünf Jahre sein. Soweit für den Aufsichtsrat bereits eine Quote nach § 96 Absatz 2 gilt, sind die Festlegungen nur für den Vorstand vorzunehmen.

(6) Die Aufsichtsratsmitglieder können ihre Aufgaben nicht durch andere wahrnehmen lassen.

Das Institut der Wirtschaftsprüfer in Deutschland (IDW) hat im April 2011 den Prüfungsstandard „Grundsätze ordnungsgemäßer Prüfungen von Compliance Management Systemen" (IDW PS 980) veröffentlicht. Damit existiert ein Prüfinstrument, welches von einer unabhängigen Institution entwickelt wurde. Der Standard zeichnet sich durch Allgemeingültigkeit aus und ist unabhängig von der Größe, der Rechtsform oder auch der Branche der Unternehmen einsetzbar.

Der Prüfstandard beinhaltet Prüfungen, welche die Konzeption die Angemessenheit und die Wirksamkeit von Compliance Management-Systemen betrachten (vgl. Jantz und Grüninger 2013 sowie Tab. 3.5).

- Die Überprüfung der Konzeption betrachtet, ob Compliance-Maßnahmen implementiert sind. Dazu gehört die Kontrolle, ob die zur Maßnahme gehörenden Instrumente und Prozesse vorhanden sind.
- Die Angemessenheitsprüfung betrachtet, ob die Gestaltung des Compliance-Programms für das Unternehmen in angemessenem Maße geschieht. Externe Standards können zur Beurteilung von Angemessenheit hinzugezogen werden. Es wird erörtert, ob die Maßnahmen innerhalb der Organisation funktionieren können. Eine angemessene Aufwand-Nutzen-Relation wird bewertet.

Tab. 3.5 Prüfungsarten eines Compliance Management-Systems

Die Prüfungsart der …	… beantwortet folgende Fragen:
Konzeptionsprüfung	Ist die Konzeption des CMS in wesentlichen Belangen zutreffend dargestellt (z. B. auf Basis eines ausgewählten Rahmenkonzeptes)? Umfasst die Beschreibung sämtliche Grundelemente eines CMS?
Angemessenheitsprüfung	Sind die Grundsätze und Maßnahmen des CMS in allen wesentlichen Belangen zutreffend dargestellt und angemessen? Sind sie zu einem bestimmten Zeitpunkt implementiert?
Wirksamkeitsprüfung	Sind die Grundsätze und Maßnahmen des CMS in allen wesentlichen Belangen zutreffend dargestellt und verweisen auf eine Wirksamkeit? Sind sie zu einem bestimmten Zeitpunkt implementiert und wirksam?

Quelle: Eigene Darstellung in Anlehnung an Jantz und Grüninger 2013

- Die Überprüfung der Wirksamkeit betrachtet die (dezentrale) Implementierung des Compliance Management Systems oftmals auf Stichprobenbasis. Die Anwendung in der Praxis wird kontrolliert. Es wird überprüft, ob die Regelungen im Unternehmen gelebt werden. Strenggenommen handelt es sich um eine Überprüfung des Implementierungsgrades und nur mit Grenzen um die Feststellung der Wirksamkeit.

Im Rahmen des PS 980 unterscheiden sich drei Formen der Prüfung (vgl. Jantz und Grüninger 2013; KPMG 2016a, wie in Tab. 3.5 dargestellt.

Die Überprüfung erfolgt über eine neutrale Instanz, welche intern oder extern verortet sein kann. Eine interne Prüfung kann von der Innenrevision durchgeführt werden. Externe Prüfer können Anwälte oder auch Wirtschaftsprüfer sein. Wennglich interne Prüfer die Prozesse, Regularien und die Kultur im Unternehmen gut kennen und bewerten können, zeichnen sich externe Prüfer durch einen größeren Abstand und möglicherweise eine stärkere Neutralität aus. Bei erstmaligen Prüfungen verfügen interne Prüfer über kein Erfahrungswissen über Compliance-Prüfungen, welches über externe Prüfer eingebracht werden kann. Die Neutralität externer Gutachter kann die Glaubwürdigkeit der Ergebnisse verstärken. Ein Gutachten über die Wirksamkeit eines Compliance Management Systems könnte zu einer Haftungsentlastung des Unternehmens oder seiner Organe beitragen (vgl. Jantz und Grüninger 2013).

Grundlage für die Überprüfung bildet die Beschreibung des bestehenden Compliance Management-Systems. Sieben Grundelement werden dabei dargestellt (siehe Abb. 3.7, vgl. Heißner et al. 2019):

1. Die Compliance-Kultur bildet die Grundlage für die Angemessenheit und Wirksamkeit des Compliance Management Systems. Sie beinhaltet die Grundeinstellung und die Verhaltensweisen des Top-Managements. Ein positiver „Tone-from-the-Top" bildet die Voraussetzung für ein funktionierendes Compliance Management System.
2. Die Compliance-Ziele beschreiben, welche wesentlichen Ziele mit dem Compliance Management System erreicht werden sollen. Wesentliche Teilbereiche und die dort einzuhaltenden Regeln werden festgelegt.
3. Die Compliance-Risiken: Wesentliche Compliance-Risiken werden identifiziert. Sie werden einer systematischen Risikoerkennung und Risikobeurteilung unterzogen.
4. Das Compliance-Programm beinhaltet die Einführung von Grundsätzen und Maßnahmen. Sie bauen auf die identifizierten Risiken auf und sollen risikominimierend wirken.
5. Die Compliance-Organisation regelt Rollen und Verantwortlichkeiten. Eine Einbettung in die Aufbau- und Ablauforganisation wird hier festgelegt. Die benötigten personellen und finanziellen Ressourcen werden bestimmt.
6. Die Compliance-Kommunikation hat zur Aufgabe, betroffene Mitarbeiter und relevante Dritte über das Compliance-Programm einschließlich der Verantwortlichkeiten zu informieren. Berichtswege für festgestellte Regelverstöße und identifizierte Risiken werden festgelegt.

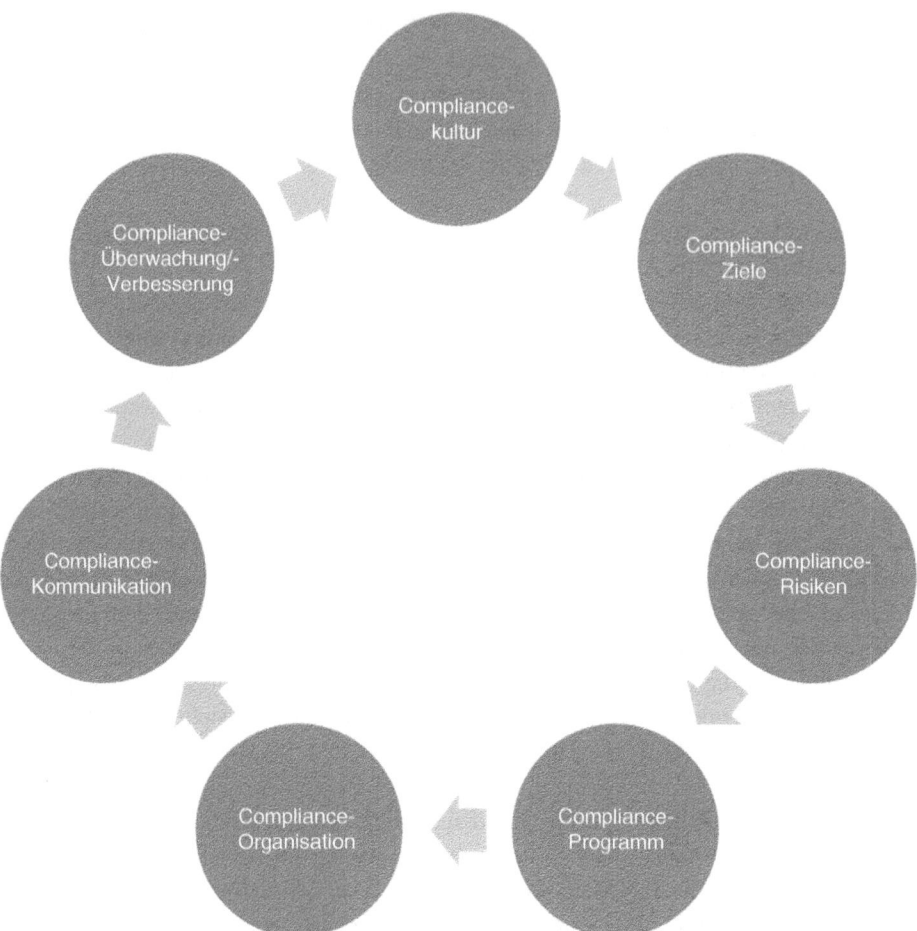

Abb. 3.7 Grundelemente eines Compliance Management-Systems gemäß Prüfstandard PS 980. (Quelle: Eigene Darstellung in Anlehnung an Heißner et al. 2019)

7. Die Compliance-Überwachung und -Verbesserung überwacht die Angemessenheit und die Wirksamkeit des gesamten Compliance Management-Systems. Hier wird ein umfassendes Dokumentations- und Berichtssystem entwickelt.

Mittels dieses siebenstufigen Systems können Compliance Management-Audits durchgeführt werden. Sie bieten eine Reihe von Vorteilen (vgl. Heißner et al. 2019):

- Ein unabhängiges Urteil über den Status quo des vorhandenen Compliance Management-Systems wird möglich.
- Die gesetzlichen Vertreter können ihre Sorgfalts- und Organisationspflichten erfüllen und nachweisen.

- Die Überwachungsfunktion durch die Aufsichtsorgane wird in Übereinstimmung mit dem Deutschen Corporate Governance-Kodex und dem BilMoG möglich.
- Eine Haftungsreduktion für Vorstand und Aufsichtsrat kann möglich werden.
- Die Wahrnehmung für die Thematik der Compliance wird intern und extern gestärkt.
- Eine gezielte Risikoevaluation wird vereinfacht.

Mit diesen Schritten wird das Compliance Management-System gestärkt und kann sein Potenzial erfüllen.

3.2.4 Schaffen einer Compliance-Kultur

Mit der Compliance-Kultur soll eine Denkhaltung erzeugt werden. Ein Bewusstsein für richtiges Verhalten im Sinne der Compliance-Anforderungen soll insbesondere bei den Mitarbeitern gesichert werden. Damit wird eine Loyalität zum Unternehmen gestärkt (vgl. Bachmann und Fechner 2014, S. 4).

Compliance verstanden als Gesamtkonzept organisatorischer Maßnahmen, mit denen die Rechtmäßigkeit unternehmerischer Aktivitäten gewährleistet werden soll, ist kein reines Rechtsproblem. Die Identifikation rechtlicher Risiken und der Umgang damit bilden den Ursprung des Ansatzes. Eine Compliance-Denkhaltung umfasst nicht nur die Kenntnis von Recht und Gesetz bzw. deren Einhaltung, sondern geht darüber hinaus. Sie erstreckt sich auch auf die Reputation eines Unternehmens. Image-Schäden können zu finanziellen Einbußen zum Beispiel durch Kunden- oder auch Mitarbeiterabwanderungen führen. Hierbei muss nicht notwendigerweise ein Gesetzesverstoß ursächlich sein, sondern alleine eine negative Wahrnehmung seitens der Öffentlichkeit kann Schaden zufügen. „Richtiges" Handeln im Unternehmen bzw. „anständiges" Wirtschaften erstreckt sich somit auch auf eine Gesinnung und berührt das Feld der Unternehmensethik.

In der Literatur findet sich der Begriff der Integritätskultur. Integer bedeutet dabei, dass die Führungskräfte sich zu den Unternehmenswerten bekennen, sich diese zu eigen machen und sie im Unternehmensalltag mit Leben füllen. Strukturen und Systeme unterstützen und bestärken das Handeln im Einklang mit den Unternehmenswerten (vgl. Kennecke et al. 2014, S. 246 ff.; Paine 1994).

Das Prägen einer starken und schlüssigen Integritätskultur kann als Erfolgsfaktor des Unternehmens verstanden werden. Eine Compliance-Denkhaltung bzw. Compliance-Kultur sollte nicht neben, sondern als übereinstimmender Bestandteil der Unternehmenskultur erzeugt werden.

Bevor ein Verständnis für den Begriff der Unternehmenskultur geschaffen wird (vgl. Abschn. 3.2.4.2), soll zunächst der Mensch als Entscheider im Unternehmen betrachtet werden, der sich durch korrektes oder Fehlverhalten auszeichnet und eine Unternehmenskultur letztlich prägt (vgl. Abschn. 3.2.4.1). Daran schließt sich eine Beschreibung des Prozesses der Gestaltung einer Compliance-Kultur an (vgl. Abschn. 3.2.4.4), bevor in Abschn. 3.2.4.3 ausgewählte Instrumente einer Kultur-Gestaltung beschrieben werden.

3.2.4.1 Der Mensch als Entscheider über richtiges oder Fehlverhalten

Entscheidungen und Verhalten werden in Unternehmen von Menschen getroffen bzw. durchgeführt. Daher soll vor einer Auseinandersetzung mit der Compliance-Denkhaltung betrachtet werden, warum Menschen Straftaten begehen und ob sie über Typologien erkannt werden können.

Wilmes identifiziert vier Verhaltenstypen im Zusammenhang mit Fehlverhalten. Der Typ A wird dem echten Fehlverhalten zugeordnet. Darunter fallen zwei Ausprägungen. Zunächst handelt es sich um jene Typen, die aktives Fehlverhalten ausleben. Darüber hinaus umfasst dieser Typ jene, die sich still verhalten, wenn sie Fehlverhalten wahrnehmen. Typ B hingegen gilt als integer. Dahinter verbirgt sich der Typ, der sich aktiv gegen Fehlverhalten entscheidet und ebenso der Typ, welcher Fehlverhalten aufdeckt, wenn er es wahrnimmt. (vgl. Wilmes 2017).

Ob Menschen eine Straftat begehen, hängt von einer Reihe von Einflussfaktoren ab. Ein Modell von Bussmann stellt die Wahrscheinlichkeit von Straftaten als Pyramide dar. Zunächst müssen sich Gelegenheiten bieten, die wahrgenommen werden. Moral und Werte wirken dann in einer nächsten Ebene als Filter. Die subjektive Einschätzung des Entdeckungsrisikos bildet die nächste Einflussebene, gefolgt von der Einschätzung der Schwere der Straftat. Wenn diese Ebenen bzw. Filter durchlaufen werden, steigt die Wahrscheinlichkeit einer Straftat (vgl. Bussmann 2004, S. 38).

Auch in der Fraud Triangle werden Komponenten, die zu Straftaten führen, betrachtet. Diese benennt drei Eckpfeiler, welche als Bedingungen für das Entstehen von Wirtschaftskriminalität gelten (vgl. Wilmes 2017, S. 30 ff.; Heißner 2014, S. 52 ff.; Peemöller 2008, S. 47; Hofmann 2008, S. 204). Personen müssen über spezielle Anreize verfügen, um zu betrügen. Sie müssen sich in einer Organisationsstruktur befinden, die Betrug zulässt und sie müssen letztlich die Folge der Tat mit ihrem Unrechtsbewusstsein vereinen können. Dieses Dreieck wurde im Verlauf zu einem Diamanten ergänzt, indem der Faktor der Fähigkeit zum Fehlverhalten eingebunden wurde (vgl. Abb. 3.8). Im Einzelnen bedeutet dies für Compliance Management (vgl. Wilmes 2017, S. 40):

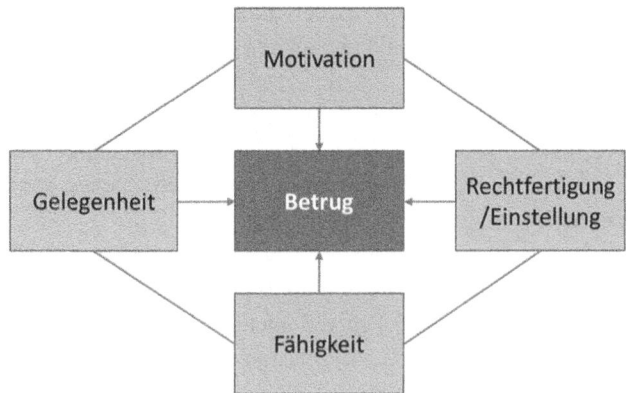

Abb. 3.8 Der Fraud-Diamant. (Quelle: In Anlehnung an Peemöller 2008, S. 43)

Tab. 3.6 Motive für Wirtschaftskriminalität

Motiv	Erläuterung
Soziales Streben	Handlungen, die den sozialen Status aufrechterhalten oder weiterentwickeln.
Verpflichtungsgefühl und Notlagen	Loyalität zur Familie oder andere nahestehende Personen lösen Fehlverhalten aus.
Hörigkeit gegenüber Autoritäten	Ein vorbehaltloses und unreflektiertes Folgen der Anweisungen von Vorgesetzten.
Unwissenheit	Fahrlässigkeit aufgrund fehlender Kenntnis der Rechtslage
Karrierestreben	Überschreiten von rechtlichen Grenzen oder Graubereichen, um das eigene Fortkommen zu fördern.
Langeweile	Der Reiz, Grenzen auszuloten, kann entstehen.
Leistungsdruck	Die Leistungsziele werden nicht in rechtmäßiger Weise erreicht.
Rache	Ein empfundenes ungerechtes Verhalten anderer Unternehmensmitglieder (z. B. Vorgesetzter) hebelt das Unrechtsbewusstsein aus.
Soziale Anerkennung	Die unrechtmäßig erreichten Erfolge sollen die soziale Anerkennung fördern.
Gruppenzwang	Fehlverhalten, um nicht aus einer Gruppe ausgeschlossen zu werden.

Quelle: Eigene Darstellung in Anlehnung an Heißner 2014, S. 53 ff.

1. Die **Gelegenheit** zum Betrug entsteht in Organisationen durch fehlende interne Kontrollen. Hier kann Compliance Management durch Schaffen geeigneter Strukturen gegenlenken. Die Herausforderung liegt in der Bewältigung von komplexen Unternehmensprozessen und dem gleichzeitigen Erhalt reibungsloser Abläufe.
2. Die **Fähigkeit** zu Fehlverhalten erfordert bestimmtes Ausbildungs- oder Erfahrungswissen bei (potenziellen) Tätern. Diese Fähigkeiten können von Unternehmensseite bewertet werden. Strukturen können geschaffen werden, so dass die Möglichkeit zum Ausleben der Fähigkeiten begrenzt werden.
3. Die **Rechtfertigung** erfolgt durch Täter im Nachgang der Fehlverhalten. Sie können sich sogar gedanklich in eine Opferrolle begeben. Hier können Strukturen wenig bewirken, sondern die Denkhaltung der tatsächlichen oder potenziellen Täter muss beeinflusst werden.
4. Die **Motivation** kann auf vielfältigen Ursachen beruhen (s. u.). Ausgewählte Motive können über eine Ausgestaltung von Compliance-Denkhaltung und Compliance-Kultur adressiert werden.

Zum Verständnis (potenzieller) Straftäter werden in Tab. 3.6 aus der Vielzahl möglicher Motive einige dargestellt (vgl. Heißner 2014, S. 53 ff.).

Die Kenntnis um die Motive fördert das Verständnis der (potenziellen) Täter. Kritisch muss betrachtet werden, dass nicht bekannt ist, welche Motive im Einzelfall relevant sind. Situative ebenso wie beispielsweise auch nationale Unterschiede bestehen. Dennoch kann das Wissen über die Motive aufgegriffen werden, um daraus beispielsweise Botschaften

Tab. 3.7 Personale Risikokonstellationen

Risiko	Kriminovalent	Kriminoresistent
Emotionen	Erlebte Zurücksetzung Frustration und Kränkung	Zufriedenheit und Ausgeglichenheit Das Gefühl, mit Wertschätzung behandelt zu werden
Lebensstil	Inadäquates Anspruchsniveau (Lebensstil der zur Geldknappheit führt und fehlendes Verhältnis zu Geld und Eigentum)	Adäquates Anspruchsniveau und reales Verhältnis zu Geld und Eigentum
Krisen	Beibehaltung des Anspruchsniveaus	Senkung des Anspruchsniveaus
Wertorientierung	Orientierung an modernen materialistischen Werten	Orientierung an traditionellen Werten oder an modernen idealistischen Werten
Bindungen und Kontakte	Bindungen sind allenfalls die Fassade eines nur formal unauffälligen Kontaktverhaltens. Dahinter eine quasi-subkulturelle Orientierung (Work-related Structure)	Existenz tragender Bindungen zur Familie und/oder Freunden auch außerhalb des Berufslebens = soziales Kapital

Quelle: Eigene Darstellung in Anlehnung an Schneider 2008, S. 141 ff.

für Informationsbroschüren zu formulieren, aber ebenso um sie bei der Gestaltung einer Compliance-Kultur zu berücksichtigen.

Eine Zusammenführung von personalen und situativen Faktoren wird im Leipziger Verlaufsmodell vorgenommen. Damit sollen mögliche Risikofaktoren aufgedeckt werden, die Wirtschaftskriminalität begünstigen. Der Handlungsantrieb von Wirtschaftsstraftaten soll betrachtet werden. Hierbei werden fünf Gruppen personaler Risikofaktoren eingebunden. Dazu zählen die in Tab. 3.7 abgebildeten Faktoren. Deren Ausgestaltung kann eine kriminovalente Wirkung entfalten, d. h. die Faktoren können das Auftreten von Kriminalität begünstigen. Sie können aber auch derartig ausgestaltet sein, dass sie kriminoresistente Effekte nehmen, d. h. sie wirken in ihrer Kombination dem Auftreten von Kriminalität entgegen (vgl. Schneider 2008, S. 137 ff.).

Das Leipziger Verlaufsmodell geht dann davon aus, das Personen einer kriminogenen Situation ausgesetzt werden, d. h. einer Situation die prinzipiell zur Begehung einer Straftat führen kann. Man geht davon aus, dass derartige Situationen im Berufsalltag grundsätzlich auftreten. Personen mit kriminoresistenter Ausprägung der Faktoren interpretieren derartige Situationen als Sicherheitslücke. Sie handeln in der Situation, ohne tatsächlich eine Straftat zu begehen. Kriminovalente Personen hingegen nehmen die Situation als günstige Gelegenheit wahr und begehen mit größerer Wahrscheinlichkeit eine Straftat. (vgl. Schneider 2008, S. 144 ff.).

Ein weiteres Klassifizierungsmodell zur Identifikation von Typen mit erhöhtem Risikopotenzial entwickelt Wieland. Dieses Modell hat keinen Anspruch auf Vollständigkeit. Auch Wieland räumt ein, dass diese Handlungstypen einen Hang zu dolosen Handlungen aufweisen (vgl. Wieland 2008, S. 159 ff.):

1. Der **Praktiker** geht davon aus, dass in seinem beruflichen Umfeld (Land, Branche) dolose Handlungen unausweichlich sind.
2. Der **Verdienstvolle** zeigt enormes Engagement für das Unternehmen und opfert dafür vieles. Dafür nehmen sie in Anspruch, dass ihnen etwas „zusteht".
3. Der **Gesetzesunabhängige** kennt die Diversität gesetzlicher Vorschriften in einer globalen Welt, vor allem aber deren gelegentliche Willkürlichkeit und Nicht-Durchsetzung in einigen Ländern. Daraus zieht er Rückschlüsse auf seine eigene Unabhängigkeit von Gesetzen.
4. Der **Spieler** sucht nach einem Unterhaltungswert bzw. dem „Kick" des Gewinnen-Wollens in dolosen Handlungen.

Um dolose Handlungen bei vorhandenen Neigungen tatsächlich zu realisieren, bedarf es zusätzlich struktureller Anreize und Komponenten. Dazu zählen folgende (vgl. Wieland 2008, S. 159 ff.):

1. **Interessenkonflikte**: Sobald ein Mitarbeiter in eine Konfliktsituation gerät, seine individuellen oder die organisationalen Interessen zu verfolgen, ist ein Umfeld für dolose Handlungen geschaffen.
2. **Informationsasymmetrien** als Informationsvorsprung ausgewählter Marktpartner. Dies wurde bereits in Abschn. 3.1.4 erörtert.
3. Eine **situationsbezogene Verfügbarkeit**, wie z. B. das lose Herumliegen von Bargeld, begünstigt dolose Handlungen.

Wilmes schließlich untersucht den Zusammenhang zwischen Persönlichkeitsmerkmalen und der Neigung, als Whistleblower zu agieren. Die Persönlichkeitsmerkmale wurden in Anlehnung an das Konzept von Ashton entwickelt, der fünf grundlegende Komponenten des menschlichen Charakters herausgearbeitet hat. Menschen verfügen über die fünf Merkmale in jeweils geringer oder hoher Ausprägung (vgl. Wilmes 2017, S. 72 ff.; Lee und Ashton 2015; Ashton 2013). Die Kernergebnisse können Tab. 3.8 entnommen werden.

Diese Untersuchung führt zur Erkenntnis, dass Whistleblower dazu neigen, offener für Erfahrungen zu sein (O), über eine höhere Gewissenhaftigkeit verfügen (C), eine höhere Neigung zu Extrovertiertheit zeigen (E), eine geringere Verträglichkeit besitzen (A) sowie einen geringeren Neurotizismus aufweisen (N) (vgl. Wilmes 2017). Auch wenn diese Ergebnisse nicht als „Gesetz", sondern lediglich als Tendenzaussage verstanden werden, so zeigt sich, dass Charaktereigenschaften von Menschen deren Verhalten beeinflussen. Diese Einflüsse können Fehlverhalten im Unternehmen unterstützen oder dazu führen, dass die Personen sich an der Aufdeckung von Fehlverhalten beteiligen.

▶ Da Wirtschaftsstraftäter in hohem Maße sozial unauffällig sind, sollten Täterprofile und mögliche Risikogruppen mit großer Vorsicht eingesetzt werden.

Die vorangegangenen Ausführungen zeigen eine Vielfalt an möglichen Täterprofilen und Rahmenbedingungen zum Entstehen von Fehlverhalten. Da Wirtschaftsstraftäter in hohem

Tab. 3.8 Der Zusammenhang zwischen Persönlichkeitsmerkmalen und Fehlverhalten bzw. Whistleblowing

Merkmal	Abk.	Beschreibung	Fehlverhalten	Whistleblowing
Openness to Experience	O	Intellektuell, komplex, philosophisch, innovativ, unkonventionell *versus* einfach, konventionell, oberflächlich	–	H
Conscentiousness	C	Organisiert, systematisch, effizient, präzise, gründlich, praktisch *versus* leichtsinnig, nachlässig, geistesabwesend, planlos, unordentlich, unzuverlässig	–	H
Extraversion	E	Gesprächig, extravertiert, kontaktfreudig, selbstbewusst, enthusiastisch, sprachbegabt *versus* verschlossen, still, introvertiert, scheu, reserviert, gehemmt	H	H
Agreeableness	A	Verständnisvoll, freundlich, warm, kooperativ, aufrichtig, mitfühlend *versus* kalt, schroff, unhöflich, derb, feindselig, herzlos	N	N
Neuroticism	N	Entspannt, emotionslos, gelassen, unaufgeregt *versus* launisch, neidisch, besitzergreifend, verunsichert, reizbar, neurotisch	H	N

Quelle: Eigene Darstellung in Anlehnung an Wilmes 2017; Ashton 2013 Legende: H (Hoch) – Merkmal stark ausgeprägt, N (Niedrig) – Merkmal schwach ausgeprägt

Maße sozial unauffällig sind, sollten Täterprofile bzw. Risikogruppen mit großer Vorsicht eingesetzt werden (vgl. Bussmann 2004, S. 40).

Wirtschaftsstraftäter werden in der kriminologischen Forschung als entscheidungsfreudige, stark karriere-, erfolgs- und publicity-orientierte und extrovertierte Persönlichkeiten beschrieben. Dies erklärt die Häufigkeit von Wirtschaftskriminalität. Allerdings erwächst daraus die Schwierigkeit, sie von ehrlichen erfolgsorientierten Managern abzugrenzen (vgl. Bussmann 2004, S. 40).

Wertvoll ist dennoch die Erkenntnis, dass soziale Elemente eine Rolle im Zusammenhang mit Fehlverhalten einnehmen. Kriminalitätstheorien betonen die Bedeutung persönlicher Bindungen an andere Menschen oder Gruppen. Diese Bindungen implizieren, dass die Personen den Erwartungen der anderen Menschen und Gruppen entsprechen möchten und ihre eigene soziale Existenz nicht aufgeben möchten. Als Teil einer Gemeinschaft fühlen sie sich verbunden, was eine kriminalitätshemmende Wirkung entfaltet. Diese Mechanismen funktionieren insbesondere dort, wo die gemeinsamen Werte und Normen der Gruppe akzeptiert werden. Besteht im Gegensatz dazu ein Klima der Distanz und Anonymität im Unternehmen, so funktionieren diese Mechanismen weniger und die Gefahr von Fehlverhalten steigt (vgl. Bussmann 2004, S. 42). Gemeinsam geteilte Werte führen zu einer Loyalität, welche die Wahrscheinlichkeit von Fehlverhalten senkt.

Dem Vermitteln von Werten und Normen kommt im Umgang mit Fehlverhalten, insbesondere bei Wirtschaftskriminalität eine hohe Bedeutung zu. Unternehmensethik hat hier einen hohen Stellenwert. Derartige unternehmensethische Ansätze sensibilisieren im Erfolgsfall für ethische Werte, kommunizieren rechtliche Grenzen, stimulieren die Kommunikation und Diskussion über ethische Grenzen und fördern die Bindung an das Unternehmen (vgl. Bussmann 2004, S. 45).

Bussmann (2004, S. 46) empfiehlt ein spezifisch kriminalpräventiv ausgerichtetes Wertemanagement, das die Einflüsse von verführerischen Gelegenheiten und charakterlichen Schwächen eindämmen könne. Wieland greift diesen Gedanken auf und überträgt ihn in den Kontext von Compliance Management. Er befürwortet ein Compliance Management-System als formale sowie die Gestaltung von Unternehmenskultur zu einer Compliance-Denkhaltung als informale Governance-Struktur (vgl. Wieland 2008, S. 165).

3.2.4.2 Begriffsbestimmung von Unternehmenskultur

Mit der Compliance-Kultur soll eine Denkhaltung erzeugt werden. Diese Denkhaltung soll eine Wahrnehmung für richtiges Verhalten im Umgang mit Compliance verstärken. Mitglieder des Unternehmens – Führungskräfte ebenso wie alle anderen Mitarbeiter – sollen ihr eigenes Verhalten in Übereinstimmung mit guter Unternehmensführung – Corporate Governance und Compliance – ausrichten. Weiterhin sollen sie ein Bewusstsein für „richtiges Verhalten" entwickeln, indem sie Verhaltensweisen anderer interner oder externer Marktpartner betrachten und diese ebenfalls für „richtiges Verhalten" sensibilisieren. Eine Unternehmenskultur in Übereinstimmung mit Good Corporate Governance kann als ein Signal für externe und interne Stakeholder über erwünschte Verhaltensweisen des Unternehmens, seiner Mitglieder und seiner Partner wirken.

Dafür soll das Konzept der Unternehmenskultur genutzt werden. Unternehmenskultur wird in Anlehnung an die Definition von Edgar Schein (1984) als Muster grundlegender Annahmen verstanden, das eine bestimmte Gruppe – z. B. ein Unternehmen – erfunden, entdeckt oder entwickelt hat. Damit lernen Unternehmen, die Herausforderungen externer Anpassung und interner Integration zu bewältigen. Das Muster grundlegender Annahmen hat sich bewährt und wird daher neuen Organisationsmitgliedern vermittelt als die richtige Art und Weise, in der die Mitglieder die Herausforderungen wahrnehmen, darüber denken und fühlen.

Die Unternehmenskultur spiegelt die Verhaltensweisen der Mitglieder eines Unternehmens wider. Organisationen weisen sehr unterschiedliche Kulturen und Subkulturen auf (vgl. Schein 2017; Deal und Kennedy 2000). Diese Verhaltensweisen nehmen Einfluss auf die Geschehnisse im Unternehmen, auf die Unternehmensentwicklung und damit letztlich auch auf den Unternehmenserfolg (vgl. Bleicher 1999; Deal und Kennedy 1983). Unternehmenskultur wird durch Management-Entscheidungen, aber auch durch die beteiligten Akteure geformt.

Unternehmenskultur integriert die internen Stakeholder und informiert die externen Stakeholder darüber, was als richtiges Verhalten angesehen wird. Die Integration der internen Stakeholder führt zum Entstehen eines Wir-Gefühls. Die internen Stakeholder sind

Elemente der Gruppe und damit des Unternehmens. Externe Stakeholder sind außerhalb der Gruppe zu finden. Sie stehen in Beziehung zur Gruppe bzw. zum Unternehmen. Unternehmenskultur formt über gemeinsam geteilte Werte und Denkhaltungen die Basis für die Ausgestaltung der externen Beziehungen. Damit bilden gemeinsam geteilte Werte und Überzeugungen die Grundlage für das Arrangement externer Beziehungen, für die interne Kohärenz („Zusammengehörigkeitsgefühl") und sie dienen der Vermittlung von Sinn, Identität, Verhaltensrichtlinien für die Mitglieder der Organisation (vgl. Ravasi und Schultz 2006; Kreipl 2004, S. 81 ff.; Smircich 1983).

Kultur kann dabei als intangible Ressource verstanden werden (vgl. Grant 2000). Als Ressource kann sie einen Beitrag zum Unternehmenserfolg leisten. Wenngleich oftmals monetäre Indikatoren zur Beurteilung von Unternehmenserfolg herangezogen werden, haben auch weitere Faktoren einen Einfluss auf den Unternehmenserfolg. Wenn nun Vertrauen in ein Unternehmen sowie dessen Manager als Kernelement verantwortungsvollen Wirtschaftens gilt, so ist der Aufbau und Erhalt von Vertrauen gleichermaßen ein Erfolgsfaktor. Vertrauen dient dem Aufrechterhalten von Zusammenarbeit und Geschäftsbeziehungen. Prozesse können reibungslos ablaufen. Kosten für einen Neuaufbau von Geschäftspartnerschaften oder die Neueinstellung von Mitarbeitern bei hoher Fluktuation werden vermieden. Geschäftliche Vereinbarungen, die auf Vertrauen beruhen, sind weniger regelungsbedürftig und können somit mit geringeren Transaktionskosten ablaufen. Diese Beispiele zeigen das Erfolgspotenzial einer Vertrauens- bzw. Integritätskultur auf.

▶ **Unternehmenskultur** In Anlehnung an Desphandé und Webster (1989) wird Unternehmenskultur

• als Muster geteilte Werte und Überzeugungen verstanden,
• welches den Individuen hilft zu verstehen,
• wie eine Organisation bzw. ein Unternehmen funktioniert und
• dadurch die Verhaltensnormen der Organisation vermitteln.

Die Messbarmachung und Messung von Unternehmenskultur erscheint als ein komplexes Unterfangen. Ein Modell soll hierzu beschrieben werden. Cameron und Freeman (1991) entwickelten ein Modell zur Messung von Kultur, welches bereits vielfach in empirischer Forschung eingesetzt wurde. Durch das Gegenüberstellen von zwei Dimensionen entstehen mit vier Feldern vier Kulturtypen (vgl. Abb. 3.9). Dieses Modell soll zu einem weiteren Verständnis von Unternehmenskultur führen. Die Stärke dieses Modells liegt darin, dass es aufbauend auf Theorien entwickelt wurde. Auf dieser theoretischen Fundierung wurde es bereits vielfach in empirischen Studien eingesetzt und konnte seine Stärke zeigen (vgl. Ernst 2003). Der Ansatz wurde von Quinn und Rohrbaugh erstellt und von einigen Autoren weiterentwickelt (Quinn und Rohrbaugh 1983; Quinn 1988; Cameron und Freeman 1991; Quinn und Spreitzer 1991; Desphandé et al. 1993).

Im Modell werden zwei Dimensionen einander gegenübergestellt. Sie bilden damit eine Verbindung zweier Konzepte der Organisationstheorie, der Transaktionskostentheo-

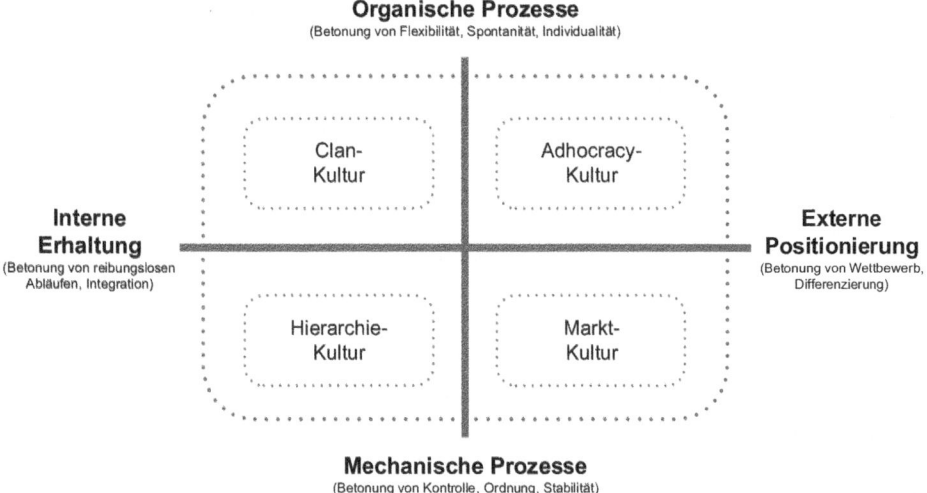

Abb. 3.9 Die Archetypen der Unternehmenskultur nach Cameron und Freeman. (Quelle: Eigene Darstellung in Anlehnung an Cameron und Freeman 1991)

rie und dem systemtheoretischen Ansatz (vgl. Ernst 2003). Die vertikale Achse bildet ein Kontinuum zwischen organischen und mechanistischen Prozessen. Organische Prozesse betonen Flexibilität, Spontaneität und Individualität. Mechanistische Prozesse fokussieren Kontrolle, Stabilität und Ordnung. Auf der horizontalen Achse werden die Dimensionen der internen Erhaltung und der externen Orientierung einander gegenübergestellt. Die interne Erhaltung betont reibungslose Abläufe und Integration. Die externe Orientierung legt einen Schwerpunkt auf Wettbewerb und Differenzierung. Aus dem Zusammenspiel der beiden Dimensionen entstehen vier Quadranten, die vier Kulturtypen abbilden. Diese bilden sich aus dem Zusammenspiel konkurrierender Werte, dem sogenannten Competing Values Approach (vgl. Ernst 2003; Kreipl 2004; Cameron und Freeman 1991, siehe Abb. 3.9).

Die Market-Kultur zeichnet sich durch eine starke Wettbewerbsorientierung, Leistungsmessung und Zielorientierung aus. Die Clan-Kultur steht dem gegenüber. Dieser Kulturtyp sticht durch eine Betonung von Zusammengehörigkeitsgefühl, familiäre Atmosphäre, Teamwork und ein starkes Bekenntnis zu und Loyalität zum Unternehmen hervor. Die Hierarchie-Kultur ist durch Standardisierung, Formalisierung, Regeln und Stabilität gekennzeichnet. Die Adhocracy-Kultur wird über Unternehmertum, Kreativität, Risikofreude und Innovationsorientierung beschrieben. (vgl. Ernst 2003; Kreipl 2004). Diese vier Kulturtypen schließen sich nicht gegenseitig aus. Unternehmenskulturen vereinen Kombinationen, wobei üblicherweise ein dominanter Kulturtyp hervorsticht.

Mit dem grundlegenden Verständnis von Unternehmenskultur kann nun mit dem Eisbergmodell von Edgar Schein ein Konzept vorgestellt werden, aus dem Ansatzpunkte zur Kulturgestaltung abgeleitet werden können (vgl. Schein 1984).

Unternehmenskultur bezieht sich auf ein komplexes und mehrschichtiges Phänomen. Dies wird im sogenannten Eisberg-Modell von Edgar Schein über drei Ebenen zum Ausdruck gebracht. Wie nur ein gewisser Anteil des Eisbergs sichtbar ist und der Großteil sich unter der Wasseroberfläche befindet, so ist auch nur die oberste Ebene des Kulturmodells sichtbar. Die beiden weiteren Ebenen verbleiben zunächst verborgen. Folgende drei Ebenen kennzeichnen das Modell (vgl. Hungenberg 2012; Schein 1984, 2017).

1. **Artefakte** bilden zunächst den sichtbaren Teil der Unternehmenskultur. Dazu zählen von den Kulturmitgliedern entwickelte und gelebte Verhaltensweisen und tägliche Umgangsformen. Sie können über Symbole und Traditionen dargestellt werden. Im Allgemeinen gehören dazu Kunst, Kultur, Architektur und vieles mehr. Im Unternehmensalltag können Bekleidungsstandards, die äußere Gestaltung der Unternehmensgebäude und auch die Bürogestaltung, Sprache, Rituale und Zeremonien, aber auch Legenden und Anekdoten als Artefakte benannt werden.
2. **Werte und Normen** prägen die mittlere Ebene. Werte können als abstrakte Auffassungen von Individuen verstanden werden über das, was wünschens- und erstrebenswert ist. Sie bilden den Beurteilungs- und Orientierungsmaßstab menschlichen Handelns. Die grundlegenden Werte sind oftmals unbewusst und sind nicht sichtbar. Sie treten in Erscheinung, wenn sie in Form von Handlungsnormen als Verhaltensmaximen formuliert werden. Normen können niedergeschrieben sein und werden damit sichtbar. Eine Vielzahl an Handlungsnormen sind verhaltensbestimmend, aber nicht niedergeschrieben. Dies betrifft beispielsweise allgemeine Umgangsformen in verschiedenen Gesellschaften und Kulturen. Im Unternehmen kann das internalisierte Werte wie beispielsweise die Leistungsorientierung betreffen.
3. **Grundannahmen** bilden das Fundament des Modells. Dahinter verbergen sich gemeinsame Annahmen über den Menschen auch in seiner Beziehung zur Umwelt. Dies beinhaltet auch grundlegende Sinnfragen des Daseins, aber auch eine konkrete Sinnfrage von unternehmerischem Handeln. Zu den Basisannahmen in den Unternehmen zählen das Menschenbild, die Beziehung zur Umwelt oder auch das Wesen sozialer Beziehungen.

Die drei Elemente stehen in enger Beziehung zueinander. Möchte man eine Unternehmenskultur gestalten, so lassen sich auf allen drei Ebenen Ansatzpunkte finden.

3.2.4.3 Instrumente zur Gestaltung einer Compliance-Kultur

Die Artefakte der Unternehmenskultur bilden deren beobachtbare, gelebte und damit nach außen gestaltbare Seite ab. Diesem Anteil der Unternehmenskultur soll die Ausgestaltung einer Corporate Identity Rechnung tragen. Die nicht-sichtbaren Anteile in Form von Werten, Normen und Grundhaltungen bilden das Fundament einer teilweise niedergeschriebenen, teilweise durch Verhaltensweisen weitergegebene Denkhaltung einer Gruppe ab. Sie kann in den Unternehmenszielen explizit oder latent verankert sein oder auch in einer Vision zum Tragen kommen. Explizit widmen sich die Unternehmensphilosophie sowie Unternehmensleitlinien in Form eines Code of Conduct dem Wertegerüst eines Unternehmens. Hier werden Werte in Form von Verhaltensstandards niedergeschrieben.

Nachfolgend werden mit der Corporate Identity, der Unternehmensphilosophie und dem Verhaltenskodex bzw. Code of Conduct drei Elemente betrachtet, die einen wichtigen Beitrag zur Gestaltung einer Denkhaltung im Unternehmen leisten.

Ausgestaltung einer Corporate Identity

Corporate Identity kann als das Bemühen einer Organisation verstanden werden, sich so zu gestalten, dass ein Persönlichkeitscharakter entsteht. Aus der Vielzahl an Individuen mit ihren einzelnen Charakteren gilt es, ein Unternehmen mit ausgewählten Charakteristika zu bilden (vgl. Herder-Dorneich 1991, S. 125).

Corporate Identity baut darauf auf, dass ein Unternehmen in Analogie zu den Merkmalen einer Persönlichkeit ebenfalls Eigenschaften aufweist. Eine Stimmigkeit der Unternehmensmerkmale soll ausgedrückt werden. Die Unternehmensidentität umfasst dabei die Stimmigkeit des Entscheidens, Sprechens und Handelns eines Unternehmens (vgl. Macharzina 2005, S. 207). Corporate Identity kann der Gestaltung eines Unternehmensimages dienen, aber auch eine Unternehmensmarke aufbauen. Damit bildet die Identität ein intangibles Vermögen, das einen Wert besitzt und Wert schafft. Sie kann eine sinnstiftende Erfahrung für Mitarbeiter bewirken und zudem ein Bild bei den Kunden erzeugen. Sie ist auf diese Weise mit der Unternehmenskultur verzahnt (vgl. Balmer 1998, S. 971 ff.).

Schaffen einer Corporate Identity im Hinblick auf Good Corporate Governance sowie Good Compliance und damit einer verantwortungsvollen Unternehmensführung soll

- eine konsequente und ganzheitliche Gestaltung eines standardisierten und konsistenten Erscheinungsbildes eines Unternehmens in der Öffentlichkeit schaffen, um nach innen und außen als geschlossene Einheit aufzutreten.
- folgende Ziele verfolgen:
  - Vermeiden eines falschen = unerwünschten Bildes in der Öffentlichkeit
  - Vermeiden einer unscharfen, verschwommenen Wahrnehmung des Unternehmens
  - Schaffen einer Grundlage zur Gestaltung von Produkten, was diese einzigartig macht
  - Sicherheit und Orientierung für die Organisationsmitglieder bieten
  - Damit auf Herausforderungen im Wettbewerb reagieren

Das Erreichen dieser Ziele führt zu den internen Vorteilen eines hohen Grades an Identifikation der Mitarbeiter mit dem Unternehmen. Über ein Wir-Gefühl wird eine Motivationssteigerung möglich. Damit kann eine höhere Effizienz und Entscheidungssicherheit entstehen. Zu den externen Vorteilen einer gelungenen Corporate Identity-Strategie zählt die Unverwechselbarkeit und damit eine optimale Abgrenzung zu den Wettbewerbern. Die Marktpräsenz wird stark durch eine schnelle (Wieder-) Erkennbarkeit des Unternehmens und seiner Produkte. Ein einheitliches, verständliches, wiedererkennbares und nicht zu verwechselndes Erscheinungsbild soll einen positiven Beitrag zum Image leisten (vgl. Bühler et al. 2019, S. 39, Birkigt et al. 2002).

Abb. 3.10 Die drei Elemente
der Corporate Identity. (Quelle:
Eigene Darstellung)

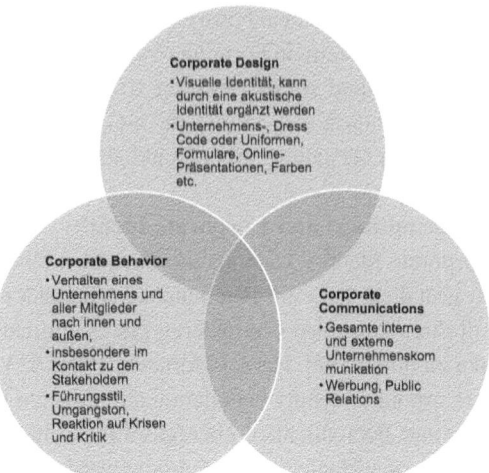

Über interne Vorgaben wird das Ziel einer einheitlich wirkenden Persönlichkeit entwickelt. Damit soll das Image des Unternehmens geprägt werden. Dieses Selbstbild soll möglichst auch als Fremdbild so von Externen wahrgenommen werden. Dies wird erreicht, indem drei Säulen der Corporate Identity gestaltet werden, wobei es zu in der Ausgestaltung zu Überscheidungen kommen kann (vgl. Bühler et al. 2019, S. 38 ff., Birkigt et al. 2002, siehe Abb. 3.10):

1. **Corporate Design** gestaltet das Erscheinungsbild. Es gilt, ein einheitliches und widerspruchsfreies Erscheinungsbild zu gestalten. Das interne Erscheinungsbild umfasst beispielsweise die Dienst- oder Arbeitskleidung, Arbeitsgeräte, Möbel oder der Auftritt im Intranet. Das externe Erscheinungsbild zeigt sich z. B. in der Geschäftsausstattung, der Website, den Fahrzeugen, den Produkten oder in der Architektur der Gebäude.

2. **Corporate Communication** gestaltet Kernaussagen und deren Darstellungsform. Hier wird Kommunikation über Sprache, aber auch über alle Werbeaussagen in Printmedien, Rundfunk, Fernsehen und neuen Medien gestaltet. Auch die Art und die Häufigkeit der persönlichen Kommunikation wird hier gestaltet. Die interne Kommunikation zeigt sich in der Gestaltung von Versammlungen, Festen, aber auch Mitarbeitermagazinen, Mitarbeiter-Informationen u. ä. Die Kommunikation nach außen wird beispielsweise über Werbemaßnahmen, Public Relations, Sales Promotion, Sponsoring sowie alle öffentlichen Events deutlich.

3. **Corporate Behaviour** gestaltet grundlegende Verhaltensweisen. Der Umgang und das Verhalten innerhalb des Unternehmens sowie mit den externen Geschäftspartnern, Kunden und Lieferanten wird geregelt. Diese Verhaltensweisen umfassen die Gestaltung von Konfliktmanagement, Umgangsformen, Personalführung, Motivation und Leistungsanreizen.

Das Konzept der Corporate Identity kann grundsätzlich als geeignet betrachtet werden, um die Unternehmenskultur mit Leben zu füllen. Allerdings ist eine Abnahme von Unternehmenstreue zu beobachten. Der Verfall gesellschaftlicher Werte wird als eine wichtige Ursache für Wirtschaftskriminalität im eigenen Unternehmen angesehen. Um eine Wirkung zur Vermeidung von Fehlverhalten zu erzeugen, muss zusätzlich eine Akzeptanz von Werten und Normen des Unternehmens vorliegen (vgl. Bussmann 2004, S. 43). Dafür müssen weitere Instrumente und Methoden eingebunden werden.

Unternehmensphilosophie
Hierfür kann die Unternehmensphilosophie herangezogen werden. Sie kann mit der Entwicklung einer Wertebasis auch die Corporate Identity beeinflussen sowie Grundlage zur Ausgestaltung von Code of Conducts bilden. Aus der Perspektive des Eisbergmodells werden in der Unternehmensphilosophie die Grundannahmen, Werte und Normen eines Unternehmens formuliert.

Die Philosophie eines Unternehmens umfasst die grundlegenden Einstellungen, Überzeugungen und Werthaltungen, welche das Denken und Handeln der maßgeblichen Führungskräfte in einem Unternehmen beeinflussen. Diese Denkhaltungen sind von Normen und Werturteilen geprägt, welche die Führungskräfte sich durch Erfahrungen angeeignet haben und die ebenso auf langfristig gewachsenen ethischen oder auch religiösen Überzeugungen beruhen (vgl. Ulrich und Fluri 1995, S. 312). Unternehmen besitzen eine Philosophie, die entweder stillschweigend entstanden ist oder bewusst und zielgerichtet eingesetzt wird (vgl. Hecker 2012, S. 83 ff.).

Von Bedeutung ist hierbei zunächst die Kenntnis um bereits vorhandene grundlegende Annahmen über Werte und ein den Werten entsprechendes Verhalten. Von diesem Ausgangspunkt aus können Werte entwickelt werden und durch eine Werteintegration ein gemeinsames Wertegerüst erzeugt werden (vgl. Bleicher und Abegglen 2017, S. 165 ff.).

Die Unternehmensphilosophie steht für die Wertvorstellungen, die das oberste Management eines Unternehmens untereinander abgestimmt und vorgegeben hat. Als Ergebnis eines Vereinbarungsprozesses zwischen den Managern beeinflusst es deren Verhalten und auch das Verhalten aller Mitarbeiter (vgl. Macharzina 2005, S. 207).

Die Unternehmensphilosophie steht im Spannungsfeld zwischen gegebener Werthaltung und intendierten Einstellungen und Verhaltensweisen. Während die Unternehmenskultur das in der Vergangenheit entwickelte Werte- und Normensystem abbildet, zielt die Unternehmensphilosophie darauf ab, die Werteentstehung transparent zu machen. Ein Bewusstsein über Werte soll geschaffen werden und erwünschte Werte sollen entwickelt werden. Ein gewünschtes ethisches Verhalten des Unternehmens und seiner Mitglieder nach außen und nach innen soll gestaltet werden. Um als Orientierungsrahmen zu funktionieren, müssen diese Werte niedergeschrieben werden (vgl. Bleicher und Abegglen 2017, S. 165 ff.; Probst 1983).

Werte prägen die Verantwortung gegenüber der Gesellschaft und den Mitarbeitern (vgl. Bleicher und Abegglen 2017, S. 165 ff.). Die Unternehmensphilosophie bringt zum Ausdruck, wie sich ein Unternehmen gegenüber Mitarbeitern und Marktpartner selbst sieht und wie es wünscht, gesehen und verstanden zu werden. Die Unternehmensphilosophie umfasst die über längeren Zeitraum gültigen, nicht hinterfragten und so hingenommenen Paradigmen des Unternehmens. Sie trägt wesentlich zur Identität und zum Selbstverständnis der Mitarbeiter bei (vgl. Hecker 2012, S. 83 ff.).

Zu den Bestandteilen der Unternehmensphilosophie zählen Einstellungen gegenüber Kunden und Mitarbeitern im Hinblick auf Führung und Kommunikation, Qualität, Dienstleistungsorientierung und Umwelt. Exemplarisch können sie folgende Aspekte umfassen (vgl. Hecker 2012, S. 85 ff.):

- Die Betriebstypenphilosophie als Metaebene beschreibt das Selbstverständnis des Unternehmens
- Die Kundenphilosophie führt die Position der Kundenorientierung auf (Die Bedeutung von Kundenzufriedenheit, der Kunde im Mittelpunkt).
- Die Mitarbeiterphilosophie beschreibt die Bedeutung der Mitarbeiter einschließlich von Führungsgrundsätzen.
- Die Servicephilosophie ergänzt die Kunden- und Mitarbeiterphilosophie, in dem die Bedeutung einer Dienstleistungsorientierung thematisiert wird.
- Die Kommunikationsphilosophie betont die Wichtigkeit von Offenheit und Transparenz.
- Weitere Elemente können Positionen zur Wachstumsorientierung, zur Sortimentsgestaltung oder zur Nachhaltigkeit darstellen.

Diese Verhaltensrichtlinien können in die Unternehmensverfassung eingebunden werden (entsprechend der Einbindung der Werte Deutschlands in Artikel 1 bis 19 in der deutschen Verfassung, dem Grundgesetz). Sie können aber auch eigenständig niedergeschrieben werden. Zumeist werden sie im Internet veröffentlicht.

> **Beispiel für allgemeine Grundsätze einer Unternehmensphilosophie (vgl. Bleicher und Abegglen 2017, S. 171)**
> Die Philosophie unseres Unternehmens wird von Grundsätzen getragen, die das Verhalten in allen Bereichen und Stufen unseres Unternehmensgefüges prägen:
>
> - Wir streben nach Sinnhaftigkeit in allem, was wir erreichen und tun wollen.
> - Sinn erkennen wir in Leistungen, die einen Nutzen für andere außerhalb und innerhalb unseres Unternehmens treffen.
> - Das was wir erstreben, definieren wir durch ein breite Berücksichtigung unterschiedlicher Interessen.
> - Menschlichkeit im Urteil und Handeln ist für uns ein übergeordnetes Ziel und niemals Mittel zur Erreichung von Zielen.
> - Sie verlangt eine Hinwendung zum Nächsten; was man selbst nicht erdulden möchte, sollte man auch anderen nicht zufügen.
> - Wir verlassen uns auf die Unabhängigkeit des Urteils auch bei entgegengesetzten Sachzwängen.

- Unser Handeln wird von einem hohen Verantwortungsbewusstsein gegenüber unserer Umwelt und unseren Mitarbeitern getragen.
- Wir lassen uns in unserem Verhalten an der Vertretbarkeit unseres Handelns messen.

Code of Conduct

Hinter dem etablierten Begriff des Code of Conduct verbirgt sich der deutschsprachige Terminus „Verhaltenskodex", der auch als Verhaltensleitlinie benannt wird. Dahinter verbergen sich Verhaltensstandards, die auf freiwilliger Basis seitens des Unternehmens gestaltet werden. Sie haben keine zwingende rechtliche Konsequenz (vgl. Kursten 2014, S. 32).

Verhaltenskodizes sind Regelwerke, die Unternehmen selbstständig erstellen und die sich an alle Unternehmensmitarbeiter aller Hierarchiestufen richten (vgl. Kursten 2014, S. 32 ff.). Richtlinien, welche das Verhalten von Mitarbeitern regeln, stellen ein geeignetes Instrument dar, um gesetzliche, aufsichtsbehördliche oder unternehmens- bzw. berufsethische Vorgaben in Unternehmen umzusetzen und dabei die Reputation und die Marktstellung des Unternehmens zu schützen und gleichzeitig die Mitarbeiter vor Fehlverhalten zu bewahren (vgl. Borgmann 2003, S. 356).

Unternehmen verfolgen mit der Erstellung und Veröffentlichung eines Code of Conduct möglicherweise mehrere Motive (vgl. Kursten 2014; Kagan 2012; Fahrig 2010):

- Sie weisen die Mitarbeiter auf relevante und konkrete Verhaltensstandards zur Vermeidung von Fehlverhalten hin.
- Unternehmen zeigen nach außen, dass sie sich an berufs- bzw. standesrechtliche Standards halten.
- Ein Code of Conduct kann damit ein Signal für Compliance aussenden.
- Das Betonen ethisch korrekten Handelns kann eine positive Außenwirkung entfalten und das Image positiv beeinflussen.
- Die Unternehmenskultur kann verstärkt und weiterentwickelt werden.

Sowohl die Einführung als auch die Gestaltung beruhen auf freiwilliger Basis. Eine Ausnahme bildet es, wenn die Konzernmutter zur Erstellung eines Kodexes verpflichtet ist und diese Pflicht auf die Tochtergesellschaften ausweitet (beispielsweise ein börsennotierter Konzern in den USA) (vgl. Kursten 2014, S. 33). Sie können frei formuliert werden, eine Orientierung an Standards ist allerdings möglich (vgl. Kap. 4). Ein Code of Conduct kann, muss aber nicht zwingenderweise Bestandteil eines Compliance Management-Systems sein.

Als Gestaltungsempfehlungen arbeitete Kursten heraus, dass ein Verhaltenskodex gut strukturiert sein sollte, sich durch kurze, prägnante und klare Formulierungen auszeichnen sollte, in der ersten Person Plural verfasst sein sollte sowie bei umfassenden Themen mit (positiven und negativen) Beispielen unterlegt sein sollte (vgl. Kursten 2014, S. 162). Damit wird eine einfache Handhabbarkeit und Nachvollziehbarkeit unterstützt.

Die Inhalte können variieren. Sie können neben Elementen der Unternehmenskultur auch Delegationsprinzipien umfassen und in drei Bereiche aufgeteilt werden: Es können Regelungen mit Tätigkeitsbezug aufgenommen werden. Diese können um Regelungen auf das sonstige Verhalten ergänzt werden. Schließlich können Regelungen zum außerdienstlichen und privaten Verhalten eingebunden werden (vgl. Behringer 2010, S. 282; Borgmann 2003).

Ein Code of Conduct kann auch Nachhaltigkeitsaspekte beinhalten, wie beispielsweise Unternehmensethik (Wettbewerb, Position zu Betrug, Bestechung etc.), Umweltverantwortung oder soziale Verantwortung gegenüber den Mitarbeitern und der Gesellschaft.

Leitlinien nutzen ihr Potenzial nicht aus, wenn nur allgemeine Werte angeführt werden. Viele Richtlinien sind wenig konkret. Bussmann (2004, S. 45) fordert die Einbettung von strafrechtlichen Normen und Richtlinien. Eine Implementation von Richtlinien mit ethischem Anspruch soll im Unternehmensalltag erfolgen. (vgl. Bussmann 2004, S. 46). Dies können operative Leitlinien in Ergänzung zu den strategischen Leitlinien leisten.

Derartig konkrete Leitlinien können die oben beschriebene Unternehmensphilosophie ergänzen. Eine langfristig und strategisch ausgerichtete Philosophie vermitteln den Wertekodex eines Unternehmens. Sie können um detaillierte, operativ orientierte Leitlinien erweitert werden. Dort können Verhaltensstandards für spezifische Situationen, z. B. auch Deliktarten, niedergeschrieben werden.

Der Code of Conduct der Felix-Burda-Stiftung wird derart konkret. Der Umgang mit Spendengeldern wird detailliert geregelt. Ziel bildet der Aufbau von Vertrauen in die Stiftung, was auch den integren Umgang mit den fließenden Geldern umfasst.

Code of Conduct der Felix-Burda-Stiftung

Die Felix-Burda-Stiftung sammelt Spendengelder und verwendet sie, um das Krankheitsbild Darmkrebs in der Öffentlichkeit bekannter zu machen. Die eingeworbenen Mittel sollen einerseits über Informationen dazu mobilisieren, Früherkennungsuntersuchungen wahrzunehmen und damit die Konsequenzen der Erkrankung zu mindern. Andererseits sollen Forschungsprojekte unterstützt werden, die Fortschritte in Diagnose und Therapie der Erkrankung fördern. Die Tätigkeit der Stiftung basiert auf folgendem Code of Conduct als Selbstverpflichtung:

Code of Conduct

Grundsätze für den Umgang mit Spendern & Sponsoren

Die Felix-Burda-Stiftung finanziert sich aus

1. **Geldspenden** (Spenden von Privatpersonen, Spenden von Unternehmen). Diese Mittel sind in der Regel *nicht* an bestimmte Projekte gebunden, sondern dienen den allgemeinen in der Satzung festgelegten Zielen der Burda-Stiftung.
2. **Sachspenden** (wie etwa die Zurverfügungstellung von kostenlosen Räumen und sonstiger Infrastruktur für die Verwaltung).
3. **Sponsorgeldern**, die der Felix-Burda-Stiftung für einen bestimmten Zweck (ein Projekt) zur Verfügung gestellt werden. Diese Mittel sind zweckgebunden.

Die Felix-Burda-Stiftung unterscheidet (in Anlehnung an die Begriffsdefinition des Bundesministeriums der Finanzen im Sponsoring-Erlass vom 18.02.1998) den Begriff des **Sponsorings** von der Zuwendung von **Spenden**.

Wesensmerkmal des Sponsorings ist die in einem Kooperationsvertrag festgelegte ziel- und projektbezogenen Zusammenarbeit zwischen Sponsor und Sponsoring-Empfänger mit dem Ziel des Sponsors, eine kommunikative Gegenleistung zu erhalten (Verbesserung des Unternehmensimages, Nennung des Labels, Platzierung des Logos, Außenwirkung als sozialer Sponsor).

Wesensmerkmal von Spenden ist die nicht-unternehmensbezogene, selbstlose Zuwendung von Geld- oder Sachspenden, die nicht an ein Projekt oder an einen Werbeeffekt gebunden sind.

Richtlinien für den Umgang mit Sponsoren-Mitteln

1. Das Ansehen, insbesondere das Vertrauen in die absolute Unabhängigkeit und Neutralität der Felix-Burda-Stiftung, darf durch mögliche Sponsoring-Aktivitäten in der Öffentlichkeit keinen Schaden nehmen. Deshalb ist vor jeder Sponsoring-Entscheidung im Einzelfall abzuwägen, ob zwischen den zu erwartenden finanziellen Vorteilen aus dem Sponsoring und der Außenwirkung der zu erbringen den Gegenleistung (etwa Platzierung des Logos, gemeinsamer Auftritt in der Öffentlichkeit) ein vertretbares Verhältnis besteht.

2. Entscheidungen über Projekte und Aktionen, sowie über deren Inhalte, werden von der Felix-Burda-Stiftung unabhängig von Förderern oder Sponsoren getroffen.

3. Die Verwirklichung und Zielsetzung von Einzelprojekten und Partnerschaften mit Wirtschaftsunternehmen wird von der Felix-Burda-Stiftung grundsätzlich in einem Kooperationsvertrag festgehalten.

4. Es werden grundsätzlich keine einzelnen Sponsoren bevorzugt. Der Fortbestand der Felix-Burda-Stiftung darf durch eine einzelne Förderung nicht gefährdet werden.

5. Die Felix-Burda-Stiftung ist darum bemüht, Förderer aus den unterschiedlichsten Bereichen zu gewinnen. Die Felix-Burda-Stiftung spricht als Gegenleistung für eine finanzielle Förderung keine Empfehlung aus für einzelne Kliniken, Ärzte, Produkte oder Unternehmen.

6. Sponsoren-Mittel müssen an ein bestimmtes, definiertes Produkt gebunden sein. Die Nennung des jeweiligen Sponsors ist auf der Homepage der Felix-Burda-Stiftung in angemessener Form möglich.

7. Werden von Sponsoren Gelder ausschließlich angeboten, um dem Sponsor einen vordergründigen Marketing-/Werbeauftritt zu ermöglichen, ist auf diesen Sponsor zu verzichten.

8. Über die Annahme von Sponsorengeldern entscheidet ausschließlich der geschäftsführende Vorstand der Felix-Burda-Stiftung.

9. Werden bestimmte Projekte mit Sponsorengeldern (mit-)finanziert, müssen die Sponsorengelder vor Projektbeginn auf dem Konto der Felix-Burda-Stiftung eintreffen.

10. Mitarbeiter aus den Unternehmen der Pharmaindustrie dürfen innerhalb der Felix-Burda-Stiftung keine Funktionen ausübern.

11. Beraterverträge zwischen FunktionsträgerInnen der Felix-Burda-Stiftung und Pharmaunternehmen werden nicht abgeschlossen.
12. Die Verwendung des Namens und des Logos der Felix-Burda-Stiftung bedarf vorher der Zustimmung des Vorstands der Felix-Burda-Stiftung.

Bitte lesen Sie die Verhaltensgrundsätze durch und diskutieren Sie folgende Fragen:

1. Warum wurden die Punkte 1 bis 12 aufgenommen?
2. Welche Konsequenzen hat eine Nicht-Einhaltung der Richtlinie in rechtlicher und in faktischer Hinsicht?
3. Wie bewerten Sie die Bedeutung dieser Richtlinie im Hinblick auf die Ernsthaftigkeit trotz fehlender rechtlicher Konsequenz?
4. Lässt sich dieser Code of Conduct in abgewandelter Form auf Aktiengesellschaften übertragen? In welcher Weise?

3.2.4.4 Eine prozessorientierte Gestaltung von Compliance-Kultur

Die Einbindung der beschriebenen Instrumente kann in einem ganzheitlichen Ansatz integriert werden. Die Entwicklung einer Compliance-Kultur findet als Prozess statt, der die in Abb. 3.11 dargestellten Schritte umfasst.

Identifikation/Festlegung der Werte und Normen	• Festlegung durch die Unternehmensführung • Gemeinsames Entwickeln mit den Mitarbeitern • Einbinden weiterer Stakeholder
Interne Information und Kommunikation	• Information der Mitarbeiter über die gewünschten Verhaltensweisen und zugrunde liegenden Werte • Entwicklung und Kommunikation interner Leitlinien
Externe Information und Kommunikation	• Information der Marktpartner • Schaffen von Klarheit über gegenseitige Erwartungen • Entwicklung und Kommunikation externer Leitlinien
Evaluations- und Kontrollsysteme	• Intern: Performance-Value-Matrix, Personalgespräche • Extern: Audits bei Marktpartnern, Verfolgung der Untersuchungen
Überprüfung der Compliance-Kultur	• Überprüfen der Übereinstimmung von Compliance und Unternehmenskultur • Überprüfen der aktuellen Gültigkeit der identifizierten Werte und Normen

Abb. 3.11 Entwicklung einer Compliance Management-Kultur. (Quelle: Kreipl 2015, S. 20)

Identifikation bzw. Festlegung von Werten und Normen
Wenn die Kultur einer Organisation ein individuelles Muster grundlegender Einstellungen, Werte und Normen umfasst, welche einer Gruppe zur Anpassung an ihre Umwelt sowie der Integration der internen Mitglieder dient, so müssen diese Werte zunächst bekannt sein (vgl. Schein 1984, S. 3, 1995). Ein erster Schritt im Umgang mit der Compliance- oder auch der Unternehmenskultur befasst sich mit der Identifikation der Werte, für die ein Unternehmen steht.

Diese können von der Unternehmensleitung vorgegeben, aber auch unter Einbindung von internen Stakeholdern gemeinsam entwickelt werden. In kleineren Unternehmen prägen die Inhaber, die das Unternehmen oftmals gegründet oder auch in folgender Generation übernommen haben, den „Geist" des Unternehmens. Dieser Personenkreis wird zur Leitfigur der Kultur und übernimmt eine Vorbildfunktion. Die Entwicklung einer Unternehmenskultur kann auch unter Einbindung eines externen Beraters bzw. Moderators erfolgen, der über Erfahrung im Umgang mit Unternehmenskultur verfügt und sich durch Neutralität auszeichnet (vgl. Kreipl 2015).

Interne Information und Kommunikation
Der nachfolgende Schritt der internen Information und Kommunikation dient dazu, die internen Stakeholder über die identifizierten Werte in Kenntnis zu setzen. Wenngleich einige in den Identifikationsprozess eingebunden sein können, so werden nicht alle teilgenommen haben. Auch neue Unternehmensmitglieder sollten über die Werte informiert werden. Dazu können Niederschriften der Werte in Form von Verhaltensleitlinien oder Ethik-Kodices eingesetzt werden. Ein informelles Weitergeben geschieht beispielsweise über ein Erzählen von Anekdoten.

Externe Information und Kommunikation
Auch die externen Stakeholder sollten über die identifizierten Werte und Normen informiert werden. Hieraus können sie – ebenso wie die zuvor beschriebenen internen Stakeholder – ableiten, welche Erwartungen sie in das Unternehmen setzen dürfen bzw. was von ihnen erwartet wird. Diese sollten wiederum in Leitlinien niedergeschrieben werden und werden auf diese Weise zur sichtbaren Ebene der Kultur. Sie können in der Unternehmensphilosophie, der Unternehmensverfassung oder auch im Code of Conduct festgehalten werden. Die bereits für die internen Stakeholder erstellten Informationsmaterialien können genutzt werden, sie können aber auch zielgruppengerecht aufbereitet werden, beispielsweise in Form spezieller Code of Conducts für Lieferanten.

Evaluations- und Kontrollsysteme
Bevor eine Überprüfung der Compliance-Kultur umgesetzt wird, müssen Instrumente einer Evaluation und Kontrolle festgelegt werden. Es können Personalgespräche als Evaluations- bzw. Kontrollsysteme genutzt werden. Persönlichkeitsmerkmale, Einstellungen und Werte der Mitarbeiter können bereits im Einstellungsgespräch und in späteren Personalgesprächen thematisiert und dadurch Sensibilisierung geschaffen werden. So kann beispielsweise

eine Performance-Value-Matrix als Instrument in Personalgesprächen eingesetzt werden. Hierbei werden jene Mitarbeiter positiv bewertet, welche ihre Ziele unter ausdrücklicher Berücksichtigung von Unternehmenswerten erreichen (vgl. Kennecke et al. 2014, S. 242 ff.).

Überprüfung der Compliance-Kultur
Eine Bewertung der Unternehmenskultur dient der Einschätzung, inwieweit die intendierte Kultur im Unternehmen gelebt wird. Wendt empfiehlt eine Evaluierung der bestehenden Unternehmenskultur und Identifikation von Ansatzpunkten zur Veränderung bereits im Rahmen der Implementierung von Compliance Management durchzuführen und wegen der Dynamik von Kultur den Status quo regelmäßig zu überprüfen (vgl. Wendt 2012, S. 203 ff.). Der Einsatz der Evaluations- und Kontrollsysteme liefern Anhaltspunkte, inwiefern die Werte sich verändern. Damit kann ein Rückschluss zum ersten Schritt gezogen werden. Die identifizierten Werte können hinterfragt und möglicherweise angepasst oder durch Aktivitäten verstärkt und weiterentwickelt werden.

> **Zum Vertiefen der Ausführungen in Abschn. 3.2 sollen folgende Fragen und Anregungen dienen**
>
> 1. Entwickeln Sie eine Risikomatrix für
>   a) Ihre Hochschule
>   b) ein Unternehmen, das Sie gut kennen.
> 2. Wie schätzen Sie die Bedeutung externer Kommunikation für Compliance Management-Systeme ein? Wo liegen die Nutzenpotenziale?
> 3. Wie bewerten Sie die Gefahr des Missbrauchs von Whistleblowing?
> 4. Welche Compliance Management-Instrumente haben Sie in Ihrer bisherigen Berufspraxis kennengelernt?
> 5. Wie bewerten Sie die Eignung von Wirtschaftsprüfern für die Durchführung von Compliance Management Audits?
> 6. Wie bewerten Sie die Einflusskraft von Unternehmenskultur im Compliance Management? Welches der vorgestellten Instrumente erachten Sie als besonders wertvoll?

3.3   Status quo von Compliance Management

Der Bedarf an individuellen Konzepten sowohl bei kleinen und mittelständischen als auch bei großen Unternehmen verweist bereits darauf, dass das Ausmaß der Umsetzung sehr unterschiedlich sein kann. Die Umsetzung von Compliance durchläuft einen Entwicklungsprozess. Üblicherweise bilden erste Compliance-Instrumente wie z. B. ein Code of Conduct oder ein erstes Definieren von Prozessen einen Einstieg. Eine erste Weiterentwicklung besteht in der Entwicklung unternehmensweiter Regeln und Prozesse. Erst in einer dritten Phase wird Compliance zum Teil des Alltagsgeschäfts und der Unternehmensstrategie. Schließlich wird Compliance in einer vierten Entwicklungsstufe zum integrierten Bestandteil des Unternehmens. Einer Einschätzung der Boston Consulting Group zufolge befinden sich etwa 50 % der Unternehmen (alle Unternehmensgrößen) in Stufe eins und zwei (vgl. Boston Consulting Group 2012, S. 8 f.).

Nahezu alle Großunternehmen mit mehr als 10.000 Mitarbeitern verfügen über ein Compliance Management-System. 75 % der Unternehmen mit mehr als 500 Mitarbeitern verfügen über ein derartiges System und bei weiteren 10 % ist es in Planung. Der in der Vergangenheit höhere rechtliche und öffentliche Druck auf Unternehmen begründet die Vorreiterrolle der Großunternehmen (vgl. PwC 2018, S. 24). Eine Befragung von 24 Compliance-Verantwortlichen in börsennotierten und mittelständischen Unternehmen verstärkt dies. Sie zeigte auf, dass die meisten (92 %) Unternehmen über ein Compliance-Überwachungskonzept verfügen (vgl. KPMG 2015, S. 9). Compliance und Compliance Management-Systeme werden als Wettbewerbsvorteil empfunden und nicht mehr als zeitintensive und lästige Aufgabe (vgl. PwC 2018, S. 23). Dies verweist darauf, dass Compliance Management-Systeme bereits einen festen Platz bei vielen großen Unternehmen haben und sich auch in den kleineren noch stärker etablieren und insgesamt weiterentwickeln wird.

Das Ausüben der Compliance-Funktionen kann von den Unternehmen im Alleingang ausgeführt werden oder auch mit externer Unterstützung erfolgen. Gemäß einer Befragung von 500 Unternehmen im Jahr 2016 zeigte sich, dass 25 % der Befragten externe Unterstützung in Anspruch nehmen. Die Externen werden bei der Implementierung von Prozessen und Kontrollen (57 %) und beim Ausbau der Compliance-Funktion (40 %) einbezogen (vgl. KPMG 2016).

▶ **Professionalisierung von Compliance Management** Eine zunehmende stabile organisationale Verankerung und wachsende Aufgaben zeigen die gestiegene Bedeutung von Compliance Management. Von einer Randerscheinung wuchs Compliance Management zu einer festen, erfolgsrelevanten Unternehmensfunktion.

Compliance-Treiber

Nach Einschätzung von befragten Compliance-Experten haben die Anforderungen an Compliance Management-Systeme stark zugenommen. Die Aufsichtsmaßnahmen gemäß § 130 Abs. 1. OWiG werden streng ausgelegt. So sollen Unternehmen nicht nur innerhalb des Betriebs, sondern auch konzernweit Aufsichtspflichten einhalten. Dies umfasst auch die konzernweite Sicherstellung der Einhaltung strafrechtlicher Vorschriften. Nach Rechtsverstößen kann ein bestehendes Compliance Management-Programm die Strafzumessung zunächst positiv beeinflussen. Es wird aber zudem der Nachweis erforderlich, dass Maßnahmen zur Verbesserung des Compliance-Systems getroffen werden, damit die jeweiligen Rechtsverletzungen zukünftig nicht mehr oder nur erschwert geschehen können (vgl. PwC 2018, S. 28).

In der Praxis zeichnet sich ein Trend zu steigenden Compliance-Anforderungen durch und an die Geschäftspartner ab. Auch der Druck durch Verbraucher bzw. Verbraucherschutzorganisationen und die Öffentlichkeit wird als steigend empfunden (vgl. KPMG 2015).

Die digitalen Technologien fordern und ermöglichen eine Weiterentwicklung von Compliance Management (vgl. Deloitte 2018, S. 34 f.). Einerseits entstehen dadurch neue Möglichkeiten der Compliance-Verstöße (z. B. Cybercrime). Andererseits bieten Data Analytics Methoden, Unregelmäßigkeiten aufzudecken. Compliance-Prozesse und -Aktivitäten werden zunehmend IT-gestützt erfolgen. So werden gemäß einer Befragung von Deloitte an 365 Experten 74 % der Schulungen IT-gestützt durchgeführt. Weiterhin findet sich IT-Unterstützung beispielsweise im Compliance Risk Assessment (57 % der Befragten), bei Hinweisgebersytemen (54 %), im Vertragsmanagement (54 %), im Sanktions-Screening (49 %), im Richtlinienmanagement (46 %) und im Geldwäsche-Screening (44 %) (vgl. Deloitte 2018, S. 36).

Als Treiber für freiwillige Compliance-Maßnahmen benennen Unternehmen ihre unternehmensinternen Wertvorstellungen bzw. ihre Selbstverpflichtung. Die Bedeutung von Compliance wird als wichtig erachtet, was sich in der Einbettung von Compliance in die Unternehmensstrategie, in der Wahrnehmung gesellschaftlicher Verantwortung, im Folgen freiwilliger Kodices und dem Befolgen von Erwartungshaltungen der Kunden bzw. des Marktes zeigt (vgl. Deloitte 2018, S. 22 f.).

Gestiegene Anforderungen aufgrund der strengen Auslegung gesetzlicher Regularien, den steigenden Druck durch Geschäftspartner, die zunehmende Rolle digitaler Technologien sowie eine empfundene Selbstverpflichtung sind prägende Einflüsse der aktuellen Zeit. Das Zusammenspiel der beschriebenen Treiber verstärkt die Rolle von Compliance Management in den Unternehmen.

Trend zur Ausweitung der betrachteten Deliktfelder
Insgesamt setzt sich ein Trend zur Ausweitung von Compliance-Programmen auf zusätzliche Deliktfelder fort (vgl. Abb. 3.12). Wenngleich Korruption einen nicht nur führenden, sondern auch noch wachsenden Stellenwert einnimmt, so treten Vermögensdelikte und Cybercrime neu auf (vgl. PwC 2018, S. 24 f.).

Insbesondere der Bereich der Korruption hat allem Anschein nach von der Einführung der Compliance Management-Systeme profitiert. Der Anteil an Unternehmen, welche mindestens einmal in Korruptionssituationen geraten sind, Verdachtsfälle verfolgten oder geschädigt wurden, ist über die Jahre gesunken. Gründe dieser Entwicklung können darin liegen, dass die Compliance-Programme zur Korruption optimiert wurden. Ein wachsendes Problembewusstsein und die Gesetzeslage können dies unterstützt haben. Anti-Korruptionsmaßnahmen haben sich stärker verbreitet. Eine systematische Risikoanalyse und eine regelmäßige Überprüfung der Einhaltung von Compliance-Regeln sind mittlerweile Bestandteil von einer Mehrheit der Unternehmen (vgl. Abb. 3.13). Die Unternehmen

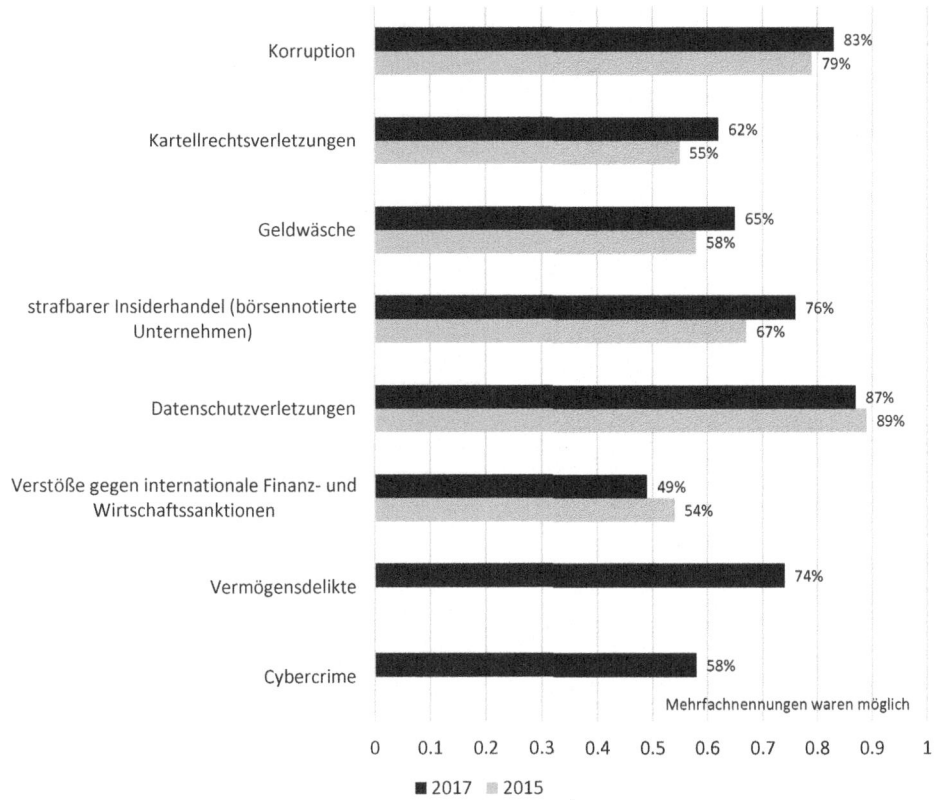

Abb. 3.12 In Compliance-Management-Systemen fokussierte Deliktsgruppen. (Quelle: PwC 2018, S. 25)

erkennen die Bedeutung eines klaren Commitments der Führungsebene für ein erfolgreiches Compliance Management an. Richtlinien, Risikoanalysen und die Funktion eines Compliance Officers haben sich etabliert. Schulungsmaßnahmen wurden ausgebaut (vgl. PwC 2018, S. 39 ff.).

Die kartellrechtlichen Verstöße zeigen einen rückläufigen Trend. Dies gilt für Verdachtsfälle ebenso wie für betroffene Unternehmen. Auch hier kann die gestiegene Anzahl an kartellrechtlich orientierten Compliance Programmen ein Beitrag zugewiesen werden. Aber auch die Kronzeugenregelung des Bundeskartellamtes und der Europäischen Union dürften einen Einfluss nehmen. Insbesondere die sogenannte Bonusregel, welche einen vollständigen Erlass des Bußgeldes bietet, kann einen positiven Effekt entfaltet haben. Es kann vermutet werden, dass Kartellabsprachen dadurch instabiler geworden sind. Diese Regelung wurde in 2006 eingeführt. Die Anzahl an Bonusanträgen bewegte sich seitdem lange Jahre auf hohem Niveau. Dennoch gehen die Unternehmen in der Praxis von einem gleichbleibenden Anteil wettbewerbswidriger Absprachen aus (vgl. PwC 2018, S. 49 ff.)

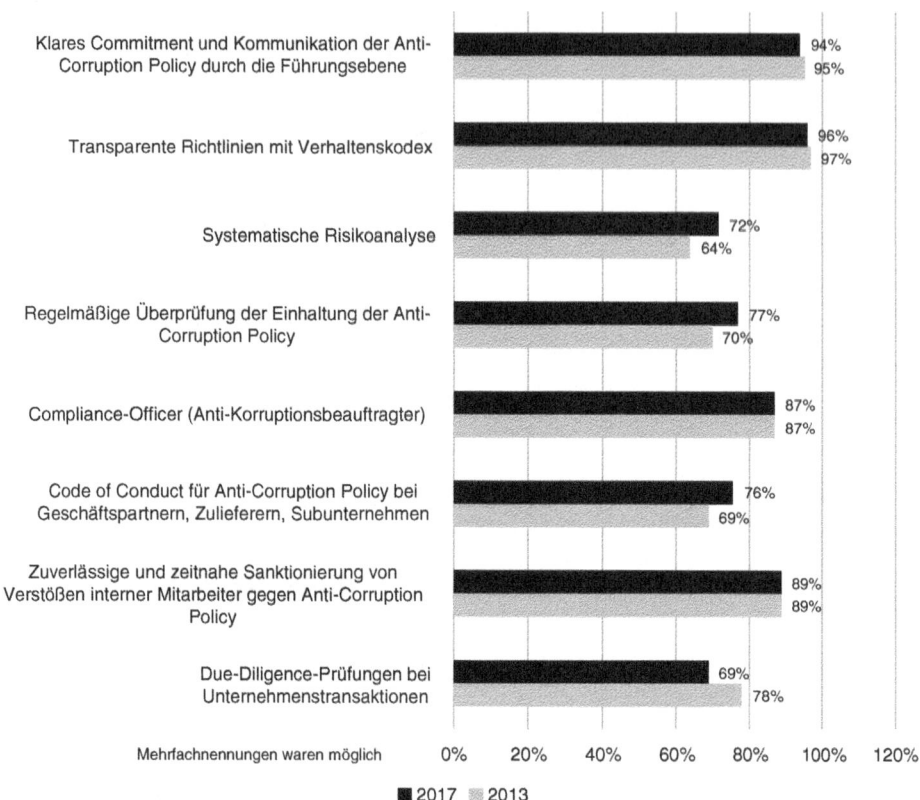

Klares Commitment und Kommunikation der Anti-Corruption Policy durch die Führungsebene — 94% / 95%

Transparente Richtlinien mit Verhaltenskodex — 96% / 97%

Systematische Risikoanalyse — 72% / 64%

Regelmäßige Überprüfung der Einhaltung der Anti-Corruption Policy — 77% / 70%

Compliance-Officer (Anti-Korruptionsbeauftragter) — 87% / 87%

Code of Conduct für Anti-Corruption Policy bei Geschäftspartnern, Zulieferern, Subunternehmen — 76% / 69%

Zuverlässige und zeitnahe Sanktionierung von Verstößen interner Mitarbeiter gegen Anti-Corruption Policy — 89% / 89%

Due-Diligence-Prüfungen bei Unternehmenstransaktionen — 69% / 78%

Mehrfachnennungen waren möglich   0%   20%   40%   60%   80%   100%   120%

■ 2017   ▨ 2013

Abb. 3.13 Verbreitung der Anti-Korruptionsmaßnahmen. (Quelle: PwC 2018, S. 42)

Allgemeine Entwicklungen

Gemäß einer Untersuchung bei 180 Compliance-Verantwortlichen aus großen Unternehmen in Deutschland wurden die Compliance-Strukturen sowie die internen Schulungsprogramme im Vergleich zu den Vorjahren kontinuierlich ausgebaut. Zu den wichtigsten Aufgaben von Compliance-Beauftragten zählen der Aufbau von Compliance-Prozessen und dazu gehörenden Richtlinien. 83 % verfügen über Compliance-Verhaltensrichtlinien. 71 % führen interne Compliance-Schulungen durch. Dem steht die Entwicklung einer rückläufigen Unterstützung seitens des Managements gegenüber. Deren Compliance-Bewusstsein wird geringer eingeschätzt als in den Vorjahren (vgl. CMS Compliance Barometer 2017).

88 % der in 2016 befragten Unternehmen haben klare Zuständigkeitsregelungen für die Koordination und Aufklärung von Verdachtsfällen und festgestellten Verstößen. Ablaufpläne und Checklisten für Krisenfälle sind in 78 % der Unternehmen vorhanden (vgl. CMS Compliance Barometer 2016). Trotz dieser Veränderungen fühlt sich nur etwa die Hälfte der Verantwortlichen gut gegen Compliance-Risiken gewappnet. Die internen Audits werden bei 70 % der Unternehmen unter Einbindung externer Berater

durchgeführt (vgl. CMS Compliance Barometer 2017). Bei den Prüfungen von Compliance Management-Systemen nutzten 2017 von 39 % der befragten Unternehmen den IDW PS 980. 31 % nutzten eine Zertifizierung nach ISO 19600. Als weitere Instrumente wurden qualitative (71 %) oder quantitative (42 %) Befragungen von Mitarbeitern oder Case Reports (61 %) angegeben. Mehrfachnennungen waren möglich (vgl. PwC 2018, S. 46). Deloitte unterstützt diesen Trend in einer Befragung von 356 Compliance-Verantwortlichen in 2018, um den Status quo von Compliance zu ergründen. Mit 44 % stützen sich viele Unternehmen auf den IDW PS 980 als Rahmenkonzept. Weiterhin werden hauptsächlich die Leitlinien zu UK Bribery Act, regulatorische Vorgaben für Finanzdienstleister, die ISO 19600, weitere branchenspezifische Kodices verwendet (vgl. Deloitte 2018). Eine Compliance-Risikonanalyse erfolgt zumeist jährlich (vgl. EY (Ernst & Young) 2016, S. 18). Dies kann als Professionalisierung von Compliance Management bewertet werden.

Hinweisgebersysteme haben sich weiter durchgesetzt. In 2017 verfügen 86 % der von PwC befragten Unternehmen über ein derartiges Instrument. Bei 79 % der Unternehmen wird es über interne Ansprechpartner organisiert. 57 % der Unternehmen verfügen über eine Telefonhotline. 35 % der Unternehmen nutzen ein webbasiertes System bzw. ein Internetsystem. 29 % der Unternehmen greifen auf einen externen Ansprechpartner als Ombudsperson zu. (vgl. PwC 2018, S. 44 f.).

Weitere eingesetzte Instrumente
Zu den einzelnen Maßnahmen, die von 500 befragten Unternehmen im Jahr 2016 im Compliance Management eingesetzt werden, zählen (vgl. KPMG 2016):

- Die Definition von Verhaltensgrundsätzen und Leitlinien im Unternehmen (86 %)
- Ein systematisches Erfassen und Bewerten besonders schützenswerter Daten bzw. Informationen (77 %)
- Definition einer verantwortlichen Person bzw. eines Ansprechpartners im Unternehmen für Fragen zu möglicherweise wirtschaftskriminellen Handlungen (75 %)
- Sichtbare Organisationsstruktur mit Compliance-Verantwortung (72 %)
- Schulungen respektive Kommunikation zur Vermeidung wirtschaftskrimineller Handlungen (71 %)
- Überprüfung von Geschäftspartnern und/oder Lieferanten hinsichtlich ihrer Integrität (67 %)
- Systematische Erfassung und Bewertung von Risiken aus wirtschaftskriminellen Handlungen im Rahmen des Risikomanagements (65 %)
- Hinweisgebermöglichkeit für Unternehmensangehörige (65 %)
- Regelmäßige Wirksamkeitsprüfung des Compliance Management Systems (58 %)
- Überprüfung von Bewerbern vor der Einstellung hinsichtlich ihrer Integrität (53 %)
- Verbot von privater Nutzung des E-Mail-Systems im Unternehmen (45 %)
- Systemtische Erfassung von Frühwarnindikatoren (40 %)
- Integritätskriterien als Teil der Zielvereinbarung von Führungskräften (35 %)

Externe und interne Kommunikation

Ernst & Young zeigte in einer Studie auf, dass die Berichterstattung an die Unternehmensführung (Geschäftsleitung und Aufsichtsrat bzw. Beirat) zumeist quartalsweise erfolgt. Folgende Elemente werden standardmäßig erfasst (vgl. EY (Ernst & Young) 2016, in der Reihenfolge der Häufigkeit):

- Signifikante Compliance-Verstöße
- Aktuelle Compliance-Themen
- Statistiken zu Compliance-Schulungen
- Compliance-Risiken und Ergebnisse der Risikoanalyse
- Status-Implementierung und Verbesserungsvorschläge
- Statistiken zum Hinweisgebersystem
- Ergebnisse und Statistiken zu anlassunabhängigen Compliance-Prüfungen
- Ressourcenausstattung (Budget, Personal)
- Statistiken zu Geschäftspartner-Compliance
- Maßnahmen zur Verbesserung und Förderung von CSR

Zu den möglichen Compliance-Kommunikationsmaßnahmen zählen (vgl. EY (Ernst & Young) 2016, S. 24):

- Die Bereitstellung eines Code of Conduct (z. B. im Intranet und im Internet)
- Compliance-Website im Intranet
- Verteilung eines Code of Coduct-Exemplars an alle Mitarbeiter in gedruckter oder elektronischer Form
- Compliance-Berichterstattung (z. B. jährlich im Geschäftsbericht)
- Regelmäßige Compliance-Beiträge im Intranet
- Brief mit einer Stellungnahme der Unternehmensleitung zum Code of Conduct
- Merkblätter zu Compliance
- Regelmäßige Compliance-Beiträge in einer Mitarbeiterzeitschrift
- Aushänge und Poster zum Code of Conduct oder zu Compliance-Themen an allen Standorten
- Auslage gedruckter Codelof Conduct-Exemplare im Unternehmen (z. B. im Empfangsbereich, in Sitzungszimmern)
- Regelmäßige Compliance-Newsletter
- Apps und Podcasts

Die Kommunikation von Compliance-Verstößen erfolgt zumeist als Teil einer Compliance-Berichterstattung an interne Gremien. Ausgewählte Compliance-Verstöße werden im Rahmen von Schulungsmaßnahmen mit Mitarbeitern erörtert. In aggregierter Form fließen sie bei wenigen Unternehmen in den Geschäftsbericht ein (vgl. EY (Ernst & Young) 2016, S. 40 f.).

Ein Richtlinienwesen unterstützt Unternehmen im Umgang mit der wachsenden Vielfalt an nationalen und internationalen Regelungen. Ein systematisches Richtlinienmanagement kann sich dabei als hilfreich erweisen, um Inkonsistenzen zu vermeiden. Der Umgang mit Richtlinien wird in der Unternehmenspraxis unterschiedlich gehandhabt. Eine Befragung von 55 Unternehmen aus verschiedenen Branchen zeigte, dass das Richtlinienmanagement durchaus als wichtig für die Gewährleistung der Sorgfaltspflicht angesehen wird. Es kann bei der Reduktion von Risiken unterstützen, indem es zunächst aufklärend wirkt. Zudem unterstützt es beim Aufdecken von Verstößen. Die Einhaltung von Richtlinien liegt oftmals im Aufgabenbereich des internen Audits, aber auch des Compliance-Beauftragten, des externen Audits (im Rahmen von freiwilligen und Pflichtprüfungen) oder des Risikomanagements. Im Durchschnitt existieren 25 bis 50 Richtlinien. Diese berühren insbesondere die Bereiche IT und Datenschutz, Finanzen und Investitionen, Vertretungs- und Zeichnungsbefugnisse, aber auch Einkauf, Lieferanten, Arbeitssicherheit und Personal (vgl. PwC 2015).

Zu den häufigsten Richtlinien zählen (vgl. EY (Ernst & Young) 2016, S. 21):

- Verhaltenskodex (Code of Conduct)
- Richtlinien für Geschenke und Einladungen
- Richtlinien zur Nutzung von IT und Unternehmensdaten
- Richtlinien für kartell- und wettbewerbsrechtliche Fragen
- Antikorruptionsrichtlinien
- Richtlinien zum Umgang mit Geschäftspartnern aus dem öffentlichen Sektor
- Richtlinien zur Bearbeitung von Hinweisen auf Compliance-Verstöße

▶ Neben effektiven Prozessen und Kontrollen schützt nur die Integrität der eigenen Mitarbeiter vor Unternehmensschäden durch deren Fehlverhalten oder auch das Beobachten von Fehlverhalten anderer. Erfolgreiche Unternehmen in der Zukunft werden an der Integrität ihrer Mitarbeiter gemessen und nicht an der Komplexität ihrer Regelwerke (vgl. EY (Ernst & Young) 2016, S. 23).

Rolle von Kunden und Lieferanten

Die gestiegene externe Berichterstattung, aber auch gestiegene Anforderungen verweisen auf die wertschöpfungskettenübergreifende Sicht auf Compliance Management. Die Zusammenarbeit wird auch in rechtlicher Sicht transparenter und intensiviert.

Deloitte befragte 356 Compliance-Verantwortliche in 2018, um den Status quo von Compliance zu ergründen. Es zeigte sich, dass neben den öffentlichen und staatlichen Unternehmen und Organisationen ein besonders großes Interesse durch andere privatwirtschaftliche Unternehmen im B2B-Bereich und weniger im B2C-Bereich an die Unternehmen herangetragen wird. Folgende Nachweisstandards erbringen die Unternehmen gegenüber ihren Kunden oder fordern sie ein (vgl. Deloitte 2018, S. 21):

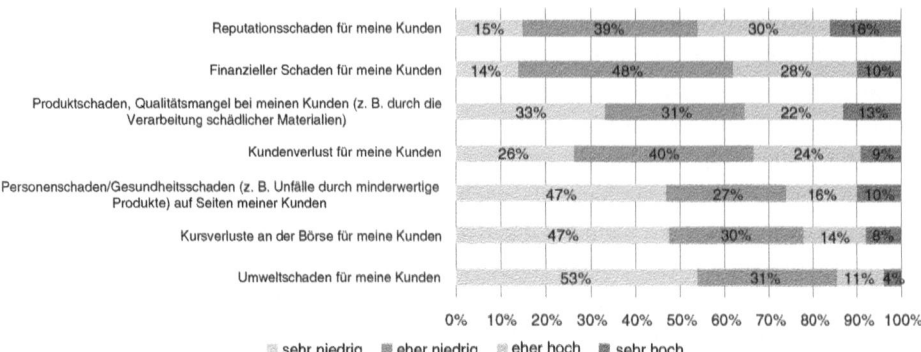

Abb. 3.14 Geschätztes Schadensausmaß von Compliance-Verstößen eines Unternehmens bei seinen Kunden. (Quelle: Eigene Darstellung in Anlehnung an Deloitte 2018, S. 25)

- Verpflichtungserklärung zu Compliance-Standards (z. B. Verhaltenskodex für Lieferanten)
- Rechtlich Nachweispflichten (z. B. Datenschutz)
- Vertragsklauseln in Kundenverträgen (z. B. Prüfrechte)
- Offenlegung von Compliance-Dokumentation
- Begehung/Compliance-Due-Diligence-Prüfungen durch den Kunden
- Zertifizierung (z. B. IDW PS 980, TÜV, ISO)
- Gütesiegel

Die Unternehmen bedenken auch Konsequenzen von Compliance-Verstößen für ihre Kunden. Das potenzielle Schadensausmaß durch Compliance-Verstöße eines Unternehmens bei seinen Kunden wird wie in Abb. 3.14 eingeschätzt (vgl. Deloitte 2018, S. 25).

Ein großer Anteil der Unternehmen erwartet von ihren Lieferanten und Dienstleistern, dass sie über ein Compliance Management-System verfügen (vgl. Abb. 3.15). Dies zeigt an, dass Compliance Management auch durch den Markt vorangetrieben wird. Auch dadurch wird Compliance Management zu einem größenunabhängigen Konzept, das auch im Mittelstand zum Standard werden wird. Die Wichtigkeit eines Compliance Management-Systems bei Dienstleistern wird insbesondere von den großen Unternehmen als wichtig erachtet. Von allen Unternehmen werden im Geschäftsalltag mittlerweile an die Lieferanten und Dienstleister gewisse Konditionen gestellt. Diese Verpflichtungen an die Lieferanten und Dienstleister sind bei größeren Unternehmen stärker verankert. Aber auch kleinere und mittlere Unternehmen etablieren zunehmend derartige Instrumente (vgl. PwC 2018, S. 34 f.).

Organisationale Verankerung und Budgets
Der Anteil von Unternehmen mit eigener Compliance-Abteilung ist gestiegen. Während 2015 lediglich 28 % über eine derartige Abteilung verfügten, stieg der Anteil bis auf 40 % an. Damit verlagert sich die Funktion der Compliance-Tätigkeiten aus den Bereichen

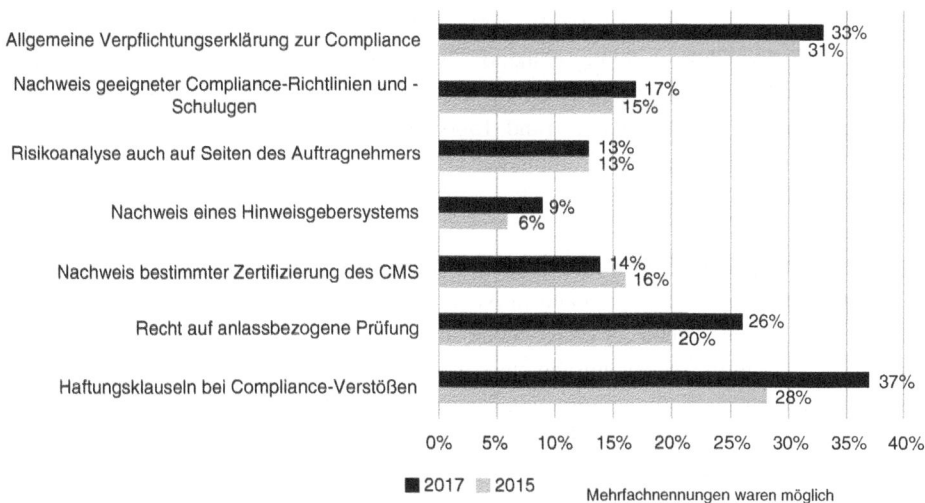

Abb. 3.15 CMS: Erwartungen der Unternehmen an ihre Dienstleister. (Quelle: Eigene Darstellung in Anlehnung an PwC 2018, S. 34)

Controlling, Recht und Risikomanagement in eine Compliance-Abteilung. Parallel verändert sich die organisationale Verankerung des Risikomanagements. 25 % der Compliance-Abteilungen sind auch für das Risikomanagement zuständig. (vgl. CMS Compliance Barometer 2017).

Die Überwachungsfunktionen sind unterschiedlich organisiert. Mehrheitlich werden zentrale und dezentrale Ansätze kombiniert. Zentrale Ansätze folgen in der Häufigkeit und in nur wenigen Fällen wird auf eine rein dezentrale Überwachung vertraut (vgl. KPMG 2015, S. 9).

Ernst & Young befragte Unternehmen in Deutschland, Österreich und der Schweiz hinsichtlich der Compliance-Organisation. Da keine Stichprobengröße bereitgestellt wurde, kann nicht von einer Repräsentativität der Studie ausgegangen werden. Die Ergebnisse können nur als Trend bewertet werden. Bei der Hälfte der Unternehmen existiert ein Ethik- und Compliance-Programm seit mehr als fünf Jahren. Dieser Bereich ist oftmals der Rechtsabteilung angegliedert oder wird als unabhängige Abteilung geführt. In wenigen Fällen ist sie der internen Revision, dem Risikomanagement, dem Finanz- und Rechnungswesen oder gar der Personalabteilung zugeordnet. Mehrheitlich sind ein bis fünf Personen in der zentralen Compliance-Abteilung beschäftigt (vgl. EY (Ernst & Young) 2016).

Die Compliance Budgets liegen bei den befragten Unternehmen im Durchschnitt bei 1,9 Mio. €. Hierbei bestehen starke Schwankungen in Abhängigkeit von der Unternehmensgröße. So zeigt sich bei Unternehmen mit mehr als 10.000 Mitarbeitern ein durchschnittliches Budget von 7,41 Mio. €, während Unternehmen mit 500–999 Mitarbeitern lediglich ein durchschnittliches Budget von 0,38 Mio. aufweisen. Die Ausstattung an Personal- und Sachmitteln wurde in 55 % der Unternehmen leicht oder deutlich aufgestockt.

Bei 43 % der Unternehmen ist die Ausstattung unverändert. Bei 2 % der Unternehmen wurden die Aufwendungen leicht reduziert. Dieser Trend kann größenunabhängig beobachtet werden. Die personelle Aufstockung von Compliance Management-Systemen führt dazu, dass im Durchschnitt heute rund 1500 Mitarbeiter auf eine Vollzeitstelle eines Compliance-Beauftragten bzw. Compliance-Officers kommt. Vier Jahre zuvor lag dieser Wert noch bei 2400 Mitarbeitern (vgl. PwC 2018, S. 28 f.).

Aktuelle Herausforderungen und nächste Schritte
Eine Einschätzung der Unternehmenspraxis zu den Herausforderungen im Compliance Management betont aktuell an erster Stelle die Förderung von Compliance-Kultur. An zweiter Stelle folgt die Sicherstellung einer wirksamen Compliance-Kommunikation. An dritter Stelle werden eine Integration von Compliance in und Harmonisierung mit vorhandenen Organisationsstrukturen sowie das Verfolgen der Veränderungsdynamik von Compliance-Risiken benannt. Zukünftige Herausforderungen werden von der Digitalisierung geprägt. Als wichtigste zukünftige Herausforderung gilt Big Data und dessen Anwendbarkeit im Compliance Management. Als zweite zukünftige Herausforderung werden ein kontinuierliches Monitoring von Compliance-Prozessen mittels Key Risk Indicators sowie die Digitalisierung und Automatisierung von Compliance-Prozessen und Compliance-Maßnahmen angesehen. Als weitere wichtige zukünftige Herausforderung wird die Digitalisierung der Wertschöpfungskette angesehen.

Als größte Herausforderung für die Compliance-Beauftragten bzw. die Compliance-Manager werden die Mitarbeiter in den Unternehmen angegeben. Für 86 % der Befragten stellt es die hervorstechende Aufgabe dar, bei Mitarbeitern und Unternehmensleitung ein echtes Bewusstsein und eine Akzeptanz für Compliance zu schaffen (vgl. CMS Compliance Barometer 2016).

Schulungsmaßnahmen können Führungskräfte und Mitarbeiter dazu sensibilisieren. Normen, Prinzipien und Unternehmenswerte können über Schulungen vermittelt werden. Eine Vielzahl an unterschiedlichen Schulungsmaßnahmen in verschiedenen Themenfeldern ist möglich. Hierbei sind insbesondere Schulungen zu Antikorruption, zu Datenschutz und Datensicherheit, zu Kartell- und Wettbewerbsrecht, Basisschulungen um einen Überblick zu geben, Schulungen für die Mitglieder der Geschäftsführung bzw. der Geschäftsführung in Tochtergesellschaften oder auch für Aufsichtsratmitglieder, Schulungen im Umgang mit neuen elektronischen Medien, Schulungen zu Antidiskriminierung, Gleichstellung, Diversity, Belästigung am Arbeitsplatz/Mobbing, Schulungen im Umgang mit Hinweisgebersystemen, im Umgang mit Compliance-Verstößen, Schulungen zum Verbot von Insidergeschäften, zu Außenwirtschaftsgesetzen, zu ethischen Dilemma-Situationen und vieles mehr zu nennen (vgl. EY (Ernst & Young) 2016, S. 27 ff.).

Neben einem Aufbau und Ausbau von Compliance Management werden in der Unternehmenspraxis Schwächen des Ansatzes überwunden. Im Rahmen von Experteninterviews wurden dabei folgende Punkte benannt (vgl. PwC 2018, S. 26 f.). Kommunikationsprobleme sollen überwunden werden, indem die Art der Informationsvermittlung vereinfacht und friktionslos in den Alltag integriert wird. Eine mangelnde Konsistenz von

Regelungen kann über eine integrierte Software aufgelöst werden. Die Integration in Geschäftsprozesse soll zudem verstärkt werden. Die Umsetzung in global agierenden Unternehmen muss IT-basiert verbessert und standardisiert werden. Letztlich muss eine Wahrnehmung für die Bedeutung von und den Handlungsbedarf im Compliance Management gestärkt werden.

Zur Vertiefung setzen Sie sich bitte mit folgenden Fragen auseinander

1. Wie wird sich die Bedeutung von Compliance Management für Unternehmen jeder Größe und Rechtsform entwickeln?
2. Wie wird sich die Rolle der externen Marktpartner im Compliance Management verändern?
3. Vermuten Sie ein Ausbreiten von Whistleblowing-Systemen bis hin zu einem neuen Standard? Bitte begründen Sie Ihre Aussage.
4. Wie prognostizieren Sie langfristig die übliche organisationale Verankerung in großen bzw. kleinen Unternehmen?

3.4   Compliance Management in kleinen und mittelständischen Unternehmen

Compliance Management hat sich als Ansatz zur Minderung und Vermeidung des Fehlverhaltens und seiner schädlichen Konsequenzen herausgebildet. Als Konzept der Großen hat es sich in den letzten Jahren zusehends etabliert. Im Mittelstand oder auch in Klein- und Kleinstunternehmen erfolgt eine Umsetzung dieses Konzeptes in geringerem Maße. Es wird nicht von allen kleinen Unternehmen und Mittelständlern eingesetzt. Die anwendenden Unternehmen implementieren ein Compliance Management oftmals nicht umfassend, sondern nur partiell, ohne das innewohnende Potenzial umfänglich auszuschöpfen (vgl. Kreipl 2015, S. 1, zu Grundlagen kleiner und mittelständischer Unternehmen siehe Kap. 2.5).

Der Mittelstand unterschätzt gemäß einer Befragung in 2016 die Compliance-Risiken, wenngleich ein zum Vorjahr angestiegenes Bewusstsein zu verzeichnen ist. Der Mittelstand misst den Themen Korruption und Kartellrecht wenig Bedeutung bei, auch wenn dort durchaus große Risiken liegen (vgl. CMS Compliance Barometer 2016). Die beobachteten Schäden werden nachfolgend skizziert. Weiterhin wird erörtert, warum Compliance Management für kleine und mittelständische Unternehmen dennoch von Bedeutung sein kann. Aufbauend auf diese Argumente werden die Ausgestaltung und deren Status quo im Mittelstand betrachtet.

Mögliche Schäden und Schadensausmaß von Wirtschaftskriminalität in KMUs
Um eine bessere Einschätzung von Fallzahlen und vom Ausmaß von Wirtschaftskriminalität in KMUs zu erlangen, wurde eine Reihe an Studien zu rechtlichem und ökonomischem Fehlverhalten in Großunternehmen ebenso wie im Mittelstand durchgeführt. Diese betrachten die Relevanz des Themas für den Mittelstand, Arten und Ausmaß einzelner

Delikte, Tätergruppen und betroffene Unternehmensbereiche sowie (Gegen-)Maßnahmen. Bei den Studien handelt es sich oftmals um qualitative Befragungen von Unternehmen in unterschiedlich großer Stichprobe. Aufgrund der Verschiedenartigkeit kleiner und mittelständischer Unternehmen sollten die Ergebnisse nicht als repräsentative Erkenntnisse, sondern als Tendenzaussagen verstanden werden. Nachfolgend werden ausgewählte Kernergebnisse dieser Studien aufgeführt (vgl. Deloitte 2011; KPMG 2012, 2013, 2014; PwC 2014, sowie im Überblick Schweikert 2014).

Gemäß KPMG kann Wirtschaftskriminalität alle Unternehmen betreffen, unabhängig von Größe und Gesellschaftsform. Der KPMG-Studie von 2012 zufolge waren im Zeitraum von 2010 bis 2011 allerdings nur 24 % der mittelständischen Unternehmen nach eigenen Angaben betroffen. Hierbei wurde mehr als die Hälfte der Unternehmen mit mindestens zwei Delikten gleichzeitig und mehr als zweimal im Jahr konfrontiert (vgl. KPMG 2012, S. 11 f.; KPMG 2013). In der Tendenz lässt sich ein Anstieg des Anteils betroffener Unternehmen erkennen. Wenn man dies nicht auf ein grundlegendes Anwachsen des Fehlverhaltens zurückführt, kann ein verstärktes Problembewusstsein vermutet werden. Eine verstärkte Wahrnehmung der Thematik kann durch die Unternehmen selber, aber auch als Push-Effekt durch eine stärkere Aufmerksamkeit von Behörden und Öffentlichkeit ausgelöst werden.

Wirtschaftsdelikte führen zu einem berichteten Schaden von 300.000 Euro jährlich bei den betroffenen kleinen und mittelständischen Unternehmen (vgl. KPMG 2013). Die häufigsten Delikte fallen in den Bereich Diebstahl/Unterschlagung, Betrug/Untreue sowie Datendiebstahl/Datenmissbrauch. Die durchschnittliche Schadenshöhe der einzelnen Deliktarten variiert. Mit durchschnittlich ca. 23.000 Euro schlagen bei den untersuchten KMUs Delikte im Bereich Betrug und Untreue insbesondere stark zu Buche. Straftaten im Feld der Diebstähle und Unterschlagungen kosten im Mittel 16.000 Euro (vgl. KPMG 2012, 2013). Eine Untersuchung der Situation in Österreich unterstützt dies. Dort werden insbesondere Fälle von Diebstahl und Unterschlagung, aber auch Betrug/Untreue, Verletzung von Geschäfts- und Betriebsgeheimnissen, Datendiebstahl/Datenmissbrauch, Geldwäsche, Manipulation von jahresabschlussrelevanten Informationen sowie Verletzungen von Schutz- und Urheberrechten verzeichnet (vgl. KPMG 2012, 2013). Gemäß einer Studie von PwC in der Versicherungsbranche aus 2013 wird dort Korruption als erhebliches Risiko bewertet (vgl. PwC 2014, S. 15).

Zu den Schäden durch Wirtschaftskriminalität zählen allerdings nicht nur rechtliche Probleme und finanzielle Einbußen. Auch Imageschädigungen und daraus abgeleitete Probleme sind zu verzeichnen. Als indirekte Schäden in deutschen Großunternehmen nennen die Verantwortlichen für Kriminalprävention und -aufklärung gemäß einer Befragung von PwC und der Universität München vorrangig Beeinträchtigungen der Geschäftsbeziehungen und Reputationsverlust, aber auch den Rückgang der Arbeitsmoral, Beeinträchtigung der Beziehung zu Behörden sowie den Rückgang des Aktienkurses bei börsennotierten Unternehmen (vgl. PwC 2014). Dies gilt gleichermaßen für kleine und mittelständische Unternehmen.

Bedeutung von Compliance Management für KMUs

Die vorangegangenen Ausführungen zeigen auf, dass Wirtschaftskriminalität ein relevanter Faktor für kleine und mittelständische Unternehmen ist. „Sie sind genauso wie Großunternehmen von dolosen Handlungen betroffen, auch wenn Vorfälle bei Großunternehmen eine größere mediale Aufmerksamkeit erhalten" (Behringer 2012, S. 28). Wenngleich die erwähnten Schadenssummen geringer zu sein scheinen als bei den großen Unternehmen, so können sie bereits starke wettbewerbs-, wenn nicht gar existenzgefährdende Konsequenzen haben.

Die in Abschn. 2.5 beschriebenen qualitativen Merkmale von KMUs weisen bereits auf eine mögliche bislang nachrangige Bedeutung im Umgang mit Konzepten zur Vermeidung rechtlichen und ökonomischen Fehlverhaltens hin. Oftmals handelt es sich bei der Unternehmensleitung um Personen mit einem technisch orientierten Hintergrund (vgl. von Ahsen et al. 2010, S. 2). Instrumenten der Unternehmensführung wird von diesem Personenkreis weniger Bedeutung beigemessen. Durch die persönliche Nähe zu den Mitarbeitern erwächst Vertrauen des Unternehmensleiters in seine Mitarbeiter einerseits, aber andererseits auch eine starke Identifikation und Bindung der Mitarbeiter an das Unternehmen. Dies steht einem Fehlverhalten entgegen, was den Einsatz entsprechender Vermeidungs-Instrumente zunächst obsolet erscheinen lässt. Entscheidungen zur Allokation der begrenzten finanziellen und personellen Ressourcen werden im Hinblick auf das Kerngeschäft getroffen. Da es nur wenige Mitarbeiter gibt, fokussieren diese sich auf das Kerngeschäft und üben möglicherweise mehrere Funktionen auch in Personalunion aus. Eine Verantwortlichkeit für Instrumente zur Steuerung rechtlichen und ökonomischen Fehlverhaltens im Unternehmen müsste ein Mitarbeiter oder der Unternehmensleiter noch zusätzlich übernehmen. Dies kann ein Zeitproblem mit sich bringen sowie zu einem Kompetenzproblem führen.

Dennoch sollte die Relevanz von Compliance Management nicht unterschätzt werden. Für kleine und mittelständische Unternehmen besteht zunächst keine gesetzliche Verpflichtung zur Einrichtung eines Compliance-Managements. Der Governance Kodex für Familienunternehmen (GK) benennt als eine der Aufgaben der Unternehmensführung in Abschn. 4.1.2 die „Einhaltung der gesetzlichen Bestimmungen und der unternehmensinternen Richtlinien (Compliance) sowie … ein angemessenes Chancen- und Risikomanagement im Unternehmen in Übereinstimmung mit den Werten und Zielen der Inhaber" (Kommission Governance Kodex für Familienunternehmen 2015, S. 22). Dieser Kodex ist allerdings nicht rechtsverbindlich.

Grundsätzlich ist die Kenntnis der unternehmensrelevanten Ge- und Verbote für die Führung der Geschäfte fundamental. Zu den Pflichten der Geschäftsleitung zählt zunächst eine allgemeine Sorgfalts- und Treuepflicht. Weiterhin fallen Überwachungs- und Risikokontrollpflichten in den Aufgabenbereich der Geschäftsführung. Diese können um Buchführungs- und Bilanzierungspflichten, aber auch um gesellschaftsrechtliche und öffentlich-rechtliche Pflichten ergänzt werden (vgl. Vetter 2008, S. 48 ff.). Dies findet sich beispielsweise in § 43 GmbHG, demzufolge die Pflicht des Geschäftsführers darin liegt, die „Sorgfalt eines ordentlichen Geschäftsmannes anzuwenden". § 130 OWiG unterstützt dies durch die Regelung der Aufsichtspflicht von Unternehmern.

Die Vielzahl an Pflichten erfordert die Kenntnis einer Fülle zu beachtender Gesetze und Regelungen, die zudem einem ständigen Wandel unterzogen sein können. Hieraus erwächst der Bedarf an einem Konzept, welches die Geschäftsführung in ihrer Pflichterfüllung unterstützt. Daher empfiehlt sich trotz der fehlenden gesetzlichen Verpflichtung deren freiwillige Einrichtung (vgl. Kreipl 2015).

Ein zusätzlicher finanzieller und personeller Aufwand für Konzepte zur Vermeidung rechtlichen und ökonomischen Fehlverhaltens wird dann akzeptabel, wenn dem Unternehmen daraus ein nachvollziehbarer Nutzen entsteht. Aufgrund des geringeren Vermögens kleiner und mittlerer Unternehmen sind die Schäden zwar möglicherweise absolut gesehen geringer als in Konzernen. Dennoch können auch geringe finanzielle Einbußen die Investitions- bzw. Zahlungskraft der Unternehmen erheblich beeinträchtigen. Dies begründet die Analyse des Ausmaßes an Schäden durch rechtliches und ökonomisches Fehlverhalten in KMUs und eine Fokussierung von Fehlverhalten mit hohem Schadensausmaß (vgl. Kreipl 2015).

Die Reichweite der Compliance-Risiken erstreckt sich auf die gesamte Wertschöpfungskette und integriert dabei auch Marktpartner. Wenn Konzerne diesen Weg verfolgen, dann werden die Compliance-Anforderungen der Konzerne auch auf die kleinen und mittelständischen Unternehmen in der Wertschöpfungskette übertragen (vgl. Berndt 2014, S. 19). Spätestens dann müssen KMUs sich mit Compliance Management auseinandersetzen. Die Implementierung eines Compliance Management-Systems kann somit aufgrund einer freiwilligen Selbstverpflichtung zur Realisierung des Erfolgspotenzials oder auch als Reaktion auf die Anforderungen von Partnerunternehmen aus dem Konzernbereich erfolgen.

Umsetzung von Compliance Management in KMUs
Es besteht eine Reihe von Möglichkeiten zur organisationalen Ausgestaltung von Compliance in KMUs. So kann zunächst der Unternehmer selber die Aufgabe des Compliance-Beauftragten übernehmen. Weiterhin kann er einen Compliance-Officer bestellen. Dazu kann ein Mitarbeiter aus dem eigenen Unternehmen gewählt werden. Alternativ kann die Compliance-Funktion auch in Form eines Outsourcings einer externen Vertrauensperson übertragen werden, beispielsweise einem Anwalt oder einem Steuerberater (vgl. Behringer und Reusch 2012, S. 238 ff.). Die Verantwortung verbleibt dabei allerdings bei der Unternehmensleitung und damit im Unternehmen. Dennoch hat eine derartige Vorgehensweise Vorteile. Neben der Vermeidung von zusätzlichen internen zeitlichen Belastungen kann eine Person mit Erfahrung in diesem Gebiet für die Aufgabe gewonnen werden. Neutralität und Objektivität können weitere Vorteile dieser Lösung darstellen.

Sollten kleine und mittelständische Unternehmen ein Compliance Management-System implementieren wollen, so müssen sie vor allem knappere Ressourcen bei der Umsetzung berücksichtigen. Dies fordert insbesondere effektive und effiziente Schritte in Form von verständlichen, auf ein notwendiges Maß begrenzten Aktivitäten. Durch die einfacheren Strukturen von KMUs sowie die Nähe des Eigners zum Kerngeschäft und zu den einzelnen Mitarbeitern wird das Schaffen einer Compliance-Kultur erleichtert (vgl. Uhlig 2012, S. 29). Die Heterogenität von Größe, Leistungsprogramm und Unternehmenskultur innerhalb der KMUs verstärkt die Forderung nach einem maßgeschneiderten Compliance Management. Um Compliance Management erfolgsträchtig zu etablieren, muss aber auch die Forderung nach einer umfassenden Einbindung in den Gesamtunternehmenskontext erfüllt werden. Dies kann vereinfacht werden durch die Personaleinheit von Eigner und Unternehmensleiter sowie eine überschaubare Anzahl an Mitarbeitern. Durch die lange Amtszeit der Unternehmensführung und eine dadurch starke langfristige Ausrichtung besteht in kleinen und mittleren Unternehmen mehr Raum für langfristige Konzepte, was die Implementierung eines Compliance Managements begünstigen kann (vgl. Kreipl 2015).

▶ Durch die räumliche Nähe und flache Hierarchien besteht mehr Raum für Transparenz, Verantwortungen sind geregelt und mit Personen verbunden. Hieraus entsteht Vertrauen. Die Notwendigkeit eines systematischen Vertrauensaufbaus durch mehr Transparenz und zusätzlich geregelte Verantwortlichkeiten wird als weniger wichtig erachtet.

Status quo von Compliance Management im Mittelstand
Die Sensibilität für die generelle Betroffenheit von wirtschaftsrechtlichen Beeinträchtigungen wird in Deutschland mit 67 % als recht hoch eingeschätzt. 31 % der Unternehmen vermuten einen Anstieg des Risikos in den vergangenen Jahren. Dennoch wird das Risiko, selbst betroffen zu sein, nur gering eingeschätzt. Die deliktspezifische Wahrnehmung ist hingegen weitaus höher. Die Risikoeinschätzung ist gemäß KPMG bedenklich, da sie nicht mit den tatsächlichen Schadenshöhen übereinstimmt. Darin verbirgt sich die Gefahr von nicht ausreichenden und ungeeigneten Präventionsmaßnahmen (vgl. KPMG 2012, S. 15 ff.; KPMG 2014, S. 9 ff.). Dies bekräftigt eine Untersuchung der KfW, welche aufzeigt, dass die Stärke der Wettbewerbsbeeinträchtigung durch Korruption von deutschen Mittelständlern im internationalen Vergleich als gering eingestuft wird (vgl. Kreditanstalt für Wiederaufbau 2014).

Obwohl die Risiken unterschätzt werden, beschäftigen sich gemäß einer Deloitte-Studie von 2011 bereits 85 % der befragten KMUs persönlich mit Compliance als Konzept zur Verhinderung von Fehlverhalten im Unternehmen. Allerdings existiert nur bei 48 % der befragten Personen ein systematisches Compliance Management im Unternehmen (vgl. Deloitte 2011, S. 8).

Das dem Konzept innewohnende Potenzial wird bislang nur von wenigen kleinen und mittelständischen Unternehmen realisiert. Gemäß der Deloitte-Studie haben knapp die Hälfte der befragten KMUs ein Compliance Management eingerichtet (vgl. Deloitte 2011, S. 21).

Der Studie von 2011 zufolge bewerten 90,2 % der befragten Mittelständler das Einhalten gesetzlicher Vorgaben als relevant für Compliance-Aktivitäten. Ein Compliance-Verständnis,

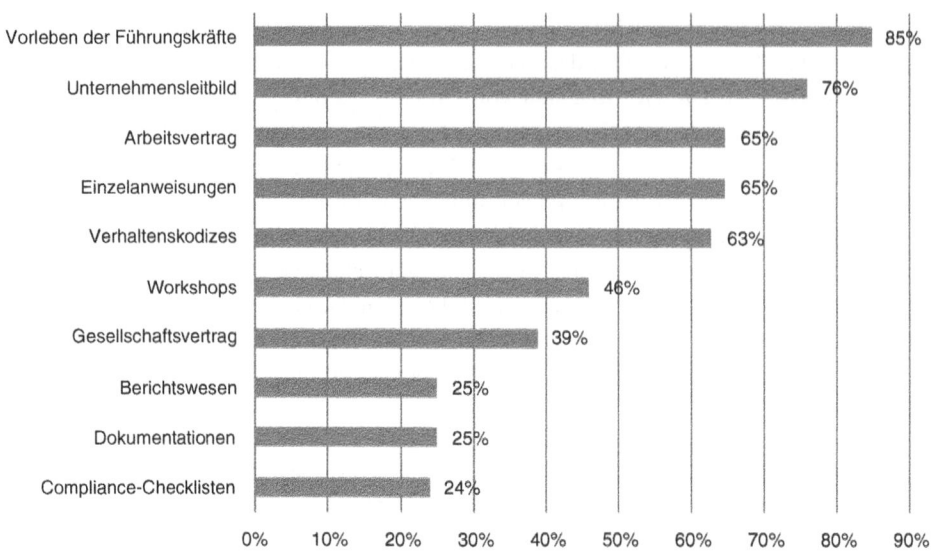

Abb. 3.16 Eingesetzte Compliance-Instrumente im Mittelstand. (Quelle: Deloitte 2011, S. 17)

welches sich über die Vermeidung persönlicher und Unternehmenshaftung hinausgeht, lag bei über 60 %. Im Einzelnen handelt es sich um die Gestaltung einer Unternehmenskultur (69,9 %), das Erstellen von Geschäftsordnungen/Satzungen (66,5 %), sonstige interne Verhaltensregeln (65,3 %), gesellschaftliche Werte und Normen (64,1 %) sowie Richtlinien/Standards (61,3 %) (vgl. Deloitte 2011, S. 9).

Die Mehrzahl der befragten KMUs nennt ein Vorleben der Führungskräfte als eingesetztes Compliance-Instrument. Insgesamt überwiegen Instrumente, die im Alltag mit überschaubarem Aufwand installiert werden können (vgl. Abb. 3.16). Ein Compliance-Officer als explizite Stelle existiert in etwa der Hälfte der befragten KMUs nicht. Wenn die Funktion eines Compliance-Beauftragten eingerichtet wird, so nimmt dieser in 83 % der Fälle noch weitere Aufgaben im Unternehmen wahr. Überwiegend wird diese Funktion als Stabstelle eingerichtet (63 %) (vgl. Deloitte 2011, S. 19).

Neben den etwa 50 % der kleinen und mittelständischen Unternehmen, welche bislang kein Compliance Management realisieren, steht die zweite Hälfte dieser Unternehmen, welche den Ansatz in seinen Grundzügen einsetzen. Hier besteht starkes Entwicklungspotenzial, bis das Compliance Management zum Teil der Unternehmensstrategie bzw. integrierter Bestandteil des Geschäfts wird und das innewohnende Potenzial umfänglich erschlossen werden kann.

Compliance Management hat in kleinen und mittelständischen Unternehmen noch nicht die Bedeutung erlangt, die ihm zusteht. Das Schadenspotenzial wird unterschätzt und das Vertrauen in Loyalität und Ehrlichkeit der Mitarbeiter erscheint sehr hoch. Damit kann postuliert werden, dass Compliance Management im Mittelstand noch über Wachstumspotenzial verfügt.

1. Wie schätzen Sie das Nutzenpotenzial von Compliance Management für den Mittelstand im Vergleich zu Großunternehmen ein?
2. Lässt sich ein Audit im Sinne des PS 980 im Mittelstand einsetzen? Ist dieser Einsatz sinnvoll?
3. Wie wird sich die Bedeutung von Compliance Management Ihrer Einschätzung nach in Zukunft entwickeln?

3.5 Die Auswirkung von Compliance Management auf den Unternehmenserfolg

Ziel des Compliance Management liegt in einem Vermeiden beziehungsweise Früherkennen von Fehlverhalten. Dadurch soll weitergehender Schaden vermieden werden. Insbesondere das Whistleblowing trägt dazu bei, Probleme und Fehlverhalten durch interne Stakeholder aufzudecken. Damit kann ein Unternehmen reagieren und Lösungen umsetzen, bevor die Verhaltensweise an die Öffentlichkeit tritt. Skandale werden von externen Stakeholdern somit nicht wahrgenommen und können nicht zu Imageschädigungen führen. Somit kann zunächst ein positiver Beitrag zum Unternehmenserfolg erwartet werden.

Die Schäden können hohe Ausmaße annehmen. Grundsätzlich lassen sich die finanziellen Folgen von Wirtschaftskriminalität nur bedingt beziffern. Der durchschnittliche Schaden berichteter Kosten belief sich auf 7,23 Mio. €. In größeren Unternehmen werden diese Schäden mit 24,38 Mio. € größer beziffert. Einzelfälle können dabei unkalkulierbare Ausmaße annehmen (vgl. PwC 2018; KPMG 2016). Unternehmen sind oftmals nicht in der Lage, Schadensummen zu benennen. So konnten die 500 in 2014 befragten Unternehmen lediglich für die Deliktsarten Korruption und Kartellrechtverstöße konkrete Schadenssummen angeben, und auch hier waren nur 26 % (im Falle der Korruptionen) bzw. 42 % (bei Kartellrechtsverstößen) der Unternehmen dazu in der Lage. Das Schadenspotenzial bei Geldwäsche wurde in 2016 von ebenfalls 500 befragten Unternehmen bewertet. 70 % der Unternehmen bezifferten das Schadenspotenzial zwischen 50.000 und 500.000 €, 15 % der Opfer von Geldwäsche benennen Gesamtschäden in Höhe von einer Mio. € oder mehr, in einem Einzelfall sogar in Höhe von 50 Mio. € (vgl. KPMG 2016, S. 13 ff.). Hierbei ist zu beachten, dass die Einschätzungen der Schadensummen subjektiv sind. Dennoch kann ein großes und in Einzelfällen existenzbedrohendes Ausmaß an Schäden aus den Angaben abgeleitet werden.

Neben den direkten finanziellen Schäden entstehen auch indirekte Beeinträchtigungen wie beispielsweise Schadenersatzforderungen, straf- bzw. bußgeldrechtliche Haftungsrisiken, Kosten für Rechtsverfahren, entgangener Gewinn oder auch Kosten zum Wiederaufbau von Reputation. Indirekter Nutzen lässt sich objektiv kaum quantifizieren. Die entgangenen Schäden durch Skandale, welche nicht an die Öffentlichkeit geraten oder Schäden, die aufgrund von Abschreckungswirkungen oder Schulungen zu korrektem Verhalten vermieden wurden, können schwer monetär bewertet werden. Eine Bewertung von vermiedenen Problemen durch Aufklärung und Prävention lässt sich nicht durchführen. Damit können die Auswirkungen auf den Unternehmenserfolg nicht abschließend monetär beziffert werden. Ein objektives Modell zum umfassenden Messen von Schadensausmaß existiert bislang nicht. Eine echte Erfolgsmessung ist nicht möglich. Weiterhin können Ansätze zur Nutzensteigerung nicht ökonomisch bewertet werden. So wird eine Verdopplung der Aufklärungsaktivtäten nicht zu einer Verdopplung vermiedener Skandale führen. Lediglich die Kosten des Compliance Management Systems lassen sich bewerten.

Das Betreiben von Compliance Management-Systemen ist mit Kosten verbunden. Diese umfassen im Kern die Personalkosten des Compliance Managers und seiner Mitarbeiter einschließlich benötigter Raum- und Sachmittelkosten. Monetärer Nutzen entsteht, wenn die Aufwendungen zum Errichten und Betreiben des Systems geringer sind als der Nutzen durch entgangene Schädigungen durch Fehlverhalten. Ein objektives Modell zum Bewerten dieser Kosten-Nutzen-Relation existiert bislang nicht.

Neben einer monetären Bewertung kann der Erfolg über Selbstauskünfte der Anwender ergründet werden. In einer Befragung von Compliance-Experten in 2017 gaben 37 % an, dass ihr vorhandenes Compliance-System die Höhe von Geldbußen positiv beeinflusst hat. In 43 % der Unternehmen wurde berichtet, dass die Verfahrenseinstellung bewirkt wurde. Compliance wird von den Unternehmen als Wettbewerbsvorteil eingestuft (vgl. Abb. 3.17). Auch in ihren Auslandsvertretungen wird über gute Erfahrungen berichtet, wenn auch in etwas geringerem Maße. Man kann daraus ableiten, dass auch internationale Märkte Compliance Management schätzen. Diese Einschätzungen treten in den größeren Unternehmen stärker zutage (vgl. PwC 2018, S. 53 ff.).

Daher kann das Nutzenpotenzial von Compliance Management abschließend als positiv bewertet werden. Möglichkeiten zur Steigerung des Nutzens sind sicherlich vorhanden: Die Effizienz des Compliance Management-Systems hin zu einem Lean Compliance Management (vgl. Boston Consulting Group 2012, S. 8) ist sicher möglich. Erfahrungs-

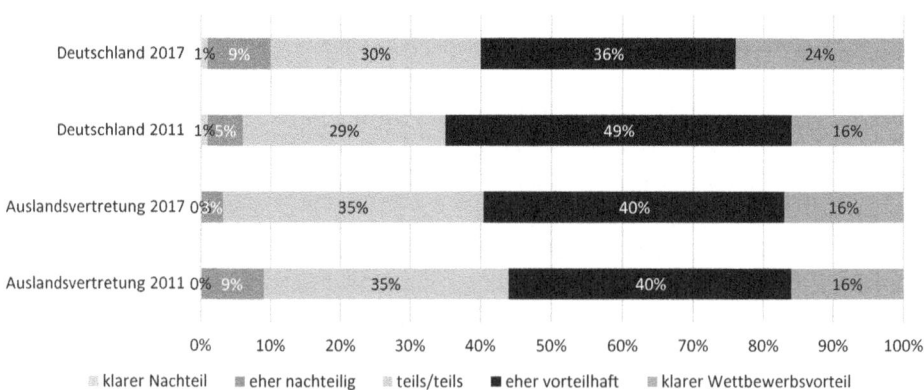

Abb. 3.17 Wahrnehmung von Compliance als Wettbewerbsvorteil. (Quelle: Eigene Darstellung in Anlehung an PwC 2018, S. 54)

wissen der Praktiker und Forschungsaktivitäten der Wissenschaftler werden dazu beitragen, die richtigen Instrumente in der richtigen Menge zur richtigen Zeit in ein unternehmensindividuell geeignetes Gesamtkonzept zu integrieren.

Ziel der Unternehmen muss es sein, zunächst ein funktionsfähiges Compliance Management-System zu errichten. In einem nächsten Schritt gilt es dann, das Compliance Management-System in seiner Effizienz zu steigern. Strukturen und Prozesse, aber auch die Verankerung von Compliance in der Unternehmenskultur können dann optimiert werden.

> **Zur Vertiefung der Ausführungen aus Abschn. 3.4 setzen Sie sich bitte mit folgenden Aufgabenstellungen auseinander**
>
> 1. Bitte listen Sie alle Kostenarten eines Compliance Management-Systems auf.
> 2. Bitte listen Sie alle tangiblen und intangiblen Schadensarten von Compliance-Fehlverhalten auf.
> 3. Stellen Sie diese gegenüber und diskutieren Sie, ob und ab welchem Punkt eine Compliance Management-Abteilung sinnvoll erscheint.

Literatur

Alparslan, A. (2006). *Strukturalistische Prinzipal-Agent-Theorie – Eine Reformulierung der Hidden-Action-Modelle aus der Perspektive des Strukturalismus.* Berlin: Springer.

Arrow, K. J. (1985). The economics of agency. In J. W. Pratt & R. J. Zeckhauser (Hrsg.), *Prinicpals and agents* (S. 37–51). Cambridge: Harvard Business School Press.

Ashton, M. C. (2013). *Individual differences and personality.* London: Elsevier.

Association of Certified Fraud Examiners. (2014). *Report to the nations on occupational fraud and abuse.* Austin: Global Fraud Study. O.V.

Bachmann, S., & Fechner, S. (2014). Compliance als interdisziplinäre Herausforderung – Das Augsburger Qualifizierungsmodell. In W. Schettgen-Sarcher, S. Bachmann & P. Schettgen (Hrsg.), *Compliance Officer, Das Augsburger Qualifizierungsmodell* (S. 3–15). Wiesbaden: Springer Gabler.

Balmer, J. T. (1998). Corporate identity and the advent of corporate marketing. *Journal of Marketing, 14,* 963–996.

Bannenberg, B. (2008). Strukturen der Korruption. In A. Löhr & E. Burkatzki (Hrsg.), *Wirtschaftskriminalität und Ethik* (S. 73–92). München: Rainer Hampp.

Bauer, S. C. (2008). Datenschutzrechtliche Compliance im Unternehmen. In G. Wecker & H. van Laak (Hrsg.), *Compliance in der Unternehmerpraxis, Grundlagen, Organisation, Umsetzung* (S. 145–166). Wiesbaden: Springer Gabler.

Becher, A. (2012). Arbeitsrechtliche und personalwirtschaftliche Compliance. In S. Behringer (Hrsg.), *Compliance für KMU. Praxisleitfaden für den Mittelstand* (S. 99–117). Berlin: Erich Schmidt.

Behringer, S. (2010). *Compliance kompakt. Best Practice im Compliance Management.* Berlin: Erich Schmidt.

Behringer, S. (2012). Compliance und KMU. In S. Behringer (Hrsg.), *Compliance für KMU. Praxisleitfaden für den Mittelstand* (S. 19–28). Berlin: Erich Schmidt.

Behringer, S. (2013). Compliance – Modeerscheinung oder Prüfstein für gute Unternehmensführung. In S. Behringer (Hrsg.), *Compliance kompakt. Best Practice im Compliance-Management* (S. 29–48). Berlin: Erich Schmidt.

Behringer, S., & Reusch, P. (2012). Organisation von Compliance bei KMU. In S. Behringer (Hrsg.), *Compliance für KMU. Praxisleitfaden für den Mittelstand* (S. 237–251). Berlin: Erich Schmidt.

Berndt, T. (2014). Betriebswirtschaftliche Grundlagen der Compliance. In W. Schettgen-Sarcher, S. Bachmann & P. Schettgen (Hrsg.), *Compliance Officer, Das Augsburger Qualifizierungsmodell* (S. 17–30). Wiesbaden: Springer Gabler.

Birkigt, K., Stadler, M. M., & Funck, H. J. (2002). *Corporate Identity. Grundlagen – Funktionen – Fallbeispiele*. Landsberg: Moderne Industrie.

Bleicher, K. (1999). Unternehmenskultur und strategische Untenrnehmensführung. In D. Hahn & B. Taylor (Hrsg.), *Strategische Unternehmensplanung – Strategische Unternehmensführung* (8. Aufl., S. 223–265). Heidelberg: Physica.

Bleicher, K., & Abegglen, C. (2017). *Das Konzept des integrierten Managements. Visionen – Missionen – Programme* (9. Aufl.). Frankfurt/New York: Campus.

Blumenberg, A.-D. (2014). Bank- und Kapitalmarkt-Compliance. In W. Schettgen-Sarcher, S. Bachmann & P. Schettgen (Hrsg.), *Compliance Officer, Das Augsburger Qualifizierungsmodell* (S. 3–15). Wiesbaden: Springer Gabler.

Borgmann, B. (2003). Ehtikrichtlinien und Arbeitsrecht. *Neue Zeitschrift für Arbeitsrecht, 20*, 352–357.

Boston Consulting Group (BCG). (2012). *Evolution of compliance management*. Hamburg: BCG.

Breitsohl, H. (2009). *Organisationale Reaktion auf Krisen – Eine Analyse der Wirkungszusammenhänge aus Legitimitätsperspektive*. Wuppertal: O.V. Wuppertal.

Bühler, P., Schlaich, P., & Sinner, D. (2019). *Medienmarketing. Branding – Werbung – Corporate Identity*. Berlin: Springer.

Bundeskriminalamt. (2015). Polizeiliche Kriminalstatistik 2014, Grundtabelle Wirtschaftskriminalität. http://www.bka.de/DE/Publikationen/PolizeilicheKriminalstatistik/2014/2014Standardtabellen/pks2014StandardtabellenFaelleUebersicht.html. Zugegriffen am 27.02.2019.

Bundeskriminalamt. (2018). *Bundeslagebericht 2017*. Wiesbaden: O.V. Wiesbaden.

Bundesministerium des Inneren. (2015). *Polizeiliche Kriminalstatistik 2014*. Berlin.

Bussmann, K.-D. (2004). Kriminalprävention durch Business Ethics. *Zeitschrift für Wirtschafts- und Unternehmensethik, 4*(1), 35–50.

Cameron, K. S., & Freeman, S. J. (1991). Cultural congruence, strength and types: Relationships to effectiveness. In R. W. Woodman & W. A. Passmore (Hrsg.), *Research in organizational change and development* (Bd. 5, S. 23–58). Stamford: JAI Press.

Carson, T., Verdu, M., & Wokutch, R. (2008). Whistleblowing for profit: An ethical analysis of the federal false claim act. *Journal of Business Ethics, 77*, 361–376.

CMS Compliance Barometer. (2016). CMS Compliance Barometer 2016. https://cms.law/de/DEU/Publication/CMS-Compliance-Barometer-2016. Zugegriffen am 27.02.2019.

CMS Compliance Barometer. (2017). CMS Compliance Barometer 2017. https://cms.law/de/DEU/Publication/CMS-Compliance-Barometer-2017. Zugegriffen am 27.02.2019.

Coleman, J. (1990). *Foundations of social theory*. Cambridge: Harvard University Press.

Dannecker, G. (2014). Die Entwicklung des Wirtschaftsstrafrechts in der Bundesrepublik Deutschland. In H.-B. Wabnitz & T. Janowski (Hrsg.), *Handbuch des Wirtschafts- und Steuerstrafrechts* (4. Aufl., S. 1–50). München: Beck.

Deal, T., & Kennedy, A. (1983). Culture: A new look through old lenses. *Journal of Applied Behavioural Sciences, 19*(1), 498–505.

Deal, T., & Kennedy, A. (2000). *Corporate cultures: The rites and rituals of corporate life*. Cambridge, MA: Perseus Books Publishing.

Deloitte (Hrsg.). (2011). Compliance im Mittelstand. Hannover. https://www2.deloitte.com/content/dam/Deloitte/de/Documents/Mittelstand/Studie-Compliance-im-Mittelstand.pdf. Zugegriffen am 28.02.2019.

Deloitte (Hrsg.). (2018). The Future of Compliance. Herausforderungen und Trends. https://www.deloitte-mail.de/custloads/141631293/md_1499419.pdf?sc_src=email_3260589&sc_lid=127936923&sc_uid=A4ImTOZTFL&sc_llid=126. Zugegriffen am 28.02.2019.

Desphandé, R. & Webster, F. (1989). Organizational culture and marketing: Defining the research agenda. *Journal of Marketing, 53*(1), 3–15.

Desphandé, R., Farley, J. U., & Webster, F. (1993). Corporate culture, customer orientation, and innovativeness in Japanese firms: A quadrad analysis. *Journal of Marketing, 57*, 23–37.

Disterer, G. (2012). IT-Compliance. In S. Behringer (Hrsg.), *Compliance für KMU, Praxisleitfaden für den Mittelstand* (S. 159–186). Berlin: Erich Schmidt.

Dunn, M. (2013). *Inside the capitalist firm: An evolutionary theory of the Principal-agent-relation.* Potsdam: Potsdam University Press.

Eckert, T. (2014). *Praxiswissen Compliance. Erfolgreiche Umsetzung in Unternehmen.* Freiburg: Haufe.

Ernst, H. (2003). Unternehmenskultur und Innovationserfolg – Eine empirische Analyse. *Zeitschrift für betriebswirtschaftliche Forschung, 55*, 23–44.

European Commission. (2017). *Estimating the Economic Benefits of Whistleblower Protection in Public Procurement.* Luxemburg: Publications Office of the European Union.

EY (Ernst & Young). (2016). Existing Practice in Compliance 2016. Stand und Trends zum Integritäts- und Compliance Management in Deutschland, Österreich und der Schweiz. https://www.ey.com/Publication/vwLUAssets/ey-existing-practice-in-compliance-2016-survey/$FILE/ey-existing-practice-in-compliance-2016-survey.pdf. Zugegriffen am 29.02.2019

Fahrig, S. (2010). Verhaltenskodex und Whistleblowing im Arbeitrecht. *Neue Juristische Online-Zeitschrift, 10*(18), 975–979.

Fissenewert, P. (2013). Compliance für den Mittelstand. In S. Bustamante, P. Fissenewert, R. Lohmann, N. Neuvians, B. Raske, H. Wassermann & P. Zaumseil (Hrsg.), *Corporate Governance für den Mittelstand* (S. 31–53). Essen: MA Akademie Verlags- und Druck-Gesellschaft mbH.

Gerdemann, S. (2019). Revolution des Whistleblowing-Rechts oder Pfeifen im Walde? Der Richtlinienvorschlag der Europäischen Kommission zum Schutz von Whistleblowern. *Recht der Arbeit, 71*(1), 16–28.

Goldschmidt, J. (2014). Arbeitsrechtliche Implementierung und Durchsetzung. In W. Schettgen-Sarcher, S. Bachmann & P. Schettgen (Hrsg.), *Compliance Officer, Das Augsburger Qualifizierungsmodell* (S. 259–279). Wiesbaden: Springer Gabler.

Grant, R. M. (2000). *Contemporary strategy analysis* (3. Aufl.). Oxford: Wiley.

Hecker, F. (2012). *Management-Philosophie. Strategien für die Unternehmensführung.* Wiesbaden: Springer Gabler.

Hefendahl, R. (2007). Außerstrafrechtliche und strafrechtliche Instrumentarien zur Eindämmung der Wirtschaftskriminalität. *Zeitschrift für die gesamte Strafrechtswissenschaft, 119*(4), 816–847.

Heinichen, C. (2014). Competition compliance. In W. Schettgen-Sarcher, S. Bachmann & P. Schettgen (Hrsg.), *Compliance Officer, Das Augsburger Qualifizierungsmodell* (S. 63–83). Wiesbaden: Springer Gabler.

Heißner, S. (2014). *Erfolgsfaktor Integrität. Wirtschaftskriminalität und Korruption erkennen, aufklären verhindern.* Wiesbaden: Springer.

Heißner, S., Koch, D., Schumacher, T.W., & Ullmann, M. (2019). Der IDW PS 980. Standard zur Prüfung von Compliance Management-Systemen. https://www.ey.com/Publication/vwLUAssets/EY_Flyer_zu_IDW_PS_980/$FILE/EY%20Flyer_IDW%20PS%20980.pdf. Zugegriffen am 05.03.2019.

Herder-Dorneich, P. (1991). *Unternehmensphilosophie.* Baden-Baden: Nomos.

Hofmann, S. (2008). *Handbuch Anti-Fraud Management. Bilanzbetrug erkennen – vorbeugen – bekämpfen.* Berlin: Erich Schmidt.

Hungenberg, H. (2012). *Strategisches Management in Unternehmen, Ziele – Prozesse – Verfahren* (7. Aufl.). Wiesbaden: Springer Gabler.

Jantz, M., & Grüninger, S. (2013). *Prüfung von Compliance Management-Systemen*. KICG-Forschungspapier Nr. 7. Konstanz: Ohne Verlag.

Jensen, M. C., & Meckling, W. H. (1976). Theory of the firm: Managerial behavior, agency costs and ownership structure. *The Journal of Industrial Organization., 14*(3), 305–360.

Jung, E. (2012). Arbeitsschutz und Compliance. In S. Behringer (Hrsg.), *Compliance für KMU, Praxisleitfaden für den Mittelstand* (S. 119–136). Berlin: Erich Schmidt.

Kagan, H. (2012). *Das Mitbestimmungsrecht des Betriebsrats bei der Einführung von Ethikrichtlinien*. Frankfurt: Peter Lang.

Kennecke, S., Frey, D., & Kaschube, J. (2014). Organisationspsychologische Aspekte der Compliance. In W. Schettgen-Sarcher, S. Bachmann & P. Schettgen (Hrsg.), *Compliance Officer, Das Augsburger Qualifizierungsmodell* (S. 221–258). Wiesbaden: Springer Gabler.

Kommission Governance Kodex für Familienunternehmen (Hrsg.). (2015). *Governance Kodex für Familienunternehmen, Leitlinien für die verantwortungsvolle Führung von Familienunternehmen und Unternehmerfamilien*. Bonn.

KPMG (Hrsg.) (2012) Wirtschaftskriminalität in Deutschland 2012, Eine empirische Studie zur Wirtschaftskriminalität imMittelstand(Ohne Verlag und Ort).

KPMG (Hrsg.) (2013) Wirtschaftskriminalität, Deutschland, Österreich und Schweiz im Vergleich, Wirtschaftskriminalität in Großunternehmen und dem Mittelstand(Ohne Verlag und Ort).

KPMG (Hrsg.) (2014) Wirtschaftskriminalität in Deutschland 2014(Ohne Verlag und Ort).

KPMG (Hrsg.). (2015) Compliance-Überwachungsmaßnahmen und Compliance in der Lieferkette. https://assets.kpmg/content/dam/kpmg/de/pdf/Themen/2016/ergebnispapier-compliance-benchmark-2015-KPMG.pdf. Zugegriffen am 28.02.2019.

KPMG. (2016). Tatort Deutschland. Wirtschaftskriminalität in Deutschland 2016. https://assets.kpmg/content/dam/kpmg/pdf/2016/07/wirtschaftskriminalitaet-2016-2-KPMG.pdf. Zugegriffen am 24.04.2019.

KPMG. (2016a). *Das wirksame Compliance-Management-System. Ausgestaltung und Implementierung in Unternehmen* (2. Aufl.). Herne: NWB.

Kreditanstalt für Wiederaufbau (Hrsg.). (2014). KfW Wettbewerbsindikator 2014, Tabellen- und Methodenband. Frankfurt.

Kreipl, C. (2004). *Efficient Consumer Response und die Bereitschaft zur Kooperation*. Wiesbaden: Springer Gabler.

Kreipl, C. (2015). *Compliance Management. Ein Konzept (auch) für kleine und mittelständische Unternehmen*. Fulda: Ohne Verlag.

Kursten, A. (2014). *Qualitätsbewertung von Unternehmenstexten am Beispiel des Verhaltenskodex*. Aachen: Ohne Verlag.

Lee, K., & Ashton, M. C. (2015). *The H factor of personality: Why some people are manipulative, self-entitled, materialistic, and exploitive – and why it matters for everyone*. Waterloo: Wilfried Laurier University Press.

Lee, J.-Y., Heilmann, S. G., & Near, J. P. (2004). Blowing the whistle on sexual harassment: Test of a model of predictors and outcomes. *Human Relations, 57*(3), 297–322.

Leisinger, K. (2008). Whistle blowing: Zum konstruktiven Umgang mit Kritik, die von „innen" kommt. In A. Löhr & E. Burkatzki (Hrsg.), *Wirtschaftskriminalität und Ethik* (S. 171–184). München: Rainer Hampp.

Lohmann, R. (2013). Erfahrungsbericht zum Aufbau eines internen Kontrollsystems. In S. Bustamante, P. Fissenewert, R. Lohmann, N. Neuvians, B. Raske, H. Wassermann & P. Zaumseil (Hrsg.), *Corporate Governance im Mittelstand* (S. 55–73). Essen: MA Akademie Verlags- und Druck-Gesellschaft mbH.

Lustermann, H., & Witte, M. (2008). Compliance in der Außenwirtschaft: Erfolgskontrolle. In G. Wecker & H. van Laak (Hrsg.), *Compliance in der Unternehmerpraxis, Grundlagen, Organisation, Umsetzung* (S. 85–98). Wiesbaden: Springer Gabler.

Macharzina, K. (2005). *Unternehmensführung* (5. Aufl.). Wiesbaden: Springer Gabler.

Mäder, D. (2008). IP-Compliance. In G. Wecker & H. van Laak (Hrsg.), *Compliance in der Unternehmerpraxis, Grundlagen, Organisation, Umsetzung* (S. 167–170). Wiesbaden: Springer Gabler.

Meier, B.-D. (2016). *Kriminologie* (5. Aufl.). München: Beck.

Mellert, C. R. (2008). Due Diligence: Compliance bei M&A Transaktionen. In G. Wecker & H. van Laak (Hrsg.), *Compliance in der Unternehmerpraxis, Grundlagen, Organisation, Umsetzung* (S. 77–84). Wiesbaden: Springer Gabler.

Miceli, M. P., Near, J. P., & Schwenk, C. P. (1991). Who blows the whistle and why. *Industrial and Labor Relations Review, 45*, 113–130.

Miceli, M. P., Rehg, M., Near, J. P., & Ryan, K. (1999). Can laws protect whistleblowers? Results of a naturally occuring field experiment. *Work and Occupations, 26*, 129–151.

Miceli, M. P., Near, J. P., & Dworkin, T. M. (2008). *Whistleblowing in Organizations*. New York: Routledge/Taylor & Francis Group.

Müller, D. (2012). Wirtschaftsstrafrecht bei KMU. In S. Behringer (Hrsg.), *Compliance für KMU, Praxisleitfaden für den Mittelstand* (S. 51–75). Berlin: Erich Schmidt.

Near, J. P., & Miceli, M. P. (1985). Organizational dissidence: The case of whistleblowing. *Journal of Business Ethics, 4*, 1–16.

Near, J. P., Rehg, M. T., Van Scotter, J. R., & Miceli, M. P. (2004). Does type of wrongdoing affect the whistleblowing process? *Business Ethics Quarterly, 14*(2), 219–234.

Paine, L. S. (1994). Managing for organizational integrity. *Harvard Business Review, 72*(2), 106–117.

Passarge, M. (2012). Korruption in Strafrecht, Zivilrecht und ausländischen Rechtsordnungen sowie Schutzmaßnahmen gegen Korruption. In S. Behringer (Hrsg.), *Compliance für KMU, Praxisleitfaden für den Mittelstand* (S. 77–97). Berlin: Erich Schmidt.

Pearson, C. M., & Clair, J. A. (1998). Reframing crisis management. *Academy of Management Review, 23*(1), 59–76.

Peemöller (2008). Bilanzmanipulationen: Risiko und Prävention von Bilanzierungsdelikten. In A. Löhr & E. Burkatzki (Hrsg.), *Wirtschaftskriminalität und Ethik* (S. 43–71). München: Rainer Hampp.

Pelz, C. (2014). Anti-Korruption. In W. Schettgen-Sarcher, S. Bachmann & P. Schettgen (Hrsg.), *Compliance Officer, Das Augsburger Qualifizierungsmodell* (S. 33–62). Wiesbaden: Springer Gabler.

Pfarrer, M. D., Decelles, K. A., Smith, K. G., & Taylor, M. S. (2008). After the Fall: Reintegrating the corrupt organization. *Academy of Management Review, 33*(3), 730–749.

Picot, A. & Wolff, B. (1994). Zur ökonomischen Organisation öffentlicher Leistungen. In F. Naschold & M. Pröhl (Hrsg.). *Produktivität öffentlicher Dienstleistungen* (S. 51–120). Gütersloh: Verlag Bertelsmann-Stiftung.

Potinecke, H. (2012). Compliance in der Produkthaftung. In S. Behringer (Hrsg.), *Compliance für KMU, Praxisleitfaden für den Mittelstand* (S. 187–202). Berlin: Erich Schmidt.

Probst, G. J. B. (1983). Variationen zum Thema Management-Philosophie. *Die Unternehmung, 37*(4), 322–332.

PwC (Hrsg.). (2014). Wirtschaftskriminalität und Compliance in der Versicherungsbranche. https://www.pwc.de/de/finanzdienstleistungen/versicherungen/assets/wirtschaftskriminalitaet-und-compliance-in-der-versicherungsbranche.pdf. Zugegriffen am 28.02.2019.

PwC (Hrsg.). (2015). Richtlinienwesen als angemessene Reaktion auf Geschäftsrisiken. https://www.pwc-wissen.de/pwc/de/shop/publikationen/Richtlinienwesen+Reaktion+auf+Geschaefts-risiken/?card=16159. Zugegriffen am 28.02.2019.

PwC (Hrsg.). (2018). Wirtschaftskriminalität 2018. Mehrwert von Compliance – forensische Erfahrungen. https://www.PwC.de/de/risk/PwC-wikri-2018.pdf. Zugegriffen am 28.02.2019.

Quinn, R. E. (1988). *Beyond rational management. Mastering the paradoxes and competing demands of high performance.* San Francisco: Wiley.

Quinn, R. E., & Rohrbaugh, J. (1983). A spatial model of effectiveness criteria: Towards a competing values approach to organizational analysis. *Management Sciences, 29*(3), 363–377.

Quinn, R. E., & Spreitzer, G. (1991). The psychometics of the competing values instrument and an analysis of the impact of an organizational culture on quality of life. In R. W. Woodman & W. A. Passmore (Hrsg.), *Research in organizational change and development* (Bd. 5, S. 115–142). Stamford: JAI Press.

Rath, M. (2008). Rechtliche Aspekte von IT-Compliance. In G. Wecker & H. van Laak (Hrsg.), *Compliance in der Unternehmerpraxis, Grundlagen, Organisation, Umsetzung* (S. 119–144). Wiesbaden: Springer Gabler.

Ravasi, D., & Schultz, M. (2006). Responding to organizational identity threats: Exploring the role of organizational culture. *Adacemy of Management Journal, 49*(3), 433–458.

Schein, E. H. (1984). Coming to a new awareness of organizational culture. *Sloan Management Review, 25*(2), 3–16.

Schein, E. H. (1995). *Unternehmenskultur: Ein Handbuch für Führungskräfte.* Frankfurt: Campus.

Schein, E. H. (2017). *Organizational Culture and Leadership* (5. Aufl.). New Jersey: Wiley.

Schmidl, M. (2014). Compliant Compliance – Ausgewählte Grenzen maximaler Kontrolle. In W. Schettgen-Sarcher, S. Bachmann & P. Schettgen (Hrsg.), *Compliance Officer, Das Augsburger Qualifizierungsmodell* (S. 148–194). Wiesbaden: Springer Gabler.

Schneider, H. (2008). Über die Bedeutung personaler und situativer Risikofaktoren bei wirtschaftskriminellem Handeln. In A. Löhr & E. Burkatzki (Hrsg.), *Wirtschaftskriminalität und Ethik* (S. 135–153). München: Rainer Hampp.

Schwartz, T., & Seitz, N. (2014). Ethische Verantwortung im Bereich Compliance. In W. Schettgen-Sarcher, S. Bachmann & P. Schettgen (Hrsg.), *Compliance Officer, Das Augsburger Qualifizierungsmodell* (S. 283–296). Wiesbaden: Springer Gabler.

Schweikert, C. (2014). Generische Compliance-Risiken in mittelständischen und Großunternehmen – Auswertung vorliegender Studien zu Compliance, Integrity und Wirtschaftskriminalität. Konstanz Institut für Corporate Governance, Forschungspapier Nr. 8.

Smart, C., & Vertinsky, I. (1977). Desings for crisis decision units. *Administrative Science Quarterly, 22*(4), 640–657.

Smircich, L. (1983). Concepts of culture and organisational analysis. *Administrative Science Quarterly, 28*, 339–358.

Steimle, V., & Dornieden, G. (2008). Praxistipps Produkthaftung. In G. Wecker & H. van Laak (Hrsg.), *Compliance in der Unternehmerpraxis, Grundlagen, Organisation, Umsetzung* (S. 192–203). Wiesbaden: Springer Gabler.

Süßbrich, K. (2008). Compliance in der arbeitsrechtlichen Praxis. In G. Wecker & H. van Laak (Hrsg.), *Compliance in der Unternehmerpraxis, Grundlagen, Organisation, Umsetzung* (S. 29–42). Wiesbaden: Springer Gabler.

Süße, S. (2014). Whistleblowing – Hinweisgebersysteme als Bestandteil eines effektiven Compliance-Managements. In W. Schettgen-Sarcher, S. Bachmann & P. Schettgen (Hrsg.), *Compliance Officer, Das Augsburger Qualifizierungsmodell* (S. 195–217). Wiesbaden: Springer Gabler.

Uhlig, T. (2012). Legal Compliance. In S. Behringer (Hrsg.), *Compliance für KMU, Praxisleitfaden für den Mittelstand* (S. 29–50). Berlin: Erich Schmidt.

Ull, T. (2012). Rechnungslegung, Wirtschaftsprüfung und Steuern bei KMU. In S. Behringer (Hrsg.), *Compliance für KMU, Praxisleitfaden für den Mittelstand* (S. 137–157). Berlin: Erich Schmidt.

Ulrich, P. (2012). Compliance bei KMU – Status quo. In S. Behringer (Hrsg.), *Compliance für KMU, Praxisleitfaden für den Mittelstand* (S. 215–236). Berlin: Erich Schmidt.

Ulrich, H., & Fluri, E. (1995). *Management* (7. Aufl.). Stuttgart: UTB.

Vetter, E. (2008). Compliance in der Unternehmerpraxis. In G. Wecker & H. van Laak (Hrsg.), *Compliance in der Unternehmerpraxis, Grundlagen, Organisation, Umsetzung* (S. 29–42). Wiesbaden: Springer Gabler.

Von Ahsen, A., Heesen, M., & Kuchenbuch, A. (2010). Grundlagen der Bewertung von Innovationen im Mittelstand. In A. von Ahsen (Hrsg.), *Bewertung von Innovationen für im Mittelstand* (S. 1–38). Heidelberg: Springer.

Von Busekist, K., & Racky, F. (2018). Hinweisgeber- und Geschäftsgeheimnisschutz – ein gelungener Referentenentwurf. *Zeitschrift für Rechtspolitik, 51*(5), 135–138.

Wecker, G., & Galla, S. (2008). Pflichten der Geschäftsleitung & Aufbau einer Compliance Organisation. In G. Wecker & H. van Laak (Hrsg.), *Compliance in der Unternehmerpraxis, Grundlagen, Organisation, Umsetzung* (S. 43–64). Wiesbaden: Springer Gabler.

Wecker, G., & van Laak, H. (Hrsg.). (2008). *Compliance in der Unternehmerpraxis, Grundlagen, Organisation, Umsetzung*. Wiesbaden: Springer Gabler.

Wendt, M. (2012). Compliance Management und Unternehmenskultur in mittelständischen Unternehmen. In S. Behringer (Hrsg.), *Compliance für KMU, Praxisleitfaden für den Mittelstand* (S. 203–214). Berlin: Erich Schmidt.

Wieland, J. (2008). Die Kunst der Compliance. In A. Löhr & E. Burkatzki (Hrsg.), *Wirtschaftskriminalität und Ethik* (S. 155–169). München: Rainer Hampp.

Williamson, O. E. (1990). *Die ökonomischen Institutionen des Kapitalismus: Unternehmen, Märkte, Kooperationen*. Tübingen: Mohr Siebeck.

Wilmes, B. W. (2017). *Behavioral Compliance – Corporate Compliance meets Behavioral Economics*. Paderborn.

Ziercke, J. (2008). Wirtschaftskriminalität in der Bundesrepublik Deutschland: Fallbeispiele, Entwicklungstrends, Folgeschäden. In A. Löhr & E. Burkatzki (Hrsg.), *Wirtschaftskriminalität und Ethik* (S. 25–42). München: Rainer Hampp.

Corporate Social Responsibility

4

Mensch sein heißt verantwortlich sein. (Antoine de Saint-Exupéry)

Zusammenfassung

Corporate Social Responsibility adressiert die ethische und philanthropische Verantwortung von Unternehmen und rundet damit die Betrachtung der Ebenen des Carroll'schen Verantwortungsmodells ab. Ein theoretisches Fundament, welches auf den Perspektiven von zwei Wirtschaftswissenschaftlern und zwei Wirtschaftsethikern gründet, spannt einen Raum gesellschaftlicher Verantwortung auf. Die Beschreibung des Begriffs Corporate Social Responsibility mit einer Berücksichtigung von Freiwilligkeit, Nachhaltigkeit und Stakeholder-Orientierung schließt sich an. Aus der Vielzahl an Instrumenten einer Corporate Social Responsibility wird eine Auswahl beschrieben, um schließlich das Anwendungspotenzial von CSR in mittelständischen Unternehmen sowie den Beitrag von CSR zum Unternehmenserfolg zu betrachten.

Verantwortungsvolle Unternehmensführung in Form von Corporate Social Responsibility steht im Fokus von Kapitel vier. Hier sollen insbesondere die folgenden Kernfragen erörtert werden:

- Wie tragen die vier theoretischen Ansätze zur Erläuterung von gesellschaftlicher Verantwortung bei und erzeugen einen Verantwortungsraum?
- Was bedeutet Corporate Social Responsibility und dessen Elemente?
- Welche Gestaltungsmöglichkeiten können Unternehmen wahrnehmen?

© Springer Fachmedien Wiesbaden GmbH, ein Teil von Springer Nature 2020   219
C. Kreipl, *Verantwortungsvolle Unternehmensführung*,
https://doi.org/10.1007/978-3-658-28140-3_4

- Welche Instrumente der Social Responsibility können von Unternehmen eingesetzt werden?
- (Wie) kann Corporate Social Responsibility in kleinen und mittelständischen Unternehmen umgesetzt werden?
- Wie trägt Corporate Social Responsibility zum Unternehmenserfolg bei?

4.1   Theoretische Begründungsansätze gesellschaftlicher Verantwortung

Zunächst soll die Frage erörtert werden, ob Unternehmen und Managern gesellschaftliche Verantwortung zugestanden wird oder von ihnen sogar erwartet wird. Dies ist die Voraussetzung für eine nachfolgende Erörterung, wem gegenüber und auf welche Weise diese Verantwortung ausgestaltet wird.

Entscheidungen von Managern haben neben ökonomischen auch gesellschaftliche Aspekte. Es gilt zu diskutieren, wie weit sich die managerseitige Verantwortung für soziale Auswirkungen erstreckt. Tricker unterstützt dies mit seiner Aussage „A company does not have morals; directors do." (Tricker 2012, S. 234). Mit Milton Friedman und Peter Drucker werden nachfolgend die Sichtweisen zweier namhafter Wissenschaftler beleuchtet, welche beide etwa zeitgleich die Ökonomie nachhaltig geprägt haben. Deren wirtschaftswissenschaftliche Perspektiven sollen exemplarisch das Ausmaß an gesellschaftlicher Verantwortung von Managern und Management begründen. Eine Einbindung wirtschaftsethischer Positionen kann diese Überlegungen um die Erklärung des Aktivitätsgrades gesellschaftlicher Verantwortung ergänzen.

4.1.1   Begründung aus wirtschaftswissenschaftlicher Perspektive

Milton Friedmans Perspektive
Milton Friedman sieht die gesellschaftliche Verantwortung von Unternehmen im Erzielen von Gewinnen. Im Kern sieht er die Aufgabe der Manager darin, „to use its resources and engage in activities designed to increase its profits so long as it stays within the rules of the game, which is to say, engages in open and free competition without deception or fraud" (vgl. Friedman 1970). Der effiziente Einsatz von Ressourcen dient dazu, Waren und Dienstleistungen anzufertigen, um diese dann an Kunden abzugeben. Damit werden Gewinne erzielt und ein Anteil in Form von Steuern abgeführt. Je höher die Gewinne ausfallen, desto größer fallen die Steuerzahlungen aus. Damit stehen die unternehmensindividuelle Gewinnerzielung und gesellschaftliche Interessen im Einklang.

Von den Gewinnen abgeführte Steuern und Abgaben fließen an den Staat als jene Instanz, die über die Verwendung im Rahmen sozialer Aufgaben entscheidet und dadurch soziale Verantwortung übernimmt. Der Staat entscheidet über die Höhe von Steuern und Gebühren sowie die Verteilung auf öffentliche Güter wie beispielsweise Bildung,

Infrastruktur oder Verteidigung. Hier sieht Friedman den Vorteil, da Manager nicht für derartige Aufgaben ausgebildet sind. Weiterhin wird durch den Staat gesellschaftliche Verantwortung über die Ausgestaltung der „rules of the game" wahrgenommen. Der Staat regelt somit auch soziale Aktivitäten und soziales Verhalten über Gesetze. Dieser Handlungsrahmen baut auf den moralischen Werten einer Gesellschaft auf und kann z. B. über Sozialgesetze, Arbeitsrecht oder auch Umweltrecht ausgestaltet werden. Auch die Einrichtung von Institutionen dient dieser Aufgabe, z. B. die Einrichtung von Gewerkschaften oder Betriebsräten. Ebenso können Qualitätskontrollen wie der TÜV beispielhaft genannt werden, denn über die Qualitätssicherung der Autos kann die Anzahl der Unfälle verringert werden. Dem Manager obliegt die Einhaltung dieser extern vorgegebenen Regeln (vgl. Friedman 1970).

Nach Milton Friedman können nur natürliche Personen ethische Verantwortung übernehmen. Damit können Unternehmen keine Verantwortung übernehmen, Manager hingegen schon. Diese sind allerdings als Angestellte im Unternehmen ihren Auftraggebern verpflichtet. Als Treuhänder der Unternehmenseigentümer haben sie die Aufgabe, das anvertraute Vermögen zu investieren und zu vermehren. Der Wohlstand der Investoren bildet das Ziel der Manager und nicht etwa der Wohlstand einer Gesellschaft. Manager sind dabei gemäß Friedman ausschließlich den Unternehmenseignern verpflichtet und dienen deren Zielen. Wenn es das Ziel der Eigner ist, den ökonomischen Wert des Unternehmens zu steigern, die Rentabilität des eingesetzten Kapitals zu erhöhen und als Voraussetzung dazu hohe Gewinne zu erzielen, so zählen Aktivitäten zur Wahrnehmung gesellschaftlicher Ziele nicht zu den Aufgaben der Manager. Eine Vernachlässigung marktbezogener, wettbewerblicher Ziele zugunsten sozialer Ziele gefährdet die Unternehmensexistenz bzw. schwächt diese, wodurch nicht nur die Unternehmenseigner, sondern auch die Arbeitnehmer oder auch das Sozialsystem Staat negativ betroffen wären (vgl. Leschke 2012, S. 543). Lediglich als Individuen nehmen Manager eine soziale Verantwortung wahr. Dazu greifen sie auf ihre eigenen, persönlichen Ressourcen zurück, z. B. in Form von Spenden an Wohltätigkeitsorganisationen (Friedman 1970).

Aus unternehmerischer Sicht kann gesellschaftliches Engagement lediglich als Instrument der Imagesteigerung eingesetzt werden. In diesem Ausnahmefall kann die Wahrnehmung gesellschaftlicher Verantwortung dazu dienen, das Unternehmen und seine Produkte für Kunden oder auch aktuelle und zukünftige Mitarbeiter attraktiver zu gestalten. Ein wahrgenommenes positives Image kann die Kundengewinnung unterstützen sowie die Kundenbindung verstärken. Ebenfalls kann ein positiver Einfluss eines guten Images auf die Mitarbeiterbindung benannt werden. Dies kann in Zeiten gesättigter Absatzmärkte bzw. von Fach- und Führungskräftemangel einen Wettbewerbsfaktor darstellen. Aus Friedmans Perspektive ist Social Responsibility damit allenfalls als vorökonomischer Faktor mit einem nicht vorhandenen oder niedrigen Ausmaß echter gesellschaftlicher Verantwortung zu verstehen. Die Wahrnehmung gesellschaftlicher Verantwortung wird so als Marketing-Instrument eingesetzt. Das Ziel der Kundenbindung bzw. -akquise sowie ebenfalls der Mitarbeitergewinnung bzw. dem Halten der Mitarbeiter im Unternehmen verfolgt letztlich abgeleitete ökonomische Ziele. Kunden, insbesondere Wiederholungskäufer, tragen zum Umsatz bei. Motivierte Mitarbeiter tragen zu guten Unternehmensergebnissen bei bzw. eine geringe Fluktuation geht mit geringeren Kosten in der Personalbeschaffung einher.

Die gesellschaftliche Verantwortung liegt alleine in der Entscheidung des Staats bzw. von Regierungsmitgliedern. Die Begründung, dass Manager nicht für die Entscheidung und Durchführung sozialer Projekte ausgebildet sind, erscheint noch schlüssig. Die Aufgabe muss somit von anderer Seite – der Regierung – übernommen werden. Bei der Allokation von Steuereinnahmen auf öffentliche Güter und dadurch auch die Übernahme sozialer Verantwortung handelt es sich um eine komplexe Aufgabe. Wenn diese Aufgabe fehlerhaft übernommen wird (fehlende Kenntnis über Sachzusammenhänge oder auch Korruption), dann wird die gesellschaftliche Verantwortung suboptimal übernommen. Im Sinne Friedmans kann dann argumentiert werden, dass eine Lösung dieses Problems nicht im Aufgabenbereich der Unternehmen liegt. In der Realität allerdings haben Unternehmen durchaus die Möglichkeit, im globalen Kontext Verantwortung zu übernehmen. So können Unternehmen beispielsweise ökologische oder auch Arbeitsstandards von ihren Lieferanten als Bestandteil der vertraglichen Regelungen einer Zusammenarbeit verlangen (vgl. Supplier Code of Conduct).

▶   **The business of business is business** „There is one and only one social responsibility of businesses – to use its resources and engage in activities designed to increase its profits so long as it stays within the rules of the game, which is to say, engages in open and free competition without deception and fraud." (Friedman 1970)

Friedmans Ansatz liegt nahe an dem theoretischen Modell des Homo oeconomicus. Psychologisch oder ethisch bedingte Handlungs- und Entscheidungsmotive spielen keine Rolle in seinen Betrachtungen. Die Realität des Faktors Mensch wird nicht weiter berücksichtigt. Gemäß Friedman überlagern die Gesetze des Marktes andere Forderungen oder Ansprüche an Manager. Wirtschaftsethische Forderungen an Unternehmen müssen die Bedingungen des Marktes beachten, um erfolgreich zu sein. Andernfalls richten sie Schaden an und führen zu höheren statt geringeren sozialen Kosten (vgl. Leschke 2012, S. 543 f.). Wenngleich an Friedmans Perspektive die einseitige Gewinnfokussierung kombiniert mit der nicht haltbaren Prämisse der Funktionsfähigkeit von Rahmenordnung und Marktwettbewerb kritisch zu bewerten ist, liegt die Stärke dieses vieldiskutierten Ansatzes in seiner Klarheit (vgl. Suchanek 2010, S. 44 ff.).

Kritisch anzumerken ist abschließend, dass Friedman seine Gedanken in den 70er-Jahren des letzten Jahrhunderts verfasst hat. Wenngleich es auch damals internationale Zusammenarbeit zwischen Unternehmen gab, so war die Globalisierung im heutigen Ausmaß noch nicht erreicht. Globale Konzerne agieren auf globalen Märkten zur Beschaffung von Rohstoffen, Kapital oder Arbeitskräften sowie globalen Absatzmärkten. Die Produktionsstandorte sind global verteilt, z. B. in der Nähe von Rohstoffen oder auch an Orten mit günstigen Produktionsbedingungen. Dort werden externe Kosten erzeugt, z. B. über die Schädigung der Umwelt vor Ort. In Friedmans Sinne könnte dies über Steuerzahlungen kompensiert werden. Tatsächlich werden Steuern allerdings nur in einem Land mit einem möglicherweise günstigen Steuersatz entrichtet. Friedmans Grundgedanke des Zusammenhangs zwischen Gewinnerzielung und Steuerabgaben im selben Land funktioniert somit nicht mehr. Es muss hinterfragt werden, ob Friedmans Position in einer globalisierten Welt noch zeitgemäß ist. Die realen Gegebenheiten in einer globalisierten Wirtschaft stehen der Denkweise Friedmans entgegen.

▶ **Unternehmen bilden einen Teil der Gesellschaft** „Everyone is an organ of society and exists for the sake of society. Business is no exception. Free enterprise cannot be justified as being good for business. It can be justified only as being good for society" (Drucker 1986, S. 33).

Peter Druckers Perspektive
Drucker als Zeitgenosse Friedmans und Pionier der modernen Managementlehre vertritt eine andere Sichtweise. Er thematisiert im Rahmen der Management-Diskussion die Beziehungen zwischen Management und Gesellschaft (vgl. Krames 2013, S. 11 ff.; Weber 2009) und bezieht dabei eine klare Position: „Everyone is an organ of society and exists for the sake of society. Business is no exception. Free enterprise cannot be justified as being good for business. It can be justified only as being good for society" (Drucker 1986, S. 33).

Als Organe der Gesellschaft existieren Unternehmen nicht um ihrer selbst willen, sondern um einen spezifischen gesellschaftlichen Zweck zu erfüllen. Es gilt, besondere Bedürfnisse der Gemeinschaft oder von Einzelnen zu befriedigen. Nur unternehmerische Tätigkeiten, die gesellschaftlichen Nutzen liefern, setzten sich dauerhaft durch und können einen ökonomischen Nutzen für das Unternehmen langfristig sichern (vgl. Drucker 1986, S. 32 ff.). Dabei zählt der Umgang mit sozialen Einflüssen und sozialer Verantwortung zu den grundlegenden Management-Aufgaben. Management führt neben ökonomischer auch zu sozialer Entwicklung. Diese entsteht aus menschlichen Aktivitäten, die von Managern erzeugt und gesteuert werden müssen. Damit werden Manager zu Motoren von Veränderung, die sich sowohl im Ausdruck von Denkhaltungen und Werten als auch in messbaren Ergebnissen konkretisiert (vgl. Drucker 1986, S. 30 ff.).

Jedes Unternehmen hat die Versorgung von Kunden mit Waren oder Dienstleistungen als Auftrag. Die Versorgung von Mitarbeitern mit Arbeitsplätzen oder auch von Aktionären mit Dividenden wird dabei als abgeleiteter Auftrag erachtet. Kein Unternehmen kann folglich außerhalb der Gesellschaft existieren, sondern bildet geografisch, kulturell, psychologisch und wirtschaftlich einen Teil der Gemeinschaft. Außerdem üben Unternehmen sowohl mit den Waren als auch mit dem Erstellungsprozess Einfluss auf die physische und gesellschaftliche Umwelt aus (vgl. Drucker 1986, S. 33 f.; 1996, S. 88).

Unternehmen sind Rechtspersönlichkeiten. Es handelt sich hierbei nicht um natürliche, sondern um juristische Einheiten. Dennoch weisen juristische Persönlichkeiten viele Merkmale in Übereinstimmung mit natürlichen Persönlichkeiten auf:

1. Unternehmen haben Entscheidungsstrukturen ausgebildet. Diese Strukturen zeigen sich in der Aufbau- und in der Ablauforganisation von Unternehmen. Sie liefern einen wichtigen Beitrag zum Erfolg von Unternehmen. Die richtigen Entscheidungen rechtzeitig zu treffen und damit z. B. Produktneuerungen und Marktentwicklungen voranzutreiben, ist in dynamischen Zeiten erfolgskritisch.

2. Unternehmen verfügen über Macht. Diese Macht erwächst aus der Freiheit, Entscheidungen zu treffen. Unternehmen entscheiden u. a. über die Standorte ihrer Produktionsstätten, über die Beschaffenheit ihrer Produkte und über die Märkte, auf denen sie ihre Produkte anbieten. Diese Macht kann über das Aushandeln reduzierter Steuersätze ausgelebt werden oder auch über Bedingungen zum Erhalt von Produktionsstandorten.

3. Unternehmen interagieren mit der Umwelt und beeinflussen damit die Gesellschaft. Dies betrifft insbesondere den Produktionsprozess. Mit den gewählten Produktionstechnologien und Prozessschritten können auch negative externe Effekte verbunden sein, die mit Kosten gepaart sind. Beispielsweise können Abwässer oder Luft verunreinigt werden. Die Übernahme der Kosten muss geregelt werden.

4. Unternehmen stehen in wechselseitigem Austausch mit ihren Stakeholdern. Auch auf diese Weise interagieren sie mit ihrer Umwelt. Unternehmen nutzen diesen Austausch, um die Bedürfnisse der Stakeholder zu kennen und darauf reagieren zu können. Dies betrifft insbesondere die Kunden, deren Bedürfnisse für die Ausgestaltung der angebotenen Produkte aufgegriffen werden. Bedürfnisse können dabei auch geweckt werden. Auch hier kann eine unternehmerische Verantwortung diskutiert werden, beispielsweise bei gesundheitsschädigenden Produkten oder Produkten, die die Entwicklung von Kindern beeinträchtigen. Der Austausch betrifft auch andere Stakeholder, z. B. über Lobbyarbeit mit Staat und Politik.

Die Eigenschaften der Rechtspersönlichkeit Unternehmen lässt erkennen, dass Unternehmen eine gesellschaftliche Verantwortung bereits wahrnehmen – ob bewusst oder unbewusst, ob intuitiv oder vorsätzlich. Diese Überlegungen verweisen auf den hohen Grad an Verantwortung der Manager. Hierbei stellt Drucker die Forderung, Manager müssen ihr Handeln nach ethischen Grundsätzen ausrichten und am Allgemeinwohl orientiert sein (vgl. Drucker 1996, S. 80 ff., 1998, S. 453 ff.). Die soziale Verantwortung liegt insbesondere darin, gesellschaftliche Herausforderungen in wirtschaftliche Chancen und wirtschaftliche Vorteile zu überführen (vgl. Drucker 1984, S. 62).

Zusammenführung der beiden Perspektiven
Diese Überlegungen führen zu einer Spannweite der Betrachtung von Unternehmen mit ausschließlich ökonomischer Verantwortung bis hin zu einer Integration ökonomischer mit sozialer Verantwortung (vgl. Abb. 4.1).

Während Friedman sich auf eine ökonomische Verantwortung fokussiert, sieht Drucker einen Zusammenhang zwischen ökonomischer und sozialer Verantwortung. Dieser Zusammenhang kann als stark oder weniger stark in der Praxis gelebt werden. Die Bedeutung

Abb. 4.1 Spannweite sozialer und ökonomischer Verantwortung. (Quelle: Eigene Darstellung)

sozialer Verantwortung kann neben der ökonomischen Verantwortung gleichauf stehen, ihr aber auch nachrangig sein. Die Einbindung von Projekten gesellschaftlicher Verantwortung zur Imagesteigerung zeigt bereits auf, dass die ausschließliche ökonomische Ausrichtung aufgeweicht wird. Auf diese Weise entsteht ein Kontinuum, bei dem die soziale (= gesellschaftliche) Verantwortung eine steigende Bedeutung einnimmt. Hierbei begleitet die ökonomische Perspektive diese Entwicklung: Die Wahrnehmung sozialer Verantwortung kann den ökonomischen Erfolg von Unternehmen begleiten.

4.1.2 Wirtschaftsethische Positionen zur Erklärung des Aktivitätsniveaus

Im Rahmen der Betrachtung wirtschaftsethischer Ansätze werden mit Homann und Ulrich zwei Antipoden dargestellt. Beide integrieren Ethik und Wirtschaft. Dies impliziert bereits, dass die Entscheidungen der Manager sowohl unternehmerische als auch ethische Facetten kombinieren. Die ausgewählten Wirtschaftsethiker wählen dafür zwei unterschiedliche Integrationswege. Während ersterer eine anreizorientierte Vorgehensweise favorisiert, folgt zweiter dem Postulat einer Handlungsorientierung (vgl. Priddat 2009, S. 342).

Der Ansatz von Karl Homann
Homann geht davon aus, dass Unternehmen eine ethische Verantwortung haben. Er betrachtet Ethik und Ökonomie als zwei Seiten einer Medaille (vgl. Homann und Lütge 2013, S. 1). Demzufolge haben Entscheidungen im Wirtschaftsleben jeweils eine ökonomische sowie eine ethische Komponente, welche untrennbar miteinander verwoben sind. Hieraus können Dilemma-Situationen erwachsen (Abb. 4.2).

Wenn eine Entscheidung sowohl ökonomisch als auch ethisch vorteilhaft ist, dann wird sie getroffen und die entsprechenden Aktivitäten werden gestartet. Entscheidungen, die ökonomisch und ethisch unvorteilhaft sind, werden unterlassen. Es erfolgen keine Aktivitäten. Jene Entscheidungen, die ökonomisch vorteilhaft, aber ethisch unvorteilhaft sind bzw. in der Umkehrung ökonomisch unvorteilhaft und ethisch vorteilhaft, führen zunächst

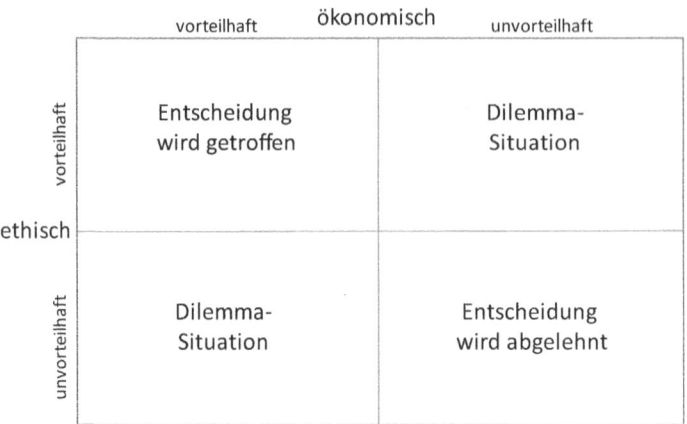

Abb. 4.2 Die ethische und ökonomische Seite von Entscheidungen. (Quelle: Eigene Darstellung)

zu einer Dilemma-Situation. Die zwei Seiten der Medaille führen zu unterschiedlichen Entscheidungen. Entscheidungshilfen sind nun erforderlich.

Homann geht von dem Ansatz aus, ökonomische Methoden und Modelle auf Ethik zu übertragen. Damit können die beschriebenen Konfliktsituationen aufgelöst werden. Nach Homann werden ethische Normen von Ökonomen dann akzeptiert, wenn sie einen Nutzen stiften und/oder durch Institutionen durchgesetzt werden (vgl. Homann 1993, S. 38 f.). Moralisch unerwünschte Handlungen unterbleiben, sobald sie sich ökonomisch nicht auszahlen. Folglich lassen sich moralische Verhaltensweisen nur durch Modifikation der den Wettbewerb bestimmenden Rahmenordnung implementieren (vgl. Zimmerli und Aßländer 2005, S. 328 f.).

Dies führt zu Homanns Forderung: „Die Effizienz in den Spielzügen, die Moral in den Spielregeln." (Homann und Blome-Drees 1992, S. 35). Ökonomische Effizienz wird mit Ethik verzahnt. Für ethisch erwünschte Handlungen müssen ökonomische oder auch vorökonomische Vorteile geschaffen werden, damit sie vollzogen werden. Unter vorökonomischen Vorteilen können beispielsweise Imagesteigerungen verstanden werden, die dann zeitversetzt eine Attraktivität für Kunden ausüben und danach zu Umsatzsteigerungen führen können. Auch negative Anreize können gesetzt werden, d. h. mögliche Strafen bei Fehlverhalten. Ein Vermeiden von Strafen bedeutet eine Vermeidung von direkten oder indirekten Kosten.

In der Übertragung auf die Praxis bedeutet dies, dass Manager Verantwortung über ökonomisches Handeln wahrnehmen. Sie müssen die zwei Seiten der Medaille verstehen und ihre Handlungen danach ausrichten. Dazu müssen sie ihre Spielregeln kennen und einhalten. Diese Spielregeln wurden von Unternehmensexternen geschaffen. Sie dienen der Auflösung von Dilemma-Situationen. Im Kern reagieren Manager auf Anreize, die als Rahmenbedingungen gesetzt sind. Der Umgang mit gesellschaftlicher Verantwortung kann folglich als reaktiv bezeichnet werden.

Der Ansatz von Hans Ulrich

Ulrich verfolgt das Ziel einer philosophisch-ethischen Erweiterung des ökonomischen Rationalitätskonzeptes. Er folgt einem unbedingten ethischen Anspruch, der Würde und Respekt der Individuen als Grundlage des menschlichen Handelns fordert. Reine Ökonomie stützt sich auf ein Rationalitätspostulat, das in der sozialen Wirklichkeit nicht aufrechtzuerhalten ist (vgl. Ulrich 1986, S. 62, 1988, S. V; Zimmerli und Aßländer 2005, S. 330).

Der Einsatz knapper Ressourcen ist nicht nur von der wirtschaftlichen Realität bestimmt, sondern ist darüber hinaus ein integrativer Prozess der Normenentwicklung zum Lösen oder Vermeiden sozialer Konflikte. Dies bezeichnet Ulrich als ein diskursethisches Verfahren, in welchem die ökonomische Rationalität um ein Mitspracherecht der Betroffenen erweitert wird (vgl. Zimmerli und Aßländer 2005, S. 330).

Damit dient der wirtschaftsethische Diskurs einer Verständigung über Praxisprobleme vernünftigen Wirtschaftens anstelle eines Vorgebens finaler Lösungen ethischer Fragestellungen (vgl. Zimmerli und Aßländer 2005, S. 330). Normen schaffen und anpassen wird als ein argumentationsbasierter Kommunikationsprozess in einer Gruppe oder Gesellschaft angesehen. Dann fundiert die ökonomische Sachlogik auf ethisch legitimen Grundlagen (vgl. Ulrich 2008, S. 135, 2009, S. 555 ff.).

Hieraus abgeleitet haben Manager eine ethische Verantwortung in der Gesellschaft, indem sie im Rahmen des wirtschaftsethischen Diskurses aktiv an der Ausgestaltung der Handlungsnormen mitwirken – um dem Wohl der Gesellschaft zu dienen, aber auch um die Interessen des Unternehmens und der Stakeholder einzubringen. Die Teilnahme kann neben einer verbalen Diskussion auch über die Qualität der Produkte, die Arbeitsbedingungen, die Ausgestaltung und Botschaften von Werbemaßnahmen u. ä. geschehen. Diese Beiträge werden von den Unternehmen gesteuert. Damit kann der Umgang mit gesellschaftlicher Verantwortung als proaktiv bezeichnet werden.

Die beschriebenen Positionen legitimieren ein Aktivitätsniveau unternehmerischer gesellschaftlicher Aktivitäten, das sich von einer ausschließlich reaktiven Ausrichtung bis hin zu proaktivem Engagement erstreckt (vgl. Abb. 4.3).

Abb. 4.3 Spannweite zwischen reaktiver und proaktiver Verantwortungsübernahme. (Quelle: Eigene Darstellung)

Die Beziehung zwischen Ethik und Ökonomie
Pieper (1990, S. 86 ff.) hat drei Ansätze herausgearbeitet, die die Beziehung zwischen Ethik und Ökonomie abbilden:

1. **Ethik und Ökonomie bilden zwei Aspekte ein und derselben Handlungsstruktur.**
   Sie sind damit untrennbar miteinander verwoben. Diese These wird von Aristoteles ebenso wie den Utilitaristen vertreten. Handlungen müssen dem Anspruch entsprechen, gleichermaßen (ethisch) gut zu sein, den Gesetzen entsprechen und wirtschaftlich sein. Hier finden sich die Perspektiven Karl Homanns und in Ansätzen Peter Druckers wieder.

2. **Moralische Handlungen und wirtschaftliche Handlungen bilden zwei voneinander getrennte, selbstständige Klassen von Handlungen, die unabhängig voneinander untersucht werden können.**
   Ethik und Ökonomie bilden unabhängige und autonome Disziplinen mit unterschiedlichen Ziel- und Mittel-Vorstellungen. Adam Smith mit seinem Homo oeconomicus, aber auch David Ricardo sind hervorstechende Vertreter dieser Richtung. Sie ermöglicht die Entwicklung einer rein ökonomisch fundierten Werttheorie. Von den beschriebenen Wissenschaftlern entspricht Milton Friedman dieser Denkhaltung.

3. **Wirtschaftliche Handlungen bilden eine eigenen Klasse von Handlungen, die aber dem Prinzip der Ethik verpflichtet sind bzw. darauf beruhen.**
   In einer humanen Lebenswelt können und müssen die Forderung der Ethik nach Moralität und die Forderung der Ökonomie nach Wirtschaftlichkeit in der Praxis miteinander verträglich gemacht werden. Dies müsste auf einer Theorie der Werte aufbauen, die die heute gültigen Vorstellungen eines guten Lebens abbildet. Daran müsste sich eine Vertrags- und Nutzentheorie aufsetzen, welche die Wirtschaftlichkeit des Handelns sicherstellt. Letztlich fordert Pieper (1990, S. 98 f.) das Einbinden von Utopien, um Zukunftsentwürfe zeichnen und Veränderungen einleiten zu können. Ulrichs Denkansatz baut auf diesen Gedanken auf.

4.1.3 Erzeugen eines Möglichkeitsraums für verantwortungsvolles Handeln in Unternehmen

Integriert man die Gedanken der vier Wissenschaftler, so lassen sich zwei Perspektiven einander gegenüberstellen. Mit der Perspektive der Wirtschaftswissenschaftler Friedman und Drucker wurden eine rein ökonomische einer ökonomischen und sozialen Verantwortung gegenübergestellt. Damit wächst eine gesellschaftliche Verantwortung im Verlauf an. Von einem niedrigen Ausmaß an durch Unternehmen gelebter sozialer Verantwortung entwickelt sich eine hohe gelebte Verantwortung der Unternehmen. Dem steht eine zweite Dimension entgegen, welche im Modell (vgl. Abb. 4.4) in der Vertikalen dargestellt wird. Mit den Gedanken der Wirtschaftsethiker Homann und Ullrich wurde die Spannweite des Engagements zwischen reaktivem und proaktivem Engagement hergestellt. In diesem Zusammenspiel von niedrigem bis hohem Ausmaß an unternehmerischer gesellschaftlicher Verantwortung und reaktivem bis proaktivem Engagement der Unternehmen entsteht ein Raum an Möglichkeiten für verantwortungsvolles Handeln in Unternehmen.

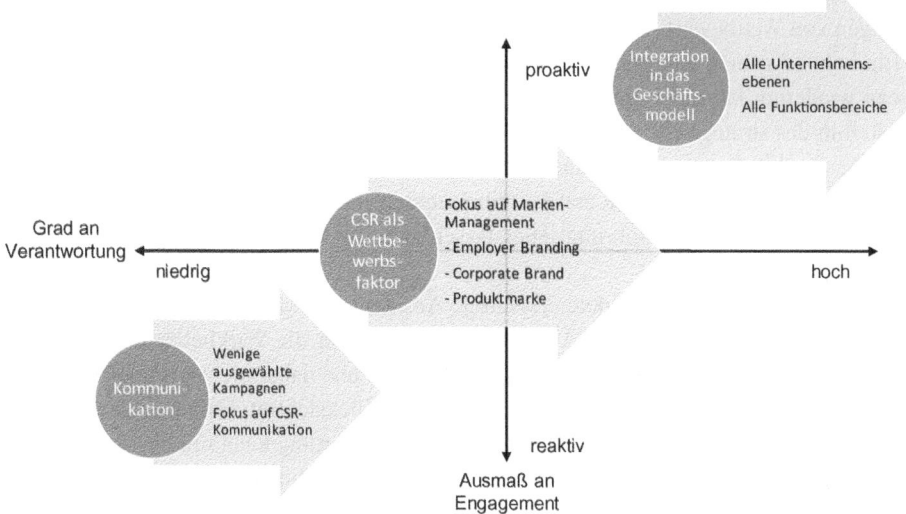

Abb. 4.4 Die CSR-Denkhaltung: Das Aktivitäts- und Verantwortungsmodell nach Kreipl. (Quelle: Eigene Darstellung)

Hieraus lassen sich Konsequenzen für eine Verankerung von Corporate Social Responsibility (CSR) in den Unternehmen ableiten. Gemäß Friedman steht die Gewinnerzielungsabsicht unter markt- und rechtskonformem Handeln im Fokus. CSR-Aktivitäten sind insoweit eingebunden, wie sie vom Markt gefordert werden. Konformes Verhalten kann ohne innere Überzeugung erfolgen, lediglich Aktivitäten zur Befriedigung der Bedürfnisse von Kunden oder Mitarbeitern werden durchgeführt. Dies entspricht gleichermaßen Homanns Gedanken, dass unternehmerisches Verhalten als Reaktion auf Anreize erfolgt, die außerhalb des Unternehmens gesetzt werden. Soziale Aktivitäten sollen gemäß Friedman Kunden- bzw. Mitarbeiterbeziehungen stabilisieren. Um letztlich ökonomische Vorteile realisieren zu können, ist deren Wahrnehmung durch die Stakeholder notwendig. Dies führt zu einer hervorstechenden Bedeutung von CSR-Kommunikation in dieser Phase.

Die Kommunikation von CSR-Aktivitäten erfordert eine erste Auseinandersetzung mit CSR. Ein Bewusstsein für die im Unternehmen durchgeführten Aktivitäten entsteht ebenso wie die Wahrnehmung weiterer Möglichkeiten. In dieser Phase können die Aktivitäten zunächst in Form von Einzelprojekten durchgeführt werden. Sie können sich im Verlauf verstetigen und langsam in ein strategisches Konzept überführt werden. Hier lassen sich Hinweise auf erste Schritte einer aktiven Beteiligung an einem ethischen Diskurs nach Ulrich erkennen. Neben einem steigenden Bewusstsein für die Thematik der Verantwortung kann ein Bewusstsein für das ökonomische Potenzial wachsen. Die Möglichkeit eines Einsatzes von CSR als Wettbewerbsvorteil kann entstehen. Das Ausmaß an Verantwortung verschiebt sich von einer niedrigen zu einer höheren Verantwortung, der Grad an Engagement rückt von einem reaktiven zu einem proaktiven Handeln. Bei steigendem

Aktivitätsgrad kann es zu einer Fokussierung von CSR als vorökonomischen Faktor zum Erzeugen von Wettbewerbsvorteilen kommen. Eine strategische Orientierung greift hier.

Ein hohes Ausmaß an gesellschaftlicher Verantwortung gepaart mit hohem Aktivitätsniveau wiederum kann nur konsequent realisiert werden, wenn CSR als integrativer Bestandteil in das strategische Management eingebunden wird. Eine umfassende aktive Beteiligung an der Ausgestaltung und Weiterentwicklung von Handlungsnormen erfolgt letztlich in konsequenter Weise erst bei einer echten Integration des CSR-Gedankens in die gesamte Unternehmensführung. Hier lassen sich die Forderungen Ulrichs und Druckers in Einklang bringen.

Hieraus entsteht der abgebildete dreistufige Ansatz der Verankerung gesellschaftlicher Verantwortung im Unternehmen. Als Modell wird hierbei die Wirklichkeit vereinfacht. Die Übergänge zwischen den drei Stufen sind fließend und daher nicht friktionslos trennbar. Weiterhin wird im Modell ein Sonderfall nicht berücksichtigt. Ein niedriges Ausmaß an bzw. eine nicht vorhandene gesellschaftliche Verantwortung kann mit einem gewissen Aktivitätsgrad und systematischem Handeln einhergehen. Dies kann in der Sonderform eines Greenwashing geschehen, welche in Abschn. 4.3.1.4 beschrieben wird.

Es herrscht Einigkeit in der Wissenschaft, dass es sich bei der Übernahme verantwortlichen Handelns um einen Entwicklungsprozess handelt. Die aktuell eingenommene Position eines Unternehmens kann sich verschieben. Dies kann geschehen, wenn die Kultur eines Unternehmens sich wandelt. Ein Kulturwandel kann von veränderten Macht- und Entscheidungsstrukturen ausgelöst werden. Ein Generationenwechsel in der Unternehmensleitung von Familienunternehmen kann ursächlich sein, aber auch ein grundsätzlicher Wechsel in der Unternehmensleitung. Auch Bottom up kann ein Kulturwandel initiiert werden. So unterstellt man der Generation Y eine Orientierung an veränderten Werten. Dies kann zu veränderten Ansprüchen an die Haltung von Unternehmen hinsichtlich gesellschaftlicher Verantwortung führen. Mitarbeitern und ihren Bedürfnissen werden gerade in Zeiten eines Fach- und Führungskräftemangels in vielen Berufsbildern ein hoher Stellenwert eingeräumt. Auch von außen kann eine Veränderung in der Position zur sozialen Verpflichtung initiiert werden. So können die Bedürfnisse auf der Kundenseite zu einem Umdenken führen.

Zudem kann ein Wandel in der Haltung gegenüber CSR geschehen, wenn Unternehmen ökonomische Erfolge realisieren werden. Sobald der Nutzen erkennbar ist, können weitere Schritte in systematischer bzw. strategischer Weise eingeschlagen werden.

Hieraus lässt sich erkennen, dass CSR Entwicklungen durchlaufen kann. Bei positiven Erfahrungen kann der Grad an Verantwortung wachsen und das Engagement sich in ein stark proaktives Vorgehen wandeln. Maon et al. haben ein derartiges Modell entwickelt (vgl. Abb. 4.5). Dafür wurde eine Vielzahl bestehender Modelle analysiert, um in der Synthese das Maon'sche Modell zu generieren (vgl. Jones et al. 2007; Mirvis und Googins 2006; Zadek 2004; Van Marrewijk und Werre 2003; Dunphy et al. 2003; Stahl und Grigsby 1997; Reidenbach und Robin 1991; Walton 1967; Eells 1956). Dieses umfasst drei Phasen mit insgesamt sieben Stufen. In der ersten Phase wird eine CSR-Kultur der Zurückhaltung gelebt. Über die Möglichkeiten von CSR herrscht in dieser Phase weitestgehend Unkenntnis

Abb. 4.5 Drei-Phasen-Modell der CSR-Kultur. (Quelle: Eigene Darstellung in Anlehnung an Maon et al. 2010)

bzw. es wird als Restriktion wahrgenommen. Eine ethische Ausrichtung weist enge Grenzen auf und wird vom Eigeninteresse des Unternehmens überlagert. Die zweite Phase zeichnet sich durch eine CSR-Kultur des Verständnisses aus. Ein Verständnis um das Nutzenpotenzial von CSR wird an dieser Stelle entwickelt. CSR wird zum Selbstschutz oder als Entgegenkommen für die Stakeholder eingesetzt. Es dient dem Erhalt und dem Aufbau von Werten, um die Reputation des Unternehmens bei den Stakeholdern aufzubauen. Das Eigeninteresse des Unternehmens motiviert das Handeln. Das wachsende Verständnis um die Vorteilhaftigkeit von CSR verstärkt den Entwicklungsprozess über die Stufen des Selbstschutzes, der Suche nach einem Erfüllen von Stakeholder-Erwartungen bis hin zur Suche nach Nutzenpotenzial für das Unternehmen. Die dritte Phase weist eine CSR-Kultur der Verankerung auf. Hier wird CSR fest in das Unternehmen verankert. CSR wird proaktiv gestaltet. Die unternehmensweite Realisation von CSR-Vorteilen verzahnt eine pragmatische Sichtweise auf CSR mit einer intrinsischen Motivation zur Vertiefung gesellschaftlicher Verantwortung. Über die Ausweitung des gesellschaftlichen Engagements, die Strategieentwicklung unter Einbindung von Nachhaltigkeit bis hin zur Transformation in ein konsequent gesellschaftlich orientiertes Unternehmen kann die Entwicklung verlaufen (vgl. Maon et al. 2010).

Den Entwicklungsprozess greift Schneider konkret auf, in dem er eine Reifegradpyramide der CSR-Aktivitäten als nach oben offene Skala entwickelt (vgl. Schneider 2015a, S. 32 ff.). Je höher die Stufe in der Pyramide liegt, desto größer fällt das Potenzial des Unternehmens aus, einen gesellschaftlichen Nutzen zu erzielen und einen Mehrwert für die Gesellschaft und das Unternehmen zu erzielen. Das Modell hat nach Angaben des Autors keinen Anspruch auf Vollständigkeit. Mit dem Spezifikum, das Modell sei nach oben offen, wird darauf verwiesen, dass ein mögliches Entwicklungspotenzial besteht.

Die vier Ebenen sind wie folgt zu verstehen (vgl. Abb. 4.6):

CSR 0.0 ist strenggenommen noch kein echtes CSR-Konzept. Es wird an dieser Stelle noch nicht bewusst durchgeführt oder systematisch organisiert. Auf dieser unteren Ebene wird gesellschaftliches Engagement im Sinne Milton Friedmans verstanden. Die Unternehmen

Abb. 4.6 CSR-Reifegradpyramide als nach oben offene Skala. (Quelle: Eigene Darstellung in Anlehnung an Schneider 2015a, S. 33)

erbringen möglicherweise durch ihre Produkte und Dienstleistungen einen gesellschaftlichen Nutzen. Weiterhin leisten sie einen gesellschaftlichen Nutzen über Steuerzahlungen sowie das Schaffen von Arbeits- und Ausbildungsplätzen. Dies kann als passive gesellschaftliche Verantwortung verstanden werden und ist somit im Aktivitäts- und Verantwortungsmodell (AV-Modell) links unten einzuordnen.

CSR 1.0 als philanthropisches Modell fokussiert unternehmensfremde Maßnahmen, wie beispielsweise Spenden, Sponsoring und Mäzenatentum. Diese Aktionen betreffen das Kerngeschäft nicht. Es zeigt gesellschaftliches Engagement, da finanzielle Mittel des Unternehmens für gemeinnützige Zwecke eingesetzt werden. Dies Maßnahmen sind oftmals unsystematisch. Ihr Beitrag zum Erfolg des Unternehmens ist begrenzt und geht über kurzfristige Image-Effekte nicht hinaus.

CSR 2.0 bezeichnet Aktivitäten, die das Kerngeschäft des Unternehmens betreffen. Hier können Wettbewerbsvorteile erzeugt werden und unternehmerischer Nutzen kann sich entfalten. CSR wird in die unternehmerische Wertschöpfung integriert und systematisch und strategisch genutzt. Hier wird CSR aktiv eingesetzt und Verantwortung tiefgreifend gelebt.

CSR 3.0 zeigt ein noch weiter verstärktes Verantwortungsbewusstsein und vermehrtes aktives Vorgehen von Unternehmen. Unternehmen bringen sich aktiv in die Gestaltung von Wirtschafts-, Gesellschafts- und Umweltpolitik ein. Damit tragen sie aktiv zu nachhaltigen Veränderungen der Rahmenbedingungen bei. Hier kann sich ein ganzheitlicher CSR-Ansatz entwickeln.

Zusammenfassend zeigt sich, dass die Entscheider in Unternehmen eine unterschiedliche Denkhaltung im Hinblick auf die gesellschaftliche Verantwortung von Managern und Unternehmen haben. Daher werden sie einen unterschiedlichen Aktivitätsgrad entfalten und CSR mit viel oder wenig Engagement im Unternehmen etablieren. Dafür nutzen die Unternehmen unterschiedliche CSR-Instrumente. Diese Instrumente werden nachfolgend betrachtet (Abschn. 4.3). Zuvor wird in Abschn. 4.2 der Begriff Corporate Social Responsibility mit seinen Bestandteilen betrachtet.

Die nachfolgenden Fragen sollen die Auseinandersetzung mit Kap. 4 vertiefen:

1. Welche verschiedenen Blickrichtungen zur Erklärung gesellschaftlicher Verantwortung nehmen die vier Wissenschaftler ein?
2. Worin liegt die Stärke der Perspektive von Milton Friedman?
3. Worin liegt die Stärke der Perspektive von Peter Drucker?
4. Worin liegt die Stärke der Perspektive von Karl Homann?
5. Worin liegt die Stärke der Perspektive von Hans Ulrich?
6. Wie bewerten Sie die Möglichkeit, diese vier Perspektiven zu integrieren?
7. Welche der vier Perspektiven entspricht Ihrer persönlichen Meinung?
8. Wo verorten Sie sich im Aktivitäts- und Verantwortungsmodell?

4.2 Begriff und Elemente

In diesem Abschnitt wird der Begriff „Corporate Social Responsibility" erörtert. Im Anschluss werden mit Freiwilligkeit, Nachhaltigkeit und Stakeholderorientierung die drei wesentlichen Bestandteile von CSR einzeln betrachtet.

4.2.1 Der Begriff Corporate Social Responsibility

Wenngleich der Begriff der Corporate Social Responsibility seit vielen Jahren Einzug in Theorie und Praxis genommen hat, so konnte sich bislang noch keine einheitliche Definition durchsetzen. Dies kann auf die Komplexität des Begriffs aufgrund einer Vielzahl an Perspektiven zurückgeführt werden (vgl. Tab. 4.1).

Tricker (2012, S. 224 ff.) unterscheidet zwischen folgenden Perspektiven: Die gesellschaftliche Perspektive wird eingeführt, da Unternehmen mit ihren Produkten und Produktionsweisen einen Einfluss auf die Gesellschaft nehmen. Die strategiegetriebene Perspektive bindet CSR in die Wertschöpfung der Unternehmen ein. Die Stakeholder-Perspektive berücksichtigt die Harmonisierung der Unternehmenswerte und -ausrichtung auf die Bedürfnisse ihrer Stakeholder. Die ethische Perspektive bindet ein, dass Unternehmen ebenso wie Individuen eine humanitäre Verpflichtung haben, die zur Übernahme gesellschaftlicher Verantwortung führt. Die politische Perspektive integriert die kritische Sicht auf CSR als Ausüben eines verdeckten Eigeninteresses statt des Verfolgens von Allgemeinwohl. Die philanthropische Perspektive ergänzt die Ansatzpunkte um das Motiv der Unternehmen, etwas zurückgeben zu wollen (Tricker 2012, S. 224 ff.). Aus unternehmerischer Perspektive kann Corporate Social Responsibility als Konzept einer nachhaltigen Unternehmensführung unterstützt die Unternehmen dabei, globale Trends und Anforderungen frühzeitig und zuverlässig zu erkennen (vgl. PwC 2012).

Folgt man den Aussagen des World Business Council for Sustainable Development, so liegen die Schwerpunkte von CSR in der Sicherung von Menschenrechten, Arbeitnehmerrechten, Umweltschutz, der Einbindung des Staates und von

Tab. 4.1 Überblick über ausgewählte CSR-Definitionen

Autor(en)	Definition
Bowen (1953)	The obligation of businessmen to pursue those policies, to make those decisions, or to follow those lines of action which are desirable in terms of the objectives and values of our society.
Davis (1960)	Businessmen's decisions and actions taken for reasons at least partially beyond the firm's direct economic or technical interest. Social responsibilities of businessmen need to be commensurate with their social power.
Sethi (1975)	Implies bringing corporate behavior up to a level where it is congruent with the prevailing social norms, values, and expectations of performance.
Davis und Blomtrom (1975)	The idea that decision makers are obligated to take actions which protect and improve the welfare of society as a whole with their own interest.
Carroll (1979)	Encompasses the economic, legal, ethical, and discretionary expectations that society has of organizations at a given point of time
Jones (1980)	The notion that corporations have an obligation to constituent groups in society other than stockholders and beyond that prescribed by law and union contract.
Drucker (1984)	To tame the dragon, that is to turn a social problem into economic opportunity and economic benefit, into productive capacity, into human competence, into well-paid jobs, and into wealth.
Maclagan (1998)	May be viewed as a process in which managers take responsibility for identifying and accommodating the interests of those affected by the organization's actions
Europäische Kommission (2001)	A concept whereby companies integrate social and environmental concerns in their business operations and in their interactions with their stakeholders on a voluntary basis.
McWilliams und Siegel (2001)	Actions that appear to further some social good, beyond the interests of the firm and that which is required by law.
CSR Europe (2003)	The way in which a company manages and improves its social and environmental impact to generate value for both its shareholders and its stakeholders by innovating, organizations and operations.
Kotler und Lee (2005)	A commitment to improve community well-being through discretionary business practices and contributions of corporate resources.

Lieferantenbeziehungen. Eine stimmige CSR-Strategie soll auf Integrität, gesunden Werten und auf Langfristigkeit beruhen, damit sie dem Unternehmen Nutzen bietet. Unternehmen sollen dabei ihre Werte ausdrücken, beispielsweise im Code of Conduct. Regionalen und kulturellen Unterschieden soll dabei Rechnung getragen werden. Eine stimmige CSR-Strategie bringt nicht nur Vorteile für Unternehmen, sondern auch für die Gesellschaft. Eine CSR-Strategie bietet den Unternehmen eine Möglichkeit, ein „menschliches Gesicht" zu zeigen. CSR-Strategien bedürfen eines offenen Dialogs und konstruktive Zusammenarbeit mit Marktpartnern auf Regierungs- und Non-Profit-Ebene (vgl. Tricker 2012, S. 235; World Business Council for Sustainable Development 1999).

Folgt man einem weiten CSR-Verständnis, welches basierend auf Carrolls Verantwortungspyramide auf allen Ebenen erfolgt, so wird bereits Gesetzeskonformität oder auch Gewinnerzielung als unternehmerische Wahrnehmung gesellschaftlicher Verantwortung gedeutet (vgl. Carroll 1991; Raupp et al. 2011). Diese Vielfalt deckt sich mit den beschriebenen Ansprüchen aus Abschn. 4.1. Einer engen CSR-Auffassung entsprechend wird Corporate Social Responsibility als Verantwortung der Gesellschaft gegenüber interpretiert, den Geschäftszweck, die Unternehmenswerte und -philosophie und die Unternehmensstrategie mit den ökonomischen, rechtlichen, ethischen und philanthropischen Bedürfnissen der Stakeholder nachhaltig in Einklang zu bringen (vgl. Fieseler 2008, S. 38). Dieses Begriffsverständnis steht im Einklang mit den Forderungen Peter Druckers.

Hieraus lassen sich Konsequenzen für eine Verankerung von Corporate Social Responsibility in den Unternehmen ableiten. Gemäß Friedman steht die Gewinnerzielungsabsicht unter markt- und rechtskonformem Handeln im Fokus. CSR-Aktivitäten sind insoweit eingebunden, wie sie vom Markt gefordert werden. Konformes Verhalten kann ohne innere Überzeugung erfolgen, wie z. B. über ein Greenwashing. Dies entspricht Homans Gedanke, dass unternehmerisches Verhalten als Reaktion auf Anreize erfolgt, die außerhalb des Unternehmens gesetzt werden.

Darüber hinaus lässt Friedman Raum für soziale Aktivitäten, welche Kunden- bzw. Mitarbeiterbeziehungen stabilisieren sollen. Um letztlich auch ökonomische Vorteile daraus realisieren zu können, ist deren Wahrnehmung durch die Stakeholder notwendig. Dies führt zu einer hervorstechenden Bedeutung von CSR-Kommunikation. Hier lassen sich Hinweise auf erste Schritte einer aktiven Beteiligung an einem ethischen Diskurs nach Ulrich erkennen. Eine umfassende aktive Beteiligung an der Ausgestaltung und Weiterentwicklung von Handlungsnormen erfolgt letztlich in konsequenter Weise erst bei einer echten Integration des CSR-Gedankens in die gesamte Unternehmensführung. Hier lassen sich die Forderungen Ulrichs und Druckers in Einklang bringen. Hieraus wurde ein dreistufiger Ansatz der Verankerung von CSR im Unternehmen abgeleitet. Ein niedriges Ausmaß an gesellschaftlicher Verantwortung bei niedrigem Aktivitätsgrad führt über ein Greenwashing bei steigendem Aktivitätsgrad zu einer Fokussierung von CSR als vorökonomischen Faktor zum Erzeugen von Wettbewerbsvorteilen. Ein hohes Ausmaß an gesellschaftlicher Verantwortung gepaart mit hohem Aktivitätsniveau wiederum kann nur konsequent realisiert werden, wenn CSR als integrativer Bestandteil in das strategische Management eingebunden wird. Diese Gedanken werden in Abschn. 4.3.1.1, 4.3.1.2 und 4.3.1.3 aufgegriffen und in Abschnitt Abschn. 4.3.1.4 um eine Sonderform ergänzt.

Diese Überlegungen begründen die Pluralität der Definitionen. Ein Überblick über eine Reihe von Definitionen ohne Anspruch auf Vollständigkeit bietet Tab. 4.1 (in Anlehnung an Maon et al. 2010, weitere Definitionen u. a. bei Crane et al. 2014, S. 5 ff.). Die verschiedenen Autoren greifen die Terminologie in unterschiedlicher Weise auf. Eine Entwicklung ist zu beobachten von einem Begriffsverständnis als Social Responsibilities of Businessmen über Social Responsibility of Business hin zu Corporate Social Responsibility. In frühen Definitionen wurde der Geschäftsmann bzw. Manager betrachtet. Es folgte eine Phase, in welcher die Unternehmung als rechtliche Einheit und deren Verantwortung in den Fokus rückte. Dies wurde gegenwärtig abgelöst von einer Betrachtung der Körperschaft „Corporate", wobei eine ganzheitliche Vereinigung des Unternehmens mit allen seinen Einheiten und insbesondere den Entscheidern, d. h. den Managern, erfolgt. Weiterhin werden verschiedene Zielgruppen der CSR-Verpflichtung in den Definitionen betrachtet. Die Gesellschaft als Ganzes kann ebenso betrachtet werden wie weitere Stakeholder. Hierbei sind die Shareholder, aber auch interne Stakeholder oder Gruppierungen von Stakeholdern zu nennen.

▶ **Corporate Social Responsibility (Europäische Kommission 2001)** Concept building the basis for companies to integrate voluntarily social and environmental activities into the business and into the relationship with their stakeholders.

In der Vielfalt der Definitionen zeigt gegenwärtig der Ansatz der Europäischen Kommission einen hohen Verbreitungsgrad (vgl. Schneider 2015a, S. 24). Er wurde in 2001 erstmalig kommuniziert und in 2011 in einer Weiterentwicklung veröffentlicht. Gemäß der Fassung von 2001 wird Corporate Social Responsibility als Konzept verstanden, das den Unternehmen als Grundlage dient, auf freiwilliger Basis soziale Belange und Umweltbelange in ihre Unternehmenstätigkeit und in die Wechselbeziehungen mit den Stakeholdern zu integrieren. Dabei wird verantwortliches Handeln über eine Gesetzeskonformität hinaus interpretiert als ein Ansatz zur Investition in Menschen und die Umwelt sowie in die Ausgestaltung von Stakeholder-Beziehungen (Europäische Kommission 2001, S. 8).

In der Weiterentwicklung der Definition im Jahr 2011 wird die Bedeutung hervorgehoben, Corporate Social Responsibility in die Unternehmensstrategie zu integrieren. Das Konzept der gemeinsamen bzw. geteilten Wertschöpfung wurde ergänzt. Ebenso wurden die Menschenrechte sowie ethische Überlegungen explizit ergänzt zu den ökonomischen, ökologischen und sozialen Dimensionen, während sie zuvor als Teil der sozialen Dimension verstanden wurden (Europäische Kommission 2011, S. 5). Dies verweist auf eine steigende Entwicklung hin zu einer strategischen Orientierung von CSR.

▶ **Corporate Social Responsibility (Europäische Kommission 2011)** Responsibility of enterprises for their impacts on society. It can be understood as a process to integrate social, environmental, ethical human rights and consumer concerns into their business operations and core strategy in close cooperation with their stakeholders. It aims at

- maximising the creation of shared value, which means to create returns on investment for the company's shareholders at the same time as ensuring benefits for the company's other stakeholders and society
- Identifying, preventing, and mitigating possible adverse impacts which enterprises may have on society

Crane et al. (2014, S. 9 ff.) identifizierten sechs wesentliche Eigenschaften in der Quintessenz einer Analyse ausgewählter Definitionen. Hierzu zählen sie die Freiwilligkeit der Aktivitäten, eine Orientierung an Stakeholdern, Harmonisierung von sozialer und ökono-

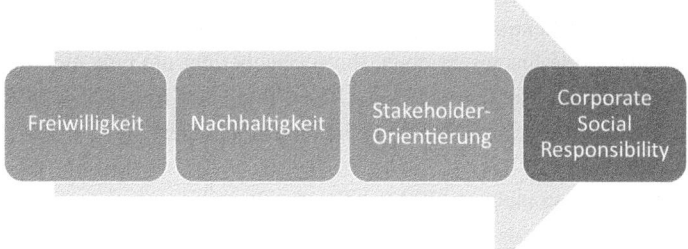

Abb. 4.7 Die drei grundlegenden Elemente von Corporate Social Responsibility. (Quelle: Eigene Darstellung)

mischer Verantwortung, das Management externer Effekte, ein Hinausgehen über philanthropische CSR-Ansätze, d. h. eine strategische Ausrichtung nehmen sowie eine Verankerung von CSR in der Philosophie. Im Rahmen dieser Arbeit sollen die Wesentlichkeit sich auf die ersten drei Eigenschaften fokussieren. Das Management externer Effekte ebenso wie die strategische Ausrichtung und die Verankerung in der Philosophie werden im Rahmen der Ausgestaltungsmöglichkeiten von Corporate Social Responsibility in Abschn. 4.3 aufgegriffen.

Aus diesen Überlegungen sollen nun drei grundlegende Elemente hervorgehoben werden (vgl. Abb. 4.7): Zunächst besteht ein grundlegender Anspruch an Freiwilligkeit, d. h. es besteht keine gesetzliche Verpflichtung zu CSR. Weiterhin zeichnet sich CSR durch Projekte aus, welche Wirtschaften unter die Prämisse der Nachhaltigkeit stellt. Und schließlich rundet die Orientierung der Projekte an den Interessen und Bedürfnissen von Stakeholdern die Elemente ab. Im Einzelnen bedeutet dies:

4.2.2 Freiwilligkeit der Aktivitäten

Die Freiwilligkeit ist ein grundlegendes Element von Corporate Social Responsibility. Zunächst einmal können Unternehmen frei entscheiden, ob sie sich überhaupt in CSR engagieren. Sämtliche Elemente der CSR-Projekte können frei gestaltet werden:

- Der Zeitpunkt des Projektes und die Projektdauer kann individuell gewählt werden.
- Die Inhalte der Projekte können von den Unternehmen, möglicherweise gemeinsam mit Projektpartnern, frei gestaltet werden.
- Das Ausmaß der Aktivitäten kann von den Unternehmen festgelegt werden.
- Die Stakeholder, auf die die Projekte ausgerichtet sind oder die Stakeholder, die in die Projekte eingebunden werden, können vom Unternehmen bestimmt werden.

Mit Einführung des CSR-Richtlinie-Umsetzungsgesetzes (CSR-RUG) wurde ein Regelwerk geschaffen, welches bestimmte Unternehmen zum Erstellen von Berichten über den

Status der Wahrnehmung gesellschaftlicher Verantwortung verpflichtet. Das Handelsgesetzbuch (HGB) wird dabei um die §§ 289a bis 289e HGB ergänzt. Hierin wird die Pflicht für Kapitalgesellschaften festgeschrieben, ihren Lagebericht um eine nichtfinanzielle Erklärung zu erweitern (vgl. Bundesrat 2017). Diese Pflicht betrifft gemäß § 289b die großen Kapitalgesellschaften. Diese sind dadurch gekennzeichnet, dass sie

- eine Bilanzsumme von mehr als 20 Mio. € aufweisen und
- Umsatzerlöse von mehr als 40 Mio. € erzielen und
- mehr als 500 Arbeitnehmer im Jahresdurchschnitt beschäftigen und
- kapitalmarktorientiert sind.

▶   Das CSR-Richtlinie-Umsetzungsgesetz gilt für Kapitalgesellschaften, die den
     Kriterien in § 289b HGB entsprechen. Alle anderen Unternehmen sind von dieser Verpflichtung ausgeschlossen.

Eine Kapitalgesellschaft ist gemäß § 264d HGB kapitalmarktorientiert, wenn sie einen organisierten Markt im Sinn des § 2 Absatz 11 des Wertpapierhandelsgesetzes durch von ihr ausgegebene Wertpapiere im Sinn des § 2 Absatz 1 des Wertpapierhandelsgesetzes in Anspruch nimmt oder die Zulassung solcher Wertpapiere zum Handel an einem organisierten Markt beantragt hat.

Die CSR-RUG stellt die Umsetzung einer EU-Vorgabe dar. Bereits im April 2013 reicht die EU-Kommission einen Vorschlag zur Richtlinie ein. In 2014 tritt die EU-Richtlinie in Kraft. In den Folgejahren entwickeln die EU-Mitgliedsstaaten ihre nationalen Umsetzungen. In Deutschland wird das CSR-Richtlinie-Umsetzungsgesetz (CSR-RUG) am 9. März 2017 angenommen. Das Berichten von Aktivitäten entwickelt sich zu einem globalen Standard (vgl. Bundesrat 2017; KPMG 2017; Ey 2015).

Pflicht zur nichtfinanziellen Erklärung
§ 289b HGB

(1) Eine Kapitalgesellschaft hat ihren Lagebericht um eine nichtfinanzielle Erklärung zu erweitern, wenn sie die folgenden Merkmale erfüllt:
    1. die Kapitalgesellschaft erfüllt die Voraussetzungen des § 267 Absatz 2 Satz 1,
    2. die Kapitalgesellschaft ist kapitalmarktorientiert im Sinne des § 264d und
    3. die Kapitalgesellschaft hat im Jahresdurchschnitt mehr als 500 Arbeitnehmer beschäftigt.

Eine Befreiung von dieser Berichtspflicht ist in bestimmten Fällen möglich. Dies ist beispielsweise der Fall, wenn die Kapitalgesellschaft in den Konzernlagebericht der Muttergesellschaft einbezogen ist.

Der Inhalt der nichtfinanziellen Erklärung umfasst gemäß § 289c HGB eine kurze Beschreibung des Geschäftsmodells der Kapitalgesellschaft und bezieht sich auf die in Tab. 4.2 aufgelisteten Aspekte.

Tab. 4.2 Inhalte der nichtfinanziellen Erklärung

Aspekt	Erläuterung möglicher Angaben
Umweltbelange	Die Angaben können sich beispielsweise auf Treibhausgasemissionen, den Wasserverbrauch, die Luftverschmutzung, die Nutzung von erneuerbaren und nicht erneuerbaren Energien oder den Schutz der biologischen Vielfalt beziehen.
Arbeitnehmerbelange	Die Angaben können sich beispielsweise auf Maßnahmen beziehen, welche • zur Gewährleistung der Geschlechterteilung ergriffen wurden, • die Arbeitsbedingungen betreffen, • die Umsetzung der grundlegenden Übereinkommen der Internationalen Arbeitsorganisation betreffen, • die Achtung der Rechte von Arbeitnehmern umfassen, • den sozialen Dialog betreffen, • die Achtung der Rechte von Gewerkschaften aufzeigen, • sich auf den Gesundheitsschutz oder die Sicherheit am Arbeitsplatz beziehen können.
Sozialbelange	Die Angaben können sich auf den Dialog auf kommunaler oder regionaler Ebene oder auf die zur Sicherstellung des Schutzes und der Entwicklung lokaler Gemeinschaften ergriffenen Maßnahmen beziehen.
Achtung der Menschenrechte	Die Angaben können sich auf Maßnahmen zur Vermeidung von Verletzungen der Menschenrechte beziehen.
Bekämpfung von Korruption und Bestechung	Die Angaben können sich beispielsweise auf die bestehenden Instrumente zur Bekämpfung von Korruption beziehen.

Quelle: Eigene Darstellung in Anlehnung an § 289c HGB

Die getätigten Angaben umfassen nach § 289c Absatz 3 über die in Tab. 4.2 gelisteten Aspekte hinaus die Bewertung von wesentlichen Risiken, die mit der eigenen Geschäftstätigkeit verknüpft sind. Dazu zählen auch Due-Diligence-Prozesse. Nichtfinanzielle Leistungsindikatoren können genutzt werden. Bei der nichtfinanziellen Erklärung dürfen gemäß § 289e nachteilige Angaben weggelassen werden. Dies ist der Fall, wenn die Angaben nach vernünftiger kaufmännischer Beurteilung durch Mitglieder von vertretungsberechtigten Organen der Gesellschaft geeignet sind, der Kapitalgesellschaft einen erheblichen Nachteil zuzufügen.

Zur Berichterstattung können die Unternehmen nach § 289d Rahmenwerke nutzen, an der sie ihre nichtfinanzielle Erklärung ausrichten. Hierunter fallen nationale, europäische oder internationale Regelungen. Das genutzte Rahmenwerk muss ebenso angegeben werden wie der Verzicht auf die Nutzung eines allgemein anerkannten Standards.

▶ Mit der Berichtspflicht wird die Sichtbarkeit für Verantwortung und Nachhaltigkeit auf zwei Wegen gefördert:

1. Wenn die großen Unternehmen über ihre Aktivitäten berichten, so gewinnen sie selber Klarheit über den Status quo und mögliche Entwicklungspotenziale.
2. Durch die Veröffentlichungspflicht wird die Transparenz der Aktivitäten bei den Stakeholdern gefördert. Dadurch kann ein Push-Effekt bei den Unternehmen ausgelöst werden, in dem die Stakeholder eine Weiterentwicklung von Aktivitäten einfordern.

▶ Gleichermaßen wird die Freiwilligkeit nicht ausgehebelt: Die Unternehmen sind nach wie vor selbstbestimmt. Sie entscheiden individuell und freiwillig über Inhalte und Ausmaße der Aktivitäten gesellschaftlicher Verantwortung; auch Zeitpunkte und Dauer der Projekte können frei gewählt werden.

Die Besonderheiten der Richtlinien liegen zunächst darin, dass

• das Geschäftsmodell als Ausgangspunkt gewählt wird. Hierin sollen die Unternehmen festhalten, auf welche Weise ein Kundenmehrwert erzeugt und daraus abgeleitet ein Ertrag für das Unternehmen erwirtschaftet wird.
• Die CSR-Richtlinie verlangt von den Unternehmen, die berichteten Belange durch Konzepte und Maßnahmen zu untermauern.
• Wesentliche Risiken werden entlang der Wertschöpfungskette berichtet. Damit wird der Risikobegriff ausgeweitet.
• Das Prinzip der Wesentlichkeit wird verfolgt. Wesentliche Risiken und Kennzahlen sollen ausgewählt und beschrieben werden (vgl. Ey 2015, S. 9 f.).

Für die (Konzern-)Lageberichte wurde diese Form der Nachhaltigkeits-Berichterstattung erstmalig für das Geschäftsjahr 2017 verpflichtend. Ab diesem Zeitpunkt muss eine sogenannte nicht-finanzielle (Konzern-)Erklärung (NFE) jährlich abgegeben werden. Erste Erfahrungen im Umgang mit der Berichtspflicht können betrachtet werden. Sowohl Ernst & Young als auch PricewaterhouseCoopers haben das erste Berichtsjahr analysiert (vgl. Ey 2018; PwC 2018). Die Stichprobe von Ernst & Young lag aufgrund eines anderen Analysezeitpunkts mit 105 leicht unter der von Pricewaterhouse, daher werden hier nun die Daten der Studie mit der größeren Stichprobe herangezogen. Beide Studien weichen bei Prozent-Angaben leicht voneinander ab, zeigen aber im Trend identische Entwicklungen. Ergänzungen aus der Ernst & Young-Studie erfolgen, wenn dort spezifische Fragestellungen untersucht wurden, die bei PwC nicht berücksichtig wurden. In der Studie wurden 129 der DAX 160-Unternehmen betrachtet, von denen bis Ende März 2018 die ersten Berichte vorlagen. Eine Analyse des ersten Berichtsjahres erzeugte folgendes Bild (vgl. PwC 2018):
Die Unternehmen veröffentlichten die nichtfinanziellen Erklärungen mehrheitlich (33 %) in einem eigenständigen Bericht. Weitere Unternehmen nutzen den Lagebericht, den Geschäftsbericht oder den Nachhaltigkeitsbericht. 59 % der Unternehmen nutzen den GRI und 14 % den Deutschen Nachhaltigkeitskodex als Rahmenwerk für die Berichterstattung. 11 % verteilten sich auf weitere Rahmenwerke und 16 % setzten kein Rahmenwerk ein. Jene Unternehmen, die kein Rahmenwerk nutzen, müssen dies begründen. Hier-

bei wird die Aufbauphase des NFE benannt mit der Begründung, die Wahl des Rahmenwerks sei noch nicht abgeschlossen (vgl. Ey 2018). Die Kurzbeschreibung des Geschäftsmodells wird von allen Unternehmen durchgeführt. Zur Vermeidung von Wiederholungen wählten 51 % eine Kurzdarstellung in der nichtfinanziellen Erklärung mit einem Verweis auf den Lagebericht sowie 34 % mit einem ausschließlichen Verweis auf den Lagebericht. Lediglich 15 % der Unternehmen entschieden sich für eine ausführliche Erläuterung des Geschäftsmodells (vgl. PwC 2018).

Einzelangaben müssen aus handelsrechtlicher Sicht dann berichtet werden, wenn sie als wesentlich angesehen werden. Dies ist der Fall, wenn die Angaben zum Verständnis des Geschäftsverlaufs, des Geschäftsergebnisses oder der Lage der Kapitalgesellschaft beitragen. Weiterhin sollen die Angaben für das Verständnis der Auswirkungen der Geschäftstätigkeit auf diese Aspekte erforderlich sein. Die Art der Ermittlung und die Grenzen von Wesentlichkeit sind nicht konkret geregelt. In der Praxis haben die Unternehmen zumeist die Analyse von Geschäftsrelevanz, d. h. die Bedeutung der Einzelangaben für das Unternehmen, als Basis für die Wesentlichkeitsbewertung durchgeführt. Eine Impact-Analyse zur Aufdeckung der Wirkungsrelevanz oder eine Stakeholder-Befragung wird zudem in vielen Fällen angewandt. Dies führt dazu, dass mehrheitlich fünf Aspekte als wesentlich ansehen und in die NFE integrieren. Dabei wird zumindest über die Belange der Umwelt, von Arbeitnehmern, soziale Belange, die Achtung der Menschenrechte sowie die Bekämpfung von Korruption und Bestechung berichtet (vgl. PwC 2018).

Die Berichtspflicht umfasst das Einbinden von bedeutsamen nichtfinanziellen Leistungsindikatoren. Darunter sind solche Indikatoren bzw. Key Performance Indicators zu verstehen, die zur Steuerung im Unternehmen eingesetzt werden. Bislang nutzen nur sehr wenige Unternehmen derartige Steuerungsparameter. Dies kann als Schwäche bewertet werden. Folgt man der Aussage von Peter Drucker: „What gets measured gets managed", so bedarf es derartiger Kennzahlen, um den Status quo und den Erfolg von CSR-Projekten zu bewerten und ein CSR-Projektmanagement effektiv und effizient umsetzen zu können. Die Unternehmen formulieren häufig qualitative und weniger häufig quantitative Ziele. Die Mehrzahl von sowohl qualitativen als auch quantitativen Zielen werden für die Umwelt- und Arbeitnehmerbelange ausgearbeitet (vgl. PwC 2018; Drucker 1984).

Die Betrachtung nichtfinanzieller Risiken wurde nur von etwa einem Drittel der Unternehmen aufgegriffen. Eine wachsende Erfahrung mit nichtfinanziellen Erklärungen kann zu einem Ansteigen der Risikoberichterstattung führen. Hierbei sollte die Risikoberichterstattung der Finanzberichterstattung berücksichtigt werden, um Überschneidungen zu vermeiden. Eine Integration der nichtfinanziellen Risiken der NFE in die Prozesse des klassischen Risikomanagements wird erfolgen (vgl. PwC 2018).

Es besteht keine Pflicht zur externen inhaltlichen Prüfung der NFE. Lediglich das formale Vorliegen der NFE wird überprüft. Trotz fehlender Verpflichtung fanden in zwei Dritteln der Unternehmen eine externe Überprüfung statt. Diese unterstützt den Aufsichtsrat bei seiner Überwachungsfunktion (vgl. PwC 2018).

Tab. 4.3 Trends in der nichtfinanziellen Berichterstattung

Trend	Erläuterung
Die Integration nichtfinanzieller Aspekte in die Unternehmensstrategie	Die nichtfinanzielle Berichterstattung rückt verstärkt in den Fokus des Managements und des Aufsichtsrats. Dies führt zu einer zunehmenden Verankerung von wesentlichen Nachhaltigkeitsthemen in die Unternehmensstrategie. Dadurch werden diese Themenfelder stärker gesteuert, z. B. durch nichtfinanzielle Kennzahlen.
Eine stärkere Verknüpfung mit Prozessen der Finanzberichterstattung	Die Vereinheitlichung von Prozessen und Systemen der Datenerhebung und der Berichterstattung erhöht die Qualität der Informationen und ermöglicht eine engere Verzahnung von finanziellen und nichtfinanziellen Kennzahlen. Damit ergibt sich ein umfassenderes Bild von Wechselwirkungen und Abhängigkeiten.
Digitalisierung	Eine Umstellung auf digitalisierte Formen einer Datenerhebung und -verarbeitung wird einen positiven Einfluss auf nichtfinanzielle Kennzahlen nehmen. Die Qualität der Daten wird sich steigern und die Daten werden schneller verfügbar sein.
Eine ganzheitliche Betrachtung der Wertschöpfungskette	Steigende Stakeholder-Erwartungen werden die Unternehmen motivieren, von einem alleinigen Blick auf die eigene Geschäftstätigkeit zu einer Übernahme von Verantwortung entlang der Wertschöpfungskette auszuweiten.

Quelle: Eigene Darstellung in Anlehnung an Ey (2018, S. 17)

Aufbauend auf die ersten Erfahrungen wird sich die nichtfinanzielle Erklärung etablieren und weiterentwickeln. Prognostizierte Trends umfassen die in Tab. 4.3 dargestellten vier Bereiche (vgl. Ey 2018).

4.2.3 Ansätze der Nachhaltigkeit

Grundlegende Gedanken zur Nachhaltigkeit führen weit zurück in die Vergangenheit. Bereits der griechische Philosoph Xenophon, der von ca. 430 bis 355 v. Chr. lebte, verwies auf die Prinzipien guter Hauswirtschaft und die begrenzten Bedingungen der Natur. Oftmals wird von Carlowitz (1645–1714) der historische Beginn einer Auseinandersetzung mit Nachhaltigkeit zugesprochen. Der kursächsische Oberberghauptmann erkannte den zunehmenden Raubbau an der Natur und sprach sich dafür aus, dass nur so viel Holz geschlagen werden solle, wie durch planmäßige Aufforstung nachwachsen könne. Dieser ökologische Aspekt gilt als Beginn der Diskussion um Nachhaltigkeit (vgl. Müller 2015, S. 1 ff.; von Carlowitz 1713). Als historischer Meilenstein schließt sich Jahre später der Beitrag zu den Grenzen des Wachstums („Limits of Growth") des Club of Rome an. Hier wurde die Endlichkeit natürlicher Ressourcen vor dem Hintergrund einer wachsenden Weltbevölkerung diskutiert (vgl. Meadows et al. 1972).

Als Meilenstein gilt die sogenannte Brundtland-Definition der Nachhaltigkeit. Diese Definition wurde in der World Commission on Environment and Development entwickelt. Gegründet wurde diese Organisation der Vereinten Nationen im Jahr 1980. Unter der Leitung der ehemaligen norwegischen Ministerpräsidentin Gro Harlem Brundtland wurde

1987 der Bericht „Our Common Future" veröffentlicht, der die heute noch aktuelle Definition prägt (vgl. WCED 1987).

Damit wird unter nachhaltiger Entwicklung eine dauerhafte Entwicklung verstanden, welche die Bedürfnisse der Gegenwart befriedigt, ohne zu riskieren, dass künftige Generationen ihre eigenen Bedürfnisse nicht mehr befrieden können (vgl. Müller 2015, S. 4; Hauff 1987, S. 46). Damit zielt Nachhaltigkeit auf den Erhalt der natürlichen Ressourcenbasis auf der Welt. Hierbei besteht eine Forderung nach Gerechtigkeit innerhalb einer Generation (intragenerationelle Gerechtigkeit), d. h. einer Gerechtigkeit zwischen Arm und Reich. Darüber hinaus wird auch eine intergenerationelle Gerechtigkeit eingefordert, die einen Ressourcenzugang über Generationen in die Zeit der Enkel berücksichtigt (vgl. Müller 2015, S. 4). Wenngleich eine allgemein anerkannte Definition von Nachhaltigkeit nicht existiert, so hat sich diese Definition etabliert (vgl. Emrich 2015).

▶ **Nachhaltigkeit in der Definition von Gro Harlem Brundtland (Vorsitzende der sogenannten Brundtland-Kommission)** Sustainable Development is development that meets the needs of the present without compromising the ability of future generations to meet their own needs. It contains within two key concepts:

- The concept of „needs", in particular the essential needs of the world's poor, to which overriding priority should be given
- The idea of limitations imposed by the state of technology and social organisation on the environment's ability to meet present and future needs

Thus the goals of economic and social development must be defined in terms of sustainability in all countries – developed or developing, market-oriented or centrally planned.

Erste globale Regelungen zu Umwelt und Entwicklung wurden im Rahmen der UN-Konferenz über Umwelt und Entwicklung in Rio de Janeiro im Jahr 1992 ausgearbeitet. Diesem Weltgipfel folgten eine Reihe weiterer UN-Konferenzen, die Klima, soziale Entwicklungen und menschliches Wohlergehen und Ernährung thematisierten (vgl. Müller 2015, S. 5). Bereits während der Rio-Konferenz im Jahr 1992 wurde die Agenda 21 verabschiedet. Bei der Agenda 21 handelt es sich um ein Aktionsprogramm, welches Handlungsfelder zum Erhalt von Nachhaltigkeit thematisiert. Dazu zählen beispielhaft die Armutsbekämpfung, Veränderungen von Konsumgewohnheiten, Schutz und Förderung der menschlichen Gesundheit, Schutz der Erdatmosphäre, Bekämpfung der Entwaldung, Förderung nachhaltiger Landwirtschaft, Erhalt der biologischen Vielfalt, Schutz von Ozeanen und Süßwasser, eine umweltgerechte Abfallentsorgung, eine Stärkung von Kindern und Jugendlichen und vieles mehr (vgl. WCED).

Als Weiterentwicklung und wichtiger Meilenstein greift die Agenda 2030 für nachhaltige Entwicklung diese grundlegenden Handlungsfelder auf. Die Agenda schafft die Grundlage dafür, weltweiten wirtschaftlichen Fortschritt im Einklang mit sozialer Gerechtigkeit und im Rahmen der globalen ökologischen Grenzen zu gestalten. Sie wurde im Jahr 2015 von den Mitgliedsstaaten der Vereinten Nationen verabschiedet und enthält siebzehn konkrete Ziele (siehe Tab. 4.4; vgl. BMZ 2019).

Tab. 4.4 Agenda 2030: Siebzehn Ziele für eine nachhaltige Entwicklung

Ziel	Beschreibung
1. Keine Armut	Armut in jeder Form und überall beenden
2. Kein Hunger	Den Hunger beenden, Ernährungssicherheit und eine bessere Ernährung erreichen und eine nachhaltige Landwirtschaft fördern
3. Gesundheit und Wohlergehen	Ein gesundes Leben für alle Menschen jeden Alters gewährleisten und ihr Wohlergehen fördern
4. Hochwertige Bildung	Inklusive, gerechte und hochwertige Bildung gewährleisten und Möglichkeiten des lebenslangen Lernens für alle fördern
5. Geschlechtergleichheit	Geschlechtergerechtigkeit und Selbstbestimmung für alle Frauen und Mädchen erreichen
6. Sauberes Wasser und Sanitär-Einrichtungen	Verfügbarkeit und nachhaltige Bewirtschaftung von Wasser und Sanitärversorgung für alle gewährleisten
7. Bezahlbare und saubere Energie	Zugang zu bezahlbarer, verlässlicher, nachhaltiger und zeitgemäßer Energie für alle sichern
8. Menschenwürdige Arbeit und Wirtschaftswachstum	Dauerhaftes, inklusives und nachhaltiges Wirtschaftswachstum, produktive Vollbeschäftigung und menschenwürdige Arbeit für alle fördern
9. Industrie, Innovation und Infrastruktur	Eine belastbare Infrastruktur aufbauen, inklusive und nachhaltige Industrialisierung fördern und Innovationen unterstützen
10. Weniger Ungleichheiten	Ungleichheit innerhalb von und zwischen Staaten verringern
11. Nachhaltige Städte und Gemeinden	Städte und Siedlungen inklusiv, sicher, widerstandsfähig und nachhaltig machen
12. Nachhaltiger Konsum und Produktion	Für nachhaltige Konsum- und Produktionsmuster sorgen
13. Maßnahmen zum Klimaschutz	Umgehend Maßnahmen zur Bekämpfung des Klimawandels und seiner Auswirkungen ergreifen
14. Leben unter Wasser	Ozeane, Meere und Meeresressourcen im Sinne einer nachhaltigen Entwicklung erhalten und nachhaltig nutzen
15. Leben an Land	Landökosysteme schützen, wiederherstellen und ihre nachhaltige Nutzung fördern, Wälder nachhaltig bewirtschaften, Wüstenbildung bekämpfen, Bodenverschlechterung stoppen und umkehren und den Biodiversitätsverlust stoppen
16. Frieden, Gerechtigkeit und starke Institutionen	Friedliche und inklusive Gesellschaften im Sinne einer nachhaltigen Entwicklung fördern, allen Menschen Zugang zur Justiz ermöglichen und effektive, rechenschaftspflichtige und inklusive Institutionen auf allen Ebenen aufbauen
17. Partnerschaften zur Erreichung der Ziele	Umsetzungsmittel stärken und die globale Partnerschaft für nachhaltige Entwicklung wiederbeleben

Quelle: Eigene Darstellung in Anlehnung an BMZ (2019)

Die Vielzahl an einzelnen Zielen und Aufgaben wird im sogenannten sogenannte Drei-Säulen-Modell zusammengefasst. Die drei Dimensionen der Ökologie, der Ökonomie und des Sozialen gelten heute als Kategorien einer Betrachtung von Nachhaltigkeit, die gleichgewichtet berücksichtigt werden. Sie werden als gleichrangig für unternehme-

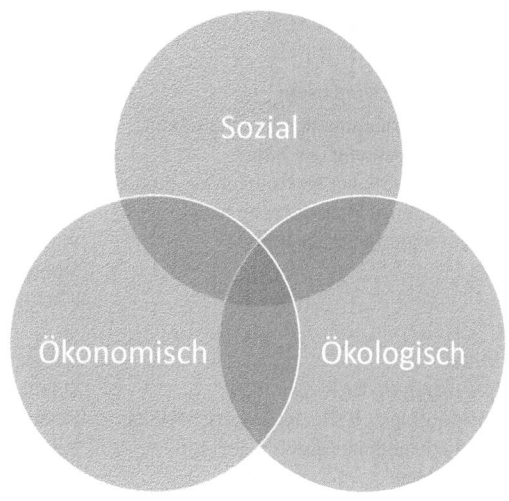

risches Entscheiden und Handeln angesehen (siehe Abb. 4.8, vgl. Weber et al. 2012; Brühl 2018, S. 29). Elkington prägt in diesem Zusammenhang den Begriff der Triple-Bottom-Line. Dieser umfasst unter den Begriffen Planet, People und Profit ebenfalls die ökologischen, sozialen und ökonomischen Dimensionen. Der Begriff Bottom Line (= Schlussstrich) weist darauf hin, dass bei den drei Dimensionen ein Saldo (unter dem Schlussstrich) erzeugt wird, bei dem die Kosten vom Nutzen subtrahiert werden. Damit entstehen ein ökologischer Saldo, ein ökonomischer Saldo und ein sozialer Saldo, die im Zusammenspiel Nachhaltigkeit abbilden (vgl. Elkington 1997; Brühl 2018, S. 30; van Marrewijk 2003).

Aus den drei Dimensionen können ausgewählte Ziele und Wege zu deren Erreichung abgeleitet werden (vgl. Tab. 4.5). Hierbei zeigt sich, dass die Dimensionen miteinander verzahnt sind. Bietet eine Region aufgrund fehlender oder zerstörter ökologischer Ressourcen (Naturkatastrophe, Krieg) keinen Lebensraum, so werden sich dort auch keine Arbeitsmöglichkeiten etablieren. Soziale Konflikte werden vor Ort entstehen, aber auch durch die Abwanderung der Menschen an anderen Orten (Flüchtlingsbewegungen). Diese Argumentation funktioniert auch in andere Richtungen: Wenn eine Region den Menschen keine oder schwierige Einkommensmöglichkeiten bietet, so werden sie die Ressourcen der Umwelt stärker ausbeuten, um ihr Überleben zu sichern. Auch dann werden soziale Konflikte entstehen (z. B. Kampf um Ressourcenzugang, wie beispielsweise Wasser). Letztlich kann auch die soziale Dimension Auslöser für Gefährdungen liefern. Bei kriegerischen Auseinandersetzungen kann es zu Zerstörungen von ökologischem Lebensraum kommen. Gleichermaßen werden die Abläufe im Wirtschaftsleben beeinträchtigt. Dies unterstreicht die Gleichwertigkeit und das Zusammenspiel der drei Dimensionen.

Tab. 4.5   Die drei Dimensionen der Nachhaltigkeit im Überblick

Ökologische Dimension	Ökonomische Dimension	Soziale Dimension
Ziele zur Erhaltung der Nachhaltigkeit: Keine Ausbeutung der Natur Einsatz natürlicher Ressourcen so, dass sie Zeit genug zur Regeneration haben Erneuerbare Energien stärken	Ziele zur Erhaltung der Nachhaltigkeit: Moderates ökonomisches Wachstum Stabilität und Kontinuität	Ziele zur Erhaltung der Nachhaltigkeit: Begrenzung sozialer Konflikte Friedliches Miteinander der Menschen Lebensmöglichkeiten der Menschen vor Ort erhalten
Mittel: Regeneration der Ressourcen Substitution z. B. Ersatz ausgeschöpfter nicht erneuerbarer durch regenerative Ressourcen Reaktion der Umwelt auf menschliches und wirtschaftliches Handeln bedenken (z. B. Konsequenzen von Plastikmüll für Ozeane) Extreme Risiken für die menschliche Gesundheit vermeiden (z. B. die Gefahr atomarer Unfälle) Globale Verteilung beachten (d. h. ökologische Auswirkungen in einem globalen Zusammenhang beachten)	Mittel: Stabile Währungssysteme Funktionierende Preis-Systeme Wettbewerb Privateigentum und Unternehmertum Stabile Arbeitsplätze	Mittel: Menschenwürde sichern Menschenrechte einhalten Solidarität sichern Gleichheit der Möglichkeiten (Geschlecht, Region) Systeme sozialer Sicherung mit moderatem Wachstum

Quelle: Eigene Darstellung

Die Nachhaltigkeitskonzepte sollten dabei folgende Merkmale erfüllen (vgl. Adelphi 2019):

1. **Langfristigkeit**: Lasten sollen zukünftigen Generationen nicht aufgebürdet werden, wenn ihnen kein entsprechender Nutzen entsteht. Diese Langfristigkeit beeinflusst unternehmerische Entscheidungen im Allgemeinen und kann in Budget- und Investitionsplänen konkret ausgedrückt werden.
2. **Internationale Dimension**: Wirtschaftliches Handeln an einem Standort soll keine nachteiligen Effekte auf Märkte und Gesellschaften in anderen Ländern haben. Damit werden Forderungen an internationale Wertketten verschärft.
3. **Identifikation und Lösung von Zielkonflikten**: Sozialer Zusammenhalt, wirtschaftliche Leistungsfähigkeit und der Erhalt natürlicher Lebensgrundlagen bilden die Eckpfeiler der Nachhaltigkeit. Zwischen diesen Pfeilern können Zielkonflikte entstehen. Diese Konflikte und mögliche Lösungsansätze müssen erarbeitet werden.
4. **Integration**: Nachhaltigkeit betrifft alle Bereiche einer Gesellschaft. Für Unternehmen gilt dies gleichermaßen. Das heißt, dass Nachhaltigkeit in alle (Funktions-)Bereiche und Ebenen eines Unternehmens verankert sein sollen.

5. **Partizipation**: Nachhaltige Entwicklung kann als umfassender gesamtgesellschaftlicher Ansatz nur durch das Zusammenwirken staatlicher, wirtschaftlicher und gesellschaftlicher Akteure funktionieren. Unternehmen können sich in diesen Prozess einbringen und ihre Interessen vertreten. Sie können aber auch verschiedene Akteure in unternehmerische Entwicklungsprozesse einbinden, um deren Wissen, Wertvorstellungen und Interessen zu nutzen.
6. **Monitoring und Evaluation**: Geeignete Instrumente und Methoden müssen den Stand der Zielerreichung erfassen. Dadurch lassen sich Lerneffekte erzielen. Steuerungsprozesse können entwickelt und Anreize gesetzt werden. Damit kann die Zielerreichung unterstützt werden.

Die drei Dimensionen unter Berücksichtigung der beschriebenen Merkmale bieten Unternehmen Ansatzpunkte, um Handlungsmöglichkeiten abzuleiten. Eine Integration von Nachhaltigkeit kann über ressourcenschonende Produktion sowohl ökologischen als auch ökonomischen Nutzen (geringere Beschaffungs- oder Entsorgungskosten, höherer Verkaufspreis) bieten. Ein schonender Umgang mit der Ressource Mensch kann die soziale Dimension mit der ökonomischen verzahnen. Diese Umsetzungsmöglichkeiten für Nachhaltigkeit in Corporate Social Responsibility-Konzepten werden in Abschn. 4.3 beleuchtet.

4.2.4   Die Stakeholder-Orientierung

Die Aktivitäten im Konzept der Corporate Social Responsibility werden für ausgewählte Stakeholder entwickelt. Hierbei muss zwischen direkten und indirekten Zielgruppen unterschieden werden. Direkte Zielgruppen sind unmittelbare Nutznießer der unternehmerischen Aktivitäten. Sie erhalten beispielsweise die Spenden von Unternehmen. Indirekte Zielgruppen sollen durch die Aktivitäten über die von der Verantwortlichkeit der Unternehmen überzeugt werden. Daher sollten Unternehmen sich der direkten und indirekten Effekte von CSR bewusst sein. Sie sollten Klarheit darüber gewinnen,

- welche gesellschaftsrelevanten Bedürfnisse die einzelnen Stakeholder haben und einfordern
- auf welche Weise die Stakeholder selber Beiträge leisten, mit denen sie gesellschaftliche Verantwortung übernehmen.

Zur Strukturierung der Stakeholder wird folgender Ansatz gewählt (vgl. Abb. 4.9, in Anlehnung an Hiß 2006 bzw. Abschn. 1.3): Die interne Ebene der Verantwortung fokussiert die internen Stakeholder. Sie sind im direkten Umfeld des Unternehmens zu finden und tragen über die Ausgestaltung, Erstellung oder Vermarktung von Leistungen sowie begleitender Prozesse im Kern zum Erfolg von Unternehmen bei. Sie treffen Entscheidungen über die CSR-Aktivitäten, tragen diese Entscheidungen mit oder führen sie aus.

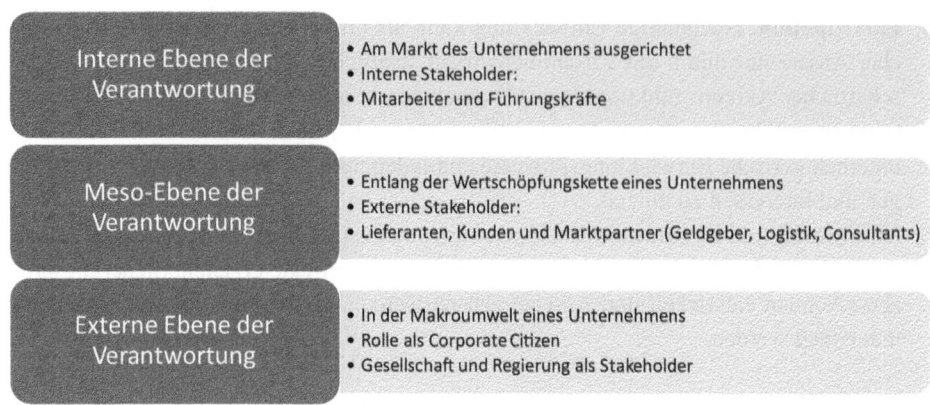

Abb. 4.9 Die drei Ebenen der Stakeholder. (Quelle: Eigene Darstellung)

Auf der Meso-Ebene der gesellschaftlichen Verantwortung wird die gesamte Wertschöpfungskette betrachtet. Die CSR-Projekte und beziehen vor- und nachgelagerten Marktpartner ein bzw. stellen Forderungen an die Marktpartner. Bei den vorgelagerten Marktpartnern sind insbesondere die Lieferanten, bei den nachgelagerten insbesondere die Kunden zu nennen. Sie haben Erwartungen an die gesellschaftliche Verantwortung von Unternehmen, tragen aber auch zu deren Umsetzung bei.

Auf der Makro-Ebene der Verantwortung werden Stakeholder betrachtet, die zwar nicht mit dem Leistungserstellungsprozess direkt in Zusammenhang stehen, aber dennoch die Rahmenbedingungen für CSR prägen oder von den CSR-Aktivitäten der Unternehmen profitieren (vgl. Abb. 4.9).

Im Einzelnen handelt es sich (ohne Anspruch auf Vollständigkeit) um folgende Stakeholder:

Stakeholder auf der internen Ebene der Verantwortung
Die Führungskräfte treffen Entscheidungen über CSR-Projekte, die ihrer Denkhaltung entsprechen (vgl. Abb. 4.4). Sie legen damit fest, wie reaktiv oder proaktiv der Aktivitätsgrad gestaltet wird und ebenso die Höhe des Verantwortungsgrades. Damit prägen sie die Rahmenbedingungen für CSR und die Art der eingesetzten Instrumente. Sie übernehmen eine Vorbildfunktion, die sie beispielsweise über das Unterzeichnen eines Ethik-Kodexes dokumentieren können. Über CSR-Projekte können Führungskräfte sich profilieren (vgl. Abschn. 4.3.1).

Die Mitarbeiter sind einerseits jene Stakeholder, die die CSR-Aktivitäten umsetzen. Dafür sollten sie von den Konzepten überzeugt sein und die Denkhaltung der Führungskräfte teilen. Mitarbeiter stehen in Kontakt mit den Stakeholdern (z. B. Kunden, Lieferanten). Wenn sie von den CSR-Aktivitäten überzeugt sind, so können sie diese authentisch vertreten. Auf der anderen Seite kann ein Unternehmen durch CSR-Aktivitäten als attraktiver Arbeitgeber empfunden werden. Die Bereitschaft, sich in dem Unternehmen zu engagieren, die Motivation, Ideen einzubringen und sich dem Unternehmen gegenüber loyal zu erweisen, wird steigen. Die Mitarbeiterbindung wird positiv beeinflusst. Viele freiwillige Leistungen in Unternehmen dienen dazu, Mitarbeiter zu gewinnen oder zu halten. Hierzu zählen freiwillige soziale Leistungen für Mitarbeiter, wie z. B. Betriebskindergärten oder eine Bezuschussung der Kinderbetreuung, die Möglichkeit zu Homeoffice-Tätigkeiten, Sabbaticals, Fort- und Weiterbildungen und vieles mehr.

Die Eigentümer oder Shareholder treffen oftmals keine eigenen Entscheidungen, sondern übertragen sie auf die Geschäftsführung. Über das Ausmaß an CSR-Aktivitäten entscheiden sie üblicherweise nicht. Dennoch kann die CSR-Denkhaltung und daraus abgeleitet die zu erwartenden CSR-Aktivitäten eines Unternehmens dazu beitragen, dass Shareholder Anteile erwerben.

Stakeholder auf der Meso-Ebene der Verantwortung
Die Kunden sind jene Zielgruppe, für die die Leistungen eines Unternehmens bestimmt sind. Deren ökologische und soziale Bedürfnisse können in die Leistungserstellung aufgenommen werden. So kann beispielsweise der Bedarf an Bio-Produkten oder auch fair gehandelten Produkten weiter steigen oder auch die Slow Food-Bewegung als Gegenpol zur Fast Food-Bewegung einen stärkeren Stellenwert einnehmen. Diese Bedürfnisse können von Unternehmen erkannt und aufgegriffen, aber auch erzeugt und verstärkt werden.

Die Lieferanten sind selbst Unternehmen mit einer eigenen CSR-Denkhaltung und entscheiden zunächst über eigene CSR-Aktivitäten. Ein Unternehmen kann von seinen Lieferanten bestimmte freiwillige Standards einfordern. Wenn ein Unternehmen die ökologischen Bedürfnisse der Kunden erfüllen möchte, so muss es sich z. B. auf eine Ökologieorientierung der Lieferanten verlassen können. Die Qualität der eigenen Produkte ist von den Aktivitäten und Qualitäten der Marktpartner abhängig. Ein Unternehmen wird über Verträge diese ökologischen Standards einfordern und sie möglicherweise über Zertifikate oder Gütesiegel garantieren lassen. Auf diese Weise kann ein Unternehmen die CSR-Denkhaltung bzw. die Aktivitäten im Kontext von Nachhaltigkeit beeinflussen.

Auch weitere Marktpartner können eine verstärkende oder unterstützende Rolle einnehmen. Sie können ebenso auf Basis einer CSR-Denkhaltung ausgewählt werden und die CSR-Aktivitäten unterstützen. So können Beratungsunternehmen die ökologischen Möglichkeiten eines Unternehmens vertiefen helfen.

Stakeholder auf der externen Ebene der Verantwortung
Die Gesellschaft ist zunächst Nutznießer von CSR-Aktivitäten. Wenn sich Unternehmen auf freiwilliger Basis strenge ökologische Richtlinien setzen, so profitiert die ökologische Umwelt einer Gesellschaft. Dies gilt gleichermaßen für soziale Ansprüche. Ein Unternehmen kann auf diese Weise ein positives Ansehen in der Gesellschaft erringen. Dieses Image kann wiederum die Kaufentscheidungen der Kunden beeinflussen. Sollten Unternehmen soziale oder gesellschaftliche Standards nicht auf freiwilliger Basis errichten, so kann das Image der Unternehmen Schaden nehmen. Weiterhin wird die Gesellschaft bzw. Gruppierungen aus der Gesellschaft (beispielsweise Tierschutzorganisationen) Einfluss nehmen, dass die Unternehmen gesellschaftlich erwünschte Standards einhalten.

Die Regierung hat die Möglichkeit, ökologische oder soziale Standards über Gesetze zu regeln. Die Gesellschaft und ihre Mitglieder können darauf einwirken. Unternehmen haben die Möglichkeit, auf freiwilliger Basis derartigen Standards vorzugreifen und sich als ökologisches oder soziales Unternehmen zu profilieren und Wettbewerbsvorteile zu erzielen.

Folgende Fragen sollen die Ausführungen dieses Abschnitts vertiefen

1. Welches sind die grundsätzlichen Elemente der Definition von Corporate Social Responsibility?
2. Wie ist der Begriff der Freiwilligkeit von CSR zu interpretieren?
3. Wie lässt sich die CSR-RUG mit der Freiwilligkeit in Einklang bringen?
4. Welche Stakeholder stehen Ihrer Ansicht nach bei Corporate Social Responsibility im Fokus?
5. Welches sind die drei Aspekte der Nachhaltigkeit? Bewerten Sie alle drei als gleichwertig oder sehen sie einen Aspekt als vorherrschend über die anderen beiden an?

4.3   Umsetzung und Instrumente von CSR im Unternehmen

4.3.1   Einbindung von CSR in das Unternehmen

4.3.1.1   CSR-Kommunikation und philanthropische Einzelprojekte im Fokus

Ein systematisches CSR kann zunächst über die CSR-Kommunikation geschehen. Der Verantwortungsgrad kann noch niedrig sein und der Aktivitätsgrad noch gering. Dies entspricht dem Reifegradmodell von Schneider der CSR-Phase 1.0 mit wenigen, unsystematischen Aktivitäten (vgl. Schneider 2015a). Um eine CSR-Kommunikation möglich zu machen, benötigen Unternehmen ein Mindestmaß an Projekten und Aktivitäten, über die berichtet werden kann. Als Einstieg können hier philanthropische Aktivitäten gewählt werden. Bereits in 1961 prägte der Kommunikationschef der BASF den Appell: „Tue Gutes und rede darüber", womit er auf die Bedeutung von Public Relations verwies (vgl. Bruton 2017).

4.3.1.1.1   CSR-Kommunikation

CSR-Kommunikation beinhaltet eine systematische und proaktive Praxis zur Generierung und zum Austausch von Informationsinhalten bei Stakeholdern über die Identität, das Image bzw. die Reputation eines Unternehmens. Explizite wird dabei von impliziter Kommunikation unterschieden. Explizite Kommunikation beschreibt einen Teil der strategischen Kommunikation im Unternehmen. Implizite Kommunikation spiegelt die persönlichen Wertvorstellungen und Überzeugungen der Führungskräfte wieder. Sie findet üblicherweise mündlich statt und kann, sollte aber nicht von der expliziten Kommunikation abweichen. (vgl. Bruton 2017, S. 172).

CSR-Kommunikation besteht aus Botschaften eines Unternehmens an ihre Stakeholder (alle oder ausgewählte). Sie sollen bei den Stakeholdern eine positive Haltung gegenüber dem Unternehmen und seinen Leistungen erzeugen. CSR-Initiativen und -Aktivitäten eines Unternehmens bilden den Kern der Botschaft. Die Botschaften sind vorrangig zahlen- und faktenorientiert. Sie sollen die Bedeutung von CSR-Projekten, deren Verlauf und deren Beitrag für die Gesellschaft erklären. Da eine wahrgenommene gesellschaftliche Auswirkung als positiv gilt, wird auf diese Weise eine positive Image-Wirkung erzielt Weiterhin sollen über CSR-Kommunikation die Übereinstimmung von geschäftlichen und gesellschaftlichen Motiven erläutert werden. Dies verstärkt die positive Image-Wirkung und erzeugt und verstärkt zudem die Glaubwürdigkeit der Aktivitäten und der Kommunikation (vgl. Bruton 2017).

Eine direkte Kommunikation erfolgt über CSR-Berichte in Form von Broschüren, über die Internetseite oder auch in Print- und Online-Medien. Eine indirekte Kommunikation erfolgt über die Mitarbeiter, die Presse, über Meinungsbildner wie z. B. NGOs, über Mundpropaganda und über die Sozialen Medien (vgl. Ellerup Nielsen und Thomsen 2009). Zur aktiv gestaltbaren Kommunikation zählt insbesondere die direkte Kommunikation, welche hier fokussiert werden soll.

Die Kommunikationsmittel können frei gewählt und auch frei gestaltet werden. In größeren Unternehmen hat sich ein systematisches CSR-Reporting oder ein Nachhaltigkeits-Reporting etabliert, das auch als Stakeholder-Reporting oder Corporate Citizenship-Reporting bezeichnet werden kann.

Eine deutliche Verschiebung von reinen Umweltberichten zu umfassenderen Nachhaltigkeitsberichten ist zu verzeichnen. Neben ökologischen werden damit auch ökonomische und soziale Informationen eingebunden. Umweltberichte machten 1992 80 Prozent aller Berichte aus, 2011 nur noch 11 Prozent. Insgesamt konnte die Berichterstattung ein starkes Wachstum verzeichnen (vgl. Schnabel 2012).

Für ein systematisches CSR-Reporting können internationale Leitlinien und Standards herangezogen werden (vgl. Mallin 2013, S. 145). Zu den bekanntesten zählen die Global Reporting Initiative (GRI) sowohl der UN Global Compact.

UN Global Compact
Der UN Global Compact ist eine strategische Initiative für Unternehmen, die ihre Geschäftsmodelle mit den dort formulierten zehn Grundsätzen im Einklang halten möchten. Unternehmen sollen zur Teilnahme aufgefordert werden, um dabei zehn Prinzipien Folge zu leisten. Diese Prinzipien sind abgeleitet aus der Allgemeinen Erklärung der Menschenrechte, den ILO Kernarbeitsnormen sowie den UN-Konventionen gegen Korruption (Tricker 2012, S. 244 f.).

Die zehn Grundsätze des UN Global Compact
Menschenrechte
Grundsatz 1: Unternehmen sollen den Schutz der internationalen Menschenrechte unterstützen und achten.
Grundsatz 2: Unternehmen sollen sicherstellen, dass sie sich nicht an Menschenrechtsverletzungen mitschuldig machen.

Arbeit

Grundsatz 3: Unternehmen sollen die Vereinigungsfreiheit und die wirksame Anerkennung des Rechts auf Kollektivverhandlungen wahren.

Grundsatz 4: Unternehmen sollen für die Beseitigung aller Formen von Zwangsarbeit eintreten.

Grundsatz 5: Unternehmen sollen für die Abschaffung von Kinderarbeit eintreten.

Grundsatz 6: Unternehmen sollen für die Beseitigung von Diskriminierung bei Anstellung und Erwerbstätigkeit eintreten.

Umwelt

Grundsatz 7: Unternehmen sollen im Umgang mit Umweltproblemen dem Vorsorgeprinzip folgen.

Grundsatz 8: Unternehmen sollen Initiativen ergreifen, um größeres Umweltbewusstsein zu fördern.

Grundsatz 9: Unternehmen sollen die Entwicklung und Verbreitung umweltfreundlicher Technologien beschleunigen.

Anti-Korruption

Grundsatz 10: Unternehmen sollen gegen alle Arten der Korruption eintreten, einschließlich Erpressung und Bestechung

Die Global Reporting Initiative (GRI)

Die Global Reporting Initiative bildet ein weltweites Netzwerk, welches die Entwicklung und Verbreitung von Nachhaltigkeitsberichten fördert. Dies geschieht durch die Zusammenarbeit vieler Interessengruppen, wie beispielsweise Unternehmen, Zivilgesellschaft, Investoren und Wirtschaftsprüfer. Nach eigenen Angaben unterstützt die Initiative Unternehmen und Regierungen weltweit dabei, deren Einfluss auf kritische Nachhaltigkeitsbelange (beispielsweise Klimawandel, Menschenrechte, Governance, Gemeinwohl) zu verstehen und zu kommunizieren. Daraus können Aktivitäten mit sozialem, ökologischem und ökonomischen Nutzen für die Allgemeinheit entstehen. Die GRI Sustainability Reporting Standards wurden unter Einbeziehung einer Vielzahl verschiedener Stakeholder entwickelt. Es entstand ein weit verbreiteter Standard der Nachhaltigkeitsberichterstattung. Nach Angaben von KPMG hat sich der Standard seit der Gründung im Jahr 1997 so weit entwickelt, dass 93 % der 250 größten Unternehmen weltweit ihn zur Nachhaltigkeits-Berichterstattung nutzen. Der Standard unterstützt Unternehmen darin, die ökonomischen, ökologischen und/oder sozialen Auswirkungen ihrer Geschäftstätigkeit zu verstehen. Sowohl positive als auch negative Beiträge können berichtet werden. Die GRI-Standards bestehen aus einem Satz mehrerer miteinander in Beziehung stehender Standards und dienen als Leitfaden für die Erstellung eines Nachhaltigkeitsberichts. Mit GRI 101, 102 und 103 bestehen drei universelle Standards, die als Ausgangsdokument bei der Anwendung der Standards, für die Offenlegung von allgemeinen Informationen über eine Organisation sowie für die Offenlegung des Managementansatzes für jedes wesentliche Thema eingesetzt werden können. Weiterhin bestehen themenspezifische Standards mit den Schwerpunkten Ökonomie, Ökologie und Soziales. Sie beinhalten Pflichtanforderungen, Empfehlungen und weiterführende Anleitungen (vgl. KPMG Survey of Corporate Social Responsibility Reporting 2017; Global Reporting Initiative 2019, 2016; Tricker 2012, S. 245).

Bei der Bestimmung des Berichtsinhalts sollen die folgenden vier Prinzipien eingehalten werden (vgl. Global Reporting Initiative 2016):

1. Prinzip der Einbindung von Stakeholdern
2. Prinzip des Nachhaltigkeitskontextes
3. Prinzip der Wesentlichkeit
4. Prinzip der Vollständigkeit

Zur Sicherstellung der Berichtsqualität sollen die folgenden Prinzipien eingehalten werden (vgl. Global Reporting Initiative 2016):

1. Prinzip der Genauigkeit
2. Prinzip der Ausgewogenheit
3. Prinzip der Verständlichkeit
4. Prinzip der Vergleichbarkeit
5. Prinzip der Zuverlässigkeit
6. Prinzip der Aktualität.

Die umfassenden Standards zur Berichterstattung schaffen ein Bewusstsein für die Ausgestaltungsmöglichkeiten von Nachhaltigkeit in den Unternehmen. Sie machen den Unternehmen und deren Stakeholdern deutlich, welche Instrumente sie bereits einsetzen.

Organisationale Verankerung
Kommunikation kann in den Themenkomplex des Marketings eingeordnet werden. Kommunikation wird als mögliches absatzpolitisches Instrument betrachtet (vgl. Meffert et al. 2015, S. 9). Neben guten Produkten, attraktiven Preisen und der Verfügbarkeit für Kunden kommt der Kommunikation von Unternehmensleistungen ein hoher Stellenwert zu. Kommunikation dient der Etablierung von dauerhaften Kundenbeziehungen zur langfristig angelegten Beeinflussung des Käuferverhaltens. Das System zur Marketingkommunikation wird als Kommunikations-Mix bezeichnet und bildet eine spezifische Mischung aus Werbung, Öffentlichkeitsarbeit, Direktmarketing, persönlichem Verkauf und Verkaufsförderung (vgl. Abb. 4.10). In einer integrierten Marketingkommunikation werden diese Instrumente aufeinander abgestimmt, um eine klare, einheitliche und attraktive Botschaft über das Unternehmen und seine Leistungen zu vermitteln (vgl. Kotler et al. 2011, S. 790 ff.). Sie sind im Marketing des Unternehmens verortet und konkret im Bereich der Öffentlichkeitsarbeit zu finden. Dort findet eine stakeholder-übergreifende Kommunikation statt.

4.3.1.1.2   Projekte philanthropischer CSR
Das Erzeugen der Reports geht damit einher, dass eine Wahrnehmung der Thematik CSR entsteht. Dies geschieht bei den Unternehmen und deren Mitarbeitern, die die Reports erzeugen, aber auch bei den Stakeholdern, die die Reports lesen. Insbesondere, wenn die Berichte auf internationalen Standards beruhen und damit eine Vielfalt an Möglichkeiten

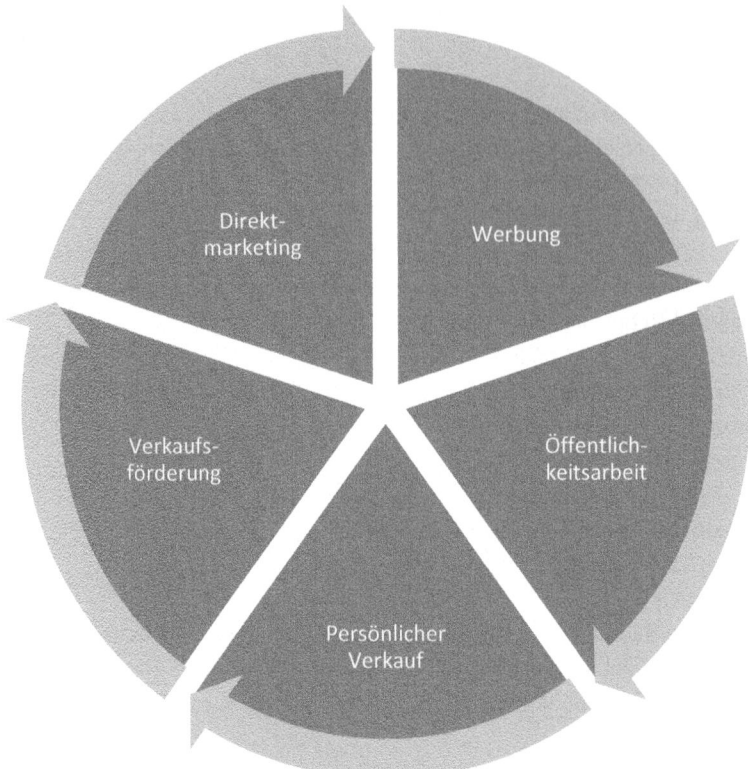

Abb. 4.10 Formen der Kommunikationspolitik. (Quelle: Eigene Darstellung)

des Lebens sozialer Verantwortung aufzeigen, kann aus der Wahrnehmung das Bewusstsein für die Bedeutung von CSR anwachsen. Um diese Berichte zu erstellen, werden Unternehmen analysieren, welche bereits bestehenden Unternehmensaktivitäten, die bislang intuitiv stattfanden, in den Bereich CSR subsummiert werden können. Ein nächster Schritt liegt darin, niedrigschwellige CSR-Projekte zu initiieren.

Unternehmen haben hierfür die Möglichkeit, sich im philanthropischen CSR zu engagieren. Philanthropie verweist auf karitative Aktivitäten, die ausgeführt werden, um der Gesellschaft Gutes zu tun. Im Kontext von Unternehmen bedeutet dies, dass ein Anteil des Gewinns oder ausgewählte Ressourcen an Non-Profit-Organisationen oder Einzelpersonen abgegeben werden. Neben monetären Zuwendungen sind auch Unterstützungen durch Expertenwissen, Produkte oder Unternehmensausstattung (z. B. Räume oder Fahrzeuge) möglich (vgl. De Paiva Duarte 2013). Diese Aktivitäten werden auch unter dem Begriff des Corporate Citizen zusammengefasst. Dabei wird das Unternehmen als Bürger und somit als Teil einer kommunalen, regionalen oder globalen Gemeinschaft gesehen. Dieses bürgerschaftliche Engagement soll dem Wohlergehen der Gesellschaft dienen (vgl. Sitnikov 2013).

Das Potenzial von Corporate Citizenship wird von Unternehmen unterschiedlich bewertet. Im Jahr 2011 wurde bei einer Befragung von 100 Verantwortlichen aus Großunternehmen deren Einschätzung von Corporate Citizenship beleuchtet. Für 64 % der Befragten erscheint Corporate Citizenship als eher unwichtig. Etwa 40 % der Unternehmen setzen sich Ziele in diesem Kontext. 23 % der Unternehmen verfolgen die Ziele konsequent. Corporate Citizenship ist mehrheitlich zentral organisiert. Die Geschäftsleitung ist in 89 % der Fälle immer oder häufig in die Entscheidungen zu Corporate Citizenship eingebunden. 58 % der Unternehmen haben eine Corporate Citizenship-Richtlinie etabliert. 80 % der Großunternehmen tätigen (auch) Spenden ohne direkten Bezug zum Geschäftsfeld. Zu den wichtigsten Zielen zählten die Befragten, mehr Verantwortung für Nachhaltigkeit übernehmen und das Unternehmensimage verbessern zu wollen. Die Attraktivität als Arbeitgeber soll zudem gesteigert werden. Von geringerer Bedeutung ist ein gesellschaftspolitischer Druck als Handlungsmotiv. Die Umsetzung des Ansatzes wird mehrheitlich als große bis mittlere Herausforderung betrachtet. Hierzu zählt insbesondere die Planung, Messung und Steuerung von Corporate Citizenship. Zudem erscheint es herausfordernd, eine Konformität zwischen Corporate Citizenship und den grundsätzlichen Unternehmenszielen zu sichern (vgl. PwC 2012).

Corporate Citizenship kann unterschiedliche Formen annehmen. So kann es in Form eines Corporate Giving, eines Corporate Volunteering oder einer Corporate Foundation gestaltet werden. Bei Corporate Giving handelt es sich um Spenden eines Unternehmens zu sozialen Zwecken bzw. sozialen Einrichtungen (vgl. Kabongo 2013). Die Spenden können an Einzelpersonen oder Organisationen abgegeben werden. Sie erfolgen ohne direkte Gegenleistung. Eine indirekte Gegenleistung über die Kommunikation der Spenden kann sich in einer Verbesserung des Images niederschlagen. Corporate Giving-Aktivitäten mit einer direkten Gegenleistung werden als Sponsoring bezeichnet. Unternehmen leisten eine Zahlung an eine Organisation, beispielsweise einen Sportverein, und erwerben damit das Recht auf eine Gegenleistung. Diese Gegenleistung kann in Form des Bereitstellens von Werbefläche auf Trikots, in den Räumlichkeiten der Sportveranstaltungen, auf Plakaten oder Tickets erfolgen.

Bei einer Befragung von 101 Verantwortlichen aus großen deutschen Aktiengesellschaften zeigte sich, dass das Spendenverständnis und der Grad der Systematisierung von Spendenentscheidungen unterschiedlich ausgebildet sind. Bei großen Unternehmen sind Spendenrichtlinien weiterverbreitet als bei kleineren Unternehmen. Spendenrichtlinien beeinflussen das Spendenverhalten. Sind sie vorhanden, so wird das Spendenverhalten systematischer und straffer gestaltet. Sie haben eine Entlastungsfunktion für die Unternehmen, in dem sie Transparenz über korrektes Vorgehen schaffen, die Dokumentation formalisieren und der Rechenschaftspflicht gegenüber den Aktionären dienen. Damit können sie gezielt zum Steigern des Ansehens eines Unternehmens in der Öffentlichkeit eingesetzt werden (vgl. PwC 2007).

Corporate Volunteering beschreibt die Funktion einer Unterstützung von Mitarbeitern eines Unternehmens. Diese werden für gemeinnützige Aktivitäten bzw. Aktivitäten von öffentlichem Interesse freigestellt. Diese Projekte auf vielfältige Weise ausgestaltet sein. Sie können ökologieorientiert sein (Aktionen zur Säuberung der Umwelt); sie können ein langfristiges Mentoring beinhalten (Projekte zur Begleitung von Kindern durch ihre Schulzeit). Sie können auch auf Fähigkeiten der Mitarbeiter beruhen, z. B. Bau eines Spielplatzes im Kindergarten). Sie können weiterhin dem Schutz der Gemeinschaft dienen, z. B. Mitglieder der freiwilligen Feuerwehr. Weiterhin können sie sportliches Engagement unterstützen, beispielsweise Mitarbeiter, die sich auf eine Olympiade oder ein weiteres Sportereignis vorbereiten.

Beispiele für Corporate Volunteering
Aus der Vielzahl an Einsatzwegen werden hier drei Möglichkeiten vorgestellt:

- Ärztliche Mitarbeitende in Kliniken können für einen Einsatz über „Ärzte ohne Grenzen" freigestellt werden. Dies kann mit oder ohne Lohnfortzahlung erfolgen.
- Mitarbeitende, die sich auf ein spezielles Sportereignis vorbereiten (Olympiade, Weltmeisterschaft, Bundes- oder Landesliga), können für eine gewisse Zeit freigestellt werden. Dieser Zeitraum kann den Wettbewerb selber, aber auch eine regelmäßige Vorbereitungsphase, die die Arbeitszeit betrifft, umfassen.
- Das Unternehmen kann seine Mitarbeiter inklusive der Unternehmensleitung freistellen, um in Akutfällen vor Ort zu unterstützen. Dies kann beispielsweise die Räumung von Straßen nach Überschwemmungen oder Sturmschäden umfassen. Dabei können auch Betriebsmittel eingesetzt werden, z. B. Fahrzeuge.

Arbeitgeber können ihre Mitarbeiter auf unterschiedliche Weise in ihrem Engagement unterstützen. So kann bezahlte oder unbezahlte freie Zeit während des Arbeitsalltags gewährt werden. Die Mitarbeiter können über die Nutzungsmöglichkeit von Ausrüstung oder Räumlichkeiten unterstützt werden. Das institutionelle Arrangement kann sowohl formal strukturiert als auch informell erfolgen. Lösungen für Einzelfälle sind ebenso möglich wie ein systematisches Freistellen für gemeinnützige Tätigkeit in einem regelmäßigen Turnus (so z. B. bei Patagoia) (vgl. Lee 2013).

Corporate Foundation schließlich umfasst das Errichten von Stiftungen. Insbesondere größere Unternehmen haben die Möglichkeit, einen Teil des Gewinns in eine gemeinnützige Stiftung fließen zu lassen. Das Ausmaß finanzieller Beiträge kann dabei ebenso frei gestaltet werden wie die inhaltliche Ausrichtung der Stiftung. Oftmals weisen die Stiftungsinhalte einen gewissen Bezug zum Kerngeschäft auf. So haben beispielsweise pharmazeutische Unternehmen sich den Schutz von Patienten mit spezifischen Krankheitsbildern zur Aufgabe gemacht. Die McDonalds-Kinderhilfe-Stiftung unterstützt schwerkranke Kinder und deren Familien, damit diese in der Nähe der in Krankenhäusern untergebrachten Kindern sein können. Neben einem karitativen Ansatz werden damit zukünftige Kunden angesprochen.

Der Nutzen für die Mitarbeiter liegt darin, dass sie einerseits ihren sozialen Bedürfnissen nachgehen können. Andererseits erleben sie einen wohltätigen Arbeitgeber, wodurch eine Mitarbeiterbindung gefestigt werden kann. Der Nutzen für die Gesellschaft liegt in einem weitreichenden Zugang zu monetären und nicht-monetären Ressourcen für gemeinnützige Zwecke.

McDonald's Kinderhilfe als Beispiel für eine Stiftung
Die McDonald's Kinderhilfe für die Gesundheit und das Wohlbefinden von Kindern und ihren Familien ist als gemeinnützige Organisation seit 1987 aktiv. Sie baut und betreibt Wohnraum und Rückzugsmöglichkeiten innerhalb von Kliniken, in denen Eltern und Geschwister in der Nähe bleiben können, wenn ein Kind schwer erkrankt und in der Klinik behandelt werden muss (vgl. McDonald's Kinderhilfe 2019).

Dazu werden Spenden gesammelt und ehrenamtliche Helfer integriert. Die McDonald's Kinderhilfe finanziert sich hauptsächlich über Spenden. Die größte Summe erhält die gemeinnützige Stiftung dabei von McDonald's Deutschland, seinen Franchise-Nehmern, Lieferanten und Gästen. Darüber hinaus unterstützen zahlreiche Privatspender und Firmen die Arbeit. Zu den Einnahmen der Stiftung haben McDonald's Deutschland LLC sowie ihre Franchise-Nehmer, Lieferanten und Gäste mit 9,3 Millionen Euro beigetragen. Über 3,2 Millionen Euro konnten auch in diesem Jahr über die Spendenhäuschen in den mehr als 1400 McDonald's Restaurants in ganz Deutschland gesammelt werden. Die bundesweite Trostpflaster-Aktion von McDonald's Deutschland LLC brachte 881 TEUR ein, und im Rahmen der McDonald's Benefiz-Gala wurden Spenden mit einer Rekordsumme von 1858 TEUR generiert. Geldspenden weiterer Unternehmen sowie Privatpersonen, Sachspenden, Nachlässe und Bußgelder ergaben eine Gesamtsumme von 4,1 Millionen Euro (vgl. McDonald's Kinderhilfe 2019).

4.3.1.2 CSR als Wettbewerbsfaktor

4.3.1.2.1   Grundlagen

In der nächsten Stufe einer Intensivierung von Corporate Social Responsibility erfolgt bei steigender Wahrnehmung möglicher gesellschaftlicher Verantwortung ein Anstieg an proaktiver Vorgehensweise. An dieser Stelle setzt die Betrachtung von Wettbewerbsvorteilen ein. Diese gelten als der Mehrwert, den ein Unternehmen im Vergleich zu seinen Wettbewerbern für Kunden bietet. Ein Wettbewerbsvorteil stiftet Nutzen, welcher in akzeptablen Verhältnis zum Preis steht (vgl. Hungenberg 2014, S. 195 ff.). Dieser Nutzen kann neben objektiven stofflich-technischen Produkteigenschaften auch einen (Zusatz-) Nutzen aus sozialer Sphäre sein, wie z. B. die Wahrnehmung gesellschaftlicher Verantwortung und somit CSR. Der Mehrwert kann kundenseitig entstehen, wenn die Leistungen des Unternehmens den Bedürfnissen der Kunden besser entsprechen oder für eine größere Menge an Kunden von Interesse ist.

Mögliche Handlungsfelder unternehmerischer Nachhaltigkeit lassen sich auf drei Ansätze zurückführen (vgl. Adelphi 2019):

1. **Effizienzansätze** zielen auf eine Verringerung des Ressourcenverbrauchs ab. Sowohl der Einsatz von Rohstoffen als auch von Energie und Entsorgungsaktivtäten können reduziert werden. Über eine Verbesserung von bestehenden Produktions- und Konsummuster soll mit weniger (ökologisch relevantem) Input der gleiche Output erzielt werden.

2. **Konsistenzansätze** beruhen auf dem Modell des geschlossenen Kreislaufs. Alle Materialien, die bei Produktion und Konsum entstehen, sollen weiterverwendet werden und innerhalb des Kreislaufs verbleiben. Abfälle und Emissionen sollen vermieden werden. Die Materialnutzung soll nicht grundsätzlich vermieden, sondern verändert und verlängert werden.
3. **Suffizienzansätze** betrachten statt der Produktion und der Produktionsverfahren die Nachfrage und den Konsum. Das Ausmaß der Angebote wird in Frage gestellt und der Verzicht auf Konsum zur Schonung von Ressourcen angestrebt.

Diese Handlungsfelder stellen die ökologische verbunden mit der ökonomischen Nachhaltigkeit in den Fokus. Soziale Nachhaltigkeit lässt sich über eine Verbesserung der Arbeitsbedingungen, eine stärkere Berücksichtigung von individuellen menschlichen Bedürfnissen (nach spezifischen Krankheiten, orientiert an Ereignissen im Verlauf des Lebens wie z. B. die Betreuung von Kindern oder pflegebedürftigen Eltern), über Weiterbildung von Mitarbeitern (Sachkenntnis, Personal Skills) durchführen. Dadurch kann die Work-Life-Balance der Arbeitnehmer verbessert werden. Zufriedene, motivierte, gesunde und loyale Mitarbeitende mit einer hohen Leistungsfähigkeit und Leistungsbereitschaft bilden Ziele dieser Maßnahmen. Damit wird einerseits der Wettbewerbsfaktor Mitarbeiter gekräftigt und andererseits das Unternehmen als attraktiver Arbeitgeber im Wettbewerb um qualifizierte und motivierte Arbeitskräfte gestärkt.

> **Beispiele für soziale Nachhaltigkeit: Die Mitarbeiter im Fokus (vgl. Adelphi 2019)**
> - Bei Bosch werden gezielt Teilzeitmodelle für alle Mitarbeitenden (Männer und Frauen, auch Führungskräfte) unterstützt und angeboten
> - BMW hat das Arbeitsmodell „Vollzeit Select" entwickelt, das langjährigen Vollzeitmitarbeitern ermöglicht, zusätzliche freie, unbezahlte Tage im Jahr zu nehmen.
> - BASF hat ein Lernzentrum eingerichtet, in dem Beschäftige zu Lern-Methoden und Lern-Inhalten individuell und bedarfsgerecht beraten werden.
> - VW bietet mit dem Programm „Wanderjahre" den Personen nach ihrer Ausbildung die Möglichkeit, für ein Jahr im Ausland zu arbeiten. Dies gilt für alle Berufsgruppen und auch für junge Hochschulabsolventen.

Diese Leistungen können auch den Bereich des Gesundheits- und Arbeitsschutzes systematisch integrieren. Hier werden soziale und ökologische Nachhaltigkeit integriert. Eine Umsetzung kann sich an Standards und Richtlinien orientieren. Dazu zählen beispielsweise OHSAS oder OHRIS als Standards zur Verbesserung des Arbeitsschutzes, aber auch Standards zur Verbesserung von Arbeitsbedingungen (z. B. SA8000) beinhalten (vgl. Adelphi 2019).

> **Beispiele für Standards und Richtlinien von Arbeitsschutz und Arbeitsbedingungen**
> - OHSAS (Occupational Health- and Safety Assessment Series) bildet eine Grundlage für Zertifizierungen von Managementsystemen zum Arbeitsschutz.

- OHRIS (Occupational Health and Risk Managementsystem) ist ein Arbeitsschutz-Managementsystem, welches ausschließlich in Bayern und Sachsen zur Zertifizierung eingesetzt wird. Zudem findet es internationale Beachtung. Es betrachtet die Sicherheit von Produktionsanlagen und damit zusammenhängend den Gesundheitsschutz von Mitarbeitern.
- SA8000 ist ein freiwilliger Standard, der auf den Prinzipien der ILO-Kernarbeitsnormen beruht
- (vgl. Adelphi 2019)

Insbesondere über die ökologische Dimension kann Nachhaltigkeit zum Treiber von Innovationen werden. Produkte und Dienstleistungen sollen erzeugt werden, welche die Kundenbedürfnisse auf technische Weise erfüllen, aber auch ökologischen oder sozialen Interessen entsprechen. Diesem Anspruch kann gefolgt werden, wenn

- bestehende Leistungen optimiert werden oder
- neue Geschäftsmodelle entwickelt werden.

Hierzu kann eine Vielzahl an Beispielen herangezogen werden.

Beispiel für eine Weiterentwicklung bestehender Angebote
Die Deutsche Bahn bietet ihren Geschäftskunden die Möglichkeit, über ein Umwelt-Plus-Angebot ökologieorientiert zu reisen. Geschäftsreisen und Transporte können nach eigenen Angaben vollständig CO^2-frei unternommen werden. Die Deutsche Bahn ermittelt die für die Reise bzw. den Transport erforderliche Menge an Energie und kauft diese Menge als Strom aus erneuerbaren Energien (vgl. Adelphi 2019).

Beispiel Philips
Das Unternehmen Philips suchte im Rahmen der „New Sustainable Business Initiative" nach neuen Geschäftsmodellen zum Decken von bis dato unbefriedigten Bedürfnissen von Kunden in Entwicklungs- und Schwellenländern. Ein netzunabhängiges solarbasiertes Beleuchtungssystem wurde entwickelt, das keine Elektrizitätsnetze benötigt (vgl. Adelphi 2019).

Atmosfair als Beispiel für ein ökologiebasiertes Geschäftsmodell
Die N.on-Profit-Organisation atmosfair stellt die Reduktion von Treibhausgasemission von Flugreisen, Hochseekreuzfahrten, Fernbusfahrten und Veranstaltung in das Zentrum ihres Geschäftsmodells. Diese gemeinnützige GmbH wurde im Mai 2005 gegründet und von der Stiftung Zukunftsfähigkeit als Gesellschafterin getragen.

Mit einem von atmosfair entwickelten Rechner kann die Menge von Kohlenstoffdioxid und weiterer Schadstoffe ermittelt werden, die durch Flug- bzw. Schiffsreisen erzeugt werden. Die Emissionen bzw. deren Schäden können in monetären Einheiten dargestellt werden. Dieser Betrag kann dann über eine Spende an atmosfair als ein freiwilliger Beitrag zum Klimaschutz kompensiert werden. So kann der an einer Stelle verursachte ökologische Schaden an anderer Stelle ausgeglichen werden.

Das Unternehmen finanziert sich somit hauptsächlich durch Spenden und ist nicht gewinnorientiert. Die Einnahmen werden zu einem Großteil an die Betreiber von Klimaschutzprojekten weitergeleitet (über 90 %, die restlichen 10 % werden zum Betreiben der Organisation genutzt). Die gewählten Klimaschutzprojekte entsprechen hohen Standards im Rahmen des Clean Development Mechanisms. Sie decken u. a. Projekte zur Nutzung regenerativer Energien, zur Verbreitung effizienter Kochherde, zum Bau von Biogasanlagen, der Stromproduktion aus Ernteresten sowie Schulprojekte zur Umweltbildung ab (vgl. atmosfair 2017).

Integration von Ökologie in das Geschäftsmodell: Das Morgensternhaus
Das Morgensternhaus in Fulda bietet Catering-Leistungen vor Ort und bei Kunden an. Eine Ökologie-Orientierung ist fester Bestandteil des Geschäftsmodells. Diese ökologische Ausrichtung zeigt sich in einer Zertifizierung von Bioland. Die verarbeiteten Rohstoffe entsprechen vom Ursprung in der Natur über den Verarbeitungsprozess bis zum Teller der Konsumenten einer hundertprozentigen Bio-Qualität. Bevorzugt werden regionale Produkte und Produkte aus zertifizierter, nachhaltiger Land- und Forstwirtschaft. Mikrowellengeräte werden in der Verarbeitung nicht eingesetzt. Mehrwegmaterialien und kompostierbare Einwegprodukte werden genutzt, um den globalen Ressourcenverbrauch zu berücksichtigen. Der Strom wird vollständig aus erneuerbaren Energien bezogen. Im Tagungsbereich setzt sich dieser Anspruch fort in der Nutzung von Recycling-Papier und ökologischen Tagungsmaterialien. Das Gebäude insgesamt wurde unter Energie-Effizienz-Gesichtspunkten renoviert. Raumtemperatur, Kühlung und Frischluftversorgung erfolgen unter Minimierung des CO^2-Austauschs (vgl. Morgensternhaus 2019).

Integration von Nachhaltigkeit in das Geschäftsmodell: Sonett als Pionier für ökologische Wasch- und Reinigungsmittel
Bereits seit 1977 besteht das Unternehmen Sonett, das ökologische Wasch- und Reinigungsmittel herstellt und vertreibt. Da Waschmitteltenside zur Verunreinigung von Gewässern beitragen, wurden Produkte ohne petrochemische Tenside und Enzyme entwickelt, die zudem frei von künstlichen Duft-, Farb- und Konservierungsstoffen sind. Die verwendeten Rohstoffe stammen aus kontrolliert biologischem oder biologisch-dynamischem Anbau. Sie werden ohne Gentechnik, ohne Nanotechnologie und ohne Tierversuche hergestellt. Damit werden Natur und insbesondere Was-

ser geschont, aber auch Allergikern geholfen sowie eine Landwirtschaft ohne Mono-
kulturen und Pestizide gefördert. Sichtbar werden die hohen ökologischen Standards
über eine Vielzahl an akkreditierten Zertifikaten.

Neben ökologischer wird auch die soziale Nachhaltigkeit in das Geschäftsmodell
eingebunden. Nach eigenen Angaben wird ein partizipativer Führungsstil gelebt. Chancengleichheit, Gleichstellung und die Vermeidung von Diskriminierung gehören zur
Philosophie von Sonett. Dies zeigt sich in einer nach Geschlechtern paritätische Doppel-
spitze in der Führung. Eine Elternzeit ist auch für männliche Mitarbeitende üblich. Einige Produktionsschritte werden von Mitarbeitern mit Einschränkungen übernommen.
Familienfreundlichkeit wird über die Bezuschussung von Kindergartenplätzen gelebt.

Ökonomische Nachhaltigkeit zeigt sich in der Verwendung von Gewinnen. Diese
verbleiben jeweils anteilig im Unternehmen, werden an Mitarbeiter ausgeschüttet
bzw. werden verwendet, um ökologische Projekte zu unterstützen (z. B. Saatgutfor-
schung, biologische Landwirtschaft, aber auch künstlerischer Initiativen).

Die Verantwortung für die Qualität von Wasser und Natur wird als Selbstverständnis
des Unternehmens kommuniziert und bildet somit einen Baustein der Unternehmensphilosophie. Diese Denkhaltung beruht auf anthroposophischer Basis (vgl. Sonett 2019).

Grammgenau als Beispiel für ein ökologieorientiertes Geschäftsmodell
Das Geschäftsmodell von grammgenau zielt auf die Reduktion von Verpackungs-
mitteln bzw. Plastikmüll ab. Dadurch werden nicht-erneuerbare Ressourcen geschont. Die Vermeidung von Entsorgungsaufwand geht zudem mit Umweltschutz
und zusätzlich mit reduzierten Kosten einher.

Die Abgabe von Lebensmitteln erfolgt ohne Umverpackung, d. h. die Produkte
werden in wiederverwendbare Gefäße abgepackt. Zu den abgegebenen Lebensmitteln zählen Pasta, Reis, Hülsenfrüchte, Kochzutaten, Nüsse, Müsli, Tee, Kaffee, Kakao, aber auch festes Shampoo, Körperseife, Wattepads und vieles mehr.

Die Waren können im stationären Handel (der „Unverpackt-Laden") abgeholt
werden. Alternativ sind online-Bestellungen möglich. Diese Bestellungen werden in
Abholstationen hinterlegt oder zum Kunden direkt geliefert. Die Behälter für die
Lieferung werden nach Lieferung und Verwendung zurückgenommen, gereinigt und
weiterverwendet (vgl. Grammgenau 2019). Das beschriebene Geschäftsmodell wird
auch von anderen Anbietern an anderen Orten angeboten.

VAUDE als Beispiel eines ökologieorientierten Geschäftsmodells
VAUDE ist ein deutsches Unternehmen, das Bergsportausrüstung herstellt. Das Unternehmen ist Mitglied des Bündnisses für Nachhaltige Textilien. Im Jahr 2015
wurde VAUDE als „Deutschlands nachhaltigste Marke" prämiert. Diese Auszeich-
nung wird von der Stiftung Deutscher Nachhaltigkeitspreis e. V. gemeinsam mit der
Bundesregierung vergeben.

Das Unternehmen zeichnet sich durch ökologisches Engagement und soziale Verantwortung aus. Beispielsweise bietet VAUDE mit dem Green Shape-Label funktionelle, umweltfreundliche Produkte aus nachhaltigen Materialien an. Bei der Herstellung wird auf faire Arbeitsbedingungen in der gesamten Lieferkette geachtet. Die Kriterien zur Beurteilung werden als streng bewertet und transparent gemacht. Sie werden laufend überprüft und umfassen den gesamten Lebenszyklus des Produkts – vom Design über die Produktion bis hin zu Pflege, Reparatur und Verwertung. VAUDE setzt sich für gute und faire Arbeitsbedingungen ein, sowohl am Standort Deutschland als auch in der Produktion weltweit. VAUDE arbeitet mit Produktionsbetrieben in aller Welt zusammen, zu denen das Unternehmen partnerschaftliche und verantwortungsvolle Geschäftsbeziehungen pflegt. Die unabhängige Fair Wear Foundation überprüft diese Produktionsbetriebe und stellt sicher, dass die Arbeitsbedingungen überwacht und verbessert werden (vgl. VAUDE 2019).

Bitte diskutieren Sie folgende Fragen:

1. Wie können Kunden die ökologische Verantwortung erkennen und überprüfen?
2. Sollten mehr Unternehmen dem Beispiel VAUDE folgen?
3. Wo liegen die Herausforderungen, wenn (fast) alle Unternehmen ein ökologieorientiertes Geschäftsmodell wählen würden?

4.3.1.2.2 Instrumente zum Schaffen von Wettbewerbsvorteilen

Um Kunden über die ökologischen und sozialen Komponenten ihrer Geschäftstätigkeit in Kenntnis zu setzen und dabei mit Objektivität, Glaubwürdigkeit und Authentizität zu überzeugen, müssen Unternehmen Nachweise erbringen. Von den möglichen Nachweisen über nachhaltiges Wirtschaften werden die Instrumente der Leistungsindikatoren, Gütesiegel und Zertifikate betrachtet. Als weiteres Instrument schließt sich mit dem Cause-related Marketing ein kooperativer Ansatz an.

Gütesiegel als Nachweis der Nachhaltigkeit

Um einen Wettbewerbsvorteil über Nachhaltigkeit aufzubauen, müssen die ökologischen oder sozialen Aktivitäten der Zielgruppe (Kunden, aber möglicherweise auch Mitarbeiter oder die Öffentlichkeit) bekannt werden. Die Sichtbarmachung der Aktivitäten kann zunächst über die CSR-Berichterstattung erfolgen. Diese basiert allerdings auf einer subjektiven Auswahl und Gestaltung der Unternehmen selber. Eine höhere Objektivität bietet die Messung und Veröffentlichung von selbst erhobenen Leistungsindikatoren. Hierfür können selbst erzeugter Messmodelle oder auch etablierte Instrumente eingesetzt werden (vgl. dazu Abschn. 4.5; insbesondere Tab. 4.11). Diese Modelle zeichnen sich durch eine aufwändige Handhabung aus, die Erfahrung und Modellkenntnisse erfordert. Damit sind die Modelle und ihre Aussagekraft für Konsumenten schwierig nachvollziehbar.

Beispiel für eine Messung des Ausmaßes von Nachhaltigkeit
BASF entwickelte selbst eine Ökoeffizienzanalyse. Damit werden die ökologischen und ökonomischen Auswirkungen von Produkten über den gesamten Lebenszyklus hinweg bereits in der Produktentwicklung berücksichtigt. In einer Weiterentwicklung wurde es um soziale Auswirkungen ergänzt und soziale Indikatoren eingebunden (vgl. Adelphi 2019).

Eine weitere Möglichkeit bieten Gütesiegel und Zertifikate. Diese Begriffe werden im Folgenden synonym verwandt. Gütesiegel können eine stärkere Objektivität vermitteln. Ökosiegel legen beispielsweise Mindeststandards fest, die zum Erhalt der Siegel erreicht werden müssen (vgl. Pollrich und Wagner 2013; Noll und Winkler 2004).

Gütesiegel beruhen auf neutraler, transparenter und gleichbleibender Messung und Vergabe. Sie sollen Vertrauen erzeugen. Dazu sollten Kunden erfahren, welche Standards die Anbieter von Gütesiegeln festgelegt haben, wie die Ermittlung und Kontrolle der Standards erfolgen und auf welche Weise die Zertifizierer organisiert sind. Die Menge an Informationen, die die Unternehmen zum Erhalt der Zertifikate bereitstellen müssen, sollten den Kunden bekannt sein. Auf diese Weise kann ein Zertifikat Glaubwürdigkeit gewinnen. Wenn objektive Produkteigenschaften wie die (Bio-) Qualität der Inhaltsstoffe oder auch soziale Ansprüche an den Produktionsprozess von Kunden nicht individuell überprüft werden können, so kann ein Gütesiegel diese Lücke schließen (vgl. Pollrich und Wagner 2013; Noll und Winkler 2004).

Die Zertifikate müssen folgende Qualitätskriterien erfüllen (vgl. Spieß und Tietze 2001):

- Die Kriterien der Nachhaltigkeit bzw. deren Qualität müssen festgelegt werden.
- Die Kriterien müssen messbar bzw. überprüfbar sein.
- Die Kriterien müssen offengelegt werden.
- Die Kriterien sollen als Verbesserungsanreize verstanden werden.
- Die Kriterien sollen den Bedürfnissen der Zielgruppe (oftmals Kunden, Konsumenten, aber auch Mitarbeiter) entsprechen.
- Die Organisation sowie die einzelnen Zertifizierer müssen neutral sein.

Helmes et al. (2017) fassen dies zusammen und stellen dabei die Forderung nach Objektivität, Sachbezogenheit und Verhältnismäßigkeit der Gütebedingungen. Zudem erheben sie den Anspruch auf eine neutrale Vergabestelle, Transparenz und Diskriminierungsfreiheit.

Bei der Anwendung von Gütesiegeln ist Vorsicht geboten. Neben etablierten, aussagekräftigen und verantwortungsvollen Zertifikaten bestehen auch frei erfundene Gütesiegel. Missbrauchsmöglichkeiten aufgrund fehlender rechtlicher Vorgaben sind möglich. Ein allgemeiner Bekanntheitsgrad oder ein bekannter Träger von Zertifikaten sollte das Vertrauen in ein Gütesiegel stützen (vgl. Zentrum für Europäischen Verbraucherschutz 2012).

Neben Gütesiegeln bestehen weitere Instrumente, welche die CSR-Aktivitäten von Unternehmen hervorheben. Dazu zählen CSR-Preise, die den Unternehmen verliehen werden können. Ein Beispiel dazu ist der Preis „Freiheit und Verantwortung", welcher von der europäischen CSR-Organisation CSR Europe ausgelobt wurde (vgl. CSR Europe 2019a).

Ebenso kann eine hohe Position in einem Ranking von Unternehmen, die gesellschaftliche Verantwortung wahrnehmen, für Aufmerksamkeit sorgen. Als Beispiel kann hier das Journal of Business Ethics angeführt werden, das die Hundert besten Corporate Citizen aufführt.

Bio-Siegel als Beispiel für ökologische Nachhaltigkeit

Ein Bio-Siegel ist ein Güte- und Prüfsiegel, mit welchem Erzeugnisse aus ökologischem Landbau gekennzeichnet werden.

Die Genehmigung zur Verwendung eines Siegels wird vom Herausgeber des Siegesl bestimmt. Sie ist mit der Einhaltung gewisser Standards und Auflagen verbunden. Die Einhaltung der Kriterien durch die Erzeuger soll durch eine Dokumentationspflicht sowie regelmäßige Entnahme und Untersuchung von Warenproben gewährleistet werden. In der EU wird die Einhaltung der Bestimmungen für alle Bio-Produkte durch die jeweils zuständige Öko-Kontrollstelle überwacht, bei Verwendung eines Verbandssiegels zusätzlich – oder aber ausschließlich – durch den jeweiligen Anbauverband.

Als Vergabekriterien zählen folgende Kriterien zu den wesentlichen für ein Bio-Siegel (vgl. Biobay 2019):

- Zutaten zu mindestens 95 % aus ökologischem Landbau, d. h.:
- Weitgehendes Verbot chemisch synthetischer Pflanzenschutzmittel und synthetischer Düngemittel
- Gebrauch von Tierantibiotika stark eingeschränkt
- Kein Einsatz gentechnisch veränderter Organismen (GVO). (Unbeabsichtigte Verunreinigungen einzelner Zutaten mit GVO werden bis zu einem Anteil von 0,9 % toleriert)
- Weitestgehende Kreislaufwirtschaft unter Verwendung betriebseigener Mittel wie z. B. Dünge- und Futtermittel. Zugekaufte Betriebsmittel ebenfalls aus ökologischem Landbau
- In Ausnahmefällen können chemisch-synthetische Betriebsmittel zugelassen werden, wenn geeignete Alternativen fehlen
- Mindeststandards für artgerechte Tierhaltung
- Falls in einem Betrieb sowohl konventionelle als auch Bio-Lebensmittel produziert werden, müssen beide Herstellungsprozesse klar voneinander abgegrenzt sein

Aufgrund der Vielzahl nationaler und regionaler Bio-Siegel können diese Kriterien im Einzelfall abweichen.

Die EG-Öko-Verordnung sorgt EU-weit für den Schutz des Begriffs Bio (zu „Biologischer Landwirtschaft") ebenso wie die Bezeichnungen „aus kontrolliert biologischem Anbau" und „Öko". Produkte, die als Bio beschrieben werden, müssen den Kriterien der EG-Öko-Verordnung entsprechen, aber nicht zwingend mit EU-Bio-Siegel gekennzeichnet werden. Bio-Produkte müssen lebensmittelrechtliche Standards erfüllen, die über die Standards konventioneller Produkte hinausgehen (Biobay 2019).

Bitte diskutieren Sie die Eignung von Bio-Siegeln zur Sicherung ökologischer Verantwortung:

1. Für wie sicher erachten Sie die Bio-Siegel?
2. Wie werden die Bio-Siegel überwacht bzw. wie sollten sie überwacht werden?
3. Sollte es globale Standards geben?

Fair Trade als Beispiel für ein Gütesiegel sozialer Nachhaltigkeit
Mit dem Siegel Fair-Trade werden Waren gekennzeichnet, die aus fairem Handel stammen und bei deren Herstellung bestimmte soziale, aber auch ökologische und ökonomische Kriterien eingehalten wurden. Dies umfasst im engeren Sinn Siegelinitiativen, welche im internationalen Dachverband Fairtrade Labelling Organizations International (FLO) oder ähnlichen Dachorganisationen (z. B. der World Fair Trade Organization) zusammengefasst sind.

Die Standards der einzelnen Organisationen unterscheiden sich. Zu den Vergabestandards der Fairtrade Labelling Organisations International zählen unter anderem der direkte Handel mit den Produzentengruppen ohne Zwischenhändler, Vorfinanzierung, langfristige Lieferbeziehungen sowie ökologische Standards. Im Kern der Standards steht die Sicherung eines Mindestpreises zur Deckung der Lebenshaltungskosten der Produzenten. Weiterhin muss eine sogenannte Fair-Trade-Prämie als Sozialprämie entrichtet werden. Mit dieser werden soziale und ökonomische Entwicklungsprojekte ermöglicht.

Das Fairtrade-Siegel steht für fair angebaute und gehandelte Produkte, bei dem alle Zutaten zu 100 Prozent unter Fairtrade-Bedingungen gehandelt sind und physisch rückverfolgbar sind. Handelt es sich bei dem Produkt um ein Mischprodukt (Bsp. Kekse, Schokolade) dann ist das Fairtrade-Produkt-Siegel zusätzlich mit einem Pfeil gekennzeichnet, der auf weiterführende Informationen auf der Rückseite verweist. Bei Mischprodukten mit diesem Siegel müssen alle Zutaten, die unter Fairtrade-Bedingungen erhältlich sind, Fairtrade-zertifiziert sein. Produkte, die mit Mengenausgleich hergestellt wurden, sind ebenfalls mit einem Pfeil neben dem Siegel gekennzeichnet und haben eine Erklärung auf der Rückseite des Produktes. Möglich ist das bei Kakao, Zucker, Fruchtsaft und Tee. Weitere Fairtrade-Produkt-Siegel berücksichtigen die Besonderheiten einzelner Produktgruppen. Das Fairtrade-Produkt-Siegel für Baumwolle steht für fair angebaute und gehandelte Rohbaumwolle, die über alle Produktionsschritte direkt rückverfolgbar ist und getrennt von Nicht-Fairtrade-Baumwolle weiterverarbeitet wird. Die Baumwolle in Textilien, die dieses Siegel tragen, ist zu 100 Prozent Fairtrade-zertifiziert. Das Fairtrade-Produkt-Siegel für Gold auf einem Produkt stellt sicher, dass das Gold fair abgebaut und gehandelt wurde und in allen Produktionsschritten direkt rückverfolgbar ist. Die Kennzeichnung erfolgt mittels Stempel-Prägung auf dem Schmuckstück. Alle aufgeführten „Fair Trade"-Siegel von FLO werden kontrolliert. (vgl. Fairtrade 2019).

Da der Begriff „fair" nicht gesetzlich geschützt ist, existieren neben den Siegeln der Organisationen, die auf Standards beruhen, auch eine Vielzahl weiterer Siegel, die von verschiedenen Unternehmen und Instutitionen vergeben werden und eine Vielzahl an Interpretationen des Begriffs beinhalten.

Bitte diskutieren Sie anhand der folgenden Fragestellungen:

1. Welche Kriterien erachten Sie als wichtig, um ein Fair-Trade-Siegel zu vergeben?
2. Wie könnten „schwarze Schafe", die die Siegel missbrauchen, identifiziert werden?
3. Wer und wie sollte der Missbrauch eingedämmt werden?

Familienfreundliche Hochschule als Beispiel für ein Gütesiegel sozialer Nachhaltigkeit

Auch Hochschulen füllen den Anspruch an Nachhaltigkeit mit Leben. Mit dem audit familiengerechte hochschule arbeiten Universitäten, Hochschulen und Akademien aktiv an ihrem Ziel, Studien- und Arbeitsbedingungen familiengerecht zu gestalten. Mit der Auditierung haben sie sich dazu entschieden, der Vielfalt von Lebensentwürfen und Familienformen gerecht zu werden (vgl. audit familienfreundliche hochschule).

Das audit familiengerechte hochschule …

• integriert die familiengerechte Ausrichtung in die Hochschulphilosophie und –strategie
• verankert familiengerechte Arbeits- und Studienbedingungen systematisch in der Organisation, ihrer Kultur, den Instrumenten und der Kommunikation
• stellt einen hohen Durchdringungsgrad sicher, ermöglicht eine kritische Überprüfung der Wirksamkeit der Maßnahmen und die Anpassung der vorhandenen Maßnahmen.

Bitte diskutieren Sie das Gütesiegel familiengerechte hochschule:

1. Haben Sie wahrgenommen, ob Ihre Hochschule ein derartiges Gütesiegel hat bzw. hatte?
2. Für welche Zielgruppen ist ein derartiges Gütesiegel wichtig?
3. Welche Maßnahmen sollten seitens der Hochschule ergriffen werden, um diesem Siegel gerecht zu werden?

Cause-related Marekting

Eine weitere Möglichkeit, Wettbewerbsvorteile über die Einbindung von Nachhaltigkeit zu erzielen, liegt im Ansatz des Cause-related Marketing. Unter Cause-related Marketing (CrM) werden gewerbliche Aktivitäten verstanden, bei der die Geschäftätigkeit und Wohltätigkeit partnerschaftlich verbunden werden, um ein Image oder ein Produkt zum gegenseitigen Nutzen zu vermarkten. Hierbei leben Unternehmen keine rein altruistischen oder philanthropischen Motive aus, sondern erzielen ökonomische Vorteile aus der Zusammenarbeit. Die CrM-Programme beruhen auf Partnerschaften zwischen einem profitorientierten mit einem Non-Profit-Unternehmen. In diesen Partnerschaften werden gegenseitige Vereinbarungen zum gegenseitigen Nutzen getroffen (vgl. Adkins 2003, S. 670).

▶ **Cause-related Marketing** bezeichnet eine Marketing-Technik, bei welcher der Kauf eines Produktes eine unmittelbare Spende zugunsten eines wohltätigen Zweckes auslöst (vgl. Oloko 2008)

CrM-Aktivitäten können beiden Seiten nützlich sein. Die Charity-Organisationen erhalten über die Marketing-Kampagnen der For-Profit-Organisationen einen erhöhten Grad an öffentlichkeitswirksamem Auftreten und zudem die zugesicherten Spendengelder. Die profitorientierten Partner können das Image des Unternehmens, der Marke oder einzelner Produkte verbessern. Sie können die Beziehungen zu Kunden oder Öffentlichkeit fördern. Insbesondere die Loyalität und die Bindung der Kunden kann stabilisiert werden. Umsätze können sich erhöhen. Die Zusammenarbeit zwischen Unternehmen und einer gesellschaftlich orientierten Organisation kann eine symbiotische Wirkung entfalten (vgl. Adkins 2003).

Der Ansatz des CrM ist kein neues Konzept. Anwendungsbeispiele sind bis in das Jahr 1890 zurückzuführen, als der Unternehmer William Heskith Lever den Verkauf von Seife mit Wohltätigkeitsaktivitäten verzahnte. Damals wurde allerdings der Begriff des Cause-related Marketing noch nicht genutzt. Der Begriff entstand im Zusammenhang mit Kampagnen von American Express. Mit dem Erwerb einer American Express-Kreditkarte wurde ein US-$ und mit jedem Einsatz der Karte wurde 1 Cent gespendet. Im Zeitraum von September bis Dezember 1983 wurden 1,7 Mio. US-$ aufgebracht, um damit die Restaurierung der Freiheitsstatue zu unterstützen. (vgl. Adkins 2003; Oloko 2008).

Das Ausmaß von Cause-related Marketing ist nicht genau bekannt. In den USA wird von 9 % des Sponsorships ausgegangen, d. h. 828 Mio. US-$. Aufgrund der steigenden Ähnlichkeit von Produkten werden das Image, die Werte und die Visionen von Unternehmen zunehmend relevant für die Kaufentscheidungen von Kunden. Der Nutzen für Unternehmen liegt in der Möglichkeit, über CrM-Aktivitäten eine Vielzahl an Stakeholdern auf einer zusätzlichen Ebene zu erreichen (vgl. Adkins 2003).

Empirische Studien unterstützen diese Aussagen. Eine Untersuchung mit 1000 Konsumenten in 1999 sowie an 2000 Personen in 2000 zeigte, dass die überwiegende Mehrheit der Befragten eine Verbindung von Geschäftstätigkeit mit wohltätigen Aktivitäten als Wettbewerbsvorteil ansehen. Ein gewisser Anteil würde dafür die Marke oder die Einkaufsstätte wechseln. Cause-related-Marketing-Programme werden von einer Vielzahl an Konsumenten wahrgenommen und von der Mehrheit auch genutzt. (vgl. Adkins 2003, S. 674 f.). In einer empirischen Studie an 230 Konsumenten in Deutschland, durchgeführt im Jahr 2008, zeigte sich, dass 93,9 % der Konsumenten eine CrM-Kampagne kennen, allerdings nur 23,1 % mehr als zwei Kampagen benennen können. Da seit 2002 mehr als 90 Unternehmen derartige Kampagnen durchführten, ist der Bekanntheitsgrad als gering einzustufen. Konsumenten wünschen sich Kampagnen, die einen längerfristigen Zeitraum andauern und empfinden die Auswahl der gemeinnützigen Organisation als wichtig für ihre Entscheidung, die Kampagne zu unterstützen. Die Glaubwürdigkeit von Kampagnen kann so gesteigert werden (vgl. Oloko 2008). Eine Befragung von gemeinnützigen Organisationen, die an CrM-Kampagnen teilgenommen haben, schürfte zu Tage, dass die Glaubwürdigkeit eines Unternehmens für die gemeinnützige Organisation das wichtigste Auswahlkriterium darstellt. Die Größe und die Bekanntheit des Unternehmens spielt eine nachrangige Rolle (vgl. Oloko 2008).

Bei einer Einordnung von CrM kann das Konzept als Teil einer Werbestrategie, aber auch als Element von Public Relations verstanden werden. Eine organisationale Verankerung kann in großen Unternehmen auch in die Bereiche des Sponsorships, der Lizenzvergabe, des Direktmarketings oder in den Vertrieb erfolgen (vgl. Adkins 2003, S. 676 ff.).

Beispiel Tesco: Computer für Schulen

Das britische Handelsunternehmen Tesco entwickelte bereits 1991 ein Programm, das die Kundenloyalität steigern sollte. Für Einkäufe erhielten Kunden einen Gutschein für jeweils 10 britische £. Diese Gutscheine konnten Kunden an eine Schule ihrer Wahl spenden. Sowohl die Kunden als auch die Schulen konnten freiwillig an der Kampagne teilnehmen. Die gespendeten Summen konnten von den jeweiligen Schulen für den Erwerb von Computern verwendet werden. Zwischen 1991 und 2001 wurden auf diese Weise über Tesco in Summe 70 Mio. £ in die IT-Ausstattung von Schulen investiert (vgl. Adkins 2003).

Cause-related Marketing kann sich einer Vielzahl an Mechanismen bedienen. Die häufigste Variante besteht in der Spende, die an einen Kauf gebunden ist. Weiterhin kann sie an das Eingehen von Geschäftsbeziehungen gebunden sein, so wie beispielsweise bei American Express an den Erwerb einer derartigen Kreditkarte. Das Sammeln von Gutscheinen in Verbindung mit der Entscheidung über die Art der Verwendung kennzeichnet eine weitere CrM-Variante. Das britische Handelsunternehmen Tesco unterstützt verschiedene Schulen, bei denen die Kunden beim Einlösen der Gutscheine eine Auswahl treffen können. CrM kann auch als Anreiz eingesetzt werden, um an bestimmten Aktivitäten teilzunehmen, z. B. an Befragungen. Sie können als Wettbewerbe oder Spiele ausgeschrieben sein, aber auch als Tausch-Aktivitäten (neu für alt) gestaltet werden (vgl. Adkins 2003).

Der Erfolg von CrM-Kampagnen beruht auf einigen Faktoren. Die Partnerschaft zwischen den Profit- und dem Non-Profit-Unternehmen muss eine gewisse Stabilität aufweisen. Sie sollte auf den Prinzipien der Integrität, Transparenz, Aufrichtigkeit, gegenseitigem Respekt und gegenseitigem Nutzen beruhen. Die Kampagnen sind als Prozess zu verstehen. Einer Planungsphase folgt die Verhandlung und Ausgestaltung der Partnerschaft, bevor eine formale Übereinkunft geschlossen wird. Das Management und die Kommunikation der Kampagne schließen sich an. Bereits während und abschließend nach der Kampagne erfolgt eine gemeinsame Evaluation des Konzeptes, des Ablaufs und der Ergebnisse (vgl. Adkins 2003).

Tab. 4.6 Ansatzpunkte zur Integration von Nachhaltigkeit in ausgewählten Organisationsbereichen

Organisationsbereich	Ansatzpunkte zur Integration von Nachhaltigkeit
Produktentwicklung	Einbindung von ökologieorientierten Materialien und Methoden
	Verlängerung der Produktlebensdauer bzw. -nutzungsdauer
	Optimierung der Entsorgung (Verringerung der Mengen, Vermeidung von Verpackungsmüll, Nutzung von schnell kompostierbaren Materialien etc.)
Beschaffung und Produktion	Beschaffung von Bio- bzw. Öko-Materialien bzw. soziale Nachhaltigkeit über Fair Trade-Produkte
	Beschaffung und Einsatz von Energiequellen aus erneuerbarer Energie
	Beschaffung und Einsatz von energieeffizienten Anlagen
Marketing	Aufdecken und Erzeugen von Kundenbedürfnissen der Nachhaltigkeit
	Einbinden von Nachhaltigkeit in den Marketing-Mix
Personal	Ökologieorientierte Ausgestaltung der Arbeitsbedingungen (gesunder Arbeitsplatz)
	Soziale Nachhaltigkeit zur Steigerung der Work-Life-Balance

Quelle: Eigene Darstellung

Krombacher Regenwald-Projekt als Beispiel für eine CrM-Kampagne in Deutschland

Seit 2002 engagiert sich die Krombacher Brauerei gemeinsam mit der Organisation WWF Deutschland (world wildlife fund) für den Schutz des Regenwalds in Zentralafrika in der Region Bayanga zum Erhalt der Biodiversität.

Die Aussage der Brauerei besagt, dass für jeden gekauften Kasten Bier ein Quadratmeter Regenwald gerettet werden soll. Der genaue Betrag, welcher gespendet wurde, ist pro Bierkasten nicht bekannt. Nach eigenen Angaben verfügt das Projekt inzwischen über einen Kapitalstock in Höhe von 4 Mio. €. Die geschätzte Fläche beläuft sich auf ca. 9700 Hektar.

Im Jahr 2003 wurde die Regenwald-Stiftung gegründet, die den Erfolg des Projektes langfristig sichern soll. Mit den Geldern wurden u. a. Anlagen zum Schutz vor Wilderei und Holzschlag errichtet, Fahrzeuge und Ausrüstung für Kontrollfahrten finanziert, aber auch eine Solaranlage zur Energieversorgung und Vermeidung von Kohle aufgebaut (vgl. Krombacher 2019).

4.3.1.2.3 Organisationale Verankerung und Umsetzung

CSR-orientierte Aktivitäten zum Erzielen von Wettbewerbsvorteilen können in verschiedenen Bereichen des Unternehmens organisational verankert werden. Die in Tab. 4.6 beschriebenen Bereiche zeigen ausgewählte Möglichkeiten ohne Anspruch auf Vollständigkeit auf.

Ökologische und/oder soziale Aspekte können in die einzelnen Bereiche eingebunden werden. Eine organisatorische Verankerung findet in dieser Phase separat statt. Ein Schwerpunkt soll hier in den Bereich des Marketings gelegt werden. Diesem kommt eine hervorstechende Bedeutung zu, da der Unternehmenszweck in der Befriedigung von Kundenbedürfnissen liegt und im Marketing ein direkter und intensiver Kontakt zu Kunden besteht.

Beispiel für eine Integration in die Produktentwicklung

BASF bewertet in allen fünf Phasen des Innovationsprozesses (von der Ideenfindung bis zur Markteinführung) die Nachhaltigkeit der Entwicklungen. Dazu wird ein Fragebogen mit Kriterien der ökologischen und sozialen Nachhaltigkeit eingesetzt.

Volkswagen nutzt ein Ampelsystem zur Bewertung von CO^2-Emissionen und dem Grad an Umweltfreundlichkeit der beschafften Produktionsmaterialen integriert in die Fahrzeugentwicklung (vgl. Adelphi 2019).

Marketing wird als systematischer Entscheidungs- und Gestaltungsprozess verstanden. In diesem Prozess wird die Berücksichtigung von Kundeninteressen sichergestellt, um dadurch die Unternehmensziele zu erreichen. Kundenorientierung verfolgt somit einen primär ökonomischen Zweck (vgl. Meffert et al. 2015, S. 10). Dies kann über ein Marketing als duales Führungskonzept erreicht werden, in dem Marketing als Funktion innerhalb der Unternehmensorganisation spezifische Kompetenzen zur kundenorientierten Prozessgestaltung entwickelt (z. B. Markenführung, Kundenbindung, Ausgestaltung des Marketing-Mix). Zudem wird Marketing als Leitkonzept der Unternehmensführung verstanden. D. h. als marktorientierte Koordination aller betrieblichen Funktionsbereiche gilt es, das gesamte Unternehmen auf die Bedürfnisse der Kunden auszurichten (vgl. Meffert et al. 2015, S. 13 f.). Zu den Kernaufgaben des Marketings zählen die Kundengewinnung und -bindung, aber auch das Entwickeln kundenorientierter Leistungsangebote (Meffert et al. 2015, S. 19).

Damit lassen sich Wettbewerbsvorteile zunächst im Produktmanagement erzielen. Produktmanagement, verstanden als Prozess der Planung, Steuerung und Kontrolle eines Produktes von seiner Entstehung bis hin zum Ausscheiden aus dem Markt, gilt als zentrales Element unternehmerischer Aktivitäten. Zu den Hauptaufgaben zählen das Management bereits eingeführter und neuer Produkte sowie ein Markenmanagement (vgl. Weber 2015, S. 2 ff.). Der Marketing-Mix bietet einen systematischen Gestaltungsansatz und bildet die Gesamtheit der eingesetzten Marketing-Maßnahmen ab. Der Marketing-Mix umfasst in seiner klassischen Form die sogenannten 4P: Product als Leistungs- und Programmpolitik, Price als Preis- und Konditionenpolitik, Place als Distributionspolitik sowie Promotion als Kommunikationspolitik (vgl. Meffert et al. 2015, S. 22, 780) (vgl. Abb. 4.11).

Im Rahmen der Leistungspolitik wird zunächst die objektive Produktqualität unter Berücksichtigung von Nachhaltigkeitsaspekten gestaltet, z. B. ökologieorientierte Produkte durch umweltfreundliche Einsatzstoffe und Produktionsweisen. Diese Ausrichtung kann über Gütesiegel dem Kunden kommuniziert werden. Neben dem Grundnutzen der Leistungen besteht zudem Raum für Zusatznutzen, z. B. soziale Anerkennung für Kunden durch das Demonstrieren gesellschaftlicher Verantwortung bei der Kaufentscheidung. Im Rahmen der Preispolitik können sozial orientierte Preisdifferenzierungen erfolgen, z. B. ein höherer Preis für Produkte mit einem gesellschaftlichen Zusatznutzen oder ein günstigerer Preis als soziales Engagement des Unternehmens. Dies kann um eine sozial orientierte Rabatt- und Konditionenpolitik sowie Zahlungs- und Kreditierungspolitik ergänzt werden. Die Distributionspolitik kann z. B. soziale Einrichtungen als Absatzmittler einbinden bzw. eine Ökologieorientierung

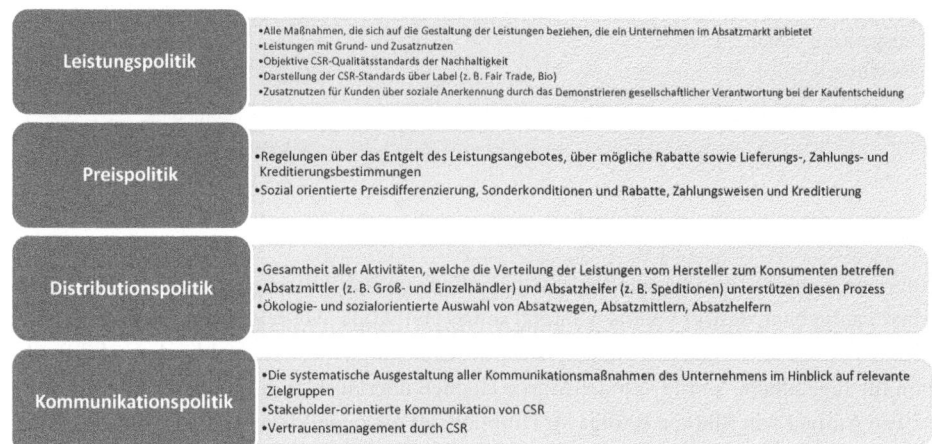

Abb. 4.11 Ausgewählte CSR-Ausgestaltungsmöglichkeiten des Marketing-Mix. (Quelle: Eigene Darstellung)

durch regionale Beschaffung und kurze Distributionswege zeigen. Die Kommunikationspolitik dient der Verbreitung der Nachhaltigkeitsaspekte. Die subjektive Wahrnehmung von verantwortungsorientierten Produktversprechen fällt ebenso in ihr Aufgabenfeld wie die Ausgestaltung eines Vertrauensmanagements und der Stakeholder-Kommunikation.

So schafft beispielsweise Patagonia als Hersteller von Outdoor-Bekleidung über Kommunikation Transparenz über die in der Herstellung verwendeten Materialien (Naturfasern, Bio-Baumwolle und eine Vielzahl an Recycling-Materialien) sowie über die Lieferkette einschließlich der Rücknahme der Waren nach Gebrauch (vgl. Patagonia 2016).

Neben dem Marketing-Mix können sich Unternehmen über ein Marken-Management von Wettbewerbern abzugrenzen (vgl. Schmidt 2015, S. 3). Gemäß Bruhn (2004) werden Leistungen als Marke bezeichnet, welche sich neben einer unterscheidungsfähigen Markierung durch ein systematisches Absatzkonzept im Markt ein Qualitätsversprechen geben, das eine dauerhaft werthaltige, nutzenstiftende Wirkung erzielt und bei der relevanten Zielgruppe in der Erfüllung der Erwartungen einen nachhaltigen Erfolg im Markt realisiert bzw. realisieren kann. Starke Marken unterscheiden sich von schwachen Marken nur durch positive Emotionen (vgl. Esch und Möll 2009, S. 29). Marken müssen daher neben dem objektiven Qualitätsversprechen auch emotionale Versprechen einlösen. Die Einzigartigkeit einer Marke kann folglich durch ein Einbinden gesellschaftlicher Verantwortung als Versprechen unterstützt werden.

Markenführung bzw. Brandmanagement hat die Aufgabe, Marken mit einer unverwechselbaren Identität zu schaffen (vgl. Schmidt 2015, S. 23 ff.; Meffert 2005). So entwickelt z. B. Patagonia eine konsequente CSR-Marke für Outdoor-Bekleidung (vgl. Patagonia 2016). Baumgarth und Binckebanck (2011, S. 202 f.) entwickelten ein CSR-Markenmanagement-Modell. Hierbei wird die CSR-Markenidentität in Übereinstimmung mit der Markenpositionierung, der Unternehmenskultur und dem tatsächlichen Verhalten gestaltet. CSR-Marken entstehen dabei durch Kommunikation mit internen und externen Stakeholdern. Starke (CSR-)Marken bieten die Chance, Krisen und Skandale schneller und mit ge-

Abb. 4.12 CSR im Marken-
Management. (Quelle: Eigene
Darstellung)

Marken-Management

• Product Branding
• Employer Branding
• Corporate Branding

ringerem Schaden zu überwinden. So hat offensichtlich Uli Hoeneß eine derart starke
Marke aufgebaut, dass er bereits während seiner Haftstrafe als Freigänger für die Jugendarbeit des FC Bayern München engagiert wurde. Eine möglicherweise fehlende Vorbildfunktion für Jugendliche wurde von der Marke Hoeneß überlagert (vgl. Rosner 2015).

Ein Aufbau von Marken erfolgt im Hinblick auf einzelne Stakeholder (vgl. Abb. 4.12).
So zielt ein Employer Branding auf aktuelle und potenzielle Mitarbeiter ab, während Produktmarken (Product Branding) aktuelle und potenzielle Kunden fokussieren. Unterneh-
mensmarken (Employer Branding) nehmen eine übergeordnete Position ein, welche von
Kunden, Mitarbeitern, aber auch von Shareholdern wahrgenommen werden.

Employer Branding zwischen Personalmarketing und CSR kann als Teil integrierter
Unternehmenskommunikation verstanden werden. Es dient dazu, sich durch Aufbau eines
attraktiven Images als Arbeitgeber gezielt zu vermarkten. Eine Positionierung der Employer Brand soll vorgelagerten Marketingentscheidungen folgen, um letztlich ein einheitliches Bild von einem Unternehmen an verschiedene Stakeholder zu vermitteln. Die Kommunikation von Images erfolgt durch den Einsatz von Marketinginstrumenten wie
z. B. Werbung, PR, Events, Sponsoring, Internet und persönliche Kommunikation. Inhaltlich können u. a. Informationen zur Organisation, Tätigkeit, Unternehmenskultur und
-klima vermittelt werden. Als Ansätze für ein verantwortungsvolles und effektives Employer Branding bietet sich ein Austausch mit gegenwärtigen Mitarbeitern ebenso wie eine
Partizipation auf Zeit, z. B. im Rahmen von Praktika. Ein Realistic Job Preview, der die
tatsächlichen Anforderungen der Tätigkeit beschreibt, ergänzt dies (vgl. von Walter et al.
2011, S. 329 ff.).

Kunden honorieren die Wahrnehmung gesellschaftlicher Verantwortung z. B. mit Mar-
kenloyalität und Wiederkauf. CSR bildet einen wettbewerbsentscheidenden Faktor, in
dem Unternehmen in Feldern mit hoher öffentlicher Aufmerksamkeit ihre gesellschaftliche Verantwortung wahrnehmen. CSR-Marken versprechen Produkte, die mit umweltfreundlichen Materialien und Produktionstechnologien unter Berücksichtigung sozialer
Nachhaltigkeit hergestellt wurden. Dies betrifft beispielsweise ethische Standards für Zulieferer, ökologische Aspekte der Produktion, soziale Aspekte der Arbeitssituationen (vgl.
Etter und Fieseler 2011). Auch im Hinblick auf Shareholder lassen sich derartige gesellschaftliche Aspekte nutzen. Socially Responsible Investments stellen eine zunehmend
wichtige Anlageform dar, die sowohl finanzielle als auch ethische Kriterien berücksichtigt
(vgl. Etter und Fieseler 2011). Ebenso wie bei den Produktmarken umfasst dies eine Einbindung ethischer Ansprüche auf verschiedenen Unternehmensbereichen.

Eine Verankerung im Unternehmen erfolgt beim Ausgestalten des Marketing-Mix zunächst im Produktmarketing. Eine CSR-Markenführung muss im Hinblick auf die relevanten Stakeholder betrachtet werden. Während sich ein Employer Branding im Personalmarketing organisatorisch einbinden lässt, kann eine Produktmarke im Produktmarketing entwickelt werden. Eine Verankerung gesellschaftlicher Verantwortung als Produkt- oder Unternehmenseigenschaft geht dann über eine Marketingaufgabe hinaus und erstreckt sich auf viele, wenn nicht alle Unternehmensbereiche, z. B. Beschaffung, Produktion oder auch Produktentwicklung. So kann dies dazu führen, dass Innovationen bei der Lösung sozialer Probleme vorangetrieben werden, wodurch sich wiederum neue Geschäftsfelder für die Unternehmen eröffnen (vgl. Borger und Kruglianskas 2006). Wenngleich auch ein Corporate Branding zunächst als Kommunikationsprozess verstanden werden kann, so umfasst gesellschaftsorientierte organisationale Markenbildung ein Ausbalancieren von Strategie, organisationaler Identität sowie den Vorstellungswelten der Stakeholder (vgl. Liebl 2011, S. 321 f.).

4.3.1.3 CSR als integraler Bestandteil des strategischen Managements

Ein Ausbalancieren von Elementen der Unternehmensführung sowie die Ausweitung auf weitere Funktionsbereiche im Unternehmen erfordert eine umfassende Betrachtungsweise. Strategisches Management als ganzheitlicher Ansatz der Unternehmensführung leistet dies. Letztlich kann ein Unternehmen erst auf dieser Ebene der Forderung von CSR gerecht werden, als weitreichende Investition und Instrument der Unternehmenssteuerung zu wirken, wodurch das Erreichen nachhaltigen Erfolges und einer Win-Win-Situation für Unternehmen und Gesellschaft möglich wird (vgl. Grewe und Löffler 2006, S. 4). Die steigende Bedeutung der Stakeholder-Theorie kann als Startpunkt für die Etablierung von gesellschaftlicher Verantwortung in das Strategische Management betrachtet werden. Es gilt, die einzelnen Stakeholder-Beziehungen auszugestalten und dabei auch die gesellschaftlichen Bedürfnisse und Ansprüche der Interessengruppen zu berücksichtigen (vgl. Etter und Fieseler 2011).

> **Patagonia**
> Als Beispiel für eine umfassende Integration kann Patagonia angeführt werden. Dieses Unternehmen nimmt gesellschaftliche Verantwortung wahr und hat diese in ihr Geschäftsmodell integriert. Die Philosophie einer verantwortungsvollen Unternehmensführung wird offengelegt: *Stelle das beste Produkt her, belaste die Umwelt dabei so wenig wie möglich, inspiriere andere Firmen, diesem Beispiel zu folgen und Lösungen zur aktuellen Umweltkrise zu finden.* Daraus lässt sich eine Strategie der Qualitätsorientierung gepaart mit einer Umweltorientierung ableiten. Dies wird z. B. operativ umgesetzt in der Forderung, Kleidung lange zu tragen und zu reparieren. Reparatur- und Pflegeanleitungen werden bereitgestellt. Ebenso wird der Weiterverkauf getragener Kleidung ermöglicht. Die zurückgegebenen Patagonia-Produkte werden durch Marktpartner weiterverwertet. Im Rahmen der Stakeholder-Orientierung wird Sozialverantwortung entlang der Lieferkette gelebt (z. B. Fair trade, Schutz von Wanderarbeitern, existenzsichernde Entlohnung). Als Corporate Citizen werden Förderprogramme für Umweltschutzgruppen unterstützt

(mindesten 1 % des Umsatzes) und Mitarbeitern von Patagonia werden Praktika in sozialen Organisationen ermöglicht (vgl. Patagonia 2016). Damit wird die Philosophie auf allen Ebenen des strategischen Managements mit Leben gefüllt.

Aus den einzelnen, bereits bestehenden CSR-Aktivitäten wird ein umfassender Ansatz. Eine Verzahnung der Aktivitäten wird über das gesamte Unternehmen gesichert. Eine systematische Verankerung in der Wertkette des Unternehmens wird mit einer Betrachtung der Produkt-Zyklen verbunden. Alle Unternehmensbereiche werden über die Aufbau- und Ablauforganisation berücksichtigt. Eine konsequente Ganzheitlichkeit bezieht in einer nächsten Stufe die Partner entlang der Wertschöpfungskette ein. Ein folgender Schritt bildet dann die Partizipation mit Organisationen außerhalb der Wertschöpfungskette. Grundlage dieses holistischen Ansatzes bildet eine CSR-Denkhaltung, die von den (internen) Stakeholdern des Unternehmens getragen wird.

4.3.1.3.1   Eine systematische Sicherung der CSR-Denkhaltung im gesamten Unternehmen

Diese dritte Stufe im Möglichkeitsraum der CSR-Aktivitäten unterscheidet sich von der vorherigen Phase darin, dass die gesellschaftliche Verantwortung noch höher wahrgenommen wird und Aktivitäten noch stärker proaktiv umgesetzt werden (vgl. Abschn. 4.1.3). Dies erfordert eine starke Überzeugung der Beteiligten, dass Unternehmen eine gesellschaftliche Verantwortung wahrnehmen. Eine derartige Denkhaltung muss daher vorhanden sein und nach innen wie nach außen kommuniziert werden.

Die Denkfigur muss authentisch sowie glaubwürdig gestaltet sein und auf allen Ebenen gelebt werden. Dies erfordert eine Klarheit über die grundlegende Positionierung zu gesellschaftlicher Verantwortung seitens des Unternehmens und seitens der Manager. Wenn die Entscheider im Unternehmen eine reaktive Grundhaltung einnehmen und sich keiner sozialen Verantwortung bewusst sind, wird es kaum gelingen, eine konsequente Verankerung im Unternehmen umzusetzen (vgl. Kreipl 2017, S. 33).

Hieraus erwächst die Forderung, die erforderliche Denkhaltung der jeweiligen Stufe zu sichern. Eine derartige Standortbestimmung geht über die Gestaltung von gesellschaftsorientierten Werten, Normen und Zielen und deren Übertragung auf die strategische und operative Ebene hinaus. Die Position des Unternehmens muss mit der Denkhaltung der Manager auf allen Unternehmensebenen abgeglichen werden. Manager haben persönliche Werte und eine individuelle Sichtweise über das Ausmaß ihrer gesellschaftlichen Verantwortung. Bei Diskrepanzen zwischen Unternehmens- und Manager-Perspektive, insbesondere einem geringeren Ausmaß managerseitig wahrgenommener Verantwortung, kann ein Vorleben von Verantwortung und damit Authentizität und Glaubwürdigkeit problematisch werden. Abweichungen zwischen der Unternehmens- und Manager-Denkhaltung können ebenso auftreten wie Differenzen zwischen den gesellschaftsorientierten Ansprüchen auf der normativen Ebene und deren Ausgestaltung auf der strategischen und operativen Ebene.

Das Entwickeln der CSR-Denkfigur auf Unternehmensebene ist ebenso wie die Ergründung und Einordnung der Manager-Denkhaltung ein kommunikativer Prozess im Sinne Ulrichs (2009). Eine Weiterentwicklung des Selbstverständnisses gesellschaftlicher Verantwortung sowohl auf Unternehmens- als auch auf Managerebene wird insbesondere bei erfolgreichen CSR-Aktivitäten möglich. In einem Lernprozess können die Erfolgspotenziale der einzelnen CSR-Stufen ebenso wie der Zusammenhang zwischen dem gleichzeitigen Erzielen gesellschaftlichen wie ökonomischen Nutzens erkannt werden. Die Denkfigur entwickelt sich mit der Wahrnehmung erfolgreicher CSR-Beiträge. Hier kann interne Kommunikation durch Verbreitung von Informationen über die intendierte Denkhaltung einen Beitrag leisten. Damit fällt das (Weiter-) Entwickeln der Denkfigur als Kernaufgabe im Sinne eines Managements von Austauschprozessen dem internen Marketing zu (vgl. Kreipl 2017, S. 33).

Diese Denkhaltung kann entsprechend der Vorgehensweise in Abschn. 3.2.4 wiederum eingesetzt werden, um eine Integritätskultur zu erzeugen (vgl. Kennecke et al. 2014). Eine derartige Denkhaltung kann über Leitbilder oder Ethik-Kodices bzw. Codes of Conduct, aber auch über die Vorbildfunktion der Führungskräfte gesichert werden (vgl. dazu Abschn. 3.2.4.3).

Unter einem Code of Conduct versteht man formale, schriftlich niedergelegte Erklärungen darüber, wie Mitarbeiter sich gemäß der Vorstellung der Unternehmensleitung richtig verhalten sollen. Sie beinhalten Prinzipien, Werte und Verhaltensregeln, welche die Entscheidungen, Strukturen, Prozesse und Systeme einer Organisation begleiten. Sie zielen darauf ab, dass das Wohlergehen der Stakeholder gesichert und die Rechte der von den Unternehmensaktivitäten Betroffenen beachtet werden. Sie sind nicht rechtlich bindend, sondern können als indirekte Verpflichtung verstanden werden. Die Mehrzahl der großen Unternehmen verfügen über derartige Richtlinien (vgl. Kirchhoff 2015, S. 77; International Federation of Accountants 2007, S. 6; Fisher und Lovell 2006, S. 389).

Diese Leitbilder können umfassend ausgerichtet sein, aber auch einzelne Verhaltensbereiche im Unternehmen aufgreifen. Sie informieren die internen Stakeholder darüber, welche Verhaltenserwartungen an sie gerichtet werden. Die externen Stakeholder hingegen können ein Bild über die Identität des Unternehmens generieren und die Position der Unternehmen überprüfen.

Diese Leitbilder umfassen Aspekte der Nachhaltigkeit, insbesondere Positionen des Unternehmens im Hinblick auf Unternehmensethik (Wettbewerb, Position zu Betrug, Bestechung etc.), Umweltverantwortung sowie soziale Verantwortung gegenüber den Mitarbeitern und der Gesellschaft.

Beispiel für die Regelung eines Details: Umgang mit Geschenken bei BASF
Auszug aus dem Verhaltenskodex – Compliance-Programm der BASF-Gruppe (BASF 2019):

Geschenke und Einladungen im Geschäftsleben werden heute sehr viel restriktiver gehandhabt als noch vor einigen Jahren. Wir begrüßen und unterstützen diese Entwicklung.

Deswegen dürfen Geschenke und Einladungen nur gewährt oder angenommen werden, wenn diese als Geste der Höflichkeit allgemeinen Geschäftsgepflogenheiten entsprechen und die unsachgemäße Beeinflussung einer geschäftlichen Entscheidung oder einer Amtshandlung von vornherein ausgeschlossen werden kann.

Dies gilt auch für Geschenke und Einladungen aus Anlass oder im Rahmen von offiziellen Firmenveranstaltungen oder Geschäftskonferenzen.

Falls es nicht möglich ist, unangemessene Geschenke taktvoll zurückzuweisen, können diese angenommen werden. In solchen Fällen ist der Vorgesetzte anschließend zu informieren, der über das weitere Vorgehen entscheiden muss (z. B. Spende an eine wohltätige Organisation).

Das Anbieten, Gewähren, Fordern oder Annehmen von Bargeld oder Zuwendungen, die Bargeldcharakter haben, ist niemals zulässig.

In den meisten Ländern werden Geschenke und Einladungen ab einem bestimmten Wert als steuerpflichtige geldwerte Vorteile angesehen. Sie müssen sicherstellen, dass die anwendbaren steuerlichen Vorschriften strikt eingehalten werden. Bei Zweifeln sollten Sie sich an Ihren Vorgesetzten oder die Steuerabteilung wenden.

In bestimmten Ländern oder Einheiten der BASF können – unter Beachtung der oben beschriebenen Grundsätze – besondere Richtlinien für Geschenke und Einladungen gelten (z. B. im Einkauf). Im Zweifel fragen Sie bitte Ihren Compliance Officer oder die Rechtsabteilung.

Bitte bewerten Sie dieses Beispiel:

1. Erachten Sie die Richtlinie zum Umgang mit Geschenken als sinnvoll, nachvollziehbar und hilfreich?
2. Erachten Sie den Detailgrad als zu wenig, ausreichend oder zu viel?

Sie können aber auch einzelne Fragestellungen aufgreifen, wie beispielsweise den Umgang mit Geschenken im Arbeitsleben bzw. das Vermeiden von Bestechungs- bzw. Bestechlichkeitsvorwürfen. Die Leitlinien können öffentlich kommuniziert werden, können aber auch lediglich im Intranet für die internen Stakeholder zugänglich gehalten werden.

Daimler – Richtlinien für integres Verhalten
Beispielhaft für viele andere Unternehmen werden hier allgemeine „Richtlinien für integeres Verhalten" des Daimler-Konzerns dargestellt. Diese Verhaltensgrundsätze sollen das Handeln aller Mitarbeitenden auf allen Ebenen klar und transparent regeln. Gemeinsame Werte bilden die Grundlage. Im Einzelnen umfasst es folgende Inhalte (vgl. Daimler 2019):
Was uns gemeinsam bei Daimler leitet

1. Spitzenleistung verpflichtet
2. Verantwortung tragen – sozial, gesellschaftlich, global

3. Integrität – großgeschrieben
4. Gemeinsam an einem Strang ziehen
5. Regeln, die Sicherheit und Unterstützung bieten

Unsere Verhaltensgrundsätze und Leitlinien für das Handeln

1. Wir wahren die Menschenrechte und achten die Gesetze
2. Wir gehen fair miteinander und mit anderen um
3. Gemeinsam mit unseren Geschäftspartnern und Kunden sind wir erfolgreich
4. Wir sind uns unserer gesellschaftlichen und sozialen Verantwortung bewusst
5. Einhaltung der Daimler Richtlinie für integres Verhalten

Bitte diskutieren Sie diese bzw. derartige Leitlinien, die Sie aus Ihrer Tätigkeit kennen:

1. Wo liegen die Stärken der Leitlinien?
2. Wo liegen die Grenzen der Leitlinien?
3. Wie ist Ihre persönliche Meinung zu Leitlinien?

Führungspersönlichkeiten können durch ein Vorleben die Authentizität der CSR-Denkhaltung steigern. Bereits bei Berufseintritt können (angehende) Manager durch ein Unterzeichnen der Leitlinien ihre persönliche Denkhaltung demonstrieren. Der MBA Oath, welcher von Harvard Studenten entwickelt wurde sowie der Young Global Business Leader Oath von Studierenden, welche beim Wirtschaftsforum in Davos teilnahmen, wurden beide im Jahr 2008 veröffentlicht.

MBA Oath

Der MBA Oath ist ein freiwilliger Eid, den eine Initiative von MBA-Studenten aus Harvard gemeinsam mit Absolventen und Betreuern entwickelt hat. Die zukünftigen Manager sollen die Wertschöpfung in ihrer Tätigkeit verantwortungsvoll und ethisch angehen. Mit der Formalisierung zu einem schriftlichen Eid in einem Forum möchte die Initiative drei Ziele erreichen (vgl. MBA Oath 2019):

1. Die einzelnen Studierenden, die den Eid ablegen, möchten sich von den anderen unterscheiden.
2. Andere Kommilitonen herausfordern, auf einen höheren Standard hinzuarbeiten – ob mit oder ohne das Unterzeichnen des Eides.
3. Eine öffentliche Diskussion in der Presse über professionelles und verbessertes Management soll geschaffen werden.

The MBA Oath:

As a manager, my purpose is to serve the greater good by bringing people and resources together to create value that no single individual can create alone. Therefore, I will seek a course that enhances the value my enterprise can create for society over the long term. I recognize my decisions can have far-reaching consequences that affect the well-being of individuals inside and outside my enterprise, today and in the future. As I reconcile the interests of different constituencies, I will face choices that are not easy for me and others.

Therefore, I promise:

- I will act with utmost integrity and pursue my work in an ethical manner.
- I will safeguard the interests of my shareholders, co-workers, customers and the society in which we operate.
- I will manage my enterprise in good faith, guarding against decisions and behavior that advance my own narrow ambitions but harm the enterprise and the societies it serves.
- I will understand and uphold, both in letter and in spirit, the laws and contracts governing my own conduct and that of my enterprise.
- I will take responsibility for my actions, and I will represent the performance and risks of my enterprise accurately and honestly.
- I will develop both myself and other managers under my supervision so that the profession continues to grow and contribute to the well-being of society.
- I will strive to create sustainable economic, social, and environmental prosperity worldwide.
- I will be accountable to my peers and they will be accountable to me for living by this oath.

This oath I make freely, and upon my honor.

Bitte setzen Sie sich in einer Diskussion mit dem MBA Oath auseinander, indem Sie sich an folgenden Fragen orientieren:

1. Wie bewerten Sie die Wirkung eines derartigen freiwilligen Eides? Was spricht für, was spricht gegen das Unterzeichnen dieses Eids?
2. Zu welchem Zeitpunkt sollte ein (Neu-)Manager diesen Eid unterzeichnen?
3. Sollte das Unterzeichnen aufgefrischt werden?
4. Würden Sie den Eid unterzeichnen? Bitte begründen Sie Ihre Auswahl.

YGL Global Business Oath

Während des Weltwirtschaftsgipfels in Davos im Jahr 2010 wurde dieser Eid von angehenden Führungskräften, den Young Global Leaders entwickelt. Im Jahr 2011 entstand das Oath Project, in welchem Experten den vorliegenden Eid herausarbeiteten. Er soll entsprechend des Hippokratischen Eids für Mediziner als ein Äquivalent für Manager dienen.

The Oath:

As a business leader I recognize my role in society.

My purpose is to lead people and manage resources to create value that no single individual can create alone.

My decisions affect the well-being of individuals inside and outside my enterprise, today and tomorrow.

Therefore, I promise that:

I will manage with loyalty and care, and will not advance my personal interests at the expense of my enterprise or society.

I will understand and uphold, in letter and spirit, the laws and contracts governing my conduct and that of my enterprise.

I will refrain from corruption, unfair competition, or business practices harmful to society.

I will respect the human rights and dignity of all people affected by my enterprise, and I will oppose discrimination and exploitation.

I will respect the right of future generations to advance their standard of living and enjoy a healthy planet.

I will report the performance and risks of my enterprise accurately and honestly.

I will invest in developing myself and others, helping the management profession continue to advance and create sustainable and inclusive prosperity.

In exercising my professional duties according to these principles, I recognize that my behavior must set an example of integrity, eliciting trust and esteem from those I serve. I will remain accountable to my peers and to society for my actions and for upholding these standards.

This oath I make freely, and upon my honor (vgl. Oath Project 2019).

Bitte setzen Sie sich in einer Diskussion mit dem YGL Oath auseinander, indem Sie sich an folgenden Fragen orientieren:

1. Wie bewerten Sie die Wirkung eines derartigen freiwilligen Eides?
2. Zu welchem Zeitpunkt sollte ein (Neu-)Manager diesen Eid unterzeichnen?
3. Sollte das Unterzeichnen aufgefrischt werden?
4. Würden Sie den Eid unterzeichnen? Bitte begründen Sie Ihre Auswahl.
5. Bitte vergleichen Sie die beiden Eide. Wo liegen die Unterschiede? Erachten Sie einen der beiden Eide als passender?

Ein weiteres Leitbild wurde vom Wittenberg Zentrum für verantwortliches Handeln in der Wirtschaft erstellt. Dieses Leitbild für veranwortliches Handeln in der Wirtschaft wurde von Mitgliedern des Vorstands bzw. Aufsichtsrats börsennotierter Unternehmen unterzeichnet. Das Unterzeichnen dieser Leitbilder hat keine rechtliche Konsequenz, sondern beschreibt eine reine Absichtserklärung.

WZGE: Leitbild für verantwortliches Handeln in der Wirtschaft

Gemeinsam mit führenden Unternehmen und Organisationen hat das WZGE im Jahr 2008 die Initiative „Leitbild für verantwortliches Handeln in der Wirtschaft" ange-stoßen. Sie hat sich zum Ziel gesetzt, das allgemeine Vertrauen der Menschen in „die" Wirtschaft, d. h. in marktwirtschaftlichen Wettbewerb, Unternehmen und ihre Entscheider, wieder zu stärken. Die negativen Folgen für Gesellschaft und Unter-nehmen aus einem Vertrauensverlust sollen gemildert und behoben werden.

Mit dem Leitbild legen die Führungsspitzen aus mehr als 50 Unternehmen und Organisationen erstmals ein gemeinsames, branchen- und größenübergreifendes Verantwortungsverständnis vor, das auf eigene Initiative aus der Mitte der Wirt-schaft heraus entwickelt wurde. Eine weitere Besonderheit des Leitbilds liegt darin, dass sich die Unterzeichner nicht nur zu ethischen Idealen bekennen, sondern auch Position zu wiederkehrenden Konfliktthemen wie Unternehmensgewinne, Stel-lenabbau oder Managergehälter zur Sprache beziehen.

Im Einzelnen beinhaltet die Kurzfassung des Leitbildes folgende drei Elemente:

1. Unsere Prinzipien
   - Die Wirtschaft muss das Wohl der Menschen fördern.
   - Wirtschaften zum Wohl der Menschen erfordert Wettbewerb.
   - Wirtschaften zum Wohl der Menschen beruht auf Leistung.
   - Wirtschaften zum Wohl der Menschen erfolgt global.
   - Wirtschaften zum Wohl der Menschen verlangt Nachhaltigkeit.
   - Wirtschaften zum Wohl der Menschen setzt verantwortliches Handeln der Entscheider voraus.
2. Unsere Positionen zu Konfliktthemen
   - Gewinne sind Anerkennung für die Leistung von Unternehmen und Vorausset-zung für ihre Existenz. Verantwortliche Unternehmensführung bedeutet Ge-winnstreben in einer Weise, die das Vertrauen in Marktwirtschaft und Unter-nehmen fördert und nicht untergräbt.
   - Qualifizierte und motivierte Belegschaften sind Voraussetzung für nachhalti-gen Unternehmenserfolg. Verantwortliche Unternehmensführung bedeutet, die Mitarbeiter zu achten und zu fördern. Bevor Stellen abgebaut werden, müssen sämtliche personalpolitischen Maßnahmen geprüft werden; bei not-wendigen Entlassungen sind Härten für die Betroffenen angemessen zu be-rücksichtigen.
   - Leistung und Gegenleistung müssen nachvollziehbar sein. Verantwortliche Unternehmensführung bedeutet, dass sich finanzielle Einschnitte für die Be-legschaft auch in der Vergütung von Führungskräften widerspiegeln müssen.
   - Regeln sind die Grundlage der sozialen Ordnung. Verantwortliche Unterneh-mensführung bedeutet, gemäß nationalen und internationalen Regeln und Geset-zen zu handeln sowie Verstößen entschieden entgegenzutreten und sie zu ahnden.

- Gemeinwohlorientierte politische Entscheidungsprozesse sind darauf angewiesen, dass alle Betroffenen ihre Interessen sachgerecht einbringen. Verantwortliche Unternehmensführung bedeutet, die eigenen Interessen transparent zu vertreten.
- Eine lebenswerte Umwelt ist wesentliche Lebensgrundlage für die Gesellschaft und Voraussetzung für langfristig erfolgreiches Wirtschaften. Verantwortliche Unternehmensführung bedeutet, die Lebensbedingungen nachfolgender Generationen zu achten.

3. Unsere Investitionen in den Faktor Vertrauen

Eine leistungsfähige und nachhaltige Wirtschaft verlangt Investitionen der Unternehmen: in Verantwortungsbewusstsein, Bildung, Chancengleichheit und damit in gesellschaftliches Vertrauen.

Langfristig wird die Wirtschaft ihre gesellschaftliche Rolle nur dann wahrnehmen können, wenn viele die Überzeugung teilen: Eine verantwortlich handelnde Wirtschaft fördert das Wohl der Menschen. Als Unterzeichner der Initiative engagieren wir uns dafür, dass sich diese Überzeugung national und international verstärkt durchsetzt.

Das WZGE unterstützt die Leitbild-Initiative auf drei Ebenen:

1. Nach innen bietet das WZGE den Unternehmen eine Austausch- und Lernplattform für die branchenübergreifende, wissenschaftlich gestützte Diskussion aktueller Konfliktthemen. Daraus gehen immer wieder neue Impulse hervor. So hat das WZGE zusammen mit fünf Banken das Grundsatzpapier „Ethische Fundierung von Management-Vergütungssystemen im Kreditsektor" entwickelt.
2. Nach außen initiiert das WZGE Dialogprozesse. Ziel der zahlreichen Gespräche, z. B. mit der EU-Kommission, im Europäischen Parlament, den Bundestagsfraktionen der großen Parteien, dem Bundespräsidialamt, Verbänden, Gewerkschaften, Kirchen sowie NGOs ist es, ein gemeinsames Verständnis im Hinblick auf Inhalte und Grenzen verantwortlichen Wirtschaftens zu fördern. Gemeinsam mit dem Bundesministerium für Wirtschaft und Technologie und dem Bundesministerium für Entwicklung und Zusammenarbeit hat das Zentrum bereits Konferenzen mit mehreren hundert Teilnehmern durchgeführt.
3. Des Weiteren begleitet das WZGE die Initiative mit wissenschaftlichen Projekten, die von kooperierenden Lehrstühlen und dem am WZGE angesiedelten internationalen Doktorandenkolleg „Ethik und gute Unternehmensführung" durchgeführt werden (vgl. WZGE 2019).

Bitte setzen Sie sich in einer Diskussion mit dem Leitbild des WZGE auseinander, indem Sie sich an folgenden Fragen orientieren:

1. Wie bewerten Sie die Wirkung einer derartigen freiwilligen Richtlinie?
2. Was passiert bei einem Nicht-Einhalten der Richtlinie durch die Unterzeichnenden?
3. Welche Alternativen zu derartigen Richtlinien können Sie sich vorstellen?

4.3.1.3.2   Verzahnung von CSR über alle Unternehmensbereiche hinweg
Bei vorhandener Denkhaltung kann CSR systematisch in die Unternehmensführung integriert werden. Liebl nutzt den Begriff der „Strategischen CSR", wobei er eine Einbettung von CSR in die Unternehmensstrategie versteht. Dies schlägt sich über eine Einbindung ethischen Verhaltens bei der Gestaltung von Marken zunächst in den Marketingstrategien nieder. Um Authentizität zu gewährleisten, stellt er zudem die Forderung nach interner Konsistenz zum bisherigen Verhalten des Unternehmens, um Glaubwürdigkeit zu sichern. Darüber hinaus fordert er externe Konsistenz zu den Vorstellungs- und Lebenswelten der Konsumenten im Umgang mit dem Unternehmen und seinen Produkten. Liebl (2011, S. 309 f.) benennt einen strategischen Fit zwischen diesen Elementen als Erfolgsfaktor. Dies mündet in der Einbettung gesellschaftlichen Engagements in die Triade Unternehmenskommunikation, Produkt- bzw. Markenprofil sowie Corporate Mission (vgl. Liebl 2011). Diese Konfiguration erscheint aus zwei Gründen unzureichend. Zunächst wird der Ansatz mit einer Fokussierung auf Kunden dem Stakeholder-Gedanken nicht umfassend gerecht. Zudem bildet die Corporate Mission nur einen einzelnen Bestandteil des normativen Anteils eines strategischen Managements, was die weiteren Bestandteile ebenso vernachlässigt wie die ganzheitliche Betrachtung der drei Ebenen des strategischen Managements.

Strategisches Management umfasst alle Entscheidungen, die die grundsätzliche Unternehmensentwicklung prägen. Der Unternehmenserfolg soll über den Aufbau und die Sicherung von Wettbewerbsvorteilen durch eine adäquate Gestaltung der internen und externen Ausrichtung eines Unternehmens langfristig gesichert werden. Zu diesem Zweck erstreckt sich das Strategische Management über die drei Ebenen des normativen, strategischen und operativen Managements. Auf der normativen Ebene wird das Selbstverständnis eines Unternehmens definiert. Dies findet seinen Ausdruck in der Unternehmensphilosophie, der Kultur, in Vision, Mission und Unternehmenszielen. Thommen und Achleitner binden bereits auf Unternehmensebene gesellschaftsbezogene bzw. CSR-Ziele ein (2012, S. 111 ff.). Werte und Normen eines Unternehmens werden in der Unternehmensphilosophie sowie der -verfassung niedergeschrieben und in der Unternehmenskultur zu Leben erweckt. Auf der strategischen Ebene werden die gesellschaftsorientierten Ziele in die Unternehmens- bzw. Geschäftsfeldstrategien integriert und auf der operativen Ebene dann in Maßnahmen überführt (vgl. Hungenberg 2014, S. 4, S. 23 ff.). Gesellschaftliche Verantwortung findet somit Raum auf allen Ebenen.

Eine derartige umfassende Betrachtung bietet die Möglichkeit einer komplexen, individuellen Einbindung von CSR in die Unternehmensführung. Dies wirkt einer einfachen Kopierbarkeit entgegen und unterstützt das Schaffen nachhaltiger Wettbewerbsvorteile. Nidumolu et al. (2009) sprechen in diesem Kontext von Raum für eine Innovation des Geschäftsmodells zum Wohl der Gesellschaft und einem Nutzen für das Unternehmen. Voraussetzung dafür wird eine Betrachtung von CSR als Denkfigur (vgl. Liebl 2011, S. 316 f.). „Schwer kopierbar und gleichzeitig weniger risikobehaftet wird die strategische Nutzung dann, wenn die instrumentelle Verselbstständigung aufhört und CSR ihre Natur als Denkfigur wiedergewinnt" (Liebl 2011, S. 323).

Um CSR erfolgsträchtig zu implementieren und einen ganzheitlichen Ansatz zu wählen, kann der CSR-Managementprozess herangezogen werden. Hierbei haben Fries et al. (2015) zunächst auf theoretischer Basis Erfolgsfaktoren herausgearbeitet. Diese werden

Tab. 4.7 Erfolgsfaktoren im CSR-Managementprozess

Phase	Erfolgsfaktoren
1. Strategieentwicklung und Zielbildung	Integration von CSR in die Gesamtstrategie des Unternehmens Einbindung verschiedener Stakeholder Identifikation relevanter CSR-Handlungsfelder und -Themen Definition messbarer und erreichbarer Ziele
2. Governance & Organisation	Vorstandsunterstützung bzw. Unterstützung durch das Top-Management Organisatorische Verankerung von CSR im Unternehmen Budget und Durchgriffsrechte Vergütungsrelevanz von CSR Wertekultur und Verhaltenskodizes Einsatz von CSR-Management-Systemen
3. CSR-Maßnahmen	Berücksichtigung von CSR in der gesamten Wertschöpfungskette Einsatz von CSR-Instrumenten entlang der Wertschöpfungskette Maßnahmen zur Förderung der Mitarbeiter-Bedürfnisse und Mitarbeiterzufriedenheit Ökologische Maßnahmen (Umweltschutz)
4. Messung	CSR-Ergebnismessung in allen drei Nachhaltigkeitsdimensionen Einbettung von CSR-Kennzahlen in das Unternehmenscontrolling
5. CSR-Kommunikation	Maßnahmen zur externen Kommunikation Maßnahmen zur internen Kommunikation

Quelle: Eigene Darstellung in Anlehnung an Fries et al. (2015, S. 361).

den fünf Schritten eines effektiven und effizienten Managements zugeordnet und Erfolgsfaktoren werden den einzelnen Stufen beigefügt (vgl. Tab. 4.7).

Eine organisatorische Einbettung von Corporate Social Responsibility im Unternehmen entwickelt sich über die Phasen hinweg weiter (vgl. Tab. 4.8). Der Weg vom CSR-Referenten über eine eigenständige Organisationseinheit bis zur dezentralen, weil integrierten Struktur wird von einer steigenden Qualität und Intensität der CSR-Aktivitäten begleitet. Bei einer Integration in die Unternehmensführung wird CSR auch derart gelebt, dass es in alle Unternehmensbereiche integriert ist und daher keiner separaten Funktion oder Abteilung mehr bedarf (vgl. Fries et al. 2015, S. 370).

4.3.1.3.3 Integration der Partner entlang der Wertschöpfungskette

Wenn die interne Verzahnung über die Wertkette voranschreitet, so wird auch die Wahrnehmung der Bedeutung externen Partner entlang der Wertschöpfungskette wachsen. Ökologische und soziale Probleme entlang der Lieferkette können ein hohes Risiko für das Image eines Unternehmens darstellen. Die Verfehlungen und Skandale der Marktpartner können auf die Unternehmen abfärben. Insbesondere ist das Einhalten eigener ökologischer Standards nur möglich, wenn die Vorprodukte mindestens gleichen Ansprüchen genügen (vgl. Adelphi 2019).

Tab. 4.8 Evolutionsstufen einer Verankerung von CSR im Unternehmen

Organisationale Verankerung	Beschreibung
Ansprechpartner oder Referent innerhalb einer bestehenden Organisationseinheit ohne CSR-Bezug	Teil- oder Vollzeitmitarbeiter. In dieser Phase werden die Chancen und Risiken von CSR betrachtet und eine Wahrnehmung geschaffen (frühe Phase von CSR). Entsteht in der Phase, in der CSR zum Wettbewerbsfaktor wird.
Eigenständige Organisationseinheit	Gründung einer eigenen Einheit mit (mehreren) Vollzeitkräften. Detail-Umsetzung von Konzepten möglich, Erfolge erster Maßnahmen können beobachtet werden. CSR entwickelt sich zum Wettbewerbsfaktor.
Stabstelle bei Vorstand bzw. Geschäftsführung	Der Vorstand erkennt die strategische Bedeutung von CSR und schafft Raum im direkten Umfeld der Geschäftsführung. CSR ist Teil der Unternehmensstrategie und bindet mehrere Vollzeitkapazitäten in einem eigenen Bereich CSR steht an der Stufe zu integralen Bestandteil der Unternehmensführung.
Dezentrale CSR-Struktur	Vollständige Integration von CSR in das Unternehmen und alle relevanten Prozesse bzw. die gesamte Wertkette. CSR-Experten und CSR-Verantwortliche befinden sich in allen Funktionsbereichen. Ein Steuerungsgremium unterstützt die dezentrale Struktur. Die Vollzeitkapazitäten aus der vorherigen Phase werden aufgelöst oder gehen in dem Steuerungsgremium auf. CSR ist integraler Bestandteil der Unternehmensführung

Quelle: Eigene Darstellung in Anlehnung an Fries et al. (2015, S. 370).

Lösungsansätze liegen darin, von den Lieferanten diese Standards einzufordern. Standards können grundsätzlich individuell als Bestandteil der Lieferverträge ausgehandelt werden. Eine gangbare Möglichkeit besteht darin, die Lieferanten einen Nachhaltigkeits- oder Ethik-Kodex unterzeichnen zu lassen und sie so zu den Standards des Unternehmens zu verpflichten.

Ausgewählte Beispiele
- Volkswagen hat einen Katalog mit Mindeststandards für Lieferanten erstellt und schult die Einkäufer im Umgang mit den Lieferanten-Standards.
- Bosch schließt potenzielle Unternehmen von einer Zusammenarbeit aus, wenn sie die Einhaltung der Kernarbeitsnormen der International Labour Organisation (ILO) nicht gewährleisten.
- BASF bindet Unternehmen der gesamten Wertschöpfungskette in CSR-Aktivitäten ein: In China wird durch das „1+3"-CSR-Projekt je einem Geschäftspartner aus der Gruppe der Zulieferer, Kunden und Logistikpartner spezifisch auf seine Herausforderungen abgestimmte Expertise für eine CSR-Umsetzung vermittelt. Das Konzept sieht vor, dass die erzeugten Kompetenzen von den teilnehmenden Unternehmen an drei weitere Unternehmen ihrer Lieferkette weitergegeben wird (vgl Adelphi 2019).

Bayer Supplier Code of Conduct

Das Unternehmen Bayer hat einen Verhaltenskodex für Lieferanten entwickelt, der wichtige soziale, ökologische und ethische Standards zusammenfasst. Der Bayer-Konzern erwartet von allen Lieferanten und Subunternehmern, dass sie den Grundsätzen in diesem Verhaltenskodex zustimmen.

Der Verhaltenskodex für Lieferanten basiert auf den Prinzipien der Global Compact der Vereinten Nationen und auf unserer Menschenrechtsposition. Der Kodex umfasst mehrere Bereiche. Im Bereich „Ethik" wird geregelt, dass Lieferanten ethisch und integer handeln müssen, um soziale Verantwortung zu übernehmen. Im Bereich zum Umgang mit Mitarbeitern und anderen Personen wird betrachtet, dass Lieferanten in ihren Unternehmen die Menschenrechte achten und ihre Mitarbeiter fair und respektvoll behandeln müssen. Weiterhin wird im Bereich Gesundheitsschutz, Sicherheit und Umweltschutz festgehalten, dass Lieferanten angemessene Vorkehrungen für die Gesundheit und Sicherheit ihrer Mitarbeiter, Kunden, Besucher, Auftragnehmer und andere Personen, die von den Lieferanten-Aktivitäten betroffen sein können, treffen müssen. Zusätzlich müssen sich ökologisch verantwortungsbewusst und resourcenschonend handeln. Im Bereich der Qualität wird festgelegt, dass die Lieferanten qualitativ hochwertige, sichere und effektive Waren und Dienstleistungen bereitstellen müssen, die im Einklang mit den geltenden Gesetzen und Vorschriften stehen. Schließlich wird einbezogen, das Lieferanten effektive Managementsysteme und eine Governance-Struktur einführen müssen, welche die Einhaltung der geltenden Gesetze in ihren Unternehmen unterstützen und eine kontinuierliche Verbesserung fördern in Bezug auf die Erwartungen, die im Supplier Code of Conduct des Bayer-Konzerns dargelegt sind (vgl. Bayer 2019).

Bitte nutzen Sie die folgenden Fragen, um den Wirkungsbereich des Supplier Code of Conduct zu diskutieren:

1. Wie schätzen Sie den Wirkungsgrad dieses Code of Conduct ein?
2. Auf welche Weise und in welcher Häufigkeit kann Bayer die Einhaltung des Codes überprüfen?
3. Funktioniert ein derartiger Code auch, wenn KMU ihn für ihre Lieferanten formulieren?
4. Welche Voraussetzungen sind für eine Funktionsweise nötig?

Auf diese Weise können Unternehmen unabhängig von der Gesetzeslage am (internationalen) Standort der Marktpartner die Standards des Unternehmens etablieren. Hierbei können beispielhaft folgende Bereiche in die Verhaltensleitlinien integriert werden

- Ökologische Standards: Regelungen zu Filteranlagen zur Vermeidung von Umweltschäden
- Ökonomische Standards: Regelungen zu Mindestlöhnen
- Soziale Standards: Urlaubs- und Pausenregelungen, Regelungen zum Arbeitsschutz

Die Ernsthaftigkeit im Umgang mit derartigen Leitlinien kann variieren. So kann die Einhaltung der Leitlinien regelmäßig aktiv vom Unternehmen oder entsprechenden Agenten überprüft werden. Denkbar ist allerdings auch eine fehlende Ernsthaftigkeit, bei der nach dem Vorliegen der Unterschrift kein weiteres Interesse an der Einhaltung der Leitlinien erfolgt.

4.3.1.3.4   Engagement in Nachhaltigkeitsorganisationen als politische CSR

Die Einflussnahme auf die Situation in anderen Unternehmen und damit auch in anderen Ländern kann in einem nächsten Schritt noch ausgeweitet werden. Als weiteres Einsatzfeld können Unternehmen sich in nationalen und globalen Nachhaltigkeitsinitiativen engagieren. Mittels derartiger Engagements können sie zunächst ihr Image aufwerten. Weitreichender hingegen ist die Möglichkeit der Partizipation. Sie können in diesen Gremien neueste Entwicklungen kennenlernen und mitgestalten. Daraus erwächst die Chance, schneller Wettbewerbsvorteile und Möglichkeiten neuer Geschäftsmodell zu erkennen. Zudem besteht die Gelegenheit einer Einflussnahme beim Entstehen potenzieller neuer Gesetze und Regelungen in Form von Lobbyismus und Dialogen. Sie können die Rolle als Vorreiter übernehmen und die Verbindlichkeit von Regelungen durch eine Freiwilligkeit zu erwirken suchen (vgl. Adelphi 2019).

> **Ausgewählte Beispiele für partizipative Ansätze**
> - Die GLS Bank stellt gemeinsam mit anderen Banken Forderungen an die Politik zusammen, die ein „Green Banking" vorantreiben sollen.
> - Nokia und weitere Industriepartner kooperieren mit der EU-Kommission, um die EU-Richtlinien RoHS (Beschränkung der Verwendung bestimmter gefährlicher Stoffe in Elektro- und Elektronikgeräten) und WEEE (Elektro- und Elektronikgeräte-Abfall) zu entwickeln. Eigene Positionen und bereits etablierte Umweltmanagement-Instrumente sollen als Standard durchgesetzt werden. Nokia wird dadurch zu einem anerkannten Partner in politischen Prozessen.
> - BASF, Bosch, Nokia, Philips und Volkswagen sind Mitglieder im World Business Council for Sustainable Development (vgl. Adelphi 2019).

In Organisationen der Nachhaltigkeit können Unternehmen partizipieren und ihren Wissensstand auf dem aktuellen Stand halten. Benchmarks können betrachtet werden. Diskussionen über Weiterentwicklungen von Nachhaltigkeit und CSR können unter aktiver Beteiligung vieler Unternehmen und weiterer Experten geführt werden. Als Beispiel kann dazu CSR Europe dienen (CSR Europe 2019b).

> **CSR Europe – The European Business Network for Corporate Social Responsibility**
> CSR Europe als mit Sitz in Brüssel vereint multinationale Unternehmen und auch Partnerorganisationen. Die Organisation erreicht dabei über 10.000 Unternehmen in Europa. Sie verfolgt die Vision, dass Unternehmen sich aktuellen Herausforderun-

gen mit innovationen Lösungen stellen können. Sie unterstützt Unternehmen dabei, durch sozialen, ökologischen und ökonomischen Fortschritt zu einer verbesserten Lebenssituation der Menschen beizutragen.

CSR Europe verfolgt die Mission

- einer Steigerung der Einbindung von Nachhaltigkeit in Geschäftsmodelle und das Management von Unternehmen
- eine Plattform für die Zusammenarbeit mit Stakeholdern zu bieten und damit ein Katalysator für Innovationen sein, die eine nachhaltige und inklusive Gesellschaft in Europa und darüber hinaus fördert
- einer Auseinandersetzung mit europäischen Institutionen über Regelwerke zum Vorantreiben globaler Nachhaltigkeit
- ein Unternehmensnetzwerk bilden, welches als Global Leader wahrgenommen wird (vgl. CSR Europe 2019b).

Diese Aufgaben werden über eine Vielzahl an Projekten wahrgenommen, die ihren Mitgliedern insbesonder Informations- und Austauschmöglichkeiten bietet.

Bitte setzen Sie sich über folgende Diskussionsfragen mit CSR Europe auseinander:

1. Haben Sie in Unternehmen gearbeitet, welche Mitglieder von CSR Europe sind?
2. Welche Informationen und Austauschmöglichkeiten würden Sie als Mitglied suchen?
3. Wann sollten Unternehmen eine Mitgliedschaft anstreben: Bei Einstieg in die Thematik CSR oder mit steigender Erfahrung?
4. Sollten Unternemen ihre Kunden oder Mitarbeiter über die Mitgliedschaft informieren: Mit welchen Zielen und auf welche Weise?
5. Wie bewerten Sie den Wert einer Mitgliedschaft von Konzernen bzw. KMU?

Unternehmen kooperieren nicht nur mit Hochschulen und Forschungseinrichtungen, sondern auch mit Nicht-Regierungs-Organisationen (NGOs). Diese Kooperation können zu Wettbewerbsvorteilen führen, können verantwortungsvoll gelebt werden, könnten aber auch als Element von Greenwashing genutzt werden (vgl. Abschn. 4.3.1.3.4).

Ausgewählte Beispiele für Kooperationen von Unternehmen mit NGOs

- Volkswagen lässt sich vom Naturschutzbund (NABU) zu seiner Biodiversitätsstrategie und Strategien nachhaltiger Mobilität beraten.
- Nokia kooperiert mit dem WWF, der das Unternehmen zu internen und externen Umweltkampagnen berät.
- BASF engagiert sich in einem Joint Venture mit der Grameen Bank in Bangladesch für die Versorgung mit Moskitonetzen und für den Aufbau von Geschäftsmöglichkeiten für Menschen aus einkommensschwachen Bevölkerungsschichten (vgl. Adelphi 2019).

Beispielsweise können Investitionen unter Wahrnehmung sozialer Verantwortung gefördert werden. Ethical Investment Research Services (EIRIS) unterstützt als unabhängige Forschungseinrichtung Investoren bei der Auswahl von verantwortungsvollen Investitionen. Spezifische Auswahlmodelle für die Bedürfnisse der Unternehmen wurden mit „Engagement", „Preference" und „Screening" entwickelt. (Siehe auch UKSIF; vgl. Mallin 2013, S. 137 ff.).

(Angehende) Führungskräfte selber haben verschiedene Initiativen entwickelt, in denen sie gemeinsam Fragen von Verantwortung in der Unternehmensführung thematisieren. So beschäftigen sich beispielsweise globale Führungskräfte verschiedener multinationaler Unternehmen in der „Tomorrow's Leaders Group" des World Business Council for Sustainable Development (WBCSD) mit Themen sozial- und umweltverantwortlicher Führung und versuchen, unternehmerische Lösungsansätze zu erarbeiten. Die Business Leaders Initiative on Human Rights (BLIHR) sucht nach praktischen Wegen, Menschenrechten in einer globalisierten Wirtschaft Achtung zu verschaffen, während sich die Global Business Coalition on HIV Aids dem Kampf gegen eine der größten pandemischen Herausforderungen unserer Tage verschrieben hat. Die European Foundation for Management Development (EFMD 2005) hat darüber hinaus im Oktober 2005 eine Initiative zu „Globally Responsible Leadership" lanciert, in der sie zusammen mit Unternehmen, Bildungsinstitutionen und dem UN Global Compact für die Integration des Themas in die Managementausbildung eintritt. (vgl. Pless und Maak 2008).

Wenn Unternehmen hier eine proaktive Rolle übernehmen, die auch nach außen Wirkung entfaltet, so muss von einer vierten Ebene der Verantwortung gesprochen werden. Über eine ökonomische, rechtliche und ethische Verantwortung tritt nun auch eine politische Verantwortung zutage.

Diese politische Verantwortung kann insbesondere dort Raum einnehmen, wo Gesetze (noch) nicht vorhanden sind bzw. deren Umsetzung aufgrund von fehlender Akzeptanz oder Korruption scheitert. Global agierende Unternehmen können in den Ländern, in denen sie beispielsweise Produktionsstätten betreiben oder Lieferbeziehungen eingegangen sind, ihre ethische und/oder politische Verantwortung wahrnehmen. Sie können beispielsweise Standards in der Zusammenarbeit mit Marktpartner setzen, die über die gesetzlichen Regelungen am jeweiligen Länder-Standort hinausgeht. So können beispielsweise höhere Standards für die Arbeitsbedingungen oder eine ökologieorientierte Produktion geschaffen werden, ohne in die Souveränität der Gesetzgebung dieser Länder einzugreifen. Derartige Standards können eine Vorbildfunktion für weitere Unternehmen in diesen Ländern einnehmen. So könnte beispielsweise die Thematik der Kinderarbeit aufgegriffen werden. Unternehmen können auf diese Weise dazu beitragen, dass die Einhaltung der ILO-Kernarbeitsnormen weiterverbreitet wird.

Die ILO-Kernarbeitsnormen
Vier Grundprinzipien bestimmen Selbstverständnis und Handeln der International Labour Organisation (ILO):

1. Vereinigungsfreiheit und Recht auf Kollektivverhandlungen
2. Beseitigung der Zwangsarbeit
3. Abschaffung der Kinderarbeit
4. Verbot der Diskriminierung in Beschäftigung und Beruf

Diese Grundprinzipien haben in acht Übereinkommen, die auch als Kernarbeitsnormen bezeichnet werden, ihre konkrete Ausgestaltung erfahren:

1. Vereinigungsfreiheit und Schutz des Vereinigungsrechtes (1948)
2. Vereinigungsrecht und Recht zu Kollektivverhandlungen (1949)
3. Zwangsarbeit (1930) und das Protokoll von 2014 zum Übereinkommen zur Zwangsarbeit
4. Abschaffung der Zwangsarbeit (1957)
5. Gleichheit des Entgelts (1951)
6. Diskriminierung in Beschäftigung und Beruf (1958)
7. Mindestalter (1973)
8. Verbot und unverzügliche Maßnahmen zur Beseitigung der schlimmsten Formen der Kinderarbeit (1999)

Die vier Grundprinzipien beschränken sich allerdings nicht auf die acht Kernarbeitnormen; als tragende Orientierungs- und Handlungsmaximen der ILO durchziehen sie eine Vielzahl anderer Übereinkommen und Empfehlungen. Dazu zählt beispielsweise die ILO-Erklärung über grundlegende Rechte bei der Arbeit (1998). Dadurch haben die ILO-Kernarbeitsnormen im Juni 1998 eine besondere politische Aufwertung erfahren, als die „Erklärung über die grundlegenden Prinzipien und Rechte bei der Arbeit" auf der 86. Tagung der Internationalen Arbeitskonferenz ohne Gegenstimme angenommen wurde. Damit bekennen sich alle Mitgliedsstaaten der Organisation ausdrücklich zu den Kernarbeitsnormen. Die Erklärung beginnt mit einer eindeutigen Positionsbestimmung. Sie betont, dass die Gründung der ILO in der Überzeugung erfolgte, dass soziale Gerechtigkeit eine wesentliche Voraussetzung für einen dauerhaften Weltfrieden ist; dass wirtschaftliches Wachstum wesentlich ist, aber nicht ausreicht, um Gerechtigkeit, sozialen Fortschritt und die Beseitigung von Armut zu gewährleisten; dass die ILO dafür sorgen muss, dass im Rahmen einer globalen Strategie für wirtschaftliche und soziale Entwicklung sich die Wirtschafts- und Sozialpolitiken gegenseitig verstärken, damit eine breit angelegte dauerhafte Entwicklung geschaffen wird (vgl. ILO 2019).

Bitte diskutieren Sie folgende Fragen:

1. Wie bewerten Sie die Bedeutung der Existenz der globalen Arbeitsnormen in der Vergangenheit und in der Gegenwart?
2. Wie bewerten Sie die Bedeutung der Kernarbeitsnormen für Unternehmen in Deutschland?
3. Wie bewerten Sie die Bedeutung der Kernarbeitsnormen für deutsche Unternehmen, die global tätig sind?

4.3.1.4 Greenwashing als Sonderform

Greenwashing wird als Desinformation verstanden, welche von Organisationen verbreitet wird, um ein positives Image gesellschaftlicher Verantwortung in der Öffentlichkeit zu erzeugen (vgl. Ramus und Montiel 2005, S. 377; Gillespie 2009, S. 79; Laufer 2003, S. 253). Hierbei treffen eine schwache gesellschaftliche, ökologische Grundhaltung auf eine irreführende positive Berichterstattung über gesellschaftlich orientierte Leistungen und Leistungskomponenten (vgl. Delmas und Burbano 2011, S. 65). Laufer (2003, S. 256) beschreibt mit Confusion, Fronting und Posturing drei Techniken der Irreführung, die im Greenwashing gezielt eingesetzt werden. Das Schaffen von Verwirrung und Unübersichtlichkeit, Angriff durch Anzweifeln von Problemen oder auch künstliche Aktivitäten zählen dazu.

▶ **Greenwashing** Der Begriff **Greenwashing** (deutsch: „Grünwaschen" oder „Grünfärben") bezeichnet eine Strategie, mit der sich Akteure durch die gezielte Verbreitung von selektiver oder Desinformation ein Image ökologischer Verantwortung zu verschaffen suchen (vgl. Müller 2007, S. 2).

Um einen grünen Anstrich zu erzeugen, werden beispielsweise kleine ökologische Modellprojekte hervorgehoben, während ökologische Probleme des Kerngeschäfts verschwiegen werden. Zahlen werden möglicherweise verdreht, unpassend dargestellt oder aus dem Zusammenhang genommen (vgl. Müller 2007).

Grüne Imagewerbung kann als Ausdruck für den wachsenden Druck verstanden werden, unter dem Unternehmen stehen. Bereits bestehende und zu erwartende gesetzliche Vorgaben tragen dazu ebenso bei wie die steigenden Erwartungen von Kunden. Mit einem grünen Anstrich versuchen Unternehmen, diesen Erwartungen zumindest scheinbar zu genügen (vgl. Müller 2007)

Greenwashing kann dabei verschiedenen Motiven dienen (vgl. Müller 2007):

- Umweltschädliche und umstrittene Geschäftspraktiken können verschleiert werden bzw. Akzeptanz für diese Praktiken kann geschaffen werden.
- Politische Entscheidungen können beeinflusst werden. Drohende Gesetzesvorhaben können durch vermeintlich verantwortliches Handeln aufgeschoben oder abgeschwächt werden.
- Mögliche staatliche Unterstützungen für Umweltschutzprojekte können genutzt werden.

Aus der Vielzahl möglicher Instrumente werden nachfolgend einige beschrieben (vgl. Müller 2007):

1. **Anzeigen- und Werbekampagnen**: Bilder von grünen Wiesen und blauem Himmel können eine Ökologie-Orientierung erzeugen. Von einer möglicherweise anderen Realität kann dadurch abgelenkt werden.
2. **Eigene Nachhaltigkeitsberichte und CSR-Reports**: Wenngleich derartige Berichterstattungen objektiv über den Stand der Nachhaltigkeitsaktivitäten informieren sollen, so kann auch Missbrauch ausgeübt werden. Aufgrund fehlender bindender Regelungen können die Berichte frei gestaltet und somit auch euphemistisch eingesetzt werden.
3. Als mögliches Instrument einer PR können sogenannte **Hope Stories** eingesetzt werden. Über hoffnungsvolle Geschichten soll Akzeptanz für Produkte und Technologien geschaffen werden. So wurde gentechnisch verändertes Saatgut als Mittel gegen den Hunger in der Welt dargestellt, ohne Gesamtzusammenhänge zu berücksichtigen.
4. Die Übernahme von **Öko-Jargon**, d. h. das Einbinden von Schlüsselbegriffen aus den Bereichen Nachhaltigkeit, Umweltschutz oder Verantwortung oder auch ein Ersatz von negativ besetzten Begriffen soll Vertrauen erzeugen. So wurde beispielsweise der negativ besetzte Begriff der Gentechnologie durch Biotechnologie ersetzt.
5. Die Darstellung von **Modellprojekten** dient der Erzeugung eines positiven Images. Dabei können wenige kleine Modellprojekte von größeren sozialen oder ökologischen Schwierigkeiten ablenken. Möglicherweise existieren derartige Projekte noch nicht bzw. befinden sich in der Planungsphase und eine Umsetzung ist noch nicht absehbar.
6. Das Einbeziehen von glaubwürdigen Fürsprechern als sogenannte „**Third-Party-Technik**" bindet (scheinbar) unabhängige und neutrale Personen ein. Damit soll den Botschaften der Unternehmen mehr Glaubwürdigkeit vermittelt werden.
7. Das Einbeziehen von sogenannten „**Frontgroups**" als Tarnorganisationen verschleiern die Akteure. Schein-Umweltorganisationen dienen dem Erzeugen eines positiven Images.

Greenwashing kann im Falle eines Aufdeckens neben rechtlichen Konsequenzen zu nachhaltigen negativen Auswirkungen auf das Vertrauen der Konsumenten in die Produkte wie auch in das Unternehmen führen. Ebenso sinkt das Vertrauen von Investoren und weiteren Stakeholdern. Die Wahrscheinlichkeit eines Aufdeckens irreführender Aussagen darf dabei nicht unterschätzt werden. So enthüllten beispielsweise TerraChoice, dass über 95 Prozent der untersuchten Produkte Aspekte von Greenwashing aufzeigten (vgl. Delmas und Burbano 2011, S. 64 f.). Investigativer Journalismus und Pressure Groups machen sich ein Veröffentlichen von Falschaussagen zur Aufgabe. So wurde beispielsweise Honda falscher und irreführender Angaben in Werbekampagnen über die Treibstoffeffizienz von Hybridfahrzeugen überführt (vgl. Delmas und Burbano 2011, S. 64 f.). Im Volkswagen-Abgasskandal wurden Manipulationen bei Dieselfahrzeugen aufgedeckt, bei denen illegale Abschalteinrichtungen in der Motorsteuerung die Abgaswerte verbessern sollten. Auch hier wurden in Wirklichkeit nicht-existierende Standards kommuniziert (vgl. Breitinger 2016).

Wenngleich sich Greenwashing originär mit ökologischen Aspekten auseinandersetzt, so können auch sozial fragwürdige Geschäftspraktiken verschleiert werden. Der Begriff des Social Washing hat sich dazu allerdings bislang nicht etabliert.

Das deutsche Atomforum
Das deutsche Atomforum porträtiert als Lobbyorganisation der deutschen Atomenergieindustrie Atomkraftwerke als effektive Klimaschützer. Das Forum startete in 2007 eine Kampagne, in der es den Klimaschutz als Argument für die Kernenergie einsetzt. Über Anzeigenkampagnen in Printmedien und über die Internetdomain klimaschuetzer.de werden friedliche Szenen in grüner Natur dargestellt. So weiden beispielsweise Schafe auf einer grünen Wiese, ein Kernkraftwerk ist im Hintergrund zu sehen. Die Argumentation baut darauf auf, dass Atomkraftwerke kein CO^2 erzeugen und somit klimafreundlich sind. Abgebildet sind Atomkraftwerke, die dem damals geplanten Atomausstieg folgend, vom Netz gehen sollten. Eine objektive Auseinandersetzung mit der Thematik erfolgt nicht. Die tatsächliche Menge an emittiertem Kohlendioxid durch Atomkraftwerke oder auch weitere ökologische bzw. soziale Herausforderungen werden nicht erwähnt (z. B. die Kosten und Gefahren der Endlagerung von atomaren Brennstäben oder auch die Erfahrungen aus Tschernobyl) (vgl. Müller 2007).

Greenwashing kann als ein Gegenmodell zu einer echten Corporate Social Responsibility verstanden werden. CSR wird trotz fehlenden Empfindens echter gesellschaftlicher Verantwortung dennoch systematisch betrieben. Es wird ein unvollständiges Bild erzeugt. Dabei erfolgt eine Kommunikation ausgewählter gesellschaftlich relevanter Einzelaktivitäten oder Produktqualitäten zum Erzeugen eines positiven Bildes. Langfristiger Erfolg kann dabei nur durch eine authentische Außendarstellung der CSR-relevanten Aktivitäten und Eigenschaften von Produkten und Unternehmen erreicht werden, die die vorhandenen Tätigkeiten und Qualitäten nicht fälschlich überzeichnet. Dies erfordert eine gezielte CSR-Kommunikation und die Ausgestaltung eines CSR-Kommunikations-Mix.

Tab. 4.9 Einbindung von CSR-Instrumenten in den Phasen

Phase	CSR-Instrumente
CSR-Reporting	CSR-Berichterstattung Philanthropisches CSR (Corporate Giving, Corporate Volunteering, Corporate Foundation)
CSR als Wettbewerbsvorteil	Nachweise (Modelle, Gütesiegel und Zertifikate) Cause-related Marketing
Integration in die Unternehmensführung	Nachhaltigkeits- und Ethikkodices Verantwortungsvolles Management Engagement in Nachhaltigkeitsorganisationen

Quelle: Eigene Darstellung

4.3.2 Überblick über die Instrumente

Die betrachteten drei Phasen und die dort beschriebenen Instrumente sollen nun zusammengeführt werden (vgl. Tab. 4.9):

Als Einstieg in CSR wurde die CSR-Berichterstattung vorgestellt. Diese kann frühzeitig eingesetzt werden. Sie können in freier Form oder unter Einsatz standardisierter Berichtssysteme gestaltet werden. Entsprechend des CSR-RUG kann sie für Unternehmen verpflichtend sein oder auf Freiwilligkeit basieren. Weiterhin wurden als Einzelaktivitäten Möglichkeiten zum Engagement in philanthropischer Corporate Social Responsibilty aufgeführt. Über die Formen des Corporate Giving, Corporate Volunteering und Corporate Foundation können einzelne Aktivitäten durchgeführt werden, die außerhalb des Kerngeschäfts der Unternehmen liegen. Sie dienen der Unterstützung eines positiven Images. Sowohl die CSR-Berichte als auch die Aktivitäten der philanthropischen CSR können in den nachfolgenden Phasen fortgesetzt werden. Die CSR-Berichterstattung kann dazu dienen, die Wahrnehmung der Aktivitäten bei den relevanten Stakeholdern zu erzeugen. Wettbewerbsvorteile können dann erzeugt werden bzw. die Denkhaltung des Unternehmens kann dokumentiert und verfestigt werden. Wenn Corporate Social Responsibility als Wettbewerbsvorteil im Fokus steht, so soll die verbesserte Reputation eines Unternehmens in ökonomische Vorteile überführt werden. Weiterhin wird nach Umsetzungsmöglichkeiten von CSR im Unternehmen gesucht. Eine Integration der Umsetzungsmöglichkeiten in ein systematisches CSR erfolgt in der dritten Phase. Hier werden die vorherigen Instrumente aufrechterhalten und fortgesetzt. Sie werden in einem umfassenden Gesamtmodell einer unternehmerischen Corporate Social Responsibility integriert. Damit bauen nicht nur die Phasen, sondern auch die eingesetzten Instrumente aufeinander auf.

Diskussionsfragen
1. Welche Aktivitäten gehören für Sie zur Ausübung gesellschaftlicher Verantwortung in Unternehmen? Treffen Sie eine Unterscheidung in besonders wichtige bzw. weniger wichtige Aktivitäten oder Projekte.

2. Wer sollte für die Entwicklung und Umsetzung von Aktivitäten gesellschaftlicher Verantwortung in den Unternehmen zuständig sein?
3. Wie bewerten Sie die Bedeutung von Initiativen wie beispielsweise der Global Reporting Initiative?
4. Wie bewerten Sie eine Zusammenarbeit von Unternehmen mit NGOs?
5. Wie kann eine CSR-Grundsatzerklärung ausgestaltet sein? Wählen Sie dazu bitte ein Unternehmen, eine Non-Profit-Organisation oder eine akademische Einrichtung, welche Ihnen vertraut ist. Entwickeln Sie einen Satz an Leistungsindikatoren, welche den Erfolg von Unternehmen im Hinblick auf gesellschaftliche Verantwortung abbildet.
6. Wie kann ein Nachhaltigkeitsbericht gestaltet sein? Bitte entwickeln Sie einen derartigen Bericht (Konzept) für ein Unternehmen, welches Ihnen vertraut ist.

4.4 Corporate Social Responsibility in kleinen und mittelständischen Unternehmen

CSR wurde zunächst vorrangig in großen multinationalen Unternehmen konzeptionell umgesetzt. Spätestens seit Maßnahmen der Energie- oder Ressourceneinsparung Vorteile für Unternehmen bringen oder der wachsende Fach- und Führungskräftemangel auch in KMU spürbar ist, sollte es auch für KMU zunehmend bedeutsam werden. CSR kann die Loyalität der Mitarbeiter durch eine identitätsstiftende Unternehmenskultur steigern (vgl. Gelbmann und Baumgartner 2015; Hildebrandt 2015). Unabhängig von Branche und Unternehmensgröße bildet CSR einen Anker für das Verantwortungskonzept eines Unternehmens (vgl. Keck 2015, S. 454).

Kleine und mittelständische Unternehmen tragen seit Jahrhunderten gesellschaftliche Verantwortung in dem unternehmerischen Umfeld, in welchem sie tätig sind. Soziale Aktivitäten, Umweltschutz und wirtschaftlicher Erfolg werden oftmals kombiniert (vgl. Schneider 2015b, S. 484; Hildebrandt 2015, S. 448).

Freiwilliges Engagement in Aktivitäten der Nachhaltigkeit für ausgewählte Stakeholder bilden gleichermaßen die Kennzeichen von CSR und für KMUs oftmals eine Selbstverständlichkeit. Gerade in Familienunternehmen bildet das Denken in Generationen eine Grundlage der Unternehmensführung und integriert damit ein Selbstverständnis für ein nachhaltiges und bestandserhaltendes Wirtschaften. Hierbei werden oftmals die verschiedensten Stakeholder eingebunden (vgl. Schneider 2015b).

KMUs zeichnen sich durch eine große Nähe zu ihren Stakeholdern aus. Diese entsteht auf natürliche Weise durch die räumliche Nähe aufgrund einer oftmals regionalen Begrenzung der unternehmerischen Aktivitäten. Sie sind vor Ort und damit nah an den Kunden, den Mitarbeitern, den Fremdkapitalgebern und der ansässigen Bevölkerung. Die räumliche Nähe führt zu direkten Kontakten zu diesen Stakeholdern und damit auch einer sozialen Kontrolle. Anständige Umgangsformen gegenüber Kunden und Mitarbeitern sind hier nicht nur menschlich, sondern auch für den guten Ruf der Unternehmer wichtig. Sie bilden

Teil der Gemeinschaft und engagieren sich in der Region. Das Schonen der Umwelt trägt zum langfristigen Erhalt der Ressourcen bei und zum Erhalt der persönlichen Lebensqualität der Unternehmer (vgl. Schneider 2015b).

Daher gehört eine gelebte gesellschaftliche Verantwortung zum Alltag der KMUs. Dabei sind die Unternehmen sich vielfach nicht bewusst, dass ihre Aktivitäten Bestandteile eines CSR-Konzeptes sind. Viele Projekte werden nicht kommuniziert, wodurch das Potenzial des Ansatzes sich nicht entfalten kann. Ein oft rudimentäres und unsystematisches CSR-Konzept besteht. Die Innovationskraft von CSR kann somit ihre Wirkung nicht entfalten. Das Aufdecken neuer Geschäftsmodelle und das Senken von Geschäftsrisiken geschieht nicht über CSR (vgl. Schneider 2015b).

▶ Die Wahrnehmung gesellschaftlicher Verantwortung ist nichts Neues für KMU – der Einsatz von CSR als ganzheitliches Managementkonzept sehr wohl (vgl. Schneider 2015b, S. 486).

Eine Berichtspflicht wie für große kapitalmarktorientierte Unternehmen existiert für kleine und mittelständische Unternehmen nicht, da sie aufgrund der Rechtsform und fehlender Größe nicht von dem CSR-RUG betroffen sind. Sämtliche Aktivitäten beruhen folglich auf Freiwilligkeit. Durch die Freiheit der Gestaltung von Aktivitäten und deren Ausmaß können Einzelprojekte ausgewählt werden, welche zu den Kapazitäten kleiner und mittlerer Unternehmen passen. Aber auch eine systematische Integration in das Geschäftsmodell kann durchgeführt werden.

Nachhaltigkeit, Ganzheitlichkeit und gesellschaftliche Verantwortung sind Denkhaltungen, die in KMUs durchaus weit verbreitet sind. Dennoch wird CSR nur selten umfassend gelebt. Erkenntnissen zufolge scheitert eine systematische Umsetzung an den begrenzten personellen, finanziellen und insbesondere den fehlenden zeitlichen Ressourcen. Der Begriff und seine Elemente sind oftmals nur unzureichend bekannt. Zudem wird das Potenzial und die Breite von CSR nicht ausreichend erkannt. Selbst bestehende Projekte werden oftmals nicht – intern gegenüber den Mitarbeitern oder extern gegenüber den Kunden – kommuniziert (vgl. Schneider 2015b).

Die Vorteile von CSR werden von den Unternehmern nur unzureichend genutzt. Dies könnte sich ändern, wenn die Unternehmer das Nutzenpotenzial von CSR stärker wahrnehmen würden. Ein umfassendes CSR-Konzept kann

• die Wettbewerbsfähigkeit steigern,
• die betriebliche Effizienz und Effektivität fördern,
• eine bessere strategische Ausrichtung auf die Stakeholder unterstützten.

Wenn dies erkannt wird, dann wird sich CSR in KMUs von spontanen und einzelfallbezogenen Projekten weg- und zu einer strategischen Ausrichtung hinbewegen. Letztlich können sämtliche Instrumente der CSR von KMUs eingesetzt werden – mit einem auf die Größe, die Kapazitäten und die räumliche Nähe von kleinen und mittelständischen Unternehmen angepassten Weise (vgl. Tab. 4.10).

Tab. 4.10 CSR-Instrumente im Vergleich zwischen großen Unternehmen sowie KMU

Instrument	Großunternehmen	Kleine und mittelständische Unternehmen
CSR-Reporting	Reporting nach allgemein anerkannten Standards möglich, z. B. GRI oder UN Global Compact	Reporting in freier Form und als verkürzte Fassung eines allgemein anerkannten Standards möglich
CSR-Organisationen	Teilnahme an internationalen und nationalen Organisationen möglich, z. B. CSR Europe	Teilnahme an regionalen CSR- bzw. Nachhaltigkeits-Organisationen möglich, z. B. der Arbeitskreis Werte und Gesundheit der IHK Fulda
Philanthropische CSR-Ansätze und CrM	Projekte auf nationaler oder globaler Ebene	Projekte auf regionaler Ebene, z. B. lokaler Sportverein, freiwillige Feuerwehr vor Ort
Erwerb von Gütesiegeln	Kapazitäten für eine Vielzahl an Gütesiegeln	Begrenzte zeitliche und finanzielle Kapazität für den Erwerb von Gütesiegeln. Fokus auf Gütesiegel mit KMU-Orientierung, z. B. das Prädikat „Gesund arbeiten in Fulda" der IHK Fulda
Leitlinien und Verhaltens-standards	Können in Konzernen als Standard bezeichnet werden.	Sind wenig verbreitet, aber umsetzbar durch eine frei wählbare Form.
Integration von Nachhaltigkeit in das bestehende Geschäftsmodell bzw. Entwickeln neuer Geschäftsmodelle	Sowohl umfassend als auch teilweise umsetzbar (vgl. Abschn. 4.3)	Aufgrund der räumlichen Nähe schnell und glaubwürdig umsetzbar; beispielsweise unter Einbindung regionaler Lieferanten mit vergleichbarer Glaubwürdigkeit. Regionalität als Geschäftsmodell einfach umsetzbar.

Quelle: Eigene Darstellung

Es zeigt sich, dass die Instrumente einsetzbar sind. Um eine erfolgsträchtige Implementierung von CSR in KMU sicherzustellen, sollten folgende Forderungen erfüllt sein:

- Kenntnis und Bewusstsein für die Instrumente und deren Potenzial in einer ganzheitlichen Umsetzung muss vorliegen.
- Aufgrund der finanziellen Grenzen, die schneller als in Konzernen auch existenzbedrohend werden können, muss eine KMU-CSR mit finanziell begrenzteren Mitteln gestaltet werden.
- Einfache und unbürokratische CSR-Instrumente werden benötigt, die eine schnelle Umsetzung und schnelle Erfolgserlebnisse ermöglichen.
- Obwohl die Stakeholder aufgrund der Nähe bekannt sind, sollte eine systematische Stakeholder-Analyse in der Phase der Konzeptbildung durchgeführt werden. Neue Erkenntnisse aufgrund der veränderten Analyse-Perspektive können gewonnen werden. Diese können sich auch für das Kerngeschäft nützlich erweisen.

Schneider (2015b, S. 489 ff.) konnte aus der Erfahrung einer Implementierung von CSR in KMU in Österreich in den Jahren 2002 bis 2012 folgende Leitlinien für ein erfolgsträchtiges Vorgehen ableiten:

1. **Eine Phase der Bewusstseinsbildung**: Zum Projektstart sollte eine Phase der Bewusstseinsbildung erfolgen. Die Möglichkeiten von CSR und ein gleiches Begriffsverständnis sollte bei den Beteiligten bekannt bzw. vorhanden sein.
2. **Eine Unternehmerplattform gründen**: Auf dieser Plattform sollten sich gleichgesinnte Unternehmer auf einfachem Wege austauschen können. Auch damit kann das Bewusstsein für gesellschaftliche Verantwortung gesteigert werden. Umsetzungsmöglichkeiten und mögliche Erfolge können aufgezeigt werden.
3. **Unternehmerpreise und Auszeichnungen von Best Practices**: Über diese Auszeichnungen kann wiederum der Bekanntheitsgrad und das Bewusstsein von CSR geschärft werden. Erfolgreiche Unternehmen können vorgestellt werden und als Beispiel eine Vorbildfunktion einnehmen.
4. **Einen Branchen-Ansatz verfolgen**: Hier sollen die spezifischen Herausforderungen und Rahmenbedingungen einzelner Branchen herausgearbeitet werden. In Österreich sind seit 2006 insgesamt elf Branchenleitfäden für verschiedene Branchen entwickelt worden.
5. **Entwicklung einer Anleitungsbroschüre**: In Form eines Do-it-yourself-Ratgebers werden einzelne Phasen für die Umsetzung von CSR für KMU beschrieben. Ein Ratgeber, der in sieben Schritten zum Erfolg führen soll, dient dem Abbau von Einstiegsbarrieren.
6. **Best-Practice-Ansätze zusammentragen**: Neben einer Preisvergabe können regelmäßige Vorstellungen von Best-Practice-Ansätzen eine Vorbildrolle einnehmen. Erfolgsprojekte können den noch zögerlichen Unternehmen einen Einstieg in CSR erleichtern und zudem die Vielfalt der Möglichkeiten darstellen.
7. **Errichten einer Wissensplattform**: Über die in Punkt 2 beschriebene Unternehmerplattform hinaus kann eine Wissensplattform allgemeine Informationen zu CSR bieten. Dies geschieht in Österreich über die Internetseite www.fairantwortung.at.
8. **CSR-Leitbilder schaffen**: Um die Denkhaltung und die Unternehmenswerte schriftlich niederzulegen, können Leitbilder dienen. Hierbei können bestehende Leitbilder den KMU Orientierung bieten, um die Vorlagen zu übernehmen oder an die eigene Unternehmenssituation anzupassen. Als Beispiel kann hier das CSR-Leitbild der österreichischen Wirtschaft mit dem Titel „Erfolg durch Verantwortung" angeführt werden.
9. **Ins Feld gehen**: Eine aktive Vorgehensweise und Begleitung der Unternehmen bei der Umsetzung wurde als erfolgsträchtig erkannt. Ein Zusenden von Informationsmaterial reicht zum Aktivieren nicht aus. Ein aktives Vorgehen ermöglicht Dialoge, Weiterentwicklungen und das Sammeln von Erfahrung.
10. **Einzelpersonenunternehmen (EPU) einbinden**: Die Heterogenität der KMU ist neben der Verschiedenartigkeit der Branchen auch auf extreme Größenunterschiede zurückzuführen. EPU als die kleinste Unternehmensform sollte dabei eine besondere Berücksichtigung erfahren, da gerade hier die Kapazitäten am stärksten begrenzt sind.

Aufbauend auf diesen Implementierungsschritten können erste Schritte zu einem umfassenden CSR-Konzept als Teil eines strategischen Managements eingeschlagen werden. Gelbmann und Baumgartner (2015) entwickelten ein Ablaufmodell für strategische CSR-Prozesse, die der Steigerung der Wertschöpfung dienen. Bei der Integration des CSR-Ansatzes müssen die Manager in KMU ebenso wie in großen Unternehmen hinterfragen,

- ob das CSR-Programm zu den Unternehmenszielen passt,
- ob Zusatznutzen für das Unternehmen generiert wird,
- ob das Unternehmen entstehende gesellschaftliche Trends vorwegnehmen kann, möglicherweise zur Realisierung von Innovationspotenzial
- ob das Unternehmen das Konzept aus eigener Kraft tragen kann
- ob das Unternehmen von der Gesellschaft bzw. den Stakeholdern als verantwortungsvoll wahrgenommen wird, d. h. ob die Verantwortung sichtbar wird.

Die Analyse und das Einbeziehen der Stakeholder schließt sich an. Weiterhin müssen die Manager dafür Sorge tragen, dass die gelebte Verantwortung sichtbar wird und zudem eine CSR-Performance für das Unternehmen erkennbar und messbar wird. Begleitend muss das Bekenntnis zu CSR durch die Unternehmensleitung, aber auch durch die Mitarbeiter und die möglicherweise einbezogenen Stakeholder gesichert werden. Darauf kann dann eine konkrete CSR-Strategie mit ihren Zielen aufbauen.

Die Besonderheit von Einzelpersonenunternehmen (EPU)
Wenngleich im Hinblick auf den Umsatz die Ein-Personen-Unternehmen keinen hervorstechenden Beitrag zur Gesamtwirtschaft leisten, so dürfen sie dennoch nicht vernachlässigt werden. Dies wird zum einen damit begründet, dass eine beträchtliche Anzahl an Personen hier ihr Einkommen erzielt. Nach Angaben der Wirtschaftskammer Österreich liegt die Anzahl der EPU im Jahr 2018 bei über 315.000. Sie sind stark in Gewerbe und Handwerk, aber auch im Handel und in Information und Consulting vertreten (vgl. WKO Statistik 2019).

EPU zeichnen sich weiterhin dadurch aus, dass sie besonders wendig sind, um sich schnell an Veränderungen der Umgebung anzupassen. Sie bestechen durch eine besonders starke Nähe zu ihren Stakeholdern. Diese verläuft unmittelbar ohne Einbindung von Mitarbeitern. Die Person des Unternehmers und damit seine persönliche Note sind Bestandteil der Unternehmensleistung. Somit nimmt auch dessen Glaubwürdigkeit, Verantwortungsbewusstsein und sein vertrauensvolles Auftreten einen hohen Stellenwert ein. EPU leben den gesellschaftlichen Trend der Individualisierung und nutzen ihr individuelles Potenzial zur Gestaltung ihres Leistungsprogramms (vgl. Keck 2015).

Somit nimmt verantwortungsvolles Handeln für diese Unternehmensgruppe eine hohe Bedeutung ein, um einerseits damit ein eigenes positives Image zu erhalten und andererseits Veränderungen auch im Bereich verantwortungsvollem Wirtschaften mit vorantragen zu können. Sie können CSR im Hinblick auf Mitarbeiter, Markt, Umwelt und Gemeinwesen ausgestalten.

Die Beispiele zeigen, dass diese Unternehmen ihre individuelle Leistungsgestaltung mit einer verantwortungsvollen Unternehmensführung vereinen und damit in ihr Geschäftsmodell integrieren.

CSR im EPU am Beispiel Birgit Kohlmann
Birgit Kohlmann hat sich mit dem Unternehmen „Zeitwandel" selbstständig gemacht. Sie bietet folgende Leistungen an: CSR-Beratung, Shared-Value-Konzepte, Projektmanagement sowie Tätigkeiten als Reiseveranstalterin von Fair-Trade-Reisen.
Sie unterstützt Unternehmen darin, soziale Verantwortung zu übernehmen und über Events greifbar darzustellen. Damit trachtet die Unternehmerin danach, sich von ihren Wettbewerbern abzuheben und damit die Wettbewerbsfähigkeit ihrer Kunden zu stärken.
Ihr eigenes Unternehmen führt Kohlmann mit dem Selbstverständnis auf den Werten verantwortungsvoller Unternehmensführung. Diese Werte lebt sie in der Zusammenarbeit mit ihren Marktpartnern. Ihre Zielgruppe bilden Unternehmen und Organisationen, welche CSR und Nachhaltigkeit als Managementgrundlage in ihren jeweiligen Unternehmen und Organisationen einbinden möchten (vgl. Keck 2015, S. 461 f.).

Empirische Erkenntnisse zu CSR in kleinen und mittelständischen Unternehmen
Erkenntnisse über die praktische Umsetzung von CSR in KMUs wurden erzeugt. In einer Studie im Auftrag der EU-Kommission wurden in 2006 145 mittelständischen Unternehmen nach den CSR-Maßnahmen für Mitarbeiter befragt. Mit 86 % wurden Aus- und Weiterbildungsangebote am häufigsten genannt, gefolgt von einer individuellen und flexiblen Arbeitszeitgestaltung und der Gleichstellung ausländischer Mitarbeiter und Bewerber. Der Kenntnisstand um Corporate Social Responsibility ist noch begrenzt. Immerhin 48 % der Befragten hatte vor der Befragung noch nichts von CSR gehört. Nur 28 % haben sich bereits mit dem Thema auseinandergesetzt. Mit dem Kenntnisstand über CSR wurde der Ansatz dann von 67 % als wichtig oder eher wichtig bewertet. Zudem gehen 75 % der Befragten davon aus, dass die Bedeutung von CSR steigen wird (vgl. Europäische Kommission 2007).
Zu den größten Hemmnissen bei der Umsetzung von CSR zählen nach Angaben der befragten Mittelständler ein Mangel an personellen Ressourcen, mangelnde Kenntnisse in der Umsetzung von CSR und zu geringe finanzielle Ressourcen. Weitere Hemmnisse liegen im mangelnden Interesse von Stakeholdern wie beispielsweise Kunden und Mitarbeiter sowie der fehlende betriebswirtschaftliche Nutzen (vgl. Europäische Kommission 2007, S. 16).
Die befragten Mittelständler gaben als wichtigste Gründe zur Einführung von CSR-Maßnahmen die Steigerung des Unternehmensimages, die Mitarbeitermotivation sowie den Nutzen bei der Mitarbeiterrekrutierung ein. Zu weiteren Gründen zählte die Entwicklung der Unternehmensstrategie, Reaktion auf Kundenanforderungen, Diversifizierungsmöglichkeiten mit Chancen auf neuen Märkten, Reaktion auf gesellschaftliche

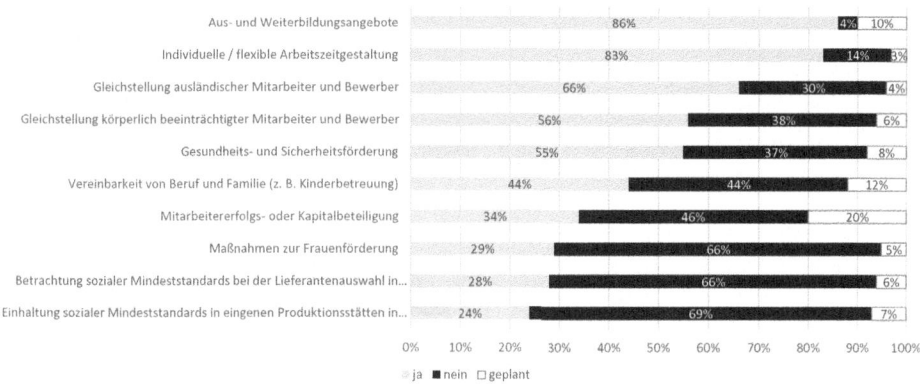

Abb. 4.13 CSR-Engagement für Mitarbeiter. (Quelle: Europäische Kommission 2007, S. 7)

Gruppen (z. B. NGOs), das Motiv der Kostensenkung sowie Reaktionen auf politische Anforderungen. Anforderungen von Kapitalgebern hatten eine nachrangige Bedeutung. (vgl. Europäische Kommission 2007, S. 17).

Bei den Maßnahmen in Planung zeigen die Beteiligungen der Mitarbeiter am Erfolg bzw. Kapitalbeteiligungen gefolgt von einer Förderung von Beruf und Familie sowie wiederum die Steigerung von Aus- und Weiterbildungsangeboten das stärkste Entwicklungspotenzial (vgl. Abb. 4.13) (vgl. Europäische Kommission 2007).

Auch bei KMUs wurde ein Umdenken ausgelöst durch den Fach- und Führungskräftemangel aufgrund des demografischen Wandels (vgl. Europäische Kommission 2007, S. 8).

Im Engagement für die Umwelt geben die meisten der Befragten Senkungen beim Energie- und Ressourcenverbrauch als Aktivitäten an. Weiterhin wird ein Recyclingmanagement umgesetzt und umweltfreundlichen Produkte bzw. Dienstleistungen werden entwickelt. Bei den geplanten Maßnahmen führen der Einsatz regenerativer Energien und die Reduzierung von Energie- und Ressourcenverbrauch (vgl. Abb. 4.14).

Das gesellschaftliche Engagement findet insbesondere über die Unterstützung sozialer Einrichtungen, von Bildungsinitiativen und Sportvereinen statt. Geplante Aktivitäten fokussieren die Unterstützung von Kultur- und Bildungsinitiativen (vgl. Abb. 4.15).

Zwischenfazit

Theorie und Praxis verweisen darauf, dass Corporate Social Responsibility in KMU noch nicht als Standard etabliert ist. Wenngleich der Begriff nicht umfänglich bekannt ist und somit das Potenzial des Ansatzes nicht umgesetzt werden kann, ist eine grundsätzliche Denkhaltung der Verantwortung vorhanden.

Die Veränderungen der Zeit in Form von wachsendem Fach- und Führungskräftemangel, aber auch veränderten Werten bei den Generationen Y und Z können einem Etablieren

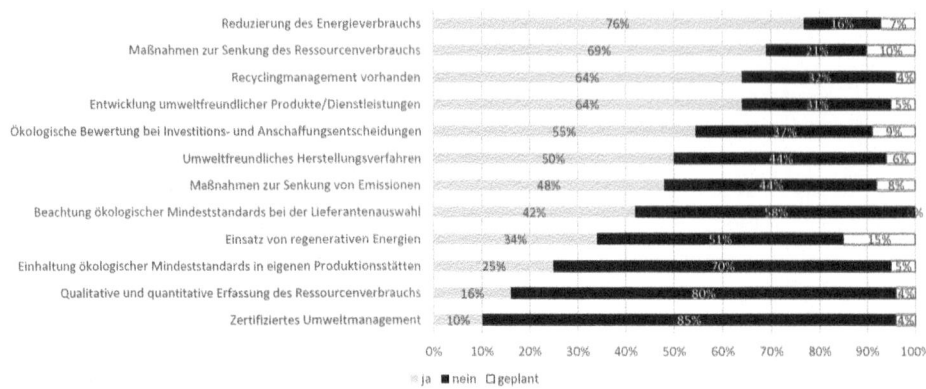

Abb. 4.14 Engagement für die Umwelt. (Quelle: Europäische Kommission 2007, S. 9)

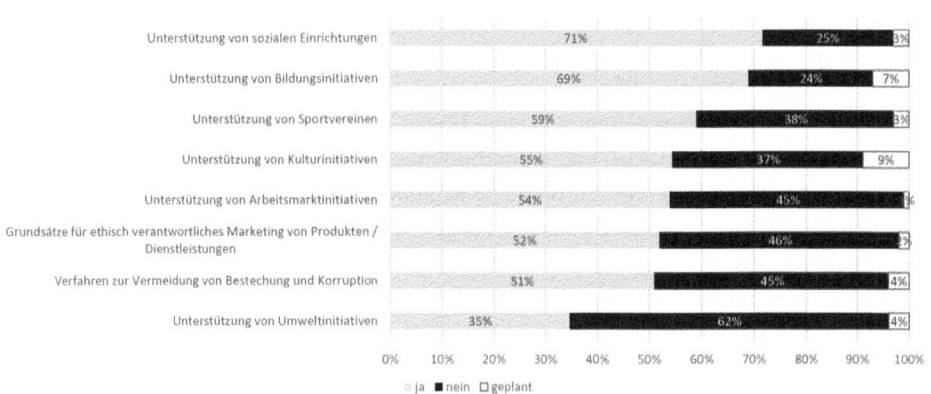

Abb. 4.15 Engagement für die Gesellschaft. (Quelle: Europäische Kommission 2007, S. 11)

von CSR im Mittelstand Vorschub leisten. Die Möglichkeit einer systematischen Umsetzung eines strategisch orientierten CSR ist grundsätzlich vorhanden.

Folgende Fragestellungen sollen die Inhalte des Abschnitts vertiefen
1. Für wie wichtig erachten Sie CSR für den Mittelstand?
2. Welche Instrumente sollten KMU insbesondere einsetzen?
3. Diskutieren Sie die Umsetzungs- und Ausgestaltungsmöglichkeiten der einzelnen Instrumente.

4.5 Auswirkung von CSR auf den Unternehmenserfolg

Die Bewertung des Erfolgsbeitrags von CSR erweist sich als eine komplexe Thematik. Sie beruht zunächst auf einer Festlegung der Art und Weise, wie Erfolg gemessen wird. Weiterhin muss die Umsetzung von CSR im Unternehmen operationalisiert, d. h. messbar gemacht werden. Erst dann kann die Beziehung zwischen beiden Elementen betrachtet werden.

Zur Erfolgsmessung können verschiedene Methoden gewählt werden. Oftmals werden monetäre Kenngrößen genutzt, die als objektive oder auch subjektive Kennzahlen bereitgestellt werden können. Diese bilden den finanziellen Erfolg des Unternehmens, den finanziellen Erfolg von Produkten bzw. auf Märkten oder den Erfolg des investierten Kapitals seitens der Shareholder. Dazu wird eine Vielzahl an Indikatoren herangezogen. Dazu zählen beispielsweise der Cash flow, der Return on Assets, Return on Capital Employed (vgl. Richard et al. 2009. Hier wird ein Überblick über die Vielzahl monetärer Indikatoren bereitgestellt.). Diese Kenngrößen können genutzt werden, um den monetären Erfolg zu bewerten.

Auch vorökonomische Größen können zur Darstellung des CSR-Erfolgs herangezogen werden. Hierzu zählt beispielsweise die Zufriedenheit von Mitarbeitern als Voraussetzung für deren Leistungsfähigkeit und eine (möglicherweise langfristige) Mitarbeiterbindung, aber auch die Zufriedenheit von Kunden als Voraussetzung für eine Kaufentscheidung und eine langfristige Kundenbindung. Auch der Zugang zu Finanzmärkten als Voraussetzung für zukünftige Investitionen als Vorstufe für zukünftigen Erfolg wurde in diesem Zusammenhang betrachtet (vgl. Cheng et al. 2014).

Somit besteht zunächst eine große Breite an Indikatoren zur Erfolgsmessung. Diese müssen in Zusammenhang mit CSR gestellt werden. „Die Frage der Messung von CSR bschäftigt Wissenschaft und Praxis bereits fast so lange wie die CSR-Thematik selbst" (vgl. Schwerk 2015, S. 526). Mögliche Ansatzpunkte liegen in Ratings durch spezifische Agenturen, in allgemeinen Messmodellen oder auch in Befragungen. Die Methoden weisen Unterschiede im Aufwand bei der Erhebung und in der Objektivität der Ergebnisse auf. So unterliegt die Messung eines direkten Zusammenhangs zwischen CSR-Einzelprojekten oder auch einem strategischen CSR und den Unternehmensergebnissen Einschränkungen, da eine Vielzahl an weiteren Ereignissen und Aktivitäten den Erfolg eines Unternehmens beeinflussen. Dazu zählen beispielsweise die Aufwendungen im Zusammenhang mit der Kommunikationspolitik (z. B. Aufwendungen für Werbemaßnahmen oder PR). Zudem liegt zwischen Durchführung von Projekten, deren Wahrnehmung durch die Stakeholder und dem Eintreten des Erfolgs ein Zeitraum, der einzelfallbezogen unterschiedlich lang sein kann.

Aus der Vielzahl an Möglichkeiten zur Messung wurden nachfolgend einige ausgewählt (vgl. Wood 2010). Oftmals beruhen diese Ansätze auf dem IOOI-Modell. Das IOOI-Modell (Input – Output – Outcome – Impact) unterstützt die Systematisierung des Aufwandes und der Ergebnisse. Diese Systematisierung kann eine strategische Planung begleiten. Es hilft bei der Entwicklung von Kennzahlen und kann einen Rahmen für die Messung der Effizienz von Projekten bilden. Hier werden CSR-Aktivitäten einzeln betrachtet, aber auch mit einer Ergebnis-Messung verzahnt (vgl. PwC 2012, S. 24). Tab. 4.11 gibt einen Überblick über ausgewählte Methoden zur Messung von CSR (vgl. Schwerk 2015, S. 529 ff.).

Tab. 4.11 Modelle zur Messung von CSR

Methode	Beschreibung	Bewertung
KPIs der Global Reporting Initiative (GRI)	Global einheitliche Richtlinien mit konsistenter Terminologie und Metrik zur Beurteilung	Der GRI gilt als am weitesten verbreitete Standard. Er fördert eine interne Auseinandersetzung während des Erstellens. Ökologische, ökonomische sowie soziale Aspekte können in einem Ansatz integriert werden.
Social Return on Investment (SROI)	Messung des monetären Wertes des Nutzens eines Corporate Responsibility-Projektes relativ zu den damit verbundenen Kosten. Erweiterung der klassischen finanziellen Bewertungsmethode ROI um umwelt- und sozialökonomische Faktoren. Messung des Ertrags sozialer Investitionen Der Impact der Aktivitäten wird quantitativ und möglichst finanziell bewertet. SROI grenzt sich von der Kosten-Nutzen-Analyse durch die Berücksichtigung aller, also auch mittelbarer Stakeholdereffekte ab.	Sehr aufwändiges Verfahren, das sich nur für größere langfristige Projekte lohnt. Durch Erstellung einer Wirkungsmatrix erlangt das Unternehmen ein gutes Verständnis von Kosten und Nutzen verschiedener Stakeholder. Da die Wirkungen (Outcomes und Impacts) größtenteils auf Schätzungen beruhen, sind die SROI-Werte unterschiedlicher Unternehmen kaum vergleichbar. Ökonomische und soziale Aspekte werden betrachtet.
Modell der London Benchmark Group (LBG)	Messung der Wirkung des Community Involvements auf die Gesellschaft und das Unternehmen über Input, Output und Impact. Motive und Ziele: • Entwicklung eines globalen Mess-Standards für freiwilliges Corporate Community Investment (CCI), • Entwicklung besserer Maße für die Beiträge von Unternehmen zum Nutzen des Gemeinwohls, verbesserte Kommunikation und Reporting des unternehmerischen Engagements in der Community, • Verbesserung der internen Abläufe, • besseres Benchmarking zwischen den Unternehmen.	Eignet sich vorrangig für Bewertung von konkreten CSR-Projekten. Ist einfach und klar strukturiert. Zuordnung bzw. Einordnung n die IOOI-Systematik kompliziert, speziell die Bewertung von Outcome und Impact ist schwierig. Es erfolgt keine konsequente Monetarisierung von Daten. Für seriöse Messung der gesellschaftlichen Wirkung ist ein hoher Aufwand erforderlich. Die Methode lohnt sich daher nur für bedeutende CSR-Projekte.
(Umwelt-/ Sustainable) Balanced Scorecard (SBSC)	Strategisches Managementkonzept zur Erweiterung der rein finanzwirtschaftlichen Kennzahlen der Unternehmenssteuerung um weitere relevante Kennzahlen aus den Bereichen „interne Geschäftsprozesse", „Lernen und Entwicklung", „Mitarbeiter" sowie „Kunden", die eine umfassendere zielgerichtete Steuerung durch operative Vorgaben und Maßnahmen ermöglichen.	Die Integration von sozialen und Umweltaspekten kann in drei möglichen Formen erfolgen: Integration jeweils in alle vier Dimensionen als separate fünfte Dimension, als separate Umwelt-Score-card. Für Unternehmen, die bereits BSC nutzen, ist die Erweiterung um Nachhaltigkeitsziele und Kennzahlen relativ unproblematisch. Grundsätzlich ist mit der Einführung einer BSC ein gewisser Aufwand verbunden.

Methode	Beschreibung	Bewertung
Umweltkosten-rechnung	Die Kosten betrieblicher Umwelteinwirkungen (direkt und indirekt, wo möglich) werden in der Struktur der klassischen Kostenrechnung ermittelt, so dass mögliche Kostensenkungspotenziale sichtbar werden. Das Unternehmen kann hierdurch Öko-Effektivität und/oder Öko-Effizienz erhöhen, allerdings nur unter Berücksichtigung der in Kosten abbildbaren Effekte.	Ähnliche Probleme wie bei der der klassischen Kostenrechnung: vergangenheitsbezogen, schwierige Zuordnung der Gemeinkosten zu Kostenstellen und Kostenträgern. Spezifisch für Umweltkostenrechnung ist die oft fehlende Berücksichtigung externer Kosten. Die Methode fokussiert ökologische und ökonomische Aspekte.
Kosten-Nutzen-Analyse (KNA)	KNA ist ein Instrument des Investitionsmanagements und dient der Bestimmung der Vorteilhaftigkeit und Durchführenswürdigkeit von Investitionen und/oder Projekten. Der Begriff umfasst ein breites Spektrum primär finanzorientierter Analysen mit enger, quantitativ ausgerichteter Zielsetzung, die in finanziellen Kennzahlen münden. Es werden nur unmittelbare monetär darstellbare Effekte berücksichtigt.	Ein Anwendungsbeispiel zeigt das BMFSFJ in einem Report zu betriebswirtschaftlichen Effekten familienfreundlicher Maßnahmen. Der SROI basiert auf der KNA, berücksichtigt darüber hinaus jedoch mittelbare Stakeholder-Effekte und ist damit besser geeignet im Rahmen der Messung von CSR.
Lebenszyklus-analyse (Life Cycle Assessment, LCA)	Durch die Lebenszyklusanalyse können die Einflüsse, die Produkte, Materialien, Prozesse oder Dienstleistungen auf die Stakeholder und/oder die Umwelt im Verlauf der Existenz oder Dauer (von der Beschaffung bis zur Entsorgung) haben, systematisch verfolgt und analysiert werden.	Die LCA-Methode wird global angewendet, z. B. bei Unternehmen wie Procter & Gamble und Henkel. Da die Methode möglichst ganzheitlich angewendet werden soll, werden bestimmte Spezifika (z. B. in Bezug auf das Produkt, den Prozess oder die Region), dynamische Aspekte und bestimmte Umweltwirkungen teilweise nicht berücksichtigt. Allerdings wird die Methode in der Praxis in unterschiedlicher Weise angepasst. BASF entwickelte z. B. die Ökoeffizienz-Analyse, die sowohl ökologische als auch ökonomische Effekte für Produkte oder Prozesse ermittelt. Unter dem Namen Seebalance® ermittelt BASF neuerdings auch soziale Wirkungen eines Produktes.

(Fortsetzung)

Tab. 4.11 (Fortsetzung)

Methode	Beschreibung	Bewertung
Umweltmanagementsysteme	Umweltmanagementsysteme basieren gewöhnlich auf EMAS (Eco Management and Audit Scheme), dem europäischen Umwelt-Audit, nach dem sich Unternehmen zertifizieren lassen können und das aus sieben Schritten besteht (Umweltprüfung, Umweltpolitik, Umweltprogramm, Umweltmanagementsystem, Umweltbericht, Prüfung und Registrierung). Die Erweiterung EMASplus berücksichtigt zusätzlich ökonomische und soziale Faktoren und besteht quasi aus der Zertifizierung des Qualitätsmanagements nach ISO 9001 und des Umweltmanagements nach ISO 14001. EMASIII (2008) arbeitet mit Kernindikatoren für Energie- und Materialeffizienz, Wasserverbrauch, Abfallaufkommen, biologischer Vielfalt und Emissionen	Das Umweltbundesamt führt 129.031 ISO 14001-zertifizierte Betriebsstätten weltweit im Jahr 2007 auf. EMASIII soll KMU durch die Verlängerung der Gültigkeit der Umwelterklärung die Teilnahme erleichtern, bedingt aber immer noch hohen administrativen Aufwand.
Greenhouse Gas Protocol (GHG)	Hierbei handelt es sich um ein Accounting-Tool, um Treibhausgas-Emissionen zu ermitteln, zu quantifizieren und zu managen. Es wurde im Rahmen einer 1998 geschlossenen Kooperation zwischen dem World Business Council for Sustainable Development und dem World Resources Institute entwickelt. Ziel ist die Harmonisierung der entsprechenden Accounting-Standards weltweit. Viele Initiativen und Programme geben die GHG-Logik als Berichtstool für ihre Teilnehmer vor (z. B. die US-Umweltbehörde).	Das GHG ist das international am weitesten verbreitete Accounting-Tool für Treibhausgase.
Social Impact Assessment (SIA)	Das SIA-Konzept analysiert die Wirkungszusammenhänge von gesellschaftlichem Engagement, um die mittel- bis langfristigen Auswirkungen festzustellen. Somit können geeignete Kennzahlen bzw. Erfolgsmaßstäbe ermittelt werden.	Es erlaubt eine zielgerichtete Steuerung von komplexen und großvolumigen Projekten. Ökologische, ökonomische und soziale Aspekte können integriert werden.

Quelle: In Anlehnung an Schwerk (2015, S. 529 ff.)

Diese Vielzahl an Ansätzen begründet sich in einer Reihe an Motiven, die einer Messung zugrunde liegen. Zunächst muss grundsätzlich zwischen dem sogenannten Business Case und dem Social Case unterschieden werden. Der Business Case betrachtet den Einfluss von CSR auf das Unternehmen. Der Social Case hingegen beschreibt die Auswirkungen von CSR-Aktivitäten und -Projekten auf eine oder mehrere Stakeholder, auf die Gesellschaft im Allgemeinen oder auf die Umwelt (vgl. Schwerk 2015, S. 527). Zu den Gründen für eine interne Messung von CSR im Unternehmen zählen (vgl. Schwerk 2015):

- die Kontrolle der Zielerreichung und das Aufdecken von Verbesserungspotenzial,
- ein Entwickeln und Vertiefen des Verständnisses für die Auswirkungen der Aktivitäten sowie eine Betrachtung des Kosten-Nutzen-Verhältnisses,
- das Erkennen der wichtigsten Stakeholder-Erwartungen, um daraus Ansatzpunkte für ein Stakeholder-Management abzuleiten,
- ein Benchmarking mit anderen Akteuren
- eine Verbesserung der Kommunikation mit Kollegen, Vorgesetzten, Partnern und weiteren externen Stakeholdern auf Basis der Erkenntnisse
- das Ableiten von Ansatzpunkten zur Beurteilung möglicher Kooperationspartner.

Verschiedene Akteure im Unternehmen verfolgen dabei verschiedenen Interessen (vgl. Schwerk 2015):

- Unternehmen möchten den unternehmerischen Nutzen, d. h. den ökonomischen und vorökonomischen Erfolg, sowie Ansatzpunkte zu dessen Steigerung aufdecken.
- Die CSR-Verantwortlichen möchten die Erfolge aufzeigen, um Budgets und Folgeprojekte zu rechtfertigen.
- Human Ressource Management interessiert sich für den Einfluss auf die Attraktivität als Arbeitgeber, die sich in der Mitarbeiterzufriedenheit und Mitarbeiterbindung bzw. in der Personalakquise zeigt.
- Die Kunden binden das gesellschaftliche Engagement in ihre Kaufentscheidung ein und möchten daher das Ausmaß kennen.

Eine Befragung von 100 Verantwortlichen großer Unternehmen zu Corporate Citizenship in 2011 hat gezeigt, dass nur 24 % der Befragten die gesellschaftlichen Engagements immer oder häufig evaluieren bzw. den Erfolg messen. 40 % evaluieren ihre Projekte nie. Wenn die Projekte evaluiert werden, so wird die Qualität der Messinstrumente von knapp einem Drittel als eher verbesserungswürdig bezeichnet. Im Rahmen der Evaluierung werden nur von 46 % der Befragten Kennzahlen eingesetzt. Bei den genutzten Evaluationsmethoden greifen 61 % auf den Social Return on Investment zurück. 42 % nutzen den IOOI-Ansatz und 29 % das Social Impact Assessment. 27 % nutzen keine der genannten Methoden (vgl. PwC 2012, S. 25 ff.).

Die Erfolgsmessung wird in der Praxis als schwierig empfunden. Als Probleme bei der Erfolgsmessung von CSR-Projekten wurden im Jahr 2011 von 100 Verantwortlichen aus

Großunternehmen folgende Gründe in absteigender Wichtigkeit benannt (vgl. PwC 2012, S. 29 f.):

- Der Aufwand für eine fundierte und gesicherte Wirkungsmessung ist zu hoch.
- Es bestehen fehlende Kapazitäten im Unternehmen.
- Es besteht eine fehlende Erfahrung mit entsprechenden Messmethoden.
- Die Geschäftsführung erachtet die Wirkungsmessung als nicht relevant.
- Die Projektpartner verfügen nicht über die erforderlichen Kapazitäten.

Aufgrund der Vielzahl an Motiven und damit unterschiedlichen Vorstellungen von Erfolg ebenso wie aufgrund der Fülle an unterschiedlichen CSR-Aktivitäten und möglichen CSR-Begriffsverständnissen entstanden eine Reihe an Modellen zur Messung von CSR-Erfolg. Hierauf beruht die Heterogenität der Ergebnisse von Erfolgsmessungen. Ein Messmodell, welches eine breite Akzeptanz und Anwendung erreicht, konnte bislang nicht entwickelt werden (vgl. Searcy 2012).

Erfolgsmessungen in der Praxis erfolgen daher oftmals nicht bzw. werden nicht veröffentlicht. Empirische Analysen von Wissenschaftlern sind verfügbar. Deren Erkenntnisse spiegeln in der Vielfalt ihrer Ergebnisse die Fülle an Methoden wider. Über Meta-Analysen als zusammenfassende Bewertung vieler Studien wurde versucht, ein Gesamtbild des Erfolgsbeitrags zu leisten.

Margolis et al. (2007) trugen dazu 167 Studien zusammen, welche die Forschungsaktivitäten über einen Zeitraum von über 30 Jahren abbilden. Diese Studien bildeten die beschriebene Heterogenität ab. Über alle Studien hinweg konnte ein überwiegend positiver Zusammenhang aufgezeigt werden. Bei gemeinnützigen Spenden und Umweltaktivitäten konnte der stärkste positive Zusammenhang zwischen Aktivitäten und Erfolg aufgedeckt werden. Etter, Fieseler arbeiteten heraus, dass insbesondere vorökonomische Faktoren eine Erfolgswirkung entfalten (vgl. Etter und Fieseler 2011). Die mangelnde Eindeutigkeit der empirischen Befunde wird neben der problematischen Operationalisierbarkeit der Konstrukte auf eine Vielzahl möglicher Kontextfaktoren gepaart mit komplexen zeitlichen Wirkstrukturen zurückgeführt (vgl. Liebl 2011). Liebl (2011) empfiehlt bei der Entwicklung von Erfolgsparametern die Berücksichtigung von situativen und unternehmensspezifischen Kontextfaktoren.

Trotz fehlender Einheitlichkeit von Ergebnissen kann die Erkenntnis der Meta-Analyse als positives Signal der Erfolgswirkung von Corporate Social Responsibility verstanden werden. Spezialisierte Messinstrumente müssen entwickelt werden, um differenzierte Aussagen treffen zu können.

Folgende Fragestellungen sollen die Inhalte des Abschnitts vertiefen

1. Wie unterscheidet sich ein Business Case von einem Social Case?
2. Wie unterscheidet sich eine Erfolgsbetrachtung mittels monetärer Indikatoren von vorökonomischen Indikatoren? Wo liegt der Zusammenhang?

3. Welche Faktoren haben Ihrer Ansicht nach eine hohe, welche eine nachrangige Bedeutung?
4. Wie bewerten Sie persönlich abschließend das Erfolgspotenzial von Corporate Social Responsibility?

Literatur

Adelphi. (2019). Handlungsfelder unternehmerischer Nachhaltigkeit. Praxisbeispiele und Entwicklungsbedarf. https://www.adelphi.de/de/system/files/mediathek/bilder/Handlungsfelder_unternehmerischer_Nachhaltigkeit.pdf. Zugegriffen am 12.08.2019.

Adkins, S. (2003). Cause-related marketing: Who cares wins. In M. J. Baker (Hrsg.), *The marketing book* (5. Aufl., S. 669–693). Oxford: Butterworth Heinemann.

Altmeppen, K.-D. (2011). Journalistische Berichterstattung und Media Social Responsibility: Über die doppelte Verantwortung von Medienunternehmen. In J. Raupp, S. Jarolimek & F. Schultz (Hrsg.), *Handbuch CSR. Kommunikationswissenschaftliche Grundlagen, disziplinäre Zugänge und methodische Herausforderungen* (S. 247–266). Wiesbaden: Springer.

Atmosfair. (2017). Jahresbericht 2017. https://www.atmosfair.de/wp-content/uploads/atmosfair-jb-2017.pdf. Zugegriffen am 01.06.2019.

Audit familiengerechte hochschule. (2019). Systematische Prozesssteuerung für Universitäten, Hochschulen und Akademien. https://www.berufundfamilie.de/auditierung-unternehmen-institutionen-hochschule/audit-fgh. Zugegriffen am 19.08.2019.

BASF. (2019). Compliance-Programm der BASF-Gruppe. https://www.basf.com/global/de/who-we-are/organization/management/code-of-conduct.html. Zugegriffen am 19.08.2019.

Baumgarth, C., & Binckebanck, L. (2011). Glaubwürdige CSR-Kommunikation durch eine identitätsbasierte CSR-Markenführung: Forschungsstand und konzeptionelles Modell. *Umweltwirtschaftsforum, 19*(3), 199–205.

Bayer. (2019). Bayer Supplier Code of Conduct. https://www.bayer.com/downloads/supplier-code-of-conduct-englisch.pdfx. Zugegriffen am 19.08.2019.

Bea, F. X., & Haas, J. (2013). *Strategisches Management*. Konstanz/München: UVK Verlagsgesellschaft.

Bentele, G., & Nothhaft, H. (2011). Vertrauen und Glaubwürdigkeit als Grundlage von Corporate Social Responsibility: Die (massen-)mediale Konstruktion von Verantwortung und Verantwortlichkeit. In J. Raupp, S. Jarolimek & F. Schultz (Hrsg.), *Handbuch CSR. Kommunikationswissenschaftliche Grundlagen, disziplinäre Zugänge und methodische Herausforderungen* (S. 45–70). Wiesbaden: Springer.

Biobay. (2019). Das Bio-Siegel. https://biobay.de/content/76-2-das-bio-siegel. Zugegriffen am 19.08.2019.

BMZ Bundesministerium für wirtschaftliche Zusammenarbeit und Entwicklung. (2019). Agenda 2030. http://www.bmz.de/de/ministerium/ziele/2030_agenda/17_ziele/index.html. Zugegriffen am 05.06.2019.

Borger, F. & Kruglianskas, I. (2006). Corporate social responsibility and environmental and technical innovation performance: Case studies of Brazilian companies. *International Journal of Technology, Policy and Management, 6*(4), 399–412.

Bowen, H. R. (1953). *Social responsibilities of the businessman*. New York: Harper.

Breitinger, M. (2016) Der Abgasskandal. In: Zeit Online. http://www.zeit.de/wirtschaft/diesel-skandal-volkswagen-abgase. Zugegriffen am 12.06.2016.

Brühl, R. (2018). *Corporate social responsibility. Die Ethik der gesellschaftlichen Verantwortung und ihre Umsetzung*. München: Vahlen.

Bruhn, M. (2004). Was ist eine Marke? Aktualisierung der Definition der Marke. *Jahrbuch der Absatz- und Verbrauchsforschung, 50*(1), 4–30.

Bruton, J. (2017). *Corporate Social Responsibility und wirtschaftliches Handeln. Konzepte – Maßnahmen – Kommunikation*. Berlin: Erich Schmidt.

Bundesrat. (2017). Gesetzbeschluss des Deutschen Bundestages. Gesetz zur Stärkung der nichtfinanziellen Berichterstattung der Unternehmen in ihren Lage- und Konzernlageberichten. Drucksache 201/17.

Carroll, A. B. (1991). The pyramid of social responsibility: Toward the moral management of organizational stakeholders. *Business Horizons, 34*(4), 39–48.

Carroll, A. B. (1979). A tree-dimensional conceptual model of corporate performance. *Academy of Management Review, 4*, 497–505.

Cheng, B., Ioannou, I., & Serafeim, G. (2014). Corporate social responsibility and access to finance. *Strategic Management Journal, 35*, 1–23.

Crane, A., Matten, D., & Spence, L. J. (2014). Corporate social responsibility: in a global context. In A. Crane, D. Matten & L. J. Spence (Hrsg.), *Corporate social responsibility. Readings and cases in a global context* (2. Aufl.). Abingdon: Routledge.

CSR Europe. (2003). What is corporate social responsibility? https://www.csreurope.org/. Zugegriffen am 05.06.2019.

CSR Europe. (2019a). Preis Freiheit und Verantwortung. http://www.csrgermany.de/www/csr_cms_relaunch.nsf/id/preis-freiheit-und-verantwortung-ausgeschrieben-de. Zugegriffen am 13.06.2019.

CSR Europe. (2019b). Vision and Mission of CSR Europe. http://www.csreurope.org/about-us. Zugegriffen am 19.08.2019.

Daimler. (2019). Richtlinien für integres Verhalten. https://www.daimler.com/dokumente/nachhaltigkeit/integritaet/daimler-richtliniefuerintegresverhalten.pdf. Zugegriffen am 19.08.2019.

Davis, K. (1960). Can Business afford to ignore social responsibilities? *California Management Review, 2*, 70–76.

Davis, K., & Blomtrom, R. L. (1975). *Business and society: Environment and responsibility*. New York: McGraw-Hill.

De Paiva Duarte, F. (2013). Philanthropy. In S. O. Idowu, N. Capaldi, L. Zu & A. D. Gupta (Hrsg.), *Encyclopedia of corporate social responsibility*. Berlin: Springer.

Delmas, M. A., & Burbano, V. C. (2011). The drivers of greenwashing. *California Management Review, 54*(1), 64–87.

Drucker, P. (1984). The new meaning of corporate social responsibility. *California Management Review, 26*, 53–63.

Drucker, P. (1985). *Innovations-Management für Wirtschaft und Politik*. Düsseldorf: ECON.

Drucker, P. (1986). *Management: Tasks, responsibilities, practices*. New York: Truman Talley Books.

Drucker, P. (1996). *Umbruch im Management. Was kommt nach dem Reengineering?* Düsseldorf: ECON.

Drucker, P. (1998). *Die Praxis des Managements. Ein Leitfaden für die Führungsaufgaben in der modernen Wirtschaft* (6. Aufl.). Düsseldorf: ECON.

Drucker, P. (2006). *The practice of management*. Nachdruck. New York: Harper Business.

Dunphy, D., Griffith, A., & Benn, S. (2003). *Organizational change for corporate sustainability*. London: Routledge.

Eells, R. (1956). *Corporate giving in a free society*. New York: Harper & Row.

Eisenegger, M., & Schranz, M. (2011). CSR – Moralisierung des Reputationsmanagemens. In J. Raupp, S. Jarolimek & F. Schultz (Hrsg.), *Handbuch CSR. Kommunikationswissenschaftliche*

Grundlagen, disziplinäre Zugänge und methodische Herausforderungen (S. 71–96). Wiesbaden: Springer.

Elkington, J. (1997). *Cannibals with forks*. Oxford: Capstone.

Elkington, J. (1999). *Cannibals with forks: The triple bottom line of 21st century*. Hoboken: Wiley.

Ellerup Nielsen, A., & Thomsen, C. (2009). CSR communication in small and medium-sized enterprises. A study of attitudes and beliefs of middle managers. *Corporate Communications: An International Journal, 14*(2), 13–140.

Emrich, C. (2015). *Nachhaltigkeits-Marketing-Management. Konzept, Strategien, Beispiele*. Berlin: de Gruyter.

Esch, F. R., & Möll, T. (2009). Marken im Gehirn = Emotion pur. Konsequenzen für die Markenführung. In F. R. Esch & W. Armbrecht (Hrsg.), *Best Practice der Markenführung* (S. 22–35). Wiesbaden: Springer Gabler.

Etter, M., & Fieseler, C. (2011). Die Ökonomie der Verantwortung – eine wirtschaftswissenschaftliche Perspektive auf CSR. In J. Raupp, S. Jarolimek & F. Schultz (Hrsg.), *Handbuch CSR. Kommunikationswissenschaftliche Grundlagen, disziplinäre Zugänge und methodische Herausforderungen* (S. 269–280). Wiesbaden: Springer.

Europäische Kommission (Hrsg.). (2007). Gesellschaftliches Engagement in kleinen und mittelständischen Unternehmen in Deutschland – aktueller Stand und zukünftige Entwicklung. http://www.csr-mittelstand.de/pdf/Studie_CSR_im_Mittelstand_010207.pdf. Zugegriffen am 27.02.2019.

Europäische Kommission (Hrsg.). (2011). Mitteilung der Kommission an das Europäische Parlament, den Rat, den Europäischen Wirtschafts- und Sozialausschuss und den Ausschuss der Regionen. Eine neue EU-Strategie (2011–14) für die soziale Verantwortung der Unternehmen (CSR). Ohne Verlag. Brüssel. http://ec.europa.eu/transparency/regdoc/rep/1/2011/DE/1-2011-681-DE-F1-1.Pdf. Zugegriffen am 03.06.2019.

Europäische Kommission. Generaldirektion Beschäftigung und Soziales (Hrsg.). (2001). Grünbuch Europäische Rahmenbedingungen für die soziale Verantwortung der Wirtschaft. Luxemburg.

Ey. (2015). Die CSR-Richtlinie setzt neue Maßstäbe. https://www.ey.com/Publication/vwLUAssets/EY-Nachhaltigkeitsberichterstattungsstudie-2015/%24FILE/EY-Nachhaltigkeitsberichterstattungsstudie-2015.pdf. Zugegriffen am 29.02.2019.

Ey. (2018). CSR-Richtlinie-Umsetzungsgesetz. Die nichtfinanzielle Erklärung – Lessons Learned aus dem ersten Berichtsjahr 2017. https://www.ey.com/Publication/vwLUAssets/ey-csr-richtlinie-umsetzungsgesetz/$FILE/ey-csr-richtlinie-umsetzungsgesetz.pdf. Zugegriffen am 27.02.2019.

Fairtrade. (2019). Fairtrade-Siegel. https://www.fairtrade-deutschland.de/was-ist-fairtrade/fairtrade-siegel.html. Zugegriffen am 09.12.2019.

Fayol, H. (1916). *Administration industrielle et générale*. Paris: Dunod.

Fetzer, J. (2004). *Die Verantwortung der Unternehmung*. Gütersloh: Gütersloher Verlagshaus.

Fieseler, C. (2008). *Die Kommunikation von Nachhaltigkeit: Gesellschaftliche Verantwortung als Inhalt der Kapitalmarktkommunikation*. Wiesbaden: Springer.

Fisher, C. M., & Lovell, A. (2006). *Business ethics and values. Individual, corporate and international perspectives* (2. Aufl.). Harlow: Pearson Education.

Fombrun, C. J. (1996). *Reputation, realizing value from the corporate image*. Boston: Harvard Business School Press.

Friedman, M. (13. September 1970). The social responsibility of business is to increase its profit. *The New York Times Magazine*, S. 122–126.

Fries, A., Riess, B., & Brink, A. (2015). CRI Corporate Responsibility Index 2013. Erfolgsfaktoren unternehmerischer Verantwortung. In A. Schneider & R. Schmidpeter (Hrsg.), *Corporate Social Responsibility – Verantwortungsvolle Unternehmensführung in Theorie und Praxis* (2. Aufl., S. 359–380). Wiesbaden: Springer Gabler.

Gelbmann, U., & Baumgartner, R. J. (2015). Strategische Implementierung von CSR im Unternehmen mit Schwerpunkt KMU. In A. Schneider & R. Schmidpeter (Hrsg.), *Corporate social responsibility – Verantwortungsvolle Unternehmensführung in Theorie und Praxis* (2. Aufl., S. 427–440). Wiesbaden: Gabler.

Gillespie, E. (2009). Stemming the tide of ‚greenwash'. *Consumer Policy Review, 18*(3), 79–83.

Global Reporting Initiative. (2016). GRI 101: Grundlagen 2016. https://www.globalreporting.org/standards/gri-standards-translations/gri-standards-german-translations-download-center/. Zugegriffen am 01.04.2019.

Global Reporting Initiative. (2019). Global Reporting Initiative. https://www.globalreporting.org/Information/about-gri/Pages/default.aspx. Zugegriffen am 31.01.2019.

Göbel, E. (2013). *Unternehmensethik*. Konstanz/München: UVK Verlagsgesellschaft.

Grammgenau. (2019). Bio unverpackt einkaufen und liefern lassen in Bockenheim. https://www.grammgenau.de/. Zugegriffen am 01.06.2019.

Grewe, W., & Löffler, J. (2006). Aspekte der CSR aus Wirtschaftsprüfersicht. In K. Gazdar, A. Habisch, K. R. Kirchhoff & S. Vaseghi (Hrsg.), *Erfolgsfaktor Verantwortung* (S. 3–11). Berlin: Springer.

Hauff, V. (1987). *Unsere gemeinsame Zukunft – der Brundtland-Bericht der Weltkommission für Umwelt und Entwicklung*. Greven: Eggenkamp.

Helmes, S., Schwintowski, H.-P., & Sauer, M. (2017). *Rechtliche Anforderungen an ein Gütesiegel oder Prüfzeichen für die Planung von Winderengieanlagen*. Berlin: Ohne Verlag.

Hildebrandt, A. (2015). Wertschöpfung und Kulturwandel im Mittelstand. In A. Schneider & R. Schmidpeter (Hrsg.), *Corporate Social Responsibility – Verantwortungsvolle Unternehmensführung in Theorie und Praxis* (2. Aufl., S. 441–453). Wiesbaden: Springer Gabler.

Hiß, S. (2006). *Warum übernehmen Unternehmen gesellschaftliche Verantwortung – Ein soziologischer Erklärungsversuch*. Frankfurt: Campus.

Hoffjann, O. (2011). PR-Beratung und corporate social responsibility. In J. Raupp, S. Jarolimek & F. Schultz (Hrsg.), *Handbuch CSR. Kommunikationswissenschaftliche Grundlagen, disziplinäre Zugänge und methodische Herausforderungen* (S. 229–246). Wiesbaden: Springer.

Homann, K. (1993). Wirtschaftsethik – Die Funktion der Moral in der modernen Wirtschaft. In J. Wieland (Hrsg.), *Wirtschaftsethik und die Theorie der Gesellschaft* (S. 32–34). Frankfurt a. M.: Suhrkamp.

Homann, K., & Blome-Drees, F. (1992). *Wirtschaftsethik*. Göttingen: UTB.

Homann, K., & Lütge, C. (2013). *Einführung in die Wirtschaftsethik* (3. Aufl.). Berlin: LIT.

Huck-Sandhu, S. (2011). Corporate social responsibility und internationale Public Relations. In J. Raupp, S. Jarolimek & F. Schultz (Hrsg.), *Handbuch CSR. Kommunikationswissenschaftliche Grundlagen, disziplinäre Zugänge und methodische Herausforderungen* (S. 205–228). Wiesbaden: Springer.

Hungenberg, H. (2014). *Strategisches Management in Unternehmen. Ziele – Prozesse – Verfahren* (8. Aufl.). Berlin: Springer Gabler.

ILO. (2019). Die ILO-Kernarbeitsnormen. http://www.ilo.org/berlin/arbeits-und-standards/kernarbeitsnormen/lang%2D%2Dde/index.htm. Zugegriffen am 19.08.2019.

International Federation of Accountants. (2007). International good practice guidance: Defining and developing an effective code of conduct for organizations. https://www.ifac.org/publications-resources/defining-and-developing-effective-code-conduct-organizations. Zugegriffen am 05.06.2019.

Jones, T. M. (1980). Corporate social responsibility revisited, redefined. *California Management Journal, 22*, 59–67.

Jones, T. M., Felps, W., & Bigley, G. (2007). Ethical theory and stakeholder-related decisions: The role of stakeholder culture. *Academy of Management Review, 32*, 137–155.

Jung, R. H., Bruck, J., & Quarg, S. (2013). *Allgemeine Managementlehre. Lehrbuch für die angewandte Unternehmens- und Personalführung* (5. Aufl.). Berlin: Erich Schmidt.

Kabongo, J. D. (2013). Corporate giving. In S. O. Idowu, N. Capaldi, L. Zu & A. D. Gupta (Hrsg.), *Encyclopedia of corporate social responsibility*. Berlin: Springer.

Karmasin, M., & Weder, F. (2008). *Organisationskommunikation und CSR. Neue Herausforderungen an Kommunikationsmanagement und PR*. Wien/Münster: LIT.

Keck, W. (2015). CSR-Management in Ein-Personen-Unternehmen. In A. Schneider & R. Schmidpeter (Hrsg.), *Corporate social responsibility – Verantwortungsvolle Unternehmensführung in Theorie und Praxis* (2. Aufl., S. 454–465). Wiesbaden: Springer Gabler.

Kennecke, S., Frey, D., & Kaschube, J. (2014). Organisationspsychologische Aspekte der Compliance. In W. Schettgen-Sarcher, S. Bachmann & P. Schettgen (Hrsg.), *Compliance officer, Das Augsburger Qualifizierungsmodell* (S. 221–258). Wiesbaden: Springer Gabler.

Kirchhoff, K. R. (2006). CSR als strategische Herausforderung. In K. Gazdar, A. Habisch, K. R. Kirchhoff & S. Vaseghi (Hrsg.), *Erfolgsfaktor Verantwortung* (S. 13–33). Berlin: Springer.

Kirchhoff, C. (2015). *Individual social preferences of corporate decision makers as a risk factor for the successful implementation of corporate social performance*. Paderborn: Ohne Verlag.

Kotler, P. (1972). A generic concept of marketing. *Journal of Marketing, 36*, 46–54.

Kotler, P., & Lee, N. (2005). *Corporate social responsibility: Doing the most good four your company and your cause*. Hoboken: Wiley.

Kotler, P., Armstrong, G., Wong, V., & Saunders, J. A. (2011). *Grundlagen des Marketing* (5. Aufl.). München: Pearson.

KPMG (Hrsg.). (2017). The road ahead. The KPMG survey of corporate social responsibility. https://home.kpmg/content/dam/kpmg/campaigns/csr/pdf/CSR_Reporting_2017.pdf. Zugegriffen am 28.02.2019.

Krames, J. A. (2013). *Peter Druckers kleines Weißbuch. Quintessenzen aus dem Leben eines außergewöhnlichen Denkers*. München: FinanzBuch.

Kreipl, C. (2017). Gesellschaftliche Herausforderung als Anforderung an Manager – Implikationen für Corporate Social Responsibility im Marketing. In C. Stehr & F. Struve (Hrsg.), *CSR und Marketing. Nachhaltigkeit und Verantwortung richtig kommunizieren*. Wiesbaden: Springer Gabler.

Krombacher. (2019). Das Krombacher Regenwald-Projekt. https://www.krombacher.de/engagement/regenwald. Zugegriffen am 01.06.2019.

Laufer, W. S. (2003). Social accountability and social greenwashing. *Journal of Business Ethics, 43*, 253–261.

Lee, L. (2013). Employee volunteer programmes. In S. O. Idowu, N. Capaldi, L. Zu & A. D. Gupta (Hrsg.), *Encyclopedia of corporate social responsibility*. Berlin: Springer.

Leschke, M. (2012). Milton Friedman: Nicht nur ein Monetarist. *Wirtschaftsdienst, 92*(8), 541–546.

Liebl, F. (2011). Corporate Social Responsibility aus Sicht des strategischen Managements. In J. Raupp, S. Jarolimek & F. Schultz (Hrsg.), *Handbuch CSR. Kommunikationswissenschaftliche Grundlagen, disziplinäre Zugänge und methodische Herausforderungen* (S. 305–326). Wiesbaden: Springer.

Luhmann, N. (2000). *Vertrauen: Ein Mechanismus zur Reduktion sozialer Komplexität*. Stuttgart: Lucius & Lucius.

Maclagan, P. (1998). *Management and morality*. London: Sage.

Mallin, C. A. (2013). *Corporate governance* (4. Aufl.). Oxford: Oxford University Press.

Maon, F., Lindgreen, A., & Swaen, V. (2010). Organizational stages and cultural phases: A critical review and a consolidative model of corporate social responsibility development. *International Journal of Management Reviews, 12*(1), 20–38.

Margolis, J. D., Elfenbein, H. A., & Walsh, J. P. (2007). *Does it pay to be good? A meta-analysis and redirection of research on the relationship between corporate social performance and financial performance*. Unveröffentlichtes Arbeitspapier.

MBA Oath. (2019). A voluntary pledge by MBAs to create value responsibly and ethically. www.
    mbaoath.org/. Zugegriffen am 19.08.2019.

McDonald's Kinderhilfe. (2019). Wer wir sind. https://www.mcdonalds-kinderhilfe.org/wer-wir-
    sind/. Zugegriffen am 19.08.2019.

McWilliams, A., & Siegel, D. (2001). Corporate social responsibility: A theory of the firm perspec-
    tive. *Academy of Management Journal Review, 26*, 117–227.

Meadows, D. L., Meadows, D. H., Randers, J., & Behrens, W. W. (1972). *The limits to growth – A
    report for the club of Rome's project on the predicament of mankind.* New York: Universe Books.

Meffert, H. (2005). *Markenmanagement: identitätsorientierte Markenführung und praktische Um-
    setzung* (2. Aufl.). Wiesbaden: Springer Gabler.

Meffert, H., Burmann, C., & Kirchgeorg, M. (2015). *Marketing. Grundlagen marktorientierter Un-
    ternehmensführung. Konzepte – Instrumente – Praxisbeispiele* (12. Aufl.). Wiesbaden: Springer
    Gabler.

Mintzberg, H. (1973). *The nature of managerial work.* New York: Harper & Row.

Mirvis, P., & Googins, B. (2006). Stages of corporate citizenship. *California Management Review,
    48*, 104–126.

Morgensternhaus. (2019). Bio Catering bankett sinnreich. https://www.morgensternhaus.eu/bio-ca-
    tering/. Zugegriffen am 01.06.2019.

Müller, U. (2007). *Greenwash in Zeiten des Klimawandels. Wie Unternehmen ihr Image grün fär-
    ben. LobbyControl – Initiative für Transparenz und Demokratie.* Köln: Ohne Verlag.

Müller, C. (2015). *Nachhaltige Ökonomie. Ziele, Herausforderungen und Lösungswege.* Berlin: de
    Gruyter.

Neuhäuser, C. (2011). Verantwortung. In R. Stoecker, C. Neuhäuser & M.-L. Raters (Hrsg.), *Hand-
    buch Angewandte Ethik* (S. 120–125). Stuttgart: J.B. Metzler.

Nidumolu, R., Prahalad, C. K., & Rangaswami, M. R. (2009). Why sustainability is now the key
    driver of innovation. *Harvard Business Review, 87*(9), 56–64.

Noll, J., & Winkler, M. (2004). Gütesiegel und Vertrauen im E-Commerce. *der Markt, 43*(168),
    23–32.

Oath Project. (2019). The Oath Project. http://www.theoathproject.org/. Zugegriffen am 19.08.2019.

Oloko, S. (2008). *Cause related marketing. Der Status Quo in Deutschland.* Berlin: Ohne Verlag.

Patagonia. Unternehmensphilosophie und Technologie. Unternehmenshomepage. http://eu.patago-
    nia.com/deDE/home. Zugegriffen am 15.06.2016.

Pieper, A. (1990). Ethik und Ökonomie. Historische und systemische Aspekte ihrer Beziehung.
    In B. Biervert, K. Held & J. Wieland (Hrsg.), *Sozialphilosophische Grundlagen ökonomischen
    Handelns* (S. 86–101). Frankfurt: Suhrkamp.

Pless, N. M., & Maak, T. (2008). Responsible Leadership. Verantwortliche Führung im Kontext ei-
    ner globalen Stakeholder-Gesellschaft. *Zeitschrift für Wirtschafts- und Unternehmensethik, 9*(2).
    222–243.

Pollrich, M., & Wagner, L. (2013). Gütesiegel: Zu detaillierte Angaben können die Funktionsfähig-
    keit der Zertifikate schmälern. *DIW-Wochenbericht, 80*(19), 15–18. Berlin.

Priddat, B. P. (2009). Kann es ‚Wirtschaftsethik' geben? – ein Zustandsberichtsversuch. *Zeitschrift
    für Wirtschafts- und Unternehmensethik, 10*(3), 341–357.

PwC (Hrsg.). (2007). Unternehmen als Spender. https://docplayer.org/6351543-Unternehmen-als-
    spender.html. Zugegriffen am 28.02.2019.

PwC (Hrsg.). (2012). Corporate Citizenship. Was tun deutsche Großunternehmen? https://www.
    pwc.de/de/nachhaltigkeit/assets/pwc_corporate_citizenship.pdf. Zugegriffen am 28.02.2019.

PwC (Hrsg.). (2018). Erstanwendung des CSR-Richtlinie-Umsetzungsgesetzes. Studie zur prakti-
    schen Umsetzung im DAX 160. https://www.pwc.de/de/nachhaltigkeit/pwc-studie-csr-berichter-
    stattung-2018.pdf. Zugegriffen am 28.02.2019.

Ramus, C. A., & Montiel, I. (2005). When are corporate environmental policies a form of greenwashing? *Business & Society, 44*(4), 377–414.

Raupp, J., Jarolimek, S., & Schultz, F. (2011). Corporate social responsibility als Gegenstand der Kommunikationsforschung. In J. Raupp, S. Jarolimek & F. Schultz (Hrsg.), *Handbuch CSR. Kommunikationswissenschaftliche Grundlagen, disziplinäre Zugänge und methodische Herausforderungen* (S. 9–18). Wiesbaden: Springer.

Reidenbach, R., & Robin, D. P. (1991). A conceptual model of corporate model development. *Journal of Business Ethics, 10*(4). 273–284.

Richard, P. J., Devinney, T. M., Yip, G. S., & Johnson, G. (2009). Measuring organizational performance: Towards methodological best practice. *Journal of Management, 35*(3), 718–804.

Robbins, S. P., Coulter, M., & Fischer, I. (2014). *Management, Grundlagen der Unternehmensführung* (12. Aufl.). Hallbergmoos: Pearson Studium.

Rosner, M. (05.01.2015). Neue Aufgabe für Uli Hoeneß. FC Bayern will auch in der Jugendarbeit Spitze werden. *Berliner Zeitung.*

Rüegg-Stürm, J. (2003). *Das neue St. Galler Management-Modell* (2. Aufl.). Bern: Haupt.

Rühli, E. (1996). *Unternehmensführung und Unternehmenspolitik* (Bd. 1, 3. Aufl.). Bern: Haupt.

Sarges, W. (1990). *Management-Diagnostik.* Göttingen/Toronto/Zürich: Hogrefe.

Schmidt, H. J. (2015). *Markenführung.* Wiesbaden: Springer Gabler.

Schmitt, J., & Röttger, U. (2011). Corporate Responsibility-Kampagnen als integriertes Kommunikationsmanagement. In J. Raupp, S. Jarolimek & F. Schultz (Hrsg.), *Handbuch CSR. Kommunikationswissenschaftliche Grundlagen, disziplinäre Zugänge und methodische Herausforderungen* (S. 173–187). Wiesbaden: Springer.

Schnabel, S. (2012). Evaluierung der Nachhaltigkeitsberichterstattung von kleinen und mittleren Unternehmen (KMU) aus Deutschland, Österreich und der Schweiz nach den Indikatoren der Global Reporting Inititiative. München. https://www.landbrot.de/uploads/media/masterarbeit-nachhaltigkeitsberichte-schnabel.pdf. Zugegriffen am 23.05.2019.

Schneider, A. (2015a). Reifegradmodell CSR – Eine Begriffsklärung und -abgrenzung. In A. Schneider & R. Schmidpeter (Hrsg.), *Corporate Social Responsibility – Verantwortungsvolle Unternehmensführung in Theorie und Praxis* (2. Aufl., S. 21–42). Wiesbaden: Springer Gabler.

Schneider, A. (2015b). Implementierung von CSR in Klein- und Mittelunternehmen – Ein Erfahrungsbericht. In A. Schneider & R. Schmidpeter (Hrsg.), *Corporate Social Responsibility – Verantwortungsvolle Unternehmensführung in Theorie und Praxis* (2. Aufl., S. 484–498). Wiesbaden: Springer Gabler.

Schreyögg, G., & Koch, J. (2015). *Grundlagen des Managements* (3. Aufl.). Wiesbaden: Springer Gabler.

Schwerk, A. (2015). Strategische Einbettung von CSR in das Unternehmen. In A. Schneider & R. Schmidpeter (Hrsg.), *Corporate Social Responsibility – Verantwortungsvolle Unternehmensführung in Theorie und Praxis* (2. Aufl., S. 519–542). Wiesbaden: Springer Gabler.

Searcy, C. (2012). Corporate sustainability performance measurement systems: A review and research agenda. *Journal of Business Ehtics, 107*, 239–253.

Sethi, S. P. (1975). Dimensions of corporate social performance: An analytical framework. *California Management Review, 17*, 58–64.

Sitnikov, C. S. (2013). Corporate citizenship. In S. O. Idowu, N. Capaldi, L. Zu & A. D. Gupta (Hrsg.), *Encyclopedia of corporate social responsibility.* Berlin: Springer.

Sonett. (2019). Ökologische konsequent. https://www.sonett.eu/unternehmen/. Zugegriffen am 01.06.2019.

Spieß, C. K., & Tietze, W. (2001). *Gütesiegel als neues Instrument der Qualitätssicherung von Humandienstleistungen.* DIW-Discussion Papers. Nr. 243. Berlin: Ohne Verlag.

Staehle, W. H., Conrad, P., & Sydow, J. (1999). *Management – eine verhaltenswissenschaftliche Perspektive* (8. Aufl.). München: Vahlen.

Stahl, J. J., & Grigsby, D. W. (1997). *Strategic management: Total quality and global competition.* Oxford: Blackwell.

Steinmann, H., Schreyögg, G., & Koch, J. (2013). *Management. Grundlagen der Unternehmensführung* (7. Aufl.). Berlin: Springer.

Suchanek, A. (2010). Die Verantwortung von Unternehmen in der Gesellschaft. In S. Braun (Hrsg.), *Gesellschaftliches Engagement von Unternehmen. Der deutsche Weg im internationalen Kontext* (S. 37–49). Springer, Wiesbaden.

Thommen, J.-P., & Achleitner, A.-K. (2012). *Allgemeine Betriebswirtschaftslehre* (7. Aufl.). Wiesbaden: Springer Gabler.

Tricker, B. (2012). *Corporate governance, principles, policies, and practices.* Oxford: Oxford University Press.

Ulrich, P. (1986). *Transformation der ökonomischen Vernunft.* Bern: Haupt.

Ulrich, P. (1988). *Wirtschaftsethik als Wirtschaftswissenschaft.* St. Gallen: Beiträge und Berichte des Instituts für Wirtschaftsethik.

Ulrich, P. (2008). *Integrative Wirtschaftsethik.* Bern: Haupt.

Ulrich, P. (2009). Integrative Wirtschaftsethik: Grundlagenreflexion der ökonomischen Vernunft. *Ethik und Sozialwissenschaft, 11*(4), 555–588.

Van Marrewijk, J. (2003). Concepts and definitions of CSR and corporate sustainability: Between agency and communion. *Journal of Business Ethics, 44*, 95–105.

Van Marrewijk, J., & Werre, M. (2003). Multiple levels of corporate sustainability. *Journal of Business Ethics, 44*, 107–119.

VAUDE. (2019). VAUDE-Geschäftsmodell. https://www.vaude.com/de-DE/. Zugegriffen am 19.08.2019.

Von Carlowitz, H. C. (1713). *Sylvicultura oeconomica. Anweisung zur wilden Baumzucht.* Leipzig: Braun.

Von Walter, B., Tomczak, T., & Wentzel, D. (2011). Wege zu einem effektiven und verantwortungsvollen Employer Branding. In J. Raupp, S. Jarolimek & F. Schultz (Hrsg.), *Handbuch CSR. Kommunikationswissenschaftliche Grundlagen, disziplinäre Zugänge und methodische Herausforderungen* (S. 327–343). Wiesbaden: Springer.

Walton, C. (1967). *Corporate social responsibilities.* Belmont: Wadsworth.

WCED World Commission on Environment and Development. (1987). Our common future (Brundtland-Report). http://netzwerk-n.org/wp-content/uploads/2017/04/0_Brundtland_Report-1987-Our_Common_Future.pdf. Zugegriffen am 05.06.2019

WCED World Commission on Environment and Development. (1992). Agenda 21. https://www.un.org/depts/german/conf/agenda21/agenda_21.pdf. Zugegriffen am 05.06.2019.

Weber, W. W. (2009). *Peter Drucker – der Mann, der das Management geprägt hat.* Göttingen: Sordon.

Weber, T. (2015). Das Spannungsfeld von CSR und Produktmanagement. In T. Weber (Hrsg.), *CSR und Produktmanagement. Langfristige Wettbewerbsvorteile durch nachhaltige Produkte* (S. 1–25). Berlin/Heidelberg: Springer Gabler.

Weber, J., Georg, J., Janke, R., & Mack, S. (2012). *Nachhaltigkeit und Controlling.* Weinheim: Wiley.

Weitz, B.-O. (2010). *Bedeutende Ökonomen.* München: de Gruyter.

WKO Statistik. (2019). EPU 2018 nach Sparten. https://www.wko.at/service/zahlen-daten-fakten/EPU.html. Zugegriffen am 02.06.2019.

Wöhe, G., & Döring, U. (2010). *Einführung in die Allgemeine Betriebswirtschaft* (24. Aufl.). München: Vahlen.

Wood, D. J. (2010). Measuring corporate social performance: A review. *International Journal of Management Reviews, 12*, 50–84.

World Business Council for Sustainable Development (1999). *Corporate social responsibility: Meeting changing expectations*. Genf: WBCSD.

WZGE. (2019). Leitbild für verantwortliches Handeln in der Wirtschaft. https://www.wcge.org/images/dialog/leitbild/DP_2011-02_Suchanek_vonBroock_Leitbild_o1.pdf. Zugegriffen am 19.08.2019.

Zadek, S. (2004). The path to corporate social responsibility. *Harvard Business Review, 82*, 125–132.

Zentrum für Europäischen Verbraucherschutz e.V. (2012). *Gütesiegel für den Online-Handel. Leitfaden zum richtigen Umgang mit Gütesiegeln in Deutschland und Europa*. Kehl: Ohne Verlag.

Zimmerli, W. C., & Aßländer, M. S. (2005). Wirtschaftsethik. In J. Nida-Rümelin (Hrsg.), *Angewandte Ethik – Die Bereichsethiken und ihre theoretische Fundierung* (2. Aufl., S. 302–384). Stuttgart: Alfred Kröner.

Perspektiven einer verantwortungsvollen Unternehmensführung

5

Natürlich interessiert mich die Zukunft. Ich will schließlich den Rest meines Lebens darin verbringen. (Mark Twain)

Zusammenfassung

Die einbezogenen Verantwortungsebenen werden abschließend einzeln im Hinblick auf deren Status quo in der Einsetzbarkeit im Unternehmensalltag überprüft. Abschließend sollen die vier Ebenen unternehmerischer Verantwortung mit dem Ansatz des strategischen Managements verzahnt werden. Auf diese Weise können synergetische Effekte erzielt werden. Ein ganzheitliches Modell verantwortungsvollen Wirtschaftens entsteht.

Verantwortungsvolle Unternehmensführung soll abschließend in Kapitel fünf in einem Gesamtmodell zusammengeführt werden. Hier sollen insbesondere die folgenden Kernfragen erörtert werden:

- Wie kann unternehmerische (Führungs-)Verantwortung gelebt werden?
- Wie kann rechtliche Verantwortung von Unternehmen gelebt werden?
- Wie wird ethische und philanthropische Verantwortung von Unternehmen gelebt und in der Praxis umgesetzt?
- Wie lassen sich die vier Ebenen unternehmerischer Verantwortung mit strategischem Management zu einem Gesamtmodell verbinden?

© Springer Fachmedien Wiesbaden GmbH, ein Teil von Springer Nature 2020   317
C. Kreipl, *Verantwortungsvolle Unternehmensführung*,
https://doi.org/10.1007/978-3-658-28140-3_5

5.1   Corporate Governance als integrativer Ansatz

Die Suche nach einer umfassenden Theorie der Corporate Governance hat bislang zu keinem allgemein akzeptierten Modell geführt (vgl. Mallin 2013, S. 23). Die theoretischen Ansätze spannen mit der Prinzipal-Agent-Theorie und der Stewardship-Theorie ein breites Feld an Paradigmen auf, die nicht widerspruchsfrei sind. Während die Prinzipal-Agent-Theorie dem Agenten Eigeninteresse zugesteht, welcher er zum Maximieren seines individuellen Nutzens einsetzt, so steht die Stewardship-Theorie dem entgegen. Sie basiert auf der Annahme, dass der Agent ein Treuhänder der Interessen der Unternehmenseigner ist (vgl. Mallin 2013, S. 23; Welge und Eulerich 2014, S. 34; Tricker 2012).

Gemäß Tricker (2012, S. 235) besteht eine umfassende Corporate Governance-Theorie aus drei Ebenen. Die fundamentale erste Ebene umfasst Gesetze, Verordnungen und Regeln. Sie sind verpflichtend. Auf der zweiten Ebene werden sie um freiwillige Verhaltenskodizes ergänzt. Diese können für Unternehmen, Branchen oder auch Länder ausformuliert werden (Welge und Eulerich 2014, S. 35). Die dritte Ebene erstreckt sich als personenbezogene Ebene auf individuelles Verhalten und Einstellungen. Dieser Ansatz wird nachfolgend aufgegriffen und ergänzt:

Corporate Governance wird somit zu einem umfassenden Ansatz zum Aufbau von Vertrauen in die Unternehmen und deren Akteure, bei dem die Vielzahl an Instrumenten mit unterschiedlichem Ausmaß an Verbindlichkeit gemeinsam die Informationsasymmetrie mindern: Zu den verpflichtenden Regelungen zählen in Deutschland im Kern das Aktiengesetz und das Handelsgesetzbuch. Diese wurden über einige Gesetze im Hinblick auf Corporate Governance gestärkt, so z. B. das TransPuG oder das KonTraG (vgl. Abschn. 2.3.2). Der Deutsche Corporate Governance-Kodex steht als Soft Law zwischen Gesetzen und freiwilligen Regelungen. Über den Selbstregulierungsmechanismus ist er zwar nicht gesetzlich verpflichtend, beruht dennoch auf einer Verpflichtung gegenüber den Shareholdern. Freiwillige Aktivitäten umfassen jegliche Verhaltensleitlinien, die von Unternehmen individuell gestaltet werden. Letztlich zählt die Entwicklung einer individuellen Denkhaltung der Stakeholder zu den Instrumenten (vgl. Abb. 5.1). Diese wurden im Abschn. 2.3 vertieft.

Die in Abschn. 2.1.3 entwickelten fünf Perspektiven unterstreichen die Vielfalt an Blickwinkeln auf Corporate Governance. Die operative und die finanzökonomische Perspektive treffen den Kern von Corporate Governance: Unternehmensführung gestaltet Führungs- und Steuerungsprozesse mit dem Ziel, den finanziellen Erfolg von Unternehmen zu gewährleisten und damit gleichzeitig das investierte Vermögen zu sichern und zu vermehren. Die Kernfunktionen werden umringt von drei weiteren Perspektiven, welche Ansätze zum Erreichen des Kernziels aufzeigen: Die Relationship-Perspektive setzt die Beziehung zwischen Eigentümer und Entscheider in den Mittelpunkt. Dies wurde über die Stärkung des Aufsichtsrats als Beratungs- und Kontrollinstanz beschrieben, was auch im Deutschen Corporate Governance Kodex verankert ist (vgl. Abschn. 2.1.4.2 und 2.3). Die Stakeholder-Perspektive weitet diese Beziehung auf weitere Anspruchsgruppen aus, die einerseits zum Unternehmenserfolg beitragen und andererseits ein Eigeninteresse am erfolgreichen Be-

Abb. 5.1 Elemente einer
Corporate Governance.
(Quelle: Eigene Darstellung)

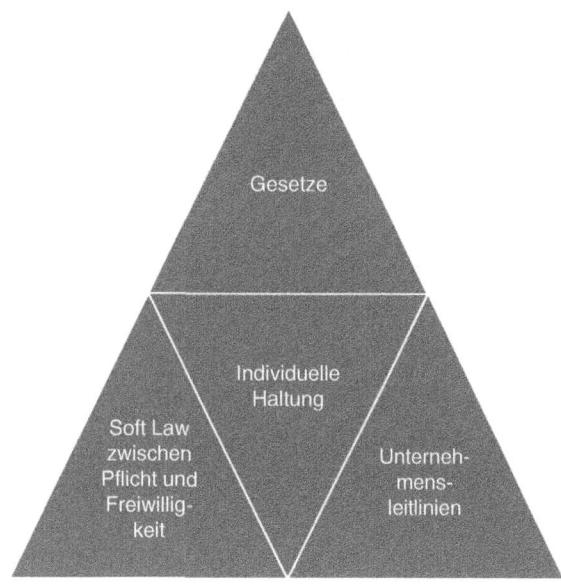

stehen von Unternehmen haben. Dies wird über das Three-Lines-of-Defense-Modell mit Leben gefüllt (vgl. Abschn. 2.3.1.4). Die gesellschaftliche Perspektive rundet die Betrachtung ab über die Einbindung von Anspruchsgruppen, welche sich außerhalb der unternehmerischen Wertschöpfung befinden. Auch diese zeichnen sich durch Interesse an erfolgreichen Unternehmen sowie einen Beitrag zu äußeren Bedingungen der Unternehmen aus. Dies gilt in besonderem Maße für den Staat, da dieser einerseits Gesetze erlässt und damit unternehmerische Rahmenbedingungen prägt. Andererseits besteht Interesse an den Unternehmen, da über die Steuereinnahmen der Unternehmen und ihrer Mitarbeiter öffentliche Güter finanziert werden. Auch über das Schaffen von Arbeitskräften und dadurch einem Erzeugen von Kaufkraft der Konsumenten tragen Unternehmen zum Wohlstand einer Nation bei. Die Ausgestaltung der gesellschaftlichen Perspektive erfolgt in Form des Deutschen Corporate Governance Kodex, welcher die Interessen nationaler und internationaler (potenzieller) Anleger schützen soll.

Die verschiedenen Perspektiven hatten das Entstehen unterschiedlicher Instrumente und Systeme zur Folge. In Kombination tragen sie zum Aufbau von Vertrauen durch Transparenz und der Festlegung von Verantwortlichkeit bei (vgl. Abb. 5.2).

Corporate Governance integriert damit Regelungen mit unterschiedlichem Verpflichtungsgrad und führt sie mit Regelungen und Konzepten zusammen, welche spezifische Anspruchsgruppen betrachten. Mit der Kombination aus Konzepten unterschiedlicher Verpflichtungsstärke und der Orientierung an unterschiedlichen Stakeholdern entsteht ein umfassender Ansatz einer Corporate Governance (vgl. Abb. 5.3).

Damit können Unternehmen ihrer Verantwortung im Zusammenhang mit der Unternehmenssteuerung und damit ihre ökonomische Verantwortung wahrnehmen. Die von

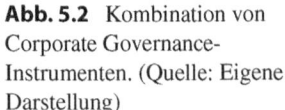

Abb. 5.2 Kombination von Corporate Governance-Instrumenten. (Quelle: Eigene Darstellung)

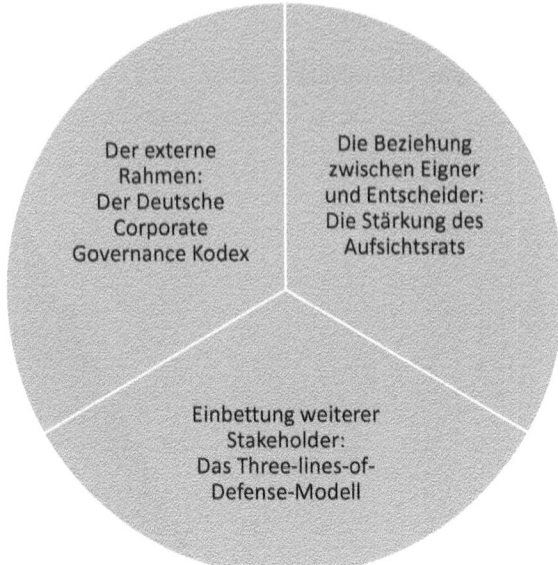

Bustamante benannten Gestaltungsfelder weisen bereits auf eine Verzahnungsmöglichkeit mit dem strategischen Management hin. Benannt werden die Festlegung übergeordneter Ziele und Werte, die Gestaltung von Strukturen, Prozessen und Anreizen zur Beeinflussung von Führungsentscheidungen, das Errichten von Kontroll- und Evaluationsmechanismen, die Zuweisung von Personen zu Führungs- und Kontrollorganen sowie die Organisation von Kommunikationsaktivitäten zur Erhöhung von Transparenz und dadurch zur Reduktion von Unsicherheit (vgl. Bustamante 2013, S. 159 f.). Das in Kap. 1 beschriebene Gesamtmodell der Verantwortungsbeziehungen verweist allerdings auf zwei weitere Elemente. Mit Compliance Management soll im nächsten Kapitel die rechtliche Verantwortung des Gesamtmodells betrachtet werden. Danach wird in Abschn. 5.3 mit Corporate Social Responsibility die ethische und philanthropische Verantwortung integriert.

5.2   Rechtliche Verantwortung umsetzen

Die rechtliche Verantwortung umfasst ein systematisches Vorgehen des Unternehmens, rechtliches Fehlverhalten zu vermeiden, früh zu erkennen und in Krisenfällen auf vorbereitete Notfallpläne zurückgreifen zu können. Dies erfolgt über die Ausgestaltung eines Compliance Management-Systems einschließlich eines Whistleblower-Systems. Damit wird eine Struktur geschaffen, die diese Aufgaben übernimmt und Verantwortlichkeiten regelt. Diese Struktur muss eine gesicherte hohe Qualität aufweisen, um die rechtliche Verantwortung wahrnehmen zu können. Daher müssen die Effektivität und die Effizienz eines derartigen Systems über Audits überprüft werden. Neben dem Ansatz einer Kontrolle kann ein Compliance Management-System seine Wirksamkeit über vertrauensvolle

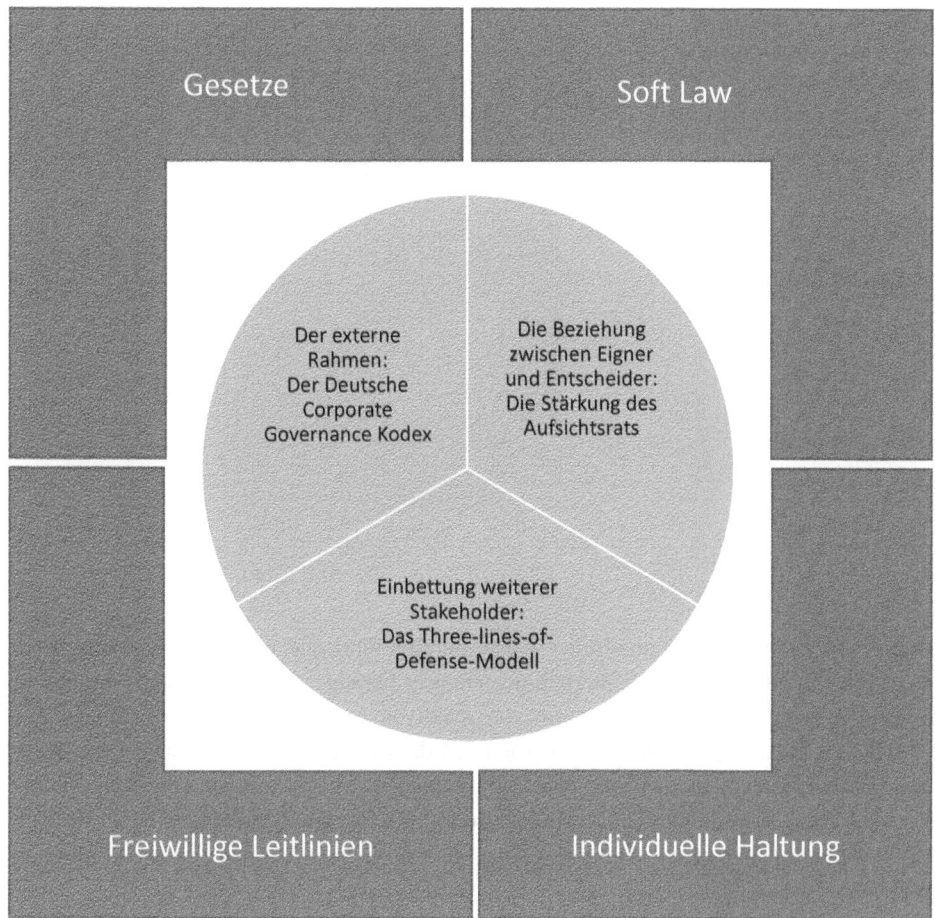

Abb. 5.3 Corporate Governance als intergrativer Ansatz. (Quelle: Eigene Darstellung)

Führung entfalten. Dies kann erreicht werden, wenn bei den Beteiligten eine Compliance-Denkhaltung erzeugt wird (vgl. Abb. 5.4). Struktur und Denkhaltung gemeinsam richten sich zunächst an interne Stakeholder. Eine Ausweitung auf die Partner entlang der Wertschöpfungskette ist möglich. Compliance Management wird dann zu einem ganzheitlichen Ansatz, der allerdings an dieser Stelle noch nicht mit den anderen Verantwortungsbereichen und zudem noch nicht mit dem strategischen Management verzahnt ist.

5.3 Gesellschaftliche Verantwortung leben

Die verschiedenen Motive gesellschaftlicher Verantwortung führen zu unterschiedlichen Umsetzungsgraden (vgl. dazu die Umsetzungsstufen bei Maon et al. 2010). Ist die Motivation gering und der Grad an gesellschaftlicher Verantwortung niedrig, so werden nur

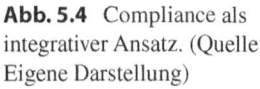

Abb. 5.4 Compliance als
integrativer Ansatz. (Quelle:
Eigene Darstellung)

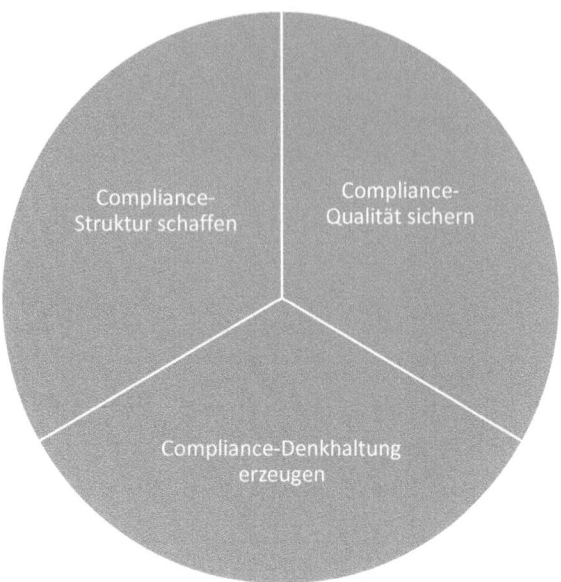

wenige Projekte in unsystematischer Weise durchgeführt und über Kommunikation zur positiven Beeinflussung des Unternehmensimages herangezogen. Wenn der Verantwortungsgrad steigt und das Engagement von reaktiven zu proaktiven und systematischen Aktivitäten wechselt, so kann ein Unternehmen das Potenzial zum Realisieren von Wettbewerbsvorteilen erschließen. Bei einer (umfassenden) Integration von gesellschaftlicher Verantwortung werden alle Unternehmens- und Funktionsbereiche eingebunden, was einen hohen Grad an Verantwortung mit einer stark proaktiven Vorgehensweise kombiniert (vgl. Abb. 5.5).

Ausgangspunkt für die Gestaltung eines geeigneten Umsetzungsprozesses im Unternehmen sollte die Identifikation der aktuellen Denkhaltung sein. Dann kann passend zur Denkhaltung die Auswahl geeigneter Instrumente erfolgen. Im Umgang mit Instrumenten muss begleitend die nötige Kompetenz entwickelt werden (siehe dazu Abb. 5.4). Beim Durchlaufen dieser Schritte sammeln Unternehmen Erfahrungen. Diese Einsichten können die Denkhaltung verändern und weiterentwickeln. Hier schließt sich der Kreis, indem die veränderte Denkhaltung wiederum identifiziert werden muss. Einen Überblick über den Umsetzungsprozess bietet Abb. 5.6.

Bei der Auswahl der passenden Instrumente können die Gedanken aus Kap. 4 aufgegriffen werden. Als Einstieg in Aktivitäten gesellschaftlicher Verantwortung können Einzelaktivitäten insbesondere aus dem Bereich der philanthropischen CSR sowie die CSR-Berichterstattung gewählt werden. Vorhandene Leitlinien bieten eine Orientierung über relevante Themenfelder. Beim Erstellen der Berichte kann das Management selber einen Einblick über den Status quo gewinnen und die Shareholder, die Öffentlichkeit und auch die Kunden über die Situation im Unternehmen informieren. Die

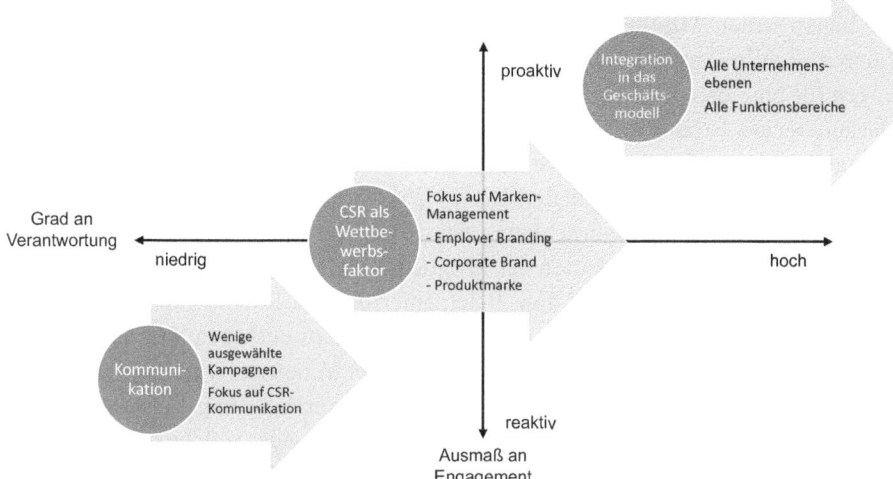

Abb. 5.5 Umsetzungsgrade gesellschaftlicher Verantwortung: Das Aktivitäts- und Verantwortungsmodell nach Kreipl. (Quelle: Eigene Darstellung)

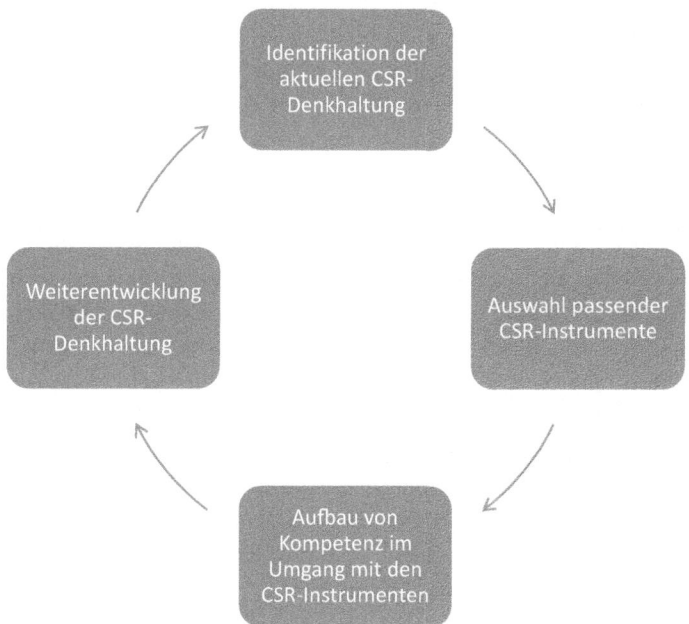

Abb. 5.6 Umsetzungsprozess von Corporate Social Responsibility. (Quelle: Eigene Darstellung)

Teilnahme an CSR-Netzwerken kann weiterhin als früher Schritt erfolgen. Die Netzwerke bieten neuen Mitgliedern die Möglichkeit, von den Erfahrungen anderer zu profitieren, sich mit anderen Unternehmen auszutauschen und darauf aufbauend Anregungen für eine eigene Vorgehensweise zu sammeln. In einer späteren Phase kann wiederum eigenes Erfahrungswissen an nachfolgende Mitglieder weitergegeben werden. Begleitend zum Erfahrungsaustausch bietet sich zudem Raum zum Entwickeln gemeinsamer Projekte der Mitglieder. Dieses Wissen kann dann in die Unternehmen getragen und Projekte zur Wahrnehmung bei den verschiedenen Stakeholdern angestoßen werden. Die Kommunikation der Mitgliedschaft in CSR-Netzwerken z. B. auf der Unternehmenshomepage, auf dem Briefpapier oder in Emails kann zudem Aufmerksamkeit für die CSR-Orientierung des Unternehmens erzeugen. Der Erwerb von Auszeichnungen, Kennzeichnungen gesellschaftlicher Verantwortung und Platzierungen in CSR-relevanten Rankings erfordert bereits ein stärkeres Engagement. Ein Katalog an Anforderungen muss erfüllt werden. Die Institutionen, welche derartige Aus- und Kennzeichnungen vergeben, überprüfen die Einhaltung vor Vergabe der möglicherweise zeitlich befristeten Anerkennung. Der Aufwand wird durch positive Imagewirkungen bei Kunden, Mitarbeitern und der Öffentlichkeit gerechtfertigt. Die philanthropischen Ansätze des Corporate Giving, Corporate Volunteering und Corporate Foundation erfordern ebenfalls aktive Beiträge der Unternehmen. Der Aufwand kann dabei sehr unterschiedlich sein. Einzelaktionen können ebenso durchgeführt werden wie dauerhafte Projekte etabliert werden können. Sie dienen neben dem Wohltätigkeitsgedanken auch dem Erzeugen eines positiven Images. Bei Cause related Marketing steht der Wettbewerbsvorteil klar neben dem Wohltätigkeitsgedanken, welcher über den Projektpartner aus einer Non-Profit-Organisation (WWF, Naturschutzbund oder ähnliches) erkennbar ist. Die Aktivtäten können dabei zeitlich befristet sein. Über diese vielfältigen Ansätze lassen sich Wettbewerbsvorteile mit der Wahrnehmung gesellschaftlicher Verantwortung kombinieren. Wenngleich die Motive keine positive Auslegung gesellschaftlicher Verantwortung zeigen, so stellt Greenwashing eine aktive Strategie dar. Es kann sich dabei um ein zeitlich befristetes Konzept handeln. Erst ein systematisch betriebenes Nachhaltigkeitsmanagement und Nachhaltigkeitsstrategien zeichnen sich durch eine ganzheitliche Vorgehensweise aus, um CSR voranzutreiben.

Der Aufbau von Kompetenzen im Umgang mit den CSR-Instrumenten kann in Anlehnung an das von der Britischen Regierung entwickelte CSR-Kompetenzsystem geschehen. Dieses Instrument soll den Unternehmen als Leitlinie im Umgang mit CSR dienen. Angesprochen werden Unternehmen jeglicher Größe, Rechtsform und Struktur. Ansatzpunkte zur Ausgestaltung der einzelnen Kompetenzen und des Umsetzungsgrades können Tab. 5.1 entnommen werden (vgl. Tricker 2012, S. 230 f.).

Tricker empfiehlt die Einbettung von CSR in die Gesamtstrategie (vgl. Tricker 2012, S. 230). Dies soll in Abschn. 5.4 aufgezeigt werden, in dem sowohl Corporate Governance als auch Compliance Management sowie Corporate Social Responsibility mit dem strategischen Management verzahnt werden.

Tab. 5.1 CSR-Kompetenzsystem

Kompetenz	Ausgestaltung
Die Gesellschaft verstehen	Verständnis erzeugen, wie das Unternehmen im gesellschaftlichen Umfeld agiert. Verstehen, welchen Einfluss das Unternehmen auf die Gesellschaft nimmt. Erkenntnis entwickeln über die Rolle des Unternehmens für die Gesellschaft, um daraus Ansätze für Projekte mit positiven Wirkungen zu entwickeln.
Kapazität aufbauen	Zusammenarbeit mit Marktpartnern zum gemeinsamen Kapazitätsaufbau. Unterstützung für Marktpartner (z. B. Lieferanten und Mitarbeiter): Verständnis entwickeln für Umwelt und soziale Belange sowie Begleitung bei der Entwicklung von Konzepten im Unternehmensalltag.
Geschäftsalltag hinterfragen	Permanentes Überprüfen des Geschäftsmodells auf Ansatzpunkte für nachhaltiges Wirtschaften sowie zur Verbesserung von Lebensqualität und der ökologischen Umwelt.
Stakeholder-Beziehungen	Relevante Stakeholder erkennen, die auf das Unternehmen Einfluss nehmen oder vom Unternehmen beeinflusst werden. Ein gemeinsames Verständnis für Weiterentwicklungsmöglichkeiten des Geschäftsmodells zu entwickeln.
Strategische Sicht	Sicherstellen, dass soziale und Umweltbelange in die Unternehmensstrategie integriert werden, so dass CSR Teil des Geschäftsalltags wird. Ausbreiten von CSR auf allen Ebenen der Unternehmensführung von der Unternehmensspitze bis in alle operativen Bereiche.
Diversität nutzen	Die Vielfalt der Mitarbeiter erkennen und faire Arbeitsbedingungen umsetzen, die die Bedürfnisse der Mitarbeiter nach Wertschätzung, Gesundheit und Wohlbefinden berücksichtigen.
Umsetzungsgrad	**Ausgestaltung**
Bewusstsein	Die breite Anwendung von CSR erkennen, aber auch deren Auswirkungen und Grenzen kennen.
Verständnis	Ein Grundverständnis der Sachverhalte und der dazu nötigen Kompetenzen kennen.
Umsetzung	Umsetzungskompetenz erwerben für CSR-Projekte.
Integration	Tiefes Verständnis der Sachverhalte und Expertise bei der Einbettung von CSR in den unternehmerischen Entscheidungsprozess.
Leadership	Fähigkeit zur Unterstützung von Managern im gesamten Unternehmen.

[Quelle: Eigene Darstellung in Anlehnung an Tricker 2012, S. 232 f.]

5.4   Ein Gesamtmodell verantwortungsvoller Unternehmensführung

5.4.1   Plädoyer für ein Gesamtmodell

Das Verantwortungsmodell, welches Corporate Governance, Compliance Management und Corporate Social Responsibility vereint, wurde in den Kap. 2 bis 4 für die einzelnen Elemente diskutiert. Die Zusammenführung dieser Elemente steht noch aus.

Eine Zusammenführung bietet sich dann an, wenn Beziehungen zwischen den Elementen bestehen. Diese Beziehungen lassen sich auf die grundlegenden Funktionen von Corporate Governance, Compliance Management und Corporate Social Responsibility zurückführen: Die drei Elemente dienen dem Aufbau von Vertrauen in anständiges Wirtschaften auf unterschiedliche Weise:

- Corporate Governance schafft Vertrauen in das Management und die vom Management getroffenen Entscheidungen. Dieses Vertrauen entsteht beispielsweise über die beratende Einflussnahme des Aufsichtsrates, aber auch über vermehrte Offenlegungspflichten.
- Compliance Management schafft Vertrauen in das Unternehmen und seine Akteure dadurch, dass rechtliche Verantwortung wahrgenommen wird. Über eine systematische Aufdeckung sowie Vermeidung von Fehlverhalten über ein Compliance Management-System und dessen Überwachung kann ein derartiges Vertrauen entstehen.
- Corporate Social Responsibility schafft Vertrauen dahingehend, dass Verantwortung gegenüber der Gesellschaft wahrgenommen wird. Dieses Vertrauen kann über das Vorleben im Rahmen von Projekten, es kann aber auch Transparenz über eine CSR-Berichterstattung geschaffen werden.

Überschneidungen finden sich ebenfalls bei den eingesetzten Instrumenten: Einige der eingesetzten Instrumente zum Aufbau von Vertrauen haben einen Schwerpunkt im Bereich Kommunikation. Hierzu fallen Offenlegungs- und Berichtspflichten im Bereich Corporate Governance, wie beispielsweise die Offenlegung der Vorstandsvergütung, die Veröffentlichung des Jahresabschlusses oder auch die Entsprechungserklärung im Umgang mit den Comply-or-Explain-Regelungen des Corporate Governance Kodexes. Im Bereich Compliance Management findet sich sowohl eine interne als auch eine externe Kommunikation wieder. Corporate Social Responsibility schließlich umfasst eine CSR-Berichterstattung, die auch im Zusammenhang mit dem Jahresbericht erfolgen kann.

Weiterhin wird der Einsatz der drei Konzepte von bestimmten Denkhaltungen und Werten begleitet. Im Bereich Compliance wurde die Denkhaltung explizit beschrieben. Die Ausgestaltung von Corporate Social Responsibility hängt in ihrem Ausmaß von der Denkhaltung der Entscheider ab. Es besteht somit eine Verankerung in der Unternehmenskultur, welche einen festen Bestandteil der normativen Ebene des strategischen Managements bildet.

Dies zeigt bereits eine Verbindung zum strategischen Management auf. Im strategischen Management werden Entscheidungen getroffen, welche die grundsätzliche Richtung der Unternehmensentwicklung bestimmen. Sie sind am langfristigen Erfolg eines Unternehmens orientiert. Dafür kombinieren sie eine externe und interne Ausrichtung des Unternehmens. Mit der Kenntnis externer Chancen und Risiken sowie interner Stärken und Schwächen werden Wettbewerbsvorteile identifiziert. Mit Strategien, welche die Wettbewerbsvorteile aufgreifen und sichern, werden Erfolgspotenziale geschaffen. Ziel dieser Aktivitäten bildet die Weiterentwicklung des Unternehmenswertes und damit monetärer Erfolg (vgl. Hungenberg 2014).

Die Beziehung zwischen den Verantwortungselementen und dem strategischen Management kann aus zwei Perspektiven begründet werden: Einerseits kann eine Verbindung über die Carroll'sche Verantwortungspyramide hergestellt werden (vgl. Carroll 1991). Wenngleich letztlich alle Ebenen für Unternehmen relevant sind, so kann doch ein Schwerpunkt auf die ökonomische Ebene als Fundament der Pyramide gelegt werden. Ökonomische Verantwortung zeigt sich im strategischen Management über das Kernziel, mittel des Ausschöpfens von Erfolgspotenzialen den Unternehmenswert zu steigern. Damit wird die Existenz des Unternehmens aktuell und zukünftig gesichert.

Weiterhin können die Zielfunktionen der Verantwortungselemente mit dem strategischen Management abgeglichen werden. Ziel des strategischen Managements liegt in der Steigerung des Geschäftsfeld- oder Unternehmenswertes (vgl. Hungenberg 2014). Dies kann beispielsweise über den Economic Value Added bestimmt werden. Zu weiteren monetären Erfolgsgrößen zählen Unternehmensgewinne, z. B. in Form eines Jahresüberschusses. Grundlegend dafür ist das Erzielen von Umsätzen, die über den entstehenden Kosten liegen. Diese Ziele lassen sich mit den Handlungsmotiven für die Verantwortungselemente in Einklang bringen:

- Corporate Governance zielt aus finanzökonomischer Perspektive auf die Sicherung und das Wachstum investierten Kapitals ab, was eine Steigerung des Unternehmenswertes mit sich bringt. Dieser Anspruch wird beispielsweise durch die Kontrollfunktion des Aufsichtsrats unterstützt, welcher den Vorstand beim Treffen „richtiger" Entscheidungen berät. Damit steht Corporate Governance im Einklang mit dem monetären Ziel des strategischen Managements.
- Compliance Management zielt auf ein Vermeiden bzw. Früherkennen von rechtlichem, aber auch moralischem Fehlverhalten ab. Rechtliche Konsequenzen und Imageschäden führen direkt oder indirekt zu finanziellen Einbußen. Diese Einbußen erzeugen Kosten (z. B. Zahlung von Geldstrafen) und/oder reduzieren Gewinne (z. B. bei Abwanderungen von Kunden oder gar Boykotten). Ein Vermeiden derartiger Ereignisse trägt folglich zum Sichern des Gewinns bei.
- Corporate Social Responsibility kann als Wettbewerbsvorteil eingesetzt werden. Die Wahrnehmung gesellschaftlicher Verantwortung kann die Mitarbeiterbindung und Mitarbeiterzufriedenheit stärken. Engagierte Mitarbeiter können mit ihrem kreativen Potenzial das Unternehmen und seine Leistungen zukunftsfähig weiterentwickeln. CSR kann weiterhin die Kundenzufriedenheit und damit die Kundenbindung stärken. Die Wahrscheinlichkeit von Wiederholungskäufen und Weiterempfehlungen ist hoch. Auf diese Weise kann CSR zum monetären Erfolg eines Unternehmens beitragen.

5.4.2 Entwicklung eines Gesamtmodells verantwortungsvoller Unternehmensführung

Malik (2008, S. 15 ff.) stellt die Forderung, Corporate Governance müsse sich zu einem funktionierenden Management wandeln. Er führt an, dass Corporate Governance mit der Unternehmenspolitik und der Unternehmensstrategie eine Einheit bilden muss. Das verweist auf die Notwendigkeit eines ganzheitlichen Ansatzes. Dies soll durch eine Einbindung in das Konzept des strategischen Managements geschehen und dabei neben Corporate Governance auch Compliance Management und Corporate Social Responsibility berücksichtigen. Damit wird auch den Forderungen von Bleicher und Abegglen (2017, S. 140 ff.) entsprochen, dass Unternehmen sich in einem integrierten Management

- vom technokratischen Führungsverständnis zu einer evolutorischen Unternehmenphilosophie entwickeln sollen,
- vom Investment in harte, materiell-physische Aktivitäten zur Fokussierung auf weiche, immaterielle und humane Aktiva ausrichten sollen,
- von rationaler Optimierung zu visionären Entdeckungen und Produkten gelangen sollen und
- sich von einer tiefgreifenden Arbeitsteilung und Spezialisierung zur Generalisierung von Aufgaben und Verantwortungen bewegen sollen.

Diesem Paradigmenwechsel folgt der hier beschriebene Ansatz. Als Rahmen zur Entwicklung eines Gesamtmodells des verantwortungsvollen Managements eignet sich dazu der Ansatz von Hungenberg (2014, S. 23 ff.). Er besteht aus drei Ebenen. Jede Ebene zeichnet sich durch unterschiedliche Zeithorizonte und homogene Entscheidungsfelder aus. Eine Integration von Corporate Governance, Compliance Management und Corporate Social Responsibility lässt die Verantwortungskonzepte in die drei Ebenen einfließen und mit dem strategischen Management verschmelzen.

5.4.2.1 Die normative Ebene
Die normative Ebene vereint Entscheidungen, die von den Trägern des Unternehmens (Gründer, Geschäftsführung) als Norm vorgegeben werden und eine langfristige Gültigkeit besitzen. Zentrale Aufgabe der normativen Ebene besteht darin, das Selbstverständnis des Unternehmens zu definieren. Das Selbstverständnis wird in den Unternehmenszielen, der Unternehmensphilosophie und in der Unternehmenskultur ausgedrückt. Auf der normativen Ebene werden die Unternehmensziele, die Unternehmensverfassung sowie die Unternehmenskultur gestaltet (vgl. Hungenberg 2014, S. 23 ff.).

Unternehmensziele
Ziele können als zukunftsorientierte Zustände verstanden werden, die Unternehmen anstreben. Sie können in Sach- und Formalziele eingeteilt werden. Formalziele folgen dem ökonomischen Prinzip und können als Produktivitäts-, Wirtschaftlichkeits- und Rentabilitätsziele gestaltet werden. Sie zeigen den Erfolg der unternehmerischen Aktivitäten und gelten für das strategische Management einschließlich der Verantwortungskonzepte. Sachziele können in die vier Bereiche der Leistungsziele, Finanzziele, Führungsziele sowie soziale und ökologische Ziele unterschieden werden (siehe Abb. 5.7) (vgl. Thommen und Achleitner 2012, S. 110 ff.).

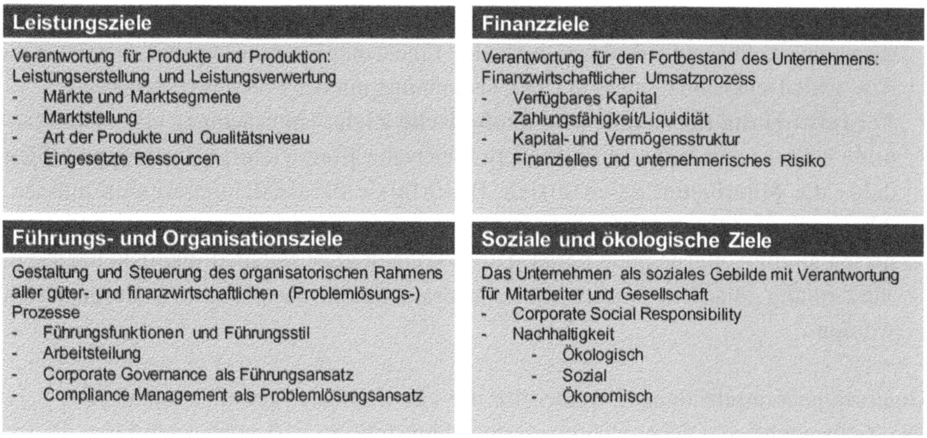

Leistungsziele	Finanzziele
Verantwortung für Produkte und Produktion: Leistungserstellung und Leistungsverwertung - Märkte und Marktsegmente - Marktstellung - Art der Produkte und Qualitätsniveau - Eingesetzte Ressourcen	Verantwortung für den Fortbestand des Unternehmens: Finanzwirtschaftlicher Umsatzprozess - Verfügbares Kapital - Zahlungsfähigkeit/Liquidität - Kapital- und Vermögensstruktur - Finanzielles und unternehmerisches Risiko

Führungs- und Organisationsziele	Soziale und ökologische Ziele

Gestaltung und Steuerung des organisatorischen Rahmens aller güter- und finanzwirtschaftlichen (Problemlösungs-) Prozesse
- Führungsfunktionen und Führungsstil
- Arbeitsteilung
- Corporate Governance als Führungsansatz
- Compliance Management als Problemlösungsansatz
	Das Unternehmen als soziales Gebilde mit Verantwortung für Mitarbeiter und Gesellschaft
	- Corporate Social Responsibility
	- Nachhaltigkeit
	   - Ökologisch
	   - Sozial
	   - Ökonomisch

Abb. 5.7 Sachziele in Unternehmen. (Quelle: Eigene Darstellung in Anlehnung an Thommen und Achleitner 2012, S. 110 ff.)

- **Verantwortung in den Leistungszielen:** Die Leistungsziele stehen in direktem Zusammenhang mit der Leistungserstellung und – verwertung im Unternehmen. Sie legen die Art der gefertigten und distribuierten Produkte und die Märkte bzw. Marktsegmente der Produkte fest. Hier greift insbesondere das strategische Management. Mit der Qualität der Produkte wird allerdings auch der Grad an Ökologieorientierung und Nachhaltigkeit erfolgen. Damit ist hier über eine verantwortungsvolle Produktgestaltung und -verteilung auch CSR eingebunden.
- **Verantwortung in den Finanzzielen:** Finanzziele lassen sich aus dem finanzwirtschaftlichen Umsatzprozess ableiten. Sie sorgen für genügend Kapital, um die Funktionsfähigkeit des leistungswirtschaftlichen Umsatzprozesses zu gewährleisten. Die Liquidität der Unternehmen wird gesichert und eine optimale Kapital- und Vermögensstruktur geschaffen. Hier finden die klassischen Instrumente der Unternehmensführung Einsatz. Verantwortung für einen reibungslosen Ablauf der Finanzströme sichert die Existenz und ermöglicht das Erreichen außerökonomischer Ziele. Corporate Governance trägt mit dem Sichern von richtigen, d. h. unternehmenserfolgsorientierten Entscheidungen ebenso zum Erreichen der Finanzziele bei wie Compliance Management durch ein Vermeiden von monetärem Schaden aufgrund von rechtlichem Fehlverhalten. CSR kann über erzeugte Wettbewerbsvorteile die Finanzziele erreichen helfen.
- **Verantwortung in den Führungs- und Organisationszielen:** Führungs- und Organisationsziele dienen der Gestaltung und Steuerung von Prozessen und Abläufen im Unternehmen. Die Führungsfunktionen werden gestaltet, der Führungsstil wird geprägt und die Zusammenarbeit bzw. Arbeitsteilung zwischen den Abteilungen und Stellen in der Organisation geregelt. Corporate Governance kann als Führungskonzept hier verortet werden. Ebenso muss ein Compliance Management in die Abläufe integriert werden,

da es so seine Problemlösungskraft entfalten kann. Weiterhin spiegelt Führung die Unternehmenskultur und – denkhaltung wider. Eine Compliance-, Corporate Governance-bzw. CSR-Denkhaltung muss in Übereinstimmung mit den Führungszielen stehen.

- **Verantwortung für soziale und ökologische Ziele:** Unternehmen als soziale Gebilde nehmen Interessen ihrer Stakeholder wahr. Eine wichtige Zielgruppe bilden dabei die Mitarbeiter, deren soziale Bedürfnisse berücksichtigt werden müssen. Aber auch die Gesellschaft als Ganzes tritt mit sozialen und ökologischen Bedürfnissen an die Unternehmen heran. Diese können über Nachhaltigkeitskonzepte in Verzahnung mit dem Ansatz der Corporate Social Responsibility aufgegriffen werden.

Unternehmensentscheidungen werden für die vier Zielfelder getroffen (siehe Abb. 5.7). Die Zielbereiche sind dabei nicht überschneidungsfrei. So wirken beispielsweise die sozialen und ökologischen Ziele auf die Leistungsziele ein, z. B. bei nachhaltiger Produktion. Die Entscheidungen müssen sich folglich ergänzen. Mit der Einbindung der Verantwortungskonzepte kann eine verantwortungsorientierte Zielbildung erfolgen, indem der Verantwortungsgedanke systematisch verankert wird.

Unternehmensverfassung

Die Unternehmensverfassung kann als Gesamtheit aller konstitutiven und langfristig angelegten Regelungen verstanden werden. Mit deren Hilfe sollen die Einflussmöglichkeiten der unterschiedlichen Interessengruppen auf das Unternehmen festgelegt werden. Die Unternehmensverfassung soll dazu beitragen, dass das Unternehmen tatsächlich im Interesse der Eigentümer geführt wird (vgl. Hungenberg 2014, S. 33 ff.). Dazu werden in der Unternehmensverfassung die Organe des Unternehmens festgelegt. Über die gewählte Rechtsform können dabei bereits rechtliche Vorgaben bestehen. So unterliegen Aktiengesellschaften dem Aktiengesetz, welches Vorstand, Aufsichtsrat und Hauptversammlung als Organe vorschreibt (vgl. §§ 95–116 AktG). Auch eingetragene Genossenschaften sind zur Einrichtung eines Aufsichtsrats verpflichtet (vgl. §§ 9, 39–41 GenG). Möglicher Freiraum zum Regeln von Kontrollorganen kann von den Unternehmen aufgegriffen werden (vgl. Hungenberg 2014, S. 36). Corporate Governance-Ansätze halten Einzug in die Unternehmensverfassung über die Ausgestaltung von Kontrollorganen der Geschäftsführung. Es wird der Einflussbereich von Corporate Governance durch eine Festlegung von Aufgaben und Kompetenzen geregelt.

Zur Sicherstellung des Unternehmensinteresses bringt eine Unternehmensverfassung zudem die Werte und Normen der Unternehmensträger explizit zum Ausdruck (vgl. Hungenberg 2014, S. 39). Damit beinhaltet sie Elemente der Unternehmensphilosphie mit ihren grundlegenden Überzeugungen (vgl. Hecker 2012). Werte und Normen werden im Rahmen der Compliance-Denkhaltung entwickelt (vgl. Abschn. 3.2.4). Sie können beispielsweise in Ethikkodices oder im Code of Conduct niedergeschrieben sein. Zudem trägt die ethische Grundhaltung zum Ausmaß an Engagement in Corporate Social Responsibility bei (vgl. Abschn. 4.1). Dies entspricht der Forderung von Faber-Wiener (2013). Sie versteht unter Responsible Management das Treffen von Entscheidungen im Rahmen unternehmerischer Tätigkeit im Sinne eines ethischen Wirtschaftens nach im Diskurs festgelegten Prinzipien. Tatsächlich geht dieses Werk noch darüber hinaus. Neben einer ethischen Verantwortung werden hier auch weitere Verantwortungsebenen eingebunden.

Das deutsche Grundgesetz als Beispiel für eine Verfassung
Das deutsche Grundgesetz (GG) wurde 1949 mit der Gründung der Bundesrepublik Deutschland erstellt und im Rahmen der Wiedervereinigung 1989 aktualisiert.

Abschnitt I mit den Grundrechten Artikel 1 bis 19 umfasst, in dem die Werte der Nation als Rechte niedergeschrieben sind. Die Grundrechte umfassen u. a. die Würde des Menschen, die freie Entfaltung der Persönlichkeit, die Gleichheit aller Menschen vor dem Gesetz, die Freiheit des Glaubens und des Gewissens, Meinungsfreiheit, Pressefreiheit, den Schutz von Ehe und Familie, das Schulwesen, Versammlungsfreiheit, Freizügigkeit, u. v. m.

Abschnitt II regelt mit Artikel 20 bis 37 Grundlagen zu Bund und Ländern. Dies beinhaltet u. a. die Staatsgewalt des Volkes, die Rolle von Parteien, die Position zur EU, die Rolle zwischenstaatlicher Einrichtungen, die Beziehungen zu anderen Staaten und vieles mehr.

Abschnitt III setzt sich mit Regelungen zum Bundestag auseinander. In Artikel 38 bis 48 setzt sich u. a. mit Regelungen zur Wahl der Abgeordneten, des Präseidenten und weitere Regelungen zur Funktionsweise des Bundestags.

Abschnitt IV enthält Regelungen zum Bundesrat, IVa zum gemeinsamen Ausschuss, Abschnitt V zum Bundespräsidenten, Abschnitt VI zur Bundesregierung, Abschnitt VII zur Gesetzgebung des Bundes, Abschnitt VIII zur Ausführung der Bundesgesetze und der Bundesverwaltung sowie Abschnitt VIIIa zu Gemeinschaftsaufgaben und der Verwaltungszusammenarbeit. Abschnitt IX schließt sich mit Regelungen zur Rechtsprechung an. Abschnitt X betrachtet das Finanzwesen. Abschnitt Xa setzt sich mit dem Verteidigungsfall und seinen Besonderheiten auseinander. Abschnitt XI rundet mit Übergangs- und Schlussbestimmungen das Grundgesetz ab.

Nachfolgend die Präambel sowie beispielhaft für die Werte Artikel 1
Präambel
Im Bewußtsein seiner Verantwortung vor Gott und den Menschen, von dem Willen beseelt, als gleichberechtigtes Glied in einem vereinten Europa dem Frieden der Welt zu dienen, hat sich das Deutsche Volk kraft seiner verfassungsgebenden Gewalt dieses Grundgesetz gegeben.

Die Deutschen in den Ländern Baden-Württemberg, Bayern, Berlin, Brandenburg, Bremen, Hamburg, Hessen, Mecklenburg-Vorpommern, Niedersachsen, Nordrhein-Westfalen, Rheinland-Pfalz, Saarland, Sachsen, Sachsen-Anhalt, Schleswig-Holstein und Thüringen haben in freier Selbstbestimmung die Einheit und Freiheit Deutschlands vollendet. Damit gilt dieses Grundgesetz für das gesamte Deutsche Volk.

I. Die Grundrechte

Artikel 1

(1) Die Würde des Menschen ist unantastbar. Sie zu achten und zu schützen ist Verpflichtung aller staatlichen Gewalt.

(2) Das Deutsche Volk bekennt sich darum zu unverletzlichen und unveräußerlichen Menschenrechten als Grundlage jeder menschlichen Gemeinschaft, des Friedens und der Gerechtigkeit in der Welt.

(3) Die nachfolgenden Grundrechte binden Gesetzgebung, vollziehende Gewalt und Rechtsprechung als unmittelbar geltendes Recht.

Zur vertiefenden Diskussion beantworten Sie bitte folgende Fragen:

1. Bitte übertragen Sie die Inhalte auf die Situation in einem Unternehmen.
2. Welchen Einfluss nimmt das Grundgesetz auf die Situation der Bürger in Deutschland?
3. Wie schätzen Sie die Bedeutung des Grundgesetzes bei der Gründung und heute ein?

Die Verantwortungskonzepte weisen damit Verzahnungen mit der Unternehmensverfassung auf. Corporate Governance regelt die Kontrollorgane im Hinblick auf Aufgaben und Verantwortung und gestaltet damit maßgeblich. Werte und Normen sollten übereinstimmend gestaltet sein, so dass keine Widersprüche zwischen der Unternehmensverfassung, der Compliance-Denkhaltung und der Unternehmensposition zu Corporate Social Responsibilty entstehen.

Unternehmenskultur

Die Unternehmenskultur prägt die Verhaltensdimension des normativen Managements. Die Unternehmenskultur spiegelt das Verhalten der Mitglieder des Unternehmens wider. Sie besteht gemäß des Eisbergmodells von Schein aus drei Ebenen (vgl. Abschn. 3.2.4.2). Werte und Normen zählen zu den Ebenen unterhalb der Wasseroberfläche, welche nicht sichtbar sind. Sie prägen den unsichtbaren Anteil der Unternehmenskultur. Somit zeigt sich die Verzahnung des Compliance Management- sowie des Corporate Social Responsibility-Konzeptes mit der Unternehmenskultur. Werte und Normen prägen die Compliance-Denkhaltung und die Einstellung zu CSR. Ebenso wie bei der Unternehmensverfassung sollten sie widerspruchsfrei gestaltet und formuliert sein (vgl. Hungenberg 2014, S. 39 ff.; Schein 1984 sowie Abschn. 3.2.4 und 4.1).

Die Verantwortungskonzepte weisen folglich Verzahnungen mit der normativen Ebene auf. Corporate Governance regelt die Kontrollorgane im Hinblick auf Aufgaben und Verantwortung. Damit werden grundlegende Strukturen geprägt. Werte und Normen, welche in den Verantwortungskonzepten entwickelt werden, müssen mit den Werten und Normen auf der normativen Ebene, d. h. mit jenen in der Unternehmensverfassung und der Unternehmenskultur übereinstimmen.

5.4.2.2 Die strategische Ebene

Die strategische Ebene greift die Ansprüche der normativen Ebene auf. Das entwickelte Selbstverständnis wird in längerfristige Strategien übertragen. Zur Strategie passende Strukturen (beispielsweise Organisationsstrukturen und Abläufe) und Systeme (Anreizsysteme und Informationssysteme) werden gestaltet. Mit der Strategiegestaltung werden externe Anforderungen aufgegriffen und mit internen Möglichkeiten in Einklang gebracht. So wird ein längerfristig gültiger Handlungsrahmen geschaffen (vgl. Hungenberg 2014, S. 23 ff.).

Strategien

Strategien dienen dem langfristigen Erreichen von Unternehmenszielen und legen mit dem Weg zum Ziel eine „Marschrichtung" fest. Im Fokus des strategischen Managements steht der Aufbau von Wettbewerbsstrategien zur Sicherung von Wettbewerbsvorteilen mit dem Ziel einer langfristigen Erfolgssicherung. Strategien werden auf verschiedenen Ebenen gebildet. Während Unternehmensstrategien die Richtung festlegen, in welche sich das Gesamtunternehmen entwickelt, betrachten Geschäftsbereichsstrategien die Wettbewerbsfähigkeit von Geschäftsfeldern, auch als strategische Geschäftseinheiten bezeichnet. Funktionalstrategien übertragen die Bereichsstrategien in einzelne funktionale Einheiten. Es entstehen Beschaffungs-, Produktions- und Vertriebsstrategien. Auch unternehmensübergreifende Strategien können gebildet werden, welche beispielsweise Wettbewerbsvorteile aus Kooperationen ziehen (vgl. Kreikebaum et al. 2018, S. 136; Hungenberg 2014, S. 194 ff.).

Eine Verzahnung der Verantwortungskonzepte geschieht hier über zwei Ansatzpunkte: Zum einen werden die Anforderungen der normativen Ebene auf die strategische Ebene übertragen. Die Kontrollorgane und ihre Aufgaben dürfen nicht im Widerspruch zu den entwickelten Strategien stehen. Die festgelegten Normen und Werte müssen ebenso mit den Strategien übereinstimmen.

Zum anderen können Verantwortungskonzepte zu Teilstrategien werden. Eine systematische Corporate Governance-Strategie baut Wettbewerbsvorteile durch Transparenz und geregelte Verantwortlichkeiten auf. Eine Compliance Management-Strategie entwickelt Wettbewerbsvorteile durch Kostenvorteile und Umsatzvorteile durch eine Vermeidung von Fehlverhalten. Corporte Social Responsibility als Strategie kann Wettbewerbsvorteile durch leistungsbereite Mitarbeiter und durch überzeugte Kunden erzielen.

Der Zusammenhang zwischen Strategien und Strukturen wird über die vielzitierte Aussage Chandlers „Structure follows strategy" hergestellt. Er fordert die Gestaltung einer strategiegerechten Organisationsstruktur. Letztlich muss diese um leistungsfähige Informations- und Anreizsysteme ergänzt werden (vgl. Hungenberg 2014, S. 337 ff.; Chandler 1962).

Strukturen

Eine strategiegerechte Organisationsstruktur umfasst eine Aufbau- wie auch eine Ablauforgsanisation. In der Aufbauorganisation werden die Form der Aufgabenspezialisierung, die Gestaltung der Weisungsbefugnis sowie die Verteilung der Entscheidungsaufgaben geregelt. Die Ablauforganisation gestaltet Prozessstrukturen, welche der zeitlichen und räumlichen Aufgabenerfüllung dienen. Geschäftsprozesse werden identifiziert und strukturiert. Verantwortlichkeiten werden geregelt (vgl. Hungenberg 2014, S. 338 f.).

Bei einer Verzahnung der Verantwortungskonzepte mit dem strategischen Management erfolgt eine Integration in die Gesamtstruktur des Unternehmens sowie Gestaltung der Strukturen der einzelnen Verantwortungskonzepte derart, dass Wettbewerbsvorteile realisiert werden können und die Gesamtstruktur des Unternehmens stringent und friktionslos gestaltet ist.

- Corporate Governance regelt die Strukturen und Prozesse in der Zusammenarbeit zwischen Vorstand und Aufsichtsrat, insbesondere die Einbindung von Kommissionen. Weiterhin werden Strukturen und Prozesse des Three-lines-of-Defense-Modells mit den bestehenden Unternehmensstrukturen verzahnt.
- Compliance Management entwickelt Strukturen eines Compliance Management-Systems, welche sich mit fortschreitender Erfahrung verändern und ausweiten können. Diese erstreckt sich über die Unternehmensstruktur und muss folglich verzahnt werden.
- Corporate Social Responsibility benötigt dann Strukturen, wenn es über Einzelaktivitäten zu einer Strategie entwickelt wird. Die Verzahnung mit bestehenden Strukturen muss dabei berücksichtigt werden. So kann ein CSR-Reporting beispielsweise im Marketing, aber auch in den Bereich externer Berichterstattung verortet werden.

Systeme

Systeme gelten als die Infrastruktur des Managements. Als wichtigste Systeme werden die Informationssysteme und die Anreizsysteme erachtet. Die Führung eines Unternehmens stellt in erster Linie eine Informations- und Kommunikationsaufgabe dar. Planung, Dokumentation und Kontrolle sind Funktionen von Informationen. Informationen bilden die Basis von Entscheidungen, die wiederum als neue Informationen kommuniziert werden. Diese hohe Bedeutung führt zum Etablieren von Management-Informationssystemen. Unternehmensführung nimmt Einfluss auf das Verhalten von Menschen, um sie zu bestimmten Handlungen zu bewegen. Ein systematisches Hilfsmittel bilden Anreizsysteme. Deren strategieorientierte Gestaltung motiviert Führungskräfte, sich im Unternehmensinteresse zu verhalten (vgl. Hungenberg 2014, S. 358 ff.).

Eine Integration von strategischem Management und den Verantwortungskonzepten erstreckt sich auch auf Informations- und Anreizsysteme. Die Verantwortungskonzepte benötigen diese Systeme, die bereits in den Unternehmen existieren.

- Corporate Governance baut mit dem Three-lines-of-defense-Modell ein Informations-system auf. Insbesondere die erste Verteidigungslinie greift auf bereits bestehende In-formationsquellen und Informationsstrukturen zurück. Eine Verzahnung ist unabding-bar. Durch die in Abschn. 2.1.4 beschriebenen Informationsasymmetrien zwischen Vorstand und Aufsichtsrat wurde ein Anreizsystem als ein gangbarer Weg zur Reduk-tion des Informationsgefälles und zur Interessenangleichung des Vorstands an das Un-ternehmensinteresse diskutiert. Die Ausgestaltung der Vorstandsentlohnung kann als Beispiel für ein Anreizsystem stehen. Die Ausgestaltung dieses Anreizsystems sollte widerspruchsfrei zu den Anreizsystemen anderer Unternehmensangehöriger gestaltet sein und sich am Unternehmenserfolg orientieren, was die Verzahnung zum strategi-schen Management unterstreicht.

- Compliance Management entwickelt mit dem Compliance Management-System einen Ansatz, in dem Informationen gesammelt und weiterverarbeitet werden. Die Aufklä-rungsfunktion erfordert Kenntnis um mögliche relevante Compliance-Verstöße, welche Aktivitäten im üblichen Geschäftsablauf betreffen (vgl. Abschn. 3.2). Anreize dürfen im Whistleblowing-System nicht falsch gesetzt werden. Eine Kultur des Misstrauens darf nicht entstehen.

- Corporate Social Responsibility hat mit dem CSR-Reporting eine Aufgabe, Informatio-nen zu verbreiten. Daher sollte es in ein systematisches Informations- und Kommuni-kationssystem eingebettet sein. Berichte über Aktivitäten gesellschaftlicher Verantwor-tung tragen zum Unternehmensimage bei. Ein positives Image kann eine Anreizwirkung auf Mitarbeiter entfalten. Über eine verstärkte Identifikation können Motivation und Engagement für das Unternehmen verstärkt werden. Gelebte gesellschaftliche Verant-wortung kann als ein Kaufanreiz auf Kunden wirken.

Eine stringente Vorgehensweise muss dabei als erfolgsträchtig und zielführend erachtet werden. Ein strategischer Fit beinhaltet ein „Zueinanderpassen" der drei Ebenen und ihrer Instrumente. Diese Forderung muss auch bei der Integration der Verantwortungskonzepte in das strategische Management zum Erhalt eines umfassenden verantwortungsvollen Ma-nagements eingehalten werden. Die operative Ebene muss sich friktionslos an die norma-tive und die strategische Ebene anschließen.

5.4.2.3 Die operative Ebene

Auf der operativen Ebene wird der längerfristige Handlungsrahmen in kurzfristige Ent-scheidungen und Handlungen überführt. Hier werden die kurzfristigen Ziele und Maß-nahmen der einzelnen Funktionsbereiche (Entwicklung, Beschaffung, Produktion, Ab-satz etc.) festgelegt und die Beziehungen zwischen den Funktionsbereichen gestaltet (vgl. Hungenberg 2014, S. 23 ff.). Strategien, Strukturen und Systeme bilden einen Rahmen für die Handlungen im Unternehmen. Innerhalb dieses Rahmens hat das ope-rative Management die Aufgabe, die Strategien mit Leben zu füllen. Kurz- und mittel-fristige Handlungen werden hier ausgelöst und ausgeführt (vgl. Hungenberg 2014, S. 335 f.).

Die Verzahnungen der Verantwortungskonzepte mit dem strategischen Management, welche auf der normativen und strategischen Ebene bereits angeführt wurden, werden auf der operativen Ebene fortgesetzt. Dies umfasst eine organisatorische Verankerung von Corporate Governance, Compliance Management und Corporate Sociale Responsibility in die Aufbau- und Ablauforganisation des Unternehmens. Zuständigkeiten und Berichtswege müssen ebenso geklärt sein wie die Anforderungsprofile der einzelnen Stellen. Die Aktivitäten der Verantwortungskonzepte müssen auf Jahres-, Quartals-und Monatsbasis geplant werden. Budgets müssen dazu bereitgestellt sein. Personal muss in geeigneter Qualifikation eingestellt werden. Die Aktivitäten müssen über ein Controlling im Hinblick auf Kosten und Erfolge betrachtet werden. Die Vielfalt der unternehmerischen Entscheidungen erstreckt sich damit auch auf die Verantwortungskonzepte.

5.4.3 Potenzial des Modells verantwortungsvoller Unternehmensführung

Die Ausführungen in Abschn. 5.4.2 haben gezeigt, dass eine Verzahnung von strategischem Management mit den Verantwortungskonzepten funktioniert. Die Parallelen betreffen insbesondere die Führungsansätze, die Bildung von Strukturen sowie die Werte und Normen des Unternehmens. Wenn Corporate Governance, Compliance Management und Corporate Social Responsibility systematisch in das Konzept des strategischen Managements integriert wird, so entsteht ein Modell des verantwortungsvollen Managements (vgl. Abb. 5.8). Auf diese Weise kann das Potenzial verantwortungsvoller Unternehmensführung erschlossen werden.

Vertrauen nimmt in der Unternehmensführung eine bedeutsame Rolle ein. Die steigende Komplexität von Unternehmen sowie unternehmerischen Tätigkeiten auf globalisierten und auch virtuellen Märkten macht eine alleinige Führung über Kontrolle unmöglich. Vertrauen kann hier die Lücke schließen. Es muss aufgebaut werden, um sein Potenzial als immaterielle Ressource entfalten zu können. Vertrauen wird zur Basis der Unternehmensführung. Sich führen lassen heißt, sich jemandem anvertrauen. Vertrauen wirkt wechselseitig (vgl. Sprenger 2005, S. 49 ff.).

In einer globalisierten und virtuellen Welt kann Vertrauen sich nicht mehr aus Vertrautheit und persönlichen Kontakten entwickeln. Je stärker unsere (Unternehmens-)Welt von Virtualität und räumlicher Entfernung geprägt ist, desto wichtiger wird gerade dort Vertrauen als Organisationsprinzip (vgl. Sprenger 2005, S. 28). Die Bedeutung von Vertrauen zeigt sich in vielen Facetten des Wirtschaftslebens (vgl. Sprenger 2005, S. 28 ff.):

- Vertrauen ermöglicht gemeinsames Handeln zwischen unbekannten Partnern.
- Vertrauen ermöglicht Reorganisationen und das flexible Anpassen und Schaffen neuer Strukturen.
- Vertrauen prägt Kaufentscheidungen und bindet Kunden.
- Vertrauen beschleunigt Prozesse im Unternehmen.

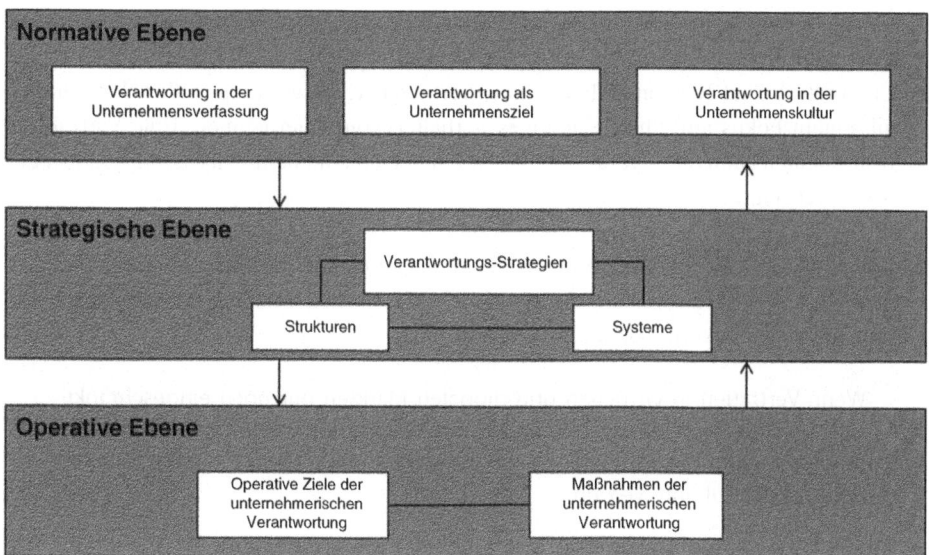

Abb. 5.8 Die Ebenen eines strategischen Verantwortungsmanagements. (Quelle: Eigene Darstellung in Anlehnung an Hungenberg 2014, S. 24)

- Vertrauen ermöglicht Wissenstransfer und trägt zum Entstehen neuer Ideen bei.
- Vertrauen ermöglicht Kreativität und Innovation.
- Vertrauen spart Kosten ein.
- Vertrauen bindet Mitarbeiter und schützt die intrinsische Motivation.
- Vertrauen macht Führung erfolgreich.

Vertrauen dient der Komplexitätsreduktion. Unsicherheit kann durch einen Vertrauensvorschuss überbrückt werden. Vertrauen und Verantwortung stehen in einem symmetrischen Verhältnis zueinander. Vertrauensgewährung ist mit der Erwartung einer Verantwortungsübernahme verbunden (vgl. Luhmann 2014; Kumbruck 2000, S. 108 f.; Loh 1990). Vertrauen geht mit Verantwortung einher und baut darauf auf (vgl. Sprenger 2005, S. 49). Dies zeigt, dass Vertrauen und Verantwortung feste Bestandteile von Führungskonzepten bilden.

So können Vertrauen und Verantwortung als immaterielle Güter zum Erfolg von Unternehmen beitragen. Corporate Governance, Compliance Management und Corporate Social Responsibility tragen zum Aufbau von Vertrauen bei und erwecken ein Verantwortungskonzept zum Leben:

- Corporate Governance schafft Vertrauen in die Unternehmensführung durch Verantwortung und Transparenz beim Treffen richtiger Führungsentscheidungen. Strukturen und Instrumente der Corporate Governance unterstützen die Vertrauensbildung.
- Compliance Management schafft Vertrauen durch ein Vermeiden von insbesondere rechtlichem Fehlverhalten und dessen Folgen. Eine aktive Verantwortungsübernahme

für das Verhalten der Stakeholder wird über das Compliance Management-System mit Leben gefüllt.

• Corporate Social Responsibility schafft Vertrauen verantwortungsvolles Wirtschaften mit einem Fokus auf ethisch richtiges Verhalten von Unternehmen. Eine Vielzahl an Instrumenten kann diese Verantwortung mit unterschiedlichem Umsetzungsgrad zu Leben erwecken.

Auf diese Weise wird verantwortungsvolles Management als holistischer Ansatz, d. h. in Kombination der Verantwortungskonzepte mit klassischen Managementkonzepten, die Unternehmen der Zukunft nachhaltig prägen.

▶ Wenn Vertrauen in virtuellen und globalen Märkten nur noch eingeschränkt über persönliche Nähe entsteht und Kontrolle aufgrund von Informationsasymmetrien an Grenzen stößt, dann kann verantwortungsvolles Management zum Konzept der Zukunft werden.

Literatur

Bleicher, K., & Abegglen, C. (2017). *Das Konzept integriertes Management. Visionen – Missionen – Programme* (9. Aufl.). Frankfurt/New York: Campus.

Bustamante, S. (2013). Corporate Governance: Integraler Bestandteil der Unternehmensverantwortung? In S. Bustamante, P. Fissenewert, R. Lohmann, N. Neuvians, B. Raske, H. Wassermann & P. Zaumseil (Hrsg.), *Corporate Governance im Mittelstand* (S. 143–171). Essen: Akademieverlag.

Carroll, A. B. (1991). The pyramid of corporate social responsibility: Toward the moral management of organizational stakeholders. *Business Horizons, 34*(Juli–August), 39–48.

Chandler, A. (1962). *Strategy and structure*. Cambridge: MIT Press.

Faber-Wiener, G. (2013). *Responsible communication. Wie Sie von PR und CSR zu echtem Verantwortungsmanagement kommen*. Wiesbaden: Springer Gabler.

Hecker, F. (2012). *Management-Philosophie. Strategien für die Unternehmensführung. Grundregeln für ein erfolgreiches Management*. Wiesbaden: Springer Gabler.

Hungenberg, H. (2014). *Strategisches Management in Unternehmen. Ziele – Prozesse – Verfahren* (8. Aufl.). Wiesbaden: Springer Gabler.

Kreikebaum, H., Gilbert, D. U., & Behnam, M. (2018). *Strategisches Management* (8. Aufl.). Stuttgart: Kohlhammer.

Kumbruck, C. (2000). Digitale Signaturen und Vertrauen. *Arbeit, 4*(9), S105–S118.

Loh, W. (1990). Unverantwortbarer Fortschritt oder Fortschritt der Verantwortung? *Ethik und Sozialwissenschaften, 1*, 77–79.

Luhmann, N. (2014). *Vertrauen – Ein Mechanismus der Reduktion sozialer Komplexität* (5. Aufl.). Konstanz/München: UVK.

Malik, F. (2008). *Die richtige Corporate Governance. Mit wirksamer Unternehmensaufsicht Komplexität meistern*. Frankfurt/New York: Campus.

Mallin, C. A. (2013). Corporate Governance. (4. Aufl.). Oxford: Oxford University Press.

Maon, F., Lindgreen, A., & Swaen, V. (2010). Organizational stages and cultural phases: A critical review and a consolidative model of corporate social responsibility development. *International Journal of Management Review, 12*(1), 20–38.

Schein, E. H. (1984). Coming to a New Awareness of Organizational Culture. *Sloan Management Review, 25*(2). S. 3-16.

Sprenger, R. K. (2005). *Vertrauen führt. Woauf es in Unternehmen wirklich ankommt.* Frankfurt/ New York: Campus.

Thommen, J. P., & Achleitner, A. K. (2012). *Allgemeine Betriebswirtschaftslehre. Umfassende Einführung aus managementorientierter Sicht* (7. Aufl.). Wiesbaden: Springer Gabler.

Tricker, B. (2012). *Corporate governance. Principles, policies, and practices.* Oxford: Oxford University Press.

Welge, M. K., & Eulerich, M. (2014). Corporate Governance Management. *Theorie und Praxis der guten Unternehmensführung.* (2. Aufl.). Wiesbaden: Springer.

Stichwortverzeichnis

© Springer Fachmedien Wiesbaden GmbH, ein Teil von Springer Nature 2020   341
C. Kreipl, *Verantwortungsvolle Unternehmensführung*,
https://doi.org/10.1007/978-3-658-28140-3

The manufacturer's authorised representative in the EU is Springer
Nature Customer Service Centre GmbH, Europaplatz 3, 69115 Heidelberg,
Germany. If you have any concerns regarding our products, please
contact ProductSafety@springernature.com

Printed and bound by CPI Group (UK) Ltd, Croydon, CR0 4YY
28/04/2026
02098489-0010